江戸教育思想史研究

前田 勉
Tsutomu Maeda

思文閣出版

はじめに

元禄七年（一六九四）刊行の『唐錦』は、大高坂維佐子《おおたかさかいさこ》（一六六〇～九九）が書いた女性向けの教訓書である。維佐子によれば、中国では、八歳から一三歳までの「おさなご」は「閭巷の小学校」に入って、「洒掃応対の礼」を学び、「射御書数の芸」を習う。さらに一五歳から二〇歳までは「国都の大学校」に入学して、「綱領条目」を学び、修己治人の道を明らかにするという。こうした中国情報は朱子の『大学章句』序にもとづくもので、同時代の知識人が共有していた。事実、『唐錦』を書いた維佐子は、朱子学者大高坂芝山《しざん》の妻だった。面白いのは、「我朝もいにしへは、みやこより国々まで学校をまうけをき、人を教けると見えたり」と、古代日本の律令制時代の大学寮や国学を想起した後に、維佐子が次のように述べている点である。

今は学校こそなからめ、教ののりはけざやかなれば、いときなきより年おひぬるにおよぶまで、つとめまなびてをこたらずば、などやその道をしらざらん。小学のかなめは敬にをるにあり、大学のかなめはしることをきはめ、意を誠にするにありときゝしが、をよそ学といふは、先覚のしりをこなふ所にのとりならふの義なり。（『唐錦』巻九、古教訓）

一七世紀末の今現在、眼前には「学校」は存在しない。しかし、『小学』の居敬、『大学』の格物致知・誠意正心の「教ののり」は、はっきりしているので、幼い時から年老いるまで、学び続ければ、道を知ることができるのだという。この「などやその道をしらざらん」という「道」を求める意志を示した一句は、女性の言葉だけに重い響きがある。一八世紀になって、武士のための藩校が建てられるようになるが、女性は入学することはできなかった。というよりは、女性が「道」を志すことさえ、想像もできない時代であった。そのような時代、「学校」がなくても、「つとめまなびてをこらたずば」、道を知ることができるのだ、という維佐子の言葉は、女性のものであっただけに、一層、強い学びへの意欲が溢れている。

周知のように江戸時代は、数多くの学校が作られた時代である。維佐子が生きた一七世紀には身近には存在しなかった学校が、一八世紀になると、続々と建てられるようになる。藩校、私塾、手習所（寺子屋）などのさまざまな形態の学校が創建され、武士だけではなく、農民や町人たちも含めて、多くの者たちが学び始めた。このように多くの学校が建てられ、学ぶ者たちがいたことは、中国や朝鮮と比較する時、注目すべきである。科挙制度によって、学校が人材リクルートの装置となっていた中国や朝鮮と異なって、日本には科挙はなかった。身分制社会の江戸時代には、学問を学んだとしても、立身出世の望みがかなったわけではなかったからである。にもかかわらず、学校が数多く存在したとすれば、そこには中国や朝鮮とは異なる、学問への要求や期待があるだろう。

江戸時代、学校が作られたということは、別の言葉でいえば、学校での教育が始まった時代だといえる。もちろん、維佐子が想起したように、古代以来、公家や僧侶のための学校はあったが、ごく限られた者たちの専有物だった。ところが、江戸時代には、一般の武士や農民・町人のための学校ができて、教育を受ける範囲は大きく拡大した。それまで、多くの人々は地域の共同体や家庭のなかで自ずから教育されてきたが、学校という機関のなかで一定期間、意図的な教育を受けるようになったのである。それにともなって、何のための学問か、何のための教育か、どのような方法で学習するのか、という問題が顕在化することになる。一体、江戸時代の人々は、このような問題にたいして、どのように答えたのだろうか。

今、彼らがそれらの問いにたいして、いかに答えたかを振り返ることは、学校が自明のものとみなされ、学校教育の目的など真正面から論じられることもない近代を問い直すことになるだろう。江戸時代は、「道」を求めた大高坂維佐子が「今は学校こそなからめ」と嘆いているように、学校は当たり前の存在ではなく、むしろ願望の対象だった。本書は、そうした学校が願望の対象であった近世から、学校教育が当然視されるようになった近代を照射することを目指している。

第Ⅱ編　儒学の学習法と教育・教化

第Ⅳ編　私塾と藩校

江戸教育思想史研究

序　章　江戸教育思想史序説

一　近世と近代の連続・断絶

近世日本の教育思想史では、これまで近代教育との関わりが論じられてきた[1]。近世と近代の連続・断絶が問われてきたのである。戦前から戦後の近世日本教育思想史の大枠を構築した石川謙は、近世のなかに近代が胚胎しているという連続説にたっていた。これに対して、九〇年代、ポストモダン以後の近代教育批判のなかで、断絶説が現われてきた。その際、一つの焦点となったのが「教育」という言葉である。

これまで近世日本の「教育」概念史については、石川謙「江戸時代末期に於ける教育・教化の観念」が基本文献になってきた[2]。近世から近代への連続的な発展史を描いた石川にたいして、森重雄と広田照幸は石川論文のなかの資料をもとにしながらも、近世と近代の断絶を導き出しているのである[3]。森によれば、明治五年（一八七二）の学制以前の日本には、「教育」は、「儒者ないし武士の言わばカルト的な熟語にとどまっていた。逆に言えば、一般の人びとの語彙には〈教育〉は存在しなかった[4]」とまで極言している。しかし、近世には、たしかにそれほど数多くはないが、「教育」という言葉は石川が指摘している以上に流通していた。その意味で、断絶説は、西洋近代教育の他者性を摘出した点で評価できるが、再考する必要がある。

この序章では、近世日本の「教育」という言葉を広く検索することで、近世と近代の連続・断絶問題にたいして再考を試み、本書の課題を示したい。その際、「教育」と関わり深い「教化」との違い、さらに素読・講釈・会読の学習方法に注目することで、「教育」概念の意味を明らかにしよう。見通しを述べれば、「教育」と「教化」は、教えるという点では同じカテゴリーに属するが、学ぶ立場からすれば、両者は、区別する必要がある。序章ではこうした「教育」とその周辺概念との関わりを検討することによって、近世日本の「教育」概念の意味をより明確化するとともに、江戸教育思想史には、そもそも、どのような問題があったのかを歴史内在的に明らかにして、本書の課題を設定したい。

二　「教育」と学校

周知のように「教育」の出典は、『孟子』尽心上篇にある。

孟子曰く、君子に三楽有り。而して天下に王たるは、与《あずか》り存せず。父母倶に存し、兄弟、故無きは、一楽なり。仰いで天に愧《は》ぢず、俯して人に怍《は》ぢざるは、二楽なり。天下の英才を得て、之れを教育するは、三楽なり。

これに対する朱子の註解は、以下の通りである。「尽して一世の明睿の才を得て、己に楽しむ所の者を以て、教へて之れを養へば、則ち斯道《しどう》の伝、之れを得る者衆くして、天下後世、将に其の沢を被《こうむ》らざること無からんとす。聖人の心、願欲する所は、此れより大なるは莫し。今既に之れを得る。其の楽は如何と為すや」（『孟子集注』）。まずここで、「教育」という言葉が、「斯道の伝」を担う「英才」教育だったことを確認しておきたい。それは、優れた才能ある「英才」というエリートに、「君子」自身「己に楽しむ所」の「斯道の伝」を継承することを目的とするもので、教える者は「君子」、教えられる者も「英才」であった。換言すれば、特定の人と人との間の特定の行為であって、誰もが何でも教え、教えられるわけではなかったのである。

（1）一七世紀の「教育」

管見の範囲では、近世日本において英才教育という意味での「教育」の初出は、林鵞峰《はやしがほう》（一六一八～八〇）である[5]。林羅山《らざん》（一五八三～一六五七）の後を継いだ林家第二代目の鵞峰は、上野忍岡《しのぶがおか》の林家塾の一角の国史館で、幕府から命令された『本朝通鑑』の編集を進めることと並行して、寛文六年（一六六六）、五科十等の制という学習課程を編成した[6]。五科とは経科・史科・詩科・文科・倭学科の科目であり、十等とは学習の習熟度の段階である。この五科十等の制を創設するにあたって、中心となったのは鵞峰の息子梅洞《ばいどう》であった。しかし、梅洞は五科十等の制の開始後すぐに、亡くなってしまう（五科十等の制の開始が寛文六年四月、梅洞は同年九月に死去する）。「教育」は、梅洞の早すぎる死を悼んだ鵞峰の文章に出てくる。

> 汝の志、其の分に応じて之れを教育せんと欲す。諸徒の中、若し一科に長ずる者有れば、則ち之れを推挙し、自ら謙退し其の才に誇らず。故に諸徒皆、其の公正を知るなり[7]。
> （『鵞峰文集』巻七七、西風涙露上）

梅洞は、塾生の適性に応じて「教育」することを目指し、五科のうち、一科だけでも優れている者がいれば、推挙し、みずからの「才」を誇示しなかったために、塾生たちは、その評価の「公正」さを疑わなかったという。鵞峰と梅洞は、この「公正」な評価をもとに博学多識の学者を「教育」しようとしたのである。ここで「教育」が、近世日本最初の学校である林家塾において使われていることは、重要な意味をもっている。「教育」は、何より学校という組織的な教育機関のなかで使われ始めたことを示しているからである。「教育」はその当初から、育てるとか、教えるとかいう漠然とした言葉ではなく、学校での「教育」という特定の場所で使われる言葉だったのである。

ただ、一八世紀中ごろまでは、「教育」という語はそれほど流通していない。鵞峰以後、一八世紀中ごろまでの用例を管見の範囲であげれば、以下のようなものがある。

天地有りと雖も、然れども聖人を得て之れが教育を為すに非ざるときは、則ち天地も亦天地為ること能はず。(8)

（伊藤仁斎『童子問』巻下、第九章）

子弟門人に対して、須く事に随ひて教誨し、過《あやま》ち有れば、則ち規戒すべし。疎懶にして黙止すべからず。此くの如くなれば、則ち漸にして益有るに庶《ちか》し。人を教育するの道は、宜しく此くの如くすべし。(9)

（貝原益軒『慎思録』巻四）

孔子の道は、先王の道なり。先王の道は、天下を安んずるの道なり。孔子は、平生、東周を成さんと欲す。其の、弟子を教育し、おのおの其の材を成さしむるは、将に以て之れを用ひんとするなり。(10)

（荻生徂徠『弁道』）

木下先生を問ひて曰く、愷悌《がいてい》にして書を愛す。英才を教育すれば、則ち之れを見る。(11)

（雨森芳洲『橘窓茶話』巻中）

「教育」は儒学の学派に関係なく、使われていることが分かる。ただ注意すべきは、英才「教育」は、孔子のような「聖人」（伊藤仁斎）であってこそ、可能であるという共通認識があったという点である。そもそも、孟子の「教育」は「君子の三楽」の一つであって、優れた人格者・教養人である「君子」にしてはじめて、「英才」を「教育」することができる。「君子」は学びの先達であるからである。だから、「教育」には、みずから「聖人」に擬すほどではないにしても、学問の先達として、余程の自信と覚悟がなければならなかったろう。逆にいえば、子弟門人に「教育」を試みた林鵞峰にしても、新井白石《あらいはくせき》（一六五七～一七二五）・室鳩巣《むろきゅうそう》（一六五八～一七三四）・雨森芳洲《あめのもりほうしゅう》（一六六八～一七五五）などの錚々たる儒学者を育てた木下順庵《きのしたじゅんあん》（一六二一～九八）にしても、そうした教育者としての強い自覚があったのである。

（２）一八世紀の「教育」

ところが、一八世紀中ごろになると、「教育」が散見するようになる。なかでも、学校と「教育」が直接に結合した点で、徂徠学派の宇佐美灊水《うさみしんすい》（一七一〇～七六）の「教育」の用例は注目すべきである。

学館を設て教されは、士大夫道に暗く、風俗正しからす。且英才《すくれたるさいし》之人を教育する事あたはす。故に学館を建つへし。其仕方は城外の広地に於て、方一町程の地を構へ、廻りに堀をほり、墻《かき》を結へし。其内に聖堂を建て、春秋釈奠《せきてん》あるへし。別に訓導所を立て、素読・口説・会読等、其内にて稽古あるへし。(12)

（『灊水叢書』「事務談」、宝暦二年）

先に見たように林家塾では、五科十等の制との関わりで「教育」を使っていたが、灊水は学校を「英才」を「教育」する機関として明確に位置づけている。しかも、林家塾との対比で注意せねばならないことは、林家塾が「教育」しようとした「英才」が博覧強記の学者（儒者）であったのにたいして、一八世紀中ごろの藩校が「教育」しようとした「英才」は国家有用の藩士だった点である。

管見の範囲では、そうした藩士の英才「教育」の目的のために学校を創建すると明言した、もっとも早い藩校は熊本藩の時習館である。熊本藩主細川重賢は、宝暦二年（一七五二）に秋山玉山《あきやまぎょくざん》（一七〇二～六三）を学寮係に任じて藩校設立に当たらせ、宝暦四年（一七五四）一二月に学舎が竣工した。その際の達文に「教育」という言葉が見える。

今度、学校落成ニ付、家中士席以上、来正月ヨリ罷出候様申附候。右ハ人才鎔鋳ノ所ニ候得ハ、生徒ノ才ニ従ヒ教育勿論ニ候。寮中ノ紀律等内膳可二申談一旨同年同月秋山儀右衛門へ達アリ(13)。

（「長岡内膳忠英へ藩士文武ノ世話致候様申附ラル同年一二月一統へ達文」、宝暦四年）

時習館は、「人倫を敦くし、英才を育て、国の用に供する所以なり」(14)（「時習館学規」、宝暦五年）という用例もあり、藩士の「英才」「教育」を目的とする藩校として創設されたのである(15)。ちなみに、R・P・ドーアが指摘するように、時習館は国家有用の人材を意味する「人才」のもっとも早い事例でもあった(16)。

熊本藩時習館に学んだ中山黙斎『学政考』(17)（天明五年）は「学校にて人才を教育せされは、別に人才を育して国家の用に供すへき仕方なし」(18)（『学政考』）と、学校は「国家の用」にたつ人才を教育する機関だと位置づけて、一八世紀後半の状況を次のようにいう。

近年は何の国にも学校有て子弟を教育するにより、詩文の著述士博覧多識の人多くして誠に盛なることなれとも、聖人の道は国家を治め万民の安するかためなることをしらす、著すところの書を見るに十に二三も大道を論したるはなし。学者と云者は出家遁世家なとのゆうなるものゝやうにおもひ、政なとは一向に行ひ得ぬもの也と皆人思ひて怪しめ侮るやうになりたるは、これ古の道を老《ママ》へ今の世に合せ、当世の用に立様に学政を行なはさるによりて也(19)。（『学政考』）

近年では「子弟を教育」する学校が「何の国」でも建てられている一方、まだ「出家遁世家」なる「学者」を教育するという誤解もあるという。こうした風潮があったからこそ、たとえば、安永五年（一七七六）、米沢藩の興譲館創設の際、細井《ほそい》平洲《へいしゅう》は、「学館の政は改申に不レ及、群才を教育の処、専要被レ為二思召一候而は、御結構に御坐候」(20)と説き、「学者臭みの付ぬ様に心掛申度候」(21)と注意を促していた（「米沢学校相談書」）。そうした「詩文の著述士博覧多識の人」ではなく、時習館の英才教育は「国家の用」に役だつ藩士「教育」を目指したものであったといえるだろう(22)。時習館に端を発する藩士「教育」への学校建設の流れが、全国諸藩への影響が大きかった幕府の昌平坂学問所（昌平黌）の改革につながってゆくことになる。

三　国家有用の英才「教育」

（1）昌平坂学問所・藩校での「教育」

幕府老中松平定信は文武を奨励し、寛政二年（一七九〇）五月、湯島の聖堂において朱子学以外の学問を禁じ（寛政異学の禁）、同九年（一七九七）一二月に、聖堂の「黌制を改革」[23]（『昌平志』巻二）断行した。この改革は、「教育」概念史にとっても大きな画期となった。寛政一〇年（一七九八）二月、老中松平信明から万石以下の旗本・御家人に出された令達として、石川謙が紹介している史料には、次のように告げられていた。

今度聖堂御主法被㆓相改㆒、御目見以上以下之子弟御教育可㆑有㆑之ため、学問所夫々御取建被㆓仰付㆒候間、寄宿候とも又は通候て学候とも、勝手次第可㆑有㆓修行㆒候。[24]　（寛政一〇年二月）

鵞峰の時代、林家塾は博覧強記の学者「教育」を目的としていたが、昌平坂学問所として改変されて以降、旗本・御家人たち幕臣の「教育」機関となったのである。[25]「英才」教育の対象は、特別に学問に志した者たちではなく、広く幕臣一般となって、彼らを一廉の「人材」にすることが「教育」機関としての昌平坂学問所の目的となった。[26]

その際、注意すべきは、寛政異学の禁に反対する側も、学校が「人材」「教育」を目的とする機関であるべきだという考え自体は、同じだったことである。寛政異学の禁を批判した、いわゆる異学の五鬼（山本北山・亀田鵬斎・冢田大峯・豊島豊洲・市川鶴鳴）の一人冢田大峯《つかだたいほう》（一七四五～一八三二）は、「唯今之御時節に而も、能く士大夫を誘引仕候而、忠孝仁義之道に導き、其人材を教育仕候学問だに御座候はゞ、何れの流派と申御選なく、広く人々の信ずる所之学者に随而、文道修行致し候様に公命を下され度御事歟と奉㆑存候」[27]（「大峯意見書第二」）と説いていた。「人材を教育仕候学問」については、儒学の学派は関わりない、と主張しているのである。

さらに注目すべきは、昌平坂学問所に登用された寛政の三博士の尾藤二洲《びとうじしゅう》（一七四七～一八一三）と古賀精里《こがせいり》（一七五〇～一八一七）が、寛政一二年（一八〇〇）四月には、「聖堂改正教育仕方に付申上候書付」を提出して、「教育仕方」の改正を求めていた点である。寛政の「黌制を改革」（前出）では、目的ばかりか、「教育」方法についても、改革が行われたのである。その際、採用された方法が、先に宇佐美灊水が「別に訓導所を立て、素読・口説・会読等、其内にて稽古あるへし」（前掲「事務談」）と説いていたように、素読・口説（講釈）・会読であった。この三つの学習方法はのちに述べるように、当時、すでに定式化され、広く行われていた。なかでも、共同読書の方法である会読がその「教育」方法の中核に置かれたことは注目すべきである。[28] ここに、「教育」目的と方法とのズレが、顕在化することになるからである。

ともかくも、昌平坂学問所の幕臣「教育」機関への転換を契機にして、全国各地の藩校でも、藩士「教育」の目的が定まったといえるだろう。昌平坂学問所の改革と同じころ、秋田藩でも「人才教育」のために明道館が、寛政五年（一七九三）に開校した。

学問ノ力無レ之候テハ時務ニ達兼候義モ可レ有レ之、因テハ人才教育ノ為ト存シ、学館建立シ教導ノ役ニ申付候、[29]　（「寛政五年八月廿日御条目」）

その後、藩校資料には国家有用の人材の「教育」が頻出する。「於二学校一人材教育致シ実用ノ学問心掛御深意ニ相叶候様益諸生ヲ懇篤ニ導キ人材ヲ育シ云々」[30]（和歌山藩、「享和三年亥九月儒者へ達」）、「学校ハ教育ヲスル所ナレハ其教法ノ公正正大ナル仕法ヲ立ルヲ学政ト云也」[31]（辛島塩井『学政或問』、文化一三年）、「国家久安長治の策を博議するに、学を立て人才を教育するに急なるは莫し」[32]（中村藩「育英館学規」、文政一〇年五月）、「古封建ノ制ヲ明ニシテ、聖賢ノ意ニ本ツキ、古今ノ時勢ヲ考へ、風土ノ宜ヲ斟酌シテ、大小ノ学ヲ設ケ、其人ヲ得テ世禄ノ子弟ヲ教育セハ、風俗ノ美国家ノ盛衰、日ヲ指テ竢ヘキナリ」[33]（会沢正志斎『学制略説』）。

さらに、幕末になると、一挙に増加する。「学館は人才教育の場所に候間、政事と一体に無レ之候ては不二相成一候処、世上の風を聞及候に、多分二た分れに相成候」[34]（塩谷宕陰「育英館学制議」、寅一〇月）、「江戸上屋舗ニ学校創建之儀願出候其旨趣ハ、人材教育之儀ハ改革之大本ト存候」[35]（淀藩「藩主藩中之諸士へ申聞候覚」、安政七年三月三日）、「徒ニ月露風雲ヲ翫ビ、風流才子ト称セラレンコトヲ欲セバ、有用ノ学日々ニ荒ミ、遂ニ軽剽浮薄ノ風ニ流レンコト、大ニ国家教育ノ意ニ非ズ、コノ義念々忘ルベカラズ」[36]（多紀元佶「医庠諸生局学規」、文久三年）、「学問所御造営被二仰出一候御趣意ハ、第一御家中風儀正敷、群才御教育被レ成、行々御政務ニ御用立候儀ニ付」[37]（高崎藩「規則」、慶応三年）。

明治になると、数は一層多くなるが、たとえば、明治初年、各藩から選出された公議所の議員たちの学校構想にも、学校が人材教育機関であると認識されていた[38]。このように「教育」は、近世にまったくなかったわけではなく、一八世紀中ごろから明治初年まで、藩校という学校機関と伴って使われ、藩校の目的としての国家有用の人材＝英才を教育するという文脈で使われていたことは明らかである。

(2) 私塾での「教育」

ただ、こうした藩校との関わりではない、思想家個人のレベルでいえば、「教育」という言葉の用例は、それほど数多くはなかったといえるだろう。先に見たように、「天下の英才」を教育するには、教える者が完璧な人格者である「聖人」、少なくとも、みずからもまた学問する「君子」であることが必須だったからである[39]。真面目な儒者たちはみずからを「聖人」になぞらえることに二の足を踏んだだろう[40]。林家の塾長、のちに昌平坂学問所儒官となった佐藤一斎《さとういっさい》（一七七二〜一八五九）の言葉はそうした意識を示唆する。

孟子の三楽は、第一の楽は親に事ふるを説く、少年の時の事に似る。第二の楽は己を成すを説く、中年の時の事に似る。第三の楽は物を成すを説く、老年の時の事に似る。（中略）英才を教育するに至りては、固より我の能くし易きに非ず。然るにまた以て己を尽さざるべけんや。(41)

（『言志後録』）

大儒佐藤一斎とても、「英才を教育」することは、「固より我の能くし易きに非ず」と謙遜せねばならなかったなかで、広瀬《ひろせ》淡窓《たんそう》（一七八二～一八五六）と吉田《よしだ》松陰《しょういん》（一八三〇～五九）は、「教育」をはっきりと自覚的に使っていた点で注目すべきである。いうまでもなく、二人はともに一九世紀の代表的な教育家であった。広瀬淡窓は、「予弟子ヲ教育スルコト三十余年。束脩ヲ取ル者二千人ニ及ベリ」(42)（『儒林評』）と述べているように、自分が経営する私塾咸宜園《かんぎえん》の「教育」成果をもとに、公的な藩校においても「人才」「教育」を求めたのである。

人才ヲ教育スルコト、今時諸侯ノ国ニ於テ第一ノ要務ナリ。人才ヲ教育スルノ法、学校ニ如ハナシ。(43)

（『迂言』学制五）

ただ、「教育」といっても、「弟子ヲ教育スル」私塾と「人才ヲ教育スル」公的な藩校との間には、世襲身分制度のもとで、ギャップはあったのだが、(44)淡窓が「人才」「教育」を自己の中心課題としていたことは間違いない。私塾松下村塾で教えた、天性の教育家吉田松陰も同じである。彼は、ペリー来航時の密航事件で処罰された野山獄のなかで、同囚の者たちと『孟子』輪講を行い、そのなかで自己の志を述べている。

夫れ君子何を以て英才を教育することを楽しむや。固より其の材能徳行を人に耀かさんとにはあらず。君子の任とする処は天下後世にあり。故に身天下に王たりと云へども、英才を教育せずんば、何を以て天下を治めん、何を以て後世に法せん。已に英才を育せば、身天下に王たらずと云へども、天下後世必ず来りて法を取る者あるなり。（中略）故に吾れ苟も英才を得て是れを教育せば、是れ即ち其の人ならん。是れ余が志也。君子の楽しみなり。(45)

（『講孟余話』巻四中）

ここでは、英才「教育」の本来の意味である、君子の「楽しみ」としての「教育」が目指されている。朱子が「尽して一世の明睿の才を得て、己に楽しむ所の者を以て、教へて之れを養へば、則ち斯道の伝、之れを得る者衆くして、天下後世、将に其の沢を被らざること無からんとす。聖人の心、願欲する所は、此れより大なるは莫し。今既に之れを得る。其の楽は如何と為すや」（『孟子集注』）と註解していたように、「教育」とは、「斯道」を後世に伝えようとする自己の意志を継承する、「英才」を教育することであった。松陰は眼前の矮小な藩国家のためではなく、朱子同様、「天下後世」への長い展望をもった「教育」を目指したのである。

四　子弟「教育」

ところで、江戸期の「教育」の用例を考える時、英才「教育」のほかに、家庭での子弟「教育」という意味にも注意しなくてはならない。これは、『説文解字』「育」の「子を養ひ、善を作さしむるなり。（中略）虞書に曰く、子を教育すと」に典拠があるだろう。ここでは、教育という熟語の「育てる」に重心がある。石川謙が「教育」の早い例として挙げる常盤《ときわ》潭北《たんぼく》(46)（一六七四～一七四四）の『民家童蒙解』の「教育」がそのことを示唆している。

子を育るには、先其身を正しうし、妻や乳母を戒て、あしき言をいはせず、あしき戯れをさせず、仮にも嘘をいはせず、万事正しかるべし。其身正しく、妻や乳母正しければ、子に教ることはおのづから正し、出入者も、其父母善を好み悪を悪むとしれば、其子にあしきことは聞せ教ぬ者也。如レ斯にして、生質の美醜は論に及ばず、若その身正しからずんば、子の教育は何共いふべからず、これ子を育る道によりて、其身を修め、人を修る道を得るなり。(47)（『民家童蒙解』巻下之二、「教育下」、享保一二年刊）

「子を育る」ことが修身の第一義的目標である。そのために、妻や乳母がその身を正しくすれば、「子に教る」こともうまくゆくという。(48)こうした使い方は、石川謙が『民家童蒙解』を引照して、「この引用文によっても明かであるやうに、教育とは子供の心身の発育を指導し規整する所以の作業である。教育では之《ゆ》いて作用して以て影響を及ぼさんとする対象が明瞭に限定されてゐる。児童である」(49)と指摘している「教育」概念である。(50)

子弟「教育」という用例で注目すべきは、寛政八年（一七九六）七月の町触である。石川が『近世日本社会教育史の研究』のなかで引用している(51)、「子弟ニ教育ヲ尽シ一族和合致シ帳外者無レ之様可レ致旨申渡」(52)とある町触である。

こうした子弟を教育するという用例は他にもある。早い例としては、『貝原益軒家訓』（貞享三年）に「およそ小児を教育るに、始て飯を食、初ものいひ、扨《さて》人の面を見て悦び、怒り色を知る程より、常にたえまなく教ゆれば、や、おとなしくなりて、誡る事なくやすし」(53)とある。また、中井竹山《なかいちくざん》（一七三〇～一八〇四）が、「今日ハ聖明ノ朝ニ遭遇セル諸搢紳ナレバ、子弟ノ幼弱ヨリ教育ノ法宜ク、成人ノ上ニテ行儀才学揃ハセラレバ、先途ノ昇進モ自ラ速カナルベシ」(54)（『草茅危言』巻一、寛政元年序）と述べ、佐藤一斎は、「能く子弟を教育するは、一家の私事に非ず、これ君に事ふるの公事なり。君に事ふるの公事には非ず、これ天に事ふるの職分なり」(55)（『言志録』、文政七年跋）という。化政期の心学者も、「父母その子幼稚のときより、正道を以て教育するときは、自ら善を欲するの心生ず」(56)（小町玉川『自修篇』巻上、文政一一年序）と説いている。また、天保五年（一八三四）に刊行された大《だい》道寺友山《どうじゆうざん》（一六三九～一七三〇）の松代版『武道初心集』の「教育」の項目で、「治世の武士、子を育つる本意たるべき候」(57)（巻上）と、「子を育つる本意」を論じている。

家庭で子弟を育てるという意味での「教育」という言葉が、近世日本で使われていたことは明らかである。しかし、この子弟「教育」という言葉は、先に見た藩校における「天下の英才」を「教育」するという特定の意味をもった「教育」ではなく、育てるという言葉を漢語として重々しくするものであったといえるだろう。自分の子どもという特別な者であったから、「英才」教育と重なり合うことができたといえるのではないか。というのは、たんに健康で丈夫に育てるだけではなく、「子を養ひて有用の人となさん、善き人と為んと欲するは、天下の人の父母たるものの志」[58]（『自修篇』巻上）だからである。

これまで見てきたように、近代が学校と教育との結びつきが自明な時代だとすれば、近世は、学校・家庭と教育とが結びつき始めた時代であるといえる。「教育」が国家有用の人材＝「天下の英才」を教育する学校、子弟を教育する家庭と結びついて、流通し始めたのである。殊に前者の学校での「教育」は、漠然と多くの人々を教育するのではなく、傑出した「英才」を教育する意味であった点を看過してはならない。しかも、その「英才」を「教育」する学校は、武士のための藩校や咸宜園や松下村塾のような私塾であって、読み書き算を教えた庶民向けの手習塾（寺子屋）は含まなかった[59]。この点は、近世日本の教育思想史を考察する際に注意せねばならない。

もともと教育という語は多義的であり、定義することは甚だ困難である。それ故に、教育学者広田照幸は、教育を定義するとき、特定の期待や願望が盛り込まれてしまう危険性があることを指摘して、そうした期待・願望を取り除いて、「教育とは、誰かが意図的に、他者の学習を組織化しようとすることである」という定義をしている[60]。もちろん、たとえば、人間的な成長を助ける行為といった価値中立的な定義のもとで、家庭や村落共同体における子育てから、庶民の手習塾、私塾、さらには武士の藩校までを取り込んだ、壮大な江戸教育思想史を構想することもできるだろう。しかしその一方で、網を大きく広げることで、叙述の拡散の危険性も孕んでいる。

本書では、そうした危険を回避するために、逆の戦略を取る。拡大するのではなく、縮小するのである。具体的にいえば、国家有用の英才「教育」と子弟「教育」という「教育」概念、就中、特定の期待や願望が込められた近世日本に特徴的な前者の英才「教育」という意味での「教育」概念に、初めから問題を限定してしまうのである[61]。これによって、たしかに考察範囲は限定されることになるが、「「教育」ということばが人びとに喚起したイメージの歴史を軸に、その営みの構造の歴史」としての「教育史」[62]が構想できるのではないかと思われる[63]。

五　二つの教化

（1）教育／教化

さて、本書が焦点とする「教育」と近接する概念として重要な言葉は、「教化」である(64)。石川謙によれば、教育と教化は学校教育と社会教育の違いであって、教育の前提が教化であるという。その意味で、教化は教育より広い概念だといえる。石川は、この教育と教化の概念にもまた、近世日本のなかで変遷があることを指摘している。

文政の頃にはもう疾うから、教化と教育との二つの事実が、互に深い関係を結びながら存在してもゐたし、夫々の事実を言ひ表はす別々の言葉――教化竝びに教育といふ言葉も出来上つてゐた。そして此の両語は、その沿革的な歴史的な経過を通して、一般社会の通念として一定した意味と背景と、固有な勢力分野とを持つてゐた(65)。

教育と教化の違いについて、高橋陽一は教育と教化を分析概念として区別し、教育を「集団内の次世代育成」、教化を「集団間の秩序的な関係づけ」と定義している(66)。ただ近世日本の教育史を見ると、同じ集団内の次世代育成においても、教化という用例はある。武士教育機関である藩校では、むしろ講釈を通した藩士教化が一般的だといえるだろう。言い換えれば、同一集団内でも、教育と教化は並存しているので、高橋説には再考が必要であろう。

蓋し教育と教化との違いは、石川謙のように学校教育と社会教育のような場所によるのではなく、また集団内か集団間かによるのでもなく、被教育者に学びへの意志があるか否か、学習者の主体性・能動性を尊重するか否かにある(67)。

もともと、教育は、その出典が「天下の英才を教育する」という一句にあるように、英才という傑出した特別な人物を対象としている。そこでは、学問に志す者であることが自ずから前提とされている。とくに儒学における「教育」は、のちに述べるように学習法的教育であって、学習者の自発的な意志を尊重する。この点、国家有用の「人材」を目的とする「教育」であっても、基本は変わらなかった。ところが、教化は、「子、善を欲すれば、民善ならん。君子の徳は風なり。小人の徳は草なり。草、之れに風を上《くわ》ふれば、必ず偃《ふ》す」（『論語』顔淵篇）という風と草の比喩があるように、英才「教育」とは違って、君子にたいする小人を対象としている。被教育者は風に吹かれる草のように、風まかせで主体性・能動性はない。教化は、学びへの自発的な意志を前提にせずに、被教育者である「小人」を知らず識らずに道徳的に感化することを目指していたのである。

（2）きょうか／きょうけ

近世日本の「教化」を考えるにあたって、注意せねばならないことは、教化の出典が儒学と仏教の両方にあるという点である。この点についても、すでに石川謙が指摘していた。儒学か仏教かの違いは、教化の読み方に端的に示されている。「きょうか」なのか、「きょうけ」なのかである。石川謙は、「江戸時代に入つて、倫理学・道徳学としての儒教の影響を深刻に感受するに及んで、「けうくわ」としての教化が段々現はれるやうになつて来た。従つて「けうげ」と「けうくわ」が竝び行はれた訳であるが、前者は仏教教理による教化であり、後者は儒教主義に基づく教化であつた[68]」と指摘し、享保以後には、「きょうけ」はわずかに仏教者の間に流通したのみで、世間一般では「きょうか」の方が用いられるようになり[69]、明和・安永以後になると、教育・教導・教訓などの語に押されて、教化は使用範囲と使用回数を減らしていったと説いている[70]。

出典からいえば、仏教の「きょうけ」は、「転二無上法輪一、教二化諸菩薩一」（『法華経』譬喩品）などであり、儒学の「きょうか」は、「故礼之教化也微、其止レ邪也、於レ未レ形、使三人日徙レ善遠レ罪、而不二自知一也」（『礼記』経解篇）、「美二教化一、移二風俗一」（『詩経』序）などである。ただ、江戸時代、この仏教の教化（きょうけ）と儒学の教化（きょうか）は、その教化内容という点からいえば、それほど隔たっていたわけではない。基本的には、君臣・父子・夫婦の上下尊卑の人間関係を絶対視する、勧善懲悪の教えであったからである[71]。上下のタテの身分制社会のなかで、従順に生きることを勧めていることに変わりはなかったのである。たしかに、儒学では三世因果の理を否定し、死後の来世を認めなかったのにたいして、仏教は三世因果の理によって現世での五倫五常を説いている[72]。しかし、どちらにしても、身分制社会の道徳を教化することに変わりはなかった[73]。

　また、教化される者が、好ましい善者になる可能性をもつ性善説を前提としているという点でも、仏教の教化と儒学の教化は変わりなかった[74]。実際、教化（きょうけ／きょうか）を否定する者は、まさにこの前提を問題にしていた。一八世紀中ごろの家業道徳論者河田正矩《かわだまさのり》（?～一七六八）は、『家業道徳論』の「教化（けうけ）により て気質は変ぜざる弁」で、「堯舜は生ながらにして知り、湯武は学で聖たりといへども、むざと学で聖人に至る物に非ず、堯の子に丹朱あり、舜の弟に象あり、子に商均あり、文王の子周公の弟に管叔・蔡叔・霍叔あり、柳下恵が弟に盗跖あり、此人々は皆聖賢にて一世の人を導き、後世の鑑とも成べき人なれば親めり、骨肉の子弟に於ては教化に微塵の油断はあるまじけれども、其性悪く生れては、聖人の膝の上に素立ても終を克する事叶はず、されば教は一往の事にて、いかほど撓直すとも其本性の曲れるには益なしと心得べし[75]」（巻下）と、聖賢の「子弟」「教化」であっても、「曲れる」「本性」を矯正できないと論じて、性善説を否定している。

　しかし、こうした教化内容ではなく、教化方法という点から見ると、儒学と仏教とは大きく異なっている。この点、『岩波仏教辞典』の「教化（きょうけ）」の項目では、次のように区別されている。仏教の教化は「教導化育する意。人々を教育・訓練することにより、あるいは仏教徒と成らしめ、あるいは仏と成る資格を持つように導くこと。法華経方便品には、よくこの語が出る。なお漢語の〈教化〉は、儒教の礼の思想によって人々を教え導くという意。「菩薩（行基）あまねく都鄙に遊びて、衆生を教化せり」〔往生極楽記2〕。儒学の教化（きょうか）では礼楽のシステムを媒介とするが、仏教の教化（きょうけ）は直截的な講釈・説教のオーラルによる感化であるといえるだろう。

儒学の場合、教化は礼楽を媒介として行われる。上の者がみずから模範として礼楽を実修すれば、下の者はそれに見習うというわけである。儒学で重んじられた喪礼でいえば、上に立つ者が足かけ三年の孝行の模範を示すことで、下々は孝行するようになる。朱子でいえば、『中庸』の第一章「天の命ずる、之れを性と謂ひ、性に率ふ、之れを道と謂ひ、道を修むる、之れを教と謂ふ」の「教」が礼楽制度だった。

聖人、人と物との当に行くべき所のものに因りて之れを品節し、以て法を天下に為し、則ち之れを教と謂ふ。礼楽刑政の属のごとき是なり。（『中庸章句』）

この点、荻生《おぎゅう》徂徠《そらい》（一六六八〜一七二八）が礼楽制度による風俗教化を説いていたことが、一番、分かりやすい。

制度ヲ立カヘルト云ハ、風俗ヲナヲサン為ナリ。風俗ハ世界一マイナル故、大海ヲ手ニテフセグガ如ク、力ワザニテ直シガタシ。コレヲ直スニ術アリ、是ヲ聖人ノ大道術ト云フ。後世理学ノ輩ハ、道理ヲ人々ニトキ聞セテ、人々ニ合点サセテ、其人々ノ心ヨリ直サントス。米ヲ臼ヘ入テツカズシテ、一粒ヅヽシラゲントスルニ同ジ。正真ノ小刀細工也[76]。（『太平策』）

ここで批判されている「後世理学ノ輩」は朱子学を指している。徂徠からみれば、朱子学は「道理ヲ人々ニトキ聞セテ、其人々ノ心ヨリ直サントス」るかぎり、仏教の教化（きょうけ）に等しいものだといえる。

儒学の礼楽制度による教化と仏教の教化との違いは、一八世紀の戯作小説である談義本の作者、佚斎樗山によっても説かれている。

儒家には五等の人倫を立て、君は上に尊く、臣は下に卑し。上下分有て身を修め、家を斉へ、礼楽刑政を以て国天下を治む。仏家には上下分りなく、広く下賤に交りて、人の善心を勧め、悪心を退るを以道とす。人々善に進むで悪をやめば、貪ることもなく、嗔ることもなく、怨ることもなく、争ふこともなく、天下治めずして治まるべし。故に、仏法には礼楽刑政を不レ用、文をつらねず、武を事とせず、自然に化を布。(77)

（『再来田舎一休』）

儒学では礼楽制度による教化であるのにたいして、仏教では、「礼楽刑政を不レ用」、談議・講談による教化が中心となる。別言すれば、儒学が制度（システム）による教化であるとすれば、仏教は口頭（オーラル）による教化を本質とするのである。

六　学びの学問

（1）近世日本と学び

ところで、なぜ近世日本では、「教育」の概念がそれほど流通しなかったのだろうか。すでに、「教育」が「君子」による「英才」教育であったために、教育する者が躊躇していた点を指摘したが、それ以上の理由がある。結論を先に述べれば、もともと儒学は学びの学問であったからである。

儒学は「教」よりも「学」を重視する。(78) 儒学の学問は、「古の学者は己れの為にし、今の学者は人の為にす」（『論語』憲問篇）とあるように、自分自身の修養のための学であった。朱子学でいえば、「学んで聖人に至るべし」というスローガンがあるように、みずから完璧な人格者である聖人を目指す学問である。それは、ドーアが評するように、「普通の俗人でも聖人になれるとする自信過剰の説」(79)であった。しかし、朱子学を学ぶ者は、真剣に聖人になるべく、学問に志したことは間違いない(80)。学びは誰かに強制されるものではなく、自己自身の善なる本性=自己救済能力を信じて、自発的な意志によって行うものである(81)。そのため、教えは、学ぶ方法を教えるに過ぎなかった。朱子はいう。

君子は人を教ふるに、但以て之れを学ぶの法を授けて、以て之れを得るの妙を告げず。（『孟子集注』尽心上）

教える者も、教えられる者も、聖人を目指し、学ぶ点において変わりなかったのである。天性の教育者吉田松陰は、「蓋し学の道たる、己が才能を衒《ひけらか》して人を屈する所以に非ず。人を教育して同じく善に帰せんと欲する所以なり(82)」（『講孟余話』巻三上）と述べて、教える者も、教えられる者も「同じく善に帰せん」ことを求めていた。

近世日本においては教えるより、学ぶことが重視された点に関して、教育学者中内敏夫が、明治以前の辞書のなかに「教」よりも「学」に関わる文字が多いことを指摘して、次のように説いていることは示唆的である。

大人またはその世代を代表する教師が次の世代の人格に働きかけてゆく世界を、この働きかけの客体の側からとらえて「マナビ」の観点から構成しようとする。このことは、この世界が、なにものかを「おしえる」大人や教師の行為によって成り立つものではなくて、なにものかを「まなぶ」学習者の行為によってなりたつものと考えられていたということ、つまり、教授法的にではなく、学習法的発想でとらえられていたことを意味しているように思われる(83)。

この「学習法的発想」は、近世日本教育史研究のなかでは、江森一郎によって説かれ、山本正身によって継承されている(84)。江森一郎は「学習法的教育観」を「「学習」を自らめざす（立志）「学者」（学習者の意）に、その目標・方法（順序・心構え）を説くことに関心を集中させた教育観である(85)」と定義している(86)。たしかに、この「学習法的発想」は現代にも活かせる学習者主体の教育観として高く評価すべきだが、逆に近世日本では、そのために教授することが対象化されず、教授方法論が低調だったといえる。

ここで指摘しておきたいことは、こうした学習者の自発性・能動性という点でいえば、中国や朝鮮よりも近世日本のほうが、より実現可能性が大きかったという点である。というのは、中国や朝鮮では、「人の為にする」（『論語』憲問篇）科挙の学問への頽落の危険性を常に孕んでいたからである。ところが、もともと身分制社会の近世日本には、科挙がなかったために、学問をしても立身出世には結びつかず、逆説的だが、「己れの為」の学問となりうる可能性を持っていたのである。

（2）会読への注目

さらに注目すべきは、儒学を学ぶ方法である。もともと、儒学は読書の学問、経書や史書を読解する学問であった。そのため、学問の方法はまた読書の方法である、と言い換えることができる。先に触れたように近世日本には、素読、講釈、会読の三つの学習方法があった(87)。本書ではこのうち、特に複数の者たちが同じテキストを討論し合いながら共同読書する会読の積極的な役割に注目したい(88)。基本的には学びを重視したとはいえ、素読と講釈は上からの教え込みの側面があった(89)。ところが、会読は学習者の学びの自発性を重んじていたからである。学習方法としては、より主体性・能動性が求められるのである。しかも、複数の人々の共同読書であった点は、注目すべきである。

学ぶ立場からの学習方法論が多い近世日本のなかで数少ない、教える立場からの教授方法論を説いた江《え》村《むら》北海《ほっかい》（一七一三〜八八）は『授業編』のなかで、一人で読書するのがよいか、共同で読書するのがよいかを問うている。

書ヲヨムニ、我独リ読ガヨキカ、人ト共ニヨミテ、世ニイフ会読スルガヨキヤト問フ人アリ。余答テ曰、ワレヒトリ読ニシカズ。然レドモ、人ト会読スルモヨキ事アリ。畢竟常ニヨムハ、独ヨムガヨシ。其故ハ、会読トイヘバ、人ノ家ニ行ニモセヨ、我方ヘ来リ集ルニモセヨ、無用ノ閑話雑談ニモ時刻ウツリテ、ヨム所ノ書ハカユカズ、サレドモ文字ノ異同ヲ考エ、謬誤ヲ正シ、滞義ヲ弁ズルナドハ、会読モ亦益多シ。要スルニ独自ツトメ読テ、疑ハシキトコロニツケ紙ヲシテ、ワガ業ヲ受ル人ノ方へ携至リ、詳ニ問タヾスガ、読書ノ肝要ナリ[90]。（『授業編』巻二）

北海が必ずしも共同読書法である会読を推奨していないのは、会読の場が「無用ノ閑話雑談」の場になりやすかったからである。しかし、こうした危険性をもっているとはいえ、一八世紀中ごろから会読は、民間で流行していった。会読の場では、素読や講釈のように、上から下に教えるのではなく、家族や共同体の柵《しがら》みもなく、お互い対等な立場で討論しながら切磋琢磨し、学び合うことができたからである。

注目すべきは、「書ノ会読スルト云事、中華ニテハ決テナシ」[91]（『文会雑記』巻一上）、「唐土にても諸生を教候に会読様之義は、未た承り不ㇾ申候」[92]（「加賀藩士学事意見書」、嘉永元年）とあるように、会読が、科挙制度がないから発展した近世日本の独自の学習方法であった点である。たしかに朱子学や陽明学でも、講学が説かれていた。ただ、中国の講学は、「そのまま「聚徒会講」の意味で使われるようになるのは明代になってからのことであると思われる」[93]。しかも、その講学は、立身出世に汲々とする者たちに反対する学問方法だった。これに対して、近世日本では、もともと科挙がなかったために、講学は、中国や朝鮮以上に、お互い切磋琢磨し合う、生産的な学習の場となる可能性があったといえるだろう。本書では、この会読という学習方法によって共同読書する学びの場が、近世日本のなかで果たした積極的な役割を明らかにしたい。

七　講釈と講談

本書では、この会読とともに、講釈（講談）にも注目したい。講釈では、学問的な講釈と庶民教化（きょうけ）のための講談・談議がある。近世日本の学習方法を論じた武田勘治は、本文と註解を併せたものが講釈、本文だけの説明が講談であると区別する江村北海に反対して、「もともと講釈を俗耳に入り易く、平易で、興味深く聞かせるようにしたものを講談と呼んだのである」[94]と、分かり易さを、講釈か講談かの違いのポイントにしている。

学者向けの講釈は、江村北海の『授業編』によれば、雄弁である必要はないという。むしろ「雄弁懸河ノ如ク、滞ル事ナキハ、其席ニアリテ是ヲ聴人、ソゾロニ心酔シテ、其書ノ文義モ、甚ダヨクサバケタル如ク思ヘドモ、退テ其書ヲ吟味スレバ、義ノスマヌ事多シ。ソレヨリハ不弁ナリトモ、無益ノ弁ヲ省キ、有用ノ事バカリヲ、ボツボツト解説スルガヨシ」[95]（巻四）という。これに対して、「俗耳ニ入リヤスカラシメ、今日ノ人情世態ニ親切ニシテ、聴人ノ程々ニ従ヒ、益アリテ害ナキヤウニ云キカスヲ主」[96]（同右）とする講談はまさに「雄弁懸河ノ如ク、滞ル事ナキ」語りである。

周知のように、江戸時代、キリシタン禁制のために整備された檀家制度のもとで、仏教が大きな力をもっていた。僧侶は檀家の人々や、法要の折などには大勢の参詣人を前に、経典や教義を説いて教化（きょうけ）する説教を行った。その際、仏の功徳や三世因果の物語を涙と笑いを交えて語る説教が、講談（談議）だったといえる。[97]

狂言綺語も一つの方便なり。釈迦もいりほがむだ口をたゝき給ふ。むだ言まじりに語らねば、人の耳に入がたし。御坊達の談議も其通りなり。[98]
（佚斎樗山『再来田舎一休』）

この学者向けの講釈と講談（談議）との区別は、講釈自体を否定した徂徠も、次のように説いている。

仏家ニテモ、談議ト講釈トハ格別ノ義ニテ、談議ハ専ラ愚蒙之民ニ念仏題目抔ヲ勧候筋ニテ、経文ヲ引候ニモ証拠計ニ僅一二句程引候迄ニテ、経論ヲ首尾連属イタシ説候事ハ無レ之、一座切之物ニテ御座候。依レ之聴衆モ兼而極リ無レ之、参懸リ次第承候仕形ニテ御座候。仏家ニテモ講釈ハ専所化之為ニ仕候物ニテ、経論之奥義ヲ説キ、一部連続イタシ不レ承候而不レ叶義故、聴衆ヲモ兼而極メ講釈仕候義ニテ、俗人之耳ニハ一圓入不レ申物ニテ御座候。是談議ト講釈ト主意之替御座候故、如レ此御座候。[99]
（『学寮了簡書』）

ここで徂徠が、分かり易さの違いによる講釈と講談の区別以上のことを指摘している点に注意しなくてはならない。講釈は僧侶たち「所化」に向けた仏教教理の経典講釈であるのにたいして、講談（談議）は「一座切《いちざきり》」の「愚蒙の民」に向けたものなのである。「聴衆」が限定されているか、いないかが、講釈と講談（談義）の区別であるという。講談（談議）は不特定多数の聴衆に向けたものであるのにたいして、講釈は限られた聴衆に向けたものなのである。聴衆の不特定か、限定かという数の問題は、学問を学ぼうとする自発的な意志があるのか、ないのかにも関わっている。

その意味で、学問的な講釈は、学ぶ意志を前提としている点では、「教育」の方法であるといえる。「世の人講釈を聞を学問とし、師も講釈するを弟子を教育すと心得る。これ本朝古よりの弊なり。講釈は善き師の説を聞けば少しの益はあれども、足らはぬ儒者の字義文理義理事実等に疎き説を聞て、一生真と心得て居るは浅間しきことならずや」[100]（平賀晋民『学問捷径』巻上、安永八年）、また清田儋叟《せいたたんそう》（一七一九〜八五）『芸苑譜』（明和六年序）には、「講釈講談ノチガヒハ、猶談議ト説法トノ如シ。書生輩ヘ云聞ルニハ、講釈モ宜シ。其外ハ皆講談タルベシ」[101]と、講釈と講談（談議）の違いを述べて、講釈が学問の意志のある「書生輩」に向けてなされるとしている。これに対して、講談（談義）は、学びの意志を持たない不特定多数の人々を対象としている点で、学びの意志を前提としない「教化」の方法だったといえる。

聴衆が限定されているか、不特定かの問題は、石門心学の講釈と道話を考える時、指標となるだろう[102]。石門心学の祖石田梅岩《いしだばいがん》（一六八五〜一七四四）は、享保一四年（一七二九）京都車屋町の借家で、「予講釈を初んと志し、何月何日より開講、無縁のかたがたにても遠慮なくきたるべしと、書付を出」[103]（『斉家論』巻上）してから、公開講釈を始めた。ただ、梅岩の講釈は、「性」を知ることを目指す、学びの意志のある特定の弟子に向けたものであったが、中沢道二《なかざわどうに》（一七二五〜一八〇三）や柴田鳩翁《しばたきゅうおう》（一七八三〜一八三九）の道話になると、涙と笑いを求める不特定多数の者に比喩や軽口話で分かりやすく語る講談になる。こうした不特定多数の庶民に向けての講談は、後藤宏行のいうマス・ローグとしての語りだったといえるだろう(104)。

諸藩で行われた月並講釈のように、藩士に向けた講釈もあったが、注目すべきは庶民に向けた講談である。もともと、不特定多数の庶民に向けてのマスローグの講談は、中国の学校のなかでは、行わないものであった。この点は、江戸期の儒者も認識していた。

学校ニテ講釈ヲ仕、賤キ民ニ為レ聞候事ハ、異国ニモ本朝ニモ、古来曾而無レ之義ニテ御座候。学校之教ハ講釈ヲオモニハ不レ仕候(105)。

（荻生徂徠『学寮了簡書』）

講釈は御教導第一之義、且四民御教導抔と被二仰出一も有レ之候得共、学校之法制には無レ之事に候。学校に於て四民を教候と申義は別而古法に無レ之事に候(106)。

（大島桃年『学政私考』）

ところが、近世日本では、徳川吉宗の時に、湯島聖堂の仰高門《ぎようこうもん》で日講が行われるようになって、学校のなかで講談（談義）が行われた。これは、民間の講談の流行に対応したものであったといえる。三田村鳶魚《みたむらえんぎよ》（一八七〇～一九五二）は次のように説いている。「説法談義の興味というものは、元禄よりずっと前からありましたが、その興味は享保になっても尽きません。尽きないのみならず、享保前後に、民間でおもしろずくの景気を立てるようになったのが、この談義説法だったのです(107)」（「教化と江戸文学」）。そもそも、学校のなかで、一般庶民に講談することは、中国や朝鮮にはないのではないか。湯島聖堂のような孔子廟で、庶民に向けて講談が行われるなどという現象は、中国や朝鮮では想像しにくい。とすれば、聖廟の仰高門での日講は、東アジア世界のなかでは特別なことだったのではないか。その意味で、講談（談義）による風俗教化は、江戸期の広い意味での教育を考えるうえで注目すべき現象である。

八　江戸教育思想史の歴史内在的課題

以上、述べてきたように、江戸教育思想史は、「教育」―「教化」と会読―講釈の二つの観点から理解することができるだろう。このうち、「教育」―「教化」が教育目的に関わる概念であるのにたいして、会読―講釈は学習方法である。きわめて単純化すれば、学習方法としては、自発性・主体性を重んじる会読が「教育」に対応するとすれば、講釈、とくに不特定多数の学ぶ意志のない者たちに向けた講談（談議）が「教化」に対応するといってよいだろう。このような視角から、どのような問題が歴史内在的に見えてくるのだろうか、言い換えれば、本書が検討すべき課題について述べておこう。

第一は、学校と「教育」―「教化」の結びつきである。学校はいつごろ「教育」と結びつき、どのように展開して、明治につながっていくのだろうか。この点については、近世日本最初の学校といえる林家塾で「教育」が始まり、一八世紀中ごろ、国家有用の「英才」を「教育」することを目的とする藩校が創設され、昌平坂学問所の成立を契機にして、一九世紀には全国的に広まっていたことを指摘した。また、これと並行して、学校が「教育」機関である一方で、「教化」機関として位置づけられていたことにも注意しなくてはならない。よく知られているように、折衷学者細井平洲（一七二八～一八〇一）は、尾張藩藩校明倫堂で庶民教化を行っていた。藩校は「教育」と「教化」の二つの目的をもっていたのである。しかし、これは大きな見取り図であって、何ら実証を経たものではない。本書の課題は、その実態を明らかにすることである。

そもそも、一七世紀段階では、学校はほとんどなかった。換言すれば、まださまざまな可能性をはらんでいた時代、「教育」を始めた林家塾以外に、どのような学校構想があったのだろうか。さらに、一八世紀段階、国家有用の人材を「教育」するという意味での「教育」が広がってゆくときに、どのような問題が生まれていたのかが、検討されねばならない。というのは、藩校での「教育」はすんなりと行われたわけではないからである。人材「教育」の場となった藩校の中では、必ずしも、人々が自発的に学んだわけではなかったのである。

学問は他の稽古事とちかひ、不二面白一事に候故、自然懈怠に及候輩も有レ之候様被二聞召一候。総体御奉公は道理に暗候ては御用達少候条、部屋住の人、弱年の面々なとは学問を当時の御奉公と心得相勤可レ申候事。(108)

（福岡藩「天明六年七月執政学校師員ニ告テ書生ヲ諭サシム其辞ニ云」）

主君への「御奉公」であると思って、「面白」くもない学問をしろ、という。こうした学問への強制は、次の時代、一九世紀になると一層、昂進する。藩校への就学強制が行われるようになるからである(109)。海原徹によれば、『日本教育史資料』所収の二四三の藩校のうち、家臣団全体を出席強制の対象にした藩校が七六藩、三一・三％、士分のみ出席強制、卒分は自由にした藩が八九藩、三六・六％であるという(110)。天保年間（一八三〇～四四）以降には、多くの藩校で出席強制が制度化されるようになり、怠学者を取り締まる罰則も設けられた(111)。

もともと、先に述べたように、儒学の「教育」は学習者の自発的な意志を尊重していたはずである。しかし、国家有用の人材＝英才を教育することが藩校の目的となるとき、藩士の自発的な意志を確保することができるのだろうか。みずから進んで藩国家有用の人材＝英才になろうとするのだろうか。ここには、中国や朝鮮にはない近世日本特有の困難さが想像できる。端的にいえば、科挙がないという現実が厳としてあるからである。学校で学問をしても、その成果を実現する制度的な保証がなかったのである。そのなかで、どうすれば、学問への自発的な意志を調達することができるのか。これが、とくに近世日本の藩校にとっての大きな問題となった。本書では、この点について、近世日本の代表的な藩校である長州藩明倫館と加賀藩明倫堂を通して、その実態を明らかにすることを課題とする。

第二は学習方法の広がりの問題である。「教育」――「教化」の方法として採用されたのが、素読・講釈・会読の三つの学習方法であった。これらは、儒学の読書の方法として自発的な意志を尊重する。近世日本では、この三つの学習方法は、藩校という公的機関以外でも、さまざまな学びの空間のなかで行われていた。素読でいえば、一八世紀後半には、四書の素読を自学学習できるテキストも、広く読まれるようになっていた。渓百年《たにひゃくねん》（一七五四〜一八三一）の『経典余師』は、経書の本文に平仮名の訓が付せられていて、庶民でも手に取ることができた。『経典余師』は何度も改版を重ねられて、多くの読者を得たのである。[112]また、講釈についていえば、娯楽性を含んだ講談として、さまざまな場で人々を集めていた。石門心学はその代表者である。一九世紀になると、江戸の庶民に「ござる調」で講談（談義）する国学者平田篤胤《ひらたあつたね》（一七七六〜一八四三）も現われた。[113]

さらに、講談に飽きたらない人々は、同志を募り、会読による自発的な読書会をも行った。その際、できるだけ難解な書物を共同で読書して、好奇心・探究心を充たしたのである。一八世紀後半の蘭学や国学の新しい思想潮流は、そうした自発的な会読の場から生まれてくるのである。本書では、こうした会読や講釈する人々の学びの空間の実態を検討することも、課題としたい。

こうした学習方法の広がりという観点から、学校における官学と私塾の対抗図式を見なおすことができるだろう。[114]官学は幕府の林家塾（のちの昌平坂学問所）と全国諸藩の藩校を指している。これに対して、私塾は伊藤仁斎《いとうじんさい》（一六二七〜一七〇五）の古義堂、広瀬淡窓の咸宜園、緒方洪庵《おがたこうあん》（一八一〇〜六三）の適塾、吉田松陰の松下村塾などである。これまでの教育史研究では、官学と私塾は対立図式においてとらえられてきた。しかし、素読・講釈・会読の学習方法でいえば、官学と私塾との間に、それほどの隔たりはない。官学と私塾が違ってくるのは、その方法がうまく機能するか、しないかにあるのではないかと思われる。本書ではこの点についても検討したい。

第三の課題は、近世と近代の断絶・連続の問題に新たな視点を導入することである。具体的にいえば、近世の「教育」と「教化」が、近代の教育と教化とどのように関連するかという問題である。明治初期、学制による国民教育が始まるのと同時期に、神道国教化運動が展開した。教育と教化が明治初期の課題だったのである[115]。一体、この明治初期の教育と教化は、江戸時代の「教育」と「教化」とどのようにつながっているのか、あるいは、つながっていないのか。

教育でいえば、明治初期の教育政策と藩校「教育」はつながるのか、それとも、つながっていないのだろうか。この点については、すでに藩校の教育方法と明治初期の学校のそれとの連続性が指摘されている[116]。また、教化の次元の神道国教化運動にしても、マス・ローグとしての語りを行った平田篤胤学派の神道家がその中心を担っていたことは周知の通りである。しかし、これまでの教育思想史研究では、明治初期の教育と教化が近世日本のそれとどのように関連するかについては、検討が十分ではなかった。本書の課題はそれを果たすことである。

総じていえば、近世の身分制社会のなかで、教育と教化、会読と講釈がそれぞれどのように近代に結びついていくのか。そして、その結びつきが、四民平等の理念を掲げる近代の教育と教化とどのようにつながるのか、つながらないのか。国家有用の人材教育と国民道徳の教化という明治政府の教育の基本方針と連続するのか、断絶するのか、断絶しつつ連続するのか、連続しつつ断絶するのか、本書ではこれらの課題を検討することで、日本教育史研究に新しい展望を拓きたい。

（1）明治期から現代までの江戸教育思想史研究は、山本正身によって概観されている。山本正身『仁斎学の教育思想史的研究——近世教育思想の思惟構造とその思想史的展開——』（慶應義塾大学出版会、二〇一〇年）序論第二章「近世教育思想研究史概観」参照。辻本雅史は、明治以後の近世教育史研究について、近世と近代の断絶から連続、さらに断絶へと変遷していると指摘している。辻本は、こうした従来の近世教育史研究を批判して、「近世から近代を照射する」視座を提唱している。すなわち、近世を近代とは異なる世界としてとらえることで、他者としての近世の世界から近代を批判的に見直すことを説いている。辻本雅史「教育学における「江戸」への視線――日本教育史学の成立をめぐって――」（初出『江戸の思想』一〇号、一九九九年、のち『思想と教育のメディア史』ぺりかん社、二〇一一年）参照。本書は辻本同様の立場をとり、近世を一旦、近代と切り離して、近世特有の世界を描き出すことで、近代を批判的に見直そうとする問題意識をもっている。

（2）石川謙『近世日本社会教育史の研究』（改訂版、青史社、一九七六年）。このほかに、藤原敬子「我が国における「教育」という語に関しての一考察」（『哲学』七三集、三田哲学会、一九八一年）、同前「広瀬淡窓の教育観――「教育」の語を中心に――」（『季刊日本思想史』一九号、一九八三年）参照。

（3）森重雄『モダンのアンスタンス――教育のアルケオロジー――』（ハーベスト社、一九九三年）、広田照幸「〈教育的〉の誕生――戦前期の雑誌分析から――」（『アカデミア 人文・社会科学編』五二号、一九九〇年）参照。

（4）注（3）森書、二一頁。森は近世と近代の断絶を強調する。森によれば、「教育」という言葉は、学制以後に、ということは近代になって近代学校装置を通じてもたらされたものである。しかし、のちに述べるように、近世には、「教育」という言葉が存在し、藩校という学校装置をともなって使われていたことは注目すべきである。

（5）石川謙は、「教育」の初見は山鹿素行の『治平旧事』であるとする。「国語として使用した早い例は、我々の目に触れた限りでは、山鹿素行の『治平旧事』（巻之四）に見えてゐる「徳立則人倫明也。父二母於天下一、教二育於海内一、其功久而長」（『山鹿素行集』巻一、目黒書店、一九四三年）と見えてゐるものである」（注2石川『近世日本社会教育史の研究』七二頁）。『治平旧事』（別題『治平要録』）の成立は天和二年（一六八二）であって、鵞峰の「西風涙露」より遅く、「教育」の初出とはいえない。そのうえ、素行の用例は教化の意味であって、孟子の英才「教育」ではない。

（6）本書第Ⅰ編第一章参照。

（7）『鵞峰林学士文集』巻下（近世儒家文集集成12、ぺりかん社、一九九七年）二〇九頁。

（8）『童子問』（岩波文庫、一九七〇年）一九五頁。注（1）山本書、三五三頁参照。

（9）『日本倫理彙編』巻八（金尾文淵堂、一九一一年）、一二二頁。ただし、益軒十訓のなかには、「教育」という言葉はない。

（10）『荻生徂徠』（日本思想大系36、岩波書店、一九七三年）一二頁。松崎観海が撰した「春台先生行状」に、「徂徠先生、

晩年、英才を教育するを以て務めと為し、師道を設けず、社中皆、文名を以て相尚ぶ」（『春台先生紫芝園稿』附録、近世儒家文集集成6、ぺりかん社、一九八六年、三〇一頁）とある。

(11)『日本倫理彙編』巻七（金尾文淵堂、一九一一年）三三一頁。広瀬淡窓は、この芳洲の木下順庵評を引照して、「錦里ノ行状ハ、詳シク知ラズ。門下ニ英才多キコト、此人ヲ以テ第一トス。其弟子雨伯陽ガ橘窓茶話ニモ、錦里ヲ評シテ、其英才ヲ教育スルノ一事ヲ挙グ。其他ハ予ガ知ル所ニ非ズト云ヘリ。非常ノ英雄ニシテ、其光ヲ包ミタル人ナルベシ」（『儒林評』、『日本儒林叢書』巻三、復刊鳳書房、一九七一年、四～五頁）と、順庵の「英才」「教育」を高く評価している。

(12)『濤水叢書』（近世儒家文集集成14、ぺりかん社、一九九五年）一四四頁。「事務談」は宝暦二年（一七五二）、松江藩主松平宗衍のもとで、藩政改革を推進していた小田切備中に提出した意見書である。この提言は、宝暦八年（一七五八）に、濤水の構想より縮小した形で、桃源蔵によって文明館として設立され、実現する（澤井啓一「『濤水叢書』解題・解説」）。

(13)『日本教育史資料』第三冊（文部省、一八九〇年）一九六頁。

(14) 同右、二〇二頁。

(15) 時習館創建の中心人物は、秋山玉山である。玉山は、享保九年（一七二四）、二三歳の時、江戸に出て林鳳岡に入門するとともに、細井平洲や徂徠学派の服部南郭・滝鶴台らと交流した。

(16) R・P・ドーア『江戸時代の教育』（松居弘道訳、岩波書店、一九七〇年）四〇頁。また、亀井南冥は、時習館の「学校ニテ人才ヲ仕立ル事」（『肥後物語』、『日本経済叢書』巻一五、日本経済叢書刊行会、一九一四年、四九五頁）を紹介している。ただし、南冥は「教育」という言葉を使わず、「学校ヲ諸士ノ仕立所ニ致シタ」（同右、四九六頁）とあるように、「仕立」と表現している。

(17)『熊本県教育史』上巻（熊本県教育会編、臨川書店、一九七五年）一一八頁。佐川朋は成立時を天明五年（一七八五）とする。佐川によれば、中山黙斎は天明四年（一七八四）時習館の居寮生となり、寛政元年（一七八九）には岡田寒泉や古賀精里のもとへ遊学している。寛政二年（一七九〇）帰郷し、再び時習館の入学を命ぜられ、総教堀平太左衛門より居寮生の世話役「塾長」に任ぜられた。佐川朋「熊本藩校時習館における人材育成——居寮制度を中心に——」

（『日本の教育史学』四〇号、一九九七年）参照。
(18)『日本教育史資料』第五冊（文部省、一八九一年）六一二頁。
(19)同右、六〇八頁。
(20)同右、四七九頁。
(21)同右、四八〇頁。
(22)この「国家の用」に役だつ人材教育について、園田英弘は、明治期の学歴主義との関連のなかで、興味ある指摘をしている。園田によれば、江戸期の「人材」はたんに「能力ある人物」を意味せず、もっと社会的な広がりをもった概念であるという。それは、「実用」「有用」の機能的な側面をもつとともに、「公」＝国家の価値意識の側面をもち、国家にとって実用的である能力ある人物であると指摘している。園田英弘「学歴主義の歴史的起源――日本型能力主義の成立と展開――」（麻生誠・潮木守一編『学歴効用論』有斐閣選書、一九七七年）参照。園田が指摘しているように、江戸期の人材教育は、個々人のもつ能力を伸長すること自体を目的とするのではなく、はじめから「国家の用」のための人材教育であったのである。
(23)『日本教育文庫　学校篇』（同文館、一九一一年）九〇頁。「改革釐制」の按文には、林家塾の「私塾」から「学問所」になったことに関連して、「寛文庚戌、林恕の請に従ひ、史館の餼稟を以て学費と為し、以て四方の英髦を待ち、其れ之れを教育す。士庶に限らず、生徒を許し、皆な笈を負ひて遊ぶ」（『昌平志』巻二、寛政九年一二月条）と、林鵞峰の時に「教育」が行われていたことを記している。
(24)『御触書天保集成』巻下（岩波書店、一九四一年）四一八頁。注(2)石川書、七六頁。
(25)本山幸彦はこの転換について林家塾のみならず、教育思想の転換ととらえ、「元禄時代までの文治主義をめざす為政者教育、あるいはたんに教養主義的な儒教の政治理想をめざす教育は、寛政時代には姿を消し、ここにはっきりと近世国家の思想的基盤強化のための幕臣教育が出現したのであった」（『近世国家の教育思想』思文閣出版、二〇〇一年、一〇七頁）と指摘し、幕府の寛政改革以後、「藩校の教育目的を国家有用の人材育成に求める藩」（同前、一六九頁）が全国的に増加すると説いている。こうした教育思想の転換は、もともとは石川謙の藩校理解がもとになってる。石川は、「藩校の教育方針」は享保・宝暦頃を境として、精神の陶冶を求める人文主義から「人間生活の社会的関係を規整し改善する」ことを目標とする実科主義へと転回したと論じている。石川謙『日本庶民教育史』（刀江書院、一九二九年、改訂版玉川大学出版会、一九七二年、八一頁）参照。江戸期の学校の基本的な考えの転換には同意するが、これまでの研究史では、この転換が「教育」概念におけるそれであったことに、注意が払われてこなかった。

（26）ちなみに、松平定信は「教育」ではなく、「生育」「養育」という言葉を使っている。「人材を生育せんがため、学校をも設け、其才に応じて其芸をもすすめ、或は出府させ、又は遠国遊行させて、壺中の見をひろくさせなどするは、みなみな其才を養育するの道なり」（『夜鶴筆叢』文化六年、『楽翁公遺書』巻中、八尾書店、一八九三年、六頁）。学校以外の場所でも、見聞を広めて、「人材」「才」の「生育」「養育」を説いている。

（27）『寛政異学禁関係文書』（注11『日本儒林叢書』巻三、二六〜二七頁）。ちなみに、冢田大峯は、文化八年（一八一一）に名古屋藩の明倫堂の督学になった時に、朱子学の注釈を廃止して、『冢註孝経』『冢註論語』などの自分自身の「冢註」本を教科書に採用している（『日本教育史資料』第一冊、文部省、一八九〇年、一三六頁）。このことは、「人材を教育」するためには、藩校内のテキストを一定にすることが必要だったことを示唆している。学習方法としての素読にせよ、会読にせよ、一定のテキストのもとで行うことによって、藩校内の学生たちの実力差を判定できることになるからである。寛政異学の禁で、林家塾内で朱子学以外の学問を禁じたのも、「教育」的な見地からだったことが、ここから推測される。高木靖文は、冢田大峯の学制改革は、「それまでの藩士・良民に対する教化を主眼とした藩校運営を、封建倫理を体得した人材の養成へ転換」させたと指摘している（「近世藩校職制の発達と教師の選任」、『講座日本教育史2』第一法規出版社、一九八四年、一四四頁）。ちなみに、嘉永六年（一八五三）五月に、大峯以前の仕法に復活して、諸註併用を認めるようになった（同前、一四三頁）。

（28）藩校の三つの学習方法については、武田勘治『近世日本学習方法の研究』（講談社、一九六九年）参照。その三つの学習法のなかで、会読を中心に、その思想史的な意義を論じた拙著『江戸の読書会——会読の思想史——』（平凡社選書、二〇一二年）参照。

（29）注（27）『日本教育史資料』第一冊、八四五頁。

（30）同右、第二冊、八一六頁。

（31）同右、第八冊、一頁。

(32) 同右、第一冊、六六五頁。
(33) 同右、第五冊、四七一頁。
(34) 注(23)『日本教育文庫　学校篇』三五二頁。
(35) 注(27)『日本教育史資料』第一冊、一頁。
(36) 注(23)『日本教育文庫　学校篇』一八三頁。
(37) 注(27)『日本教育史資料』第一冊、五八三頁。
(38) 入江宏「公議所議員の学制構想」(幕末維新学校研究会編『幕末維新期における「学校」の組織化』多賀出版、一九九六年)参照。
(39) みずから「教育」する学者ではなく、国家を統治する立場からは、強い確信に満ちた「教育」の用例がある。中央集権的国家を構想した異色の国学者佐藤信淵は、首都に「大学校」「教化台」「神事台」の中央官庁を置き、そのうち、「教化台」は「天下の人材を教育して天下の大用を弁ずる要務なれば、生徒の盛なること知るべし。古来此台の制度なきを以て英傑の士を生ずること少なし」(『混同秘策』巻一、文政六年、『佐藤信淵家学全集』巻中、岩波書店、一九二六年、二一三頁)と説いている。「天下の人材」「英傑の士」を「教育」することの躊躇いはここにはない。
(40) かりに他者から教育する者と認められたとしても、居心地の悪いものだったろう。海保青陵の次のような言葉はそれを示唆している。「鶴ナドハ浪人儒生ノ事権威アロフハヅナシ。左レ共人ノ上座ニ座シテ人ヲ教育スル者ナレバ、一体人々麁末ニハアシラハヌ也」(『養心談』、『海保青陵全集』八千代出版、一九七六年、四二二頁)。聖人・君子でないことを自覚する儒者は、はじめから「教育」を諦めて、漢文読解の技術を教えると自己限定するようになる。「教育」という言葉を使っていないが、江村北海の『授業編』の一節は、それを示唆している。「今日人師ノ職ニ居、教授ヲ以テ自ラ任トスル人アリテモ、其人スデニ聖賢ニアラザレバ、其身其心ヲ以テ、人ヲ教ル縄墨トシテ、不偏不倚ノ途ニ、イザナフ事モナリ難カルベケレバ、古経ヲ訓詁シテ、此ヲ講説スルヨリ外ハ、今更何トスベキヤウハナシ」(『授業編』巻四、注23『日本教育文庫　学校篇』六二一頁)。
(41) 『佐藤一斎・大塩中斎』(日本思想大系46、岩波書店、一九八〇年)一〇〇～一〇一頁。
(42) 注(11)『日本儒林叢書』巻三、二一頁。注(2)藤原「広瀬淡窓の教育観」参照。

(43)『淡窓全集』巻中（思文閣出版、一九七一年）三七頁。
(44)本書第Ⅳ編第一章参照。
(45)『吉田松陰全集』巻三（大和書房、一九七二年）三三四頁。
(46)常盤潭北については、佐久間正「常盤潭北の思想」（『徳川日本の思想形成と儒教』ぺりかん社、二〇〇七年）参照。
(47)『日本教育文庫　訓誡篇下』（同文館、一九一一年）一二三頁。
(48)江戸時代の家庭教育は、武士のみならず、農民・町人までも、「家」を維持・繁栄させるために行われたのであって、基本的には父親が主導した。明治になって、「家」ではなく、近代国家形成のために、家庭教育における母親の役割が強調されるようになる。小山静子『子どもたちの近代――学校教育と家庭教育――』（吉川弘文館、二〇〇二年）参照。『民家童蒙解』の場合も、「妻や乳母を戒て」とあるように、父親に向けての「子の教育」論である。
(49)注(2)石川書、七三頁。
(50)この「子を育る」意味の「教育」は、Education のもとの意味に近いといえる。堀尾輝久は、M・ドペスの『教育の段階』を引照しながら、「教育（エデュケーション）に当るラテン語の語源は、「引き出す」という意味をもつ educere（エデューケレ）だということはよく知られていますが、その語源には、もう一つの educare（エデュカーレ）があり、これは「養い育てる」意味なのです」（『教育入門』岩波新書、一九八九年、一七頁）と説いている。
(51)注(2)石川書、五四、七五頁。石川は、徳川幕府が父母への子の孝行のみならず、子弟への親の「教育」の義務を説いていた点に、江戸期の庶民教化の特質を見出している。同前、五二頁。この点、のちに見る教化との関わりで注目すべきである。
(52)『徳川禁令考後聚』巻三、第一帙、一四五頁。
(53)『日本教育文庫　家訓篇』（同文館、一九一〇年）四三一頁。『貝原益軒家訓』は偽書説があるが、これについては、山中芳和「貝原益軒における「民生日用」に資する学問と教育論の展開(2)――『家訓』にみられる家意識と教育の問題を中心に――」（『岡山大学大学院教育学研究科研究集録』一四八号、二〇一一年）参照。『日本教育文庫　家訓篇』の底本は寛政六年版本である。
(54)『日本経済叢書』巻一六（日本経済叢書刊行会、一九一四年）二八七頁。

(55) 注(41)『佐藤一斎・大塩中斎』五〇頁。

(56) 『日本経済叢書』巻一九（日本経済叢書刊行会、一九一七年）四三二頁。

(57) 『日本教育文庫　訓誡篇中』（同文館、一九一一年）二〇六頁。

(58) 注(56)『日本経済叢書』巻一九、四三四頁。ただ、『自修篇』は、父母の志にもかかわらず、「育て上て見ると、存じの外の不善人となる也。貧苦微賤の身にして、子を育すること多子なれば、いかにも骨折と言べし。然るに育てあげて其甲斐なきは、最も哀むべき事也」と続けて、だからこそ、「父母教育の法」（同前）の重要性を説いている。

(59) 手習塾の「教育」については、天保一四年（一八四三）、幕府が江戸府内手習師匠へ出した諭達のなかに、「手習師匠致者、計ラス御政道ノ一助トモ成リ、世間風俗ノ益不レ少候間、此主意篤ク聢ト相弁、神妙ニ教育可レ申候。右ノ趣厚ク相心得教訓宜敷者、又ハ等閑ニ心得教育方不二行届一者ハ、取調ノ上及二沙汰一品モ可レ有之条、不レ漏様可二申通一旨、名主へ可二申聞一事」（『日本教育史資料』第七冊、文部省、一八九二年、一一頁）とあるのではないかという反論があるかもしれない。しかし、この論達は幕府が出したもので、手習師匠みずからが「教育」を意図したものではない。

この論達は、『日本教育史資料』には正徳元年（一七一一）とあるが、天保一四年（一八四三）三月の資料であることは、注(25)石川書改訂版、二一九頁参照。ただし天保一四年説にたいして、本山幸彦は享保八年（一七二三）説をとっている。本山は『六諭衍義』の頒布などの徳川吉宗の一連の庶民教化政策との関連で、この論達は「寺子屋の教育目的を明白にし、近世国家の教育思想を闡明」にした史料であると高く評価している（注25本山書、七九頁）。しかし、天保一四年一〇月に、江戸市中の手習塾師匠に与えた布達に「弟子其教育方ノ儀」（『日本教育史資料』第七冊、八五頁）とあり、「教育」の語の普及状況から考えてみても、石川謙の天保一四年説が妥当であると思われる。ほかに、石川謙が、文化文政年度の江戸市中の手習所の「感化教育」の例証として所引する柴村盛方『あすか川』（文化七年自序）にも、「文化の頃、霊巌島に住居して、山下栄之助と云者、世上の身持不埒なる子供を預り、教育いたし能き人に直し、追々直りたる者も有る由」（『新燕石十種』第一、国書刊行会、一九一二年、一三頁）という用例がある（注25石川書改訂版、五三頁）。これも、「世上の身持不埒なる子供」を「教育」したという点で、英才「教育」というよりは「教化」したという意味である。手習所の「教育」とはいえない。

(60) 広田照幸『ヒューマニティーズ教育学』（岩波書店、二〇〇九年）九頁。

(61) そのため、本書は、高橋敏が『江戸の教育力』(ちくま新書、二〇〇七年)のなかで論じている手習塾(寺子屋)や家と地域の教育については取り扱わない。これまでの日本教育思想史の中心テーマであった、昭和初期の乙竹岩造『日本庶民教育史』(目黒書店、一九二九年)と石川謙『日本庶民教育史』(注25)以来の分厚い手習塾(寺子屋)研究は含まないのである。なお、手習塾については、梅村佳代『日本近世教育史研究』(梓出版社、一九九一年)・『近世民衆の手習と往来物』(梓出版社、二〇〇二年)参照。

(62) 藤田英典・田中孝彦・寺崎弘昭『子どもと教育　教育学入門』(岩波書店、一九九七年)一〇一頁。

(63) 学校以外の人間形成の場として家庭や共同体の子育て論に注目することは、学校を中心とした教育史像、さらにいえば、現代の学校化社会への反措定として意義をもつことはいうまでもない。民俗的な「コヤライ」(子遣い)や「シツケ」に注目することで、儒者たちの「治国平天下」「修身」論とは異なる、「大自然に根を張っている」日本の教育思想を構築しようとする中内敏夫の試みも、こうした批判意識があったといえるだろう。中内敏夫『近代日本教育思想史』(国土社、一九七三年)参照。しかし、学校が「教育」と結びついていった江戸時代は、学校が自明なものとなった近代とは異なり、学校は、「はじめに」で紹介した大高坂維佐子のような女性にとっても憧れの対象だった。逆にいえば、学校以外の家庭や共同体での教育の場が広汎に存在したのだが、そのなかから、学校という組織的「教育」機関がクローズアップされてきたことが、何より近世的な特徴であったことは明らかである。本書では、そうした「教育」の学校が身分制社会のなかで、いかに生まれ、葛藤し、実現してゆくのか、そこにどのような問題があったのかについて見てみたい。それによって、辻本雅史が論じているような、他者としての近世の世界から近代を批判的に見直すことができるだろう。

(64) 教育と教化の両方を視野に入れた研究としては、石川謙「江戸時代末期における教育・教化の観念」(注2書)、衣笠安喜『近世日本の儒教と文化』(思文閣出版、一九九〇年)Ⅲ第二章「教化・教育・民衆運動」参照。また、庶民教化については、山下武『江戸時代庶民教化政策の研究』(校倉書房、一九六九年)参照。

(65) 注(2)石川書、六五頁。

(66) 高橋陽一「共通教化の基礎仮説――近代日本の国民統合の解明のために――」(『研究室紀要』二二号、東京大学大学院教育学研究科教育学研究室、一九九六年)参照。

(67) 石門心学の教化を論じた高野秀晴は、教育と教化の違いを次のように論じている。「「教化」においては、「教育」の場合のように、受け手が説き手の教えを学びとろうとする意志をあらかじめ有していることや、説き手と受け手が共通した志を有しているようなことは期待できない」（『教化に臨む近世学問――石門心学の立場――』ぺりかん社、二〇一五年、一〇頁）と指摘している。高野の研究対象は石門心学であるために、教化は講釈（講談）による「きょうけ」であって、それだけ、「「教化」の場合において教えを説こうとする説き手は、受け手の期待や警戒感、物珍しそうなまなざしや猜疑心などに否応なくさらされることになる」（同右）。高野はその受け手と説き手の関係性に注目し、そこに、学ぶ意志が建前にされる近代学校教育との異質性を見ている。

(68) 注(2)石川書、六七頁。

(69) 享保年間、京都で神道講釈をした増穂残口『神国加魔祓』（享保三年刊）には、「俗儒の記章の徒が、毛唐人の口真似して、僧法師をにくみ。釈尊の教化をきらふ」（巻地、『神道大系論説編　増穂残口』神道大系編纂会、一九八〇年、二七九頁）とあり、「釈尊の教化」にルビはないが、「支那にも教化（けうくは）の夷に落、風俗のかたぶきやぶれしをなげかざるや」（巻天、二七一頁）とある。また、『神国増穂草』（宝暦七年刊）には「是国風に随ひて教化（きやうけ）かはる証なり」（巻上、四〇二頁）とルビを振る。「きょうか」と「きょうけ」が並存している。強烈な「日本人」意識と恋愛至上主義とが結びついた残口の神道講釈については、拙稿「増穂残口の神道説と「日本人」観念」（『近世神道と国学』ぺりかん社、二〇〇二年）。

(70) 『教育学辞典』（岩波書店、一九三六年）石川謙執筆「教化」の項目。教化との関わりでいえば、「教諭」という言葉がある。「教諭」は礼楽システムによる教化ではなく、口頭の講釈（講談）によって教え諭す教化を意味していた。石川謙が「直接に一般教化を目的とする作業を教諭といひ、施す場所を教諭所と呼ぶやうになった」（注2書、七九頁）と指摘している通りである。「教諭」という言葉が幕府の書付に出ている早い例は、享保八年（一七二三）三月に、手習師匠に「御高札文ヲ弟子共ニ読ミ聞カスベキ旨」の達である。正徳元年（一七一一）五月の高札を平日、読み聞かせるよう、手習師匠に命じて、「弟子共へ行儀作法迄モ宜敷相成候様教諭無二油断一心懸候様御談可レ被レ成候」（『維新前東京市市立小学校教育法及維持法調書』大日本教育会、一八九二年、五二頁）と書かれている。

(71) 近世前期の儒者と僧侶の儒仏論争においても、五倫五常の教え自体が前提となっている。拙稿「仮名草子における儒仏論争」（注69拙著）参照。

(72) 近世前期には、儒学者と僧侶が三世因果の理をめぐって論争した。拙稿「仏教と江戸の諸思想」（末木文美士編『新アジア仏教史13　日本Ⅲ　民衆仏教の定着』佼成出版社、二〇一〇年）参照。

(73) 注意すべきは、この身分制社会の「五倫五常」道徳の内容の一つに、子が父母への孝行をつくす事はもとよりのこと、父母が子に「教育」することも含まれていた点である。先に見た「子弟ニ教育ヲ尽シ一族和合致シ帳外者無レ之様可レ致旨申渡」という寛政八年七月の幕府の町触にあるように、庶民の親たちに子弟への「教育」を教化しようとしたのである。一八世紀後半、間引きが庶民に横行するなかで、子弟への「教育」を親の勤め・義務として自覚化させようとしたのである。この際の「教育」は、先に述べた国家有用の英才「教育」ではなく、子弟「教育」の意味である。「教育」と区別すべき教化の内容も「教育」と称されたところに、教育と教化の間の概念上の混乱が起こる一因があったといえる。

(74) 深谷克己は、近世国家が絶え間なく人民を教諭するところから、「教諭国家」ととらえ、東アジア儒教世界のなかの共通性を見出しているが、その際、教諭支配の根本には儒教的な「性善」説があると説いている。『東アジア法文明圏の中の日本史』（岩波書店、二〇一二年）参照。深谷は性善説に農民・町人の側の能動性・主体性を評価するのだが、この点については、本書第Ⅱ編第三章でとりあげる細井平洲の講釈参照。

(75) 『通俗経済文庫』巻九（日本経済叢書刊行会、一九一七年）三〇六頁。

(76) 注(10)『荻生徂徠』四七三頁。

(77) 『佚斎樗山集』（国書刊行会、一九八八年）一八四頁。

(78) 俵木浩太郎『孔子と教育――「好学」とフィロソフィア――』（みすず書房、一九九〇年）参照。

(79) 注(16)ドーア書、三二二頁。

(80) 拙稿「近世儒学論」（『日本思想史講座3　近世』ぺりかん社、二〇一二年）参照。

(81) 朱子学における善なる本性を「自己救済能力」ととらえる解釈は、吉田公平に依拠している。吉田は、朱子学の性即理説について、「現実的に、気質に制約されてどれほど理に逆らって悪を結果し、罪を天に獲ようとも、もともと天より完全に善なる本性を賦与されているのであるから、「本来完全」であること（本来的に救われてあること）を確信して、それを自力で自己保全、自己発揮して、自己が固有する本来性を実現すれば、それでよいのである。つまりは、性善説＝性即理説とは、人は生れながらにして他者の救済を必要としない存在であることをいう」（『陸象山と王陽明』研文出版、一九九〇年、二二頁）と説いている。こうした朱子学における「人間としての自己形成」「自己変革ないし自己教育」としての学問については、辻本雅史『近世教育思想史の研究――日本における「公教育」思想の源流――』（思文閣出版、一九九〇年）も高く評価している。また筆者も、この朱子学の自己救済能力にもとづく自律性が「自由」なる主体として、軍事的な兵営国家のなかでもった積極的な意義を評価している（『近世日本の儒学と兵学』ぺりかん社、一九九六年）。

(82)　注(45)『吉田松陰全集』巻三、一八一頁。

(83)　中内敏夫『近代日本教育思想史』（国土社、一九七三年）七〇頁。中内は、明治以前の日本の辞典類には、「教育」「教授」「教化」が出ていないことを指摘して、「学ぶ」発想の伝統的教育観を論じている（同前、六六頁）。この伝統的教育観のために、中内は、近世日本では、「教える技にかかわる固有の意味での教育学（ペダゴジイ）の学者は生みださなかった」と指摘し、「師範学校（ノーマル・スクール）＝教育養成学校こそ、近代日本の純粋な輸入品となった」と論じている（『教育評論の奨め』国土社、二〇〇五年、四二頁）。

(84)　江森一郎『「勉強」時代の幕あけ』（平凡社選書、一九九〇年）は「学習法的教育観」を論じている。江森によれば、貝原益軒に典型的な「学習法的教育観」は、立志を重視し、「自ら疑問を持ち、問いつづけることを奨励する」特質をもっているという（一二八頁）。また山本正身は、手習いの学びと素読・講釈・会業の学びについて、「江戸時代においては教える側と学ぶ側との関係からなる教育的世界が、いわば学ぶ側の「学習」という営為を中心に成立している」のにたいして、「近代学校という教育的世界が、教える側の「教育」的営為を基軸として成り立っている」点で「著しい対照をなしている」と指摘している（『日本教育史』慶應義塾大学出版会、二〇一四年、五四頁）。

(85)　注(84)江森書、一七九頁。

(86)　子安宣邦も、「孔子とは最初に「学ぶ」ことを自覚的に始めた人物であり、「学ぶとは何か」を最初に問うた人物である」ととらえて、「教育」が近代の翻訳的漢語であったことに注意し、『論語』解釈に安易に「教育」を持ちこむことを批判している。子安によれば、京都の伊藤仁斎の古義堂や大坂の懐徳堂を想起しながら、「江戸時代の学校とは、自発的に、志をもって「学ぶ」ものの場であっても、上からの「教育」施設ではなかった」という。先に見たように、藩校のなかで、「上から施される調練であり、上からし向けられた他律的な習得である」「教育」が行われていたことも事実なので、江戸時代の学校一般とすることはできないが、江戸時代の学校の一つの特性として、そこが「学ぶ」場であったという一面を鋭く剔抉している。子安宣邦『思想史家が読む論語――「学び」の復権――』（岩波書店、二〇一〇年）参照。

(87) 江戸期の学習方法の基本文献は、武田勘治『近世日本学習方法の研究』（注28）である。また、会読と講釈の二つの学習方法と儒学思想との関連について、これまでの研究史では、会読は徂徠学派、講釈は朱子学派に適合的であるとされてきた。たとえば、鈴木博雄は、「朱子学派は個人の道徳的修養を学問の主なる目的としているし、政治的には道徳的教化を藩校教育の目的としているから、大勢の聴衆を対象とした講釈という教授形態が最も効果的である」のにたいして、「徂徠学のように、知識を尊重し、個性教育を重視する学派は、講釈よりも会読や輪講という教授形態が中心となる」と論じている（『近世藩校に関する研究』振学出版、一九九五年、三九四頁）。しかし、のちに論ずるように、会読は徂徠学ばかりか、朱子学派の人々も行っている。

(88) 注(28)拙著参照。

(89) 辻本雅史が、学びの復権というとき、儒学の学ぶ主体が前提となっている。しかし、辻本の場合、身体的な学習という側面から素読を重視している。『「学び」の復権――模倣と習熟――』（角川書店、一九九九年）参照。身体的な訓練をともなった素読の習慣が、江戸後期の知識人たちの「均質な知」の形成に大きな意味をもった点については、中村春作『江戸儒教と近代の「知」』（ぺりかん社、二〇〇二年）第三章「「均質な知」と江戸の儒教」参照。本書も、中村同様に、「したがって重要なのは、「哲学書」の内容ではなく、むしろ、まったく新しい読書の仕方」（『読書の文化史――テクスト・読書・読解――』福井憲彦訳、新曜社、一九九二年、一一二頁）であるというロジェ・シャルチエの問題構成に学びながら、会読という読書形式に注目することで、新たな江戸教育思想史像を目指している。筆者はすでに会読を焦点にして、会読の創始・変貌・終焉の展開を描いたが、本書では広く教育思想史という観点から再構成してみたい。そのため、拙著『江戸の読書会』（注28）の叙述と一部、重なる部分があることを予め、断っておきたい。

(90) 注(23)『日本教育文庫　学校篇』六〇一～六〇二頁。

(91)『日本随筆大成・第一期』巻一四（吉川弘文館、一九七五年）一七三頁。
(92)注(18)『日本教育史資料』第五冊、五五七頁。
(93)鶴成久章「中国近世の書院と宋明理学――「講学」という学問のかたち――」（小南一郎編『学問のかたち――もう一つの中国思想史――』汲古書院、二〇一四年、一五四頁）参照。
(94)注(28)武田書、二三七頁。
(95)注(23)『日本教育文庫　学校篇』六二七～六二八頁。
(96)同右、六三五頁。
(97)関山和夫『説教の歴史――仏教と話芸――』（岩波新書、一九七八年）参照。
(98)『佚斎樗山集』（国書刊行会、一九八八年）一八九頁。
(99)『荻生徂徠全集』巻一（みすず書房、一九七三年）五六九頁。
(100)『経学者平賀晋民先生』（大雄閣書房、一九三〇年）二三五頁。
(101)『日本詩話叢書』巻六（文会堂書店、一九二〇年）八頁。
(102)注(67)高野書参照。
(103)『石門心学』（日本思想大系42、岩波書店、一九七一年）一一頁。
(104)後藤宏行『「語り口」の文化史』（晃洋書房、一九八九年）、辻本雅史「マス・ローグの教説――石田梅岩と心学道話の「語り」――」（注1辻本書）参照。辻本は芝居や講釈（講談）などの音声や身体をメディアとした文化を通じて、庶民が人間形成、自己形成していたことに注目して、教育のメディア史を構想している。辻本の問題構成は、本書の一つの課題である「教化」―講釈をとらえる点では有益である。
(105)注(99)『荻生徂徠全集』巻一、五六九頁。
(106)注(18)『日本教育史資料』第五冊、五五二頁。
(107)『三田村鳶魚全集』（中央公論社、一九七五年）二三巻、六一頁。
(108)注(13)『日本教育史資料』第三冊、四頁。
(109)就学強制によって、学問への意欲は喪失するだろう。本山幸彦は、藩校や寺子屋の増加現象をとらえて、一九世紀は

「教育爆発」だとする説に異議を唱え、藩校に関していえば、「近世国家の教育思想に発する藩校の教育目的は、体制の補強と補修にあり、いわば後ろ向きの教育といってもよく、そこには藩士たちの情熱を駆り立てる理想はなかった」（注25山本書、二七八頁）と説いている。本山説は、たしかに藩校教育の本質的一面を摘出しているが、だからこそ、どのように学習意欲を喚起するかという問題は切実だったともいえる。

(110) 海原徹『近世の学校と教育』（思文閣出版、一九八八年）九頁。

(111) 江森一郎『体罰の社会史』（新曜社、一九八九年）参照。

(112) 鈴木俊幸『江戸の読書熱――自学する読者と書籍流通――』（平凡社選書、二〇〇七年）参照。

(113) 講釈家としての篤胤については、第Ⅲ編第三章「平田篤胤の講説――『伊吹於呂志』を中心に――」参照。

(114) たとえば、鈴木博雄「近世私塾の史的考察――元禄～享保期の私塾を中心として――」（『横浜国立大学教育紀要』一号、一九六二年）では、「体制を擁護する側の官立的教育と体制を批判する側の私学的教育」とする対立図式である。「要するにその教育目的において、私塾はその他の教育機関にはみられない自由を享受した、とくに武士の学校であった昌平黌や藩校とははっきり一線を画したのである」（海原徹『近世私塾の研究』思文閣出版、一九八三年、一三頁）。

(115) 谷川穣『明治前期の教育・教化・仏教』（思文閣出版、二〇〇八年）参照。

(116) 勝田守一・中内敏夫『日本の学校』（岩波新書、一九六四年）には、「学校経営の方法をみても、幕末の藩校は、多くの点で欧米近代国家の学校のそれと大差ないところまできていた。「等級性《ママ》」とよばれた試験や日常成績（学力）によって進級を決定する方法、学校体系を初等から高等へと序列づけて編成する考え方、固定した小教室で授業をするという形態など、近代学校経営の基本的なルールになるものはほぼもれなくそこに出揃っていた」ために、「同時代の日本人が輸入された西洋の近代学校のなかに藩校を読みとり、後者の精神で前者を同化するようになっていったのは、しごく当然のなりゆきであったといえよう」と論じている（六九～七〇頁）。

これまでの教育史研究では、近世と近代の連続というとき、庶民向けの手習塾や郷学と近代「学制」小学校とのつながりが注目されてきた。そこには、国家権力とは異なる自主的自生的な民衆の教育運動から近代の国民教育への連続をとらえようとする、強烈な問題意識があった。こうした問題意識からすれば、「士族層を対象としたエリート教育」を行った藩校のような「学校体系には、国民教育の創出の端緒的契機を見出すような公的教育は存在しているとは考えられない」（津田秀夫『近世民衆教育運動の展開』御茶の水書房、一九七八年、五九頁）と、藩校は切って捨てられてきた。教育諸機関における近世と近代の接続問題の研究史については、川村肇『在村知識人の儒学』（思文閣出版、一九九六年、二一～二五頁）参照。

本書では先に述べたように、近世における限定された「教育」から教育史を見るために、手習塾は視野に入らず、藩校・私塾の「教育」が主な対象となる。そのため、川村肇が教育機関の接続問題として藩校説・手習塾説・郷学説の三つに整理しているうちの、勝田守一、中内敏夫、R・P・ドーアの藩校説に立つことになる。こうした限定された「教育」（その周辺概念としての「教化」）に注目することによって、近世と近代の連続・断絶の問題を本書では検討する。ここで本書と民衆教育運動の関わりを付け加えておけば、津田秀夫が民衆の自発的な教育活動として特筆する摂津国平野郷町の豪農が開いた含翠堂のような郷学は、のちに述べるように、一八世紀の学習意欲に満ちた同志たちが共同で読書し、討論し合った会読の場が組織化されたものである。本書では、会読の場が自発的な共同学習の場であり、藩校以外の民間への広がりをもち、むしろ藩校はその広がりの上に成立したものであること、さらに会読する幕末期の郷学が自由民権運動の学習結社とつながっていることを明らかにしようとする点で、民衆教育思想史の問題意識を継承している。

第I編

学校構想と家訓

第一章　林家三代の学問・教育論

一　林家塾の「教方」

近世日本の学校は林羅山・鵞峰・鳳岡の林家三代の林家塾を嚆矢とする。寛永七年（一六三〇）、林家初代羅山（一五八三～一六五七）は幕府から賜った上野忍岡に家塾を開き、その地に寛永九年（一六三二）、尾張藩主徳川義直の援助を受け、孔子を祀る先聖殿を建て、その基礎を固めた。次いで、寛文六年（一六六六）、第二代鵞峰（一六一八～八〇）が、家塾運営に関する職掌と規約を定めるとともに、五科十等の制という塾生の学習課程を編成した。さらに元禄四年（一六九一）、第三代の鳳岡《ほうこう》（一六四四～一七三二）の時に、将軍徳川綱吉の発意で、忍岡の家塾と先聖殿は神田湯島の昌平坂に移され、規模を拡大した。この林家三代が創始・整備した林家塾が、寛政九年（一七九七）にいたって、幕府の直営学校昌平坂学問所の母体となったことは周知の通りである。

このうち、林羅山・鵞峰親子二代の林家塾について、朱子学を痛烈に批判していた荻生徂徠が『学寮了簡書』のなかで、意外にも高く評価していたことはよく知られている。徂徠は、「林家ノ学問」は「元来道春（羅山）・春斎（鵞峰）時分ノ学問ノ好キ仕方」であって、とくに第二代目の「春斎時分学寮ノ教方」は「大抵全備仕候」と述べて、激賞していた。ところが、徂徠によれば、三代目の鳳岡が林家塾を継いで、湯島に移転した後の「三四十年以来殊之外衰微」してしまい、山崎闇斎《やまざきあんさい》流の「講釈」朱子学が流行するようになったことで、よき教育方法は失われてしまったという(1)。

一体、徂徠が評価した「春斎時分学寮ノ教方」とは、いかなる教育方法だったのだろうか(2)。「全備」とまで賞賛される「学寮ノ教方」が、鵞峰の一代限りで、しかも、湯島に移転して拡充・発展したはずの三代目の鳳岡の時代に、なぜ衰退してしまったのだろうか。さらに広げていえば、そうした「学寮ノ教方」を支えていた「林家ノ学問」とは、どのようなものであったのだろうか。

本章では、こうした諸問題を検討することによって、近世日本最初の学校である林家塾の教育実態を明らかにするとともに、近世前期の時代状況のなかで、学校が果たした思想史的意義についても考えてみたい(3)。そもそも、この時期、思想・宗教界に新たに登場してきた儒学者たちにとって、学校は憧憬の的だった。たとえば、『信長記』（元和八年刊）や『太閤記』（寛永二年自序）の作者である小瀬甫庵《おぜほあん》は、「ねがはしき物」として学校と科挙制度を挙げている。

○天下に学校、又国々にも有て、儒学行れ、国をだやかに民安きやうに。
夫、儒学は人道之大倫立べきやうを専学するのみ。人道立ばなどか国をだやかならざらん。国守は必異端之学を禁じ給へ。禁㆓於異端之学㆒、則至治之学在㆓其中㆒。
○及第之法行るゝやうに。
学の進事及第にしくはなし。学進則先王之法興らん。先王之法おこらば、如何至治あらざらん(4)。
（小瀬甫庵『童蒙先習』巻五、慶長一七年跋、ねがはしき物）

古代以来の分厚い蓄積のある「異端」の教えである仏教に対抗して、新たに儒学の普及を図ろうとした儒学者にとって、「人道之大倫」を教える学校の創設と、学問が立身出世とつながる「及第之法」＝科挙制は、文字通り「ねがはしき物」だったのである(5)。林家初代羅山もその例外ではない。羅山は、学校をめぐる徳川家康とのやりとりを次のように伝えている。

道春に謂ひて曰く、「方今、大明も亦道有るか。卿《なんじ》は以て如何と為す」と。曰く、「之れ有り。春、目未だ之れを見ずと雖も、書に於いて之れを知る。夫れ、道は窈窈冥冥に非ずして、君臣・父子・男女・長幼・交友の間に有り。今や大明、閭巷より郡県より州府に至るまで、処処に学校有らざることなし。皆、人倫を教ふる所以にして、人心を正し風俗を善くするを以て要と為す。然れば則ち果して道有るか」と。是に於いて幕下、色を変じて、他を言ふ。春も亦言はず。(6)

（『羅山文集』巻三一、問対一）

羅山も全国各地に張り巡らされた「大明」の学校の盛況さを羨望していた。(7) ところが、家康が「色を変じて」話題をそらせたように、学校建設は難しかった。(8) そのなかで、羅山は私的な家塾をいち早く創設し、鵞峰・鳳岡はそれを発展させ、いずれは公的な学校が、「大明」のように「閭巷より郡県より州府に至るまで」群立することを夢見たのである。本章では、この林家三代のうち、徂徠が「大抵全備仕候」とまで評価した林家二代目の鵞峰の「学寮ノ教方」を明らかにすることによって、学校がいまだ制度化されず、憧れの対象に過ぎなかった近世前期の時代状況のなかで、学校が果たした歴史的意義を検討してみたい。

殊に鵞峰の「学寮ノ教方」が江戸教育思想史上、注目すべき理由は、「教育」方法が制度化されていたからである。序章で述べたように、もともと『孟子』に出典がある「教育」という言葉は、「天下の英才」を「教育」するという限定的な意味で使われていた。結論を先取りすれば、この「英才」「教育」という意味の意図的教育を、近世日本で最初に実行した学校が林家塾だったのである。『本朝通鑑』編集後、鵞峰は、前庭で列をなしている蟻を見て、塾生たちになぞらえ、次のように説いている。

記に曰く、蟻の子は時に之れを術すと。此れに対して、才子の教育を庶幾ふ。嗚呼、生徒の聚る、此くの如ければ、則ち学校の廃するも亦、興復すべきか。(9)

（『鵞峰文集』巻二、観蟻同賦、寛文一一年）

「蛾子時術レ之」（『礼記』学記）は、蟻の子が親蟻のすることを見習うように、人も常に聖賢の教えを学び、大成するべきだという意。鵞峰は、『礼記』の言葉を引照しながら、林家塾における「才子の教育」を願っているのである。[10]さらに、徂徠が高く評価した「学寮ノ教方」である五科十等の制についても、鵞峰は「教育」をするための方法であると認識していた。のちに述べるように、五科十等の制に主導的な役割を果したのは鵞峰の長男梅洞であったが、梅洞がそれを創設しようとした「志」について、鵞峰は次のように説いている。

汝の志、其の分に応じて之れを教育せんと欲す。諸徒の中、若し一科に長ずる者有れば、則ち之れを推挙し、自ら謙遜して其の才に誇らず。故に諸徒皆、其の公正を知るなり。

（『鵞峰文集』巻七七、西風涙露上、下二〇九頁）

梅洞が塾生の得意分野ごとに評価して、塾生の「分」に応じて「教育」しようとしていたと回想している。別の個所では端的に、鵞峰は、五科十等の制は「教育の一端」[11]（『日録』寛文七年正月七日条）であると述べていた。序章で述べたように、江戸時代、一八世紀中ごろに英才「教育」という用例が、藩校建設を求める文脈のなかで現われてくる。とすれば、林家塾、ことに二代目の鵞峰の「教育」はその先駆として、きわめて注目すべきであろう。思うに、徂徠が「春斎時分学寮ノ教方大抵全備仕候」とまで激賞したのも、このあたりに関連するのかもしれない。本章では、こうした問題意識をもって鵞峰の学問・教育論を検討することによって、江戸時代、もっとも早い「教育」の実態を明らかにしたい。

二　博覧強記の学問

(1) 批判された博覧強記

林家の学問といえば、徂徠が「ハ、広ク学ハセ候道春ヨリ伝来ノ家法ニテ御座候」[12]（『学寮了簡書』）と説いていたように、広くさまざまな学問に通じている博学を特色とすることは知られている。近世日本を通じて、羅山は何より博覧強記の学者として有名だった(13)。鵞峰も父親羅山にならい、博学を目指した。『鵞峰文集』には、博学の勧めが頻出する。

纔《わず》かに学びて之れを得れば、以て自ら足れりと為るは、遂に之れを為すこと能はず。陶弘景、万巻の中、一事を知らざるを以て深恥と為す（『有象列仙全伝』巻五）。学者、豈に之れを思はざらんや。

（『鵞峰文集』巻一八、勧学説、寛永一三年、上二一二頁）

書を読むは芸能の尤なり。事物の理、備はざる無し。今古の跡、載せざる無し。孤陋寡聞なれば、則ち業を成すこと能はず。故に経史子集、渉猟せざるべからず。本朝に生まれて本朝の事を知らざるべからず。故に、倭書も亦、読むべし。

（『鵞峰文集』巻六一、答童難、万治三年、下六〇〜六一頁）

ただ注意すべきは、こうした「経史子集」ばかりか、「倭書」までの「万巻の中、一事を知らざるを以て深恥」とする博覧強記は、道徳的修養を第一義とする儒学者からみれば、たんなる物読み坊主、物知りに過ぎず、軽蔑すべきものであったという点である。同時代の中江藤樹《なかえとうじゅ》や山崎闇斎、さらには室鳩巣らの批判(14)は、まさにこの点を衝いていた。彼らは、林家の博覧強記を「己れの為め」（『論語』憲問篇）に道徳的に完璧な人格完成を目指すべき学問の本質欠如態とみなしたのである。しかし、そのような非難は、他ならぬ朱子が『大学章句』序において「俗儒の記誦詞章の習は、其の功、小学に倍すれども用なし」と説いていたのだから、林家の人々とて百も承知だったはずである。そうだからこそ、「高く性理を談」じる朱子学者（おそらくは山崎闇斎を念頭においている(15)）が、「博識を以て妨げ有」る「俗儒」だと非難していることにたいして、鵞峰は次のように反論していたのである。

近年、聞くならく、高く性理を談じ、以て程朱再び出づと為して、文字を擲《なげう》ちて、博識を以て妨げ有りと称して、余が輩を指して俗儒と為す者も亦た之れ有りと。彼は彼を為し、我は我を為す。道、同じからざれば、則ち相ひ為に謀らず。余は唯だ家業を守るのみ。若し試みに四書五経の註に引く所の典故、其の出処を知らずして、其の文義の通ずるや否や、又宋儒の註解、文法を知らずして、読み得るや否やを問へば、則ち未だ知らず、彼の徒、如何にか之れに対《こた》へん。

（『鵞峰文集』巻七八、西風涙露中、下二二三頁）

鵞峰は、四書五経の註の典拠も知らないで、傲慢にも朱子の再来などと称せるのか、とやり返し、「彼は彼を為し、我は我を為す」と、そうした「俗儒」批判を突っぱねた。それにしても、こうした「俗儒」批判が当然予想できたにもかかわらず、林家の人々があえて博覧強記を自覚的な目標としていたとすれば、少しく考えてみる余地がある。

（2）家業としての博覧強記

そもそも、近世初期の儒者が「物知り」としての役目を期待された社会的存在だったことは、まず押さえておかねばならない(16)。この点、当該期の逸事を集めた『明良洪範』には、興味深い鵞峰の逸話を伝えている。将軍御台所に献上するために用意した、土佐光信の「源氏の大屏風」の絵について、大老酒井忠勝から質問を受けた鵞峰が「歌書の事不案内」だと答えたことにたいして、忠勝は次のように戒めたという。

儒臣に召仕はるゝ人は、必漢書のみには限る可らず。日本の儒官は日本の事第一知べき事也。殊に源氏絵の屏風は世上に多き物也。我は苦しからず。他家諸侯の方にて天下の儒官に任ずる人が近く取扱ふ物を知ずとは申され間敷ぞ。儒は物知りと訳せずや(17)。

（『明良洪範』巻一）

この時は、鵞峰は赤面して帰宅するしかなかったが、この一件があって、奮起して「林家にて和学に長ぜられしは春斎也」と評されるまでになった、と『明良洪範』は付け加えている。事の真偽はともかくも、ここで注目すべきは、「物知り」が「日本の儒官」に求められる役目だったという点である。林家の人々は幕府に仕えている限り、そう簡単に、伊予大洲藩を致仕して母の孝養のため、さっさと故郷近江に隠棲してしまった中江藤樹のように「物知り」は「朱子の所謂る能く言ふ鸚鵡」(18)（「林氏剃髪受位弁」）だ、などと無責任に済ますことはできなかったのである(19)。

こうした同時代の「俗儒」非難のなか、鵞峰は、「物知り」＝博学こそが幕府に仕える林家の「家業」だと積極的に受けとめることで、みずからを正当化していた。たとえば、鵞峰は甥の林晋軒《はやししんけん》（林読耕斎の子、勝澄、字は章卿）にたいして、次のように教戒している。

博聞強記は汝の家法なり。（中略）四書六経は文武の道を載す。歴史子集数千万巻は、之れに本づかざること無し。其の義を講じ、其の事を知り、其の言を考へ、其の詞を弄するは、我が家の業なり。汝、家法を守りて、其の業を明らかにすれば、則ち庶幾くは其の名字に負かざらんことを。

（『鵞峰文集』巻二四、章卿説、寛文一三年、上二六〇頁）

「博聞強記は汝の家法」とあるように、鵞峰は「博聞強記」を林家の「家業」とする使命感をもっていたのである。鵞峰は息子梅洞にも、「家業の盛衰、汝に在り」（『鵞峰文集』巻七七、西風涙露上、下二〇五頁）と諭し、「家業」を強調していた。われわれは「家業」という言葉に込めた林家二代目鵞峰の思いを想像しなくてはならない。

この時期、本来、修己と治人を目標とする儒学者が、「物知り」学者としてしか遇されなかった根本的理由は、幕府の人々、広くは世間の人々の儒学＝学問にたいする理解と評価がなかったからである。鵞峰は誰よりも、当時の人々の学問への無理解を痛感していた。鵞峰は、内々では「幸に太平の世に生れ、起居、穏やかと雖も、不文の国に生れ、盲聾の中に混ず。出づれば、則ち見る所、聞く所は皆、利達の事を求むるのみ。諺に曰く、九十九の鼻缺くる猿、一の体を全くする猿を咲《わら》ふの類、亦た之れ無きに非ず」（『日録』寛文七年九月六日条）とまで、無学な世間を酷評していたのである。鵞峰は、そうした「九十九の鼻缺くる猿」に囲まれた疎外感に堪えながら、「家業」である「物知り」としての役目は、たしかに「一能」に過ぎないかもしれないが、しかし「無用の用」があるのだとみずから慰めていた[20]。

今の世、武徳を以て太平を致す。然れども一能を棄てずして百事闕《か》けず。一瓠《ひさご》は軽き物なり。然れども中流に舟を失ふに当りては、則ち千金にも換へず。独木の微も、蔑視すべしと雖も、然れども岸谷の隔つる、之れ無ければ、則ち超ふること能はず。故に国家を治むるの術に、無用の用有り。若し夫れ常に用ひざるの物を以て取るに足らずと為すときは、則ち宝刀霊刀の蔵も亦、日用の器に非ず。然れども之れを伝へて以て珍宝と為るは、唯だ是れ不虞の変に備ふるに過ぎず。然らば則ち一能の平日に用ひられざるも、豈に其れ不時の用に有らざらんや。是れ世に棄てられざる所以なり。

（『鵞峰文集』巻五〇、一能子伝、寛文七年、上五三一〜五三二頁）

「武徳を以て太平を致」した幕府のなかで、「無用の用」としての博識は、「日用の器」ではないかもしれないが、「宝刀霊刀」として無類の役目を担っているのだという。鵞峰は、幕府内で「不虞の変」「不時の用」に備えた「無用の用」を担うという逆説的な役目が林家の「家業」だと自己規定することによって、外からは「記誦詞章」非難を招かざるをえない、博覧強記の学問を正当化していたのである。

ただ、博覧強記が「家業」だとはいえ、古今東西の厖大な書物を読み覚えて、「不虞の変に備」える「無用の用」の行為は、博学自体の自己目的化の危険をはらんでいた。そのなかで、寛文四年（一六六四）、幕府から命令された『本朝通鑑』編集は、博覧強記に「無用の用」ではなく、より積極的な活用の場を与える大事業であったといえるだろう。

これより前、慶安三年（一六五〇）、幕府の命令によって、羅山は神武天皇から宇多天皇までの歴史書『本朝編年録』を編集していた。鵞峰はそれを継いで、延喜以後の歴史書の続修を命じられた。鵞峰にとってみれば、『本朝通鑑』編修はみずからに課せられた「職分」だった。「修史は余の職分なり」（『日録』寛文八年二月二二日条）。士農工商の四民にそれぞれの「職分」があるように、鵞峰にとって、修史作業は幕府に仕える林家の「家業」にともなう「職分」として受けとめられたのである。

（3）塾生への叱咤激励

ところで、林家の人々にとって、博覧強記は「家業」であると納得できたかもしれないが、林家以外の者たち、たとえば、最も身近にいた塾生にとっては、博覧強記の学問はそれほど自明ではない。まして、万巻の書物を読み覚えることなど、容易にできるものではなかったのだから、なおさらである。この点、羅山は、学問しないで官爵につく者は、牛や馬が人の衣装を着たような内実のない「酒嚢飯袋」に過ぎない、と叱咤激励している。[21]

学ばずして官爵に有るは、馬牛の襟裾、猨狙の環珮なり。智無くして温飽《おんぽう》なるは、酒嚢飯袋、行屍走肉なり。吁《ああ》。[22]

（『羅山文集』巻六九、随筆五、寛永年中）

羅山から見れば、「酒嚢飯袋」にしか過ぎない者たちが「官爵」についている現実を前にして、学問に勉めよ、と弟子を励ましているのである。

男子、平生の志を遂げんと欲せば、六経勤めて窓前に向かひて読めと。是れ真宗皇帝の勧学の文なり。若し書を読みて道を知らざれば、則ち一肉塊、蠢蠢然たるのみ。之れを行屍走肉と謂ひ、之れを馬牛衿裾と謂ひ、之れを猨狙環珮と謂ふ、亦た吁《う》れはしからずや。飽くまで食ひ、終日、心を用ふる所無し。之れを酒嚢飯袋と謂ふ。言と行と相睽《そむ》く。之れを能言の鸚鵡猩猩と謂ふ。[23]

（『羅山文集』巻五九、畀沢氏子、寛永三年）

「平生の志を遂げんと欲せば、六経勤めて窓前に向かひて読め」とは、宋朝の「真宗皇帝勧学文」（『古文真宝前集』巻二）の最後の一聯の句である。もともと「勧学文」には、学問をすれば、「千鐘の粟」や「黄金の屋」、「顔玉の如き」女が手に入ると説かれていた。しかし、羅山は肝腎かなめの経済的・社会的な栄誉にかかわる言葉を削ったうえで、「六経勤めて窓前に向かひて読め」と弟子たちに促している。というのは、世襲身分制社会の近世日本では、学問をして立身出世が可能となる科挙制度を前提にしていた「勧学文」の文言は、そのまま引照できなかったからである。鵞峰もまた子弟や塾生を励まして、羅山同様に、「勧学文」を引照していた。

> 人は学ばざるべからず。学べば、則ち禄、其の中に在り。学ばざれば、則ち物の比倫するに堪ふる無し。故に古人勧学に曰く、男子、平生の志を遂げんと欲せば、六経勤めて窓前に向かひて読めと。若し斯の言を信ぜば、其れ必ず效有らん。（『鵞峰文集』巻一一五、漫筆、年不詳、下五六〇頁）

「学べば、則ち禄、其の中に在り」は『論語』衛霊公篇の語。また、「学ばざれば、則ち物の比倫に堪ふる無し」は、「朕無学の人を観るに、物の比倫するに堪ふる無し」（『古文真宝前集』巻一、仁宗皇帝勧学文）を踏まえている。

鵞峰の場合、学べば、後から物質的な「禄」もついてくると説いている点で、羅山と異なってはいる。しかし、それも確実なものではなかった（この点はのちに述べる）。羅山と鵞峰の若干の相違の背景には、この間、林家の社会的地位の上昇があったにしても、学問がストレートに現実的な栄誉に直結する科挙がない状況に変わりはなかった。そのなかで、鵞峰は羅山同様に、執拗に弟子たちに怠惰を戒めていた。

> 古今の学者、或は之れを成し、或は之れを成すこと能はず。古人は之れを成すこと多し。今人は之れを成すこと少なし。麟角牛毛の譬、良《まこ》とに以《ゆ》え有るなり。其の成すと成さざるとは、勤むと勤めざるとに在るのみ。敢て古今の遠近、驕奢放逸なる者は、貴しと雖も、之れを成すこと能はず。力学篤行なる者は、賤しと雖も、

必ず之れを成す。敢へて貧富の同じからざるに係らず。

（『鵞峰文集』巻一八、勧学説、寛永一三年春、上二一一頁）

其の能に堪えずして、禄を食むを、之れを尸禄《しろく》と謂ふ。汝、頃間、学料の恵みを受く。幸なりと謂ふべし。既に其の禄を受くれば、則ち勤めざるべからず。尸禄の譏りを受くること無し。若し勤めて進まざれば、則ち生質の分か。然れども人之れを一たびすれば、己之れを十たびし、人之れを百たびすれば、己之れを千たびすれば、則ち豈に其の効有らざらんや。詩に曰く、素餐せずと。汝、其れ之れを戒めよ。伝に曰く、学ぶときは、則ち禄其の中に在ると。汝其れ茲を念へ。（『鵞峰文集』巻三七、与栄清、寛文九年、上三八六頁）

「人一能レ之、己百レ之、人十レ之、己千レ之」は『中庸章句』第二〇章の語で、努力・勤勉を勧める言説である。鵞峰は他者と比較しながら、みずからを奮起させ、努力すればきっと「禄」も得られると弟子たちに勤勉を促しているのである。

注目すべきは、鵞峰がその際、とくに時間を常に意識せよと強調していた点である。鵞峰によれば、人生は限られた時間であるという。鵞峰は朱子の「勧学文」を引照しながら、息子梅洞の別号「勉亭」を次のように説き明かしている。

朱文公曰く、謂ふ勿れ、今日学ばずとも、来日有りと、今年学ばずとも、来年有りと（『古文真宝前集』巻一、朱文公勧学文）。想ふに夫れ勧学の格言、此れに過ぎたるは無し。其の学を承くる者は誰ぞや。勉を以て斎を名づくるの人（梅洞）なり。（『鵞峰文集』巻三、勉亭記、万治三年、上七八頁）

鵞峰は「謂ふ勿れ、今日学ばずとも、来日有りと、今年学ばずとも、来年有り」という朱子の「勧学文」[24]を引照して、一生の短い時間のなかで、勤勉に努力して「進歩」することを求めるのである。

千里は遠し。歩を進むれば、則ち日を経て至る。咫尺《しせき》の近きも、歩を進めざれば、自若なり。汝、北州に産し、京洛難波に経歴すれば、則ち既に歩を進め、今、此に来たり。文字を窺ふに、勤めば、則ち進むべく、勤めざれば、則ち自若のみ。齢壮んにして脚健なり。何ぞ歩を学路に進めざらんや。

（『鵞峰文集』巻二〇、進歩説、寛文九年、上二三一頁）

（4）公と私の区別

時間意識との関連でいえば、寛文四年（一六六四）、鵞峰が『本朝通鑑』編修を進めるにあたって、朝から夕方までの日課と休日を定めて、規律ある生活を求めた点は注目すべきである。鵞峰は、上野忍岡の林家塾を増改築した編集所国史館に、以下のような掲示を出した。

一に曰く、出席は辰。後、申刻に至りて退去すべし。
一に曰く、毎月五箇日、休息すべし。
一に曰く、官本は勿論、他方より呈する所の旧記、損ずべからず。私に写すべからず。
一に曰く、万座、意に協はざる事有りと雖も、此の席に於いて口論すべからず。
一に曰く、諸事、弘文院の指揮を守るべし。

寛文四年十一月朔日　奉行

（『日録』寛文四年一〇月二六日条）

辰刻（午前八時）から申刻（午後四時）までを、編集の仕事時間と定めて、月五回の「休日」を取ることになっていた。国史館では、官本を「私」に書写してはならないと、公私の物品の区別をするばかりか、公私の時間の分離をも定めていた。

林叟、史館の休日に方《あた》つて、朝より午に至るまで、国史を対校し、晩に書を読み、朱を点す。終日、休まず。

自ら嘆じて曰く、勤めに就くは、則ち国史館の提挙なり。休日には、則ち晩林の夕陽叟なり。公なるべきときは、則ち公、私なるべきときは、則ち私なり。公事、緩かにすべからざるなり。私事、意に任すべけんや。意に任せば、則ち較《やや》懈《おこた》る。懈れば、則ち遂げず。遂げざれば、則ち廃す。然らば、則ち私事と雖も、日を限り時を刻みて、之れを成せば、則ち自ずから其の効を見ん。余、常に私事を以て公事に准じて、怠慢せず。故に勤めに就くこと日多く、休日少なしと雖も、私の為す所も亦、日を積みて成る。家に蔵書万巻有り。未だ其の十が一を見ず。嗚呼、老ひたり。衰えたり。日も亦、足らず。力も亦、足らざるなり。

（『鵞峰文集』巻一一五、休日漫筆、寛文八年九月、下五五六～五五七頁）

「公なるべきときは、則ち公、私なるべきときは、則ち私なり」という公私の区別はたんなる意識の次元ではなく、生活時間の分離を意味していた。朝から夕方までの間は、編集の「公事」の時間である。その後、夕刻、申刻から就寝までが、それぞれの意思に任された「私事」の時間である。国史館では、正確な時刻を測るために、「自鳴鐘を座隅に置き、以て時刻を知る」（『日録』寛文四年一一月一日条）とあるように、西洋式時計を置いていたのである。(25)

鵞峰が書いた『国史館日録』には、公的仕事は、「館事」と記されている。『本朝通鑑』編集初日、寛文四年一一月朔日には、定時の「辰刻、国史館に到る。高庸、先に至る。而して友元・伯元・春貞以下、筆吏・傭書者、皆至る。（中略）申刻に及びて、皆退散す」とある。翌日には、「館中の事、昨日の如し」（『日録』寛文四年一一月二日条）と記され、以後、「館事如例」の決まりきった記述が続き、定時の始業・終業が規則正しく行われていたことが分かる。

「館事」の具体的な内容といえば、『本朝通鑑』の草稿執筆はいうに及ばず、蒐集された書籍の筆写と校正もあった（ただし史料の蒐集は思うようにはいかなかった）。(26)のちに述べる『本朝通鑑』の叙述を担当する四人の員長と補助役以外の者たちは、単調な筆写と校正に従事した。そこでは、一字をもゆるがせにしない厳密さ・正確さと耐久力が求められたのである。これに対して、学問は、「館事」の公務の後の「意に任」された余暇にすべきものであった。学問は編纂作業の公務の傍ら、その余暇の「私事」として位置づけられていた。

侍生の史館に在る者、倭書を校するは其の当務なり。其の余力には、則ち各々其の好む所に随ひ、或は詩を作り文を属《つづ》ることを学び、或は史漢文選を読む。其の余、多々品々なり。

（『鵞峰文集』巻三六、示小出龍泉、寛文七年冬、上三八〇頁）

「各々其の好む所に随」い、「余力」として、国史館の「侍生」は、詩文を作ったり、史書を読んだりして、自分の得意とする分野を学ぶことが許された。そこは、単調で根気強い作業が求められる公的な「館事」とは違い、自分の「好む所」に任せられた自由な時間だったのである。林家塾では学問・教育は、「経を講ずるは、先考の遺命なり。稽古の業は、仕暇の私務なり」（『鵞峰文集』巻四一、答虎林東堂、寛文四年五月、上四三四頁）とあるように、あくまで「私事」「私務」の時間になされたのである。

三　講釈と門生講会

（1）鵞峰の講釈

では、上野忍岡の林家塾では、どのような教育方法がとられていたのだろうか。その一つの方法は講釈である。「春斎時分学寮ノ教方大抵全備仕候」と称賛していた徂徠は、鵞峰の講釈にたいして、「随分堅キ講釈ニテ御座候」[27]（『学寮了簡書』）と評価している。

其講釈ノ致方モ経書計《ばかり》ニ限ラス、詩文ノ書ニテモ文面ノ一通リニテスミ難キ故事出処ノ考入候書物ヲ学者ノ為ニ講候事ニテ、随分堅キ講釈ニテ御座候[28]。

（同右）

鵞峰は先に見たように、四書五経の註の典拠も知らない性理学者（山崎闇斎）を批判していたが、徂徠はそれに同意して、（29）「書物ヲ学者ノ為」に行う鵞峰の講釈を評価していた。

> 春斎時分ハ弟子共何レモ講釈下手ニ而、嘉右衛門如ニ無二御座一候故、世上ニテ笑候ニ付、人見友元異見申候得者、春斎事之外立服（腹）イタシ、学問狭事ニテハ儒者ノ御用向足リ不レ申候故、道春ヨリノ家法ニテ、此方ノ家ハ嘉右衛門抔トハ違ヒ、ハヽ広ク学問イタス事ニテ、只今講釈ヲ第一ニ為レ致候ハヽ、家之学問衰微可レ致候。異朝ニテモ道学先生ヲ立候者、不学ノ儒者ノ隠家ト云ル事ナリト申候而、曽而承引不レ仕候。（30）（同右）

序章で述べた学者向けの講釈と不特定多数の講釈（講談）のうち、鵞峰の講釈は、完全に学者向けのものだったのである。その「講釈下手」の鵞峰の講釈として有名なのは、易経・詩経・春秋・書経・礼記の五経講釈である。鵞峰は、寛永一八年（一六四一）正月、二四歳の時に『詩経集伝』の講釈を始め、寛文三年（一六六三）一一月、四六歳の時の『周易本義』の講釈にいたるまでの間に、五経すべての講釈を完了した（「鵞峰林先生自叙譜略」）。この長期間の五経の連続講釈は、もともと羅山の命令で始めたものであった。羅山はみずからが訓点（いわゆる道春点）を付けた『五経大全』を鵞峰に与えて、「経筵」（講釈）を開くことを命じたのである。（31）

> 噫、寛永十七年庚辰の冬、先考（羅山）、点する所の五経大全を以て余に授けて曰く、是れ我が家蔵の万巻堆堆の最なり。今以て汝に附す。以て経筵を開くべし。人の為めにするは、則ち其の蠱《こと》、幹《かん》たり難し。己れの為にするは、則ち其の事成る。其の聴く者に於いては、則ち来る者は拒まず、去る者は留めず。多しと雖も、嫌ふこと勿れ。寡しと雖も、厭ふこと勿れ。唯だ毎月、日を定めて怠ること勿れ。怠ること勿れ。汝、我が言を守らば、則ち古来の一稀にして、家業の大事なり。其の文義に通ずることを得ば、則ち道も亦、聊か庶幾んか。勉めよや。勉めよやと。余、時に二十三歳、謹みて命を受けて、明年辛巳正月より、詩を講じ、朱伝を併せて、頤《い》を解く。
>
> （『鵞峰文集』巻六六、告講経始末文、寛文三年一一月二九日、下一〇一頁）

羅山は鵞峰に毎月、日にちを定めて、継続することを求めた。羅山は訓点をつけることに留まっていたが、息子鵞峰には、それをもとに「経筵」することを願ったのだろう。ただ、聴衆は「来る者は拒まず、去る者は留めず」、お構いなし。鵞峰自身の「己れの為にする」ことを目指したからである(32)。鵞峰は「家業の大事」だという強い使命感から、これを見事にやり遂げた。この五経講釈終了後、その功によって鵞峰は、寛文三年一二月、幕府から弘文院学士の称号を賜ることになる。『私考』と題された鵞峰の著作群は、その成果だった(33)。

(2) 相互講釈

林家塾では、鵞峰の五経講釈のように、師から弟子への講釈がなされていた。鵞峰の講釈は毎月五回、三日・一〇日・一六日・二一日・二六日を定日として行われた。ただ、『本朝通鑑』編集以前に、師から弟子への一方向的な講釈ばかりか、弟子たち相互で講釈し合うことが行われていた事実は注目すべきである。鵞峰は承応二年(一六五三)に、「諸生」に次のように諭していた。

> 夫れ同声相応じ、同気相求む(『易』乾、文言伝)。故に龍の雲に於ける、虎の風に於ける、魚の水に於ける、鳥の林に於ける、物皆然り。況や人に於いてをや。同門の友に於いてをや。加旃《しかのみならず》、朋友、兄弟の義有るときは、則ち同声同気、豈に他に求めんや。頃間、諸生屢《しばしば》余が輩の講席に陪し、肩を拍ち袂を把《と》りて、切々偲々なり。且つ今、其の請ふ所に依つて、各々をして試みに大学章句を誦せしめて、節を分ち鬮《くじ》を探り、其の次を守り、更に迭《かたみ》に之れを誦せしめ、更に迭に之れを聴く。人の師為るの患有るに似ると雖も、亦た是れ友を会し仁を輔るの一端か。
>
> (『鵞峰文集』巻四三、諭諸生、承応二年、上四四四〜四四五頁)

鵞峰は、朋友間の交流を重んじ、諸生相互が講者と聴者を交代し合いながら講釈し合い、「誦する者、誤り有りて、聴く者、之れを疑ふときは、則ち直に面《まのあた》り之れに告ぐべし。彼此、益有らん。若し退きて、嘲笑するときは、同志同門の義に非ず」（同右、四四五頁）と、相互批判し合うよう、求めていた。鵞峰によれば、こうした方法が有効な理由は、「孤陋寡聞は学者の憂ふる所」で、「人各々長ずる所有れば、則ち一人に求むること」ができないし、まして「学問は多端にして、一旦に尽く之れを極むべからざる」からである。鵞峰はこう述べて、朋友同士の「講磨」を推奨し、さらに、「孟子曰く、英才を育するは、一の楽なり。吾豈に敢てせんや。諸生、勉めよや。勉めよや」（同右、四四五頁）と、孟子の「天下の英才を得て、之れを教育するは三の楽なり」（『孟子』尽心上篇）を遠慮しながら引照している。鵞峰は先に見たように、明確に「英才」を「教育」することを自己の任務であると認識していたのである。

何よりも注目すべきは、鵞峰がこのような諸生同士の相互講釈を「英才を育する」、すなわち「教育」の方法としてとらえ、制度化・定例化していた点である。それが「門生講会」である。「門生講会」は、規則「門生講会式」が定められ、そのルールの下に運営されていた。(34) それによると、「門生講会」は、毎月三回（三日、一三日、二三日）に、申の刻（午後四時）に「衆会講釈」し、亥の刻（午後一〇時）に退去すべしとされた。その場での注意として、次のような箇条があった。

一　講中、疑義有らば、縦《たと》ひ末座為りと雖も、講畢りて後に、問難有るべし。彼此共に不平の心を挟むべからざる事。

一　衆中の同志、此の会を催せば、則ち相互に宜しく講磨すべし。疑阻有るべからず。優なる者は自負すべからず。劣れる者は怒りを含むべからず。他所に在りて背語すべからざる事。

（『鵞峰文集』巻五一、門生講会式、明暦二年、上五三五頁）

「同志」間の相互批判が奨励されている。翌年には、さらに鵞峰は「門生講会」の注意事項を増補している。

一　後輩、前輩の講に陪すれば、則ち決して不満の心有るべからず。縦《たと》ひ前輩と雖も、後輩の講を聴けば、則ち倦怠有るべからず。心を書に潜めて、以て之れを聴きて、其の善き者には之れに従ひ、善からざる者は之れを改正すれば、則ち人の講ずる所も亦た、己が講ずる所と何を以てか異ならんや。彼此の隔て有らずして、互いに相助け之れを長ずれば、則ち日新の功有らん。然らざれば、則ち講会、何の益か有らん。

（『鵞峰文集』巻五一、門生講会式、明暦二年、上五三八頁）

このような「衆中の同志」がお互い、疑問を出し合い、「講磨」し合う「門生講会」は、のちの時代の輪講だといってよいだろう[35]。輪講とは共同学習である会読の一つの形態で、講者と聴者を交代しながら、参加者が対等な立場で討論し合う共同読書の方法である。鵞峰の定めた「門生講会式」はまさにその輪講規則だったといえる。対等性という点でいえば、「門生講会」には、鵞峰自身は参加しなかったようであるが、鵞峰の長子梅洞が入っていたことは注目すべきである。というよりは、鵞峰は長子教育の一環として、「門生講会」をとらえていたのではないかと思われる。明暦二年（一六五六）の「門生講会式」が書かれた時の「講会」について、羅山は初孫梅洞を中心に述べていたからである。

丙申（明暦二年）七月三日、聞くならく、向陽（鵞峰）、生徒十余輩を聚め、之れをして朱子集註論語を説かしむ。各、鬮を探りて、之れが次序を為す。春信、論語の名義を諳誦すべしと。我、之れを塾に招く。諸生、侍坐す。聴者同じく席に在り。既にして小童、書格を棒《う》つ。論語は其の版面に在り。春信、今年僅かに十四歳、格に対して書を開き、即ち微音に論語の二字を唱え、乃ち述べて云く、云々[36]。（『羅山文集』巻六四、嫡孫春信講論語名義大概）

弟子たち同輩の者たちの切磋琢磨のなかで、鵞峰は梅洞への教育を目論んでいたのではないかと思われる。鵞峰はその有様を羅山に見せて、その成果を示そうとしたのではないかと想像される。ともかくも、鵞峰が子供たちを弟子同列に扱った点は、次に述べる五科十等の制のなかでも貫かれていた。この点こそが、のちに徂徠によって評価された点である。

　春斎時分ノ学寮ハ自分居屋敷ノ内ニ有之、内記（鳳岡）兄春信（梅洞）ヲモ五科ノ内へ入置キ、弟子共同然ニ励マセ申候。(37)

（『学寮了簡書』）

　鵞峰は、親から子供、師から弟子への上下の関係の一方向的な教えではない、同輩同士の対等な関係のなかでの「教育」の有効性を認識していたのである。(38)

四　五科十等の制

（1）学力による序列化

　鵞峰の林家塾の教育方法のユニークさは、徂徠が特筆していたように、諸生の学習課程を定めた五科十等の制にある。五科十等の制とは、五科目の学習内容と諸生の成績・学力に応じた十段階の等級を設定した制度である。五科目とは、寛文六年（一六六六）の「忍岡家塾規式」では、経科・史科・詩科・文科・倭学科(39)であるが、寛文一二年（一六七二）の「忍岡塾中規式」では、経科・読書科・詩科・文科・倭学科と定められている。『本朝通鑑』編集中に定められた寛文六年の「規式」の「史科」は、編集後には「読書科」に変更された。編集時には歴史書に限定していたのだが、編集後には広く読書範囲を拡大したのだろう。

　こうした五科という幅広い科目を設定した一因は、公務としての『本朝通鑑』編集には多方面の人材が必要だったからだった。鵞峰は、『本朝通鑑』編修の事業を大きな家「大廈」の建設に譬えて、次のようにいっている。

　夫れ大廈《たいか》は一木の支ふる所に非ず。故に良匠の之れを営するに、衆材を聚めて以て其の功を成す。国史館の編輯は、諸《こ》れを大廈の殊に大なる者に譬ふ。余、其の事を営するに、各々其の才に因て之れを使ふ。

（『鵞峰文集』巻三六、送賀璋、寛文一一年孟春二一日、上三七五頁）

ただ、『本朝通鑑』編修の公務としての必要性のみならず、より根底的には、諸生個々の才能を伸長させようとして、できるだけ幅広い科目を定めたといえるだろう(40)。諸生にはそれぞれ得意とする科目があるからである(41)。鵞峰は、「或は経、或は読書、或は文章、或は詩賦、或は倭学。各々其の好む所を択び、声名を五科の間に発せば、則ち多福、自ら来ること有るか」（『鵞峰文集』巻一五、諸生序歯記、延宝元年、上一九二頁）と、各々の好みに任せることで、学力がつくと考えていたのである。実際、編集作業の過程で、諸生の学力はそれぞれの個性に応じてアップした。

各々史館の盛挙に遇ひて、諸れを起筆の時に比ぶれば、則ち稍《や》や具眼の者有り、進歩の者有り、志を励ます者有り、末至り跂《つまだ》て望む者有るときは、則ち龍吟して雲起り、虎嘯きて風生ずるの彷彿か。

（『鵞峰文集』巻一五、館生郷里記、寛文九年、上一八八頁）

五科のなかには、甲から癸までの十等の序列・等級がつけられた。十等の等級は細分化されたもので、大きくは、甲・乙・丙は上等（特生）、丁・戊・己は中等（萌生）、庚・辛・壬・癸は下等の三段階に分けられた。寛文一二年の改正では、「末学の歩を進むるの道と為」（『鵞峰文集』巻五一、忍岡塾中規式、上五四〇頁）すために、十等の下に新たに初等・等外（末生）の級を定めている(42)。

塾主曰く、五科十等は、塾中の式なり。特生は上等為り。己等より丁等に至るまで、中等と為し、萌生と称す。萌生も亦た差有りて、座次を定む。庚・辛・壬・癸を下等と為す。次第自ら分明なり。未だ癸等に列せざる者は、是れ末生なり。

（『鵞峰文集』巻一五、塾生序歯記、寛文一三年正月、上一九一～一九二頁）

さらに、学力の序列に応じて塾内での職制が定められた。五科ともに、最上級の甲等に昇った職位は「大員長」と呼ばれ、定員はなかった。塾内の実質的な事務を担当するのが「員長」であって、「左員長」「右員長」「権左員長」「権右員長」の四職位があった。「員長」の仕事は、「諸員、講解を求むる者有らば、則ち筵を開くべし」「諸員、疑問有らば、則ち就て之れを正す」「諸員の詩文・草稿、之れを訂正すべし」「毎科、諸員、歩を進むる者有らば、則ち漸く試みて、之れを推挙すべし。親疎偏党の私有るべからず」（『鵞峰文集』巻五一、忍岡家塾規式、上五三九頁）と、講義、学習指導、添削、試験であった。塾運営の中核を担ったのである。最初、梅洞が左員長、人見《ひとみ》友元《ゆうげん》が右員長、坂井《さかい》伯元《はくげん》が権左員長、鳳岡が権右員長となった。

この員長のほかに、「員実生」「員特生」「員秀生」「萌生」の位階があった。ただ、寛文六年の五科十等の制成立時には、員実生・員特生・員秀生に就いた者は誰もいなかった。『本朝通鑑』編修のための国史館には、編集要員として三〇余名が在籍していたが、萌生は、春沢〔経科〕、南直〔史科〕、賀璋・高庸〔詩科〕、安成〔倭学科〕で、文科の萌生は誰もいなかった（『日録』寛文六年四月二七日条）。ちなみに、『本朝通鑑』編修後の寛文一三年正月段階の在籍者は、以下の三八人である（『鵞峰文集』巻一五、塾生座次記、寛文一三年正月一四日、上一九二～一九三頁）。年齢については、「塾生序歯記」（『鵞峰文集』巻一五、寛文一三年正月一三日、上一九一頁）による。

上等〔甲・乙・丙〕特生

高安成（四七歳）、倭学に精しく、倭学科で丙等。ただし読書科では萌生。

中等〔丁・戊・己〕萌生

賀璋（三二歳）・村顧言（二七歳）、詩科でともに丁等、読書科でも萌生。

林櫝（一九歳）、詩・文両科で萌生。

仲龍（三四歳）・田植（二五歳）、読書・詩両科の萌生。

石習（二五歳）、倭学・読書科の萌生。

林泰（二三歳）・島周（二五歳）、読書科の萌生。

和堅（一七歳）・三復（二一歳）、詩科の萌生。

下等（庚・辛・壬・癸）

安悦（二七歳）、庚生。

村止（二七歳）・止鶴（二七歳）、ともに辛生。

森黙（四四歳）、辛生、啓事に列す。

島立志（二一歳）、辛生、啓事に列す。

石員（二五歳）・江良言（二二歳）、読書科でともに辛生。

谷成（二二歳）、詩科で辛生。

施(?)定（二〇歳）・吉坦（二〇歳）、村喬（一九歳）、ともに詩科で辛生。

平顕（一七歳）・原清（一五歳）、ともに詩科で壬等。

小出良達（一六歳）、癸生。

末生

木忠重（二九歳）、松直秀（二四歳）、津宗哲（二二歳）、関祐甫（二一歳）、本玄了（二〇歳）、平正真（一九歳）、柳秀重（一九歳）、浅益（一八歳）、楯吉明（一七歳）、馬守安（一七歳）、野仙（一六歳）。

小童

水友生（一四歳）、岡宗允（一四歳）

（2）競争の肯定

ところで、五科十等の制の創設の大きな意図は、諸生たちの学問への動機づけにあった。先に述べたように、林家では博覧強記を学問の目標にしていた。とくに五科十等の制が定められた『本朝通鑑』編修時には、公務として博学は必須だった。しかし、私的時間に得意分野とはいえ、学問に励むことは誰もができることではない。そうした困難さがあったからこそ、鵞峰は、諸生間に等級をつけることで、学問への動機づけを図ったのである。(43)鵞峰は序列を記した文を見て、諸生が発奮することを期待している。

今此の記を見て、其の座次を考ふるときは、則ち才の短長は、生の前後に拘らずして自ら知るべきか。塾生等、此に激起し、此に羞悪するときは、則ち或は中等より上等に至り、或は下等より中等に至り、或は末生と雖も、其の等、漸く進むべくして、今日の短も他日の長と為り、今日の卑も亦た他日の高を見ん。若し然らざれば、短なる者は益ます短、卑き者は益ます卑からんか。又た勉めて倦まず、進みて止まざる者有るときは、則ち其の長を増し、其の高を加えて、其の遠大、以て期すべきか。

（『鵞峰文集』巻一五、塾生序歯記、寛文一三年正月、上一九二頁）

面白いことに、鵞峰は、諸生一人ひとりの進歩とともに、諸生徒間の競争を肯定していた。

諸生各々其の事を事とす。就中、誰か其れ最と為すか。曰く、方今、競ひ馳せて鹿を逐ふ時なり。勧めて怠らざれば、則ち駑駘《どたい》と雖も、或は其れ追ひ及ばん。怠りて勤めざれば、則ち駿足と雖も、得ること能はず。提挙漸く老ひて、須臾の躊躇無きときは、則ち駿と無く駑と無く、豈に鞭の影を望まざらんや。

（『鵞峰文集』巻一五、懶士入館記、寛文九年一一月、上一九〇頁）

従来、学問の競争は徂徠学になって容認されるようになったと考えられてきたが、(44)鵞峰の林家塾のなかで、すでに奨励されていたことは注目すべきである。冒頭に述べたように、徂徠が鵞峰の「教方」を高く評価していたのも、博学を求める学問のあり方とともに、諸生間の競争を容認していた点にもあったかもしれない。実際、諸生たちは、等級が上がった者を見て「羨」み、自分もそうありたいというやる気を起こしたようである。

春信・友元・伯元、昨日の詩巻を細評し、賀璋の緑陰詩・蘇晋詩、正竹の緑陰詩、顧言の魚児詩を標出し、猪《（緒カ）》尾に、儘佳の二字を加へ、之れに四員長の印授を押す。館生皆、之れを羨む。定科の後、初挙、激励の一端なり。（『日録』寛文六年五月二日条）

員長詩判。村顧言《（中村顧言）》、庚等より進みて己等と為す。詩科萌生に列す。彼、毎月進歩す。諸生皆、之れを羨む。（『日録』寛文六年六月六日条）

こうした等級の序列づけばかりか、さらに、徂徠の『学寮了簡書』によれば、「学寮へ被レ下候百人扶持ヲ書生之内ヲ吟味シテ、階級ノ登リ候ニ随ヒ扶持ヲ段々ニ増シ、一人半扶持ヨリ七人半扶持迄増シ申候」[45]とあるように、等級によって扶持米に差を与えて、等級上昇の動機づけをしたのである。これは、少ないながらも、学問の「進歩」が禄高の上昇に結びつくことを意味した。鵞峰は諸生たちに、学問すれば、禄を得ることができると繰り返していた。「所謂る学べば、則ち禄其の中に在る者か」（『鵞峰文集』巻三六、示村顧言、寛文九年、上三七七頁）、「所謂る学べば、則ち禄其の中に在り」（『鵞峰文集』巻三六、送賀璋、寛文一一年孟春二一日、上三七五頁）。その意味で、宮殿や美女には遠く及ばないとはいえ、羅山の時には引照できなかった、学問をすれば、物質的利益が得られるという「勧学文」の言葉が現実化したといえよう。

（３）評価の難しさ

ところで、学問上のやる気を喚起するはずの五科十等の制は、一つの大きな困難を抱えていた。それは、端的にいえば、進級を判定・査定する評価の難しさである[46]。五科のうち、詩科・文科では、「儘佳」詩文を多く作ることで、経科・史科・倭学科の三科では、五科十等の制の成立当初、「試」を行うことで進級できると明記していた。

一　経科・史科・倭学科は漸く之れを試み、其の効の見るを待ちて、一等を進むべし。

一　文科は其の作る所、儘佳なる者、五篇に及ぶときは、則ち一等を進むべし。若し群作に冠たる者有らば、則ち一篇は五篇に当るべし。

一　詩科は其の作る所、儘佳なる者、上等に在りては、則ち絶句二十首、四韻律十首、六韻律以上七首に及ぶときは、則ち一等を進むべし。若し群作に冠たる者有らば、則ち絶句四韻は五首、排律は三首は、絶句二十首に当るべし。但し排律二十韻以上の古詩、五十韻以上は、其の時に臨みて、之れを議すべし。中下等に在りては、則ち儘佳なる者、絶句十首、四韻律五首、六韻律以上三首、其の一等を進むべし。

（『鵞峰文集』巻五〇、忍岡家塾規式、寛文六年四月二四日、上五三九頁）

文科では、「儘佳なる者」五篇を作ることで、一等、上に進むことができた。ただ優秀作であれば、その一篇が「儘佳なる者」五篇に相当するという。詩科では、上等にいる者であれば、「儘佳なる者」絶句二〇首、四韻律（律詩）一〇首、六韻律以上（排律・古詩）七首を作れば、一等進めた。また、経科・史科・倭学科の「試」とは、試験官の員長が試問という形で、文章を提出させる方法である(47)。これは、羅山が息子の鵞峰や読耕斎に与えていたものと同じである(48)。林家の独特の教育方法だったといえる。ただ、五科のうち、当初から詩科に進級者が偏りがちであったという。

唯だ詩科稍や盛ん、其の余の四等《(科カ)》は進歩者無し。

（『日録』寛文六年六月二日条）

詩科が盛んな理由には、林家の学問のあり方が関わるが(49)、それ以上に、評価の難しさがあったと思われる。『本朝通鑑』編修完了後に、鵞峰は塾を訪問した客人に塾生が答えるという形で、次のように述べている。

客曰く、聞くならく、塾建ててより以来、読書・詩文を以て等を進む者有り。未だ倭学を以て進む者を聞かず。況や経科に於いては、則ち中等に列する者、未だ之れ有らざるは、何ぞや。童子答えて曰く、此れ我の知る所に非ず。（中略）読書は其の数、歴歴分明なり。詩文は一覧すれば、則ち佳不佳、了然たり。故に此の三科は、日に試み月に進みて、前後の輩に拘らず、少壮の齢に限らず、其の優劣を正し、其の多寡を考え、私を其の間に容れず。苟も三科に於いて、博聞の效有り、文字の法に通ずれば、則ち経科の進、倭学の熟するも、亦待つこと有るのみ。（『鵞峰文集』巻一五、塾生座次記、寛文一三年正月一四日、上一九三頁）

文科と詩科では「佳不佳、了然」である。よい詩文をいくつ作れたかは、「其の多寡を考」えれば、明確に判定できるという。数量で客観化できるからである。ところが、試問を課した経科・史科・倭学科の三科には、試問の解答を評価する基準のあいまいさがつきまとう。そのために、経科・史科・倭学科の三科のうち、寛文一二年に「史科」が「読書科」となってからは、「上等に在る者は百冊を以て限りと為す。中等に在る者は七十冊を限り、下等に在る者は五十冊に限る。初等科外は三十冊を限りて、各々、一等を進むべし」（『鵞峰文集』巻五一、忍岡塾中規式、寛文一二年正月、上五四〇頁）と、読了した書物の冊数によって客観的に判定するようになった。もちろん、冊数といっても、ただ漫然と読むだけではなく、暗誦する程にマスターすることを意味していたろう(50)。それにしても、ここから察せられることは、経科や倭学科に課せられる「試」の公平性・客観性を確保することの難しさである。

すでに五科十等の制成立の時点で、この評価の公平さの問題が、林家塾では認識されていた。五科十等の制を相談しているなかで、評価を担当する員長四人が、「各々、諸生を引誘し、私有るべからざるの旨、相誓」っているからである。

館事畢りて後、信・常・二元と胥議し、五科十等の品藻決す。信、左員長為り、友元、右員長為り、伯元、権左員長為り、春常、権右員長為り。各々、諸生を引誘し、私有るべからざるの旨、相誓ふ。頃間、此の席に他人を容れず。事、既に決す。故に賀璋をして規式を清書せしむ。（『日録』寛文六年四月二四日条）

「信・常・二元」とは、梅洞（春信）・鳳岡（春常）・人見友元（竹洞）・坂井伯元である。公務ののち、諸生に五科十等の規則と「他人を容れず」決定した諸生間の序列がはじめて発表された時、四人の員長の公平さを期すという誓紙が読まれて、諸生は「皆悦」んだという。

申刻の後、諸生を聖堂に集む。各々深衣を着し列坐す。簾を揚げ、余、正面に向かい上香し、再拝し東方に着座し、諸生、西方に着く。高庸をして規式を読ましむ。又、員長・員実生・員特生・員秀生・員萌生の次第を読む。而して後、春常、五科十等及び、初科品目を読みて退く。員実・員特・員秀は、未だ其の人を得ず。萌生は、則ち春沢（経科）、南直（史科）、賀璋・高庸（詩科）、安成（倭学科）、文科の萌生は、未だ其の人を得ず。既にして、下廉す。事畢りて皆帰館す。而して後、春信、童科の者を召し、示諭の趣有り。次に四員長の誓詞を出し、以て諸生に示す。諸生皆悦ぶ。既にして衆皆去る。（『日録』寛文六年四月二七日条）

（4）梅洞のカリスマ性

こうした評価の公平性はどこで担保されるかといえば、ひとえに評価を担当する員長によっている。成立当初の五科十等の制において、この公平性を保証するうえで重要な役割を果たしたのは、四人の員長のなかで最高位を占めた、鵞峰の子梅洞だった[51]。五科十等の制創設以前から、先に見たように、梅洞は、鵞峰が弟子たちの間に促していた「門生講会」のなかで切磋琢磨し合っていた。そのために、梅洞は、羅山・鵞峰が将来を嘱望した才子であるとともに、人格的にも諸生たちの間で慕われていた。鵞峰は、先にも触れた「教育」の言葉を使いながら、次のように回想している。

汝の志、其の分に応じて之れを教育せんと欲す。諸徒の中、若し一科に長ずる者有れば、則ち之れを推挙し、自ら謙退して其の才に誇らず。故に諸徒皆、其の公正を知るなり。且つ奴婢の賤しきと雖も、纔かに字を知り、俗書を習ふ者は、乃ち之れを褒め、筆墨の料を与ふ。人皆、其の鄙賤を捨てざるを喜ぶなり。然れども其の心に称《かな》はざること有れば、則ち員長の列と雖も、之れを諷諫し、諸生に至りては、則ち之れを激励し、侍坐の者は、則ち之れを誡め、之れを責む。其の才を自負する者は之れを抑へ、醇厚にして言寡き者は、之れを揚ぐ。　（『鵞峰文集』巻七七、西風涙露上、下二〇九頁）

諸生の適性・個性に応じて「教育」しようと志した梅洞は、諸生皆から「公正」であると知られていたのである。また、梅洞と朋友関係にあった（ともに読耕斎に親炙していた）同僚の員長、人見竹洞（友元）も、その人となりを次のように評している。

其の人と為りや、貞静沈黙、温恵愛人、起居方正、言語端直。寛裕迫らず、謙遜居らず。過れば、則ち之れを改むるを憚らず。人の善なる者を見れば、欣然として之れを挙げ、人の過つ者を見れば、戚善として之れを戒む(52)。　（『竹洞人見先生後集』）

梅洞はみずからの才を誇らず「謙遜」し(53)、諸生たちはその「公正」さを信頼していた。五科十等の評価は、こうした梅洞個人の「公正」に依存するところが大きかったと思われる。

そもそも、五科十等の成立を推進したのは、他ならぬ梅洞だった。梅洞が五科十等を主導したことは、鵞峰が梅洞の死を悼んで記した『西風涙露』で回想している。

今夏（寛文六年）、余、汝が固く請ふに因て、私に経史文詩倭学の五科を設け、十品を分ち、甲より癸に至る。各々其の才を量りて之れが次第を為す。且つ四員長を置きて、以て之れが教授を為す。汝、員長と為りて以て之れを指揮す。親疎の私有らず。是に於いて、此の地、三十余年を経て、祭儀・教化共に成りて、初めて真の学校と為る。皆是れ汝の挙ぐる所なり。　（『鵞峰文集』巻七七、西風涙露上、下二〇八頁）

かつて、初代羅山が経書の訓点を付け、それをもとに、第二代鵞峰が講釈を行うとともに、「教育」方法を工夫し、諸生同士の「門生講会」を奨励した。今度はさらに、「門生講会」を通して学力をつけた第三代梅洞が、「教育」方法の制度としての五科十等の制を創設することによって、羅山以来「三十余年」を経て漸く、林家塾は「真の学校」となったわけである。

梅洞が五科十等の制の推進役だったことは、『国史館日録』でも確認できる。寛文六年四月の日記には次のように記されている。

夜に入り、信・常と胥議す。経・史・文・詩・倭学の五科を立て、館中の僚属生員を商量し、十等を定む。邇日、二元と之れを議決すべし。

（『日録』寛文六年四月二一日条）

夜に入り、信・常侍す。五科十等の規式を草す。先考の忌日の日に依り創む。常、執毫す。

（『日録』寛文六年四月二三日条）

（5）梅洞没後の五科十等の制

梅洞が中心になったことの意味は大きい。林家塾内での「同志」間の相互批判の会が成り立ち、評価するためには、中心メンバーの卓越性・指導性が不可欠だからである。鵞峰が「余没して、汝在れば、家業全からん。汝若し先んじて、余後るれば、家業危うからん」（『鵞峰文集』巻七七、西風涙露上、下二一五頁）というほどに、後継者として将来を嘱望していた梅洞が早世したのちに、そのことが明らかになる。というのは、寛文六年九月の梅洞の亡き後、五科十等の制は開店休業状態になったのではないかと推測されるからである。実際、林家塾外からも、梅洞亡き後に存続できるか、危ぶむ声があがっていた。

勿斎《(加藤明友)》、予に問ひて曰く、家塾規式五科十等の品、今猶ほ廃せざるや否やと。予曰く、何ぞ之れを廃せん。然れども此の事、春信の興す所なり。予は只、其の大概を統ぶるのみ。彼の没後、予は修史の外、百事皆廃す。春常は専ら春信集を編むことに労す。且つ九十日間、国俗の服次なり。故に常に韻語を作るの心無し。其の服、未だ畢《おは》らず。又喪に逢ふ。予及び春常、憂心不平なり。僚属及び生徒も亦た風雅の興無し。此の後、科等の興ると興らざるとは、三員長の心に在り。然して館中・館外の徒弟、其の宗とする所は春信なれば、則ち未だ三員長に帰服するや否やを知らず。其の列既に異なれば、則ち誰か面受せざらんや。然れども其の中心帰服するは、強いて命じ難き所なり。勿斎、攢《さん》眉《び》の嘆き有り。（『日録』寛文六年一二月七日条）

「館中・館外の徒弟」は梅洞という個人に心服していたが、梅洞亡き後、残りの三人（鳳岡・人見友元・坂井伯元）の員長に帰服するかどうかは、鵞峰も分からないと考えていた。ここからも、梅洞の存在が大きかったことが察せられる。しかし、梅洞没後も、何とか五科十等は存続することができた。諸生がその存続を願ったのである。ただ、残された員長の人見友元と坂井伯元の二人が、梅洞の座に鳳岡を推したのだが、初め、鳳岡は躊躇したようである。

友元歳末を来賀す。且つ曰く、昨、伯元と議す、来春、講筵を興し、且つ科等の事を再挙することを。然らば則ち春常に春信の座に代はるを請ふ。信に此の事、去月より屢《しばしば》相ひ議すと雖も、春常肯んぜず。故に遅引す。然らば館徒の意、皆此の如く欲す。然らば則ち館外の徒の思ふ所も此の如くなるべし。且、公儀も亦、春常を遇すこと、春信の如くすべし云々。余曰く、衆議に任すべし云々。（『日録』寛文六年一二月二九日条）

鵞峰は「衆議に任すべし」と諸生に最終判断をゆだねたが、幸いにも寛文七年正月に、諸生たちの詩の批評を行い、五科十等の制は存続できた。鵞峰は「感懐」を抱かざるをえなかった。

今日の事、（群詩批評）弥《いよいよ》感懐を添ふ。然して是れ亦、教育の一端、之れを廃すこと能はず。春信没後、十余句を踰えて、始めて此の事に及ぶ。館中、最上座を闕く。痛ましいかな。（『日録』寛文七年正月七日条）

五科十等の制は「教育の一端」として林家塾の「教育」制度の要として、梅洞死後も存続したのである。『国史館日録』のなかで、五科十等の制の記録の最後は、延宝三年（一六七五）一二月二九日条である。そこには、「申刻に及び、北塾に赴く。塾試なり。直二、詩科辛右等、読書科壬等に進む。其の外、末生二三人、初めて等外に入る」（『日録』延宝三年一二月二九日条）とある。

では、いつまで五科十等の制は行われていたのだろうか。鵞峰が没したのは、延宝八年（一六八〇）で、鳳岡が三代目になる。梅洞の一三回忌には、鳳岡は「家塾は旧風に仍り、五科は先例を追ふ」[54]（『鳳岡全集』巻五）と記しているが、梅洞死後四八年の時点では、「時移り、人心改まり、寮塾、五科を廃す」[55]（『鳳岡全集』巻五）とある。梅洞は寛文六年（一六六六）に死んでいるので、正徳三年（一七一三）にはすでに廃れていたことになる。徂徠が述べていたように、林家第三代鳳岡の時代に、五科十等の制は廃止されたのだろう。[56]三代目の鳳岡の代になって廃止されるようになった理由の一つは、徂徠が指摘したように、上野忍岡から湯島に移転し、林家当主が弟子たちと居宅を分離したこともあるだろう。[57]その結果、諸生を常に身近に見て、公正・客観性を保証する者がいなくなったからであると思われる。

五　私塾から学校へ

ところで、五科十等の制は、たんに諸生の学問への動機づけのみが目的だったわけではなかった。実は、鵞峰と梅洞はもっと壮大な構想を抱いていた。そのことがうかがわれるのは、『国史館日録』の次の条目である。

館事畢りて後、二元・高庸、常室に在りて談ず。既にして春信、交席す。余も亦会す。談 闌《たけなは》なり。相互いに心を隔てず、諸門生を議し、甲乙科を分つ。学進み、逐次、科を超ゆるを待つ。且つ其の才を品評して以て激励す。戌半に及び、各々退去す。今夕、議する所、学業を勧めんと欲し、先に私に試みて、後に公挙の万乙を期するが若き者なり。

（『日録』寛文六年四月一八日条）

五科十等の制は、林家塾のなかで「私に試みて」、最終的には「公挙」＝科挙の実施を目指すものであったのである[58]。この点は、五科十等の制の創設を主導した梅洞の構想でもあった。鵞峰は次のように記している。もともと、鵞峰は『本朝通鑑』編修後に、幕府から、梅洞や鳳岡らに法印・法眼のような僧位ではなく、科挙制度のもとでの「学者仕官の次第」である「進士・俊士・選士・秀士」などの称号が与えられることを期待していた。鵞峰は、先に触れたように五経講義をやり遂げた功績によって、弘文院学士の称号を得ていたのだから[59]、その願望がかなえられる可能性もなかったわけではない。鵞峰が、「若し願ふ所の志遂ぐれば、則ち汝、以て何とか謂はん」と尋ねたとき、梅洞は次のように答えたという。

若し然らば、則ち名正しく志立ちて、平生、学ぶ所の者、足る。何の願か、之れに加へん。然れども新議、容易なるべからざらんか。名は実の賓《ひん》なり。如かず、先づ其の実を勤めんには。其の名を得、位を受くるは、遅しと為さざるなり。汝が此の答に由りて、五科十等の事、興る。其の後、此の事を以て伊牧（永井尚庸）に告ぐ。伊牧頷《うなづ》きて曰く、間を得て、執政に達すべし。然れども汝、既に存せざれば、則ち余が願、既に空し。再び言ふに懶ふからん。噫。

（『鵞峰文集』巻七八、西風涙露中、下二二五～二二六頁）

梅洞は、「進士・俊士・選士・秀士」などの称号が広く認められるためには、まず林家塾内に私的な五科十等の制を実施することよって、「実」を挙げておけば、「名」も後からついてくるだろうと提言した。このように五科十等の制が科挙実施の準備だという認識は、鵞峰と梅洞のような林家の人々ばかりか、諸生たちの願いでもあった。鵞峰はそれを書きとめている。

高庸談じて曰く、昨、経歴の路、南直（深尾春庵）を過ぐ。直、病漸く愈《い》ゆ。甚だ規式の精を感じ、且つ曰く、員長・員実・員特・員秀・萌生の品故、此れより古を作す。若し国学の挙有らば、亦た此の法を易へずと。珍重珍重。

昔、延喜の駁寓、詩を試みて官を授く。其の後、詩を論じて甲乙丙丁の科を試む。朝廷、衰廃してより以来、其の事久しく罷む。方今、塾主、之れを再興す。豈に其れ徒らならんや。若し奎運の図に膺《あた》ること有らば、則ち家塾の試は、群国に推すべき者、必せり。若し果して今に行はれざるときは、則ち後世に於いても亦た科挙の小補と為らんか。此れ吾の念ずる所なり。知らず、塾主は何をか謂はん。

（『日録』寛文六年五月六日条）

五科十等の「試」問は、「群国」に拡大することを目指し、将来の「科挙の小補」となることを願っているのである。(60) さらにいえば、『本朝通鑑』編集事業の国史館は、官立の学校へと発展することが期待されていた。幕閣にも、それを認める意見があった。鵞峰はそうした幕閣の学校への前向きな発言を丹念に記録していた。たとえば、『本朝通鑑』編修奉行であった若年寄永井尚庸との間の会話である。

（『鵞峰文集』巻六三、詩合問答、寛文一二年六月二八日、下八一頁）

日を隔てて尚庸、余に謂ひて曰く、閣老皆謂ふ、編録成れば、則ち宜しく学校を営み生徒を教ふべしと。足下に非ざれば、則ち誰か其の師と為らん。宜しく保嗇し以て後栄を期すべしと。余曰く、若し然らば、則ち国家の盛挙なり。然れども余、今、微身を以て大任を承らば、則ち他事期し難しと。尚庸曰く、千里も、一歩より始む。成功亦遠からずと。足下、唯だ願養を以て要と為して可なり。云々。

（『日録』寛文四年八月二一日条）

ほかにも、老中稲葉正則も鵞峰に次のように語っていた。

拾遺（稲葉正則）曰く、通鑑の事畢れば、則ち学校を興さんと欲す。然れども独断の事に非ず。未だ群議一同するや否やを知らずと。余、五科十等の事を談ず。拾遺曰く、恰も好しと。

（『日録』寛文八年正月二五日条）

永井尚庸、稲葉正則はともに鵞峰の擁護者だった。鵞峰は彼らに大きな期待をかけていたのだろう。しかし、『本朝通鑑』が完成したのち、鵞峰は林家塾を中央の「国学」にすることを目指していたのだが、現実には地方の「州学」にも届かなかった。

今冬、本朝通鑑全部の功成るは、乃ち是れ官事の整なり。頃間、南北の塾を営み、五班の徒、聊か州学に擬して以て儒風を仰ぐは、乃ち是れ家業の整なり。（『鵞峰文集』巻三、整宇記、寛文一〇年、上七八頁）

しかも、「州学に擬する」ことしかできなかった。ただ幕府は、寛文一〇年（一六七〇）一〇月に国史館は撤去するに及ばず、今後は学寮として使用するようにと命じ、『本朝通鑑』編修のために支給されていた九五人扶持の月俸を門人「教育」料として下賜した[61]。

久和牧《（久世広之）》、台命を伝へて曰く、国史館は之れを撤するに及ばず。以て学寮と為すべし。且つ頃年、支配する所の九十五人月俸も亦た前の如くすべし。而して、学徒を教育すべし。

（『日録』寛文一〇年一〇月二三日条）。

先に見たように、「所謂る学べば、則ち禄其の中に在る」ことを実現するべく、鵞峰はこれをもとに、三〇名内外の塾生の学力段階に応じて分配し、改めて「学徒」の「教育」を目指したのだが、「今日の忍岡の家塾、他年、国学再興の端と為らん。是れ仰ぎ望む所なり」（『鵞峰文集』巻六六、冬至告文、寛文一〇年一一月、下一〇七頁）とみずから慰めざるをえなかったのである[62]。

六　教育と教化の方向性

本章を終えるにあたって確認しておきたいことは、林家塾は学者教育を目的としていたという点である。鵞峰が「教育」というとき、あくまで博覧強記の学者を「教育」することを目指していた[63]。のちに述べるような、一八世紀中ごろの藩政改革を担う藩士、藩国家に有用な英才を「教育」するという狙いは、鵞峰にはまったくない。そもそも、鵞峰の周囲にいた人々は、鵞峰の目から見れば「鼻缺くる猿」であって、儒学理解など皆無だったからである。そのなかで、鵞峰は「無用の用」である博覧強記の学者「教育」を目指し、諸生たちを叱咤激励していたのである。

しかし、学者「教育」とはいえ、また幕府の公的な機関ではないとはいえ、林家塾という私的な学校が成立し、意図的な英才「教育」が行われていたことは、思想史的に見て大きな意義を有している。その「教育」の場は何より、対等な人間関係のもとに、学力・実力が競われる空間だったからである。

鵞峰は、「門生講会」のなかでは、「衆中の同志、此の会を催せば、則ち相互に宜しく講磨すべし。疑阻有るべからず。優なる者は自負すべからず。劣れる者は怒りを含むべからず」と説いて、同志間の切磋琢磨を奨励していた。林家塾では、五科にわたって、それぞれ得意科目を競い合い、劣っている者は優れた者を「羨」み、より上を目指そうと学問する、世間とは別の空間が成立しえた。学問に志す朋友が、お互い「同志」として学び合う空間だったのである。そこは、無学な人々の江戸幕府のなかにあって別世界だった。鵞峰は、江戸城内で下向した勅使饗応の猿楽の催しがあるのを聞いて、次のような心情を吐露している。

今月の初め、勅使参府す。登城、饗応例の如し。又聞く、去月以来、猿楽屢《しばしば》之れ有り。然れども館中、城を去ること、遠からずと雖も、是れ一天地を別にす。世上の事は、曽て知らず。日々記事、夜々考書す。外人、以て労すべしと為すも、然れども却て、利奔名走に比せば、則ち安し。人、我を嘲る、我、他を笑ふ。

（『日録』寛文七年三月一一日条）

鵞峰は、「利奔名走」の江戸城に遠くないところに「一天地を別」にする空間を作り上げたのである。

こうした「一天地を別」にする私的な空間で、対等な同志間の関係が林家塾内に成立し得た理由にはいくつかあるだろう。一つは『本朝通鑑』編修のために国史館に多くの若い諸生が集まったことが挙げられるだろう。この時期、「物知り」としてしか遇されなかった者たちが、少ないながらも経済的保障を得て、公務のほかに私的時間をもつことができたのは、国史館という特殊な空間だったからだといえるだろう。同世代の才気あふれる若者が、『本朝通鑑』編修の傍ら、お互い切磋琢磨できた意義は大きい。この時期、『本朝通鑑』編修の余暇に、林家塾では、「等質でかなり高度の教養と意識を共にする人材を一〇人、二〇人と揃え」(64)ていたからこそ、詩会を開き、詩作を競い合うことができたのである。

それゆえに、『本朝通鑑』の編修事業が終了したとき、鵞峰の林家塾は衰退せざるをえなかった(65)。諸生はバラバラになってしまったのである。彼らは、就職口を見つけて全国諸藩に仕官していった。林家の入門者名簿『升堂記』のなかの羅山・鵞峰の部によれば、三一〇名の登録者のうち、「旗本・御家人」五名、「藩士」八三名である。この八三名のうち、藩儒となった事実が明らかな者は二〇名ほど、一三藩に散在している(66)。このなかで、『大日本史』編集を始めた水戸藩の中村篁渓《なかむらこうけい》（名は顧言、彰考館総裁）のように、『本朝通鑑』編修の経験が歴史書編纂に生かせた者もいたが、多くは「物知り」学者となったといえるだろう。鵞峰はある国史館に勤める諸生に次のように諭している。

汝、其れ労して倦むこと無ければ、幸ひと為して、悦ぶべし。況や其れ百の十を臆記して、大概を熟諳して、郷国の話欛《わは》と為れば、則ち父母の顔を怡《よろこ》ばしむること、亦た楽しからずや。邦君の世子、本朝の故事を談ずることを好むと聞けば、則ち或は其れ栄達の端と為るも、亦た知るべからず。努力して懈《おこた》ること無かれ。

（『鵞峰文集』巻三六、与石習、寛文九年、上三七八頁）

林家塾で「臆記」したことは、父母や世子の談話の題材にしか過ぎない。鵞峰のいう「無用の用」だったのである。

このように鵞峰の林家塾の「教育」法、五科十等の制は『本朝通鑑』編修という特殊な条件のもとでのみ成立することができたにしても、「門生講会」における対等な関係での切磋琢磨し合う学びの場は、やはり大きな思想史的な意義をもっている。というのは、『学寮了簡書』を書いた徂徠は山崎闇斎流の講釈を批判し、「全備」と評した林家塾の教育法を再生させることになるからである。具体的にいえば、会読の学習方法の奨励である。[67]対等な関係で討論しながら一つのテキストを読み合う会読は、林家塾の「門生講会」とつながっていたのである。

この点についてはのちに検討することにして、林家三代の教育思想として、もう一つ、後代に大きな影響を与えた点を付け加えておかねばならない。先に述べたように、三代目の鳳岡の時に、鵞峰・梅洞が創設した五科十等の制は廃止されたが、鵞峰が必ずしも得意ではなかった講釈のほうは、鳳岡の時代になって、別の形態で存続・発展していったことである。

鳳岡は貞享四年（一六八七）二月に、鵞峰の後を継いで、弘文院学士の称号を許され、元禄四年（一六九一）正月に将軍徳川綱吉の発意で、剃髪をやめて束髪し、従五位下に叙して大学頭（御小姓組番頭）に任じられた。ここにおいて、羅山以来の僧形の儒学者という矛盾に満ちた社会的存在はなくなった。さらに、同年二月には、忍岡の林家塾と先聖殿（孔子廟）は神田湯島の昌平坂上に移築された。その際、「聖殿（孔子廟・御成御殿・饗応座敷、そのほかをくるめての聖堂）が耳目をひいて、学舎（林家の塾）の影もうすれたし、忍岡時代には構え全体の中心になっていた弘文館（書院造りの講堂）になると、もっとみじめで、影も形もなくなってしまった」。こうした建築構造の変化は、石川謙によれば、「新しい教育機能が芽を出してきた」[68]からであった。具体的にいえば、林家塾は武士や庶民への教化の役割を担うことになるのである。その現れが、公開講釈の始まりである。[69]

元禄一五年（一七〇二）二月、恒例の釈菜の後に、[70]大学頭鳳岡が講堂で、諸侯・大夫・士人に向けて経典の一節を講釈した。六・七代将軍に仕えた新井白石の影響が薄れた八代将軍吉宗の時、享保三年（一七一八）九月には、釈菜とは関係なく講釈日を定め、饗応座敷での定期講釈を始め、旗本や御家人に開放した[71]。講師は大学頭一人だけではなく、林門出身以外の儒官木下菊潭《きのしたきくたん》（木下順庵の養子）や荻生北渓《おぎゅうほっけい》（荻生徂徠の弟）も務めるようになった。私塾林家塾の講釈ではなく、林家を超えた、幕府の公的な仕事としての講釈が始まったわけである。

この饗応座敷（講堂）の講釈のほかにも、元禄四年の聖堂改築の際、新しく設けられた仰高門東舎では、庶民までも聴講できる公開の講釈が行われた。元禄四年の講席には、三〇〇人余りの聴衆があり、鳳岡は、「我、講説すること年有り。而れども、人衆の盛多なること、未だ今日の如きを見ず。実に文教の致す所なり[72]」（『昌平志』巻二）といって、喜んだ。

元禄の段階では、将軍綱吉の個人的な好学心の強さによるところが大きかったが、この仰高門東舎の公開講釈は吉宗の時代に制度化され、常設されることになる。享保二年（一七一七）七月からは、毎日、午前一〇時から一二時までの間、休日なしの日講制になって、「士庶農商咸与に聴[73]」（同右）かしめることになる。講師は昌平坂の学舎に在塾する林家門人の優秀な塾生が務め、テキストは四書に限られていた。以後、この仰高門の講釈は幕府の滅び去る日まで続いた[74]。石川謙は、享保年間、「講説を一般士庶に向つて開放して宛然幕府直営の教化機関としたのではないかと疑はしめる[75]」と婉曲な表現ながら、「教化機関」として享保期の林家塾を位置づけている。

林鵞峰が林家塾で目指したのは、学者の英才「教育」であった。しかし、幕府が林家三代目鳳岡に期待したのは、そのような英才「教育」ではなく、武士・庶民への道徳教化だったのである。その方法も、鵞峰が始めた「門生講会」のような対等な塾生同士の輪講ではなく、上から下に教諭する講釈だった。講釈、なかでも不特定多数の人々に平易な語り口で行う、マス・ローグとしての講談での道徳教化は、序章でも述べたように、近世日本の特徴である。それは石門心学や平田篤胤の講説につながってゆくことになるからである。このように後代の展開過程を見る時、林家塾三代の学問・教育論は、教育の目的を英才「教育」か、武士・庶民への道徳「教化」

に置くかという教育の目的問題とともに、会読と講釈という教育・学習方法問題の出発点だったといえる。

（1）『荻生徂徠全集』巻一（みすず書房、一九七三年）五六五頁。『政談』でも、鵞峰の時までは、「総体世間ノ学文未ダ前方ナル事ナレ共、道春ヨリノ伝来ヲ失ハズ、宜キ仕方也」（巻四、『荻生徂徠』日本思想大系36、岩波書店、一九七三年、四四三頁）と高く評価している。

（2）林家塾に関する従来の研究は、『聖堂略志』（財団法人斯文会、一九三五年、大空社復刻、一九九八年）、石川謙『日本学校史の研究』（小学館、一九六〇年）、和島芳男『昌平校と藩学』（至文堂、一九六二年）、吾妻重二「江戸初期における学塾の発展と中国・朝鮮」（『東アジア文化交渉研究』二号、二〇〇九年）、揖斐高『江戸幕府と儒学者』（中公新書、二〇一四年）参照。

（3）近世日本の学校、ことに本書の課題とする「教育」機関である藩校の総合的研究は、石川謙『日本学校史の研究』（小学館、一九六〇年）、笠井助治『近世藩校の綜合的研究』（吉川弘文館、一九六〇年）・『近世藩校に於ける学統学派の研究』上下巻（吉川弘文館、一九六九・七〇年）、鈴木博雄『近世藩校に関する研究』（振学出版、一九九五年）、本山幸彦『近世国家の教育思想』（思文閣出版、二〇〇一年）参照。

（4）『藤原惺窩　林羅山』（日本思想大系28、岩波書店、一九七五年）三三九頁。

（5）科挙が儒者の憧れだった状況は、一八世紀にいたっても続いたが、また一方で、中国と日本の制度を比較して、科挙導入がそれほど容易いことではないという意見も出てきた。雨森芳洲は、「もろこし事このめる人は、この国も科挙の法あらば、よろしからむといへる人多し。思はざるのはなはだしきにや。その法いかゞして立たんやとくはしく思はゞ、はなはだその難き事を知るべし。また世の益となるべしや否やとふかく思はゞ、さまで益あるまじといふ事を知るべし」（『たはれ草』、寛保四年、『仁斎日札・たはれ草・不尽言・無可有郷』新日本古典文学大系99、岩波書店、二〇〇〇年、九四頁）。芳洲と同時代の室鳩巣もまた、世襲制度を批判しつつも科挙制導入には反対だった。中村安宏「室鳩巣と朱子学・享保改革――科挙導入反対論を中心に――」（『日本思想史研究』三一号、一九九九年）参照。

（6）『林羅山文集』上巻（京都史蹟会編、ぺりかん社、一九七九年）三四一頁。

(7) 明代は科挙制度が完備し、中央の国子監と地方の官学が整備された。一三八二年当時、全国の教学官員は四二〇〇人を超えていた（一四六一年時点で、府・州・県はあわせて一四七九であった）。また学生については、府学四〇人、州学三〇人、県学二〇人を収容していた。さらに私設の書院（東林書院はその代表）も全国各地に存在していた。李弘祺『学以為己』（香港中文大学出版社、二〇一二年、九九頁）参照。

(8) 『昌平志』巻二には、「烈祖を二条城に謁し、因りて学庠を興さんことを請ふ。乃命、相攸す。時に軍国に方り、庶務日に殷なり。故を以て亦た未だ果たさず。実に慶長十九年なり」（『日本教育文庫　学校篇』同文館、一九一一年、五一頁）と、慶長一九年（一六一四）、大坂冬の陣の年で、「庶務」が多かったため、学校建設が実現しなかったと記している。しかし、これは、昌平坂学問所の由来を説いた『昌平志』の立場からの叙述であって、津田秀夫が羅山の幕府採用に関連して、「近世初頭、国家秩序の確立になお力が必要な段階では、幕府には積極的な人材の養成に教育の場を設定する意欲はなかった」（『近世民衆運動の展開』御茶の水書房、一九七八年、五頁）という指摘が的を射ている。

(9) 『鵞峰林学士文集』巻上（日野龍夫編、近世儒家文集集成12、ぺりかん社、一九九七年）六二頁。以下、上下巻引用頁数は本文中に略記する。

(10) ほかにも、「未だ英才を育すること能はずと雖も、豈に教授に倦まんや」（『鵞峰文集』巻二八、答石丈山、寛文二年、上二九八頁）とある。

(11) 『国史館日録』のテキストは、山本武夫校訂『国史館日録』第一〜第五（史料纂集、続群書類聚完成会、一九九八年〜二〇〇五年）を使用した。以下、『日録』と略記する。

(12) 注(1)『荻生徂徠全集』巻一、五六五頁。

(13) たとえば、江戸期の儒者列伝の書『先哲叢談』には、「羅山、洽博にして、天下の書に於て読まざる無し」（源了圓・前田勉訳注『先哲叢談』平凡社東洋文庫、一九九四年、三七頁）とある。同様に、鵞峰についても、「春斎、豪材博識にして、専ら力を述作に用ふ」（同前、四一頁）と評している。鈴木健一は、大田錦城の「羅山先生の博識は敬服すべき勿論なり」（『梧窓漫筆三編』巻上、天保一一年刊、有朋堂文庫『名家随筆集』巻上、六三四頁）などの言説を引照して、羅山は「世界を全体として理解しようとする姿勢を持っていた人」だと論じている。鈴木『林羅山』（ミネルヴァ書房、二〇一二年）一一頁参照。

(14)「口耳をかざり、利禄のもとめとのみして、心の驕慢いとふかきを、俗儒の記誦詞章のがくもんといふなり」（中江藤樹『翁問答』、『中江藤樹』日本思想大系29、岩波書店、一九七四年、五一頁）。「儒者はひろくものしるものなりとて、小学四書五経をば、よくしりもせで、十方もなく書をよみ、つゝしめる心はけしばかりもなうて、ちゑのかゞみひたとくもり、をのが身のある所をもおぼえず、いみじき人をも、文字しらねばあなどりける、かゝるものを儒者とおもひ、ひじりのみちをとへる人、いとをろか也」（山崎闇斎『大和小学』、『日本教育文庫　教科書篇』同文館、一九一一年、八〇頁）。「記誦の儒は諸子百家を渉猟することをのみ好みて、四子六経に心をとゞむる事なし」（『駿台雑話』巻一、有朋堂文庫『名家随筆集』巻上、二一頁）。闇斎学派は博学多識を批判して、『小学』、四書五経などの狭い範囲に限定したテキストの熟読・体認を求めたことはよく知られている。

(15)鵞峰は直接に山崎闇斎を指弾していないが、闇斎を念頭においていただろうことは、『先哲叢談』でも指摘されている（注13東洋文庫、四三頁）。

(16)江戸期の学者の社会的位置については、宇野田尚哉「儒者」（横田冬彦編『身分的周縁と近世社会5　知識と学問をになう人びと』吉川弘文館、二〇〇七年）、拙稿「儒学・国学・洋学」（『岩波講座　日本歴史』巻一二、岩波書店、二〇一四年）参照。江戸初期の博学多識を尊重する学問観については、慶長三年（一五九八）、細川幽斎が烏丸光広の質問に答えた筆記に、「学問はこじきぶくろのやうなるよきと、宗砌やらんが書きたるものにあり。何をもまづとり入れて、さてえるなり」（『耳底記』巻一、『日本歌学大系』巻六、風間書房、一九五六年、一五二頁）とある。

(17)真田増誉『明良洪範』（国書刊行会編、一九一二年）四頁。

(18)注(14)『中江藤樹』（日本思想大系29）一三頁。

(19)周知のように、林羅山が、慶長一〇年（一六〇五）、徳川家康の二条城で初めて謁見した時、家康から質問されたのは、前漢の光武帝は前漢の高祖劉邦から数えて何世の子孫か、返魂香の出典はどこか、屈原の愛した蘭の種類は何か、というものであった。羅山はこれらの質問に正確に答えることによって、その「記憶」のよさを家康から賞賛された（『林羅山集附録』巻一、年譜上）。幕府に仕える羅山、ひいては林家は「物知り」を要求されていたのである。

(20)鵞峰の「一能子伝」については、揖斐高「自己イメージの視線――林鵞峰の「一能子伝」について――」（『日本文学』五一巻一〇号、二〇〇二年一〇月、のち『近世文学の境界』岩波書店、二〇〇九年）参照。幕府内での儒者の不遇感は、鵞峰以上に父親羅山のものでもあった。排仏を主張する儒者であるにもかかわらず、剃髪を強制され、幕閣内にも理解者が少なかった羅山の不遇感については、拙稿「林羅山の挫折」（『近世日本の儒学と兵学』ぺりかん社、一九九六年）参照。

(21) 韓愈「符読書城南詩」に「人不レ通二古今一、馬牛而襟裾」とある。また、鵞峰も、「八歳にして学に入るは、古の法なり。凡そ人、書を読まざれば、則ち古今を通ぜず。所謂る馬牛襟裾なり。故に貴無く賤無く、学に入らざること無し」（『鵞峰文集』巻五二、授吉松祝初習句読文、延宝五年、上五五一頁）と説いている。

(22) 注(6)『林羅山文集』巻下、八六一頁。

(23) 同右、七〇三頁。

(24) この「勧学文」が『朱子文集』に見えないことについて、室鳩巣は「此文本集に見えず。朱子家訓不自棄の文などの類にて朱子の少作か、又は後人の擬作にて、名を朱子に託するにてもあらんか。よし誰の作にもせよ、言簡にして意も明白なり。折ふし打ずんじて自警むるによかるべし」（『駿台雑話』巻五、『日本倫理彙編』巻七、金尾文淵堂、一九一一年、三〇六頁）と評価し、「およそ人と生れて学に志ありといふきはの、生て時に益なく死して後に聞ゆる事なく、草木と同じく朽果ば、いと口惜かるべき事なり」（同右）と続けている。

(25) 「自鳴鐘」を置いていたことは、時間意識という点で興味深い。従来の研究では、「江戸時代にも藩庁の役人の登退庁時間、奉公人の勤務時間等は決められていたが、定時行動は一般に広がらなかった」とされているからである。明治になって、「軍隊、学校、工場のような機能集団の多数行動訓練において初めて必要となり多くの人々の経験」となり、「機械時計の刻む単位時間当りの行動（教育・生産など）効果を高めるという効率の観念に基づく規律」が生まれたとされてきた（成沢光『現代日本の社会秩序――歴史的起源を求めて――』（岩波書店、一九九七年、三一頁）。とすれば、江戸時代最初の「教育」の場が「自鳴鐘」＝機械時計によって公私の時間を厳守していたことは、近代学校という規律社会の歴史的起源としても注目すべき現象である。

(26) 『本朝通鑑』の編纂過程とその史学思想については、安川実『本朝通鑑の研究』（言叢社、一九八〇年）、藤實久美子「『本朝通鑑』編集と史料収集」（『史料館研究紀要』三〇号、一九九九年）参照。

(27) 注(1)『荻生徂徠全集』巻一、五六六頁。

(28) 同右。

(29) 徂徠が林家の博学に同意した理由は、徂徠自身の学問観との親近性にある。徂徠は、「学問は飛耳長目の道と荀子も申候」（『徂徠先生答問書』巻上、『近世文学論集』日本古典文学大系94、岩波書店、一九六六年、一八七頁）と説いて、「智見を広め候為、博学候事肝要に候。孔子も博学と被レ仰候。然所近代の理学者は雑学とて嫌申事聖言に背き申候」（同前、巻下、二一九頁）と、闇斎流の朱子学を批判して、「智見を広め」る博学が「肝要」であると論じていた。

(30) 同右、五六六～五六七頁。同様の逸話を『政談』でも紹介している「御家ニ罷リアル儒者ドモモ、心得ノ筋違ヒタル故、何レモ学文怠リ、御用ニ立ヌ者多シ。此以前、林内記ガ父春斎ニ、人見友元異見ヲ言タル事アリ。「林家ノ学者ハ経学疎ク、何レモ講釈下手也。心ヲ可レ被レ附」ト言シカバ、春斎以ノ外ニ立腹シ、「某ガ家ハ、道春以来御用ノ筋ヲ第一トシ、弟子共ニモ弘ク学問ヲサスル事ニテ、嘉右衛門ナドノ様ニ講釈ヲ専ラニセヌ事、家風也。其方異見ノ如クセバ、家ノ学問ハ頓テ可レ廃」ト言シト也」（『政談』巻四、注（1）『荻生徂徠』四四二～四四三頁）。

(31) 鵞峰にとって、父親羅山の訓点本は林家の、いわば家宝であったといえよう。鵞峰はこれを愛子梅洞に譲ろうとしたが、それを果たす前に梅洞は亡くなった。鵞峰は、「先考（羅山）始めて、点を易伝義・蔡氏書伝・朱子詩伝・春秋胡氏伝・陳氏礼集説に加え、其の大全本、余（鵞峰）、之れを伝ふ。二十余年の間、悉く五経を講じ畢る。将に以て汝（梅洞）に伝えんとす。汝、之れを辞す」（『鵞峰文集』巻七八、西風涙露中、下二一七頁）と悲痛をもって回想している。羅山が加点するうえで根拠にした五経の注釈書は、程頤（伊川）撰『周易伝』・朱子撰『周易本義』、蔡沈撰『書経集伝』、朱子撰『詩経集伝』、胡瑗撰『春秋胡氏伝』、陳澔撰『礼記集説』である。

(32) ここでいう「己の為にする」は、先に見た山崎闇斎らの朱子学者のいう自己の道徳的な人格完成を目指すという意味ではなく、「文義に通ずる」自己の博学のためという意味である。

(33) 鵞峰の『私考』と題された著作は、以下の通りである。『易啓蒙私考』、『詩経私考』（寛文一〇年）、『周易五賛私考』、『周易程伝私考』、『周易本義私考』（寛文二年）、『春秋胡氏伝私考』、『尚書序私考』、『書経集伝私考』、『西銘私考』、『大学或問私考』、『通書私考』、『中庸或問私考』、『毛詩序私考』、『礼記私考』。

(34) 「門生講会」に限らず、林家塾では規則が明確に定められていたことは、「教育」が師弟間・朋友間の人格的な感情・結びつきではなく、システマティックに行われていたという意味で注目すべきである。規則を時間順に列挙しておく。

「諭諸生」(『鵞峰文集』巻四三、承応二年、上四四四〜四四五頁)。「門生講会式」(『鵞峰文集』巻五一、明暦二年、上五三五〜五三六頁)。「月課式」(『鵞峰文集』巻五一、明暦三年、上五三六頁)。「門生講会式」(『鵞峰文集』巻五一、明暦三年、上五三七〜五三八頁)。「忍岡家塾規式」(『鵞峰文集』巻五一、寛文六年四月二四日、上五三八〜五三九頁)。「忍岡塾中規式」(『鵞峰文集』巻五一、寛文一二年正月、上五四〇頁)。

(35)　注(2)揖斐書、一五八頁参照。「輪講」という言葉は、西川如見『町人嚢』の中にある。輪講としての「会読」は伊藤仁斎によって始められた。仁斎は、寛文年間に同志たちと、輪講としての「会読」を行っていた。拙著『江戸の読書会――会読の思想史――』(平凡社選書、二〇一二年)六八〜八〇頁参照。鵞峰の「門生講会式」が明暦二年だから、時間的には鵞峰のほうが仁斎より早いことになる。

(36)　注(6)『林羅山文集』七八〇頁。

(37)　注(1)『荻生徂徠全集』巻一、五六八頁。

(38)　弟子たちの間でも、出身を異にする者たちが「同志」(注34「門生講会式」)となっている。地域的な割拠主義を超えていた。「諸生二十余輩、館中に従事し、袖を案頭に連ね、双飛の鳥の如く、同隊の魚の如し。其の郷里を問ふときは、則ち或は同じく、或は異なり」(『鵞峰文集』巻一五、館生郷里記、寛文九年、上一八八頁)。

(39)　五科のなかに倭学科が設定されたことにたいして、江戸派国学の村田春海は、「儒者の任は、只漢土の書に通ずるを、己が業とのみこゝろえ、吾国の事は、其業の外の事のやうにおもひたる」ことが多いなかで、「林春斎が諸生を教る五科のうちに、和学科をたてけるは心ある事なり」(『和学大概』、『日本教育文庫　学校篇』同文館、一九一一年、七四二頁)と高く評価している。

(40)　五科十等の制が『本朝通鑑』編修のための学者養成以上の意味をもっていたことは、その範囲にもうかがわれる。五科十等の制の範囲は、梅洞・鳳岡兄弟と国史館の諸生以外の人々(林家塾関係の人々)にも開かれていたからである。たとえば、田中止邱である(『日録』寛文六年五月六日条)参照。田中止邱については、『本朝通鑑』編集開始前に、鵞峰は編纂事業に加えようとしたが、すでに小浜藩に仕えているために、幕閣から反対があって(編集となると、禄があたえられるので)、諦めたという経緯があったにせよ(『日録』寛文四年一〇月二七日条)、五科十等の制は、塾生のみに限られていなかったのである。

(41)　この点、徂徠は、五科十等の五科について、「是ハ人々ノ得手不得手有レ之候ニ付、夫々ノ得手候一向ヲ厚ク学ハセ候為ニテ、右之通リ分ケ申候。(中略)古ノ聖人ノ門弟子ヲ教玉フニ人々ノオニ随ヒテ科ヲ分テ教玉フ筋ニ叶申候」(『学寮了簡書』、注1『荻生徂徠全集』巻一、五六五～五六六頁)と、高く評していた。

(42)　ただ、明文化されたのが寛文一二年であって、それ以前、十等の下に「初科・童科」が置かれていた。「春常、五科の品目を改定す。進む者有り、加ふる者有るに依るなり。松寿・尾退、初科より癸等に列し、鶴丹・森黙及び次房等の三童は、初科に列す。凡そ癸等の次に、初科・童科の二等有り」(『日録』寛文九年正月一六日条)。

(43)　石川謙は、「十等制そのものもつまるところは、ゆだんのない努力を塾生から誅求する変奏された鞭……」(注2石川書、一七三頁)と、近代的な教育観から消極的な評価を下している。ただ、学問への動機づけがない当時の時代状況のなかで、五科十等の制の果たした役割を考える必要があるだろう。

(44)　江森一郎は、「「凡天下ノ人争競ノ心ナキ者ハ有ラズ」(『聖学問答』)と喝破する春台やその師・徂徠には、少なくとも部分的に宋学が嫌った法家思想を導入して、人間同士の競争心に訴えて経世の才豊かな「人材」を育てようとする発想が、かなり明瞭な形で生じていた」(『「勉強」時代の幕あけ』平凡社選書、一九九〇年、七八頁)と指摘している。江戸期における人材育成と競争との関連については、松田宏一郎「知識の政治資源化――近代初期統治エリート形成と能力主義の定義――」(大塚孝明編『明治国家の政策と思想』吉川弘文館、二〇〇五年、のち『江戸の知識から明治の政治へ』ぺりかん社、二〇〇八年)参照。また注(35)拙著、第四章2「私塾の会読と競争」参照。

(45)　注(1)『荻生徂徠全集』巻一、五六六頁。ただし、徂徠は「百人扶持」とするが、のちに述べるように、『本朝通鑑』完成後の寛文一〇年に幕府から門人教育料として与えられたのは、正確には「九五人扶持」である。

(46)　評価の公平さ・客観性の困難さは、試験制度の根本的な問題である。この根本問題が鵞峰の時に、すでに現われていることは注意すべきである。のちに見る広瀬淡窓の月旦評は、江戸時代、試験評価の公平さ・客観性を保証する制度だったことは、周知の通りである(第Ⅳ編第一章)。

(47)　鵞峰は、塾生を試問する員長にたいしても、試問を与えている。たとえば、寛文八年に国史の試問一〇問を鳳岡・人見友元・坂井伯元の三員長にたいして、「三子に試みるは、余が事なり。萌生諸生に試みるは、員長の任なり。豈に啻だに是れのみならんや。五科十等に在りても亦、准ずべし」と述べて、五科十等の試問の模範例として与えている(『鵞

峰文集』巻六三、諭三員長、寛文八年仲秋、下七八頁）。

　最初の三問は、「其の一、天孫降りて下国を治む。中州に降らずして、西隅に降る。其の理、何と謂ふか」「其の二、堯舜の聖、其の子、業を伝ふること能はず。禹湯武王の功徳は、万世に及ぶこと能はず。唯だ本朝は百王一姓、其の徳化、歴聖に超越するか。豈に弁無からんや」「其の三、中華の書、或は本朝を曰ひて、泰伯の後と為す。然れども神武の馭寓は周の恵王に当るときは、則ち上、泰伯を距つること、三四百年為るべし。本朝の開闢は、神武より以前、天神地神七五の運、億万歳に過ぐ。何ぞ泰伯の来るを待たんや」である。この策問にたいする鳳岡の回答は、『鳳岡全集』巻九七に「擬策問対策」として収められている。第三問の泰伯皇祖説については、「本朝は泰伯の後なり。然らざれば、則ち何ぞ此の如きの聖言有らんや。嗚呼、此の論は、縦ひ公議に非ずと雖も、豈に其れ謂ひ無からんや」（『鳳岡先生全集』巻四、勉誠出版、二〇一四年、七一頁）と、肯定している。

(48)　羅山は、寛永一七年（一六四〇）に鵞峰（二三歳）と読耕斎（一七歳）に「百問」を出題して、その解答を求めている。「恕・靖に示す百問」（『羅山文集』巻三四・三五、注6『林羅山文集』）参照。

(49)　鵞峰・梅洞時代の林家一門では、詩会が盛んに開かれた。日野龍夫「江戸前期の江戸詩壇」（初出『日本文学』二五巻九号、一九七六年九月、のち『日野龍夫著作集』第一巻、ぺりかん社、二〇〇五年）参照。日野は、林家一門に『荘子』への傾斜を指摘して、儒学の枠をはみだす意識に『荘子』的思考の助けを借りて表現への出口をつけたと論じている。日野によれば、林家の学問は幕府の官学として社会的権威をもち、その安定した立場のなかで教養と趣味として『荘子』を受容したという。しかし、この日野の解釈は、朱子学＝官学説をもとにしていて、当該期の林家の社会的位置を誇大に評価している。注(20)拙著参照。

(50)　たとえば、倭学に優れていた高安成は『職原抄』講釈「演説」の際、典拠を「臆記」して滞りなかったので、員長は鵞峰に安成の進級を「推挙」した。「去年、五科十等を定む時、員長胥議して、汝をして倭学丁等の萌生為らしむ。其の後、汝、職原を講ず。演説援引頗る詳実なり。且つ員長の考索する所、汝の臆記する所、多く是れ滞らず。故に之れを推挙して一等を進めんと欲す。今、其の言ふ所に任せ、丙等を超え、汝を以て倭学員特生と為す」（『鵞峰文集』巻三六、授高安成、寛文七年、上三七三頁）。

(51)　梅洞については、本間洋一「夭折の文人――林梅洞覚書――」（『北陸古典研究』二二号、二〇〇七年）参照。

(52) 澤井啓一編『人見竹洞詩文集』(汲古書院、一九九一年)四六〇頁。
(53) 梅洞が「詩科甲右等」に昇った時、「弘文先生」鵞峰に送った書には、「何ぞ寡陋の一科を超ゆるに堪へん。進みては外議の誇りを懼れ、退きては内省の疚しきに慚づ。然れども、塾式の定め、妄りに拒むに由無し」と述べて、昇級を受けいれている(刈谷市立図書館村上文庫所蔵『梅洞文集』巻三)。
(54) 徳田武編『鳳岡林先生全集』第一(勉誠出版、二〇一四年)一七九頁。
(55) 同右、一八二頁。
(56) 石川謙は、林錦峯(林家七代)が松平定信に上進した「申上書」で、「自分家塾之教方、五科十等を立候而、経学、史学、文章、詩賦、和学、人々之得手に随て学ばせ候而、毎科階級を十等に分ち、勉励して進み候様教育仕候」(「御内々奉申上候」、高瀬代次郎『冢田大峯』光風書店、一九一九年)とあるのを論拠にして、「おそらく元禄・宝永のころも、安永・天明のころも、この形で諸生を導いたものであろう」(注2石川書、一九一頁)と推定している。しかし、この文は、「羅山代」に陽明学者中江藤樹を批判する文脈に出てくるもので、これを論拠に、錦峯の時代に五科十等が行われたとすることはできない。そもそも、五科の科目名も正確ではないし、羅山在世中に五科十等が行われていた事実もない。すでに錦峯時代には廃れてしまい、記録も定かでなかったと解釈するほうが妥当である。
(57) 徂徠は『学寮了簡書』のなかで「内記昌平坂ニ居住不レ仕、自身学寮ノ指南不レ仕、学頭マカセニ致、五科十等モスタレ」(注1『荻生徂徠全集』巻一、五六六頁)、「畢竟学寮ヲ離レ、書生ノ指南ヲ専ニ不レ仕、春斎家法ヲ失ヒ候処ヨリ起リ候事御座候」(同前、五六八頁)と指摘している。
(58) 科挙と「記誦詞章」との関連について、雨森芳洲は、「記誦詞章は、即ち科挙の学なり。三代以下、凡そ仕宦の人、科挙に由りて進まざる莫し。科挙は記誦詞章を以て業と為さざる莫し」(『橘窓茶話』巻中、注24『日本倫理彙編』巻七、三四二頁)と批判するが、もしそうだとすると、鵞峰が「記誦詞章」の学問を求めたのも、科挙が念頭にあったのかもしれない。
(59) 高橋章則は、『本朝通鑑』編纂のための弘文院学士の称号が、対朝鮮を念頭においていたと指摘している。高橋章則「弘文院学士号の成立と林鵞峰」(『東北大学文学部日本語学科論集』一号、一九九一年)参照。『本朝通鑑』編修の幕府の目的が、東アジア中華文化圏のなかで、歴史書を編纂するという文化事業の対外的な価値にあったとすれば、『本朝通鑑』が完成後、幕府の書庫に収められただけで、国内ではほとんど読まれなかった理由も納得できる。対外的には、歴史書があるという事実だけでよかったからである。

(60) もし科挙が行われたならば、林家の博学多識の学問も生かされることになる、と林家の人々は考えていたのであろう。先に見たように、試験は公平性を担保するために、採点基準の客観化が必要となり、知識の多少を問うことになるからである。この点、雨森芳洲が「記誦詞章」と科挙の関連を説いて、次のように非難していた。「或ひと俗儒の記誦詞章を問ふ。曰く、俗儒は世俗の儒と言ひて、三代の儒に非ざるなり。記誦詞章は即ち科挙の学なり。三代以下、凡て仕宦の人は、科挙に由りて進まざる莫し。科挙は、記誦詞章を以て業と為さざる莫し。其の力を勤め已まざる所以は、専ら仕宦に在りて、道に在らず。是れを能くするを俗儒の記誦詞章と謂ふ」（『橘窓茶話』巻中、天明六年序、注24『日本倫理彙編』巻七、三四二頁）。逆にいえば、科挙がなければ、「記誦詞章」に「力を勤め」る動機がなくなってしまうわけである。

(61)『徳川禁令考』には、寛文一〇年二月の「林春斎ノ編集書籍進呈件」に、「同廿八日通鑑編集の国史館を其儘学寮となし、手附の者江被ㇾ下候、九十五人扶持ハ是迄之通被㆓下置㆒、学徒教育の料として向後編集御用有ん時彼学徒召仕ふへき旨、春斎江命せらる」（前集巻二、創文社、一九五九年、文書番号八〇八）とあり、『国史館日録』の当該条を引照している。ただ『徳川禁令考』は、二月とあるが、『本朝通鑑』の編集完了は寛文一〇年一〇月なので、『日録』の一〇月が正しい。藤原敬子「我が国における「教育」という語に関しての一考察」では、『徳川禁令考』の「林春斎ノ編集書籍進呈件」を、幕府公文書に見える「教育」の初出とする。

(62) 林家塾が母体となって成立した江戸幕府の学問所、昌平坂学問所は「国学」だった。尾藤二洲は「今歳季春、国学新たに成り、学制を定む」（尾藤二洲『冬読書余』巻一、寛政一二年序、『日本儒林叢書』巻二、復刊鳳出版、一九七一年、一頁）と説いている。

(63) 荻生徂徠は、林鵞峰の時代、儒者を教育することを目指していた点を高く評価していた。「延喜已後今日ニ至候テハ、諸役皆世官ニ相成候故、学校ニテハ専ラ儒者ヲ仕立テ、国家ノ御用ニ立候ヲ主意ト仕候事ニ而御座候。是儒道ハ元来治国平天下之道ニ而御座候故、古来ヨリ如ㇾ此御座候。道春・春斎抔モ此筋ヲ左迄取違不ㇾ申候故、学問之仕形右之通ニ御座候」（『学寮了簡書』、注1『荻生徂徠全集』巻一、五六八頁）。

(64) 注(49)日野論文参照。日野龍夫は、この時期の京都で門戸を張っていた松永尺五・那波活所・堀杏庵らの学塾との違いを指摘している。

(65) もともと、『本朝通鑑』の編集については、同時代の人々から評価されていないという自覚が林家周辺の人々にはあった。鵞峰は、無学な幕府内の人々には『本朝通鑑』の価値は理解できないことを知っていたのである。鵞峰は弟子との次のようなやり取りを自嘲気味に記している。「友元曰く、執政、学を好まざれば、則ち一覧に及ぶべからず。然らば、則ち各数年の労は、無益に似るか。余笑ひて曰く、国史の編は唯是れ卿等の幸なり。若し官事に非ざれば、何ぞ本朝の書に通達するや。何ぞ執政の見ると見ざるとに苦しむや。卿、平生の勤め足らず、従前の学を以て玆に念ずれば、則ち不審、国史成就の後、卿及び伯元等、一覧の功を終えるや否や。如庸・貞等は則ち不足と云ふ。友元、黙す。然れば主人も亦言はず。余曰く、温公通鑑成りて後、全部を周覧する者は、当時、王勝之等のみ。其の余は、巻に対して倦眠する者多し。況や今の人をや」(『日録』寛文六年三月二七日条)。

(66) 注(2)石川書、一七三頁。諸藩の儒者登用の実態については、龍野藩を事例として浅井雅が解明している。浅井「諸藩における儒者登用の動向――一七～一八世紀の龍野藩を中心として――」(『日本思想史学』四六号、二〇一四年)参照。

(67) 徂徠の会読については、注(35)拙著参照。

(68) 注(2)石川書、一七六頁。

(69) 公開講釈は、羅山もすでに行っていた。羅山は幕府への出仕前に京都で四書の公開講釈を行っていた。その講釈は、勅許を得ず無断なうえに、朱子の新注に基づいたものであったため、清原家の介入があったが、許可された(注13『先哲叢談』巻一)。太平記講釈、徒然草講釈などとともに、四書の公開講釈が京都で行われていたわけである。羅山の講釈は私的なものであったが、鳳岡のそれは半ば公的なものであったという決定的な違いがある。

(70) 林家三代鳳岡の時、講釈とともに、儒学普及の林家の戦略の一つの柱ともいうべき、孔子祭祀の釈奠(釈菜)については、湯島移転後も継続された。寛永一〇年二月一〇日の釈菜を嚆矢として羅山から始まり、鵞峰の時に整備された林家の釈奠については、須藤敏夫『近世日本釈奠の研究』(思文閣出版、二〇〇一年)、李月珊「近世初期林家塾の釈菜礼と聖人の道」(『文芸研究』一八〇集、二〇一五年九月)参照。

(71)　当時の講釈の様子を室鳩巣は次のように報告している。「聖堂にて毎日両座講釈有ㇾ之候。四書の内の近思録、孝経、小学にて候。正蒙の筈に候処耳遠き物に候由にて候。孝経被ㇾ成候由に候。丁の日は直参、半の日は貴賤入込承候へとの御事にて候。先日に直参の人七人有ㇾ之由に候」(室鳩巣『兼山秘策』第四冊、『日本経済叢書』巻二、日本経済叢書刊行会、一九一七年、三七〇頁)。

(72)　注(39)『日本教育文庫　学校篇』六四頁。

(73)　同右、七三頁。

(74)　石川謙『近世日本社会教育史の研究』(青史社、一九七六年、初版一九三四年)三～九頁。石川は仰高門日講を江戸時代の学校における成人教育講座として位置づけている。石川説をうけて、大槻宏樹は、「わが国学校拡張・開放の母胎を聖堂における仰高門東舎日講」に求めるという問題意識のもとで、仰高門日講を詳述している。大槻によれば、元禄四年の仰高門の士庶の公開講釈は、「士庶開放を原則とした講釈のものとは即断しえない」もので、享保二年に開始された日講によって、士庶開放の原則が現実化したという。天保一三年から嘉永六年までの一〇年間の年間平均開講回数は約二五六回で、年間一〇〇回以上出席した者が年平均一人はいたという。大槻宏樹『近世日本社会教育史論』(校倉書房、一九九三年、二八七頁)。江戸幕府謫人の証言録『旧事諮問録』には、次のようなやり取りが記されている、「◎問　書物は何でした。○答　四書に限りました。町人でも誰でも聴けるのです。◎問　聴衆はたくさんありましたか。○答　ずいぶんありました…… ◎仰高門に、何だか高札が出ておりましたな……○答　さようです。誰でも勝手に聴け、という高札が建ててありました。◎聴きに出るときは、別に袴羽織を着けるという極まりもないのですか。○答　袴は着けなければなりませぬ。町人でも袴は着けましたようです。何でもよいから。袴のようなものを着けて出ればよいのでした。しかし、町人で出ますのは稀でした」(『旧事諮問録』第八回「昌平坂学問所の事」岩波文庫(下)、一二八頁)。

(75)　注(74)石川書、二五六頁。また、R・P・ドーアは、「本来武士階級のために企図されたこの種の(道徳)講話に平民の出席を許したのは、恐らく幕府が最初であろう」(『江戸時代の教育』松居弘道訳、岩波書店、一九七〇年、二一五頁)と、仰高門の講釈の画期性を指摘している。

第二章　江戸前期の学校構想――山鹿素行と熊沢蕃山との対比――

一　「物知り」批判

近世前期、一七世紀の中ごろ、林家塾などの私塾は存在したが[1]、公営の学校はほとんどなかった。藩校設立の早い例として、寛文六年（一六六六）に岡山藩の池田光政が創設した「仮学館」があるくらいである。このような時代状況のなかで、未だ見ぬ学校という教育機関を構想する者が現われた。林鵞峰と同時代の山鹿素行《やまがそこう》（一六二二～八五）と熊沢蕃山《くまざわばんざん》（一六一九～九一）はその代表者である。

周知のように、素行と蕃山は江戸前期のユニークな儒学者として知られ、これまでも分厚い研究史がある[2]。江戸儒学の第二世代といえる彼らは、武士の日常生活に儒学を取り入れ、みずからの生き方と政治のあり方を考えようとした。その思想的な模索のなかで、素行は朱子学を学べば学ぶほど、「実は世間と学問とは別の事に成[3]」（『配所残筆』、延宝三年、三三五頁）ってしまうことを痛切に自覚し、「学問」と「世間」の一致を求めて、政治的な志向性の強い「聖学」を確立した。また蕃山も、当代の人情事変にふさわしい経世済民の「心法」の学を説いた。

忘れてならないことは、こうした彼らの試みが、当時の時代状況のなかで孤立していたという事実である。江戸前期は、鵞峰が「不文の国」であると嘆いていたように、武士たちの間で儒学を学ぶ者が、ようやく現われるようになったばかりの頃だったからである。蕃山は当代の儒学の普及状況を次のように述べている。

宋明の書、周子・程子・朱子・王子などの註解発明の、日本に渡り、人の見候事は、わづかに五六十年ばかりなり。しかれども、市井の中にとゞまりて士の学とならず。十年このかた、武士の中にも、志ある人はしばし見え候間、後世には好人余多出来候べし。(4)（『集義和書』巻一、一三頁）

ましてや、儒学をベースとした学校などは、「古は日本にも盛なりし学校の教へ、釈奠の祭なども、中興せば珍しかるべく候」（『集義和書』巻四、七九頁）と思われるほどだった。(5)このような時代状況のなかで、素行と蕃山は、当時の人々にとっては未知の学校という教育機関を構想していったのである。(6)本章で取りあげる理由は、彼らの構想した学校が、同世代の鵞峰の林家塾とは異なる目的と方法をもっていたからである。

そもそも、素行と蕃山は、林鵞峰とは異なる学問観を抱いていた。先に見たように、鵞峰にとって学問は博覧強記であることを必須とした。幕府・大名家に求められていた儒者の役割は、古今東西の書物を読み覚えた「物知り」だったからである。鵞峰が林家塾のなかで、そうした「物知り」儒者＝学者の英才「教育」を目指したのにたいして、素行と蕃山の二人は「物知り」学者を批判することで共通していた。(7)素行によれば、当時の武士たちは子どもに、「学問をして心を正すことかと思へば、学問は気の尽くることとなり、物読みにはなり給はじと云ひて、これを学ばしめ」（『山鹿随筆』巻三、万治三年、全一一、三一〇頁）なかったという。鵞峰が学者に要求した学問の勤勉・努力は、普通の武士には「気の尽くる」ものでしかなかったのである。

素行は、幼い時、林羅山に訓点を学んだことがあったが、のちには羅山を「その志す所大いに異なり。唯だ記誦の為にして、克己復礼を志すにあらず」（『山鹿随筆』巻三、寛文元年、全一一、三四二頁）と述べて、朱子学から離れていった。(8)また、蕃山も、「今の儒学といふは、史となるの博学を習ふがごとし。（中略）大樹・諸侯・卿大夫・士・庶人の五等の人こそ道者にて候へ。儒者は一人の芸者なりとおもへ」（『集義和書』巻一、一四頁）るという現状を批判して、経世済民の「心学」を志向した。素行と蕃山はともに、「物知り」という専門学者のための特権的な学問ではなく、広く武士のための学問を求めたのである。

先に述べたように、鵞峰が無学な武士たちを「鼻缺くる猿」と軽蔑して、「一天地を別」にする林家塾の孤塁を守ろうとしたのにたいして、素行や蕃山は当時の武士に相応しい学問としての儒学を求めて、学校を構想したといえる。本章では彼らの学校構想について、武士の日常生活と学校の関連に着目することによって明らかにしていきたい。

二　「いがた」による庶民教化

山鹿素行は寛文年間に、幼い頃から学んできた朱子学が日常生活から遊離してしまう隠逸的な学問であることを批判し、朱子の書から周公・孔子の書に回帰することによって、新たな学問＝「聖学」を確立した。素行は、『配所残筆』で述べているように、「世間」＝日常生活と「学問」との一致を求めたのである。主著『聖教要録』（寛文五年）や『山鹿語類』（寛文五年）に提示された「聖学」は、きわめて政治的志向性の強い思想で、とくに、その中心となる政治論は、「人君之治道、以二教化風俗一為レ本也」（『山鹿語類』巻一一、全五、三三六頁）とあるように、武士と農工商の庶民の風俗教化を目指すものだった。まず、素行の学校構想を見る前に、その前提となる素行の風俗教化論を見ておこう。[9]

最初に指摘せねばならないことは、素行の風俗教化論が朱子学の政治論の原理ともいえる『大学』の三綱領「明明徳」「新民」「止於至善」の一つである「新民」説への批判のうえに成り立っていた点である。朱子学の「新民」説は、民の個々の先天的な道徳性を信頼して、民みずからがそれぞれの道徳性を発現することを目指していた。そのため、現実的には困難かもしれないが、為政者に「人の家ごとに喩し、戸ごとに暁《あか》さんと欲せざるに非ざる」（『論語集註』）覚悟をもって道徳教化の任にあたることを求めた[10]。ところが、素行はこのような理想主義的な政治論を、「天下の広く万民の衆、家々戸々に至りて道を説き理を談ずる事不レ可レ叶」（『山鹿語類』巻一一、全五、三四二頁）と一蹴して、次のように述べている。

朱子の章句及び或問は、天下の人以て其の性心を明かにすと言ふ。是れ決して聖人の意に非ず。経の文、只だ天下を言ふのみ。是れ聖教の大綱を天下に明かにするなり。天下億兆の人民豈性心を明かにするの道あらんや。匹夫も其の沢を被らざるを思ひ、比屋封ずべき底は、是れ其の規模なり。「天下の人をして皆以て其の明徳を明かにすることあらしむ」と、一挙して同じうすべからず。聖人の治平は道徳を一にして以て俗を同じうするに在り。故に三代の隆なる、王宮国都より以て閭巷に及ぶまで学あらずといふことなし。司徒・典楽の設、是れ道徳の綱紀を天下に明かにするなり。格物致知を極め至りて而る後に這箇の聖睿あり。天下の人悉く此の睿知を得ること、豈此れあらんや。（『四書句読大全　大学』、全一一、一〇〇～一〇一頁）

素行によれば、民を治めることは、一人ひとりの道徳性を発揮することではない。そもそも、現実的に不可能だからである。素行はそうした「天下の人」すべての道徳性実現の空想性を非難して、「道徳を一にして以て俗を同じうする」（『礼記』王制）こと、風俗の画一化を目指した教化を説いた。素行にとって「道徳を一にする」「礼」とは、日常生活を外側から律する客観的な規範だった。

師曰はく、治道之要最以レ立二規制一と云へり。規制と云ふは、天下万民のためにいがた《鋳型》と可レ為事を制して、是れを立てのつとらしむる事也。規制何を以て先んぜんとならば、先づ衣服居宅食物而して日用の用具に各々規制を立つる也。（『山鹿語類』巻七、全五、五九頁）

それは、一定の枠である「いがた」に譬えられるものであった。素行は衣食住の日常生活全般の規範＝「いがた」を定型化して、その「いがた」に民の生活を流し込むことによって、風俗の画一化を図ろうとしたのである。

素行はこうした「いがた」によって、「風俗相異なるがゆゑに、面々自分として道徳を定め」（『山鹿語類』巻七、全五、一八頁）ている価値のアナーキーな状態を、知らず識らずのうちに画一化することができるとする。

師曰はく、使三民日遷レ善遠レ罪不二自知一也と云へるは、前漢の賈誼が文帝に奏せし辞也。天下の広く万民の衆、家々戸々に至りて道を説き理を談ずる事不レ可レ叶。たとへば学校のまうけ大学の教へ、不レ残示レ之すことのなると云へども、人心の不レ一又如二人面一（『春秋左氏伝』襄公三一年）と云へれば、ことごとく一致せしむる事不レ可レ叶を以て、古の聖人天理の節文をうつして人事の儀則とし、衣食居よりはじめ常住の用具吉凶軍賓嘉の礼に至るまで不レ得レ止の制法を立て、民この礼により此の法を守るときは、自然に善にうつり悪を去りて、いつとなく天倫のついで明かに、悪習日に遠ざかる、是れ聖人の教化也。

（『山鹿語類』巻一一、全五、三四二頁）

このように「衣食居よりはじめ常住の用具吉凶軍賓嘉」までの日常生活全般の「不レ得レ止の制法」「いがた」(11)を立てることによって、道徳を画一化して、風俗を正すという「聖人の教化」が、素行の目指す、農工商の庶民への教化論であった(12)。それは、朱子学の理想主義的な政治論のように、人間個々の道徳性を信頼して、民の内面的な自発性に期待するようなものではなかったし、ましてや林鵞峰のような、優れた学者＝英才を「教育」する意味はまったくなかったのである。

ところで、庶民教化を行う際、素行が敵対者として措定していたのは、中世以来、民衆のなかに深く根を下ろした仏教信仰であった。とくに、日蓮宗と浄土真宗の「二宗は皆近代の新法なり。況や一向の如きは甚だ律義に背きて、婚合肉食して追福作善を為さず、塔婆・石碣を設けず、国民のこれを信ずる鬼神の如」（『山鹿随筆』巻一〇、全一一、五六七頁）きだという。素行によれば、「鬼神の如」き信仰を集める仏教が大きな力をもっている理由は、「民人の異端に陥り、邪説を信じ、鬼魅を崇び、竟に君を無《な》みし父を無みする者は、教化行なはれざればなり」(『聖教要録』巻上、一四頁)とあるように、為政者から庶民への道徳的な「教化」がなかったからである。そのため、「道に志ある」者たちも仏教に帰依してしまい、「教化の道」はほとんど「断絶」してしまっていた。

本朝は仏の意を貴び、八宗九宗の宗門を立て天下これを帰依す。其の帰依すること風俗となつて、上より教戒の詳なることあらざるを以て、しばらく道に志あるの輩、思々に釈門に入りて皆空無の談をなして、今日日用の間、君君たり臣臣たるのゆゑんを不ㇾ知也。故に国郡を領し人のをさをも致す人、皆下を教ふることなく、其の身にも釈門を宗とするを以て、教化の道殆ど断絶す。(『山鹿語類』巻一一、全五、三六七頁)

その結果、何が善で、何が悪であるか、「面々自分」勝手に判断するようになってしまい、風俗が乱れ、「異端」仏教が蔓延ってしまっているのだという。

風俗相異なるがゆゑに、面々自分として道徳を定め、道其の道にあらず、徳其の徳にあらず、世以て非ㇾ道を道と心得、徳にあらざるを徳と崇敬す。是れ風俗となつて、末々後々まで愚民凡人是れを取りて道徳の異端をなす也。(『山鹿語類』巻七、全五、一八頁)

そのため、上から一定の「いがた」を作って、「道徳を一にする」ことが必要だとする。素行によれば、そうした価値の外形的基準を画一的に定めることによって、「異端」仏教の勢力を弱めることができるのだという。ただしその際、『論語』の「攻二乎異端一、斯害也已」(為政篇)の「攻」の字について、朱子のように「専治」、すなわち、仏教を専ら研究することは害があるとするのではなく、「攻撃」だと解釈して、仏教を物理的な強制力によって「攻撃」することは害があるとする。素行は、「一旦、力を以て之れを攻撃すれば、天子諸侯の命と雖も、只だ屈服して未だ心服すべからざる」[13](『四書句読大全　論語』)異端だからこそ、「礼」=「いがた」による風俗教化を求めたのである。

聖人異端の説を去るの説は論語にこれを出せり。曰ふ、「異端を攻むることなかれ。攻めずしてかれ自ら退かん」と。これ聖人の道なり。攻めずして去るの道は唯だ礼にあり。礼立たば則ち異端隆ならず。異端隆ならざれば則ち有るも亦無きが如く、何の害かこれあらんや。（『山鹿随筆』巻一一、全一一、五七六頁）

この「礼」による異端の無力化は一種の統治技術であった。素行は直接の暴力的な措置によって、仏教を弾圧するのではなく、「礼」＝「いがた」によって、いわば搦め手からその力を弱体化させる庶民教化論を説いたのである。その意味では、教化論としていえば、口頭のオーラルによる仏教の教化（きょうけ）とは類型を異にしていた。

三　庶民教化の学校

素行の関心が庶民教化にあったことは、当然のことながら、彼の構想する学校とも関わっている。それは、端的にいえば、同時代の林鵞峰のような英才「教育」を目的とする学校ではなく、農工商の庶民の風俗を正しくし、「道徳を一にする」「教化」を目的とする学校だった。素行は、「庠序学校を設け為して以て之れを教ふ。庠は養なり。校は教なり。序は射なり。夏は校と曰ひ、殷には序と曰ひ、周には庠と曰ふ。学は則ち三代之れを共にす。皆、人倫を明かにする所以なり。人倫、上に明らかにして、小民、下に親しむ」（『孟子』滕文公上篇）の一節を引照して、「学校之設」を次のように説いている。

師論二学校之設一曰はく、学校と云ふは民人に道徳を教へて、其の風俗を正すの所を定むる事也。学も校もともにをしふるの字心にして、則ち学校の名也。（中略）ここを以て民家あつまりて其の数あるときは、則ち其の村庄に学校を立て、師道に可レ然ものを択んで是れをつかさどらしめて、民の農工商の暇あるの時、及び其の子弟の業に不レ付の間、この所にあつまりて人倫の正道を正し、家業のつとむべき法をならひ、其の天徳を正す也。（『山鹿語類』巻七、全五、三二一〜三二二頁）

学校は農工商の「民人に道徳を教へ」る教化の機関であるという。素行は武士も含めた「四民ともに学校を立てて教へざれば、風俗邪辟にして、中国に居てえびすの如く、人にして禽獣に不レ異」（『山鹿語類』巻七、全五、三三頁）と述べているが、学校の眼目が農工商の庶民の教化にあることは、この「学校之設」が、『山鹿語類』における庶民統治の「君道」の一項目「治教」のなかで論じられていることからも明らかである。この庶民教化のための学校は、「民人に道徳を教へ」るといっても、同時代の林鵞峰が英才「教育」を行っていた林家塾のような、万巻の書物を読む学問の場ではない。そこは、通俗的な「人倫の正道」を教えるとともに、専ら実用的な「家業のつとむべき法」を習わせる機関であった。

学校と云ふは、学問を教へものをよみならはする所とのみ後世相心得るはあやまり也。尤も学術を立てざれば道学に可レ入之用なしといへども、学校は唯だ道を教へ業をならはしむるの所と可レ知也。道を教へ業を習はしむるゆゑに、民農をつとめ射を学んで兵民となるに用あり。徳行道芸のすぐるるによつて賞せられ、法をそむくにおいて刑を行はるるゆゑに、賞罰立ちて勧善懲悪の法正しき也。学校の法其の重きこと可レ知。

（『山鹿語類』巻七、全五、三六頁）

素行はこうした「勧善懲悪」(14)の「道を教」えるとともに、「家業のつとむべき法」「業」を習わせる実業学校を全国各地の村々に設置することによって、庶民の風俗を画一化しようとしたのである。そうすれば、「君を無みし父を無みする」（前出『聖教要録』）仏教のような「異端の説」も行われなくなるという。

人君道徳を一にして、上は百官を正し、下は万民を教へ、吏官県令ことごとく法を守りて教化を詳にし、所々に学所をまうけ、言行明なるを師とし、志あるは云ふに不レ及、愚民凡人に至るまで、閑暇あらば業を教へ道徳の趣向を糾明せしめば、道徳に志あるもの各々是れに親しんで、つひには教化広からん。教化能く熟せば異端の邪説誰かこれを用ひんや。不レ拒して異見をやめ、不レ禁して異端さるべし。

（『山鹿語類』巻七、全五、二四頁）

（1）寺子屋の利用

その際、注目すべきは、素行が「異端」仏教を抑えるばかりか、逆に寺社の手習塾（寺子屋）を学校に転用し、「教化」を図ろうとした点である。

学校と云ふはあらざれども、在々所々に寺社多く、一里一郷の処にも神社仏閣のまうけなきはあらず、其の所の民人の小弟必ず相あつまりて手習ひ物学ぶ。或は祭礼をまうけて衆民相会し、やぶさめ競馬のことを行ひて飲酒の会あり、これ所の明神氏神を崇敬のためなりと号す。是れ等の事を案ずるに、寺社を改め学校とし、僧・神主に法を立て教師として其の子弟を教化し、冠婚祭喪等の大礼を正さしめ五倫の教を全くし、相会するときは郷飲酒の礼をまうくることを教へ、神事あるときは郷射の礼を学ばしめ、其の取行ふことにしたがつて自然と教化せば、何ぞ学校のまうけ教化の広きことあらざらんや。（『山鹿語類』巻七、全五、四六頁）

素行は当代に、寺社に「民人の小弟必ず相あつまりて手習ひ物学ぶ」寺社があると認識していた。これは、いわゆる手習塾（寺子屋）だろう。[15] 素行はその寺社を「道を教へ業をならはしむるの所」としての「学校」に転換させ、僧侶と神主を「教師」として子弟「教化」の役にあたらせようとした。

その「教化」内容といえば、「冠婚祭喪等の大礼を正さしめ五倫の教を全く」することであって、文字や学問を教えることではなかった。素行は当代の寺社の「手習ひ物まなぶ」場所で行われている教授内容を次のように批判していた。

子弟皆手習ひ物まなぶといへども教ふるもの学の道をしらざるゆゑに、唯だ往来の文をいとなみ日記帳のたよりとのみなりて、世教治道の助となり風俗を正す基となることなし。或は源恵（玄）が庭訓、明衡が往来等の俗書を玩んで、年長《た》けよはひさかんなるまで道に志し業をつとむるに志あるものは無レ之、やぶさめ競馬も時のなぐさみとのみなりて民兵の設なし。世太平に属すること久しきときは、教化を以て風俗を正さざれば道学不レ全也。閭里の少と云へども学校のまうけなくんばあるべからず、況や本朝においてをや。譬へば学校を不レ設とも、所々の民のをさ、時を以て民に法令を教示し、風俗を正し礼儀を詳にせば、則ち是れ周礼大夫・州長・党正・族師・閭胥・比長の法也。（『山鹿語類』巻七、全五、四六～四七頁）

素行は、子弟に手習を通して往来物、消息文を学ばせるばかりで、「学の道」が行われていない現状を批判する。(16)素行にとって、学校は「手習ひ物まなぶ」場ではなく、「世教治道の助となり風俗を正す基となる」教化の場であったからである。この点、たとえ学校を設けなくても、名主・庄屋らの「民のをさ」が「時を以て民に法令を教示し、風俗を正し礼儀を詳」するようになれば、(17)その機能を果たすようになると説いているのは、「子弟」の「手習ひ」教育よりも、風俗教化に眼目があったことを端無くも現していた。

ともかくも、このように素行が手習塾（寺子屋）の「世教治道」への一定の役割に注目していたことは、江戸幕府が江戸府内の手習塾に干渉と保護を加えはじめたのが、八代将軍吉宗のころだったことを想起するとき、(18)その先見性を評価しなくてはならない。(19)

（2）武士の教育

ところで、学校が庶民教化の機関であったとすれば、武士にたいしては、素行はいかなる態度をとったのだろうか。周知のように、素行は農工商の三民の「師」（『山鹿語類』巻二一、全七、一一頁）としての武士の生き方を求めていた。士農工商の四民はそれぞれに「職分」があるが、そのうち武士は庶民の道徳的な「師」としての職分をもち、職分を果たすことができないならば、「天の賊民」ともいうべきである、と素行は説いていた。(20)注意すべきは、学校がそうした責任意識をもった武士を教化する機関ではなかった点である。先に見たように『山鹿語類』のなかには、「凡そ古之王者建㆑国君㆑民、教学為㆑先（『礼記』学記）といへり。四民ともに学校を立て教へざれば、風俗邪辟にして、中国に居てえびすの如く、人にして禽獣に不㆑異」（『山鹿語類』巻七、全五、二三三頁）と、士農工商の四民の学校の存在を説いている箇所はある。しかし、それは、『礼記』の古代中国の学校を紹介したまでで、これを当時の武士に適用しようとしたとは必ずしもいえない。というのは、「凡そ民に教ふるの道、士に教ふるに不㆑同」（同右）からである。

そもそも、素行の求める武士の学問は、庶民同様に読書とイコールではなかった。素行にとって、「読書は余力のなす所なり」（『聖教要録』巻上、一四頁）とあるように、読書は余暇に行う余技にすぎなかった。この読書を余力とする認識のうえで、素行は、庶民にたいしては、「道を教へ業を習はしむる」教化機関としての学校を構想していたのだが、武士にたいしては、学校よりは「家」での子弟教育に重点を置いていたといってよいだろう。この点、素行は臣下の「教戒」を述べて、次のように説いている。

> 上古は皆学校において是れを教ふといへども、異朝の学校も名斗《ばか》りにて、唯だ文学詩賦の沙汰のみなれば、是れを教戒とは云ひがたし。教戒あらざれば、文学皆身の修において害となれるなり。然れば大臣の子弟家に居て閑暇多きの類、皆其の父兄家法を立てて、其の子弟の人となり立つ如く可㆑致也。（中略）士農工商各々それぞれに随つて家法作法の教戒詳なるときは、人如何ぞ悪に陥らんや。
> （『山鹿語類』巻四、全四、二四七〜二四八頁）

素行は「異朝の学校」が「文学詩賦の沙汰」ばかりで「名斗り」であると非難して、かえって「身の修」に害があるという。修身は、「家に居て閑暇多きの類」のような「大臣の子弟」は、「父兄家法」を立てて、「人となり立つ」ような「家法作法の教戒」が望ましい。特別な学校を設けるのではなく、むしろ家庭での子弟教育を説いているのである[21]。

このように素行が武士の家庭教育を重んじ、教育機関としての学校を求めていない理由は、武士は「職分」の責任意識をもつことによって、みずから律することを学ぶことができると考えていたからであろう。素行によれば、農工商の庶民には道徳的な自発性・能動性を期待できないが、武士は「職分」を自覚することによって、道徳的な生き方を志すことができる。というよりは、そうした意志をもつことができる者が武士だととらえていた。武士はことさらに学校で学ぶまでもなく、家庭の日常生活のなかでみずから道徳的に生きることを学ぶべきなのである[22]。武士は家庭生活のなかで、先に見た日常生活を律する一定の「いがた」を格物致知の方法によってみずから学び取り、自己の価値観や感情とは異なっていても、意志的に自己制御することを学んでゆくべきだ、と素行は考えたのである[23]。

これに対して、農工商の庶民は生産や流通の活動に精一杯であって、余暇はない。このような日常生活をみずから律して自己統御できない庶民にたいして、「いがた」に流し込んで、「道徳」と家業の「業」を教化する機関が、素行の構想する学校であったといえる。

四　武士の教育機関としての学校

熊沢蕃山は陽明学者中江藤樹に学び、池田光政の岡山藩に仕え、藩政にも関与した江戸前期の特異な思想家である。彼の政治論は人情事変論や武士土着論が有名であるが、学校論はそのなかで重要な位置を占めていた。蕃山によれば、学校は政治のなかで最も大事なもので、古代の理想世界には存在していたが、今はもうなくなってしまったという。こうした認識を蕃山は若いときからもっていた。蕃山の初期の文章を集めた『息游先生初年倭文』には、すでに「学校の政」に関する言説がある[24]。

世の治乱は人心の邪正による。人心の邪正は慣の美悪によれり。然故に賢王の世を治給ふには学校の政を先として、人の心を正しくし給へり。学校の政絶て習あしく、風けがれたる末の世なれども、頼む所は良知の月いまだ地に堕ずして人に有。

（『息游先生初年倭文』巻下、全五、三八頁）

こうした「学校の政を先」とする認識は、主著『集義和書』や経世論の書『大学或問』（貞享三年）でも変わりない。とくに『大学或問』では、武士土着論などのユニークな提言がなされているが、「政の第一」として「学校の政の事」を挙げていた。そのなかで、蕃山は「学校は文学の所なり。政といへるは何ぞや」と問いかけて、「学校の政」である理由を次のように答えている。

学校は人道を教る所也。治国・平天下は、心を正しくするを本とす。是政の第一なり。其上大君、諸侯を親しみ給ひ、父子のごとく兄弟のごとく心服するは、学校あるによつてなり。学校の師は、徳ありて理にくらからざる人を司とす。博文達才の者、其下に附て経文を講明す。大君、老臣・諸侯・上士・中士をひきゐて議論講習す。大君の道徳に親切なる一言は、他の千言万語よりもまさりて、諸侯・諸士の心志を感動す。諸国に伝へて、衆の固有の善心を感発す。徳の流行、置郵して命を伝ふるより速也。

（『大学或問』下冊、四五二頁）

学校はたんなる「文学」＝学問の場であるのではなく、「人道を教る所」であるとする。蕃山によれば、「治国・平天下は、心を正しくするを本とす」るのだから、「人道を教る所」である学校を設けることは、為政者の最優先の政策であるという。

今の時に当て大道をおこさんものは、学校の政を先にして、人々固有の道徳をしらしめ、道理を弁へしむべし。

（『集義和書』巻五、寛文一二年初版、九九頁）

「人々固有の道徳」を知らしめ「道理を弁」えさせることが、「学校の政」の目的である。素行が民の道徳性実現の非現実性を説いて、「道徳を一にして」風俗を画一化するための教化目的の学校を構想していたのにたいして、「先学校の政を以て是非善悪を弁ふる知をひらきて、恥をしるの義を勧むべし」（『集義和書』巻五、九四頁）とあるように、蕃山にとって学校は、一人ひとりの先天的な「固有の道徳」「是非善悪を弁ふる知」を発現させる教育機関だった。

（1）「大君」の学校

さらに注目すべきは、素行の学校が庶民「教化」のための機関であったこととの対比でいえば、蕃山の学校が政治を担う武士の教育機関であるうえに、とくにそのトップである「大君」を教育するための機関だった点である。「大君」、すなわち、徳川将軍が学校の中心となって、学校の場で「老臣・諸侯・上士・中士をひきゐて議論講習」することを求めているのである。その「議論講習」の内容については後で見ることにして、まず、学校の中心が「大君」であった点を見てみよう。中央の「大学校」の役割について、蕃山は次のように述べている。

大学校は公侯卿大夫士の子庶人の子の、秀才を教る所といへども、第一は王侯の子を教る所也。王侯の子道なくては衆人の道学益すくなし。王侯の子の知をみがく所は学校也。

（『孝経外伝或問』巻一之下、全三、九三頁）

大学校は第一義的に「王侯の子」を教え、「王侯の子の知」を磨く場であるという。この点は注目すべきである。「王侯の子」が「公侯卿大夫士の子庶人の子」の「秀才」とともに、学び合うことを説いているからである。[25]

書を読み講をきくことも、何方にても成事なれども、其分にては用をなさず。いにしへは天子の御子達といへども、生れながら東宮にそなはり給ふ事なし。公侯の子も世子の定なし。況や卿大夫をや。学校にては士庶人の子と共に文字を共にし、共に礼楽弓馬を共にし、成人にしたがひて親みふかければ、下に居ては知らざる上の事を知、上に居てはしらざる下の人情事変を知、たがひに益をとり人がらをもよくしり、いにしへは王侯の子といへども、愚不肖にて君子の相なきは庶人に下す作法也。況や卿大夫をや。

（『孝経外伝或問』巻一之下、全三、九三頁）

蕃山によれば、書物を読み、「講をきく」ことは、どこでもできるけれども、それでは効果がないという。「天子の御子達」「公侯の子」であっても、「士庶人の子と共に」、「礼楽弓馬」という文武を学ぶからこそ、「成人」になるにつれて親しみも深まり、下情に通ずることもできる。先に見た素行では、学校は「文学詩賦の沙汰」ばかりであるから、「大臣の子弟家に居」て、それぞれの家庭の日常生活において個々人で学ぶべきだとされたことと比較すると、学校は「士庶人の子と共に」、「王侯の子の知をみがく所」だととらえ、集団学習の教育効果を認めた蕃山の考えは対照的である。

のちに述べるように江戸後期になると、全国各地の藩に藩校ができるが、そこでは藩士教育の場として、藩士の人材「教育」を目指していた。しかし、そのなかで、藩主と藩士が一緒になって、学び合うような藩校はなかった（例外的な学校構想は、広瀬淡窓の『迂言』に出ている[26]）。その難しさは、端的にいえば、強固な世襲制度とそれを秩序づける身分格式（素行の言葉でいえば、「いがた」）にがんじがらめにされていた、武士の日常生活に起因していた。ところが、蕃山の学校構想の前提となっていたのは、そうした世襲制度を超えた理想化された非日常的な「中華」世界である。そこでは、君主は必ずしも世襲ではなかったという。『大学』の三綱領の一つ「在親民（ひとをしたしむにあり）」について、蕃山は次のように述べている。

民は人也。無レ位者を民と云。位は人の命ずる者也。生れ出たる所は貴賤ともに皆天民也。いにしへは皇子といへども、生れながら官位なし。凡人と同じく学校に入て学び給へり。人情事変に通じて、治体を知給はんが為也。故に民の字、君臣父子夫婦兄弟朋友の五倫を兼ていへり。

（『大学小解』、全三、一八二頁）

生まれた時は人はみな、「官位」などなく、「無位」の「民」である。「官位」は後天的に人が「命ずる者」であって、もともと「生れ出たる所は貴賤ともに皆天民」であるという。「皇子」といっても、生まれつきの「官位」はなく、「凡人」と一緒に学校に入って学ぶのだという。蕃山はさらに一歩進めて、「王侯の子」であっても、「愚不肖」で「君子の相なき」者は「庶人」に下すのが「作法」だともいう。このような世襲を認めない言説はさすがに過激だったのか、蕃山は反論を予想して次のように説明している。

問、王侯の御子達君子の相なきとて、庶人に下す事はなさけなく、其身も難儀なる事にあらずや。云、しからず。いづれか天子と成、いづれか諸侯と成、卿大夫士庶人と成給はん、しれざる事なれば、生給よりかろくそだて、学校に入てかろき住居も迷惑ならざるやうにならはし給なり。庶人に下りても、庶人なみの位にて民間に住ばかり也。其身一代はならはぬわざをもするにもあらず。其子よりは民間のそだちにて、民の子と共にあそび、しらずしらず如ㇾ此ものと思ひて其業に入也。王侯の子なれば二三代四五代は富有にて、庶人の中に居ばかり也。瞽瞍も黄帝より四五代の孫なれば、庶人にはくだりたれども、富有なりしといへり。民間より仕官に出て帰郷したるものゝ、富有るなるがごとし。

（『孝経外伝或問』巻一之下、全三、九四頁）

誰が「天子」となり、「諸侯」となり、「卿大夫士庶人」となるか、生まれつき決まっているわけではない。それ故、蕃山は、『大学或問』のなかで、「才徳其位に叶はずして、代々大禄を受る事は、天の廃する所なり」（上冊、四一二頁）と、世襲制度を批判したのである。ここには、「士」としての対等性の主張がある。

士といふものは、小身にて徳行のひろきものなれば、上下通用の位にて、上は天子・諸侯・卿・大夫の師と成、下は農・工・商を教へ治るものにて、秀れば諸侯・公卿ともなり、くだれば庶人ともなり、才徳ありながら隠居して庶人と同じく居を処士といへり。大道を任じて志大なるものは士なり。公卿・諸侯の本地なる故に、賢なれば公卿・諸侯もくだつて士を敬し給ぬ。

（『集義和書』巻八、一四六頁）

「士」は「天子・諸侯」の「師」に成りうる一方で、「庶人」にも下りうる「上下通用の位」であって、いわば中間者として対等性があるという。さらにいえば、蕃山においては、「天子・諸侯・卿・大夫」から「農・工・商」の「庶人」にいたるまで、みな「兄弟」だった。

王者は天を父とし、地を母とす、故に天子といへり。公侯伯子男附庸の国卿大夫士は不レ及レ言、農工商の庶人無告の者までも皆兄弟也。

（『孝経外伝或問』巻一之上、全三、六七頁）

蕃山はこうした平等観をもとに、「天子の御子達」「公侯の子」であっても、「士庶人の子と共に」学び合う集団学習を説いたのである。蕃山によれば、平等な関係の下での集団教育によって、「士文武に達し、国用・軍用に備」はり、「その中道徳に通ずる人」や「才能秀るもの」も出てくるという。その意味で、「学校は英才をあつめて、其人がらを知べきところ也」（『孝経外伝或問』巻一之上、全三、六九頁）とあるように、「王侯の子」と「士庶人の子」とが学び合う学校は「英才」を集め、臣下の「人がら」を見極め、選抜する場でもあったのである。

（2）自発的な学びの重視

こうした集団学習においては、何よりも学習者の自発的意志がなくてはならない。蕃山は集団で「幼童を養育」する際の注意を、次のように述べている。

よく幼童を養育するものは、我童蒙に求るにあらず、童蒙我に求む。今十五以下の童子百余人を聚め教る者あらむ、其中の秀才一二人知覚はやくひらけたるありて、成人の法を立むことを望むとも、師たる者知あらば、一二人のために大勢のあたはざる事をなすべからず。知覚はやき者には、いよ〳〵内に省み、実をつとむることを示すべし。衆童の、才長じ知ひらけて、もとめ催す志をむかへて、大人の道を習はすべし。しからば、秀才の者も、才にひかれず識に滞らずして、実の徳をなすべし。衆童は、なを以て、明かなるより誠あるべし。若秀才を好して、衆童のあたはざることをしゐば、秀才は、己が人に優れるにほこり、才にはせ知識にひかれて、つゐに不祥人とならむ。衆童は、学に倦み道を厭て、学校の政のやみなむことをねがふべし。

（『集義和書』巻五、九四～九五頁）

童蒙に求めるのではなく、童蒙のほうから求める「養育」である。とくに一五歳以下の童子を集団で「養育」する際には、「一二人のために大勢のあたはざる事」をしてはならない。少数の「秀才」を厚遇すれば「秀才」は増長し、「衆童」にできないことを強制すれば、学ぶことを嫌がり、「学校の政のやみなむことをねがふ」ことになってしまう。「秀才」「衆童」どちらにとっても、学習効果はないという。こうした自発的な意志を尊重する集団で「養育」された「幼童」であってはじめて、成人になった「公侯卿大夫士の子庶人の子の、秀才を教る」大学校での集団学習も可能になるといえるだろう。ここでは、上から教えるのではなく、学びの主体が重視されている。

ちなみに、蕃山の自発的な学びの意志を重んずる「幼童」「養育」論は、年齢に応じた学習課程論につながっている(27)。蕃山によれば、「武士の子は八・九歳より学に入て、其子の成易き事よりをしへ」、「手習ひ」、「父兄・長者・賓客の前へ出る礼容、陪膳・給仕・進退・左右・送迎・うけこたへなどの」礼を学び、一一・一二歳からは経伝を読み、一三・一四歳からは「礼の大なる」を教える。また同時に、八・九歳、一一・一二歳の子には、「笛・篳篥《ヒチリキ》・笙の譜を唱」えさせ、音楽を学ばせる。さらに一四・一五歳からは弓馬を教え、三〇歳まで文武を学ばせるという。この課程のなかで、蕃山は、「弓矢・鞍・鐙の請取・渡・披露等品々あるべし。七五三・五々三等客となり陪膳と成て、代りぐ〵習ふべし」（『大学或問』下冊、四五三頁）と、「協同実演」を行うことを説いていた。この点、石川謙は、蕃山が「共同学習の教育的効果を夙に認めてゐた(28)」と、高く評価したのである。

五　「同志」との議論講習

（1）「心友」との対等な議論

「公侯卿大夫士の子庶人の子の、秀才」が集まる「大学校」は、先に見たように、「大君」がみずから率先して「老臣」以下の者たちと「議論講習」するような場だった。そこは、師から弟子への一方向的な「講釈」の場ではなかった。(29)

学を講ずるは、当時講釈などするごとき事にはあらず。今の講釈も講の一端也。博学審問慎思明弁は講学の要也。義を聞てよくうつり、過を知て速に改るは修身の急務也。（『論語小解』述而第七、全四、八九頁）

博学の「当時講釈」と区別された「講学」とは、『集義和書』のなかで説かれる、「士」の対等性を前提とした「心友」同士の「議論」と重なっている。

我等、道徳の議論をしてあそび候心友も、又かくのごとし。心友なるが故に、たがひに貴賤をば忘るゝ事に候。全く師と不ㇾ存、弟子にてもなく候。（『集義和書』巻二、三九頁）

徳と年と位との三を天下の達徳といふ。朝庭にして上下の礼ある所にては位を尊び、常の交には年を尊び、世をたすけ人に長たるの道にをいては徳を尊ぶ。公・侯は士の賢をうやまひ給ひ、士は公・侯の位をうやまひ、たがひに相敬するの義なり。志同して心を友とする時は、双方の尊卑相忘る義もあり。（『集義和書』巻八、一四六頁）

「講学」する者たちの関係は、師と弟子ではなく、貴賤尊卑を忘れて「道徳の議論をしてあそび候心友」同士、対等である。そもそも、蕃山によれば、武士の間では、「武士は相たがひの事にて候へば、おしへて師ともならず、恩ともせず。国のため、天下のため、武士道のためなれば、器用なる人には、いそぎおしへたてられ候。習ふ人も、其恩を感じて忘ざるばかりなり。医者・出家などのごとくに、師弟の様子はなく候」（『集義和書』巻二、三九頁）とあるように、「相たがひ」であって、上下の師弟関係にはなりえないのである。

こうした「心友」同士の「議論講習」は、たんに経書を読み合うだけではなく、参加者相互の道徳的な修養の場でもあった。

今の理を窮と云は、書の上にて、文に即《つい》て講明し、或は空談に議論す。これ物に即て理を窮るにあらず、文を以友を会するといふものにて、友を以て仁を輔《たすく》るにはいたらず。仁を輔ると云は、父子の親・君臣の義・夫婦の別・長幼の序・朋友の信において、過るを磨《ま》し不足を補ひ、互に過ちを告て相輔るものなるに、今の学者は過を聞ことをいとひ、至情を云者をにくめば、即レ物窮二其理一の実を失へり。しからば、天下の事々物々の理を窮、博識大聞なりと云とも、何の益かあらむ。

（『集義和書』巻九、一五九頁）

対等な「友を以て」「仁を輔ると云は、父子の親・君臣の義・夫婦の別・長幼の序・朋友の信において、過るを磨し不足を補ひ、互に過ちを告て相輔るものなる」、お互いに道徳的な修養をする場が、「議論講習」「議論講明」の場であったのである。『中庸』の「君子尊二徳性一而道二問学一」を解して、蕃山は次のように説いている。

道問学は経伝を講明し道徳を議論し、師に学び友に格《タダ》し、過《アヤマチ》をきゝ、非を改め、善をなし、義に進み、礼楽弓馬書数等の芸に游び、日々に新にするの学なり。今はよき師友まれなれば、聖経賢伝を読て文義を解し理に通じ、含蓄の意を吟詠して、古人を師友とするを問学の要とする也。文義の通ぜざる所、故事のしれざるなどは道を不レ知とも文学ある人にたづね学ぶべし。聖人には常の師なしとて、我より先に学びたる人をば皆師とし問給ふなり。

（『中庸小解』下、全三、三四八頁）

もともと、経書を読むことは目標としての聖人を学び、道徳的に完璧な人格である聖人になることを目的としていたのだから、修養の場であったことは不思議でもなんでもない。では、何が特徴的なのか。それは、「師に学び友に格《タダ》し、過《アヤマチ》をきゝ、非を改め、善をなし」とあるように、独りでの読書・道徳的修養ではなく、集団でのそれであった点である。

貴賤尊卑を忘れ、お互い、悪いところを矯正し、善いところを伸長させる。悪いところを指摘されたならば、それを受けいれ直す、これは言うに易く、行うに難いことである。だれでも、悪いところを指摘されれば、それを否定して反発するのが普通の反応だからである。ここに、切磋琢磨の難しさがある。自分の悪いところを指摘されたならば、それを受けいれ直すし、また相手にたいしても同様であるというような相互信頼の関係が、蕃山のいう「心友」同士の関係である。こうした関係ができるのは、お互いが同じく聖人を志す者、すなわち「同志」だからである。(30)

（2）花園会と徒党の非難

注目すべきは、蕃山はこうした「同志」間の道徳的修養を、机上の空論ではなく、みずから実践していた点である。そのことを示すのが「花園会約」である。(31) 倉地克直によれば、「花園会約」は、蕃山が中江藤樹のもとから帰り、正保二年（一六四五）に岡山藩に再出仕した後、慶安三・四年（一六五〇・五一）ころに、蕃山の組下の者と藤樹の弟子たちとともに作った「心学学習の結社」の規約である。そこには、武士の職分を「民を育む守護」と規定したうえで、良知を致すことを会の主旨とすると宣言していた。

> 是故に今諸子の会約致二良知一を以て宗とす。寔《まこと》に難レ得此生を得、難レ聞聖教を聞、難レ遇同志数輩集れり。
> 三難の時いかで黙止べきや。
> （「花園会約」、全五、二一頁）

この「花園会約」が本章の問題意識からみて注目すべきは、最後の条目に同志間の相互批判を勧めていた点で

ある。(32)

朋友の交過を規《ただ》し、善を勧て以真実の親みとす。過を見て規《ただす》ことなく、善を知て勧ざるは同志切磋するの本旨にあらず。徒に其非をとがめ、其是を争ふも亦同志切磋するの始願にあらず。これを規に和を以し、これを勧に時を以して、漫に論弁をなさゞれ。議論稍かなはざる事あらば、心を虚にしてみづから反せよ。それ良知の愛敬は万物を以一体とす、我手足傷時は、是を治する心平愈《ママ》に至ざれば不レ息。人の心病を療するも、忠告て善導の意按をめぐらすべし。過を聞人も良薬の口に苦を不レ厭して、病に利ある事を楽べし。過を規人に向て蓋蔵し、外に慎は、譬病者の醫師に逢て、其病症をかくすがごとし。心事光明にして内外なく、自心に恥て念上に格去べし。

（「花園会約」、蕃山全五、二二一頁）

「花園会約」は、たんに同志間の相互批判を明文化したのみならず、これをもとに現実に同志たちが集会したことが重要である。というのは、武士たちの横のつながりは、「徒党」とみなされる危険があったからである。事実、「心学学習の結社」花園会は、当時、幕閣からの不審をよんだという。池田光政は、大老酒井忠勝から「大勢あつまり候所、もよう悪候間、御しめ可レ有候」（『光政日記』、慶安五年五月六日条）という指摘を受けていたのである。(33) 後藤陽一は、「花園会約にみられたような同志的講学の風が、耶蘇の変法ともいわれる疑惑をそそったもののようである」(34)と推測している。

こうした苦い経験があったためか、後年の『集義和書』のなかでは、蕃山は「徒党」にたいする注意を喚起している。

貴殿の心術は心と行と二になるがごとし。学友の交には和あれ共、世間の交には和なし。古のしたしきもうとくなれり。親類・知音みな離れて、同志とのみ昼夜の会をなせり。わきより見て徒党と云共、いひわけしがたからん。

（『集義和書』巻一〇、一九〇頁）

「議論」する「会」にたいする非難を警戒する言説は、このほかにもある。たとえば、以下のような蕃山の言葉である。

学者あり問て云。我国の同志、夜な〳〵会をなして静坐し議論す。益を得こと不レ可レ過レ之。

答云。君子は無欲を以て静とす。行住坐臥共に静坐なり。何ぞ別に静と云ものをなさんや。心思、義理を専にする時は、いふこと皆議論なり。何ぞ別に議論と云ものを作らんや。其上、夜な〳〵の会合には、其亭主の家内の者共の労するのみならず、客の家内の者も亦主人の帰を待て不レ寝。夏は蚊虫にくらはれ、冬は寒気にいたむ。十人よれば十家の者を労苦せしむ。凡男女百人の難儀なり。（『集義和書』巻一〇、一八七頁）

今の学者の風をきけば、会合をしげくして議論を好み、気方のあひたる人々と打寄て、昼夜となくあそぶを以て学問の事とす。主人なくて如レ此ならば弥《いよいよ》安楽ならんとおもへり。此人々ねがひをとげて一変せば、心身共に異端と成者あらん。（『集義和書』巻一〇、一九一頁）

ここでは、蕃山は必ずしも「会合」を勧めてはいない。「会合」が度重なる結果、「打寄」ること自体が目的となってしまい、本来、目指すべき心の修養がおろそかになってしまうことへの警戒があるだろう。蕃山によれば、たんに集まればよいというわけではなし、「議論講明」といっても、書物を詮索するものでもない。一人ひとりが自己の「内に向う」ことが大事であるという。

心友問。議論講明、甚親切に、道理くはしけれども、其心術躬行に名利の交りあるは、何ぞや。

答云。心法は、問学のあらきくはしきにはよらず。たゞ心のむかふところ異なり。心、内にむかふ時は、一言にしても精微を尽すべし。心、外に向ものは、千言万語の親切なる講習をなすとも、たゞ説話のみにして精微に入ことあたはず。心は本の凡心なり、何ぞ名利をまぬかれんや。

問。心いかゞして内にむかふべきや。

云。これいひがたし。吾子の心、初より内にむかへり。他の学者の心を見て分明なるべし。内に向たる人に学時は、学者の心自然に内にむかふ。外に向たる人に学時は学者の心自然に外にむかひ去。親切の心術ともに外にむかふ事を不レ知。是意を以意を伝ふ、言語の及ぶ所にあらず。（『集義和書』巻九、一七七〜一七八頁）

こうした内に向かうことを求めたのは、もともと学問は「人の為にする」のではなく、「己れの為にする」（『論語』憲問篇）ものだったからである。「己がためにするの工夫は、いかゞ受用し得るべきや」という問いにたいして、蕃山は次のように述べている。

天地の間に己一人生てありと思ふべし。天を師とし、神明を友として見時、外・人によるの心なし。かくのごとくなれば、内固して奪ふべからず。外和してとがむべからず。（『集義和書』巻九、一五七頁）

「天地の間に己一人生てあり」という強い精神的自立を確立するために、お互いが切磋しあう「議論講明」であって、そうした「同志」「心友」の集まりであれば、自然と一人ひとりが「内に向う」ようになるというのである。ここに蕃山の「心法」の核心があるのだが、本章の問題関心からすれば、かりに「心友」相互の道徳的修養の場であったにしても、江戸前期の時代状況のなかでは、「徒党」の非難をうける可能性があったことは改めて注意しておかねばならない。というのは、ここに武士の日常生活のなかでの「心学学習の結社」の困難さがあったからである。[35] そのなかで、蕃山が「花園会約」を作り、学習結社を組織した教育思想史的な意義は大きい。

（3）礼楽を介した人間関係の構築

では、長所、短所をもっている者同士がどのような関係をつくるのか。その基準・ルールとなるのが「礼楽」であったといえるだろう。まず、礼楽のうちの礼についていえば、蕃山の場合、「式」と言い換えている。「式」

とは日常の規則から政治的な制度までの外形的な基準である。先に見たように、「いがた」としての礼を庶民教化の手段とした素行においても同様であって、これ自体、蕃山の特色ではないが、蕃山の面白いところは、その「式」の定め方である。身分の違いを超えて（といっても、武士内部の身分ではあるが）、「議論講明」して定めるとしている点である。

問。式は何と定むべきや。

云。武士より出たる者の、人情・事変に達せる人を、式を定る司とし、和漢の事に博学なるものをまじへ、数十箇条を記し、君及び老臣・上士・中士・下士、近く坐して議論講明し、損益の思ひ寄を述べ、君と司と道理の定る所を決して清書せしむ。猶又諸国に下知して所と人情との同異を聞、賢才の者の昌言を得て損益す。（『大学或問』下冊、四五五頁）

先に述べた「大君、老臣・諸侯・上士・中士をひきゐて議論講習す」る道徳的な相互修養の「議論講明」は、政治的なそれにつながっていたのである。こうしたことが可能なのは、その前提として「学校」のなかで、「天子の御子達」「公侯の子」（前出）もまた世襲の枠を取っ払って、貴賤尊卑を忘れ、学び合うという構想があったからだろう。「心友」同士で、お互いが道徳的な修養をつみ、悪いところを正し、善いところを勧めあうことができるような親密な関係が成立していたからこそ、そのまま政治的な「式」を定めるに際しても、「議論講明」できると蕃山は考えたのであろう。蕃山は、「同志と会して」、「治国平天下の窮理」に及んだことがあると述べている。

同志と会して、治国平天下の窮理に及ぶ。夫国の国たる処は、民あるを以也。民の民たる所は、五穀あるを以て也。（『集義外書』巻七、全二、一二二頁）

ここには、学校＝朝廷論の萌芽（横井《よこい》小楠《しょうなん》へのつながり）がある。[36]たんなる道徳的な修養の場を超えて、政治的な「議論」の場になっているのである。

また、この「議論講明」のなかで定められる「式」自体の問題もある。それは、「礼儀ノ則アツテ不レ過不レ奢、欲ヲフサグモノナリ。是ヲ名ヅケテ式ト云。此式ヤ時・処・位アリ」(『集義和書』巻七、一一四頁)、「礼式は人情を考へ、天地の事変にしたがひて損益あり」(『論語小解』為政二、全四、三三一頁)とあるように、どこまでも「時・処・位」と人情事変に適応したものでなくてはならなかった。周知の蕃山における「時・処・位」論・人情事変論がこれにかかわっている[37]。蕃山は普遍的な「道」を根本におきながらも、日本の人情事変に応じた特殊な「法」を立てることを求めたのである。この点は、従来の蕃山論で取りあげられているので、割愛して先に論を進めよう。

蕃山の「議論講明」が相手の非を謗りあうような場ではなく、「和」することができるとしたのは、礼楽の楽が音楽であったことに起因する。同志の間の「議論」は、あたかも楽器が異なるように、お互いの「議論」が異なっているからこそ、ハーモニーをかなえることができ、楽しいのである。

同志の交り生質義論等我おもむきに叶候へば相和、不レ叶は同志とても隔あるやう候。志さへ実ニあらば生質おもむきのすりちがひたるが益多候。そのすりちがいたる所ニ心ヲ付候へば、をのれがすゝみに成候。たとへば音楽なども平調ノ楽なれば調子を定、笙ひちりき笛箏琵琶あまたの楽器それ〳〵の音ありて同音なるは一ツもなく候へども、平調ノ誠ヲ一ツ定置候へば、それ〳〵の音ちがひてすりまくりあれども、いづれも平調ノ調子ニかなへば、各相和して其楽正し。人道も其通ニ而、至誠さへあれば同志不同志ノゑらみなく相和益ある事也。

(『集義義論聞書(一二)』、全六、一二三頁)

音楽のもたらす「和」を評価することと関連して、蕃山においては、学校の教師となるのは、雅楽に通暁した京都の皇族・公家であったことにも注目せねばならない[38]。

諸国に師を多くせんには、京の学校に天子より諸公家の子、生れながら官位の沙汰なく、たゞ人と同じく皆学校に入れ、文学・音楽を習はしめ、楽人の子・社家の子は王子・公家の陪膳・給仕の為に入て、公儀より入用をあたへ、講習の時は同座して共に学び、音楽を学ぶべし。其中に仁徳おはします王子を位に即奉り、諸公家の才智あるものを、其家を嗣しめ、文学・音楽に達せるを、国々に遣はすべし。

（『大学或問』下冊、四五七～四五八頁）

蕃山は皇族や公家の男女子を出家させずに、「天子より諸公家の子」までを「生まれながらの官位」を与えずに、「たゞ人」と同じく学校に入れて、「文字・音楽」を習わせ、「仁徳」ある「王子」は位につけ、「諸公家の才智」あるものには家を継がせ、そのほかの「文学・音楽」に上達した者たちを諸国の学校の「師」にせよと説いている。こうした音楽（雅楽）に学校教育の重要な位置を与え、それに通暁した皇族・公家を武士の教師に招くという提案は、蕃山が京都の公家と親しく交際していたことが背景にあっただろう。

（4）蕃山における庶民教化

最後に武士の教育機関として学校を位置づける蕃山の場合、素行において主眼であった庶民教化の問題がどのようにとらえていたかを見ておこう。蕃山とても、民にたいする愚民観はある。

心法・治道トモニ無欲ヨリ先ナルハナシ。無欲ナルトキハ心静ニシテ霊明生ズ。仁・義・礼・知・信ノ性、自然ニ照スモノナリ。此心法ヲ知テ用ル人ハスクナシ。民ノ如キハ、アマネク教テ知ラシムコト不レ能。タヾ政ヲ以テ不レ知不レ識無欲ニナルコトアリ。

（『集義和書』巻七、一一四頁）

その上、庶民教化策として蕃山も、素行と同様に、仏教対策を問題にしていた。蕃山も、現時点では仏教が庶民の内面（信仰や道徳心）をとらえているという認識をもち、キリシタンが大きな勢力を獲得できたのも、仏教が先導役を果たしたためだとする。「畢竟仏法は吉利支丹の先達也」(『集義和書』巻一一、二二三頁)。さらに、同時代の仏教がキリシタン禁制のために制度化された寺請制によって、幕藩領主の年貢徴収と競合する位になっているとする点も、素行と認識を同じくしている。

吉利支丹請にて、不義無道の出家漫《はびこ》り、仏法の実は亡びたるといへり。(『大学或問』下冊、四四五頁)

要するに、近世前期の仏教の勢力を抑えることを課題とする点で、二人は問題意識を共有しているのである。むろん、それは二人だけの問題ではなく、当時の幕藩領主の政治的な課題でもあった。

素行の場合、庶民教化の機関として学校を構想して、これに応えようとした。直接に仏教を暴力的に抑えつけるのではなく、そのようにすれば、かえって民衆の心服を得られないから、搦め手からその弱体化を謀る術策だったといえる。寺院を棄却するのではなく、学校として再利用するのである。これに対して、蕃山もまた、仏教を強権的に弾圧しようとしていない。

問。今寺請を止て、天下の人の信不信に任せば、檀那寺持ざるもの大分ならん。然らば僧は飢に及びなんか。云。是故にまづ仁政を先にして余米を以て粮なき僧を養へり。みだりにみづから出家するものを禁じ、前にいふ所の得度の法行はれば、出家するもの千分が一ならん。三十年の間には、出家も死てすくなくなるべし。渡世の為に是非なく出家したる者多ければ、還俗せしめて、渡世だにあらば、還俗するもの多かるべし。文字達者なるものは在々所々にて小学の役人ともなるべし。(『大学或問』下冊、四四七頁)

仏教寺院への漸進的対応を説いた点、池田光政が寛文期に強行した寺院淘汰と蕃山との間には、ズレがあったことは、すでに指摘されている(39)。ただ、素行との違いは、素行が愚民の道徳性をはじめから期待しなかったのにたいして、蕃山の場合、庶民自身の道徳性に一定の信頼性を認めていた点である。たとえば、蕃山は、「あやつり」による「民俗風化」を説いて次のようにいう。

民俗風化の本たる道学興起し、上に賢君立給はゞ、今のあやつりなどいふものも、孝子・忠臣・貞女等の故事をのべて、農・工・商、家業の暇に及て、労役を休せしめがてら、これをみることを得せしめば、風化をいて益あるべし。他の良心を感激する事すくなからじ。（『集義和書』巻一四、二七五頁）

「あやつり」を見せることによって、庶民の「良心」を感激させる。(40) ここには、庶民の道徳性にたいする一定の評価があるといえる。一八世紀後半になって、細井平洲が庶民にたいする講釈を行ったが、そこにも庶民の道徳性にたいする信頼があった。逆にいえば、そうした道徳性の信頼があったからこそ、「あやつり」や講釈による教化が可能になったといえるだろう。

六　庶民教化と武士教育

素行と蕃山の二人は、武士の日常生活に儒学を取り入れようとした点で変わりなかった。それによって、江戸前期に生きる武士、より具体的にいえば、一七世紀中ごろのいわゆる藩政の確立期の武士にふさわしい人間形成をめざしたのである。

ただ、素行は学校で武士を教育しようとしたわけではなかった。素行は武士の日常生活、とくに家庭で教育を行おうとして、武士のための特別な教育機関を設けようとはしなかった。というよりは、そのような学校は素行の時代、建設されていなかった。リアリストである素行は、まだ存在しない学校に期待するよりは、今現にある家庭にその教育の場を求めたのである。

素行によれば、武士は庶民の「師」であるがゆえに、道徳的な模範とならねばならない。逆説的だが、武士は「職分」を自覚することによって、意識的に「いがた」を学び、生活しなくてはならないのである。そこでは、武士個々人には、内面的な感情や価値観と外形的な行動との間に矛盾を意識するようなこともあるだろう。しかし、「職分」を自覚した武士は、そうした私的な感情や価値観を自己統御し、みずからの日常生活を律しなくてはならない。だから、武士は学校という特別な機関を設けずとも、「世間」＝日常生活の場である家庭において、幼い頃から個々人で自己形成できるとしたのである。といって、素行は学校を否定したわけではない。農工商の庶民教化のための機関として学校を位置づけていたからである。

思うに、こうした庶民教化の機関が求められた理由は、農工商のなかで、村々町々に手本となるべき人物を育成することが必要だったからであろう。武士は城下町に集住しているのだから、直接に農工商の庶民に接することはない。そのため、武士は庶民の模範たるべきとされるにもかかわらず、庶民の前でそれを示すことはできない。そこで、庶民のなかから優秀なもの（現実的には村々町々の支配層）を教化することによって、模範・手本たらしめようとしたのである。その際、その模範・手本は、庶民にたいして道徳的な教説を言葉によって教えるような存在ではなく、みずからの行動によって模範となるような存在だった。庶民教化の学校は、書物を読むための学問の場ではなく、実業と道徳を教え込む機関で、言葉を介しての教化ではなく、知らず識らずのうちに、「形」＝「いがた」の実行を通して習慣化させようとした。

素行が庶民教化の機関としての学校を構想していたのにたいして、蕃山の構想する学校は武士教育の機関だったといえるだろう。こうした学校論は、江戸後期には珍しくない。江戸前期に生きた蕃山の特色はどこかといえば、武士のトップ「君主」を教育することを主眼におき、しかも、「士庶人の子と共に」学び合うことを求めた点にある。こうした蕃山の武士教育論のベースとなっているのは、「士」としての対等性の原理だった。この点にこそ、世襲制度を前提とした江戸後期の学校論との大きな違いがある。しかし、対等な武士相互の「議論講習」のもとでの教育を目指していたがゆえに、「徒党」への警戒感をもたれる可能性もあったことは看過してはならない。さらにそれは、「式」のような政治的な制度を「議論講明」する場でもあったことにも、注目すべきである。蕃山の場合、学校は世襲身分制度の「世間」＝日常生活と異次元であるがゆえに、上から下への一方向的な教化ではなく、武士相互の道徳的な修養を行う場であるばかりか、政治を「議論講明」する場にも成りえたのである。(41)

学校建設以前の江戸前期に提出された山鹿素行と熊沢蕃山の学校構想は、近世日本のそれのいわば原型であったと思われる。素行の学校論は庶民教化の機関としての学校であるのにたいして、蕃山のそれは武士教育の機関としての学校である。前者が上から下への一方向的な教化を目論むものであったのにたいして、後者は対等な者同士の相互の教育を目指すものであった。ここで示された庶民教化か、武士教育かの問題は、以後、近世日本の学校論の基本テーマとなるのである。

（1）林家塾以外の私塾としては、松永尺五の春秋館、中江藤樹の藤樹書院が有名である。

（2）山鹿素行については、拙著『近世日本の儒学と兵学』（ぺりかん社、一九九六年）を参照されたい。蕃山については、尾藤正英『日本封建思想史研究』（青木書店、一九六一年）、源了圓『近世初期実学思想の研究』（創文社、一九八〇年）、佐久間正『徳川日本の思想形成と儒教』（ぺりかん社、二〇〇七年）、山田芳則『熊沢蕃山の思想冒険』（思文閣出版、二〇一四年）参照。

（3）『配所残筆』のテキストは『山鹿素行』（日本思想大系32、岩波書店、一九七〇年）を使用した。そのほかの素行のテキストは広瀬豊編『山鹿素行全集（思想篇）』一五巻（岩波書店、一九四〇～一九四二年）を使用した。以下、思想大系本と全集の巻数・頁数は本文中に略記した。

（4）『集義和書』『大学或問』のテキストは『熊沢蕃山』（日本思想大系30、岩波書店、一九七一年）を使用した。そのほかの蕃山のテキストは正宗敦夫編『増訂蕃山全集』七巻（名著出版、一九七八年）を使用した。以下、全集の巻数・頁数は本文中に略記した。

（5）江戸時代を通して、藩校を設立した二三八藩のうち、一六〇三～八七年の間、すなわち元禄年間以前に学校を設立した藩は、九藩のみであった。しかも、その学校は藩の教育機関ではなく。藩主の好学心によるものが多かった。本山幸彦『近世国家の教育思想』（思文閣出版、二〇〇一年）二八頁参照。元禄三年（一六九〇）時点でさえ、貝原益軒は、「学校を立、生徒を集申事社、本朝近代其例稀に御座候へば、難レ成時勢にて可レ有二御座一候」（「黒田一貫に贈る書」、『益軒全集』巻三、益軒全集刊行部、一九一一年、七一九頁）と、現状認識している。

（6）素行と蕃山の学校論については、石川謙『日本庶民教育史』（刀江書院、一九二九年、玉川大学出版部復刻、一九七二年）、小久保明浩「日本近代教育制度設立史序説（その一）——風俗論との関連における学校論——」（『武蔵野美術大学研究紀要』三号、一九六五年）、中泉哲俊『日本近世学校論の研究』（風間書房、一九七六年）、松野憲二「山鹿素行の学校論に関する考察（一）〜（七）」（『明星大学研究紀要　人文学部』（一五）〜（二二）、一九七九〜八六年）・「熊沢蕃山の学校論に関する考察（一）〜（四）」（『明星大学研究紀要　人文学部』（一）（三）（一二）（一三）、一九六五年、六七年、七六年、七七年）などの論考がある。

（7）蕃山は剃髪した「物知り」儒者にたいする面白い逸話を紹介している。「尾州の亜相公（徳川義直）、ある博学の儒者に向て、なんぢは儒者かと問たまへば、ものよみ坊主にて候とこたへき。儒者と答なば、いひつめむとおもひ給へる気色を見て、かしこくありのまゝにこたへしといへり。まことに妙寿院（藤原惺窩）以後の儒者ははなはだくだれり」（『集義外書』巻三、『増訂蕃山全集』第二冊、六〇頁）。

（8）素行は博覧強記の読書について、「書を読むを以て学とすれば、則ち玩物喪志の徒なり。（中略）書を読むの法、記誦博識を専らとするは、乃ち小人の学なり」（『聖教要録』巻上、一四〜一五頁）、「後生ニ至テ書ヲ利口ノ便リトシ、記誦詞章ヲ翫ンデシキリニ当世ノ人物ヲ蔑如シ、己レヲ高ブリ人ヲ嘲ケルノ媒トス。豈大丈夫ノ学問ト云ベキヤ」（『山鹿語類』巻二一、全七、四三頁）と、繰り返し批判している。素行にとっての朱子学批判とは、眼前の林家の学問を批判することであった。素行が鵞峰をライバル視していたことは、『配所残筆』のなかで、「第一博学多才、只今弘文院をさし置、世上に有レ之間敷候」（三二三頁）という備後三次藩主浅野長治の言葉を記していることからも知られる。

（9）以下の風俗教化論については、注（2）拙著参照。

（10）朱子は「郷約」を重視した。朱子は、福建省の潭州に官吏として在任中（一一九〇〜九一年）に一般庶民の道徳的教化のために教戒文「勧諭榜」を出した。

(11) 素行の「民」という言葉は、「農工商及び庶人これを民と云ふ。農は田畠を司り、工は諸細工人、商はあき人也。庶人は奴婢・僕従・僧社人・游民・非人・乞食等に至るまで、士農工商の外を庶人と云ふ」（『謫居童問』巻五、全一二、三八一頁）とあるように、庶人を含めた庶民である。

(12) 「教は上より示すの所、化は下の化して俗の変ずる也。教と化と相並びて初めて圭角なし。教へて化せざれば風俗変ぜざるもの也。風俗不レ変は教化と難レ言也。故に教は化を以て成ると可レ知也」（『山鹿語類』巻七、全五、二六六頁）。

(13) 『四書句読大全　論語上』（国民書院、一九一九年）四七頁。

(14) みずからが悔いるような自発的な道徳性を否定する素行の場合、勧善懲悪といっても、あくまでも利欲をもとにしていた。「人心欲あるがゆゑに知あり、この欲によつて聖人の道行はる。これを察して以てこの賞罰あり。故に君子賢者は賞罰を以て礼として、以レ勧以レ懲。小人悪人は賞罰を以て利害として、以レ勧以レ懲。ここにおいて天下国家の政おこなはれて、其の俗正しく、其の道つひに行はるる也」（『謫居童問』巻七、全一二、四八二頁）。

(15) 石島庸男は、寛文元年（一六六一）を寺子屋の成立期から確立期への画期とするが、素行の描いた手習塾（寺子屋）は成立期の寺子屋だといえるだろう。梅村佳代によれば、成立期の寺子屋は、「郷村の寺院に六～七歳になれば寺入りし、いろは文字から漢字の手習い。庭訓往来などの往来物の手習いや読み、実語教・童子教など仏教教説をもとに子ども用に作られた教訓書などの学習が広まり、惣村の小百姓層も本百姓との対等化への傾向とともに手習いや読書が広くなされていく」（石島庸男・梅村佳代編『日本民衆教育史』梓出版社、一九九六年、七八～七九頁）という。

(16) 「手習」所について、「近比江戸の町にて手習を教ふる子を預ける者のところにて、十二三才の子供戯れに脇指を取りて振りまはす。（中略）手習子を取る師申すは、両方の申分聊か無きことなり」（『山鹿随筆』巻六、寛文五年、全一一、五三六頁）という記事がある。脇差を差しているので、この江戸の「手習」所は武士の子弟に「手習」を教えていたのであろう。

(17) 具体的には、名主などの村役人が五人組帳前書を読み聞かせることを想定しているのだろう。五人組帳前書による幕府の教化政策については、石川謙『近世日本社会教育史の研究』（青史社、一九七六年）参照。

(18) 注(6)石川書、二一五頁。

(19) 同右、八頁。林家三代目の鳳岡の時代に、幕府は仰高門講釈によって道徳的教化を行おうとしたが、素行はそれ以前に、鵞峰の時代に庶民への道徳的教化を手習塾（寺子屋）を利用して行おうとしたわけである。その意味で、素行の構想は、享保七年（一七二二）、「五人組帳前書」などの幕府の法度・触書類を手本として利用するよう、江戸市中の手習師匠に諭達した八代将軍吉宗の時に実現したといえる。同前、二二四頁参照。

(20) 武士の士道論については、次章参照。

(21) 素行の場合、教育概念の一つの側面である子弟「教育」という用例が、『謫居童問』にある。「初めて母の胎内を出て寒風尤おそるべし。（中略）品々の考へ、教育あるべし」（巻一、全一二、一七頁）。武士の家庭教育の模範的あり方を提示したものが、素行の『武教小学』であり、またそれを「職分」意識のもとで改変した『山鹿語類』巻二一の「士道篇」であった。『武教小学』と「士道篇」との関連については、本書第Ⅰ編第三章参照。中嶋英介は筆者の武士の家庭教育論にたいして、素行が武士のなかに「大臣」「庶官」「奉公仕官」を区別することを指摘し、「大臣の子弟」イコール武士ではなく、武士一般の教育論とすることはできないと批判している。中嶋「山鹿素行の「民兵」育成論――「農」から「士」へ――」（『日本思想史学』四七号、二〇一五年）参照。

(22) 前章で見た林鵞峰が、世俗と「一天地を別」にする空間である学校で、読書を専らとしていたことと、好対照をなしている。

(23) この点については、第Ⅰ編第三章参照。

(24) 政治の一環として学校を位置づける「学校の政」という言葉は、中江藤樹の朱子学時代の著『大学考』に、「学校の教は、政中の一事なり。故に学校の政と曰ふ」（『藤樹先生全集』巻一、一九二八年、六〇七頁）とある。

(25) この蕃山の「大学校」観は、朱子の『大学章句』序の「大学」観に依拠しているだろう。朱子は、「三代の隆なるや、其の法寖く備はる」と、夏・殷・周の「三代」において学校制度が完備したと説いて、八歳になれば、「王公より以下、庶人の子弟に至る」まで小学に入り、一五歳になると、「天子の元子衆人より、以て公・卿・大夫・元子の適子と凡民の俊秀に至るまで、皆大学に入れて、之れを教ふるに理を窮め、心を正し、己を修め、人を治むる道を以てす」と説いていた。蕃山はこの朱子説を踏まえているだろう。ただし、山崎闇斎は『大学章句』序の「大学」について、「学校ニ入ルト云ニモ、先ヅ此序ニアル通デ、サテ王公ノ高位ノ子弟モ庶人ノ賤キモ一ツ学校ニゴタマゼニ入ルト云コトニテハナシ。皆ソコ〳〵ノ国学ソコ〳〵ノ郷学、天子ノ都ニモ末々マデニモ、ソレゾレニ小大学ガ各備リテ、差等ノアルコト也」（『大学垂加先生講義』、『闇斎学派』一八頁）と、身分差なく、「ゴタマゼニ」入学するわけでないと講釈している。また徂徠学派の入江忠囿は、「朱子ノ大学ノ序ニ、凡民ノ俊秀ニ至ルマデ、皆小学ニ入ルト説キ給フ」論拠になった経典が『礼記』王制篇の一節であったことを指摘し、その「俊選ハ已ニ進士ヨリ段々出身シテ、王ニ告シ上ゲタル人ナレバ、官人ニシテ凡民ニアラズ。タダ民ノ発明ナルヲ択ミテ、学校ニ入ルルト心得テハ大ナル相違ナリ」（『大学養老篇』巻上、寛保三年序、『日本経済叢書』巻八、日本経済叢書刊行会、一九一五年、二四〇頁）と批判している。

(26) 第Ⅳ編第一章参照。また、第Ⅳ編第三章で見るように、幕末期、ペリー来航直前になって、長州藩明倫館では、藩主の世子が入学して、藩士とともに学ぶようになった。

(27) 年齢に応じた学習課程で有名なのは、貝原益軒の「随年教法」（『和俗童子訓』巻三）である。ただ、蕃山のような共同学習はない。

(28) 注(6)石川書、四頁。

(29) 大学の場で、どのような教育・学習行為がなされていたのかは、必ずしも自明ではなかった。陽明学者三輪執斎は、次のような疑問を投げかけている。「大学校中にて窮理正心修己治人の道と候へば、名目は相聞申候。其務むる事は何を仕事に候哉。小学の芸は跡有レ之候へば、よく見へ候。大学にては講釈を承事に候哉。静坐を仕る事に候哉。終日の所作承度候」（『執斎先生雑著』巻一、答河崎氏書一、『日本倫理彙編』巻二、金尾文淵堂、一九一一年、四四〇頁）。同様に、闇斎学派の三宅尚斎は、「其の大学に入る者は、格致誠正の工夫を為し、如何なる様子か知るべからず」という疑問にたいして、「其の法は、則ち所謂る三綱八目、其の師は、則ち道徳有る者、之れを教授し、其の事は、則ち講義討論、其の見るべき者は、唯だ格物窮理の一端のみ。誠意正心は、功、日用の間に在り。豈に大学に入りて、後に結跏趺坐、禅和子の様なる如き者有らんや」（『黙識録』巻三、『日本倫理彙編』巻七、金尾文淵堂、一九一一年、五四七頁）と説いている。「静坐」や「結跏趺坐」の場を否定しているところを見ると、寺院とは異なる、儒学を学ぶ大学のイメージが容易にとらえられなかったことが分かる。

(30) 蕃山と同時代の京都で、伊藤仁斎もまた、「同志」相互の道徳的修養を目的とした、輪講形式の読書会を開いていた。拙著『江戸の読書会――会読の思想史――』（平凡社選書、二〇一二年）参照。この点、蕃山と仁斎の比較は興味深い問題である。

(31)「花園会約」は、寛永一八年（一六四一）に創設された岡山藩の花畠教場に掲示されていたとする定説にたいして、柴田一は疑義を呈した。柴田によれば、それは、蕃山が、正保二年（一六四五）、岡山藩に再出仕した後に居住した花畠に集まってきた同志たちと文武修錬の会の「会約」であるという。山田芳則は、慶安四年（一六五一）にこの「花園会約」九六ヶ条は起草されたと指摘している（注2山田書、四八頁）。倉地克直は柴田説を支持し、花畠での会は、「蕃山を中心とした心学学習の結社」であって、「花園会」と呼ばれたと推定している（『近世の民衆と支配思想』柏書房、一九九六年、二五〇頁）。

(32) 同志間で道徳的に相互批正することは、すでに中江藤樹にある。藤樹書院の「学舎座右戒」には、「同志の交際は、恭敬を以て主と為すべし。（中略）宜しく徳業相勧め、過失相規す」（『藤樹先生全集』第一冊、岩波書店、一九四〇年、一三七頁）とある。さらにたどれば、王陽明の「教条示龍場諸生」の「責善」にある。

(33) 後藤陽一「熊沢蕃山の生涯と思想の形成」（注4『熊沢蕃山』、四八二頁）参照。ただ、後藤は、「花園会約」については、寛永一八年に創設された花畠教場に掲示された学則であると説いている。

(34) 同右。

(35) 江戸時代、同志が集団で結社すること自体が非日常的な行動だった点については、注(30)拙著、第一章「会読の形態と原理」参照。

(36) 蕃山の「学校の政」が幕末期の横井小楠に影響した点については、八木清治「経世論の系譜」（『日本思想史講座3近世』ぺりかん社、二〇一二年）参照。

(37) 玉懸博之「熊沢蕃山の思想――中江藤樹の「中期」の思想との関連をめぐって――」（『文化』四〇―三・四、一九七七年、のち『日本近世思想史研究』ぺりかん社、二〇〇八年）、注(2)佐久間書参照。

(38) 蕃山の礼楽の楽が、武士の式楽である能楽ではなく、雅楽を想定していた点については、武内恵美子「熊沢蕃山の楽思想と一八世紀への影響」（笠谷和比古編『一八世紀日本の文化状況と国際環境』思文閣出版、二〇一一年）参照。

(39) 荻生茂博「「家」の祭祀をめぐる儒仏の確執――藤樹・光政・不受不施・蕃山――」（『日本思想史学』二一号、一九八八年）参照。光政は、寛文期に寺院淘汰、キリシタン神職請、さらに藩内に民衆の神儒を勧める者として、郡ごとに一名ずつの「講釈仕候者」として「読書之師」「講釈師」を置くことを定め、「郡々手習所」を設置して、領内教化を目指した。ただ、光政致仕後、「郡々手習所」は、延宝三年（一六七五）に閑谷学校のみ残して、廃止された。倉地克直によれば、寛文六年の宗教政策をはじめとする教化主義的諸政策以前は、寺院が教育の場であったが、それを破壊し、手習所で「手習算用」と「四書小学之内文義」を弁えさせ、儒学の教えによって民衆に教化しようとするものであったと指摘している（注31『近世の民衆と支配思想』、二七一頁）。蕃山はこうした光政による民衆の意志を無視した教化政策にたいして批判的であった。光政の行った手習所を拠点とする教化策は、蕃山の学校構想というよりは、先に見た素行の学校構想に近いといってよいだろう。

（40）　陽明学者三輪執斎も「あやつり」による教化を説いている。「夫操芝居、人形廻しなど、一二度五七度ヅツゆるしてせしむるも可也。併し其操に昔物語の忠臣孝子の故事、烈士貞女の事蹟、神用感応の正しき類をば、故事のまゝにして新法をまじへず、是をなして見物せしむべし。世にふるく云伝たる曾我物語、恋塚物語、楠正成の故事など有体の事をなして、好レ善悪レ悪の誡の心を興起せしむべし」（『正亨問答』、『日本経済叢書』巻一一、日本経済叢書刊行会、一九一五年、五六〇頁）。

（41）　注（30）拙著、第五章「会読の変貌」参照。

第三章　山鹿素行における士道論の展開

一　士道論の研究史上の問題

近世前期に「武士道」という言葉が登場する。(1) それは、いわゆる元和偃武の時代、武士が自己の存在理由を求めた言説であったといえる。本来、戦闘者であるはずの武士が、戦争のない泰平な時代に生きる意味を模索した言説が武士道論だった。

一般に武士道論には、二つの類型があることが知られている。一つは、「武士道と云は死ぬ事と見付たり」の一節で有名な『葉隠』的な武士道論であり、もう一つは儒教的な士道論である。相良亨によれば、前者は「近世の太平な時代になっても依然として献身のいさぎよさを重んずる伝統を中核としてうけ継」ぎ、「死のいさぎよさ、死の覚悟を根本とする」のにたいして、後者は「五倫における人倫の道の自覚を根本とし、さらにこの人倫の道を天下に実現することを武士の職分とする思想」であるという。(2) このうち、士道論は、江戸時代になって「官僚役人といった政治的指導者としての性格をつよめた時、武士のこの社会的立場の変化に応じて武士の生き方を儒教の理解のもとにあらたに反省して生まれたもの」(3) であるという。山鹿素行（一六二二〜八五）はこの士道論の代表者とされる。(4)

素行の士道論の基本的な性格は、たしかに相良の指摘している通りであろう。だが、残された問題は、大きくいって、三つあるだろう。第一は兵学書で求められている武士像と士道論との関連である。具体的にいえば、これまで素行の士道論が、『甲陽軍鑑』や『武教全書』で想定されている戦国的な武士の模範的な生き方をいかに取り込んでいるかは、必ずしも明確ではなかった。従来から指摘されているように、士道論は儒教的な色彩が濃いにもかかわらず、根本的なエートスにおいては、儒教的な士大夫＝読書人官僚と戦闘者たる武士の生き方とは異なっている。といって、戦国時代の英雄武田信玄を理想化した『甲陽軍艦』の武士そのものではない。それを踏まえながらも、泰平な時代に生きる武士に相応しいように変容させているのである。本章ではこの点、『甲陽軍艦』や『武教全書』のような兵学書が求める武士像を抽出して、それとの関わりで、士道論をとらえることによって明らかにしたい。

これまでの研究史の第二の問題は、士道論が素行の思想形成のなかに位置づけられなかったことである。『武教小学』の書かれた朱子学信奉時期の思想と、『山鹿語類』『聖教要録』の著された素行学確立期の思想との間には、大きな思想的な転換があることはよく知られている。[5]一体、この思想的転換が士道論において、どのような意味をもっていたのだろうか。そもそも、士道論にも変化があったのだろうか、それとも、素行の思想的転換は儒学思想に限定されたものであって、武士の生き方を論ずる士道論には、何の変化も認められないのだろうか。この点について、本章では、武士の日常生活の標準を提示している『武教小学』と『山鹿語類』巻二一の士道篇（以下、巻二一の「士道」を士道篇と表記する）との比較対照を行って考えてみたい。[6]

第三の問題は、素行の士道論が「人倫の指導者」（相良亨）としての統治者の倫理であったことは知られているが、その統治者像は泰平の時代の統治者一般ではなく、素行の生きた一七世紀中頃の藩政の確立期に求められている、きわめて特殊なものであったと思われる点である。ところが、これまでの士道論研究はこうした実態的な側面から捉える問題意識が希薄であったために、士道論が現実に果たした働きについて目を向けることはなかった。たとえば、この点で示唆を与えるのは、素行の親類や弟子たちの生き方である。彼らは平戸藩や弘前藩に仕官した者が多く、いわゆる藩政確立期に藩主の手足となって活躍したといわれている。とすれば、素行の士道論はそうした官僚的な家臣を創出する働きをもっていたのではなかったのかと思われる。この点、少なくとも当時の藩政確立期に求められていた家臣像を射程にいれながら、素行の士道論を検討する必要があるだろう(7)。

この三つの問題のうち、第三の問題についてはすでに述べたことがあるので、本章では第一と第二の問題を中心に考察することによって、山鹿素行の士道論についての新たな解釈を試みてみたい。この試みはまた、前章との関わりでいえば、素行が武士の家庭教育をどのように捉えていたかを明らかにすることを意図している。先に見たように、素行は農工商の庶民の教化機関として学校を位置づけ、武士にたいしては家庭教育(養育)を重視していた。いまだ学校という社会的な機関が存在しなかったわけだから、そのような夢物語よりも、今を生きる武士の生活の場である家庭での教育に重きを置いたのである。本章で取りあげる士道論、とくに『武教小学』は、のちに見るように「夙起夜寐」「燕居」から「子孫教戒」までの家庭教育の書であるといえる(8)。その意味で、士道論は素行にとっての家庭教育論である。本章ではこうした視点から、素行が家庭教育のなかで、どのような武士を育て上げようとしていたのかを明らかにしたい。

二　『甲陽軍鑑』『武教全書』の軍隊統制法

江戸時代、儒学者としてよりは、山鹿流兵学の創始者として知られていた素行は多くの兵学書を残している。そのうち、『武教全書』(明暦二年自序、素行三五歳)は、晩年にいたるまで講義した山鹿流兵学の基本書である(9)。それは軍隊の統制法、主戦・客戦、攻城・守城などの戦法、築城や兵具などの軍事技術を取り扱っている山鹿流兵学の百科全書ともいうべき著作である。のちに見る『武教小学』や士道篇のような武士個々の生き方を主題にしてはいないが、軍隊統制法との関連で武士のあるべき姿が説かれていて、われわれはそこに、『甲陽軍鑑』と同様の戦場に生きる戦闘者としての武士像をうかがうことができる。

周知のように、『武教全書』の想定する戦争とは、『甲陽軍鑑』の理想像である武田信玄の活躍した戦国時代のそれである。この時代、戦争は大規模な集団を単位とする戦法によってなされていた。『武教全書』の軍隊統制法と戦術・戦略論も、当然のことながら、この集団戦法を前提にしている。戦国時代、軍隊組織の基本単位は、足軽隊（鉄砲組・弓組・長柄組）、騎馬武者隊、小荷駄隊から構成される「備《そなえ》」であった。三〇〇人から八〇〇人の人員から編成される「備」同士が激突する戦場では、いかに「備」を組織的に運用するかが勝敗の決め手となる。そのため、組織を規律する厳格な法度が要請された。そこでは、個々の侍ばかりか、集団を統率する大将までもが、一定の規律に従わねばならなかったのである。また足軽隊、騎馬武者隊から成る「備」には、大将、奉行、組頭、番頭、物頭などのさまざまな「役」＝職掌があった。この多様な「役」に相応しい人材を配置する適材適所が、統率者にとっての緊要の課題とされた。

ここで強調したいことは、倫理的な主体が求められたのは、こうした戦国時代の軍隊組織のなかであって、戦争が終結した平和な時代になって初めて、高い道徳性が個々の武士に要請されるようになったわけではなかったという点である。戦国時代は、「切り取り強盗は武士の習い」という言葉があるように、たしかに暴力と裏切りの横行する反道徳的時代であったが、だからこそ、軍隊組織内部では、どんな激しい戦闘においても、「備」の秩序を乱さずに、統率者の命令と軍法に自発的に服従する倫理的な武士が求められたのである。

よく知られているように、戦国時代、抜け駆け高名は許されなかった。かりに抜け駆けによって大きな成果があったとしても、軍隊組織の規律違反であるかぎり、処罰された。『武教全書』に載せられている陣中法度には、「頭奉行の下知を用ひず、役所を離れ軍法に背く輩は、抜群の功を成すと雖も、許容致すべからざる事」（『武教全書』巻一、八四頁）とある。また「高名不覚の批判心得の事」の条目の最初に掲げられた「さきがけ・ぬけがけの事」には、次のように記されていた。

　さきがけといふは、先登をいたす事なり。水陸責共に、人に先立て功あるを、さきがけと云なり。ぬけがけといふは、大将の法令をやぶりて、ぬけがけをとぐるをいふ。是血気の勇者のなす事にして、勇士の本意にあらず。ぬけがけの者一人ある時は、其備全たからず、軍法正しからざるものなり。能々可二相守一なり。

（同右、巻一、七七～七八頁）

「血気の勇」と非難されるような衝動的な行動をする者が一人でもいれば、「備」は総崩れになるという理由から否定され、規律に従うことが求められているのである。

　諸侍忠節忠功の心懸なく、おのが悪意にまかせ軍法を背き、血気の勇をなすべからず。常々相定れる法を守、頭奉行の下知に随ひ、分々の忠を可レ勤。若《もし》頭奉行我意多く依怙贔屓あらば、直目安を以て可二申上一事。

（同右、巻四、一六四頁）

また、喧嘩や私闘も、軍隊組織のなかでは否定される。陣中法度には、「喧嘩の輩は常時と同じかるべからず。双方死罪たるべし。堪忍の族は忠節たるべき事」（八四～八五頁）とある。[10] さらに出陣の時には、「御陣中毎度弥々以て日頃の忠義を抽んで、万端御下知を違背致すべからざる事」「仰出さる、所の御条目・御軍法・御下知、堅く違背致すべからざる事」「諸傍輩に対し、私の遺恨有りと雖も、御陣中に於いて喧嘩口論仕出し申す間敷き事」（同右、一六四頁）を誓わねばならない。

面白いのは、軍法や命令に服従する身においては、不都合な場合があるかもしれず、また「他人の嘲り」を受けることがあるかもしれない、しかし、そのような場合であっても、その行動が「公儀」の「忠節」であるかぎり、それを顧みず実行されねばならない、とする条目である。

自身に対する高名誉の儀之れ有りと雖も、公儀の御為に対し然るべからざる儀は、許容致すべからざる事。付御下知の儀其の身に於いて、当分宜しからざるに似たりと雖も、御為に於いて忠節たるべき事は、他人の嘲りを顧みるべからざる事。

（同右、巻四、諸侍誓言前書の事、一六四頁）

ここでは、「公儀の御為」の「忠節」のためには、「他人の嘲り」という不名誉さえも甘受することを求めている。武士にとって「他人の嘲り」を蒙ることは何よりの恥辱であったにもかかわらず、一時的にせよ、それを我慢せよ、と説かれているのである。このように「備」の軍隊組織のなかでは、自分自身の「高名誉」よりも、陣中の軍法と大将の下知（命令）に服従することが最優先される。ここでは、自己の名誉感情や衝動を抑制して、与えられた「役」を完遂する、厳しい自己統御が求められているのである。この自己統御しうる主体こそが、軍隊組織のなかで要請される倫理的な武士である[11]。

ただ兵学書『武教全書』では、「血気の勇」を非難するだけで、いかに武士個々人が自己統御できる主体となるかについては、説かれてはいない。この点、兵学書が上からの軍隊統制法を問題にしているためである。言い換えれば、軍隊内部の個々の武士からの、いわば下からの視点がないためである。この個々の武士の視点から、具体的には、どうすれば自己統御できる主体となりうるかを主題として書かれたのが、『武教全書』と同年、明暦二年（一六五六）の著である『武教小学』であったといえるだろう。

三　朱子『小学』と『武教小学』

（1）武士の存在理由

『武教小学』冒頭には、素行の著作意図を代弁した門弟の序文が付せられている。それによれば、当代の武士には「教え」が欠如しているために、二つの過ちが生まれているという。一つは、武士が「短衣蓬頭して、臂を怒らし剣を按ずるを以て俗」としていることであり、もう一つは、儒者が「深衣非服して、記誦詩章を以て教」とすることである。このうち、前者は、『武教全書』のなかの「血気の勇」の延長線上にいる直情径行の武士を指しているだろう。素行はこの同時代の「かぶき者」[12]のような放埓な振る舞いをする武士を批判する一方で、「教え」を期待されているにもかかわらず、それに応えきれない、同時代の林家に代表されるような、深衣（儒服）を着て中国風の礼教を信奉する「物知り」坊主的な儒者のあり方をも非難したのである。ここから分かることは、素行は、粗野な武士と、林家塾が「教育」しようとした博学多識の「物知り」儒者の両方を批判することで、みずからの立ち位置を定めていたという点である。学者のような特別の存在ではなく、眼前の武士のなかに学問＝儒学を生かそうとしたのである。

ただ、この時期、素行が林家朱子学を批判しながらも、なお朱子学を捨て切れなかったのは、朱子学の教育論が武士の「教え」に役立つという考えがあったからであろう。具体的にいえば、朱子学には、幼い頃から家庭生活を規律化しようとする教育論があったからである。朱子は、「古者、小学教レ人以二灑掃応対進退之節一、愛レ親敬レ長隆レ師親レ友之道、皆所下以為中修レ身斉レ家治レ国平二天下一之本上」（『朱文公文集』巻七六、題小学）と説いて、「人を教ふるに、灑掃・応対・進退の節を以てする」日常生活の規律化を未成年教育の基本に置いて、『小学』を編纂していた[13]。この点、素行は朱子の功績を認めて、次のようにいう。

> 有宋の晦庵、小学を述作して、人生れて八歳より十四歳に迄《いた》るまで、教ふるに灑掃・応対・進退の節、親を愛し、長を敬し、友を親しむの倫を以てし、且つ嘉言善行を以て終篇となす。其の功偉なるかな、盛なるかな。然れども俗殊に時変ず。倭俗の士用ふる所尤も泥著して、則ち闔国《こうこく》に居て異域の俗を慕ひ、或は礼義を学ぶに異風を用ひ、或は祭礼をなすに異様を用ふ。皆是れ理を究めざるの誤なり。学は物に格《いた》り知を致す為にして、而も異国の俗を效《なら》はんが為にあらず。況や士たるの道は、其の俗殆ど異俗を用ふるに足らんや。之

れを幼稺の時に習ひ、其の習ひ智と化し、心と成らんことを欲するの事は、誠に先聖の実なり。

（四八一〜四八二頁）

素行は、『小学』の「八歳より十四歳に迄るまで」の未成年教育（養育）の基本方針に賛同しながらも、林家朱子学のように中国の士大夫の習俗をそのままに移植するのではなく、この国の武士の風俗に相応しい模範的な家庭教育を行うことによって、武士を倫理的な主体、すなわち『武教全書』の想定する自己統御できる主体を育成しようと目論んでいたといえるだろう[14]。具体的には、「夙起夜寐」「燕居」「言語応対」「行住坐臥」「衣食居」「財宝器物」「飲食色欲」「放鷹狩猟」「与受」「子孫教戒」の項目から成る『武教小学』によって、武士の家庭生活の定型、すなわち、前章で見た「衣服居宅食物而して日用の用具に各々規制」としての「いがた」（『山鹿語類』巻七）を例示したのである。

『武教小学』で注目すべきは、幼い頃から規律ある生活態度を習得させようとする教育の基本方針については朱子『小学』と一致しつつも、『小学』との間には、その具体的な日常生活の条目のみならず、もっと根本的な違いがあったことである。それは、『小学』が普遍的な人間一般（もちろん、中国の士大夫にとっての普遍的な人間一般）に向けて書かれているのにたいして、『武教小学』は、その著作意図からして、どこまでも武士に向けた書であったという点である。これは、序文冒頭に、庶民が「天下の三宝」であるという兵書『六韜』（文韜、六守）の言葉が掲げられ、庶民にたいする「士」、すなわち武士の存在理由が説かれていることからも明らかである。

素行によれば、「士は農工商の業なくして、三民の長たる所以のものは、他なし、能く身を修め心を正しくして、国を治め天下を平かにすればなり」（四八一頁）とあるように、修身と治国を担う存在であるところに、武士の存在理由があるという。もしこれができないならば、「天の賊民」であると非難される。

士は君の禄を食み、民の長として、而して其の形、其の行、其の知正しからざるときは、則ち天の賊民なり。

尤も汙辱すべきの至りなり。（四八二頁）

「士」は「君の禄」を食み、農工商の「三民の長」としての武士であって、中国の士大夫＝読書人官僚ではなかった。ちなみに、「人之道也、飽食煖衣逸居而無レ教、則近二於禽獣一」（『孟子』滕文公上篇）という孟子の言葉は、『小学』に採られ、『武教小学』にも次に引いた燕居の一節の割注に引かれている。

士は君に仕ふると雖も閑暇多し。或は不幸にして未だ君に仕へず、或は父母を早く没し、及び遠く離れて、朝夕の勤仕を得ずして、燕居休暇の日多きときは、則ち其の志怠りて、家業を慎まず、殆ど禽獣に類す。（孟子の曰はく、人の道あるや、飽くまで食ひ、暖に衣、逸し居て教なきときは、則ち禽獣に近し。）（四八七頁）

しかし、ここでも「人の道」は、普遍的な人間一般ではなく、「朝夕の勤仕」し「家業」に励む武士の日常生活のあり方に関わる文脈でとらえられている。『武教小学』の「士」が武士であることに規定されているのである。

（2）父子関係と君臣関係

こうした武士の存在理由の言説は、のちに見るように「士道」に連続するが、それを検討する前に、『武教小学』固有の問題を見ておこう。具体的にいえば、素行が朱子の『小学』の何を採用し、逆に何を採用しなかったのか、さらに、何を付け加えたのかという点である。付加の顕著な例は、先の冒頭の『六韜』のように、『小学』にはない兵書からの引用である。『武教小学』に引用されている兵書は、『六韜』『三略』『呉子』である。[15] なかでも「与受」における『三略』『六韜』は、俸禄を媒介にする君臣関係を論じていて、注目すべきである。

軍に財なきときは士来らず、軍に賞なきときは士行かず、香餌の下に（必ず）懸魚あり、重賞の下に必ず死夫あり。（『三略』上略、四九四頁所引）

魚は其の餌を食つて乃ち緡《いと》を牽《ひ》く。人は其の禄を食みて乃ち其の君に服す。（『六韜』文師、四九四頁所引）

この二つの引用だけで即断するのは難しいが、『武教小学』では、君臣関係を『論語』八佾篇に、「君、臣を使ふに礼を以てし、臣、君にふるに忠を以てす」（『小学』内篇所引）とあるような道徳性に基づいた人倫関係として理解されていないことを意味するのではないかと思われる。このような推測をするのは、俸禄を媒介とする君臣関係が、後年の士道論では鮮明になっているからである。よく知られているように、後年の素行は君臣関係を「他人と他人の出合」と即物的に捉えていた。

凡そ君臣の恩、其の初を云ふときは、我れ父母の養育に逢ひて養を豊にいたされし事、父の君につかへて禄を得るによるなれば、出世する処より已に君恩に浴す。君臣の間は他人と他人の出合にして、其の本に愛恵すべきゆゑんあらざれども、一時の約束一旦の思入を以て、其の禄をあたへ其の養を全からしむ。これに因つて父母を養ひ妻子をはごくみ、従類を扶助し知音を助長せしむること、併せて君恩にあらずと云ふ事なし。

（『山鹿語類』巻一三、全六、二四頁）

君臣関係を、家族を養うことのできる俸禄を媒介にする「他人」同士の関係としてとらえる考え方は、すでに『武教小学』に現われているのではないか。そのことが、以下に見る「君父の恩情」という『武教小学』の一つの鍵概念に関連するのではないかと思われる。この点、さらに詳しく見てみよう。この「君父の恩情」という言葉が見えるのは、「夙起夜寐」の冒頭の一節である。

凡そ士たるの法は、先づ夙に起きて、盥《てあら》ひ、漱《くちすす》ぎ、櫛《くしけづ》り、衣服を正し、用具を佩び、盥は手を洗ふなり、漱は口を漱ぐなり、櫛は梳るなり、用具とは腰刀・扇・火打袋の類なり、能く平旦の気孟子に出でたりを養つて、君父の恩情を体認し、今日の家業を思ひ量り、「身体髪膚之れを父母に受けて、敢へて毀《そこな》ひ傷ざるは孝の始なり。身を立て道を行ひて名を後世に揚げ、以て父母を顕はすは孝の終りなる」ことを観ふべし。（四八五頁）

この一節は、『小学』内篇の明倫を下敷きにしながら、武士にふさわしい独自な注意を与えている所である。朝早く起きて、衣服や刀などの身づくろいをしてから、「君父の恩情」を体認して、「今日の家業」を思量せよという。『小学』には見えない「家業」という言葉が、使われていることは注意せねばならない。

さらに問題にしたいことは、素行が「君父の恩情」というとき、君臣関係の「君」と、父子関係の「父」との間で、どちらを重んじていたかという点である(16)。忠と孝はともに武士にとっての道徳的な行動原理であったが、『武教小学』の時点では、この忠孝のうち、どちらを優先していたのだろうか。いうまでもなく、中国の士大夫を想定する朱子の『小学』は「孝」を優先するのだが、『武教小学』でもそうなのであろうか。それとも、朱子と異なる「忠」優先の考え方をしているのだろうか。

注目すべきは、『小学』は、当然のことながら、『孝経』の「身体髪膚、之れを父母に受く、敢て毀傷せざるは孝の始めなり」の一節を引いているが（『小学』内篇、立教第一）、『武教小学』でも冒頭にそれを引照して、孝行を前面に出しているという点である。実際、『武教小学』が父子関係を重視していることは、最後の項目「子孫教戒」にも看取される。

子孫の恩情は天道の自然にして、血脈相続の成る所なり。人倫の厚き、何事か之れに及《し》かんや。我が身既に没して、嗣子放僻なるときは、則ち家絶え身滅ぶ。何ぞ恩愛の甚しきを以て、教戒の事を垂れざらんや。（四九五頁）

ここでの「恩情」は「君父の恩情」ではなく、「子孫の恩情」である。明らかに父子関係の「恩情」である。とすれば、『武教小学』で「君父の恩情」というとき、この「恩情」は「父」の方に重きを置いているのではないかと思われる。

先に見たように『武教小学』では『六韜』や『三略』が引照されているように、どこまでも「財」「禄」を媒介とする君臣関係はギブ・アンド・テイクの関係として即物的にとらえられていた。とすれば、「君父の恩情」といっても、「君」は「夙起夜寐」にかかわる限りで付け加わっている、はなはだ位置づけの曖昧な存在であるといえるだろう。換言すれば、『武教小学』においては、武士の行動の根拠は「君父の恩情」「子孫の恩情」にあるとされながらも、実質的には、親孝行が第一義的なのではないかと思われる。『武教小学』が「夙起夜寐」の「君父の恩情」に始まり、「子孫教戒」の「子孫の恩情」に終わるのも、こうした親孝行を根本とする考えから構想されたととらえることで、首尾一貫する。

ところが、士道篇になると、「君父の恩情」は消えてしまう。士道篇の「一日之用」条は『武教小学』の「夙起夜寐」に相当する箇所であるが、そこには、些細ではあるが、いくつかの看過できない言い換えが行われている。

一日ノ用ヲ案ズルニ、先ヅ夙ニ起キテ盥漱櫛リ、衣服ヲ正シ用具ヲ佩ビ、ソノ容貌威儀ヲ正シウシテ静坐シ、手ヲ拱シ能ク平旦ノ気ヲ養ツテ、天地生々已ムナキノ理ヲ省ミルベシ。而シテ君父ノ恩義ヲ体認シ、今日ノ家業ヲ思量シ、謹ンデ、身体髪膚コレヲ父母ニ受ケ、敢ヘテ毀傷セザルハ孝ノ始ナリ、身ヲ立テ道ヲ行ナヒ名ヲ後世ニ揚ゲ、以テ父母ヲ顕ハスハ孝ノ終ナリ、君ニ事ヘテソノ身ヲ委ネ、人ノ為ニ謀ツテ忠ナラザルカヲ観《オモ》フニ在リ。（『山鹿語類』巻二一、一四九頁）

「君父の恩情」は「君父の恩義」に言い換えられている。さらに、「君父」への「恩」が「情」から「義」に変化するのに加え、『武教小学』では「身体髪膚」の『孝経』のみが引照されていたのにたいして、この一節とともに『論語』が断章取義的に引かれて（「事レ君能致二其身一」〈『論語』学而篇〉、「為レ人謀而不レ忠乎」〈同前〉）、君と忠が付加されているのである。この微妙な言い換えの裏には、一体、何があったのだろうか。

四　武士道と職分

素行は寛文年間（一六八一～七三）、朱子学を批判した『山鹿語類』と『聖教要録』（ともに寛文五年成）を著して、独自の儒学体系としての聖学を確立する。このうち、『山鹿語類』巻二一は「士道」と題され、彼の士道論を表明している。最初に述べたように、この士道篇と朱子学信奉時代に書かれた『武教小学』との間には、儒学思想の変化に対応するような変化があるのだろうか。

まず共通点を見てみよう。士道篇においても、農工商の庶民にたいする武士の存在理由を論じている点で、『武教小学』と変わらない。庶民にたいする統治者としての武士＝「士」意識は連続している。

凡ソ天地ノ間、二気ノ妙合ヲ以人物ノ生々ヲ遂グ、人ハ万物ノ霊ニシテ、万物人ニ至テ尽。コヽニ生々無息ノ人、或ハ耕シテ食ヲイトナミ、或ハタクミテ器物ヲ造リ、或ハ互ニ交易利潤セシメテ天下ノ用ヲタラシム、是農工商不レ得レ已シテ相起レリ。而シテ士ハ不レ耕シテクライ、不レ造シテ用イ、不二売買一シテ利タル、ソノ故何事ゾヤ。我今日此身ヲ顧ルニ、父祖代々弓馬ノ家ニ生レ、朝廷奉公ノ身タリ、彼ノ不レ耕不レ造不レ沽ノ士タリ。士トシテ其職分ナクンバ不レ可レ有、職分アラズシテ食用足シメンコトハ遊民ト可レ云ト、一向心ヲ付テ我身ニ付テ詳ニ省リミ考フベシ。

（『山鹿語類』巻二一、三一頁）

農工商の庶民が「天下ノ用」を満たしているのに、「不レ耕シテクライ、不レ造シテ用イ、不二売買一シテ利タル、ソノ故何事ゾヤ」と問いかけて、武士の「職分」を説き、この「職分」を果たさなければ「遊民」であるという。「遊民」はまた「天の賊民」とされ、この点でも『武教小学』の「天の賊民」意識と連続している。

サレバ天下ノ間、人間ハ云ニ不レ及、鳥獣ノタグイ、魚虫ノイヤシキ、草木ノ非情ナル、何レカイタヅラニシテ天性ヲ全スルヤ。鳥獣ハ自ラ飛走シテ食ヲ求メ、魚虫ハ游昆シテ其食ヲ尋、草木ハ土ニ根ザシヲ深カランコトヲナセリ。各々唯食ヲ求ムル事不レ暇、一年ノ間一日一時モ飛走游昆ヲ忘ル、事ナシ。物皆然リ。而シテ人ノ上ニ農工商又如レ此、士若《モシ》ツトメズシテ一生ヲ全ク可レ終バ、天ノ賊民ト云べシ。シカレバ士何ゾ職業ナカラント、自ラ省テ士ノ職分ヲ究明イタサンニハ、士ノ職業初メテアラハルベキナリ。

（『山鹿語類』巻二一、三三一〜三三二頁）

（1）武士道から職分へ

ただ、注意せねばならないことは、武士の存在理由を問うことは『武教小学』では門弟序文に補足的に説かれていたのにたいして、士道篇では冒頭の「立本」に置かれて中核的な位置を占めている点である。そしてさらに、士道篇が『武教小学』と決定的に異なっている点は、武士の存在理由が「職分」として説かれていることである[17]。武士たるもの、己の「職分」を自覚して、「形ニハ剣戟弓馬ノ用ヲタラシメ、内ニハ君臣朋友父子兄弟夫婦ノ道ヲツトメテ、文道心ニタリ武備外ニ調テ」（同右、三三二頁）、農工商の庶民にたいする道徳的な模範＝「師」（同右、三三二頁）とならねばならず、この「職分」を果たせないものは「天の賊民」であって、武士であることを辞さねばならない、とまで極論されている。

この「職分」意識こそが、従来から指摘されているように、素行の士道論の特質であることはいうまでもない[18]。本章で指摘したいことは、この「職分」が「武士道」という言葉と深い関わりを持っていた点である。この点は、江戸期の武士道論を考えるうえで、きわめて重要である。「武士道」は江戸時代初期に現われてくる言葉であり、素行の兵学上の師である小幡景憲編纂の『甲陽軍鑑』がその初出であるといわれている[19]。素行は景憲から兵法印可状を受けたのであるから、当然、「武士道」についての相当な理解があったろう。ところが、素行はこれをそのままに受容せずに、「職分」と言い換えているのである。

この「武士道」から「職分」への転換が鮮やかに示されているのは、まさに「武士道」の語が出てくる『甲陽軍鑑』の書き換えである（傍線は筆者）。

有時、土屋右衛門丞が高坂弾正にとっていわく、奉公人の武道のたしなめ、と申せバ、喧嘩ずきになる。いかにも人よくせよ、と申せバ、武士道ぶ心がけになる。此間ハ何としめして家風をよく仕らん。ねがわくは、高坂弾正殿分別をきかんといへば、高坂いわく、別の事なし。奉公人のぎやうぎさほう、面々がこしにさす刀・脇指のごとくに仕れ、と仕置なされよ。子細は、刀・脇指よくとぎて、其の上によくはをさすハ、人きらんと申す事なれ共、つねハ、さやをせねばさゝれ申さず候。人を切ものとて、つぶみにてさゝば、さす人もあやまちをいたし、刀・脇指もくさりて、やうにたゝず、うちくづしてくぎにうちて、後ハすたらん。あやまちすまじきとて、ぬけぬやうにさやにおしこみ、よくとぎたてるとて、おしミてはもつけず候ハゞ、なまぎれにて又すたらん。しよせん、よくとぎて、よくはを付て、よくさやをして、よくぬけるやうに、あまりはやうもなくなされ、さしてこそほんの事なれ。其中に、こ脇指をば、ちとぬけかぬるほどにつめてさし給へ。閙《いそがは》しき所にてわれしらずおつれバ、よき人にハひだちをうつ、悪キ人をばそしる、其故かくのごとし。扨又、奉公人の、行儀たしなミすぎて、喧嘩ずきハ、刀・脇指をつぶみにてさすとおなじ事、人あいよきとて、ぶ心がけになるハ、はもつけずしてさして、なまぎれにてすてらるゝ心也。[20]（『甲陽軍鑑』巻一五）

或る時甲陽の土屋、高坂に尋ねけるは、武のつとめは士の職也といへども、人に武道をたしなめと云へば喧嘩数奇になる、作法をよくせよと云へば武士の職分無心懸になりて職業を勤めず、此の仕様あらんやと云ふ。高坂云ふ、唯だ面々が腰に指す刀脇指の如くに仕れと教へて可レ然、子細は、刀脇指とぎてはを付けて指すは人を可レ切ためなれども、常にさやをせねばさされず、人を切る物とて、常にぬきみにてさゝば、さす人もあやまちを致し、刀脇指もさびくさりて用に不レ立、あやまちすまじきとては不レ付ばなまぎれなるべし、所詮とぎてはを付けて鞘をして、余りはやうなき如くにしてさすこそ本の事なれ、武道家職なりとて、嗜み過ぎて喧嘩ずきは刀をぬきみにて指すと同じ、無心懸になるは刃を不レ付してなまぎれなる也と、高坂云へりとにや。

（『山鹿語類』巻二一、全七、一六八頁）

『甲陽軍鑑』の「武士道」は、自己抑制できる武士を想定しているといえるだろう。抜身の刀をそのまま差すのではなく、鞘に収めておけと、喧嘩のような場で、己の名誉心を賭けて衝動的な行動に走ることを戒めている。より端的には、「法度よろずの善悪しらざる人ハ、むさぼりて、武士道をわきへなし、らんどり計にふけり、人を討べき心いさゝかもなくして、ぶ心懸がけなり」(21)（『甲陽軍鑑』巻一六）と、法度に従う規律正しい行動を「武士道」に適ったものとする。このような抑制した行動は先に見た『武教全書』の一節に重なっているだろう。

自身に対する高名誉の儀之れ有りと雖も、公儀の御為に対し然るべからざる儀は、許容致すべからざる事。
付御下知の儀其の身に於いて、当分宜しからざるに似たりと雖も、御為に於いて忠節たるべき事は、他人の嘲りを顧みるべからざる事。

（前掲『武教全書』巻四）

『武教全書』でも「公儀」のために抑制せよ、自己の「高名誉」よりも「公儀」の「御下知」に従うことが、たとえ「当分宜しからざる」「他人の嘲り」を甘受せねばならないにしても、道徳的に正しい行動とされていた。これは、『甲陽軍鑑』において論争となる喧嘩両成敗法を正当化する論理であったといえるだろう(22)。

ところが、素行はこの『甲陽軍鑑』の「武士道」を「武士の職分」に言い換えている。それは結論的にいえば、自己の名誉感情をも抑制する自己統御を、農工商の「三民」にたいする武士の責任感によって義務化したといえるだろう。「武士道」ではなく、「武士の職分」と言い換えることで、自己統御は持続的な武士の義務となったのである。なぜ「武士道」ではなく、「武士の職分」と言い換えたかといえば、「武士道」は戦闘場面での行動を第一義として、軍事に関係のない行政的な役職を否定する可能性をもっていたからであろう。さらに「武士道」には、主観的な名誉感情や衝動をそのまま認めてしまうような危険性、一時の名誉心に賭ける行動を正当化してしまう可能性が孕まれていたためではないかと思われる。この点、「武士道」の語義分析を加えて、より詳細な検討が必要だが、ここでは、そうした激情的な感情を否定する素行の士道篇をさらに見てみよう。

(2) 義利の弁別

ところで、『武教小学』においても、「閑なるときは、則ち今日の行事を顧み、暇あるときは、則ち書伝を披《ひら》きて士の正道を考へ、義不義の行を知る」(四八六頁)、「士の恒に語るべきものは、義不義の論、古戦場の事、古今勇義の行、時代武義の盛衰、皆議論して今日の非を戒むべし」(四八八頁)のように、義と不義との弁別を絶えず意識していろという考えはあった。しかし、その「義不義」の実体は明らかではなかったし、その「義不義」を弁別する方法も「皆議論」するという以上に具体的に語られることはなかった。ところが、士道篇では、この「義利」の弁が大きな位置を占めることになる。

大丈夫存心ノ工夫、唯在レ弁二義利之間一而已、君子小人ノ差別、王道覇者之異論、スベテ義ト利トノ間ニ有レ之也。イカナルヲカ義ト云ハントナラバ、内ニ省リミテ有レ所二羞畏一、処レ事而後自謙、是ヲ義ト云ベシ。イカナルヲカ利ト云ハントナラバ、内縦レ欲而外従二其安逸一、コレヲ利ト云ベシ。

(『山鹿語類』巻二一、四一～四二頁)

内に省みて恥ずかしくない行動「義」とはどのようなものなのか。素行はいう。

自ノ身ヲ利スルコトヲ好ムハ、是又天下同情ニシテ、聖人君子ハ軽重ヲ能弁ズ。軽重ト云ハ、君父兄師夫ハ我タメニ重シ、臣子弟幼婦ハ我ガタメニカロシ、天下国家ハ身ヨリモ重、視聴言動ハ心ヨリ軽シ。此軽重ヲ

詳ニ究理スルトキハ、惑コ、ニ止ムベシ。（同右、四二頁）

自己の利を好むのは「天下同情」であるが、そうした利己心を抑制して、自己よりも重んずる「君父兄師夫」のために行動することが「義」である。不断に事物の軽重を熟慮して行動すべきであって、客観的な事物の軽重是非を考量する方法が、素行にとっての格物致知だった。[23] 士道篇でも、もちろん言語応接・行住坐臥などの日常生活を厳格に律することは『武教小学』と同様に武士に求められているが（士道篇では「詳威儀」で詳細に定型化されている）、それだけではなく、それ以上の格物致知による熟慮ある行動が武士に求められるようになったのである。

この点、朱子の言葉に従えば、「事」から「理」に重点が移ったといってよいだろう。朱子は、「古者、初年入二小学一、只是教レ之以レ事、如二礼楽射御数及孝弟忠信之事一、自三十六七入二大学一、然後教レ之以レ理、如下致知格物及所三以為二忠信孝弟一者上」（『朱子語類』巻七、第一条）と説いていたが、この成長段階説をとれば、『武教小学』の対象は「事」の次元の未成年の「小学」段階に留まっていたのにたいして、士道篇では「理」の次元の壮年以上の「大学」段階を問題にしていたのである。

格物致知についていえば、『武教小学』では、危急の変時にどのような行動をしたかで、武士の真価が問われるのだから、「行住坐臥」の日常の礼儀を慎み、いつも緊張感をもって「放心」するなと説かれていた。

凡そ士たるの道は、行住及び坐臥、暫くも放心するときは、則ち必ず変に臨んで常を失ふ。一生の恪勤一事に於て闕滅すべし。変の至るや知るべからざるときは、則ち豈怠るべけんや。（『武教小学』、四八九頁）

しかし、それは心がけ以上の大まかな戒めでしかなかったが、士道篇ではもっと精密になったといえるだろう。

義利ノ弁ヲ詳ニスル時ハ存レ心シテ不レ放、義利ノ弁ヲ不レ知時ハ、情欲一タビ動クトキ我好悪ニウバワレテ心コ、ニ不レ存也。（『山鹿語類』巻二一、四四頁）

義と利を弁別することによって心の主体性は確保される。そのためにも義と利との違いを見失うな、そのための格物究理が緊要である、と素行は繰り返す。少し長い引用だが、『山鹿語類』のなかの格物致知の実際を見るために例示してみよう。

師答二伊藤某甲一書曰はく、来書に所謂二六時中忠節の義に心をひたしそめ、毛頭自分の利害身持私の外聞に不レ拘、忠節の道には人の毀誉にも一命にもかふ間敷と、深く思入る事根本也。如レ此ば君のためならんこと、いかほども分別に可レ出、左なきときは、大体斗《ばか》り忠節のごとくにて、不レ入枝葉の吟味だてになり、実は少しも主人のために成るまじきの旨、寔《まこと》に深切の言と可レ謂也。但し言はあまりあつて、其の事理に不レ通所あり、自分の利害にかまはず、外聞にかかはらず、人の毀誉に不レ動、一命をも塵芥に比しつべからんとは、たれもたれも思ひもし云ひもするといへども、其の間において実地の忠を不二究理一ときは、自分の利害を軽んずることを立て、人にあたること多く、人のそこなひとなることあり。外聞にかまはざると云ひて、人の嘲り世のためしとなつて、十目所レ視十手所レ指をかへりみざらん事、又主人のためならず。然れば利害の間において忠を分別し、毀誉の間において其の是非を弁ずる、是れを究理と云ふべし。世間に、君のために百年の命を抛ち、国郡を棄て、万鍾の禄を軽んずるの輩多しといへども、其の志はふかく、其の事は忠に似て忠にあらざるの者多ければ、忠節と云ふ心を朝暮工夫学習あつて、其の実地に得入あらん事、是れ人臣の大任也。其の実地を不レ得しては、いづれを本ともいづれを枝葉ともわきまへがたし。本を不レ知しては、枝葉と思へる事に根本あることを不レ知に至る也。命は人の本也、禄は外宝の根也といへども、禄をすて命を軽んずるを必ず忠とは難レ云。若し忠の実を不レ得して死を軽くせば、狂人の自らくびれ、夏虫の火に入りて死し、鳥獣のさしあたる餌を求めて其のたくはへなきにも同じかるべき也。人々皆忠を口に云ひて忠の実を得るものなきは、学習する処不レ切がゆゑと可レ知也。次に忠の志深くば主君のためならんこと分別に可レ出との言、是れ又其の弊あり。思うて不レ学ときは其の事くらきもの也。忠の志深くして忠のつとめを不レ懈《おこたらざれ》ば、つひには其の事も分別に可レ出也。志深しと云へども不レ学ときは、其の事不レ通もの也と可レ知也。

（『山鹿語類』巻一三、全六、四〇～四一頁）

素行によれば、「自分の利害にかまはず、外聞にかかはらず、人の毀誉に不レ動、一命をも塵芥に比しつべからんとは、たれもたれも思ひもし云ひもする」が、それは「実地」の場では、とんでもない間違いを犯すことになる。「所謂二六時中忠節の義に心をひたしそめ」「深く思入る事」があっても、それだけで「実地」の場で適切な行動ができるわけではない。どこまでも「利害の間において忠を分別し、毀誉の間において其の是非を弁ずる」熟慮が必要である。

世間に多い「君のために百年の命を抛ち、国郡を棄て、万鍾の禄を軽んずるの輩」は、「狂人の自らくびれ、夏虫の火に入りて死し、鳥獣のさしあたる餌を求めて其のたくはへなきにも同じかるべき也」であるという素行の激しい非難には、口先で忠義を唱えるだけで、結局、「利害の間」の「実地」においては、「忠の実」を失ってしまう者、主観的な「志」の深さだけを賞揚して、客観的な「利害の間」の事実に目を向けない粗野な武士にたいする強い嫌悪感があるだろう。(24) こうした非難はまた先に見た、『武教全書』の「ぬけがけ」する衝動的な「血気の勇」にたいする嫌悪感と等しいものだろう。

（3）国家への忠、君臣の義

ここで大事なことは、「禄をすて命を軽んずる」忠と区別された「忠の実」という言葉である。従来から指摘があるように、素行が「忠の実」というとき、それはたんに主君個人ではなく、「国家」への忠を指していた。(25)

今以《おも》へらく、忠の字都《すべ》て人の為に謀り来り、国家天下の為にして、其の私を利せず、其の己れを有せず。是れ公共底の忠なり。信は只だ愨実にして、言事の間、実を以て虚妄詐欺に渉らざるの謂なり。人の情、事物を謀るに皆己れを利せんことを欲す。其の格物致知の未だ詳ならざるは、君長を利するを以て忠と為す。是れ其の私を利することを知らざるなり。凡そ其の謀為二国家天下人物一に於てして、乃ち其の施及する所を極め尽して、而も私を利する所なし、是れ忠の大なる所なり。其の為す所此の如く太《はなは》だ公にして欺偽せず、是れ信の重き所なり。

（『山鹿語類』巻三七、全九、五一〇～五一一頁）

「君長を利する」私利の忠と、「国家天下の為」の「公共底の忠」を弁別することが格物致知なのである。前者はまさに、「君のために百年の命を抛ち、国郡を棄て、万鍾の禄を軽んずるの輩」が、口先で唱える忠義立てであるのにたいして、後者は、自己の利欲を抑制して、「国家天下」のために冷静沈着に「利害の間」を穿鑿して行動することを意味する。素行の求めた武士は、こうした自己の主観的な感情を抑制して、「国家天下」の利害を冷静に見極める武士であったのである。

またこうした自己の「利」を抑制することに関連して、素行が、父子の「恩」よりも「君臣」の「義」を重んじていることは注目すべきである。

父母は恩を以て主とし、君臣は義を以て主とす。恩は天性の自然にして不レ得レ止の処あり、義は今日の上においてつとめ行ふを以て業とす。されば戦場に臨んで父うたれ兄討死せば、恩愛の涕はとどまるべからざれども、涙を抑へて戈をになふは、義を以て恩に泥《なづ》まざれば也。すべて恩義の間、或はさきんじ或はおくるるといへども、詳に不レ計ときは必ずまどふことあり。

（『山鹿語類』巻一八、全六、四六三頁）

「義を以て恩に泥」まない態度が素行の求める武士であった。先に見たように『武教小学』では「君父の恩情」とされ、父子の「恩情」が重視されていた箇所が、士道篇では「君父の恩義」に言い換えられたのも、この君臣の「義」優先の考えが士道篇では強調されるようになったことと関連していたのである。ここでは、父子関係の「涙」を含んだウエットな「温情」ではなく、もともと「愛恵すべきゆゑん」のない「他人と他人の出合」（前掲）である即物的な君臣関係のなかで醒めた「義」が第一義的に求められるのである。

（4）士道篇の大丈夫

このように士道篇で造型された「大丈夫」とは、利己心を抑制し自己統御できる卓爾とした武士であった。もともと「大丈夫」とは、『孟子』の「富貴不レ能淫、貧賤不レ能移、威武不レ能屈、此之謂二大丈夫一」（滕文公下篇）に出典があるが、士道篇では、「大丈夫」はその精神において、「度量」「志気」「温籍」「風度」「弁義利」「安命」「清廉」「正直」「剛操」の徳をもつ武士の理想像として描かれている。「士ハソノ至レル天下ノ大事ヲウケテ、其大任ヲ自由ニイタス心アラザレバ、度量不レ寛シテセバ〳〵シキニナリヌベシ」（『山鹿語類』巻二一、三七頁）、「志気ト云ハ、大丈夫ノ志ザス処ノ気節ヲ云ヘリ」（同右、三八頁）、「大丈夫ノ度量寛ニ気節大ナルハ、自然ニ温潤ノ処アリヌベキ也」（同右、四〇頁）、「聊モカクレタル処ナキ風情、是ゾ大丈夫ノ風度ト云べキ也」（同右、四一頁）、「大丈夫存心ノ工夫、唯在レ弁二義利之間一而已」（同右、四一頁）、「大丈夫常ニ此天命安ンジテ、富貴ト云ドモホコル不レ可、是天ノ命也」（同右、四七頁）、「大丈夫内清廉ヲ守ラザレバ、公ニツカエ父兄ニシタガツテ、利害コニ萌シテ天性ノ心ヲ放シ失ツベシ」（同右、四七頁）、「大丈夫ノ世ニ立、正直ナラズンバ不レ可レ有也」（同右、四九頁）、「大丈夫ノ世ニ在ル、剛操ノ志アラザレバ心ヲ存スルコト不レ能也」（同右、四九頁）。

先に見たように、これらの徳目のうち、「弁義利」が素行の士道篇の中心であると指摘したが、まさに「義利を弁ずる」ことにおいて、「度量」「志気」などの徳目が包摂されるからである。たとえば、「志気」においても、「聖人ノ道ヨリ不レ至シテ、一向其気節ノ高尚ヲ貴ブトキハ、異端ノ虚無空寂ヲ貴ビ、世間ヲ以テ塵芥トシ、天下ヲ以テ糠粃ト思ツテ、唯自適スルヲ可ナリトス。故ニ格致スルコトヲ詳ナラシムベキ也」（同右、四〇頁）とあるように、格物致知によって「志」の方向性を誤ることがないように説かれ、「安命」においても、格物致知によって弁別した「義マサニ死ニ当ルノ場ニ至ル、是則命也」（同右、四六頁）であり、その「命」に安んずることのできるものが大丈夫なのである。

五　封建官僚の士道論

従来から指摘されているように、素行の士道篇は武士としての「職分」意識を基底に置いていることは間違いない。農工商の庶民に対峙する武士の「職分」としての自覚、「三民自ラ是ヲ師トシ是ヲ貴ンデ、其教ニシタガヒ其本末ヲ知ルニタレル」（『山鹿語類』巻二一、三二頁）ような、庶民の模範たるべき責任意識が求められているのである。

ただ、こうした責任意識は、パーソナルな君臣関係の忠義や父子関係の「恩情」から自然と生まれるものではなかったことに改めて注意しなくてはならない。素行の士道論は、相良亨が指摘するように、江戸時代、「官僚役人といった政治的指導者としての性格をつよめた時、武士のこの社会的立場の変化に応じて武士の生き方を儒教の理解のもとにあらたに反省して生まれたもの」であったからである。そこで求められた武士とは、むしろ、パーソナルな自己の主観的な感情を抑制して、格物致知によって「国家天下」の利害を熟慮し、死ぬべき「義」に死ぬことのできる勇気と節度をもった「大丈夫」だった。素行は、幼い頃から家庭において言語応接・行住坐臥などの日常生活を厳格に律することによって、こうした「大丈夫」を育てあげようとしたのである。

最後に、この武士像をどのような歴史的・社会的なコンテキストのなかで位置づけるかが大きな問題となるだろう。この点についてはすでに検討したので、その結論だけを述べておこう。素行の生きた一七世紀中ごろは、いわゆる藩政の確立期として、機構としての藩「国家」のために忠を尽すことのできる武士が社会的に要請されていた。それは、譜代家臣がもっていた主従関係の情誼的なつながりとは切れた、藩の支配機構を整備することのできる武士であった。素行の士道論で求めた武士とは、まさにこの藩政確立期の封建官僚としての武士であった。事実、素行の弟子たちが平戸藩や弘前藩に登用されたのも、君主個人よりも「天下国家」のために、自己の価値観や感情を抑制し、自己統御できる武士であったからだといえる。農工商の庶民の上にたつ統治者としての責任を意識し、どこまでも「天下国家」のために毅然と行動する素行が求めた武士は、同時代の人々からは非情な官僚と非難されたかもしれないが[26]、一七世紀の藩政確立期には、たしかに一定の社会的な存在理由があったのである。

（1）江戸時代の「武士道」概念史については、笠谷和比古「武士道概念の史的展開」（国際日本文化研究センター『日本研究』三五集、二〇〇七年、のち『武士道　侍社会の文化と倫理』NTT出版、二〇一四年）参照。

（2）相良亨「〈近世〉武士の思想——士道と武士道——」（『相良亨著作集』巻三、ぺりかん社、一九九三年、二九七頁）参照。和辻哲郎がこの類型を提示し、相良亨がこれを敷衍して通説化した。

（3）相良亨「古武士の風格」（注2『相良亨著作集』巻三、一一二頁）参照。

（4）素行の士道論については、相良亨『武士道』（塙書房、一九六八年）、田原嗣郎「山鹿素行と士道」（『日本の名著　山鹿素行』中央公論社、一九七一年）、坂下敏子「山鹿素行の士道論」（『待兼山論叢　日本学篇』一八号、一九八四年）、多田顕『武士道の倫理——山鹿素行の場合——』（麗澤大学出版会、二〇〇六年）など、数多くの研究論文がある。筆者も「兵学と士道論」（『歴史評論』五九三号、一九九九年九月）で、素行の士道論について考察した。基本的には素行の士道論理解は変わらないが、『武教全書』や『武教小学』と士道篇（『山鹿語類』巻二一、士道）との関わりを明らかにする点で、続編に相当する。

（5）拙著『近世日本の儒学と兵学』（ぺりかん社、一九九六年）のなかで、素行の士道論の根底にある儒学と兵学との関わりについて考察した。参照されたい。

(6)『武教小学』は『山鹿素行全集思想篇』巻一（岩波書店、一九四二年）を、『山鹿語類』巻二一は『山鹿素行』（日本思想大系32、岩波書店、一九七〇年）を、それぞれテキストにした。なお、巻二一以外の『山鹿語類』のテキストは『山鹿素行全集思想篇』を使用した。巻数と頁数は本文中に略記した。

(7) この点、注(4)拙稿において論じたことがあるので、参照されたい。

(8) 序文で述べたように、江戸期の「教育」という言葉には、英才「教育」と子弟「教育」の二つの意味があったが、本章で素行の家庭教育というとき、現在の一般的な意味での教育である。管見の範囲では、素行自身には、子弟「教育」の意味での教育という用例が、『謫居童問』巻一（全一一、二七頁）にある。

(9)『武教全書』のテキストは『山鹿流兵法』（日本兵法全集5、人物往来社、一九六七年）を使用した。以下、頁数は本文中に略記した。

(10) 喧嘩両成敗法について、素行は「堪忍の族は忠節たるべき事」と説いているが、『甲陽軍鑑』では、喧嘩を仕掛けられても「堪忍」することは「男道のきっかけ」をはづす「臆病者」であると非難されている。この点、『甲陽軍鑑』は基本的には喧嘩両成敗法を実行する上からの視点で書かれているにしても、戦国武士の主従関係の枠をも超え出る「武士の生命」（『相良亨著作集』巻三、八八頁）が描かれている。ところが、素行の『武教全書』では法度の絶対性が記されるだけで、『甲陽軍鑑』の「男道」への共感はない。ここに、のちに述べる『甲陽軍鑑』の「武士道」を「職分」に言い換える一つの理由があるだろう。

(11) 谷口眞子は、倫理的な武士が求められているという筆者の理解を批判して、「命令に従うのは、軍事的勝利を得るための規則に従うという意味での規律化であり、道徳とは区別して考える必要が有ろう」と述べている（「近世前期の兵学とは――文武・治乱をめぐる認識――」、『書物・出版と社会変容』一七号、二〇一四年）。しかし、『武教全書』と同時期に書かれた『武教小学』との関連を考えれば、「区別」する必要はない。

(12)「かぶき者」として有名な幡随院長兵衛らの町奴が、神祇組頭目水野十郎左衛門らの旗本奴と争い、長兵衛が殺されたのは明暦三年（一六五七）のことで、『武教小学』の書かれた翌年の事件である。水野が幕府評定所の命で切腹させられたのは、寛文四年（一六六四）で、素行が朱子学を批判して聖学を確立した時期である。『武教小学』と士道篇は、江戸の町の「かぶき者」が粛清されつつある時期に、泰平の時代に生きる武士の生き方を提示しようとしたといえる。

(13) 朱子の『小学』は、加地伸行によれば、宋代以後、児童にたいする重要な教育書になったという。その内容は、内篇が「家訓書における儒教的立場よりする子女教育の最も発展した内容のもの」であり、外篇は「エピソードが中心という構成であり、朱熹までの児童教育書の集大成版である」。加地「儒教における子ども観」(『岩波講座　子どもの発達と教育2』岩波書店、一九七九年、二〇四頁)参照。なお、『小学』編纂過程については、松野敏之「朱熹『小学』編纂考——劉清之小学書からの改修に関して——」(『アジアの文化と思想』一三号、二〇〇四年)参照。松野は、朱子が劉清之の小学書を改修して、大幅に古今の故事を増補し、小学・大学を貫く工夫である「敬」を重視した点で、『小学』は「朱熹の編纂書」であると指摘している。ただ、素行の『武教小学』は、朱子の『小学』同様、「灑掃・応対・進退の節を以てする」「事」の規律化・習慣化を説いているが、朱子が重んじた「敬」については、「師弟の相接はるは、尤も敬恭すべし」(四九六頁)以外、触れていないことは注意すべきである。ちなみに、素行と同時代の山崎闇斎も『小学』を重んじていた。朱子の著作を抄録した闇斎の主著『文会筆録』は『小学』が最初に置かれている。闇斎もまた八歳から一四歳にいたる未成年の家庭教育を重んじたのである。

(14) 素行における自己統御できる主体の心性論については、拙稿「素行の心性論」(『近世日本の儒学と兵学』ぺりかん社、一九九六年)参照。

(15) 素行が与受のなかの三略・六韜以外に、『武教小学』に引照している兵書からの引用箇所は、「呉子が曰はく、備は門を出づるより敵を見るが如しと」(四八九頁所引)、「三略に曰はく、昔者良将の兵を用ふるや、云々」(四九〇頁所引)である。なお、施子美の引用(四九四頁)があるので、素行は施子美『七書講義』のテキストを使ったのであろう。

(16) 当該期の忠孝の相剋については、ジェームズ・マクマレン「江戸前期における「忠」と「孝」の問題について」(『季刊日本思想史』三一号、一九八八年)参照。

(17) 士道篇における職分の位置は、『小学』の立教に相当することは、次に示す構成からもうかがわれる。

『小学』

内篇

立教第一

明倫第二　父子・君臣・夫婦・長幼・朋友

敬身第三　心術・威儀・衣服・飲食
稽古第四
外篇
嘉言第五
善行第六

『山鹿語類』巻二一「士道」
立本　知己職分　志於道　在勤行其所志
明心術　養気存心　練徳全才　自省
詳威儀
慎日用
附録

士道篇の「立本」は『小学』の「立教」に対応する。『小学』の「立教」の冒頭には、『中庸』の「天命之謂レ性、率レ性之謂レ道、修レ道之謂レ教」の一節を提示し、「天明に則り、聖法に遵ひ、此篇を述べて、師為る者の教ふる所以を知り、弟子の学ぶ所以を知らしむ」と言い、性—道—教が教えの根本であることを説いている。ところが、素行においては、この根本が職分である。

また、士道篇では、『小学』敬身の心術・威儀・衣服・飲食のうち、心術と威儀が敷衍されている。実際、「詳威儀」の項目は『小学』内篇の「敬身第三」と敬身を具現化している外篇の「嘉言第五」からの引用によって占められている。ちなみに、素行が見ている『小学』のテキストは陳選『小学集註』である。素行は、程伊川の「只整斉厳粛、則心便一、一則自非二非辟之干一」を引いて、その後に「故ニ如下正二衣冠一尊二瞻視一之類上ト注ス」と付け加えている（六〇頁）。この注は、陳選『小学集註』に「整斉厳粛、如下正二衣冠一尊二瞻視一之類上」とするものである。

(18)　江戸期の職分論については、石井紫郎「近世の国制における「武家」と「武士」」（『近世武家思想』日本思想大系27、岩波書店、一九七四年）、平石直昭「近世日本の〈職業〉観」（『現代日本社会4』東京大学出版会、一九九一年）、佐久間正「徳川期の職分論の特質」（『徳川日本の思想形成と儒教』ぺりかん社、二〇〇七年）参照。もともと、「職分」の語は朱子に見える。素行は以下の引用において、この朱子の「職分」を武士の職分論の文脈のなかで使っている。

朱子曰、知二職分之所レ当レ然（『大学章句』序）と云ふも是れなるべし。ここに今日己れが職分を省みるに、武門に出生して憖《なまじひ》に四民の其の一につらなれり。三民は各々其の職分をつとむ。不レ勤の輩は奉行監官相戒めて盗賊の列になれり。士は人のあらためも少く、日々に天地の米穀をつひやし、衣服居宅に風情をこらし、何のつとめ何の業と云ふことなく一生を過し、暗然として死に至る。其の往昔を思ふに、唯だ鳥獣の坐ながらくらひ、盗賊の白昼に民の物を奪ふに不レ殊。君臣父子の間多くは虚妄偽詐を以てして、一日々々と年を送らん事、尤も己れが本意にあらず。故に先づ自らの職を詳にして其の業をたださん事、是れさいはひの至る基也。

（『山鹿語類』巻二一、全七、一六四頁）

ちなみに『武教小学』と同時期に書かれた『武教本論』にも「臣は職官を分たざれば則ち其の用足らず。故に百官定まらざれば、各々其の職分を知らずして、朝廷正しからず」（巻中、建官、全一、五二四頁）とあるように、「職分」の語は使われている。ただそこでの意味は臣下の官職を指し、三民にたいする統治者としての武士の「職分」という意味ではない。

(19)　注（1）笠谷論文参照。

(20)　『甲陽軍鑑大成　本文篇上』（汲古書院、一九九四年）五一六〜五一七頁。なお、『甲陽軍鑑』の作者について、酒井憲二は、原本軍鑑は高坂弾正の口述に基づき、能役者大蔵彦十郎が書記し、さらに弾正の甥春日惣次郎が書き継ぎ、小幡景憲が整理したものであると推定している。酒井憲二「甲陽軍鑑の成立と伝承をめぐって」（『甲陽軍鑑大成　研究篇』（汲古書院、一九九五年）参照。

(21)　同右　本文篇下、三五頁。

(22)　『甲陽軍鑑』における喧嘩両成敗法と武士道については、和辻哲郎『日本倫理思想史』（『和辻哲郎全集』巻一三、岩波書店、一九七七年）、相良亨「『甲陽軍鑑』の世界」（注2『相良亨著作集』巻三所収）参照

(23)　素行の格物致知については、拙稿「山鹿素行――治人の学の認識論――」（源了圓編『江戸の儒学――『大学』受容の歴史――』思文閣出版、一九八八年）参照。

(24)　素行の士道論と対極に置かれる『葉隠』は、「利害」の分別を拒否して、主観的な「志」を極限まで突き詰める生き

方を称揚していた。たとえば、「奉公人は、心入れ一つにてすむことなり。分別・芸能にわたれば事むつかしく、心落ち着かぬものなり。又業にて御用に立つは下段なり。分別もなく、無芸無男にて、何の御用にも立たず、田舎の果にて一生朽ち果つる者か、我は殿の一人被官なり、御懇ろにあらうも、御情なくあらうも、御存じなさるまいも、それには曾て構はず、常住御恩の忝なき事に骨髄に徹し、涙を流して大切に存じ奉るまでなり。これは易きことなり。これがならぬ生れつきとてはあるまじ。かくの如く思ふまい事ではなし。されども斯様の志の衆は稀なるものなり。たゞ心の中ばかりの事なり」（『葉隠』聞書第二、岩波文庫一一二頁）。素行から見れば、「心入れ一つにてすむ」奉公であれば、何とも危いものであったろう。

(25)　三宅正彦「幕藩主従制の思想的原理——公私分離の発展——」（『日本史研究』一二七号、一九七二年七月）参照。

(26)　素行の娘婿山鹿興信は、素行の庇護者津軽藩主津軽信政に仕えて、延宝九年（一六八一）家老に任ぜられ、知行一〇〇〇石を与えられた。また、津軽大学と称するよう命ぜられ、信政の「政」の一字を拝領している。この信政の寵愛ぶりについて、元禄三年（一六九〇）現在の大名の行跡を批評した『土芥寇讎記』には、「山家ト云新参者ヲ寵愛シ、賜㆓大禄㆒、免㆓名字㆒、剰家老トシテ、古来ノ家老退ク。適其職ニ居ル者モ、有テ如㆑無、故ニ家中一ツニ分レ、不㆑快。彼ノ山家ト云者、大佞人、口才利発ノ手取者ナル故ニ、能ク信政ヲ誑カシ、偏主君ノ如シ」（巻二五、江戸史料叢書、人物往来社、一九六七年、四一五～四一六頁）と酷評されている。

第四章　貝原益軒における学問と家業

一　学問と家業の並列

近世日本の家訓のなかで、強調された事柄のひとつは家業の精励であった。そこでは、先祖から継承された家を維持・繁栄させるために、「倹約」「勤勉」のような禁欲的な生活態度と勤労精神をもち、家業に励むことが子孫たちに教えられた(1)。

家訓への儒者のかかわりを考える場合、この家業の精励という項目が実は大きな問題となってくる。というのは、家業のなかには、当然のことだが、農民の肉体労働や商人の商業活動が含まれていたからである。そもそも儒学、なかんずく士大夫＝読書人官僚の学問として成立した朱子学が、このような肉体労働や商業活動をふくんだ家業の精励をうながす勤労倫理となりうるのだろうか。とくに営利を目的とする商業活動の場合、この問題はより深刻であろう(2)。

本章では、この家業の勤勉、より広くいえば勤労精神と儒教という問題を貝原益軒《かいばらえきけん》（一六三〇〜一七一四）の『家訓』（貞享四年成）や『家道訓』（正徳二年刊）、さらにはいわゆる益軒十訓を中心にして考えてみようと思う(3)。それらは、いうまでもなく近世日本の庶民に多くの読者をえた教訓書である。しかもそれらは、人々から高遠で無用のものとされていた朱子学の普及をめざして書かれたものであった。そのなかで、益軒は肉体労働や商業活動をふくんだ家業をいかにとらえ、家業の精励をいかに説いていたのだろうか。その際、朱子学はそうした勤労を阻むものだったのだろうか、あるいはむしろ、それをうながすものであったのだろうか。本章ではこうした問題を考えるにあたって、次のような益軒の家業と学問の関係に着目する。

朝ははやくおきて事をつとむべし。古語に、一日の計は朝にありといへり。朝よりをこたれば一日のつとめはかゆかず。故に朝おくることの遅速を見て、その人の家の興ると衰ふるとをしるべしと、古人もいへり。夜も学問家業をつとむべし。夜は気静なる故、事功尤はかゆくものなり。つとめてやまず、君子の人にまさるゆゑんなり。をこたりてつとめず、衆人の、君子に及ばざるゆゑんなり。士のみならず、農工商も同じ。よくつとめてをこたらざれば必家をおこす。[4]

（『五常訓』巻四）

益軒は武士のみならず、農工商の庶民も朝早くから夜遅くまで「学問家業」によく勤め、家を興せという。このような勤勉・勤労の勧めが、益軒十訓の眼目のひとつであったことはいうまでもないし、またそれが近世日本の庶民に受けいれられたのであろう。それはともかくも、ここで注意すべきは、「学問家業」が並列的にとらえられていることである。益軒自身の子孫に向けて書かれた『家訓』は三項目によって成り立っているが、そのうち学問は第一項の「聖学須レ勤」に、家業は第三項の「士業勿レ怠」にそれぞれ相当する。この両者の項目名でも明らかなように、『家訓』のなかでも「学問家業」の勤勉・勤労が同時並行的に説かれているのである。

だが翻って考えてみると、この家業と学問とはそんなに簡単に結びつくのであろうか。むしろ当時の通念では、両者は矛盾するといった考えが一般的であった[5]。たとえば、鴻池家の家訓「幸元子孫制詞条目」（慶長一九年）の次のような訓戒にそれはあらわれているだろう。

家業之余力を以て学問を励べし。学問は身を脩、家を斉ふ之用、然に学問に偏り、家業怠間敷候。（中略）小人之学と云ふは、其心ざす所、人にあなどられまじく、嘲られまじきが為に、第一、詩文に志を励し、且

> は博学と尊ばれんが為に、経伝歴書に通じ、己至道にくらきを恥ず、猥《みだり》に古今之政を是非して頤《い》を震《ふる》ひ、自異人号を称して、驕慢之高きに止り、先祖よりの仕成し来れる家業職分に怠り、専ら風流而已を事とし、月に誦し花に吟じて、世務をうとんず。其甚敷に至而は家を辞し、諸国歴遊して其終りを知らず。是学問を励て、先祖之家名を云ずと云ふ(6)。

だから、学問は「家業之余力」に行うことであると説かれている。高橋敏は、学問は家業の余暇にする芸能だとする「余力学文」の観念が、近世には武士から百姓まで広く浸透していたことを指摘している(7)。「学問家業」と何気なく並べられている益軒の言葉の背景には、このような家業を主として学問を従とする「余力学文」観念があったのである(8)。一体、益軒は「学問家業」の関係をどのようにとらえていたのだろうか。「余力学文」観念と同じだったのだろうか。本章では、この両者の関係を検討することによって、近世日本の儒者の家訓が内包していた問題(9)、すなわち儒教と勤労精神の問題を考えてみようと思う。

この問題は、これまで見てきた林鵞峰の林家塾と山鹿素行の士道論を想起する時、興味深い論点を提示するだろう。江戸幕府に仕えた林鵞峰は、博覧強記の学問を自己の家業だと認識することによって、同時代の学問への低い評価のなかでみずからを鼓舞していた。また、山鹿素行も、学問をどこまでも「余力」にすることとしながら、武士の職分に勤めること、すなわち農工商の庶民を統治する責任を担うことを説いていた。素行にとっては、家業の余力である学問は、庶民のような肉体労働や商業活動とは異なる、心を労する精神的な行為であることに疑問の余地はなかった。ところが、学問の普及がより広汎になるにつれて、農工商の庶民も学問を学ぶようになったとき、庶民の肉体労働と商業活動の家業をどのようにとらえるのかが問題となってきたのである。本章では、この点についても、益軒十訓を通して考えてみよう。

を求めた。

二　家業における勤労精神

最初に「学問家業」のうち、家業の方から見ていこう。益軒は、先祖から伝わった家を維持・存続させることを求めた。

凡家の主は、四民ともに其身をおさめて、家をおこさんことを志すべし。まつ親先祖より伝はれたる禄と財とを失はずして、よくたもつを孝とすべし。つみなけれど禍ありて、失なふはちからに及ばず。不徳にしてみづから財禄を失なひ、或財禄をへらすは大なる不孝なり。家業をよくつとめて、おこたらず、倹約にしておごらず、万の事つつしみてあやまりすくなくし、家をよくをさめて、おこたらざるは善士なり。

（『家道訓』巻三、全三、四四三～四頁）

家の「禄と財」を維持・存続させるために、家業の勤労と倹約を説いたのである。この点に関する限り、士農工商の四民ともに共通するという。

四民ともに、常に家業をつとめておこたらず、其上倹約にして、諸事つづまやかにし、家事におろそかなるべからず。勤ると倹なるとの二は、是家ををさむる要法なり。勤倹の二をつねに行なふべし。

（『家道訓』巻一、全三、四二四頁）

というのは、武士を含めた四民にとって、「わが家の生業」としての家業は自己および自己が属する家族の生活手段を得る「財を生ずるの本」であったからである。

わが家の生業をつとめて、財を生ずるの本とし、又倹約を行なひて財をたもつの道とす。もし然らずして、家業をおこたりてつとめず、財をみだりにつひやして、倹約ならざるは、是困窮の基にて家をやぶる。故に家に豊にし、財を足すの道は、四民ともによく家業を勤むるにあり。又財をたもちて失はざる道は、倹約を行なふにあり。凡士農工商皆其家職をよくつとめておこたらず。是財を生ずるの本也。又倹約にしてみだりにつひやさざるは、財をたもつ道也。此つとむると倹約との二は、よく家をたもつみちなり。利養を得る事は、あながちにむさぼり求めざれども、家業をよくつとむる中におのずからあり。此上に倹約を行なふべし。

（『家道訓』巻五、全三、四五八頁）

ここで注目すべきは、「利養を得る事は、あながちにむさぼり求めざれども、家業をよくつとむる中におのずからあり」とあるように、益軒が家業の正当な勤めによってえられた利益を肯定していることである。俸禄をえて安定した生活が保証されている武士の場合は問題ないが、「君につかへずして禄なし、みづから利養を専とす」（『初学訓』巻四、全三、二九頁）る農工商の庶民にとって、家業は唯一の「財を生ずるの本」である。[10]

古語に、人生在レ勤、勤則不レ匱といへり。つとめは利の本なり。よくつとめておのづから得るは、真の利なり。利を専むさぼれば必害あり。農の田をつくりて五穀を多く得るも、工のたくみをいとなみ、商のあきなひて利を得るも、皆つとめよりなし出す利なり。士は佞巧を以てへつらはざれども、ただ忠勤をだに専一にすれば、求めざれども君の寵ありて、禄を得さいはひを得る。農は歳の凶にあひても、をこたらず耕作に専一なれば、自なりはひを得る。工は器を精しく作りて粗糙ならざれば、必其利を得る。商人は、いつはりなく正直にして、利分をすくなくとれば、諸人の信愛あつく、たのもしげありて、必あきもの多くうるる故利を得ること多し。是皆本をつとめて、おのづから来る所のまことの利なり。もし工は器をそざうに作りていつはり、商はあきものをいつはりて、利を多くむさぼれば、人信ぜずして、かれが器、うりものをかふ人すらなくなり、かへりて利を得ることすくなし。

（『大和俗訓』巻七、全三、一四〇頁）

益軒は「つとめは利の本」と説いて、農民が「田をつくりて五穀を多く得る」こと、職人が「たくみをいとなみ」、商人が「あきなひて利を得る」ことも、それが正当な勤勉によって得られたものである限りにおいて、肯定するのである。ここで益軒が論拠としている古語とは、宋人の蘇頌の言葉である。

公の云く、人生は勤むるに在り。勤むれば則ち匱《とぼ》しからず。戸枢、蠹《むしば》まず。流水、腐らず。此れ其の理なり。[11]

（『名臣言行録後集』巻一二）

この蘇頌の言葉は、中国において農工商各階層の勤労による蓄財を認めた点で注目すべきものであった。中国儒教の禁欲的倫理と商人精神との関連を説いている余英時は、他ならぬこの蘇頌の言葉を引いて次のように指摘していた。「蘇氏は「勤」の範囲をいっそう拡大して、人生全体の基礎としてしまった。「勤であれば貧乏することはない」ということばからみれば、彼が指すものはすでに「勤学」にとどまらず。士、農、工、商各階層の人を包括している」[12]。なるほど読書人＝文人の地位が高く肉体労働・商業活動が卑しまれていた伝統のある中国では、余英時の指摘するように、画期的であったろう。

ところが、もともと近世日本社会にあっては、四民それぞれの職業は有機的に連関する不可欠なものとして、一概に否定されることはなかったし[13]、また何より士農工商の「士」も読書人とは縁の遠い二本差しの侍であった。その意味では、中国のように農工商の肉体労働・商業活動の肯定自体に大きな意義を見いだすことはできないであろう。むしろ中国では考えられないことだが、近世日本では、先に鴻池家の「幸元子孫制詞条目」でみたように、肉体労働・商業活動にたいして「学問」の方が世俗の人々の非難にさらされていたのである（これまで見てきた鵞峰や素行を想起してもらいたい）。ここでは、「読書学問すれば、気つまり気へりて、病者となり、命もちぢまると」思っている「書をよまざる人」「学問の事不案内なる白徒《しろうと》」（『和俗童子訓』巻二、全三、一八四〜一八五頁）にたいして、儒者益軒は、学問が農工商の肉体労働・商業活動や武士の奉公とは矛盾するものでない、と道を学ぶことの有用性を証明せねばならなかったのである。この点はのちに述べる。

ともかくも、益軒は「よくつとめておのづから得るは、真の利なり」とあるように、農工商の正当な肉体労働・商業活動によって得られる利益を肯定し、農工商の家業を「財を生ずるの本」として認めた。そして、「わが家の業をつとめざる者を名づけて無頼の人と云」（『初学訓』巻四、全三、三五頁）と述べ、家業に勤めない「無頼の人」を徹底的に排除したのである。

では、益軒のなかには、家業を肯定する以上に一歩突っ込んで、「よくつとめておのづから得るは、真の利なり」とある「よくつとめ」る家業の正直さや、さらに「父のゆづりをうけしはじめ、又禄を初て得たる時より、家ををさむるに約にしておごらず、慾をこらへてほしいままならず、家財を用るに倹にして費やさず、家業をつとめておこたら」ず「初にくるしむ」（『家道訓』巻二、全三、四三三頁）ような禁欲的な勤労をうながす積極的な論理があったのであろうか。

ここで問題になるのは、益軒の思想の中核に位置する「天道」「天地」の観念である。[14] というのは益軒において、前者の「よくつとめ」る家業の正直さを保証するものが天道への「おそれ」であったからである。

> 家のわざをよくつとむれば、利養は求めずして其内にあり。士《さふらひ》は奉公をよくつとめてへつらはず。農は田畠をよく作りて、公《きみ》をおそれて公役をよくつとめ、工は器物に心を用てよく作り出し、そさうなる物をつくりて人を欺かず。商は交易をつとめて偽らず。高利をとらず。四民共にかくのごとくなれば、あながちに利をむさぼらざれども、福禄はおのづから来たる。つとむべきわざを正路につとめずして、ひが事をして利をむさぼる者は、一旦は人により幸ありといへども、天道のにくみ給ふ理なれば、後は必禍あり。愚人は当時早く利を得んとして、後の禍をしらず。四民共に只正直にわが家のわざをよくつとめ、天道をおそれて偽なかるべし。是わざはひをのがれ、福を得る道なり。
> （『家道訓』巻二、全三、四二九頁）

この天道とは、「天道福㆑善禍㆑淫」（『書経』湯誥）、「積㆑善之家、必有㆓余慶㆒、積㆓不善㆒之家、必有㆓余殃㆒」（『易』文言伝）とあるような福善禍淫の応報を与える主宰者的な性格をもっている（『初学知要』巻下、全二、四三七頁所引）。益軒はこうした福善禍淫する天道の勧戒によって、「ひが事をして利をむさぼる者」を排斥して、家業の「正直」な勤労、すなわち具体的には、武士は諂《へつら》わず、農民は「公《きみ》をおそれて公役をよくつとめ」、職人は「そさうなる物をつくりて人を欺かず」、商人は「高利をとらず」勤めることを説いた。注意すべきは、この天道が懲罰の「おそれ」による家業の「正直」な勤労へのうながしであったのにたいして、益軒が後者の「家業をつとめておこたらざる」勤労を積極的にうながす「天地」も説いていたことである。

古語に、つとむれば貧にかち、慎めばわざはひにかつといへり。此語甚人に益あり。家のわざをよくつとむる人は必富む。身の事をよく慎めば必わざはひなし。勤慎の二字つねに守り行ふべし。みづから行ひて家人にも行はしむべし。勤むるは天の道也、天はめぐりてたまず。慎むは地の道也、地はしづかにしてうごかず。つとむるとつつしむとは、天地の道にしたがひて則とす。是人の行なふべき道なり。此等ふかき理あり。

（『家道訓』巻二、全三、四三〇頁）

益軒は家業につとめることを「天地の道」、別な表現では「天地に事える」ことだという。ただこの「天地の道」「天地に事える」について、益軒は家業のみを単独に説くことは少なく（その意味では曖昧である）、「学問家業」と並列的にとらえ、学問と一緒に、というよりは学問の方に比重を置いて説いている。そのため次節で、益軒にとっての学問とはどのようなものであったのかを検討してから、改めてこの問題を考えてみたい。

三　学問の「楽」

（1）勤勉さの重視

ところで、益軒にとって学問とは「人の道」を学ぶことを意味していた。「凡人となる者は、人の道を知らずんば有べからず。人の道をしらんとならば、聖人の教をたふとみて、其道を学ぶべし」（『家訓』、全三、九三五頁）。

そして、先に見たような学問をすれば高慢になるという世俗の非難にたいしては、益軒は人倫のなかで謙譲の徳を身につけることが学問の「基本」(『慎思録』巻一、全二、二頁。『大和俗訓』巻一、全三、五三頁)であることを繰り返し説き、反論する。「学問する人はまづ謙を以て基とすべし。基とは家を作る土台なり。土台をつかざれば、家は作りがたし。謙ならざれば善にすすむ下地なくして、学問の道立がたし」(『初学訓』巻三、全三、二四頁)。益軒によれば、世間の糾弾を受ける学者は、まさに謙譲とは対照的な存在であった。

俗人の学問をそしるは、学者書をよんでも、道を行はずして、かへりて高満にしてみづからほこり、人をあなどりて、心ざまあしくなりゆき、学びたる益なきが故なり。(『大和俗訓』巻一、全三、七六頁)

益軒によれば、そうした学問を誇る傲慢さは、「いまだしらざるをすでにしれりとし、よからざるをよしとす。もはら我が知を用ひて、人にとはず、人のいさめを用ひず、身をせめずして人をせむ」(『大和俗訓』巻三、全三、五四頁)ような一知半解の知識によるのであって、本来の学問からはずれたものであるという。もともと、儒者は天地人の三才に通じることを任とし、一物知らざるを恥とする。こうした天地万物の理に通じるためには、弛みない勤勉さが必要なのである。

日々につとめておこたらざるを、学の法とす。(『和俗童子訓』巻二、全三、一八八頁)

学問は勤勉によってはじめて身につくものであって、決して余暇の遊戯ではない。学問成就のためには、「欲を忍ぶことつとむべし。忍ぶとはこらゆるなり。学者もし欲をこらふるに、力を用ひずんば、学べる甲斐なし、力なしといふべし」(『大和俗訓』巻三、全三、九一頁)とあるように家業の勤労と同様に、禁欲的な日々の勤勉さが要求されるからである。

古の学を好みし人財禄の養なく、貧賤にしてみづから田をつくり、薪をとりて身を養ひ、艱苦して書をよむ。或貧して燈なく、雪に映じ蛍をあつめて書をよみ、又かべをうがちて、となりのともし火を用て書をよみし人あり。或貧家によむべき書なくして、書ある家にやとはれ、ちからのはたらきして、其かはりに書をかりてよみし人あり。かかる艱苦をなめて書をよみし人おほかりき。其志たふとぶべく、其艱苦あはれむべし。かくの如くくるしみてつとめし人は、其功業を成して道をしり、世に用ひられたり。

（『文訓』巻下之末、全三、三五四頁）

益軒はしばしば「光陰過ぎやすき」ことを繰り返し、時間の浪費を戒めた。(15)「幼よりして勤学には寸陰を惜むべし。悠々として時日を空しくつひやすべからず。時節は流るるが如くなれば、年若きを頼みて時を失ふべからず。人の世に有る、万の勤多くして、物学ぶ隙は少なし。其少なき隙を惜まず、怠て空しく過ぎ、或は不益の事をなして時をつひやさば、学ぶ事終に成就すべからず。今年今日二度得がたき事を思ひて、かりにも徒に時をわたるべからず。是一生の間用心すべき事なり」（『家訓』、全三、九三九〜四〇頁）。それは朱子が門人に教訓した言葉であるが、世の非難をまねく学者はこの「艱苦」(16)を知らない、なまかじりの学問の未熟者だ。決して世間の非難はあたらないと、益軒は強調するのである。

（2）人生の一回性と「聖人の道」の勧め

家業の「つとめておこたらざる」勤労を内面的にうながす根拠については、曖昧であった益軒は、学問、ひいては君臣・父子・夫婦・長幼・朋友の「人の道」を学ぶための勤勉を動機づける根拠に関しては、はっきりと述べている。ここでは、その根拠として積極的な側面と消極的な側面のふたつを指摘しておきたい。すなわち前者は家業と同様の「天地に事える」ことであり、後者の消極的な根拠とは、人生の一回性の自覚とでもいうべきものであったと思われる。まず、これまでの益軒研究史のなかで指摘されていなかった後者の側面からみてみよう。

顔子推は、人身得がたし、空しく過ることなかれといへり。万物にすぐれて人とかく生れたるは、誠に幸の至りなれば、人身得がたしといへり。人たる者もしふたたびこの世に生れば、たとひこのたび怠りて、人の道をしらずとも、かさねて又人とむまれこん時をたのむべきこともありなん。この身再び人となることを得ざれば、道を学びこの身をよくをさめ、人となりてをはるべし。むなしくこの世を過すべからず。もし人の道をしらで、空しくこの世を過しなば、人と生れたるかひなかるべし。をしむべきかな。

（『大和俗訓』巻一、全三、五〇頁）

ここにあげている「人身得がたし、空しく過ることなかれ」という言葉は、北斉の顔子推『顔氏家訓』にみえる。ただその意味内容は益軒と異なっていたことに注意せねばならない。顔子推の言葉とは次のようなものである。

形体死すと雖も、精神猶ほ存す。人生の世に在るや、後身を望めば相属せざるに似たり。その没後に及べば、則ち前身と似たること猶ほ老少朝夕のごときのみ。……今人貧賤疾苦あれば、前世に功業を修めざりしを怨尤せざる莫し。此を以て論ぜば、安んぞこれが為に地を作らざるべけんや。……汝が曹若し俗計を顧み門戸を樹立し、妻子を棄てず、未だ出家すること能はざれば、但だ当に戒行を兼修し、心を誦読に留め、以て来世の津梁《しんりょう》と為すべし。人身は得難し、虚しく過すこと勿れ(17)。

（『顔氏家訓』帰心篇）

顔子推のもともとの意味は、前世・現世・来世の三世にわたる輪廻転生を前提にして、死後の来世での賞罰を慮って、人間として生まれている現世での修行の重要性を説いている。もちろん、こうした考えは仏教の因果応報観によっていることは、いうまでもない。これに対して、われわれは益軒の場合、気の聚散説の立場を徹底して、明快に仏教の三世因果観や霊魂の不滅性を否定していたことを想起せねばならない(18)。この問題はあの『大疑録』における朱子学への懐疑の論点のひとつでもあった。とすれば、益軒においては来世は存在せず、『顔氏家訓』とは異なる意味で、人生の一回性の認識はより深刻になっているといえよう。たった一回限りの命、益軒の教訓書のなかでは、そうした人生のかけがえのなさが強調されるのである。

ふたたび生れ来るべきたのみなき此世の間なるに、天地人のいたれる道をまなんで楽しまんこそ、いけるかひありて、身終る時もうらみなかるべけれ。我が身の私慾にくるしめられ、世俗のいやしきならはしにまよひて、人の道をしらずして一世を終らんこと、かへすぐ〳〵も口をしと思ひ、かねて心を用ゆべし。

（『大和俗訓』巻二、全三、七五頁）

こうした生の一回性の認識によってはじめて、「一息も猶のこれる内は学ぶことやむべからず。死して後やむべし」（『大和俗訓』巻一、全三、六四頁）という、「人の道」を学ぶ学問の勤勉への勧めは切迫感をもって語られることになる。

益軒はまた人生の一回性の自覚の上に、「二たび生れくる身にしあらざれば、此世なる間はたのしみてこそ有ぬべけれ」（『楽訓』巻下、全三、六三九頁）、「人と生るるは、きはめてかたきことなれば、わくらはに得がたき人の身を得たることをたのしみて、わするべからず。又人と生れて、人の道をしらで、むなしくこの世を過ぎなんことうれふべし。この楽と憂との二を、身を終るまでわするべからず」（『大和俗訓』巻一、全三、五一頁）と説いて、一回限りの人生を思う存分に楽しむことを勧める。

およその人倫にまじはりて道をうしなひ、人と生れたるたふとき身をいたづらになし、鳥獣と同じくいき、草木と共にくちなんこそほいなけれ。顔之推が人身は得がたし。空しく過す事なけれといひけん事、心にとどむべし。……此道にしたがひてみづから楽しみ、人を楽しましめて、人の道を行はんこそ、人と生れたるかひ有て、顔之推が云けん空しく過すのうらみなかるべし。

（『楽訓』巻上、全三、六〇五頁）

その勧めとは、人生最上の楽しみである「人の道」を学ぶことも知らず、空しく時を過ごして鳥獣草木とともに朽ち果てる、凡庸さへの拒否を意味していた。

聖人の書をよみ、道をこのみて日を送る人は、誠に諸人にすぐれ、一生の間常に楽しみて、思いで多き世なるべし。かくのごとくならば、人とむまれたるかひありて、朝にすでに道をききなば、夕に死ぬともさらにうらみあるべからず。貧賤にして時にあはざるは憂ふるにたらざるべし。もし聖人の道をまなばずして、道をしらずんば、此世にいける時は禽獣と同じくして、人とむまれたるかひなく、死して後は草木とおなじくくちはてて、人のほむべき佳名を残すことなく、後世にいたりてしる人なかるべし。われも人も、皆かくのごとくなれど、人とかく生れし身を、とりけだもの草木に同じくせんこと、ほいなきことならずや。これを口をしと思はば、あにこのうれひをまぬかるべき道なかるべきや。人の身はふたたび得がたし、むなしく此世を過すべかかす。

（『大和俗訓』巻二、全三、七五頁）

「聖人の道」を学ばなければ、この世で生きている時は禽獣とひとしく、死後は草木と同じく朽ち果てて何も残らない。それを口惜しいと思うならば、学問に励み、不朽なものにふれよ。益軒においては、こうした学問を通した不朽なものへの願望が、禁欲的な学問の勤勉を支えていたのである。

四　不朽への意志

このような人生の一回性への自覚が学問をうながす消極的な根拠であったとすれば、学問の勤勉を動機づける積極的な根拠とは、先にみた家業の勤労をうながすものと同じ「天地の道」であった。益軒によれば、そもそも学問と家業とは、禁欲的な勤めが求められる点で一致していた。

幼よりして勤学には寸陰を惜むべし。悠々として時日を空しくつひやすべからず。時節は流るるが如くなれば、年若きを頼みて時を失ふべからず。人の世に有る、万の勤多くして、物学ぶ隙は少なし。其少なき隙を惜まず、怠て空しく過ぎ、或は不益の事をなして時をつひやさば、学ぶ事終に成就すべからず。今年今日二度得がたき事を思ひて、かりにも徒に時をわたるべからず。是一生の間用心すべき事なり。夫れ人の至つて大なる宝はいとまに過ぎたるはなし。いかんとなれば、君子の学問を勤め、国家を治め、諸芸を学び、農の田を作り、商人のひさぎ、工の器物を作り、婦女の布帛を織る、皆是いとまを用てなし出す業なれば、人尤もおもんじ惜むべき事なり。隙を惜まざる人は、学ぶ事も勤る事もなくて、必ず智恵もなく徳行もなく、才智もなきものなり。しからば天地の間に人と生れたるかひなくして、無用の人と成べし。豈ふかく思ひ、是を恥恨みざらんや。且隙を惜まざれば、君子は身を修め、衆をととのふる事不ㇾ能、農工商は其家業を失ひて、貧窮飢寒をまぬかれず。学士隙を惜まざれば、必ず粗学にして且つ無芸なり。医師は隙を惜まざれば、必ず浅工なり。万の工も隙を惜まざれば、必ず下手なり。是隙は人生の宝にして可ㇾ惜故なり。

（『家訓』、全三、九三九〜四〇頁）

益軒によれば、「凡学問してをやに孝し、君に忠し、家業をつとめ、身をたて、道を行なひ、よろづの功業をなすも、皆むつかしき事をきらはず、苦労をこらへて、其わざをよくつとむるより成就」（『和俗童子訓』巻二、全三、一八五頁）する禁欲的な生活態度が要求されることにおいて、学問も家業も一致する[19]。益軒において、こうした家業を勤め、学問に励むことは「天地の道」「天地に事える」ことを意味していた。益軒によれば、人は「天地の子」（『大和俗訓』巻一、全三、四七頁）であり、天地から限りない「大恩」（同右）を受けている。それ故に、その恩にむくいるために「天地に事える」ことが求められる[20]。

人の天地の間に在るや、始を乾に資り、生を坤に資る。是を以て人は天地を以て大父母と為す。故に人為るの道、終身の職業は、唯だ天地に事ふるに在るのみ。

（『自娯集』巻一、全二、一八一頁）

常に天道を恐れ敬ふべし。必ずおろそかにあなどるべからず。人の一生の勤は、唯天に仕へ奉る道なり。天につかふる道は能く学問して可レ知也。

（『家訓』、全三、九四二頁）

益軒にとって、家業の勤労と学問の勤勉とはまさに「天地に事える」「勤」そのものを意味していた。ただ注意せねばならないことは、両者は「天地に事える」ことにおいて変わりないにしても、明らかに価値的な優劣がある。益軒はまず「利養」を求める家業と「義理」を行う学問とを区別する。

国土に四民あり、士農工商也。四民皆義理を行ふ事は一にして、利養を求ることわざ各かはれり。義理を行ふとは即人倫の道を行ふを云。是四民ともに同じ。利養は世をわたるいとなみなり。是四民各かはれり。

（『初学訓』巻四、全三、二八頁）

「義理を行ふ事」において、家業を異にしている士農工商四民は共通する。この限りで、益軒は身分関係を超えた道徳的な平等性を説いているといってよい。そのことは、近世日本の身分制社会のなかにあって特筆すべき見解として、強調する必要があるだろう(21)。だがまた同時に、益軒においては「義理」と「利養」とはどこまでも別次元であって、価値的には「義理」の学問が優位することを忘れてはならない。

凡人に義理あり利養あり。義理は天道にしたがひて仁義の心をたもち、五倫の道を行ふを云。利養は四民ともに各其家業をつとめ、衣食居所を求むるいとなみをなして身を養ふを云。義理は心を養ひ、財利は身を養ふ。凡人の日夜いとなむべき事、此二の外にこれなし。然るに義理の心を養ふは至りておもく、利養の身を養ふは義理にくらぶれば甚かろし。此二の軽重をしりて、義をたつとび利をいやしむべし。義を貴び利をいやしむるは君子の心也。利を貴び義をわするるは小人の心也。君子小人の別は義と利との間にあり。

（『初学訓』巻二、全三、一五頁）

こうした「義理」の優位の立場から、「義理」を主とする士《さむらひ》は、「君につかへずして禄なし、みづから利養を求るを専とす」（前出）る農工商より優位にあることは当然視される。これに関していえば、益軒の「天職」はどこまでも士＝為政者の統治にかかわる概念であって、農工商の家業自体をさすものではなかったことが想起される(22)。その意味では、益軒は儒教の正統的な理解に立っていたといえよう。

しかも益軒においては、先に見たように、この「義理」の優位、換言すれば「人の道」を学ぶ学問の優位は一回限りの人生における不朽なものへの願望によって裏打ちされていたことを想起せねばならない。「およそ古今の書に通じて、理をきはめ事をしれらば、わが心の内、万物の理見る事きく事にうたがひなくして、大なる楽なるべし」（『楽訓』巻下、全三、六三一頁）とあるように、学問を通して不朽なものを楽しむことこそが、益軒における人生の価値であった。たしかに「家業をつとめておこたらざる、是皆初にくるしむなり。如レ此すれば財ゆたかにして、一生の間身ををはるまでともしからず。是後に楽むなり」（『家道訓』巻二、全三、四三三頁）とあるように、家業の勤労によって家が維持・存続することによって生活は安定する。「つとむる人は必ず富む」（『大和俗訓』巻七、全三、一四八頁）のである。しかし益軒は物質的な、ただ生きるだけの人生にがまんならなかった。彼はより高次の学問の「楽」を求めたのである。

富貴長命にて福多き人も、学問なければ人の道を知らざるのみならず、古今の事に通ぜず、万物の理にくらし。只草木と同じくくち、禽獣とおなじくいけるばかりを思ひ出にして、人となりていける楽なし。むげにあさましといふべし。　（『文訓』巻下之本、全三、三四一頁）

それは、「人の道」を学ぶ学問によってのみ得られる「楽」であって、日々の家業の「富」以上の価値であった(23)。『楽訓』にみられるような、一見穏やかな益軒の「楽」の主張の裏には、こうした「草木と同じくくち、禽獣とおなじくいけるばかりを思ひ出にして」死ぬことへの拒否、換言すれば、武士としての彼自身の家業である主君への奉公や、農工商の家業従事という凡庸な日常性に埋没せずに、不朽なものを求める強い意志があったことを看過してはならない。

このように益軒においては、「学問家業」がともに「勤」であることによって並列的に説かれ、家業が「財を生ずるの本」ととらえられているにしても、どこまでも家業の勤労自体が「義理」とされていなかったことに注意しておく必要があろう。思うに益軒が家業の勤労を「義理」としなかった理由は、それが経済的な利益追求を自己目的化する危険を内包していたからであろう。

利とは財宝利禄なり。つとむべき家業をよくつとめ行へば、利は求めずしてをのづから来る。こなたより求むべからず。利を求むれば必害なり、おそるべし。実をつとめずして名と利とを好むはひけうなり、いやしむべし。

（『初学訓』巻四、全三、二八頁）

ここに義と利を峻別する儒者としての限界を指摘することは容易である。しかし、益軒の主観とは別に、益軒の教訓書が近世日本社会に果たした思想の機能・役割からみれば、また異なる評価も可能であろう。たしかに益軒の主観においては、価値的には学問＝「義理」が優位にあったにしても、家業＝「利養」もまた「勤」において、学問と共通していた。換言すれば「天地に事える」ことによって、家業の勤労も、学問の勤勉と同様の位置に高められたのである。それは、もともと士大夫＝読書人官僚の思想であった朱子学の正統的な立場から、肉体労働や商業活動をふくめた農工商の家業に接近するぎりぎりの極限ではなかったかと思われる。[24]しかし、それはまた極限であるが故に、乗り越えられ、家業の勤労自体を道徳的に正当なものとする家業道徳論の地平を拓いた点で、近世日本の思想史のなかで果たした意義は決して小さくはなかった。

（1）　入江宏によれば、近世商家の家訓に現われた徳目を順位づけると、第一位「公儀尊重」、第二位「質素・倹約」、第三位「家業出精」、第四位「分限相応」、第五位「実意・正直」であり、本章と関わりの深い「学問・尊文」は第三三位であるという。『近世庶民家訓の研究――「家」の経営と教育――』（多賀出版、一九九六年）三三二頁。商家に限らず、公家・武家・農家の家訓については、山本眞功『「家訓」から見えるこの国の姿』（平凡社新書、二〇一三年）参照。

（2）周知のようにこの問題は、M・ウェーバーの儒教理解、またそれを近世日本の心学に応用したベラーの近代化論や安丸良夫の通俗道徳論、さらにこうしたウェーバーのテーゼの批判としての余英時『中国近世の宗教倫理と商人精神』（森紀子訳、平凡社、一九九一年）の研究と深くかかわっている。

（3）『家道訓』については、榫山俊夫「『家道訓』の世界」（榫山俊夫編『貝原益軒――天地和楽の文明学――』平凡社、一九九五年）参照。榫山は、益軒の『家道訓』が安定社会における「不拡大・長久」「下向き・水平」のベクトルをもつ家政を理想とすると指摘している。山中芳和は、益軒五八歳の時の『家訓』と『家道訓』をはじめとする十訓と同じ性格のものとしている本章拙稿を批判している。たしかに山中の指摘するように『家訓』は益軒の願望を込めた個人的な性格の強い著作であったにしても、家業と学問にたいする基本的な考え方については、『家訓』と十訓とは同じであると解釈できるだろう。こうした解釈にたつ本章の結論自体にたいしては、山中は「全体として首肯される」と論じている。山中芳和「貝原益軒における「民生日用」に資する学問と教育論の展開(2)――『家訓』にみられる家意識と教育の問題を中心に――」（『岡山大学大学院教育学研究科研究集録』一四八号、二〇一一年）参照。

（4）益軒会編纂『益軒全集』三巻（益軒全集刊行部、一九一一年）二八九頁。以下、益軒の著作は本全集から引用し、全集の巻数と頁数は略記した。

（5）拙稿「儒学・国学・洋学」（『岩波講座　日本歴史』巻一二、岩波書店、二〇一四年）参照。

（6）『近世町人思想』（日本思想大系59、岩波書店、一九七五年）三八七頁。

（7）「余力学文」とは、『論語』の「行ひ余力有れば、則ち以て文を学ぶ」（学而篇）に基づく観念で、江戸時代の庶民教育を理解する鍵観念である。高橋敏『日本民衆教育史研究』（未来社、一九八七年）参照。また、江戸期の庶民が家業以上の学問を忌避する観念を、木村政伸は、教育の水準を身分階層に対応して限定的にとらえる「分限教育論」と呼んでいる。木村『近世地域教育史の研究』（思文閣出版、二〇〇六年）参照。町人の家訓に見える学問観については、注（1）入江書、八八～九四頁参照。

（8）石田梅岩もまた、学問と家業との乖離という世俗の考えを批判している。竹中靖一『石門心学の経済思想』（ミネルヴァ書房、一九六二年）三三九頁。高橋敏は、「余力学文」の教育思想は、武士道徳として説かれ始め、石田梅岩の

『都鄙問答』(元文四年刊)から庶民教育とのつながりで流通するようになったと指摘している。注(7)高橋書、一九四頁。

(9) もちろん、儒者にとって、家の経営や後継者教育のための家訓を問題にするとき、孝行や忠義といった徳目は重要である。ここにも具体的な孝行のあり方、たとえば冠婚葬祭の儀礼のレベルまでたどれば、家業と同様の矛盾がある。

(10) 平石直昭によると、近世日本の職業観には、〈生業〉型、〈職分〉型、〈天職〉型の三つの類型があり、家業という観念は、〈生業〉型、〈職分〉型の二類型の相互浸透のうえに成立したという。「近世日本の〈職業〉観」(東京大学社会科学研究所編『現代日本社会4　歴史的前提』東京大学出版会、一九九一年)参照。この益軒の家業観は、平石が引照する中江藤樹が「天子より下庶人に至まで、分々相応の本分のすぎわひをいとなみ財宝をたくはふるを、欲とはいはず、一銭にても義理にそむきてとりたくはへ、またあたふべきものをおしみてあたへざるを欲とす」(『翁問答』巻下之末)と説くような、「自己および自己が属する家庭の生活手段を得る手立てとして、職業ないし一般に労働を理解する」〈生業〉型の類型に比重がかかっているといえよう。のちにのべるが、益軒はまた、この〈生業〉型にとどまらず、平石の説く類型のうち〈天職〉型の職業観をもっていた。

(11) ただこの蘇頌の語は『春秋左氏伝』の「民生は勤むるに在り。勤むれば則ち匱しからず」(宣公一二年)をふまえる。益軒もこれを引照して、「左伝晋の欒武子曰く、民生は勤むるに有り。勤むれば則ち匱しからず。嘉言と謂ふべきなり」(『慎思録』巻六、全二、一三七頁)と高く評価している。

(12) 注(2)余英時書、一二〇頁。

(13) 石井紫郎は、士農工商それぞれが職分を持ち、イエの家職を営むことがそのまま国家の一機能を担うような国家を「職分」(「家職」)国家と規定している。『日本国制史研究Ⅱ――日本人の国家生活――』(東京大学出版会、一九八六年)参照。

(14) 益軒の「天道」「天地」観念については、佐久間正「近世前期における天の思想について――中江藤樹、貝原益軒の所説を中心に――」、『長崎大学教養部紀要　人文科学篇』二〇巻二号、一九八〇年、のち『徳川日本の思想形成と儒教』ぺりかん社、二〇〇七年)、松村浩二「近世前期朱子学における『西銘』解釈――崎門派と益軒の間――」(『季刊日本思想史』四一号、一九九三年)、辻本雅史「「学術」の成立――益軒の道徳論と学問論――」(注3樺山書、のち

『思想と教育のメディア史――近世日本の知の伝達――』ぺりかん社、二〇一一年）参照。広く近世日本の「天」観念については、平石直昭『一語の辞典　天』（三省堂、一九九六年）参照。

（15）林鵞峰も人生の短さを説いて、勤勉・努力を奨励していた。第Ⅰ編第一章参照。また、益軒においては、学問の課程は年齢に応じて決められていた。『家訓』の「幼児須ㇾ教」には、六歳の正月に「初数の名と方の名を教ふべし。和字を習はしむ。伊呂波は益なし。アイウエオの五十字を教ふべし」（全三、九三八頁）から始まって、八歳、一〇歳、一一歳、一五歳、二〇歳の成人までの各段階に応じた教育内容が詳細に提示されている。そして、この間、「幼よりして勤学には寸陰を惜むべし」（同前、九三九頁）と、寸暇を惜しんで勉学に励めと説かれている。

（16）益軒自身、学問の「艱苦」についていう。「篤信が性を稟くるや、信に庸劣なり。是の故に文学の事は、一も能くする所無し。百事皆拙陋にして、人に及ぶこと能はざるや、遠し。唯だ恐らくは勤苦して書を読み、恭黙して道を思ふの二事は、以て人に及ぶこと有るのみ。古語に云ふ、愚者も千慮すれば、必ず一得有りと。蓋し区区辛苦思繹して、万一を覬覦するは、それ或はこの語に庶幾からん」（『慎思録』巻六、全二、一四六頁）。

（17）宇野精一『顔氏家訓』（中国古典新書、明徳出版、一九八二年）一八六～一八七頁。「人身を得ること甚だ難し」という言葉は、源信の『往生要集』厭離穢土の章にもでている。

（18）益軒は気の聚散説の立場を徹底して、不滅なるものを否定した。「窃かに謂ふに、人身は気聚まれば生じ、気散ずれば死す。性は、人の天に受くる所の生理なり。理は気の理なり。二あるにあらざるなり。いやしくも身死すれば、生の理また何処にありや。蓋し人身は、気を以て本となす。理は即ち気の理なり。故に生ずれば、この理あり。死すれば、この理もまた亡ぶ。故に身死して性存するの理なし」（『大疑録』巻上、日本思想大系34、岩波書店、一九七〇年、一七頁）。彼は宋学においてもなお「性即理」の「理」についていは不滅なものとすることにたいして、「篤信謂へらく、宋儒の、性を以て理となし、「気には死生あるも、理には死生なし」と曰ふは、これ異学のいはゆる、「死して亡びざるものは寿なり」と、意を同じうす」（『大疑録』巻下、同右、五三～五四頁）と批判した。

（19）漢文体の『自娯集』においても、学問と家業の「勤」における一致という考えは同様である。「天下の事、前に勤労すれば、則ち後に必ず安楽す。始めに逸豫すれば、則ち終に必ず憂患す。故に易に在り、困しみて亨道有りと。……学を為すの如きは、其の少壮に方りてや、日夜、数千言を誦して休まず。昕夕、義理を研究して倦まず。何ぞ其れ労苦なるや。是れ学者の困なり。其の功を成すに方りてや、身は栄達を得て、心は理義を悦ぶ。何ぞ其れ安楽なるや。是れ学者の亨を得る時なり。……凡そ天下の事労して後に成る。未だ労せずして成る者有らざるなり。庶民の業に於いても亦然り。始め其の事を労する者、終に必ず其の功有り。故に武王履銘に曰く、之れを慎みて労す。労すれば則ち富むと。欒武子曰く、民生は勤むるに在り。勤むれば、則ち匱しからずと。此れ皆、憂勤に始まり、逸楽に終るを言なり」（『自娯集』巻五、全二、二七〇頁）。

(20)　辻本雅史は、益軒の「天地に事える」ことを説明して、「「天地の常行」にのっとって日々「勤め、慎」んでやまざること、それが、卑小な自己が「天地に事へ」、天地につながる道とされたのである。自己を律する生活のなかで、倦まずたゆまず勤めてやまない勤労精神といいかえてもよい」と説き、そこに「受恩的存在としての責任意識のもと」に自己を律する「強靱な実践主体」を認めている（注14辻本『思想と教育のメディア史』、一五七頁）。

(21)　近世日本の社会のなかで、朱子学の理想主義がもった意味については、拙著『近世日本の儒学と兵学』（ぺりかん社、一九九六年）序章を参照されたい。そこで朱子学の道徳的な「平等」観のもつ積極的な意義を説いた。

(22)　平石直昭によれば、益軒の「天職」は為政者の統治にかかわるものであって、農工商の家業従事を「天職」としてはいないという。注(10)平石論文。その意味で、鈴木正三のように民の職業が、「天道」が各自に命令した「役」であり、「天道に任」てその仕事に尽くすことがそのまま「天道」への奉公とされる類型とも、また家業をそのまま「天の命ぜる職分」とする考えとも異なっているという。こうした平石の益軒理解は、「全ての人間に要請された分限に即したあるべき行為（天職）とは天地の化育の参賛を意味するのである。……天地の化育の参賛として全ての人間の職業労働を意義づけ」たとする佐久間正の「天職」理解（注14論文）と異なっている。たしかに「凡国土人民を司り治むる人は、各その主君より命を受くれども、その実は天より立て給へる代官なり。故に天職といふ。……天職とは、天に代りて民を治むることを司るなり」（『君子訓』巻上、全三、三九一頁）という用例からみれば、益軒の「天職」に関しては、平石のように限定的にとらえた方がよかろうと思う。

(23)　こうした益軒の「楽」の高級性について、樺山俊夫は、当時すでに西川如見が『家道訓』を意識しながら、「或人の云、「楽に二つあり。真楽・俗楽とかや。……天地人物の理をしり、其道を楽を真楽也。飲食・色欲・遊興は俗楽也。……」といはしに、我答云、「いかにしても真楽とやらんはおもしろからず、俗楽こそあらまほしく候」といへば、「飲食・色欲の正を得ば、是則真楽、あらあらおもしろの地主の花の気色や」といひて笑ひてやみぬ」（『町人嚢』巻五、享保四年刊）と批判していたことを指摘している。注（3）樺山論文。町人学者如見との違いとして興味深い。

（24）家業道徳論については、渡辺浩『日本政治思想史――十七～十九世紀――』（東京大学出版会、二〇一〇年）、注（5）拙稿参照。

第Ⅱ編

儒学の学習法と教育・教化

第一章　太宰春台の学問と会読

一　徂徠の会読奨励

第Ⅰ編において林鵞峰と熊沢蕃山の思想のなかに、学問を志す者たちが学び合う空間の思想的な可能性を見てきた。鵞峰は、「利奔名走」の江戸城とは「一天地を別」にする空間としてみずからの林家塾をとらえ、塾生に門生講会を奨励していた。蕃山が構想する学校もまた、「天子の御子達」「公侯の子」が「士庶人の子と共に」、「礼楽弓馬」を学び合う場であった。彼らは、身分制社会とは異なる空間として学びの場をとらえていたのである。そこは、学問を志す者たちが「朋友」「心友」として対等な関係のもとに学び合う空間であった。林家塾や蕃山の花園会という極めて特殊な限られた空間であったが、近世前期の一七世紀、身分制社会のなかにそのような空間が現われてきたことの積極的な意義を評価してきた。

一八世紀になると、こうした学問、あるいは詩文を志す者たちの同志的なつながりが、広く現われてくるようになる(1)。荻生徂徠（一六六六～一七二八）や太宰春台《だざいしゅんだい》（一六八〇～一七四七）たちの蘐園《けんえん》派の文人たちが、その代表者である。彼らは、上下尊卑の身分制社会とはまったく異なる同志的な人間関係を結んでいた。春台はそうした同志的な結合を「吾が党」あるいは「社中」と表現している(2)。「吾が党の詩に工《たく》みなる者、蓋し平子和（平野金華）氏より若くは莫しと云ふ」(3)（『春台先生紫芝園前稿』巻二）、「社中の諸君子に告ぐ」（『春台先生紫芝園後稿』巻一五、二八六頁）。

この「社中」の同志的な結合は、「太宰純の生（松崎観海）に於ける、同志の友なり」（『後稿』巻一五、二九〇頁）とあるように、対等な朋友同士のつながりだったのである。

一八世紀、こうした同志的結合を生み出した場として注目すべきは、会読という共同読書の方法である。[4] 会読とは、定期的に集まった複数の人々が一冊のテキストを討論しながら共同で読み合う読書方法であって、江戸時代、これを普及したのは、ほかならぬ荻生徂徠の蘐園社中だった。会読という言葉はすでに伊藤仁斎のなかに見えているが（『古学先生文集』巻三、詩説、寛文三年五月）、会読は徂徠から始まった、と江戸時代の人々によって認められていた。たとえば、一九世紀、加賀藩校の明倫堂の教官は次のように述べている。

本邦にても会読之初めは、徂徠より始候と承り及申候。鳩巣諸老輩も皆講授にて読書の業は其人々に応し師より課し申候事に御座候。唐土にても諸生を教候に会読様之義は、未た承り不レ申候。併朋友相互に講究討論仕候義は別段之事に御座候。[5]（嘉永元年）

会読は「徂徠より始候」とあるように、徂徠以後、近世社会に普及し、しかも、それは中国にもない読書方法として認識されていたのである。

そもそも、徂徠が会読を重視したのは、学問は講釈によって一方的に教えられるものではなく、学習者が「物」[6]（『学則』）としての六経と向き合うことで、能動的に学ぶものだと考えていたからである。[7] 徂徠によれば、上からの注入主義の講釈（同時代でいえば、山崎闇斎の講釈）によっては、学びの「自得」を得られないという。

総じて学問と申候物は、自身にわれと合点いたし候事にて御座候。孔門の教皆此通にて御座候。末世にいたり候ても、教方も学びかたも皆々如レ此に候。今時の講釈などは、一座の上にて能申取候を詮に仕候故、疑もつき不レ申、得益少く候。[8]（『徂徠先生答問書』巻上）

徂徠にとっての知は、「教への条件」[9]（『弁名』巻下）たる「物」＝六経との格闘のなかで獲得されるものであって、師から諄々と教え諭されるようなものではなかった。「人ノ才智ハ、様々ノ難儀・困窮ヲスルヨリ出来ル者」[10]（『政談』巻二）であって、みずからが疑問を発し、思索を重ねる過程のなかで「自得」すべきものであった。[11]そのために、他者との共同読書のなかで、疑問を引き起こす「会読」を行ったのである。徂徠学の入門書といえる『徂徠先生答問書』のなかで、「従レ古師友と申事有レ之、師教よりは朋友の切磋にて知見を博め学問は進候事ニ候」[12]（同右、巻下）と説いて、朋友同士の切磋琢磨の場として会読を勧めている。

同郷にて候得ば、朋友聚候て会読などいたし候得ば、東を被レ云候て西の合点参り候事も有レ之候得共、遠堺無二朋友之助一、御学問はか参間敷候。独学の仕形は無点を御覧被レ習候にしくは無二御座一候。点付物の済候程にて無点の済不レ申事は無レ之物ニ候。只目に悪敷くせを付置候故無点の物よめ不レ申候。苦労をこらへ候てくせを付替候迄之事ニ候。[13]（同右、巻下）

こうした会読の場が学問的に大きな効果をもつのは、他者の意見に誘発されて、思いもよらない「才智」を生み出すからである。そこは、対等に学び合う者同士が、「自得」してみずからの「才智」を深めるとともに、新たな「才智」を生みだす創造的な場でもあったのである。

一八世紀中ごろ、会読が徂徠の蘐園社中で盛んに行われるようになる。春台と並ぶ徂徠の高弟服部南郭《はっとりなんかく》門人で、春台とも交際のあった湯浅常山の『文会雑記』は、そうした蘐園社中の会読の様子を次のように伝えている。「徂徠ノ方ニ会アリシ時、諸子疑ヲ質ス時、ワレハ如何トアリテ未決ノコトナドアルニ、南郭ノ料簡ヲツケラル。イツモ諸子ヨリハ勝タリトナリ」[14]（『文会雑記』巻二上）、「子蘭ハ情ノコワキ人ナリ。ヨク書ヲヨミ解スル人ナリ。世説ノ会ノ時ニ、春台トモヒタトセリ合テ、春台モ大ニ驚嘆セラレタルト也」[15]（『文会雑記』巻一下）。春台も参加する蘐園社中の会読では、お互い「セリ合」い切磋琢磨し合ったのである。紫芝園《ししえん》と号した春台自身の居宅でも、三・八・一〇の日、すなわち月に九回の会読が催され、門人たちが参集していた（『文会雑記』巻一下）。『文会雑記』には、この春台の居宅での会読の記事も数多く見られる。

国策ヲ春台ノ方ニテ会アリシ時、甚ダヨミニクキ物ユヘ、コレハ游説ノ云マワリタルコトナレバ、トカク口ニテ云テ見タルガヨキトテ。会読ニテメイ〳〵本文ノ通ヲ、今日ノ口上ニテ云テミタルト也。ソレユヘスム処、スマヌ処、ハキトワカレタルト也。(16)（『文会雑記』巻一上）

のちにも述べるように、殊に春台の紫芝園社中では、「友ヲ会シテ講習討論」(17)（『倭読要領』巻下）するために、会読の規則を定め、「尊卑先後に拘はらず」（『後稿』巻一五、紫芝園規条、一八五頁）質問しあう対等な関係を意識的に作り上げようとさえしていた。ここには、上下差別の厳格な身分制社会とは異なる、対等な人々のつながりの可能性があるだろう。本章では、この「友ヲ会シテ講習討論」して結合する場である会読を支える春台の学問論をとりあげることによって、一八世紀前期、学問の場が切り拓いた思想的な可能性について考えてみたい。(18)

二　春台の社会観・人間観

(1)　春台の社会観

まず、学問論の前提となる春台の基本的な社会観について確認しておこう。よく知られているように、春台は、秩序以前の「禽獣」状態から聖人が出現し、礼楽を制定したことによって、五倫（君臣・父子・夫婦・兄弟・朋友）の社会秩序が形作られた、という社会・歴史認識をもっていた。春台はいう。

総じて天地開闢の初に人の生ずる所は久しき池に魚の生じ腐たる物に虫の生ずるが如く、自然の気化にて生じたる者にて候。さる故に其時の人は貴賤上下の品も分れず皆同輩にて候。是を平民と申候。形は人にて候へども心は禽獣に異ならず、男女一処にこぞり居て日を送り候。其内に衣食の求め無くて叶はざる故に、誰教るともなく人々天性の智慧にて飢を助け寒さを禦ぐ計略をなし候。然るに人の性さま〴〵にて、賢き者あり愚なる者あり、強き者あり弱き者あり、賢き者は能く飢寒を免れ、愚なる者は飢寒を免る、ことあたはず、強き者は弱き者の衣食を奪ひ、弱き者は強き者に衣食を奪はる、是より平民の中に争闘といふこと出来候。[19]

（『弁道書』）

「天地開闢の初」は、人間には「貴賤上下の品」の差別もなく、みな「同輩」だったのだが、「形は人」でも「心は禽獣」と変わりなかった。もともと「人の性」は多種多様なので、そのままに放置しておけば、「禽獣」と等しい「平民」たちの間には、弱肉強食の「争闘」が起こらざるをえない。「聖人」はこうした無秩序な「平民」の「争闘」状態に「貴賤上下の品」の秩序を与えたのだという。

聖人トイフ者世ニ出テ、礼義ノ教ヲ施シ、民ニ廉恥ヲ知ラシメタマフ。婚姻ノ礼ヲ制シ、男女ノ別ヲ正シクシテ、同族ハ婚姻セヌ物ト教ヘ、取与ノ義ヲ設テ、人ノ物ヲ奪取リ掠取リ、又盗取ル類ノ事ハ、人ノ道ニ非ズト教タマフ。是ヨリシテ天下ノ人、義ヲ知リ恥ヲ知テ、前ノ如クノ禽獣ノ行ヲ止テ、人倫ノ道ヲ守ル様ニナレリ。[20]

（『聖学問答』巻上、七九頁）

「聖人トイフ者世ニ出テ」始めて、人間は「廉恥ヲ知」り、「禽獣ノ行ヲ止テ、人倫ノ道ヲ守ル様」になったのである。こうした聖人を起点とする「禽獣」から礼楽による「貴賤上下の品」の秩序化への過程は、「此事我ガ日本ノミニ限ラズ、中華トテモ同然ナリ。昔聖人ノ出タマハヌ前ハ、礼義ノ教ノ立ザルホドハ、人皆禽獣ノ行ヲナセシコト、日本ノ昔ニ替ルコト無シト知ルベシ」（同上、七八頁）とあるように、中国も日本も変わらない普遍的な人類史であるとされた。[21]

（2）『孟子』批判にみる春台の人間観

このような聖人の礼楽による秩序化の社会・歴史観を基礎づけていたのが、「聖人の道には、心中に悪念起りても、能礼法を守て其悪念をそだてず身に不善を行はざれば、君子と申候。（中略）礼法を守り情を抑て、我が妻妾にあらざる他の婦女に戯をもいはざるは君子にて候。是非の有無は戯る丶と戯れざるとの上にて定り候」[22]（『弁道書』）とあるような、露悪的ともいえるユニークな人間観だったことはよく知られている。具体的には、朱子学の心性論の経学的な根拠となっていた『孟子』の四端（惻隠の心・羞悪の心・辞譲の心・是非の心）説への批判のなかで示されている。四端のうちでも特に「是非の心」と「辞譲の心」にたいしての孟子批判は注目すべきである。まず「是非之心、智之端也」について見てみよう。

「是非之心、智之端也」トイヘルハ、無理ナラズ。物ヲ是トシ非トスルコトハ、君子モ小人モ、智者モ愚者モ、此心ナキコトハ有ラズ。此是非ノ心ハ、聖人ノ教ヲ待タズシテ、人人自然ニ有ルコトナレバ、「人皆有レ之」トイヘルハ、謬ニ非ズ。但シ是非ニ定マレル是非ナシ。君子ノ是非ト、小人ノ是非ト同カラズ。賢者ノ是非ト、不肖者ノ是非ト同カラズ。吾ガ聖人ノ是非ト、老荘等ノ諸子ノ是非ト又異ナリ。凡是非ニ定体ナキコトハ、荘子斉物論ニコレヲ論ジテ、其理至極セリ。是非ニ定体ナケレバ、何レノ是非ヲ智者ノ是非トセンヤ。

（『聖学問答』巻上、八一頁）

春台は、「是非の心」自体は人々に「自然」にあるものと認める。その上で荘子の斉物論を「其理至極」と評価し、その是非判断の相対性を説いて、是非の判断基準は、朱子が根拠とするような意味での本来的に自己自身に内在しているわけではないという。春台によれば、「是非ニ定体」がない理由は、人々はみな自己の「便利」を求めて、是非を判断するからである。

是非スルヲ智トハイヒガタシ。純ガ愚意ニオモフニハ、是非ノ心トイフヲ改テ、取捨ノ心トイハヾ可ナラン。己ガ身ニ損害アル事ヲ捨テ、利益アル事ヲ取ルハ、人人ノ情ニテ、君子小人、皆此心アリ。趨避去就《スウヒキヨシウ》ヲモムク・サクル・サル・ツク、皆此類ナリ。利ニ趨キ害ヲ避ケ、苦ヲ去リ楽ニ就ク、皆是取捨ノ心ナリ。是スナハチ自己ノ便利ヲ求ル心ナレバ、賢キ心ナレバ、智ノ端ナリ。是ヲ先王ノ道ニテ養立レバ、君子ノ智トナル。其マヽニテ捨置ケバ、小人ノ智トナルナリ。然レバ取捨ノ心ヲ智ノ端トイフベキ者ナリ。（同右、八一頁）

人間には「害」「苦」を避けて「利」「楽」を追い求める「自己ノ便利ヲ求ル心」がある。そのため、「是非の心は智の端」とする孟子は、間違っているのであって、「取捨の心」が「智の端」であるとするのが正しいと批判する。このような利己的な人間観に立って、是非判断の相対性・個別性を導き出すのである。こうした人間観は『聖学問答』以外にも説かれている。

凡テ人ハ自己ノ便利ヲ求ル者ナレバ、王者兼テヨリ礼法ヲ定置ザレバ、天下ノ人、皆己々ガ便利ニ任テ事ヲ行フ故ニ、天下平均ナラズ。[23]（『経済録』巻二）

また、お互いが「自己ノ便利ヲ求ル心」があるため、競争が生まれる。これがもう一つの四端の心である「辞譲之心、礼之端也」の解釈につながる。春台は、「礼の端」となるのは「辞譲の心」ではなく、「争競の心」であると論じ、競争心は人間であるかぎり「賢者モ愚者モ、君子モ小人モ」生まれながらそなわっている「人情」であるとする。

「辞譲之心、礼之端也」トイヘルモ、孟子ノ謬ナリ。人ノ心ニ本来辞譲ノ心アルコト無シ。是モ羞悪ト同ク、聖人ノ礼義ノ教ヲ受テ、後ニ出来レル心ナリ。凡天下ノ人、争競ノ心ナキ者ハ有ラズ。争競ハ、アラソヒ、キソフナリ。キソフトハ、人トハリアフナリ。人ト争テハ、人ニ勝ンコトヲ思ヒ、人ト競テハ、人ニ後《ヲク》レジト思フ。是人情ナリ。又夏ハ涼キ処ヲ好ミ、冬ハ温ナル処ヲ好ミ、栄利ノ事ニハ、人ヲ推ノケテモ進ミタク思ヒ、労苦ノ事ニハ、人ヲ出シテ己ハ逃タク思ヒ、人ト物ヲ分ル事アレバ、自己ニハ少モ善キ物ヲ、少モ多ク取タク思ヒ、利ニ就クコトハ、青蝿ノ肉ニ集マルガ如ク、害ヲ去コトハ、毒蛇ヲ畏ル、ガ如ク、都テ何事モ人ニカマハズ、一己ノ便利ヲ求ル心アル、是天下ノ人ノ実情ナリ。此実情ハ、賢者モ愚者モ、君子モ小人モ、同ク有リ。若此《モシ》情ヲ制セズシテ、其マヽニテ捨置カバ、天下ノ乱止ムコト無カルベシ。

（『聖学問答』巻上、七九〜八〇頁）

もちろん、儒者春台は「アラソヒ、キソフ」「争競ノ心」をまるごと肯定したわけではない。「人ニカマハズ、一己ノ便利ヲ求ル心」は「天下ノ人ノ実情」だという前提のうえに、内心では「争競ノ心」があっても「辞譲スベキ義」を思って、外的な行動においては制御しなくてはならないとする。聖人が定めた礼楽はそうした外的行動規範であった。人々はその規範に沿って行動することを「勉強」するわけである[24]。その意味で、どこまでも「詐偽《サギ》《イツハリ》ノ類」だった。

古ノ聖人コレヲ知シメシテ、礼トイフコトヲ建立シテ、天下ノ人ニ教タマフ。礼ハ辞譲ヲ本トスル故ニ、礼教流布シテヨリ、天下ノ人、皆辞譲ノ道ヲ知レリ。人情ナレバ、内ニハ争競ノ心モ起レドモ、辞譲スベキ義ヲ思テ、勉強スルナリ。是ヨリシテ、夏ハ涼キ処ニ人ヲ居キ、冬ハ温ナル処ニ人ヲ居キ、栄利ノ事ニハ人ヲ先ニシ、労苦ノ事ニハ己先ダチ、物ヲ分ルニハ、少モ善キ物ヲ、人ニ少モ多ク取ラセ、凡何ニテモ、利ニ就キ害ヲ去べキ事アル時ニ、其義ヲ思惟シテ、必一己ノ便利ヲ占ヌ様ニ料簡スル心アリ。凡是皆情ヲ抑テ勉強スルナリ。勉強ハ、詐偽《イツハリ》ノ類ナリ。自然ニ非ズ、誠ニ非ズトイフハ、老荘ノ見ナリ。先王ノ教ハ、最初勉強ヨリ始マル。

（同右、八〇頁）

（3）「禽獣」状態からの秩序作り

このような春台の考え方は、朱子学とは大きく異なっている。朱子学であれば、もともと礼の端緒である「辞譲の心」は内在する。ただ、後天的な競争心のような私欲によって、本来のあり様が見えなくなってしまっているにすぎない。だから、そうした私欲にみずから打ち勝って、生得的な本性を十全に発現することが大事だと説かれる。これに対して、春台は、「人ニ勝ンコトヲ思ヒ、人ト競テハ、人ニ後レジト思フ」「争競ノ心」を「賢者モ愚者モ、君子モ小人モ、同ク有」る「人情」と認めて、これを抑制・制御して、無理にでも「礼」に従がえと説いているのであって、「争競ノ心」自体を全面的に否定しなかった。ここに、従来、春台研究で問題とされてきた内面的感情と外形的規範との乖離があらわれている。

周知のように、丸山眞男は朱子学における人間本性と社会との連続性を指摘した。[25]「個」と共同の問題という文脈で言い直せば、朱子学では個々人の本性のなかに共同性の可能性が内在していたわけである。徂徠学の画期性はこの連続性を断ち切ったところにある。ただ、徂徠はまた一方で、「知愚賢不肖の、異ありといへども、みな相生じ相長じ相輔け相養ふの心、運用営為の才あり」[26]（『弁名』下）とあるような「相生じ相長じ相輔け相養ふの心」という共同性の可能性を個々人の間に認め、聖人はそれをもとにして礼楽制度を作為したと説いていた。ところが、春台の場合、そうした共同性の可能性は、人間本性はもとよりのこと、個々人の間にも存在しない。どこまでも「自己ノ便利ヲ求ル心」しかない利己的な個々人だけしかいなかった。とすれば、「本は禽獣の如く、信もなく義もなく相争ひ相奪ひ相殺し相害するのみ」[27]（『弁道書』）で、「人ト争テハ、人ニ勝ンコトヲ思ヒ、人ト競テハ、人ニ後レジト思」い、争い合う「禽獣」状態のなかから、「貴賤上下の品」ある共同体秩序を作り上げることは、徂徠以上に難しいといえるだろう。しかし、逆にそれゆえに、徂徠とは異なる可能性もあるのではないか。この点を考えるためにも、さらに春台の学問論について見てみよう。

三　学問の法則

（1）「言語ノ教」の限界性

前節の社会観・人間観は、礼楽を作為する聖人の視線から説かれていたのにたいして、学問論は、礼楽を学ぶ、

「勉強」する側からの議論である。まず、学問論を考えるにあたって、その前提として「自己ノ便利ヲ求ル心」や「争競ノ心」を抑制・制御して、「争闘」状態の人間世界に「貴賤上下の品」の秩序を与える外的規範たる礼楽が、「不言ノ教」としてとらえられていたことに注目しなくてはならない。

礼ハ厳粛ナル者也、楽ハ和順ナル者也、礼ヲ以テハ上下ノ位ヲ定メ、貴賤ノ等ヲ弁《ワキマ》ヘ、男女ノ別ヲ明カニシ、父子兄弟ノ倫ヲ正シクス、楽ヲ以テハ上下ノ交ヲナシ、君臣ノ情ヲ協《カナ》ヘ、賓主ノ好ミヲ合セ、神ト人ト和ヲ導キ、モノ云ズシテ人ノ感通セシムル者ハ、只礼楽ナリ、然ル故ニ是ヲ不言ノ教トイフ、

（『経済録』巻二、二四頁）

先王ノ民ニ孝悌ヲ教玉フハ、言語弁説ヲ以テ教ヘズシテ、礼ヲ以テ孝悌ノ事ヲナシテ視セ玉フ故ニ、是ヲ見聞スル者、感悦セズトイフコトナシ、是則不言ノ教也、

（同右、三九頁）

もともと「不言ノ教」は、『老子』に「行二不言之教一」（第二章）、「不言之教、無為之益、天下希レ及レ之」（第四三章）、『荘子』に「固有二不言之教一」（徳充符篇）とあり、老荘思想の言葉であって、無為自然の教えを意味していた。「貴賤上下の品」を教える「民」の教化において言葉では限界があるとする点で、春台は老荘思想に近いといえるだろう(28)。春台によれば、「言語弁説ヲ以テ教」えることは、「不言ノ教」である礼楽に比べる時、劣っているのだという。

凡人心ヲ感発セシムルコト、礼楽ヨリ甚シキハナシ、民ヲ善ニ導クコト、礼楽ヨリ近キハナシ、言語ノ教ハ、人ニ入事浅ク、其及ブ所狭クシテ、功ヲナスコト遅シ、礼楽ノ教ハ、人ニ入ル事深ク、其及ブ所広クシテ、効ヲ得ルコト甚速也、古ノ聖人モノイハズシテ万民ヲ教ヘ、天下ノ心ヲ一致セシメ玉ヘルハ礼楽ノ道也、

（『経済録』巻二、二五頁）

「不言ノ教」である礼楽は、「言語ノ教」に比べると、「民ヲ善ニ導ク」「人心」教化の即効性があるうえに、効果の程度も広く深いという。この点、「けだし先王は言語の以て人を教ふるに足らざるを知るや、故に礼楽を作りて以てこれを教ふ。政刑の以て民を安んずるに足らざるを知るや、故に礼楽を作りて以てこれを化す」[29]（『弁名』巻上）とする徂徠学を受け継ぐ、春台らしい考えである[30]。

この春台の「礼楽」観において注意せねばならないことは、「民」教化における「言語ノ教」の限界を認めるにしても、「中華」から空間的・時間的にも遠く隔たった日本には「不言ノ教」である礼楽は、実際には存在せず、学問として学ぶべきものは、「堯舜ヨリ以来、歴世ノ聖賢、心ヲ尽シ言ヲ立テ教ヲ垂」（『経済録』巻一、一〇頁）れた「言語ノ教」しかなかったという点である。ここには、言語の限界性を認識しつつもなお、「言語ノ教」によってしか「聖人の道」を学びえないというジレンマがあるといってよいだろう。「言語」の限界性は、たとえば、次の一節からもうかがわれるだろう。

聖人の道は礼楽に在り。教えも亦た礼楽に在りて、言語に在らざること、猶ほ天の言はずして四時行はれ、百物成るがごとし。故に孔子は言無からんことを欲す。子思・孟子より而下、言語を以て道を明らかにし教えを立て、礼楽は廃するに幾《ちか》し。其の流、後世の議論を為し、卒《つい》に宋儒の理学の路を啓く。言語の道に弊あるは、斯くの如きかな。孔子の言は、慮る所有りて発するか[31]。（『紫芝園漫筆』巻一、一四裏）

春台によれば、孔子は「言語ノ道」の「弊」、すなわち言葉の限界性を認識して、孟子や宋儒のように「言語」によって教えを説こうとせず、「言」を「慮る所有りて発」したのだという。換言すれば、孔子の言葉は、「不言ノ教」＝礼楽ではないという意味では「言語ノ教」であるにしても、特別な位置にあると解釈されている。「六経ノ道ヲ説クニハ、孔子ノ言ヲ以テ其是非ヲ定ムルトナリ。サレバ何事モ、孔子ノ言ヲ規矩準縄トシテ、是非邪正ヲ定ムルコト、後ノ学者ノ大法ナリ」（『聖学問答』巻上、六八頁）とあるように、「孔子ノ言」を集めた『論語』は「聖人の道」を理解する「規矩準縄」として位置づけられているのである。

しかし、孔子以後、時代が下るにつれて、「聖人の道」の本旨は見失われ、孟子や宋儒などのさまざまな学問が生まれた。

学問ノ道、古ト今ト異ナリ、中華ト吾国ト同カラズ。近世ノ諸儒、其好ム所ニ従テ、各一家ヲ成シ、自《ミヅカラ》門戸ヲ立ツ。其業トスル所、人人殊ナリ。（『倭読要領』巻下、二七〇頁）

それぞれ個別的な好尚に従って、自己の「門戸」を立てるようになってしまい、「聖人の道」が見失われてしまったという。春台の思想の特徴は、こうした見失われた「聖人の道」の内容を提示するというよりは（すでに徂徠によって提示されているためか）、どのように「聖人の道」を学ぶかの方法に関心が向けられていた点にあると思われる。

（2）「聖人の道」にいたるための学則

この点、春台においては、「聖人の道」である六経を学ぶ学問の「綱領」（『倭読要領』巻下、二七一頁）が、学問内容ではなく、学問・読書方法＝「学問ノ法則」にあったことは注目すべきである。[32]

時ニ古今アレドモ、学問ノ道ハ二ツナラズ。人皆霊智ヲ具ス。善ク学ブトキハ、古人ニモ及ブベシ。故ニ学問ハ邪路ヲ履マズ、正シキ方ニ向テ、其門ヲ得テ入ベキナリ。然ルトキハ、志ノ深浅ト、器ノ利鈍トニ因テ、其成就スル所、大小高下アルベケレドモ、其才徳ハ必古人ニ似ルベキナリ。今童蒙ノ為ニ学問ノ法則ヲ立テ、従学ノ徒ニ示スコト左ノ如シ。（『倭読要領』巻下、二七二頁）

春台によれば、学問に「古今」の違いはあっても、本来「学問ノ道」「学問ノ法則」は同一であるという。この同一の「学問ノ法則」によって「聖人の道」を正しくとらえ、学ぶことができるのだという。逆にいえば、

「古今」さまざまな学問が生まれたのは、「学問ノ法則」に則していなかったためだった。春台によれば、「学問ノ法則」にのっとり読書し、「邪路ヲ履マズ、正シキ方ニ向」かえば、「志」「器」によって「大小高下」の差はあるものの、「聖人の道」を体得して、それぞれ多種多様な「才徳」は成就することはできるのだという（この点はのちに述べる）。

徂徠の古文辞学を継承する春台からすれば、中国とは異なる日本で、「聖人の道」である六経を学ぶ根元的な難しさは、それが古代中国語で書かれていることに起因する。[33] 日本では古来、語順を変え和訓した訓読法によって中国古典を読んできたが、そのために、本来の意味をとらえそこなってきたという。ここに「転倒ノ弊」（『倭読要領』巻上、四一頁）ある訓読を排して、中国語の直読を勧める理由がある。春台においては、「学問ノ法則」はこうした古文辞学的な方法のみにとどまらない。訓読問題とともに、読書方法における具体的な注意事項も含まれていた。

たとえば、「一処ニ滞」るな（『倭読要領』巻下、二八四頁）と「融会貫通ノ説」（同上、二八六頁）を説き、「凡学者ハ古今ノ事実ヲ通知スルヲ要務トス」（同上、二八七頁）と述べて「事実」を知れと言い、「博文トハ、博ク古今ノ書ヲ覧ルナリ」（同上、二八九頁）と博学に努めよという。

凡聖人ノ道ヲ学ブニ、六経・論語・孝経等ノ経書ヲ熟読シテモ、博ク天下ノ書ヲ読ミ、諸子百家マデヲ明ムルニアラザレバ、聖人ノ道ノ妙処ヲ悟ルコト能ハズ。今ノ学者ハ、宋儒ノ註シタル四書五経ノミヲ読ミ、其外モ、小学・近思録・性理大全・朱子語類ナドノ内ヲ論説シテ一生ヲ過スノミナレバ、如何ニシテ古ノ聖人ノ道ニ達スルコト有ンヤ。（『聖学問答』巻上、六五頁）

ここでは、同時代の闇斎学派の狭隘な読書範囲が批判され、「六経・論語・孝経等ノ経書ヲ熟読」するばかりか、「諸子百家」までも博覧することが求められている。とくに読書方法において重要な注意事項は、「疑惑」をもつことである。春台は学問における戒めとして、「人ノ講説ヲ聴べカラズ」と、「講説」＝講釈の学習方法を禁止して、その理由を次のように説いている。

凡学術ハ自己ニ書ヲ読テ、心ヲ潜テ思惟スルニアラザレバ、其義ニ通達スルコトナシ。人ノ講説ヲ聴ク者ハ、其聴ク時ハ、義理明白ナル様ナレドモ、其席ヲ離ルレバ、大半忘却スル故ニ、退テ其書ヲ看レバ、朦朧トシテ通ゼザル処多シ。是心ニ疑惑ナクシテ、人ノ説ヲ聞ク故ナリ。凡学業ハ、熟読精思トテ何ノ書ニテモ、心ヲ留テ数遍読テ、精細ニ思惟スレバ、必其旨ヲ得ルナリ。然レドモ義理ハ窮ナキ者ナレバ、学業ノ進ムニ随テ、必疑惑ヲ生ズ。疑惑ハ自己ノ力ニテ解カタケレバ、先知先覚ノ人ニ問テコレヲ明ムベシ。譬ヘバ飢テ食シ渇シテ飲スルガ如ク、疑惑ノ事ヲ以テ、人ノ論説ヲ聞ケバ、雲霧ヲ披《ヒラキ》テ日月ヲ見ルガ如シ。是大ナル益ナリ。カクノ如ク自己ノ目力心力ヲ竭シタル上ニハ、人ノ説ヲ聞テモ、其益アル故ニ、耳学ハ目学ニ如ズトイフナリ。今ノ世ニ儒者モ仏者モ、多ク講説ヲ聞タル者ハ、必大業ヲ成就スルコトナシ。只自己ニ力ヲ用ルヲ大学問トスト知べシ。

（『倭読要領』巻下、三一〇～三一一頁）

読書における「熟読精思」「疑惑」や「問答」の重要性の認識は、もちろん朱子や徂徠にもあるが[34]、春台自身の経験がもとになったのだろう。

純等少年ヨリ宋儒ノ書ヲ読テ心中ニ疑ヲ起シ、其後伊藤氏ノ説ヲ聞テ、又半信半疑ナリシニ、徂来ノ説ヲ聞テ、頗《スコブル》信ヲ起セシカドモ、一旦ニハ疑網解ケザリキ。総ジテ少《ワカ》キ時ヨリ、老荘ノ書、又ハ釈氏諸家ノ説マデヲモ講究シ、又其後博ク諸子百家ノ書ヲ読テ、取捨斟酌シ、三十年ノ歳月ヲ歴テ、年五十ニ近クナリテ、従来ノ学問、融会貫通シ、天下ノ道、胸中ニ醞醸シテ、堯舜禹湯文武周公孔子ノ道、吾ガ眼ニコレヲ視ルコト、青天ニ白日ヲ懸タルガ如ク、今ニ至テハ、毫末ノ疑モ無シ。

（『聖学問答』巻上、六五～六六頁）

「少年」以来、疑いを持ち続けたからこそ、「三十年ノ歳月ヲ歴テ、年五十ニ近ク」なって、「融会貫通」し、

「毫末ノ疑モ無」くなったのである。

（3）春台における会読のメリット

注目すべきは、このような「博文」「疑惑」「問答」という学則に、もっとも適した読書方法としてとらえられていた点である。『倭読要領』において、春台は会読を推奨して次のように説いている。

凡学者ハ師ナクンハアルベカラズ。亦友ナクンハアルベカラズ。師ハ道ヲ問ヒ、業ヲ受ケ、惑ヲ解ク者ナレドモ、尊厳ナル者ナレバ、平日ノ助ニナリガタシ。友ヲ会シテ講習討論スレバ、聞見ヲ広クスル益尤多シ。友ノ中ニ又先輩アレバ、誘掖賛導シテ、道ニ進マシムル功アリ。故ニ唯師ニ学ブノミニテ、友ノ助ナキ者ハ、学業成就シガタシ。サレバ曾子ノ言ニ君子以レ文会レ友、以レ友輔レ仁（『論語』顔淵篇）トアリ。学記ニハ独学而無レ友、則固陋寡レ聞（『礼記』）トイヘリ。今ノ学者モ、上ノ如クノ古書ヲ読ムニ、友ナキ者ハ、漢ノ孫敬ガ如ク戸ヲ閉テ独読ベシ。友アル者ハ一処ニ集リテ会読スルニハ如ズ。（『倭読要領』巻下、一九二〜一九三頁）

春台の会読の場合、「友ヲ会シテ講習討論スレバ、聞見ヲ広クスル益尤多シ」とあるように、自己の見聞を広くする「博文」のメリットがあるといえるだろう。春台にとっての「講習討論」は熊沢蕃山のように、同志間の道徳的な相互批判をするためになされるものではなかった。自己の限られた知見の拡大をはかるために、「博文」のチャンスとして、とらえられたのである。[35] 先に見たように、人間それぞれの判断は個別的・多様であって、それを統合することは聖人にしかできないとすれば、「聖人の道」を学ぶ者にとって現実的に可能なことはそうした統合ではなく、狭隘な自己の知見を拡大することだったのである。

四　会読の規則

（1）春台の会読空間

春台の会読において注目すべきは、会読をする際の規則をはっきり定めていた点である。具体的にいえば、「紫芝園規条」である。そこには、会読が「疑惑」「問答」という学則に適したものであると明記されていた。少し長いが、春台の会読観を知るうえで重要な資料なので、次に掲げてみよう。

一、諸君子の会業は、須らく専心講習を要とすべし。如《も》し一書を読まば、宜しく輪番に一人之れを読みて、諸人謹み之れを聴くべし。若《も》し疑義有らば、須らく一節の終るを待ちて、之れを講究すべし。尊卑先後に拘はらず、皆な発問することを得。只宜しく謙遜すべし。戒むるに剿説雷同すること勿れ。最も尋常の説話を以て之れを乱すことを得ず。及び人と私語すべからず。若し講畢りて余間有らば、即ち談笑すること、何ぞ之れ有るべからざらん。若し徒らに談笑することを喜び、心を読書に留めざれば、会業の意に非ざるなり。会無きに如かず。

一、凡そ会読は、須らく予め其の書を熟読し、其の義を尋思し、疑惑する処有らば貼黄し、会を待ちて諸先輩に問ふべし。若し後生・初学、疑義を先輩に問ふ者有らば、先輩は固より当に委曲に之れに告ぐべし。満坐は須らく虚心に諦聴すべし。宜しく其の問ふ所の浅近を以て嗤を為すべからず。恐らくは初学は、其の嗤《わらは》るるを羞じ、復た敢えて問はざらん。君子は疑ひ思ひ問ひ、之れを問ひて知らざれば措かざるなり。況や初学は豈に宜しく問ひを憚るべけんや。其の先輩も亦た、豈に宜しく浅近の問ひを嗤ふべけんや。高きに登るに卑きよりす、何ぞ浅近を思ふべけんや。記に曰く、教と学は相長ずと（『礼記』学記）。此の謂ひなり。退会し、亦た須らく一篇を覆読すれば、乃ち益有りと為す。

（『紫芝園後稿』巻一五、二八五～二八六頁）

会読では、まず「疑義」を問うことが求められている。疑問をもつこと、それに加えて、その疑問を自己の内部に留めずに、「先輩」に問うて解決することが要請されている。会読の場では、疑問を出すことが、「尊卑先後に拘はらず」、どんな初学者にも認められ、積極的に求められている。恥ずかしがって、自己の疑問をそのままにすることが、むしろ否定されているのである。このように疑問を自己内部に留めおくことが否定される一方で、会読に参加した「満座」の者は、外にだされた疑問がどんな初学者の幼稚なものであっても、「虚心」に聞くことが求められている。

春台が「尋常の説話」や「私語」を拒否して、「満坐」のなかで「尊卑先後に拘はらず」、疑問を出し合い討論する場を明確に規則化して、意識的に作り出そうとしていたことは注目すべきである(36)。春台の会読は、こうした規則を守り、「専心講習を要」とする意志ある者だけが参加しえた、日常生活とは異質な場であったのである。

ところで、春台の会読の場に思想的な可能性は他にはなかったのであろうか。この点で注目すべきは、一僧侶に宛てた「玄海沙門を送る序」（『紫芝園後稿』巻三、一二一頁）である。この文章は、直接、会読を説いたものではないが、「友ヲ会シテ講習討論」（前出）する会読のなかで結びついた同志のつながりが、どのようなものであったかをうかがうことができる。それは、一言でいえば、「文藝」に志すという一点で結びついた関係である。もとより僧侶と儒者との間には、信条・価値観の次元では、架橋できないほどの断絶がある。しかし、それにしても、「情」をもつ「人」として、さらには「文藝」への志における「同」で結びつくような関係が説かれている。

夫れ浮屠氏は、方の外に遊ぶと雖も、孰れか人に匪《あら》ずと謂はんや。既に已に人たるや、其れ能く情無からんや。彼、其の飢食寒衣、生慕死哀、未だ始めより人と同じからざるにあらざるなり。況や我が詩を誦し、我が書を読み、以て文藝に従事するをや。況や不羈の才を負ひ、慷慨の志を抱き、卓然として独立し、犬馬と偕《とも》に死して、草木と偕に朽ちざるをや。若し然らば、固より以て君子の林に列すべし。（同右、一二二頁）

この交際では、「吾が二三の兄弟、之れと遊ぶこと年有り。而れども未だ嘗て其の浮屠たるを知らざるなり。海公も亦た未だ嘗て二三子の儒者たるを知らざるなり。講ずる所は詩書、修むる所は文辞なり。優游として藝林に相忘る」（同右、一二二頁）とあるように、お互いが僧侶であり、儒者であることを表に出さずに交わっている（春台が、ここで僧侶を「浮屠」と蔑称しているのは、彼の価値観からすれば、仏教は聖人の道に反するものであるという考えが表れているだろう）。その意味で、人間の生来の多様性・個別性を強調しつつも、春台は「文藝」への志における共通性を認めていたのである。

こうした「講ずる所は詩書、修むる所は文辞」のみを目的とする限定された空間が、会読の場だったといえるだろう。そこでは、「尋常の説話」（前掲）が禁止されていたからである。それはまた、敷衍していえば、「浮屠」であること、「儒者」であることを表に出さずに、「詩書」を講じ、「文辞」を修めるという目的を遂げようとする志をもった者たちが参加する場であったといえるだろう。春台において「同志」とは、まさにこの「慷慨の志を抱き、卓然として独立し、犬馬と偕に死して、草木と偕に朽ちざる」志を共有する者であったといえるだろう。(37)

もちろん、この社中の「同志」間では「講習討論」がなされていて、和気藹々のお友達というわけではなかった。春台は、「先生、徂来と講論して合はざれば、必ず再三、論弁して、明らかならざれば措かず」（『紫芝園稿』附録、松崎観海「春台先生行状」、三〇一頁）とあるように、徂徠との間でも「論弁」し、徂徠の説でも批判した。まして同志間であれば、なおさらだったろう。しかし、その「論弁」が可能なのも、こうした志を同じくするという前提があったのである。

（2）競争と「言語の弊」

ところで、「講習討論」する会読において問題となるのは競争である。もともと、『論語』に「子の曰く、君子は争ふ所なし。必ずや射か。揖譲して升り下り、而して飲ましむ。其の争ひは君子なり」（八佾篇）とあるように、人と争うことは道徳的に間違った行為だった。ところが、複数の人々が討論しながら共同で読む会読では、切磋琢磨しあう反面、競争が起こった。そもそも、先にみた春台の人間観によれば、人間は個別・多様であるうえに、「人ニ勝ンコトヲ思ヒ、人ト競テハ、人ニ後レジト思フ」「争競ノ心」（前掲）あるかぎり、かりに「慷慨の志を抱き、卓然として独立し、犬馬と偕に死して、草木と偕に朽ちざる」（前掲）志を同じくする者同士であっても、競争は起こらざるをえないのである。実際、蘐園学派のなかで行われた会読の一場面が次のように伝えられている。

平子和は蘐園の社中にて、度々春台を侮慢せしことあり。会読の時、議論するをりに、太宰の論を抑へつけ、確論がありても無理に虚談を交へて、云ひ伏せこまらせたり。夫故、平生中悪《あし》く、折節は妄作に書籍の名を云ひ、妄作の語などを云ひ立て云ひ伏、春台熱くなりて其書を穿鑿し、二三日過ぎ、「足下の云ひし語は見へず。何の処にある」と問へば、「あれは我が腹中の語なり。足下のが実は確論じや」など云てなぶりし由。(38)

（『蘐園雑話』）

平野金華は、会読の「議論」の際に、春台を「抑へつけ」ようとして、「無理に虚談」をまじえて、「云ひ伏せこまらせた」という。会読の場は、相手を打ち負かそうとする競争の場となり、勝つ目的のために「無理に虚談」さえ飛び交ったという。(39)

思うに、こうした会読のいわば逸脱形態を経験した春台からすれば、孟子と告子との論争はそれほど遠い出来事ではなかっただろう。春台の『聖学問答』は孟子批判を主題としているともいえる著作であるが、そこで、孟子の所説が相手に勝つための論争のなかで語り出されたものであることを指摘しているのは、結論を先取りすれば、こうした会読体験があったように思われる。

『聖学問答』の冒頭の問答のなかで、春台は、「対頭《アヒテ》」がいて「道ヲ論ジ藝術ヲ談」ずるときの一般論を述べて、次のようにいう。

凡古人モ今人モ、道ヲ論ジ藝術ヲ談ズル者、対頭《アヒテ》ヲ取ラズシテ、一己ノ理窟バカリヲ言フハ、善クモ悪クモ、己ガ言フベキスヂヲ言テ、横道ナルコトヲ言ハヌ者ナリ。如何様ナル者ナリトモ、対頭トナシテ、談論スレバ、己ガ義ヲ立ントスルニ、対頭ノ方ヨリ、コレヲ抑ヘ、コレヲ破ラントスレバ、彼ニ負ジト思フ心起ルハ、人情ナレバ、彼ヲ我ニ服セシメントスルヨリ、覚ヘズ無理ヲ言フ者ナリ。又人ヲ教化《キヤウケ》スルニ、彼ヲ悦バシメントテハ、道理ニ背タルコトヲ言コト有リ。（『聖学問答』巻上、六一頁）

相手のいる「談論」においては、「人情」として「彼ニ負ジト思フ心」が起こるので、「覚ヘズ無理ヲ言フ者」であるという。「談論」においては「無理ヲ言フ」逸脱は避けられないというのである。ただ、春台はこの後に続け、「孔子の言」は相手と争っていないうえに、眼前の相手が服するかどうかには、拘わらなかったという。

孔子ノ言ハ、一言一語モ、対頭ヲ取テ争タマフコト無ク、又人ヲ教化セントテ、理ヲ枉タルコトヲモノタマハズ、直ニ先王ノ法言ヲ述テ、人ノ服スルニモ服セヌニモ拘ハリタマハズ、天下後世ノ人ニ詔《ツゲ》テ、少モ害アルコト無シ。（同右、六一〜六二頁）

先に「孔子の言は、慮る所有りて発するか」（『紫芝園漫筆』巻一、一四裏）とあって、言語の弊害を認識していたがゆえに、「規矩準縄」となりうる特別な位置にあることを見たが、その理由は、「孔子ノ言ハ、一言一語モ」直接に「対頭」に向かって説かず、「先王ノ法言」をそのまま述べていたという点にあったのである。ただ春台によれば、孟子であっても相手と争っていない箇所では「正等ノ論モ多」いという。

孟子一部ノ書ノ中ニ、此二ツノ病アル処ハ、其義悉《コト〲ク》非ナリ。此等ノ外ニ、対頭《アヒテ》ヲ取ラズ、人ト争ハズ、只先王孔子ノ道ヲ、直ニ平平ニ説タル処ハ、サスガニ孔子ヲ去コト遠カラヌホド有テ、正等ノ論モ多シ。然レドモ胸中ニ世ヲ矯《タ》メ俗ヲ憤ル心深カリシ故ニ、言ヲ立ル上ニ過失多キナリ。（『聖学問答』巻上、六四頁）

相手と争っているか否かで、その所説の正邪を判定しようとする考え方の特異性を見るべきであろう。本来、言語は相手に向かって語り出されるものであるはずである。ところが、春台によれば、個々個別、多様で利己的な人間同士は「談論」すると、必然的に競争を引き起こしてしまうので、逸脱が生じる。だから、そうした相手に「負ジト思フ心」から語り出された言語は、すべて信をおけないというのである。

春台によれば、孟子の性善説はこうした相手と争う「談論」のなかで言い出された「新奇の説」であって、「先王孔子ノ道」にはないものだという。だから、孟子の性善説を根拠とする宋学の心性説は成り立たないとする。

> 孟子ニハ二ツノ病アリ。孟子ノ時ハ、孔子ノ世ト易リテ、楊朱・墨翟ガ門徒、世ニ多ク有テ、各其道ヲ説テ、天下ノ人ヲ惑ハシケル故ニ、彼ヲ闢《ヒラ》カントテ、吾道ヲ説クニツキテ、新奇ノ説ヲ立テ、吾道ノ軍ヲ張リ、彼ガ陣ヲ破ラントス。「性ハ善ナリ」トイヒ、「人皆堯舜トナルベシ」トイヒ、「吾ガ浩然ノ気ヲ養フ」トイフ類ノ論、皆先王孔子ノ道ニ無キ事ニテ、孟子ノ始テ建立セル宗旨ノ説ナリ。仏家ニイフ、建立門トイフ者ナルヲ、孟子此門ヲ開テ人ヲ引入ス是一ツノ病ナリ。（同右、六二頁）

もちろん、孟子が「楊朱・墨翟ガ門徒」に反対して「新奇ノ説」を立てたという考えは、徂徠にある。たとえば、「かの子思の中庸を作るを観るに、老氏と抗する者なり。老氏は聖人の道を偽と謂へり。故に性に率《したが》ふをこれ道と謂ひて、以て吾が道の偽に非ざるを明らかにす」(40)（『弁道』）、「孟子の性善に至りても、また子思の流なり。杞柳の喩へは、告子これを尽くせり。孟子のこれを折《くじ》く者は過てり」(41)（『弁道』）とある。この徂徠説にたいして、春台に特徴的なことは、性善説が対抗言説だったというばかりか、孟子のもう一つの病として、相手に自己の説を信じさせようとして、「妄説」を言い出したとしている点である。この点、春台は繰り返し批判する。「是皆孟子己ガ説ヲ人ニ信ゼラレン為ニ、其キヽメヲ尤《ケヤケ》ク見セントテ、前後ヲ忘却シテ、箇様ノ妄説ヲ出セルナリ。是又一ツノ病ナリ」（『聖学問答』巻上、六四頁）、「畢竟孟子ハ、人ト争フコトヲ好テ、人ニ負ジトスル故ニ、箇様ノ無理ヲイヘルナリ」（同右、八八頁）、「孟子ハ無理ヲイヒテモ人ニ勝ント思フ。告子ハ只正等ノ論ヲ以テ、孟子ヲ暁サントスルノミニテ、必シモ孟子ニ勝ント思ハズ」（同右、九一頁）。競争を必然と認める春台はまた、勝利を当然だとするだろう。勝つ目的のためには、その手段として「無理」をいわざるを得ない場合もある。孟子が告子との論争において、相手を説得させようとして使った論説も、どこまでも告子に負けまいとして述べた「無理」であって、それを定論とすることはできないという。性善説はそうした論争相手に勝とうとした、兵学的にいえば、詭道的な論理であったといえるだろう(42)。

思うに、春台において会読が重要なのは、そこでの苦い体験が「言語の弊」を認識させられたところにあるのではないか。会読という「言語」の競争の場に立ちあうことによって、言語の弊害を思い知ったのではないか。相手に勝とうとする意欲のために、「規矩準縄」（前出）からの逸脱や過剰が起こるということを実際に体験したのではないか。この体験があったからこそ、孟子と告子の論争のなかに、その失敗を見いだすことができたのではないか。もっと想像をたくましくすれば、「余は特に孟子の英気を愛す」（『紫芝園漫筆』巻六、五裏）と、「孟子の英気」に共感する(43)春台は、孟子のなかに自己自身の姿を見るがゆえに、論争のなかで言い過ぎたり、相手を打ち負かせようと詭弁を弄したりする孟子という人物を描くことが出来たのではないかと思われる。

五　「衆議」と決断

春台が相手との論争という場面を想定していた点をもう少し別な方向から考えてみよう。ここで注目するのは、春台が好んで引用した一句である『春秋左氏伝』の「人心之不㆑同、如㆓其面㆒」（襄公三一年）である(44)。

凡性ハ、人ノ生レツキナリ。人ノ生レツキ、十人ハ十様、百人ハ百様、千人ハ千様、万人ハ万様ナリ。子産ガ言ニ、「人心之不㆑同、如㆓其面㆒焉」トイヘルハ、千古ノ名言ナリ。　（『聖学問答』巻上、六九頁）

この言葉は人間の「生レツキ」の多種多様性を端的に表現している。この点、「伊川《(程頤)》先生曰く、公は則ち一にして、私は則ち万殊なり、人心の同じからざること面の如きは、只是れ私心なればなり」（『近思録』巻一）とする宋学との違いは明らかである。宋学の立場からは、自分と他人との間で一致するもの（天理）が「公」であって、異なるもの（私欲）は「私」であるので、後者をすてて、前者にのっとれということになる。ところが、生まれつきの共通性など、どこにも存在しないとすれば、「面」の同じからざる人々の間で、いかに秩序を作ろうとしたのか、この一句を焦点にしてさらに考えてみよう。

よく知られているように春台においては、多種多様な個性的な人材を養育することに、「不言ノ教」たる礼楽の目的があった。この点、「人心之不ㇾ同、如二其面一」を引照しながら、春台は次のように説いている。

> 気質ハスナハチ性ナリ、人ノ生レツキナリ。生レツキハ変化セラレヌ者ナリ。前ニ云ル如ク、人ノ性ハ万人万様ニテ、面ノ同カラザル如ク、万事ノ好悪・口腹ノ食性・才ノ長短・能不能、人人同カラズ。凡《ボン》人ノミ然ルニ非ズ。聖賢モ亦然ナリ。聖人ノ道ハ、人ノ生レツキヲ、其マヽニテ養テ、其フリ〳〵ノ器ヲ成就スル。是人才ヲ生ズル道ナリ。何ヲ以テ人ノ性ヲ養フトナレバ、礼楽ナリ。礼ヲ以テ人ノ身ヲ固メ、楽ヲ以テ人ノ心ヲ和ゲテ、其過ル所ヲ裁抑シ、及バザル所ヲ勉強スレバ、人人ノ性、其フリ〳〵ニテ皆才徳ト成ル。是ヲ君子トイフ。是其生レツキヲ変ジテ、別人ノ如クスルニハ非ズ。只其生レツキノ上ヲ、礼楽ニテ其ナリヲ好クスルマデナリ。（『聖学問答』巻下、一一八頁）

多種多様な「生レツキ」の個性があるので、それぞれの個性に応ずる「才徳」を「養」うことで、人材の多様性を確保できるという。この論理は、朱子学を否定して気質不変化説を説いた荻生徂徠のものであり、春台の同志である山県周南《やまがたしゅうなん》も同様である。[45]

> 凡ソ人タル者ノ生レ附、其器量・才智、人々各別ナル者ニテ、一様ナル人ハ天地ノ間ニ無ㇾ之事ナル故、「人

心ノ不レ同事面ノ如シ」ト云古語モ有リ。(46)

（『政談』巻二）

人心不レ同如二其面一といへり。人の性質人々不レ同、品々の生れあり。されど礼楽を学び教化を経れば、義理に通じ君子の道をしる故、性質相応の才徳成立なり。其器量に応じ、大なるは大官を授け、小なるは小官を授け、百官庶司それ〴〵に配当して用ひらるゝ時は、都て国家の用に不レ立といふことなし。是を棄才なしといへり。(47)

（『周南先生為学初問』巻上）

徂徠学派の人々にとって、「才」は漠然とした個性・能力ではなく、もっと限定的な「大なるは大官を授け、小なるは小官を授け」ることのできる、「国家の用」に役だつ行政能力を意味していたのである。(48)ただこれだけであれば、春台の特徴は浮かび上がってこない。そこで、春台が「人々ノ心同カラザルコト、面ノ異ナルガ如クニシテ、衆議一決シ難ク」と説いていたことに眼を向けねばならない。

人情ニハ厚薄深浅アリ、物理ハ常人ノ知リ難キ者ナレバ、兼テヨリ其作法儀式ヲ定置ザレバ、時ニ臨ミ事ニサシカヽリテ是ヲ議スルニ、人々ノ心同カラザルコト、面ノ異ナルガ如クニシテ、衆議一決シ難ク、縦ヒ一決スレドモ、過不及在テ、中道ニ合ザレバ、是ヲ行テ害アル事ヲ免レズ、聖人ハ往古ヲ考ヘ、未来ヲ知テ、百世ノ後迄モ、礙ナク弊ナク、永々ニ行ワルベキ様ヲ計テ、定法ヲ立玉ヘル也、人心不レ同トイフハ、タトヘバ、何ニテモ一事ヲ行フ上ニ就テ、華奢ヲ好ム者アリ、倹素ヲ好ム者アル類也、先王ノ礼ニ遵ヘバ、華奢ヲ好ム者モ、華麗ヲ致ス事ヲ得ズ、倹素ヲ好ム者モ、質朴ヲ致スコトヲ得ズ、是則中道也、

（『経済録』巻二、二六～二七頁）

政治をするうえで、「衆議」が一致しないなかで、聖人が過去と未来を見据えて礼楽を定めたという。これは、礼楽によって政治的な能力「才徳」を養育させられる、学問する「君子」の側ではなく、「往古ヲ考へ、未来ヲ

知テ、百世ノ後」までも考慮して礼楽を作る「聖人」の立場からの発想であるだろう。ここでは、礼楽制作者の立場からの個々人の異見の対立が問題になっているのである。事実、別な箇所では、「衆議」は統治者の政治的意思決定の文脈のなかで使われている。

何ニテモ政事ヲ行ヒ、判断ヲ用ル官ハ必一人ニ限ル、若二人三人ナレバ決断成難ク、イツモ衆議判ニ落テ、縦其中一人器量ノ者有テ、上策ヲ思ヒ付ケテモ、同役ノ心ヲ兼憚テ言ヲ出サズ、縦言ヲ出シテモ、人心不レ同コト面ノ同カラヌ如クナレバ、衆議トリ〲ニテ一決セズ、イカナル上計モ行ハレズシテ止ムコト多シ、

（『経済録』巻三、六八頁）

注意せねばならないことは、「衆議」の難しさを説いているが、だからといって「衆議一決」の原理的な可能性を否定したわけではないという点である。ただそれには、「果断」な決断ができる英雄豪傑の資質がなくてはならないとする。

当前ノ利害ハ云フニ及バズ、後来ニモ害ナクシテ、国家ニ利ナルベキカ如何ニトイフコトヲ詳ニ僉議シテ、衆議一決シタル上ニテ、果断ヲ以テ命令ヲ下スベシ、小人ハ習ニ安ンズル者ナレバ、今迄ニナキ新令ヲ受テハ、必驚テ前後モ弁ヘズ、一向ニ不便利ナルコトト思フ、是昔ヨリ定マレルコト也、然ル時ニ、上ノ人是ニ心ヲ動カスベカラズ、凡民ハ当前ノ利害ヲ視テ、後ノコトヲ不レ思者也、上ニアル君子ハ、数十年ノ後ニモ洞視スルコト、囲棋ニ上手ナル者ノ十道二十道ノ末ヲ洞視スルガ如クナレバ、民ノ評議ヲ聞入レズ、果敢ニ事ヲ行フベシ、年数ヲ経テ後ニ、民其便利ヲ得レバ、大ニ悦デ初ニ評議セシヲ悔ル者也、商鞅ガ秦国ニテ新法ヲ行ヒシ時、カク有リシ也、此段ハ英雄ノ事也、

（『経済録』巻八、二一六～二一七頁）

政治的な意思決定においては、「果断」と決断する統治主体が必要となる。政治の場では、「講習討論」する学問の場のように、「大丈夫は、当に上、千古の賢者を学び、以て下、百世の知己を待つべし。何ぞ屑屑焉として

一世の人言に与みせんや」（『紫芝園漫筆』巻六、六裏）と、その正当性を将来に委ねるといっている余裕はない。不完全でも決断する必要がある。囲碁の勝負のように、かりにすべての手を読み尽くせば、必ず勝てるというわけにはいかない。一か八かの双六のような賭けの要素がある、と春台は認識していたのではないかと思われる(49)。

六　私的空間の学問

本章では、徂徠が推奨した会読の場がもつ思想的な可能性について、春台の学問論を検討するなかで検討してきた。これによって、これまでの春台の思想研究にたいしても、新たな解釈を付け加えることができた。本節ではそれを確認しておこう。

（1）対等な空間の作為

先に見たように、春台は、個々人は多種多様であるので、人々には自己の価値観や感情を抑制して、外形的規範である礼楽に従うことを求めた。そこでは、内面と行動との乖離が生まれることもあるだろう。この点、先にも見たように、春台は露悪的ともいえる表現で説いていた。

聖人の道には、心中に悪念起りても、能礼法を守て其悪念をそだてず身に不善を行はざれば、君子と申候。心中に悪念の起るをば罪とせず候。若其悪念に因て礼法を犯て身に不善をなす者を小人と申候。たとへば美女を見て其色を心に愛するは人情にて候。此情に任て礼法を犯て、妄に他の婦女に戯る丶者は小人にて候。礼法を守り情を抑て、我が妻妾にあらざる他の婦女に戯をもいはざるは君子にて候。是非の有無は戯る丶と戯れざるとの上にて定り候。情の起る処をば咎めず候(50)。（『弁道書』）

偽君子とも悪評されてきた(51)春台のこの考えも、これまで見てきた会読という観点からすると別の解釈ができるのではないかと思われる。端的にいえば、自己の個別的な感情を抑制しうる「君子」であってこそ、自己と異質な価値観・信条をもっている者と「講習討論」できるのだという解釈である。先に紹介した「玄海沙門を送る序」でいえば、「浮屠氏」とも、「文藝」への「志」を同じくするという一点で有益な交遊関係を築くことができたのである。こうした高次な「志」をもった者同士が意識的に作為した空間のなかで、春台は、「貴賤先後に拘はらず」に講習討論することを求めていた。換言すれば、会読という時間的・空間的に限定された学習の場では、階層秩序とは異なる人間関係を認めていたのである。「尋常の説話」（前掲）を禁止する規則を守り、お互いの個人的な感情や価値観を表出せずに、こうした「論弁」や「講習討論」ができるのも、そもそも、内面的感情と外形的行動とを徹底的に分離した春台だからこそ、可能だったといえる。(52)

たしかに、春台は尊卑上下の階層秩序の制度化を構想する一方で、それとは異質の対等な人間関係をも認めていた。だれよりも峻厳に礼楽の上下尊卑を実践した春台は、会読の場では、「尊卑先後に拘はらず」、対等な討論を実践していたといってもよいだろう。そして、この「志」を同じくする者の対等な場を意識的に創出しようとした点で、春台は江戸後期における「個」と共同という問題に新たな局面を切り拓いたのである。

（２）学問振興の困難

ただ、一八世紀前半の徂徠・春台の段階では、会読の場は、志を同じくする文人たちの場にとどまっていたという点は注意せねばならない。というよりは、学問は「畢竟内証事」(53)（『政談』巻四）という徂徠の言葉があるように、学問は私的な空間のなかで行われることだと考えていた。むろん、享保期にいたっても、まだ公的な学校はほとんどできていなかったのだから、(54)学校について論ずることは現実的ではないという判断もあったろう。しかし、徂徠と春台の自発的な学問論からみても、徂徠たちは学校という公的な場での人材教育には、消極的だった点は看過できない[55]。この点、辻本雅史が、「徂徠は、学習者の独自性や自主性を阻害しない形態として、「私塾」（家塾）的学校教育の有効性を提唱したのであった」[56]と指摘していることは首肯できる。

そもそも、徂徠によれば、学問を盛んにするために、上から学問を奨励する命令を出しても効果はないという。その現実的な証拠ともいえるのが、湯島の聖堂講釈の聴衆の少なさだった。林家三代の学問・教育論で触れたように、将軍綱吉の頃に、諸大名・旗本・御家人に講釈聴講を許し、仰高門東舎の講釈では庶民にも聴講を開放していたが、吉宗はさらに推し進めて、制度化・常設化していた。しかし、講釈の聴衆は少なかった。徂徠は、林家塾の公開講釈に聴衆が集まらない現状を批判していた。

学文ノ事、上ノ御世話ニテ、昌平坂・高倉屋敷ニテ儒者講釈スレドモ、御旗本ノ武士ニキク人絶テナシ。唯家中ノ士・医者・町人ナド少々承ル。此輩ガ為ニ計リ御世話遊サル丶ハ無レ詮事也。是仕形不レ宜故、上ノ思召ト相違スルト見ヘタリ[57]。（『政談』巻四）

実際、室鳩巣によれば、「聖堂も只今は弥零落空谷足音位と申候」[58]（『兼山秘策』第四冊）有り様だった。将軍吉宗はその責任を講釈担当者である林家の責任であるとするが、大学頭からすれば、迷惑至極だったろう。

ケ様にはたり不レ申事大学頭抔不精に候故と被二思召一候由。大学頭御請には迷惑至極に奉レ存候へ共、不二罷出一候を罷出候へと私より促可レ申候も無レ之候間、御威光をかり候様仕度旨願にて、講師御ふやし、旗本へも町中へも勝手次第罷出承り候様にと触有レ之候[59]。（『兼山秘策』第四冊）

講釈が「士庶農商咸」[60]（『昌平志』巻二）に開放された時、初めから学者になろうとする能動的な意欲をもつ者ではないのだから、聴衆が少なくなるのは仕方がなかったといえるだろう。そのため、お上の「御威光」に頼り、講釈聴聞を強制せざるをえなかったのである。しかし、そもそも、学者の講釈で教化は可能なのだろうか。徂徠は当時の聖堂の講釈を次のように揶揄している。

当時昌平坂之講釈ハ、聴衆兼而極リ無レ之、参懸リ之人ニ為レ承候仕形故、ヲノツカラ談義説町講釈之様ニ成行、白人之耳近キ様ニ仕、或ハヲトケ咄ヲマゼ、或ハコワ色ヲツカヒ、或ハ太平記抔之咄ヲ加へ、聴衆之多ク御座候様ニ仕候者モ必可レ有レ之候。[61]

（『学寮了簡書』）

このように講釈が「講談説法町講釈」のような談議になってしまう理由は、徂徠によれば、講釈によって教化しようとするからである。「談議説法町講釈のやうに成」るという言葉から明らかなように、その講釈は、たとえ朱子学者が行い、三綱五常の道徳を教えたとしても、「参懸りの人」である不特定多数への口頭でなされている限り、仏教的な教化（きょうけ）の方法である講談（講談）にほかならなかった。徂徠によれば、こうした語りの講釈によって「孝悌ヲ教ユル」道徳的教化は、「けだし先生は言語の以て人を教ふるに足らざるを知るや、故に礼楽を作りて以て教ふ」（前出『弁名』巻上）とあるように、儒学の「聖人ノ道」にはないことだった。

古聖人ノ道ニ、孝悌ヲ教ユルコトヲ第一ト言ルモ、儒者ナドニ講釈ヲサセテ民ニ聞セ、民ノ自カラ発得シテ孝悌ニ成ル様ニスルコトト心得ルハ、大ヒナル誤也。[62]

（『政談』巻二）

そのため、徂徠は「孝悌ヲ教ユル」にしても、講釈（講談）による道徳的教化（きょうけ）ではなく、礼楽制度による教化（きょうか）を説いたのである。[63]

（3）学問と立身の道

徂徠や春台は学問を盛んにするためには、こうした講釈聴講の強制ではなく、学問をすることで立身できるような環境にすることが重要だと考えていた。徂徠は、「学文アル人ヲ撰テ御役人ニ仰付ラルヽ様ニアラバ、学文ハ流行《ハヤル》ベキ事也」[64]（『政談』巻四）と述べている。立身の道が開ければ、学問も盛んになるというのである。しかも、それによって、学問を教える儒者たちも経済的な「勝手」向きがよくなるという。[65]

昌平坂・高倉屋敷ハ場所悪キ也。唯儒者ヲ江戸中所々ニ配リ置、人々勝手次第ニ参ル様ニ有度事也。然バ教ル人モ学ブ人モ勝手ヨキ事也。学問ハ公儀ノ勤トハ違テ、畢竟内証事ナレバ、勝手ヨクアラネバ成ヌ事也。新太郎少将ハ、備前一国ノ身上ニテサヘ、学校ヲ三箇所ニ立サセタル也。是遠方ヘ通テハ、学ブ者ノ不勝手ナル故也(66)。（『政談』巻四）

「学問ハ公儀ノ勤トハ違テ、畢竟内証事」であるので、経済的には不安定であるが(67)、学問が流行すれば、経済的な安定をえられる。さらに儒者たちに鍛えられた政治的な能力をもつ「人才」＝人材が抜擢されて、現実政治を担うようになれば、それを見て人々も自発的に学問をするようになる。徂徠はこのような好循環を想定していたのである。

春台もまた『経済録』の「学政」のなかで、「人才」の必要性を説いている。それによれば、政治の目的の一つは、多数の政治的な能力ある「人才」を得ることにあった。

学政トイフハ、学術ノ政令也、天下国家ヲ治ルニハ、人才ヲ得ルヲ先トス、人才ハ学問ヨリ出ルナレバ、天下ノ人ニ学問ヲナサシメテ、人才ノ出ル様ニスル政ヲ、学政トイフ。（『経済録』巻六、一七三頁）

春台は「聖人の道」の学問を盛んにさせる「学術ノ政令」によって、「天下国家」を統治する「人才」を生み出そうとした。「聖人ノ道ハ、人ノ生レツキヲ、其マヽニテ養テ、其フリ〳〵ノ器ヲ成就スル。是人才ヲ生ズル道」（『聖学問答』巻下、一一八頁）だったからである。ただ、「学術」の政策によって「天下国家」に有用な行政能力ある「人才」を養うといっても、そのますぐに学校と結びつけたわけではなかった。春台も徂徠同様に、学校よりも、立身への可能性を開くことが肝要だと説いていた。

凡学問ヲ勧メ玉フニハ、只学問セヨト号令ヲ下シ玉フノミニテハ、人ノ勧ムコトナキモノ也、号令ナクトモ、又ハ号令ヲ下シ玉ヘル後ニテモ、士大夫ノ中ニ学問ヲ好ミ、徳行才芸アル者アラバ、是ヲ重ク賞シ玉フベシ、其賞ハ或爵位ヲ賜ヒ、或ハ金銀等ヲ賜ヒ、或ハ禄俸ヲ益シ、或ハ宅地ヲ賜ヒ、或ハ番衛ノ列ヲ出シ、或ハ官ヲ遷ス類也、其人品ニ随テ宜キ所アルベシ、利ヲ見テ勧ムハ人情也、上ヨリ学問ヲ賞シ玉フヲ見テハ、及バヌ者モ是ヲ羨ミ、已ハ学問ナクトモ、子孫ナドヲ励マシテ、学問ニ勧マシムル者有ルベシ、必シモ古代ノ如クニ、学校ヲ建テ学バシメラル丶ニモ及バズ。学問アル者ヲサヘ賞セラルレバ、下ノ人ハ必ズ勧ミテ学問サスル也、是学政ノ一ツ也。

（『経済録』巻六、一七七頁）

学問する者に官位、賞金、俸禄、宅地、役替えなどの優遇措置をとれば、「利ヲ見テ勧ムハ人情」であるから、学問に励む者も現われる。だから、「古代ノ如クニ、学校ヲ建テ学バシメラル丶ニモ及バ」ないというのである。徂徠と同様に、春台も「徳行才芸アル者」を抜擢することで、学問流行の好環境を作り上げようとしたのである。その際、春台は徂徠より一歩踏み出して、中国の科挙にならえと説いている。

中華ニテハ、芸術ノ士ヲ試ルニ、科目トイフコトアリ。（中略）今吾国ニテモ、文武ノ諸芸ニ科目ヲ立テ、番衆諸士ノ中ヨリ、其科目ニ応ズル者ヲ試テ挙用ヒ玉ハヾ、種々ノ才芸ノ士出ヅベキ也。然ルヲ専ニ弓馬ノ芸ノミヲ以テ督責セラルルハ、狭キ道也。

（『経済録』巻六、一八〇～一八一頁）

春台は徂徠よりも、立身の回路の制度化を求めている。しかし繰り返すが、徂徠同様に、学校を通して立身する制度の構想まで持ってはいなかった。換言すれば、徂徠・春台においては、いまだ学校で国家有用な英才「教育」を行うという考えはなかったのである。[68] 徂徠・春台が生きた一八世紀前半の段階では、学校建設の機は熟していなかった。

学校が英才「教育」する場として現実性を帯びるようになるのは、徂徠門下でも、最年少の宇佐美《うさみ》灊水《しんすい》の時代ではないかと思われる。灊水は松江藩の家老の諮問に答えて、英才教育のための藩校を提案しているからである。

学館を設て教されは、士大夫道に暗く、風俗正しからす。且英才《すぐれたるさいし》之人を教育する事あたはす。故に学館を建つへし。其仕方は城外の広地に於て、方一町程の地を構へ、廻りに堀をほり、墻を結へし。其内に聖堂を建て、春秋釈奠あるへし。別に訓導所を立て、素読・口説・会読等、其内にて稽古あるへし(69)。

（宇佐美灊水「事務談」、宝暦二年）

ここでは、君子の楽しみは「天下の英才を教育」することにあるとした孟子を踏まえて、「学館」が「英才之《すくれたるさいし》人を教育する事」を目的とすることが説かれている。しかも、その「教育」方法＝「稽古」として、素読・口説（講釈）・会読の三つが挙げられているのである。一八世紀中ごろの宝暦年間にいたると、商品経済の進展のもとで深まる藩財政の危機によって、徂徠や春台のように悠長なことをいっていられなくなる。もっと直截的に、財政危機に対処できる国家有用な人材を「教育」するための藩校が求められてゆくことになる。次章では、その一例として、徂徠学を藩学として藩校を建設した彦根藩を見てみることにしよう。

（1）文人の文芸的なネットワークについては、高橋博巳『京都藝苑のネットワーク』（ぺりかん社、一九八八年）、揖斐高『近世文学の境界――個我と表現の変容――』（岩波書店、二〇〇九年）・『江戸の文人サロン――知識人と芸術家たち――』（吉川弘文館、二〇〇九年）など参照。

（2）「社中」は、荻生徂徠にも「社中士、伝翫相咤」（『徂徠集』巻二二、復晁玄洲、『徂徠集』近世儒家文集集成3、ぺりかん社、一九八五年）、服部南郭にも「社中樗櫟」（『南郭集初編』巻六、仲春牛門会稿序）、「社中」（『南郭集初編』巻六、送稲子善序）、「蘐園社」、「社中素称二文辞一、則未三嘗言二教外之学一。乃與頌論、莫レ逆二於心一」（『南郭集初編』巻六、送鳳泉師序）とある。

（3）小島康敬編『春台先生紫芝園稿』（近世儒家文集集成6、ぺりかん社、一九八六年）四八頁。以下、『春台先生紫芝園稿』のテキストからの引用は、本文中に『前稿』『後稿』と略記して、頁数を示す。

（4）近世日本の会読の思想史的な意義については、拙著『江戸後期の思想空間』（ぺりかん社、二〇〇九年）、『江戸の読書会――会読の思想史――』（平凡社選書、二〇一二年）を参照されたい。

（5）『日本教育史資料』第五冊（文部省、一八九一年）五六四頁。
（6）『荻生徂徠』（日本思想大系36、岩波書店、一九七三年）一九二頁。
（7）徂徠の学問論が、学習者の能動性・自発性を貴ぶものであったことについては、辻本雅史『近世教育思想史の研究──日本における「公教育」思想の源流──』（思文閣出版、一九九〇年）第一章「荻生徂徠の教育思想」参照。辻本は、徂徠が共同学習の方法である会読を推奨したことは、「信・自己活動・思索・自得などを重んずる彼の学問・教育観からすれば、蓋し当然の学習方法」であったからだと指摘している（同前、五九頁）。
（8）『日本倫理彙編』巻六（金尾文淵堂、一九〇二年）一五二頁。
（9）注（6）『荻生徂徠』一七九頁。
（10）同右、三六七頁。
（11）徂徠は「知」を孟子の「徳慧術知」だと解釈し、「難義」を経て獲得できると説いた。この点は、拙稿「荻生徂徠──古文辞学の認識論──」（源了圓編『江戸の儒学──『大学』受容の歴史──』（思文閣出版、一九八八年）参照。
（12）注（8）『日本倫理彙編』巻六、一八七頁。
（13）同右、一八八頁。
（14）『日本随筆大成・第一期』巻一四（吉川弘文館、一九七五年）二四四頁。
（15）同右、二一〇〜二一一頁。
（16）同右、一八七頁。
（17）『倭読要領』（勉誠文庫66、小林芳規解説、勉誠社、一九七九年）二九二頁。
（18）春台研究は、尾藤正英「太宰春台の人と思想」（『徂徠学派』日本思想大系37、岩波書店、一九七二年、解説）、高橋博巳「太宰春台論」（『文化』三八巻三・四号、一九七五年）、小島康敬『増補版　徂徠学と反徂徠学』（ぺりかん社、一九九四年）、玉懸博之「太宰春台の歴史思想」（源了圓編『江戸後期の比較文化研究』ぺりかん社、一九九〇年、のちに『日本近世思想史研究』ぺりかん社、二〇〇八年）、田尻祐一郎・疋田啓佑『太宰春台・服部南郭』（明徳出版社、一九九五年）、白石真子『太宰春台の詩文論──徂徠学の経承と転回──』（笠間書院、二〇一二年）参照。これまでの春台研究は、荻生徂徠との関係を中心に論じられてきた。そのため、内と外、個人道徳と政治といった問題構成によって思想的特徴がとらえられてきた。こうした研究状況のなかで、中村春作は、仁斎や徂徠が切り拓いた人間の個別性・多様性への承認を前提にした、春台を含めた江戸後期の思想における「個」と共同という問題を提起している。中村春作「「気質の性」の行方――太宰春台論――」（『広島大学教育学部紀要』第二部四〇号、一九九一年）参照。本章はこの中村論文をうけて、春台における「個」と共同という問題を考察してみたい。

(19) 注(8)『日本倫理彙編』巻六、二一五～二一六頁。

(20) 『聖学問答』のテキストは『徂徠学派』（日本思想大系37、岩波書店、一九七二年）を使用した。以下、頁数は本文中に略記する。

(21) 注(18)玉懸論文参照。

(22) 注(8)『日本倫理彙編』巻六、二二〇頁。

(23) 『日本経済叢書』巻六（日本経済叢書刊行会、一九一四年）二一七頁。『経済録』からの引用は、以下、本文中に頁数を略記する。

(24) 江森一郎『「勉強」時代の幕あけ』（平凡社選書、一九九〇年）参照。

(25) 丸山眞男『日本政治思想史研究』（東京大学出版会、一九五二年）参照。

(26) 注(6)『荻生徂徠』一一〇頁。

(27) 注(8)『日本倫理彙編』巻六、二一七頁。

(28) ただ先に見たように、春台は荘子の斉物論を引照して是非判断の相対性・個別性を指摘していたが、同じく「不言ノ教」であるものの、そうした相対性を超えるものが老荘の「無為自然」ではなく、外的規範としての礼楽であるとする点で、老荘思想と近いが、切れていた。

(29) 注(6)『荻生徂徠』七〇頁。

(30) のちに見るように、この「言語ノ教」批判は当代の幕府の聖堂の仰高門日講にたいする批判が込められていた。そして、それは、序章で提示した礼楽による教化の立場からする、口頭による教化（きょうけ）にたいする批判であった。

(31) 『紫芝園漫筆』のテキストは『崇文叢書』第一輯（崇文院編、一九二六年）所収本を使用した。以下、引用は書き下し文に改め、丁数を略記した。

（32）　春台における方法への関心は、彼の経世論書『経済録』における「社会認識の方法」の提示につながっている。高橋博巳は、春台が「凡経済ヲ論ズル者、知ルベキコト四ツ有リ」として挙げた「時」「理」「勢」「人情」が、「社会認識の方法」的範疇であることを指摘している。注（18）論文参照。

（33）　徂徠の古文辞学の訓読問題については、田尻祐一郎「〈訓読〉問題と古文辞――荻生徂徠をめぐって――」（中村春作・市来津由彦・田尻祐一郎・前田勉編『「訓読」論――東アジア漢文世界と日本語――』（勉誠出版、二〇〇八年）参照。

（34）　貝原益軒は、『大疑録』序文に朱子の「疑ひなきものは、疑ひあるを要す。疑ひあるものは、疑ひなきを要す」「大いに疑へば大いに進むべく、小しく疑へば小しく進むべし。疑ふことなければ進まず」という語を引照している（『貝原益軒　室鳩巣』日本思想大系34、岩波書店、一九七〇年、一〇頁）。また、荻生徂徠も、「惣じて学問と申候物は、自身にわれと合点いたし候事にて御座候。孔門の教皆此通にて御座候。末世にいたり候ても、教方も学びかたも皆々如レ此に候。今時の講釈などは、一座之上にて能申取候を詮に仕候故、疑もつき不レ申、得益少く候。久敷承候へば、一種のこはぐるしき理窟たち候而、其害甚敷候」（『徂徠先生答問書』巻上、注8『日本倫理彙編』巻六、一五二頁）と説いている。

（35）　この点で、のちの時代の昌平坂学問所の朱子学者たちの会読観と異なっていた。朱子学者の場合、どこまでも「心術練磨の工夫」（加賀藩明倫堂「入学生学的」）として会読の場をとらえ、道徳性涵養こそが学問の目的であった。朱子学者も、春台も、「満坐は須らく虚心に諦聴すべし」（「紫芝園規条」）と会読における異質な他者を寛容する「虚心」の必要性を説いているが、朱子学者の場合、「虚心」は会読をする時の目的であるのにたいして、春台では「虚心」は会読の際の方法に過ぎない。

（36）　会読の規則は自発的な結社の規則として注目すべきである。従来、「対等な資格を有する会員によって構成される結社の秩序ある運営、および意思決定の方法」については、福沢諭吉の『会議弁』（一八七四年頃）がその嚆矢とされ、特筆されてきた。成沢光『現代日本の社会秩序――歴史的起源を求めて――』（岩波書店、一九九七年）八七頁。しかし、福沢以前に会読結社が事実として存在していたのである。

（37）　この「草木と偕に朽ちざる」志が同時代の覚醒した知識人に共有されていた点については、本書第Ⅲ編第一章参照。

（38）　『日本思想家史伝全集』巻一八（東方書店、一九二八年）一九六頁。

(39) こうした証拠の欠けた会読の弊害を清田儋叟は、いつまでたってもまとまらない「小田原評定」と形容している。「書ヲ会読スルコト、マヅハ無益ナルコトゾ。大概式正ノ通リニ会スルハ、体面ハサモトラシケレドモ、所レ謂小田原評定ト云如クニシテ益ナシ」(『芸苑譜』、『日本詩話叢書』巻六、文会堂書店、一九二〇年、三五頁)。ただし儋叟は、「人数四五人ニ限ル、面々ノ異見ヲモ腹蔵セズシテ云フベケレドモ、先ハ一人ノ先達ヲ立テ」る「真ノ会読」を認めているのであって、会読を全否定しているわけではない。

(40) 注(6)『荻生徂徠』一〇頁。

(41) 同右。

(42) 春台は、孫子が戦争勝利のために「詭道」を使うことは当然だとして、これを否定する儒者を批判している。「孫子云ふ、兵は詭道なりと。説者、多く此の言を以て孫子の累と為す。殊に知らず、兵を用ふる者は、敵に勝つを以て尚しと為すを」(『紫芝園漫筆』巻六、四裏)。

(43) 春台は伊藤仁斎についても、「随分ヤハラカナル人ナレドモ、キハメテ英気ナル人ナリ」(『文会雑記』巻二下、『日本随筆大成・第一期』巻一四、吉川弘文館、一九七五年、二五八頁)と、「英気」ある人柄を高く評価していた。

(44) 大谷雅夫「「人心不同如面」――成語をめぐる和漢比較論考――」(『近世文学と漢文学』和漢比較文学叢書第七巻、一九八八年)参照。

(45) 山県周南については、第Ⅳ編第三章参照。

(46) 注(6)『荻生徂徠』三七五頁。

(47) 注(8)『日本倫理彙編』巻六、三三三頁。長州藩明倫館との関連参照。

(48) 序章で、熊本藩時習館において国家有用の「人才」という言葉が使われていることを見たが、道徳的な徳性ではなく、国家の統治技術をもった行政能力としての「才」を主張したのは、徂徠学派である。時習館建設を主導した秋山玉山が徂徠学派に近い朱子学者だったことは、偶然ではない。

(49) 春台は、「事物ノ理ハ、囲碁ノ勝負ノ如シ。天命ハ、双六ノ骰子《サイ》ノ采《メ》ノ如クナル者ナリ」(『聖学問答』巻下、一一二頁)と、事物の理は、勝負の手筋を見通すことのできる囲碁であるのにたいして、賭けの要素のある天命は双六に譬えている。政治の決断の場は、人間は「活物」であるがゆえに、賭けの要素がともなうのである。

（50）注（8）『日本倫理彙編』巻六、二二〇頁。

（51）井上哲次郎は、「是れ真に人に偽君子たることを教るものなり。心中邪悪の念を包蔵し、唯々外貌をのみ矯飾して礼に合する者の如きは『ヒポクリット』の標本に過ぎず」（『日本古学派之哲学』冨山房、一九〇二年、六九二頁）と評している。もちろん、このような批判は春台の同時代からなされていた。李基原「反太宰春台論――『聖学問答』批判書を素材に――」（『京都大学大学院教育学研究科紀要』五四号、二〇〇八年）参照。

（52）従来の春台研究では、内と外、個人道徳と政治といった問題構成で春台の思想を解釈してきたので、内外分離にたいして否定的な評価が下されていた。たとえば、尾藤正英は、「人の性の善なることに信頼がないとすれば、道徳の規準が外なる社会的秩序の側からの要請に求められるのは当然であり、この立場では、人の心の自発性よりも外面的な規律が重んぜられ、内発的な意欲だけに人格の完成を期待することができない」（注18「太宰春台の人と思想」五〇九～五一〇頁）と論じている。しかし、本章では、内外分離するからこそ、会読の場のような新たな社会秩序を構築する可能性をもっていた点で、積極的な意義を見出している。

（53）注（6）『荻生徂徠』四三九頁。

（54）石川松太郎は、明治二年（一八六九）現在の総藩数二七六のうち、資料欠乏のため不明な二一藩を除いた二五一藩の設立年を調査している。それによると、寛文元年（一六六一）から享保元年（一七一六）までの藩校は一〇校に過ぎない（『藩校と寺子屋』教育社歴史新書、一九七八年、二九頁）。また元禄から享保期の記事を集めた、天野信景の随筆『塩尻』には、「我国今の世のことき、学校の政なければ、国学の師もなし。寺院は高く構へながら、如法の比丘も世に聞えす。かゝれば道の正しき事ありとも覚へず」（巻五六、『随筆珍本塩尻』巻下、帝国書院、一九〇七年、八八頁）とある。

（55）石川謙は、「「学問は畢竟内証事にて候」といふ観念、つまり自分限りの精神陶冶が学問の目的であるといふ観念は、古い伝統を持ち新しい力説を得て、享保社会の一隅に蟠居してゐた。徂徠一派のこの観念こそは、学派的対立を肯定し、支持し、権利づけるものであつた。この建前から学校は、どこ迄も学派々々の流儀に準じて建てられる私立のものであらねばならぬと考へられた」（『近世日本社会教育史の研究』八四頁）と論じている。この指摘は、徂徠の「内証事」の意味を「自分限りの精神陶冶」とする点で、朱子学的な誤解をしているが、学校が「私立」であるべきだとした点については首肯できる。
(56) 注(7)辻本書、六二頁。辻本は、幕府により一定の物質的・経済的援助で営まれるという意味で、完全な私的経営ではないが、学習者の私的な自発性を失わない「私塾」的形態の「家塾」を徂徠が構想していたと指摘している（六二頁）。
(57) 注(6)『荻生徂徠』四三九頁。
(58) 『日本経済叢書』巻二（日本経済叢書刊行会、一九一四年）三九七頁。
(59) 同右、三七〇頁。
(60) 『日本教育文庫　学校編』（同文館、一九一一年）七三頁。
(61) 『荻生徂徠全集』巻一（みすず書房、一九七三年）五六九〜五七〇頁。
(62) 注(6)『荻生徂徠』二七七頁。
(63) その実現した姿が長州藩藩校明倫館の養老の礼であった。第Ⅳ編第三章参照。
(64) 注(6)『荻生徂徠』四四〇頁。
(65) 儒者の生活が貧しかったことは、徂徠豆腐の逸話が証している。原念斎『先哲叢談』巻六（源了圓・前田勉訳注、平凡社東洋文庫、一九九四年）参照。
(66) 同右、四三九〜四四〇頁。
(67) 徂徠は、「才・材は同じ。人の、材あるは、これを木の材に譬ふ」（『弁名』巻下、注6『荻生徂徠』一四三頁）、「後世、才の字は、みなただ「能」と訓ずるのみ」（同右、一四四頁）と定義しているように、「人才」は行政能力ある人材を意味する。
(68) 長州藩の明倫館は、徂徠の弟子山県周南が主導して、建設された藩校である。そこで行われた教育がどのようなものであったかは、問題が残る。徂徠・春台の主張に反して、公的機関としての学校での英才「教育」が行われていたのではないか、という疑問が浮かぶからである。ちなみに、徂徠は、周南の父親である山県長伯が八〇歳の時、祝いの言葉を述べて、「教育」という言葉こそ使っていないが、「是を以て文王は人を作り、仲尼は楽しみて英才を育す。故に曰く、学校は治の本なりと」（『徂徠集』巻九、県先生八十序）と説いていた。この点については、本書第Ⅳ編第三章で検討する。
(69) 『灊水叢書』（近世儒家文集集成14、ぺりかん社、一九九五年）一四四頁。

第二章　一八世紀の文人社会と学校

一　彦根藩の文人サロン

一八世紀中ごろには、荻生徂徠の古文辞派の影響が全国に及び、文をもって会する文人社会が形成された。学芸を愛好する文人たちは、サロンともいうべき場で詩文を交換し合った。そこは、「藩・身分・学派などの枠を超えて異質なもの同士が出会える〈場〉[1]」であり、「都市的な自由を共通の基盤としつつ、地縁的・血縁的な共同体の規制から解放され、士農工商という封建的な階級からも逸脱した場[2]」だった。江戸後期、厳しい身分制度の下、こうした文人たちの自由な「場」＝空間が生まれたことは、文学史的に、また思想史的にも注目すべき現象である[3]。前章では、こうした「場」の成立にあたって、会読という共同読書の方法が果たした役割について見てきた[4]。春台の会読学習の場は、江戸であったが、「享保ノ中年以後ハ、信ニ一世ニ風靡[5]」（那波魯堂『学問源流』、寛政六年序）した徂徠学の流行とともに、全国に普及したのである。高橋博巳は、そうした会読の地方への浸透の一例として、彦根藩の野村東皐《のむらとうこう》の「結社」を紹介している。

野村東皐（一七一七〜八四）は、彦根藩の次席家老庵原助右衛門に仕えていたが、のちに藩儒に取り立てられた漢詩人である[6]。詩文集に『蘘園集《じょうえんしゅう》』前編八巻（明和八年刊）・後編一二巻（寛政九年刊）がある[7]。

彦根藩でも、徂徠に私淑する沢村琴所《さわむらきんしょ》（一六六八〜一七三九）が出ていた。東皐は、初め、闇斎学派の浅見絅《あさみけい》斎《さい》・若林《わかばやし》強斎《きょうさい》について神儒を兼学したのだが、琴所に感化されて、徂徠の書を読み、徂徠学に傾倒するようになったのである。琴所の死後、東皐はみずから中心となって経史、諸子百家を会読するグループを作り、彦根城下の同好の士たちと切磋琢磨しながら、学問に励んだ。みな二〇代前半の若者だった。

東皐らの結社は「楽群」と言い、元文四年（一七三九）に会読をする上での規約を定めている。その規約「楽群亭会業約」には、次のように説かれている。

博習楽群は古の道なり。斯の道や、将に亡びんとす。独り物夫子の微を表にするなり。吾が党の士も亦た古道を与り行ふ。今、諸君と斯に習ひ、斯に群し、切劘問難し、以て成すこと有るを楽しむ。請ふ命《なづ》くるに楽群を以てせん。諸君皆な以て可と為す。是に於いて遂に之れが約を為《つく》りて曰く、凡そ斯の会に与る者は、斯の会に与る者、歯《よはひ》を以て班と為し、年を同じうすれば月を以てし、月を同じうすれば日を以てす。各々自ら其の班に就く。敢て譲を煩はしくせざるなり。凡そ会の期は、定日無し。毎会、必ず後の会期をトす。予が多務にして宿諾すべからざるを以てなり。凡そ会の人は、進むこと必ずしも強ひず。退くこと必ずしも遏《とど》めず。甚だしきを為さざらんことを欲してなり。

（『蕢園集前編』巻六、「楽群亭会業約」）

東皐らは、年齢順以外に制約もなく、「進退」自由な空間で、楽しみながら学び合うことを求めたのである。こうした朋友同士が「切劘問難」しあいながら、経書・史書を読み合う読書方法が「会業」、すなわち会読であった。ここで、東皐が同志「諸君」と「切劘問難」しながら、「古道」を学び合うと宣言したとき、徂徠が、「師教よりは朋友の切磋にて知見を博め学問は進候事ニ候」(8)（『徂徠先生答問書』巻下）と説いて、先生から教えられるよりは、朋友との切磋琢磨によって、「知見を博め」ることを勧めていたことが念頭にあっただろう。徂徠は『答問書』のなかで、遠方の弟子に会読を勧めていたからである。

同郷にて候得ば、朋友聚候て会読などいたし候得ば、東を被レ言候て西の合点参り候事も有レ之候得共、遠堺

無二朋友之助一、御学問はか参問敷候。(9)　（『徂徠先生答問書』巻下）

徂徠は地方ゆえに、同好の士を集めることの困難さを慮っているが、必ずしもそうではなかったのだろう。東皐らの「楽群」の会読は、その意味で、地方への徂徠学派の会読普及の一例だった。

そもそも、こうした朋友同士の共同読書＝会読は、東皐が最初学んだ闇斎学派の学び方とは、まったく異なっていた。東皐によれば、闇斎学から徂徠学に転じたとき、周囲の猛反対にあったという。「予、徂徠先生の書を読みて、甚だ之れを悦び、尽く其の旧学を棄てて学ぶ。親戚朋友、宋儒を信ずる者、相聚まりて予を責む。予中心、狂の如し。従ふ所を知」（『蘐園集前編』巻一、「雑詩二首序」）らないにもかかわらず、徂徠学に魅かれた理由の一つには、この会読という読書方法の新鮮さがあったのではないかと思われる。というのは、闇斎学派では、講釈中心だったからである。そこでは、師の言葉を一言洩らさず、筆記することが求められていた。ところが、徂徠はみずから、「予《わ》れ講を悪む。毎《つね》に学者を戒めて、講説を聴かざらしむ」(10)（『訳文筌蹄初編』巻首）と述べるように、講釈嫌いとして知られていた。徂徠の初期作品『訳文筌蹄初編』の題言には、闇斎流の講釈が次のように揶揄されている。

師の尚ぶ所、弟子之に效《なら》ふ。旁ら従《よ》り筆を援《ひ》きて、其の講ずる所の言を録し、前後次第、一字も差へず。甚しきは則ち曰はく、「師是の処において一謦咳す」、「此の句に至りて一撃節す」と。其の声音を学《まね》び、其の容貌を擬し、云々、(11)　（『訳文筌蹄初編』巻首）

徂徠は『訳文筌蹄初編』において、講釈の害を一〇項目にわたって論じているが、なかでも重要なことは、聴講者が自分で「思」うこと、考えることをしなくなってしまう点にあった。こうした師から弟子への一方向的な講釈を否定して、徂徠は、朋友同士が対等に意見を出し合い、討論しながら、みずから考え、「自得」することを求める会読を勧めていたのである。東皐たちからすれば、いかにも新鮮に感じただろう。徂徠学は、朱子学の道徳・政治論を批判したその儒学思想が、そして、文学の方法としての古文辞学が「事件」(12)だったのみならず、経書や史書の読書方法という点でも衝撃的で斬新だったのである。

二　会読の三つの原理

東皐らの「楽群亭会業約」は、お互い「切劘問難」しあい、年齢順以外の制約を排する対等性を謳い、「凡そ我が同盟、敬みて斯の約に従ひて、庶くは永く替らざらんこと」（『蘘園集前編』巻六、「楽群亭会業約」）を誓い合っていた。ここには、相互コミュニケーション性、対等性、結社性という会読の三つの原理がよく現われている。この三つを原理とする会読は、徂徠学派にかぎらず、儒学の学派、さらには儒学の枠を超えて普及し、江戸後期には、さまざまな会読する自発的な読書グループが生まれた。

会読の第一の原理は、参加者お互いが「切劘問難」し合う、相互コミュニケーション性である。会読の場では、疑義があれば、積極的に質問し、討論することが奨励された。他者に付和雷同することなく、みずからが疑問をもち、それを出し合い、討論することが求められたのである。ここでは、天保年間（一八三〇～四四）の加賀藩校の明倫堂の規約を挙げておこう。

会読之法は畢竟道理を論し明白の処に落着いたし候ために、互に虚心を以可㆑致㆓討論㆒義に候処、中には彼我をさしはさみ、可㆑致㆓勝劣㆒之心盛に相成、弁舌の末を争ひ審問慎思の工夫も無㆑之、妄に己を是とし人を非とする心有㆑之候事、見苦敷事に候、且又自分一得有㆑之候とて、矜誇の色をあらはし候事。他人疎漏の誤りを妄に非笑致し候事。自分の非を飾り他説に雷同致し候事。鹵莽に会得の顔をなし他説をうはへに聞なし候事　大抵に自分を是として疑ひを不㆑発事。疑敷義ありとも自分にまかせてやすんする事。人の煩を憚り不㆑致㆓質問㆒事。未熟なるを恥て言を不㆑出事。此等之類一事も有㆑之候ては上達の道は無㆑之候間自分を省察いたし堅く慎み可レ申候事。(13)　（「入学生学的」）

会読の第二の原理は対等性である。徂徠は、「学問ノ上ニ、貴賤ノ爵位ヲ立ルヲバ、非礼ト定メ玉フ」(14)（『太平策』）と説いていたが、会読はそれを実現する場だったといえる。先に見たように、太宰春台の紫芝園では、会読の規約、「紫芝園規条」が定められていた。そこでは、「尊卑先後に拘」わらず疑問を積極的に出し合うことを定めていたのである。「楽群亭会業約」でも、「斯の会に与る者、歯を以て班と為し、年を同じうすれば月を以てし、月を同じうすれば日を以てす。各々自ら其の班に就く。敢て譲を煩はしくせざるなり」と宣言していた。彼らは、対等な同志を一様に「諸君」（諸君子）と呼び合って、会読の場での上下の身分呼称を拒否していたのである。

さらに、会読の第三の原則は、規則を守り、自発的に集会する結社性である。彦根藩の城下で、野村東皐らの「楽群」亭が異質な空間を目指した、同志の結社だったことは、何より、みずから「楽群亭会業約」を定めていたことからも明らかである。東皐から見れば、彦根の城下は、「藹藹《あいあい》たり朝市の中、逶迤《いい》として第宅連る、往来繁華を競ふ、玉馬　金鞍韉《あんせん》、朝に方丈の食に飽き、夕暮に綺筵を開き、六博　日夜無く、卮酒《ししゅ》　歳年を度《わた》る、交態　万金を重んじ、周容　其の賢しとする所、章甫　日に以て逐はれ、縫掖《ほうえき》　畢に棄損せらるる、是くの如きは慕ふ所」ではなかった。「楽群」グループはこうした俗世界との関わりを断ち切ることを誓い合った結社だった。

吾徒奇士多し、狂簡にして且つ忼慨す、早くに先聖の訓に興つ、鑽仰して年歳を忘る、群居相ひ切磋し、親しきこと兄と弟の如し、往来す亭館の中、旦夕　盟会を作す、其の会、伊《こ》れ如何、簡策　道の載する所、子史　我が博に供す、崇ぶ所は六芸に在り、伊周は実に希ふ所、顔閔を儕輩と為す、但だ願ふらくは終りを慎みて、盟誓永く替らざらんことを。　（『蘐園集前編』巻一、「楽群亭に題す三首」）

「楽群」に結集した「狂簡にして且つ忼慨」する「奇士」たちは、高橋博巳が指摘するように、「礼楽」を学び合うことによって、「夷」なる世俗を変じて文明化された「夏」としようとする「志」を共有する人々だった(15)。

ここで一つ注意をしておきたいことは、会読は経書や史書の共同読書の方法であって、詩文鑑賞には必ずしも適してはいない、と東皐が考えていた点である。東皐は参勤交代で江戸に在府していたころ、服部南郭や高野蘭《たかのらん》亭《てい》らと「都下の勝地を周覧」（『蘐園集前編』巻六、「東都客舎の壁に題す」）する一方で、彦根城下の同志たちが『唐詩選』の共同読書をしていたことにたいして、次のように批判している。

諸君、唐詩を読むこと、経書を読むが如くす。穿鑿傅会の生ずる所以なり。古人曰く、解すべく、解すべからざるの間に在りと。蓋し詩は、以て意悟すべくして、以て口説すべからざる者なり。何ぞ必ずしも一一に其の義を究めて、後に快と為さんや。此れ特に詩を読むの法を失するのみに非ず。又た其れ、宋元に堕落するの禍も亦た、将に斯に在らんとす。懼れざるべけんや。諸君、誠に善く唐詩を読まんと欲せんか。美酒以て其の腸胃を洗ひ、嘉肴以て其の口腹を肥し、資するに山川の勝、風月の美を以てし、然る後に時々以て諷詠せば、則ち解説を須たずして、其の義自ら見はれん。其れ詩を学ぶの方に於いても、亦た将に思ひ過半ならんとす。諸君、其れ諸れを思へ。（『蘐園集前編』巻七、「同社諸君に答ふ」）

唐詩の字義・出典の「穿鑿傅会」は、「意悟すべくして、以て口説すべからざる」鑑賞することとは違うという。詩は、「美酒」を飲み「嘉肴」を食べながら、「山川の勝、風月の美」を詠ずることによって理解できるのであって、字義の穿鑿は「宋元」の理知主義へと堕落してしまうことになる。ただ、「詩を読むの法」が経書・史書の読み方とは別だと説いているのであって、経書・史書の共同読書自体を否定したわけではなかったことはいうまでもない。東皐たちは、南郭流の詩文の世界に沈溺していたわけではなかったのである（東皐は、蘐園派のなかでも経学派の太宰春台に親近感をもっていた）。

ただ詩文の世界に距離を置いていたからといって、藩校創設以前の東皐自身は、政治に関わるチャンスはなく、直接に政治を論じたわけでもなかった。彼は、「政を論ずる」ことと「道を論ずる」ことを分けて、自分はあくまでも後者の「章句文字」を学ぶ「書生の学」にすぎない、と説いていたからである。東皐はいう。

台（東皐）、交り寡しと雖も、一二の同志の士、我を知り我を信ずること、吾が兄の如き者有り。与に共に道を論じ、与に共に文を論じ、以て揚子雲を千載の後に俟つ。彼の沾沾《てんてん》、自ら喜ぶの士、未だ己を信ぜざる者の前に強弁聒論《かつろん》して、自ら其の智を衒《てら》ひ、自ら其の才を矜《ほこ》りて、以て名を一時に求むる者と、孰れか得か、孰れか失か、孰れか是か、孰れか非か。是を以て台は、未だ曾て国是を陳説して、政府に裨補せんこと有らざるなり。

（『蘘園集前編』巻八、「大菅瓚美に答ふ」）

ここには、みずからの責務を「道を論ずる」ことに限定する抑制的な意識があった。ところが、一九世紀になると、会読の場は、東皐が峻別していた「政を論ずる」討論の場に変貌してゆくことになる。そのことは、全国各地の藩校で、国政を論ずることの禁止令が頻出していることからも察することができるのだが、一八世紀の東皐の段階では、未だそこまではいたっていなかったのである。

三　藩校建設の是非論争

東皐自身は徂徠学的な経世への志を得ずに、「天を怨《うら》みず、人を尤《とが》めず」（『論語』憲問篇）という境地に達したかもしれないが、次の世代は、経書・史書の私的な共同読書にとどまらず、藩政の公的な文教政策に関与していった。彦根藩では、第一一代藩主井伊直中が、寛政一一年（一七九九）に藩校稽古館を創設する。その際、東皐グループの田中世誠（一七四九～一八一六）、西尾混山《にしおこんざん》、大菅南坡《おおすがなんば》（一七五四～一八一四）らが積極的に関わっていたのである。

東皐が彦根に蒔いた種は、徂徠学が「異常な発展をとげ(16)」た藩校として結実していったといえる。この点、

『日本教育史資料』では、「本藩古文辞ノ学、蓋シ公台（野村東皐）ヨリ盛ナリ(17)」と評価されている。稽古館の創設は、昌平坂学問所内で朱子学以外の学問を禁じた寛政異学の禁以降のことだが、徂徠学が藩学となったわけである。彦根藩では、幕末の安政四年（一八五七）になって漸く、弘道館（天保元年に、稽古館から改称していた）で朱子学を講ずることを命じた諭達が発せられた。しかし、それにもかかわらず、「『陽朱陰物』の学士も多く出て、根底には徂徠の学風が流れ、実質に於て徂徠学で終始したと見てよかろう(18)」と指摘されている。

（1）一の抜群者か十の凡庸者か

彦根藩では、徂徠学が藩学になる前提として、そもそも、藩校を建てるべきかどうかという議論があったことは注目すべきである。先に見たように、徂徠においては、学問は「畢竟内証事(19)」（『政談』巻四）であって、辻本雅史によれば、「学習者の独自性や自主性を阻害しない形態として、「私塾」（家塾）的学校教育の有効性を提唱したのであった(20)」。学問を志す者たちが学び合う私的な場所で、才智ある人物も育ってくる、と徂徠は考えていた。それでは、学問を強制された公的な場所でも、人材は育つのだろうか。この根本問題が、実は、寛政一一年の弘道館創立時点ですでに議論になっていたのである。

藩主井伊直中が文武振興のために藩校を建てようと、藩士から意見を求めた際に、東皐グループのメンバーである田中世誠は創設賛成の立場から、小塙重一《こだかじゅういち》（一七六三～一八三四）らの反対論者と「弁解討議(21)」し、終に「設立ノ議ニ決(21)」したという。もともと、田中世誠と小塙重一とは友人同士であったが、「学館ノ事ニ及フ毎ニ輙チ互ニ抗論シテ措(22)」かなかったと伝えられている。この田中世誠と小塙重一の論争は、学校で「英才」「教育」が可能かどうかを焦点としていた。

世誠は、「当に建設シテ以テ文武ヲ奨励シ、力メテ英士ヲ養成スヘシ(23)」と建設に賛同した。これに対して、重一の建設反対論は殊に注目すべきである。

建設スヘカラス。従来文武舎無シト雖ドモ、上達ノ者多シ。間ニハ一丁字一剣法ヲ知ラサル者無キニ非ストモ、亦抜群秀出ノ者アリ。之ヲ建設スルトキハ、則チ皆文武通常ノ法ハ知ルト雖ドモ、謂ハユル石臼塾（ママ）ニシテ、傑出ノ者無ク、之ニ加フルニ吏ニ阿《オモネ》リ師ヲ凌《シノ》キ軽薄諂諛ノ弊ヲ生シ、士風此ヨリ陵遅センコト鏡ニ懸ケテ見ルカ如シ。必ラス建設スヘカラス。[24]

「石臼塾」とあるのは、何でも粉にするが、できた粉が粗いことから、多種の芸がいずれも大してものにならないという意味の「石臼藝」だろう[25]。要するに、「文武通常ノ法」は知ってはいるが、役に立たない人材しか育たないという意味である。重一は、役立たずの凡庸な平均人を生み出すのみならず、「吏ニ阿リ師ヲ凌キ軽薄諂諛」の弊害さえ生ずるともいう。これに対して、世誠は、そうした「禍ヲ未然ニ防クハ法ニ在リ」と、制度による防止を主張する。世誠によれば、これまで「文武舎」がなくても「抜群秀出」が生まれたというが、「従来文武ノ達人十中ニ一ヲ得ルトセンニ、九ハ皆無用物」であったのだから、学校を建てて、大勢の「十ヲ以テ一ニ抗」し、「無用物ヲ変シテ有用物ト為」すことによって、「国家ニ益スル鮮小」ではないという。

この世誠の意見にたいして、重一は、「法ハ死物ナリ、活物ノ人アリテ、之ヲ使用」するもので、かりに「良法」＝制度があっても、運用する人が得られないならば、「弊害立トコロニ至ル」として、世誠の論を逆手にとって次のように反論する。

十ヲ以テ一ニ抗スルノ十ハ、皆凡庸者ニシテ、各人各心必ラス一致セス。十中ニ一ヲ得ルノ一ハ抜群者ナリ。其一指揮シテ他ノ九ヲ使役スルトキハ、則チ無用物ヲ変シテ有用物トシ、能ク一人ノ指揮ヲ守リテ其力純一シ、各人各心ノ十ニ倍センコト幾許ソヤ[26]。

世誠は学校での藩士全員の底上げを目指したのにたいして、重一は、学校は結局、「石臼」を挽いて尖った才能を丸くし、「凡庸者」を生み出すだけで、傑出した指導者を得ることはできないとする。先に述べたように最終的には、世誠の藩校建設論が採用されて、徂徠学による教育が推し進められることになった。寛政一一年の開校の際には、「文を学ふの肝要は孝悌忠信の道を基として、治国安民の旨に達し国用に可レ立様可二相励一事」という一条を冒頭に掲げた掟書を事務員・教員・生徒に聴聞させ、それ以来、毎月四日の日には、生徒に「聴聞遵守」させるようになった(27)。しかし、必ずしも当初の目的の「国用」に役だつ人材が育ったわけではなかった。そのためか、『日本教育史資料』は、重一の反対論に、すこぶる同情的である。

議遂ニ行ハレス。重一深ク士風ノ頽廃、文武ノ陵遅ヲ歎惜ス、果シテ数年ナラスシテ、弊ヲ生シ、一ニ重一言フ所ノ如シ。人始メテ其卓見ニ服ス(28)。

徂徠学が藩学になったことによる「士風ノ頽廃、文武ノ陵遅」の要因の一つに、徂徠学の内容という点は考慮されねばならないだろう。たしかに、徂徠学は重一のいう「抜群者」の英才教育には適していたといえるだろう。周知の徂徠の「疵物」論はその端的な例証である。「疵物にならでは人才はなき物と被二思召一、疵物之内にて御ゑらび可レ被レ成候。疵もなく才も長じ候人を御尋候はば、最前申候御物ずきの注文と申物にて候。疵なき人は郷原か巧言令色か扨《さて》は庸人と可レ被二思召一候」(29)（『徂徠先生答問書』巻中）とあるように、凡庸な人々ではなく、「疵物」のような一癖ある逸脱者のほうが役に立つという人材論だった。しかし、藩士全体の底上げ、十の「凡庸者」の教育という点からいえば、朱子学のほうが、かえって相応しいだろう。それは、凡庸な者が道徳的に完璧な人格者としての聖人を目指す学問だったからである。ここで想起すべきは、彦根藩の藩校創設時が、寛政異学の禁と重なっていた点である。幕府で朱子学が採用されたのも、結局は、朱子学が一人の「抜群者」よりも、十の「凡庸者」を教育するために適当だったという点も考慮に入れる必要があるだろう。

こうした思想内容の問題とは別に、この田中世誠と小塙重一の論争は、一八世紀後半の諸藩の課題を浮き彫りにしている。この時代、どの藩でも、藩士教育が課題となった。先に述べたように、そのために、はやくも一八世紀中ごろ、宇佐美灊水が、「学館を設て教されは、士大夫道に暗く、風俗正しからす。且英才《すくれたるさいし》之人を教育する事あたはす。故に学館を建つへし」[30]（「事務談」、宝暦二年）と説いていたように、国家有用の人材を教育する学校が建設されるようになる。寛政一一年の開設時に、「文を学ふの肝要は孝悌忠信の道を基として、治国安民の旨に達し国用に可レ立様可二相励一事」という掟書を出した彦根藩も同様である。問題は、「国用に可立」人材教育の際、十の「凡庸者」を教育するのか、それとも一の「抜群者」を教育するのかにあった。

　世誠が藩士全体の教育の底上げをめざして、藩の公的な機関としての学校＝藩校を創設すべきだと説いたのにたいして、重一はそうした公的な機関は「石臼藝」をもたらすだけで、藩士を平均化・画一化してしまうので、私的な場所での「抜群者」の育成を求めたのである。一八世紀末の寛政異学の禁が江戸思想史においてエポックメーキングであったのは、まさに学校＝藩校が、十の「凡庸者」を教育する機関となったことにある。かつて、石川謙が、寛政異学の禁の結果、「才能に恵まれた格段の少数者を収容して、その一人一人の嗜みのために施す精神陶冶の道場としてゞなく、全体の家中を藩有用の材に育てる一般者訓練所として、「学校」を見立て直させるに至つた」[31]と指摘していたことは、的を射たものだったといえる。

（2）会読の対等性と身分制

　ところで、教育内容こそ、寛政異学の禁の「正学」と「異学」、すなわち朱子学と徂徠学とは異なっていたが、教育方法という点では、それほど違いがあるわけではなかったことにも注意しておかねばならない。『日本教育史資料』第五冊に収録されている「彦根藩士学事意見書」は、文政八年（一八二五）に藩主井伊直亮が藩士に求めた藩校振興の意見書を集めたものである。そのなかには、学生の好みに任せて、「一芸成就」を目指すことが説かれている。東皐グループの大菅南坡に師事して徂徠学を学んだ伴東山《ばんとうざん》（一七七三～一八三四）は、『政談』を引照して、次のようにいう。

稽古之儀、先ツ一通リ稽古致サセ、其上ニテ其人之望ニ任セ、一芸成就サセ候事徂徠ノ政談ニ御座候。林春斎ノ教法之通リモ可ㇾ宜ト奉ㇾ存候。(32)（「学問方伴只七考意」）

徂徠が『政談』に紹介していた鵞峰の五科十等の制が評価されている。もちろん、ここには寛政異学の禁以降もなお徂徠学を採用していた彦根藩の特殊事情があるだろう。すなわち、徂徠学の「教法」は昌平坂学問所の前身である林鵞峰のそれと変わりないと言い立てることで、徂徠学の正当化を図ろうとしているのである。しかし、彦根藩の幕府への遠慮という以上に、林鵞峰が五科十等の制のもとで、「門生講会」を行い、対等な学び合いを実践していたことを想起すれば、それ以上の意義を認めることができるだろう。ここには、徂徠の会読につながる、学習者の視点があるからである。

この点、彦根藩では、会読が採用されたことは注目すべきである。というのは、会読採用は、朱子学か徂徠学かの教育内容如何に関わらず、一八世紀後半、昌平坂学問所と全国藩校に共通するからである。しかし、一旦、会読が藩校という公的な機関の教育方法として採用される時、問題も生じた。彦根藩もその例外ではない。以下、会読が藩校の教育方法となるときの問題を具体的に見てみよう。

弘道館の教育方法については、石川謙の大著『日本学校史の研究』のなかで紹介されている。それによると、弘道館には、四つの寮（一之寮、二之寮、三之寮、四之寮）があった。一之寮と二之寮は、素読教授を主とする初等教育場で、その寮内には六等級の等級（席と呼んだ）があった。(33)この初等教育を修了して、中等教育の三之寮に移行すると、『春秋左氏伝』『国語』『史記』『漢書』の会読が始まった。三之寮の内にも五等級の段階があり、さらにもう一つ上の高等教育の場である四之寮に進むと、そこにも五等級の段階があって、会読が行われていた。

こうした上位の等級・寮への移行には、すべて試験が課せられていた(34)。

このような複合等級制をとった一つの要因は、中下級藩士が対等に上級藩士と討論し合い、競争するためには、公正な試験が必要だったからだろう。もともと、江戸時代、身分制度の下で、会読の対等性を担保するには、大きな障害があった。とりわけ、藩校では、家柄や身分を重んじる「属性」の原理と学問の「実績」の原理とがせめぎ合っていたが(35)、対等な者同士が討論し合う会読は、そうした矛盾が顕在化する場であったからである(36)。とくに譜代有力藩である彦根藩の場合、なおさらだったろう。格式を重んずる困難な環境のなかで、会読の対等性を実現するために、このような複合等級制度という厳格なシステムを作らざるをえなかったのだろう。昇級するための複数の試験によって、より客観的に学力を評価できるようになるからである。

しかし、東皐らの自発的な結社であった時には、会読の場は「進むこと必ずしも強ひず。退くこと必ずしも遏め」(「楽群亭会業約」)ない、自由な討論の場であったが、たとえ「一芸成就サセ」る徂徠学を学んだにせよ、藩校教育のなかで就学を強制され、制度化されるとき、そうした自発性は失われてしまっただろう。さらに問題はこれだけではなかった。

(3) 学び合う場から教える場へ

もともと会読の場は、対等な者同士の学び合う学習の場であって、教授する場ではなかった。しかし、一旦、制度としての藩校ができると、教授の問題が生ずることになる。竜玉淵《りゅうぎょくえん》・大菅承卿・伴東山の三人(37)の『学館考』(文政一〇年)には、それをうかがうことができる。そこでは、創設以後の稽古館の現状が述べられている。

常出故、人々怠屈シ、寮ニテハ雑談多ク、寮外ニテハ徘徊シ、御定刻外ニハ落書障子破リ等ヲ慰ニ仕候。小屋ニテハ昼寝網結長日之砌ハ殊ニ甚敷候。或ハ相撲席包ミ薬罐蓋射茶碗破リ、且師範不レ出シテ御見廻リモ無レ之日ハ、一度之表モ遣ヒ不レ申日モ間ニ御坐候趣ナリ。其余種々横虐一々数へ難ク候(38)。

このような「弊風」に、藩校教官たちはどのように対処しようとしたのか。

一統勝手出講宜敷候。若シ勝手ヲ恃ミ一向不レ出レ講之輩ハ、急度御仕置有レ之趣、前方ヨリ被二仰出一可レ宜候。左候ヘハ人々楽ミテ出講可レ仕候(39)。

竜玉淵・大菅承卿・伴東山らは、必ずしも強制出席を求めてはいない。この点は、かつて享保時代、室鳩巣の強制出席論を批判した徂徠を想起するとき、いかにも徂徠的であったといえるだろう。竜らからすれば、出講することが「楽」しみとならねばならないというのである。しかし、そうは言いつつも、学問への意欲もなく、「人々怠屈シ、寮ニテハ雑談多ク、寮外ニテハ徘徊」する「弊風」を矯正する必要が、藩校教官の立場として求められた。そこで、彼らはまず稽古館の「学問方」の呼称の変更を求めている。

学問トハ学ヒ問フト申ス字ニ御坐候へハ、教授之儀ニハ遠ク奉レ存候。依レ之最初御開館之御書面ニ統而文教之儀掌レ之ト御坐候へハ、文教掌役ニテモ、又ハ教授役ニテモ文教役ニテモ可レ宜奉レ存候。何卒御取捨奉レ願候(40)。

「文教掌役」「教授役」「文教役」でも構わないから、ともかく「教」の字を入れることを求めている。生徒たちと対等に「学」ぶ関係ではなく、上から「教」える立場であることをはっきりさせようとしたのである。しかも、教えには「権」が必要となる。

教授・助教・武芸師範三役トモ門人教導精粗届ケ候様、総而軍法岡本家ノ条ニ申上候通リニ被二仰付一候様願ハ敷候。左様ニ無レ之テハ教導行届キ不レ申候。当館御建立無レ之以前ハ、文武共学フ者ヨリ慕ヒ頼ミニ参ル者ニ御坐候へハ自然ト師権御坐候へトモ、只今ニテハ夫トハ違ヒ候へハ、官ヨリ権ヲ御付ケ不レ被レ下候テハ師権無二御坐一候。三役共一代切ニテ弟子ヲ選ミテ跡役相譲リ度段願出候様可レ宜候。左様ニ無二御坐一候テハ、次第ニ衰微可レ仕候。夫ニ付テハ文武御役柄重ク人々文武師範ニ被レ任度冀望仕ル様御待遇御坐候様願ハ敷候。

若シ実子其器量御坐候ハ、可レ為二格別一候。[41]

「文」にも、「武芸師範」がもっているような師の「権」を求めていること、世襲を憚っていることは注意すべきだが、ここで重要なことは、生徒たちが「文武師範」になりたいと思うように、待遇改善を願い出ている点である。[42]この願いは、もちろん教官の経済的社会的な理由からであったが、教育方法という観点でいえば、志ある者同士の学びの場（会読の場）ではなく、教える場となるとき、教える者の「師権」が必要だったことを示唆している。[43]藩校成立以前であれば、「文武共学フ者ヨリ慕ヒ頼ミニ参ル者」たちが自発的に師を「慕ヒ」、師とともに学び合う場であったものが、藩権力によって官学化した学校という制度のもとでは、「官ヨリ権ヲ御付ケ不レ被レ下候テハ師権」を確立できなくなる一方で、太宰春台において見た、「先生、徂来と講論して合はざれば、必ず再三、論弁して、明らかならざれば措かず」[44]（『紫芝園稿』附録、松崎惟時「春台先生行状」）とあるような、師徂徠にたいしても遠慮なく討論するという師弟間の対等性もなくなってゆくのである。

（1）高橋博巳「文人社会の形成」（『岩波講座　日本文学史　18世紀の文学』第九巻、岩波書店、一九九六年）参照。
（2）揖斐高「近世文人とその結社」（福田アジオ編『結社の世界史1　結衆・結社の日本史』（山川出版社、二〇〇六年）参照。
（3）俳諧のサロンについては、田中優子『江戸はネットワーク』（平凡社、一九九三年）参照。
（4）会読については、拙著『江戸の読書会――会読の思想史――』（平凡社選書、二〇一二年）を参照されたい。
（5）『少年必読日本文庫』（博文館、一八九一年）第六編、二四頁。
（6）名は公台、字は子賤、東皐・嚢園はその号である。彦根藩老庵原氏の家臣野村澹斎の子であったが、天明四年、「文学優等ヲ以テ擢シテ」「一代直参」となった（『日本教育史資料』第一冊、文部省、一八九〇年、三七二頁）。野村東皐と彦根藩藩校設立に関しては、宇野田尚哉「十八世紀中・後期における儒家的知の位相」（『ヒストリア』一五三号、一九九六年）参照。

（7）本稿は西尾市岩瀬文庫所蔵本をテキストにした。

（8）『日本倫理彙編』巻六（金尾文淵堂、一九一一年）一八七頁。

（9）同右、一八八頁。

（10）『荻生徂徠全集』巻二（みすず書房、一九七四年）五五一頁。

（11）同右、五五四頁。

（12）子安宣邦『「事件」としての徂徠学』（青土社、一九九〇年）参照。

（13）『日本教育史資料』第二冊（文部省、一八九〇年）一九四頁。

（14）『荻生徂徠』（日本思想大系36、岩波書店、一九七三年）四五六頁。

（15）宇野田は、東皐の会読グループのメンバーが、田中世誠や西尾混山のような中級藩士とそれ以下の下級藩士だったと推定している。注（6）宇野田論文参照。

（16）笠井助治『近世藩校に於ける学統学派の研究』下巻（吉川弘文館、一九七〇年）二〇〇〇頁。寛政一一年の創設時の「掟」の第一条は、「文を学ふの肝要は、孝悌忠信の道を基として、治国安民の旨に通達し、国用に可レ立様可二相励一事」（注6『日本教育史資料』第一冊、三七三頁）と規定されている。

（17）注（6）『日本教育史資料』第一冊、三七三頁。

（18）注（16）笠井書、二〇〇〇～二〇〇一頁。

（19）注（14）『荻生徂徠』、四三九頁。

（20）辻本雅史『近世教育思想史の研究――日本における「公教育」思想の源流――』（思文閣出版、一九九〇年）六二頁。

（21）『日本教育史資料』第五冊（文部省、一八九一年）一〇頁。

（22）同右、一三頁。

（23）注（6）『日本教育史資料』第一冊、三七五頁。

（24）同右。

(25)「石臼藝」という言葉は、武芸に関して用いられていた。武芸は弓・馬・槍・剣・砲・柔の六芸の中から（剣はすべての武士が学んだ）、数種を選び習った。ただ、このような広く浅い習得法は「石臼藝」だと自嘲された。江森一郎『体罰の社会史』（新曜社、一九八九年）一四七頁参照。小塙重一は「文」に関しても「武」同様だと非難したといえる。ちなみに、重一の人となりは「気節アリ。且剛直ニシテ権貴ヲ避」けず、大坂町奉行所の与力大塩平八郎と「友トシ善」かったという（注21『日本教育史資料』第五冊、一三三頁）。ただ、ある日、「平八郎ト大ニ時勢ヲ抗論」してからは、大塩は「藩ニ来ルモ重一ノ家ヲ訪」わなかったという（同前）。

(26)注(6)『日本教育史資料』第一冊、三七六頁。

(27)注(6)『日本教育史資料』第一冊、三八九頁。

(28)注(21)『日本教育史資料』第五冊、一二頁。

(29)注(8)『日本倫理彙編』巻六、一六三〜一六四頁。

(30)『濤水叢書』（近世儒家文集集成14、ぺりかん社、一九九五年）一四四頁。

(31)石川謙『近世日本社会教育史の研究』（改版一九三八年、青史社、改定一九七六年）八六頁。

(32)注(21)『日本教育史資料』第五冊、四九九頁。

(33)藩内格式で笹之席（一〇〇〇石以上）の子弟、三〇〇石以上で御重職にある者の嗣子は、二之寮に編入した。その他一般藩士の子弟は、住宅地域により一之寮・二之寮に振り分けられた（石川松太郎『藩校と寺子屋』教育社歴史新書、一九七八年、八六頁）。

(34)石川謙『日本学校史の研究』（日本図書センター、一九七七年）三九二〜三九三頁。徂徠学派が主導する藩校で、等級制と多教場が採られる理由について、石川謙は、徂徠学のように「会読本位ということになると、それに列席する生徒のたれもが一応の読書力と理解力とをそなえてかからねばならぬし、読書力のほどほどに応じて、会読する書物を選ぶ必要がある。ここに「進歩」が予想され「課業次第」が予定され、「われと発達する」学力の程度に相応するいくつもの教場が用意されなければならぬ。徂徠学派の教育構想の重要な一つに等級制があり、学校建築の構造に多教場併置の案が含まれたのはこのためである」（同前、三九七頁）と指摘している。しかし、徂徠学、朱子学との思想内容の違いとは必ずしもいえない。鶩峰にすでに「進歩」を前提とする五科十等の制のような等級制があったからである。

(35) R・P・ドーア『江戸時代の教育』(松居弘道訳、岩波書店、一九七〇年)一九三～一九四頁参照。
(36) 注(4)拙著第四章「藩校と私塾」参照。
(37) 竜玉淵(一七五一～一八二一)は竜草廬の子、大菅承卿(一八〇一～三四)は大菅南坡の子、伴東山は大菅南坡に師事した。三人ともに徂徠学者である。注(16)笠井書、七九六～八〇〇頁参照。
(38) 注(21)『日本教育史資料』第五冊、五二三頁。
(39) 同右。
(40) 同右、五二一頁。
(41) 同右。
(42) 彦根藩に限らず、藩校教師の待遇は、よくなかった。笠井助治によれば、藩校職員は「一般に禄高は百五十石以下であり、その班席は学頭を除いては平士格の下位より准士格の間に地位を占め」、「学問教育にたずさわるものとして、精神的尊敬を受けたと言う点からは、その社会的地位は高かったと見られるが、身分格式それに伴う経済的俸禄の面からみれば、高い地位とは云えまい」(『近世藩校の綜合的研究』吉川弘文館、一九六〇年、一七九頁)と指摘している。そのため、教師の待遇改善要求がなされたのである。のちに述べる加賀藩明倫堂でも、同様だった。第Ⅳ編第四章参照。
(43) 荻生徂徠は、「師ハ尊ク、弟子ハ卑キ者ナル故、師ノ方ニ権ナケレバ、教ハ成ヌ者也」(『政談』巻四、注(14)『荻生徂徠』、四三九頁)と説いて、師弟関係における教師の権威の重要性を指摘している。しかし、これは強制的な「公役ノ稽古」(同前)を否定する文脈の言説であって、公的機関としての学校内における師弟関係ではない。
(44) 『春台先生紫芝園稿』附録(近世儒家文集集成6、ぺりかん社、一九八六年)三〇一頁。

第三章　細井平洲における教育と政治――「公論」と「他人」に注目して――

一　「公論」形成の場

細井平洲（一七二八～一八〇一）は、一八世紀後半の教育家として知られている。周知のように、平洲は、米沢藩主上杉治憲《はるのり》が創建した藩校興譲館や、尾張藩の藩校明倫堂などの運営・教育に関与した(1)。そのため、教育史研究のなかで、藩政改革の一環として遂行された藩校教育における藩主・家臣教育論、領民教化論が注目されてきた(2)。さらに思想史的には、いわゆる折衷学者として徂徠学以降の思想状況のなかに位置づけられてきた(3)。総じて、これまでの平洲研究では、折衷学という言葉からも察せられるように、思想的には穏健というよりは、殊に目立った所のない教育実践家としてとらえられてきたといえるだろう。ところが、平洲には、「公論公評」という瞠目すべき考え方が存在する。天明七年（一七八七）七月、尾張藩主徳川宗睦《むねちか》からの藩政改革に関する諮問にたいする意見書のなかで、平洲は次のように説いていた。

御政事は大小共に公論公評にて無㆓御座㆒候得ば、衆心一定不㆑仕候。衆心一定不㆑仕、唯君臣一両人の心慮を尽し候計にて、政の成就仕る事は、古今其例相見不㆑申候。さて同一心に相成候事は、御内密御内評にて、一両人づつの了簡を被㆑為㆑聴、両一人被㆓仰含㆒候分にては不㆑参儀と奉㆑存候。御表向衆人広座にて、君臣公会の上、執政大身より有司小臣迄、御政事に預り候程の輩は、御前にて高声に利害を申合、無㆓腹蔵㆒直言を尽し、存含候胸中忌み嫌ひなく申上候を被レ為レ聴度御儀と奉レ存候。和漢共に明君賢相、公座公評にて政を被レ決候事、上古より朝廷の常にて御座候。(4)

（「細井甚三郎内考」）

「御政事は大小共に公論公評にて無二御座一候得ば、衆心一定不レ仕候」という立場から、「君臣公会」という公開の席上で、「御政事に預かる」「執政大身より有司小臣」までが、「御前」で腹蔵なく大声で「利害」を論じ合うべきだという。平洲は藩政改革にあたって、個々の財政政策よりも、それらを公開の場で忌憚なく論じ合い、「衆心一定」することが大事だ、と説いているのである。(5) このような公開の場＝「君臣公会」で「衆人」が「御政事」を論じ合い、「公論」を形成しようとする考えは、従来の江戸思想史研究のなかでは、幕末の開明的な思想家横井小楠にいたって初めて現れてくるものだと指摘されてきた。(6) ところが、一八世紀後半の天明期に、このような「公論公評」の考えが藩主に提示されていたとすれば、平洲の思想は穏健どころか、極めてラディカルだったといえるのではないか。本章では、このような公開の場で「衆人」が論じ合い、「御政事」の合意を獲得していくという「公論」の考えに着目することによって、これまで思想史的には見過ごされてきた平洲の思想の独自性を明らかにしてみたい。

具体的には、このような革新的な提言が、これまでの研究史で取りあげられてきた平洲の教育・学問論、さらに彼が関与した米沢藩興譲館の藩校教育とどのように結びついているのか、また、どのような平洲の政治論から導き出されているのかを明らかにする。加えて、こうした諸問題を検討することによって、平洲の思想の先駆性を江戸教育思想史上に位置づけたい。

二　「他人の交り」

（1）「他人の交り」による成長

平洲が藩主教育の任に就いていたことはよく知られている。平洲は、上杉治憲がまだ世子だった頃、抜擢されて賓師となって、大きな学問的影響を与えたばかりか、西条藩主松平頼淳《よりあつ》（のちに紀州藩主徳川治貞《はるさだ》）や尾張藩主徳川宗睦の侍講にもなった。平洲の主著『嚶鳴館遺草《おうめいかんいそう》』はそうした藩主たちとそれを支える家臣への教育をテーマとしている。なかでも、『嚶鳴館遺草』巻五「つらつらぶみ」は、「君の巻」と「臣の巻」に分けて藩主と家臣への教育をそれぞれ論じているが、その冒頭、平洲は次のように説き起こしている。

つらつら世の中を被レ成二御覧一候所、大概高位貴人には知慮通明徳行優美なる君は稀々にて、無位素賤の士には知識人に勝れ、徳行世に被レ尊候人も不断出候事、御会得難レ被レ成候間、愚老所見御聞被レ成度との御事、篤と承知仕候。（『嚶鳴館遺草』巻五、二四八頁）

平洲は、「高位貴人には知慮通明徳行優美なる君は稀々」であるのにたいして、なぜ「無位素賤の士には知識人に勝れ、徳行世に被レ尊候人」が出るのかという質問に答える形で、所見を述べ始めている。注目せねばならないことは、「高位貴人」と「無位素賤の士」の対比のなかで、藩主教育論を展開している点である。身分の賤しい人の方が尊い人よりも知徳にも優れ、教育的には好ましい環境にいるという逆説に、「高位貴人」の驕りへの戒めが含意されていることは明らかである。「高位貴人」も自分の地位に安住せず、「御一人のみ御安楽に被レ為居べき御心」を持たず、「臣民とおなじく御艱難を頒ち給ふべき仕方をたて給」（『嚶鳴館遺草』巻一、一八九頁）えというわけである。ただこの逆説には、もっと積極的な平洲独特の教育論が根拠になっていた。平洲はいう。

其（「無位素賤」の人）中に福徳厚く受得て生れ候人は物心覚へ候より、いつとなく手習学問抔に志ざし候て、素読を致し講釈など承り、少々宛合点参るに随ひ、日々月々に面白く相成、夫よりしては人も頼まぬ辛苦心労をも自身と好み候て、なつかしき父母兄弟の手を離れ、他所他国へも罷越、他人の交りをも広く致し、堪忍用捨をも致し習ひて、飢渇の難儀をも身に受け、人情の厚薄人事の苦楽をも弁へしり、賢智ある人を見れば敬ひ尊び、教導指南を願ひ受て古今の世の姿、安危存亡の道理まで会得仕り、身に微官寸禄も無レ之候得共、自然と人々に信用せられ候て、終に名誉の人と相成、素賤のままにて高位貴人の前にも伺候し、治国安民の談にも預り候程に相成候事に御座候。

（『嚶鳴館遺草』巻五、二四八〜二四九頁）

「無位素賤」の人のなかでも、「福徳厚く受得」た人は、いつともなく学問に志し、「なつかしき父母兄弟の手」を離れ、「他所他国」に行き、広く「他人の交り」のなかで、「堪忍用捨」を習い、さまざまの「難儀」「苦楽」を経験することによって、「古今の世の姿」「安危存亡の道理」まで「会得」し、「身に微官寸禄」がなくても、人々に信用される「名誉の人」となることができるという。そうした官位や禄高にこだわりのない「名誉の人」だからこそ、藩主とも対等に政治の「治国安民の談」をすることができるようになるというのである。

身分の賤しい、貧しい生まれの者は「なつかしき父母兄弟」の下ではなく、見ず知らずの「他人の交り」のなかで、さまざまな「難儀」を経験することによって人間形成をするという考えを平洲は、『嚶鳴館遺草』において繰り返している。

素賤の身と生れ候得ば、物心存じ候より、人は此身を終り候までは、不道理にては人がゆるし不レ申、一生が行届かれ不レ申候付、何卒一生を安楽に人にも人らしくいはれ候半と存候得ば、さまざまの堪忍苦労を致し才不才相応におのれが心力を尽し申事に候得ば、其中より名誉顕達の人も多く出来申候事当然の理に御座候。

（『嚶鳴館遺草』巻五、二五〇〜二五一頁）

また、この「高位貴人」と「無位素賤の士」との対比は、そのまま男子と女子の教育にも適用される。男子の場合、「世間に出て世間の人交りをする」ために、「自然と」善悪の判断ができるようになる。

それより成人するに随て、世間に出て世間の人交りをする者故に、自然とこふすれは能ひ、こふすれば悪ひといふ事を、自身にも能ひ悪ひと言事を合点して、世間からも直す様になる。それで男の子を育るには、世間へ出して育チの直るやうにと、万端行儀作法をそれぞれの人交りしても、悪ひ者と人にもいわせぬやうに、よい者に仕立揚げたいと世間へ押出し、後悔するみのたしなみを重として育るのだ。

（『細井先生講釈聞書』、一一七～一一八頁）

ところが、女子の場合、親の許で「外トへも出さず、内にばかりおいて育る」（同上、一一八頁）ため、「我儘」になるが、一旦、嫁せば「他人」の中で暮さねばならない。

我嫁入てゆくからは他人の中、我内親のもとに居ると同じやうに何ぞ有べき道理はない筈の事。されば女子の子といふものは、育る時は内ばかりで育て挙れども、最はや十四五歳になれば他人の中へ行ねばならぬ身なれば随分何かに心を附、内の取廻し親舅へも心能挨拶をいたし、勿論他人の中へ嫁りては朝もはやく起て、そこそこのはき掃除をもして、舅の機嫌の能ひよふに声をかけてあいしらい、下々召仕の者どもにも、それぞれに仕事を申付、随分聟舅の気に入る様に致さずしては、一生先キで暮さるる物で無ひ。世間に数々有事だ。

（『細井先生講釈聞書』、一一八頁）

身分や性別を超えて、「他人の交り」のなかでの「さまざまの堪忍苦労」の経験を通して人間的な成長ができると考えたところに、平洲の面白さがある。(7)

平洲以前、「なつかしき」親密な家族ではなく、「他人の交り」を通して、「名誉の人」となることができると説いた人が、誰か他にいただろうか。ここで想起されるのは荻生徂徠である。徂徠も、世襲の「代々大禄・高官」は「生ナガラノ上人ニテ、何ノ難儀ヲモセネバ、才智ノ可レ生様」(8)（『政談』巻三）がなく、かえって「賢才ノ人ハ皆下ヨリ出タル事ニテ、代々大禄ノ人ニハ至テ稀」(9)（『政談』巻三）であると、「賢才」は身分上位の人ではなく下位の人から出るとしたうえで、艱難を経験することによって、才智が生じると説いていたからである。徂徠は次のように説いていた。「太平久ク経レバ、能人下ニ有テ上ノ人ハ愚ニ成行ク。如何様ナレバ、総テ人ノ才智ハ、様々ノ難儀・困窮ヲスルヨリ出来ル者也」[10]（同右）。徂徠は、「難儀苦労」を経験することで「知」が身に付くという考えを、孟子の「人の徳慧術知有るは、恒に疢疾《ちんしつ》に存す」（『孟子』尽心上編）から導き出していた[11]。ただ徂徠の場合、「難儀苦労」の経験に力点があるのであって、平洲のように、その「難儀苦労」が、「他人の交り」のなかでのそれであるとは説いてはいなかった。平洲には、「なつかしき父母兄弟」にたいする「他人」が明確に意識されている。

（2）若き平洲の成功体験

このような「他人の交り」に積極的な意義を見出す平洲の教育観には、平洲自身の遍歴体験が踏まえられているだろう。平洲は享保一三年（一七二八）に、尾張国知多郡平島村の豪農の次男として生まれた。一〇歳のときに早くも親元を離れて名古屋に学び、一六歳のときには、周囲の反対にもかかわらず（両親はこれを許した）、京都を目指した。親密な身内から離れ、他人ばかりの環境にみずから飛び出したのである。その後さらに、平洲は長崎、江戸に出て、「他人の交り」のなかで生計を立てていった。もちろん「他人の交り」をする人々が誰でも、人間的な成長を遂げるわけではない。ただ平洲には、初めから「名誉の人」になろうとする強い意志があった。みずからの思いを吐露した「述懐」[12]の詩は注目すべきである。

　忼慨　郷国を辞し、年年　遠行を事とす、
　飛蓬　霜後の色、断雁、雨中の声、
　本と千秋の美を念ふ、何ぞ唯だ一世の名のみならんや、
　寸心　書剣在り、磊落《らいらく》　生を聊《たの》しむべし、

こうした名誉を求める強い意志をもっていたからこそ、「他人の交り」のなかでのさまざまな困難を「堪忍」

することができたのである。平洲の友人秋山玉山《あきやまぎょくざん》が撰した『嚶鳴館遺草』の序文には、延享二年（一七四五）一八歳の時、平洲が唐音を学ぶために長崎に旅立つ時の決意を次のように記している。

> 初め世馨、年十八、壮志有り。嘐々《こうこう》然として曰く、「吁、古の人か。其の人、骨と与に皆既に朽ちたり。吾、面《まみ》えて之れを見ること得べからず。我、鄒魯の人を見、親しく先聖の遺風を聞くことを得ば、斯に可なり」と。即ち単身、笈を負ひ、一蒯緱《かいこう》、瓢然として国を辞し、崎港に抵《いた》る。
> （『嚶鳴館詩集』序、三九四頁）

農民の子平洲は「鄒魯の人」孔孟の学に志して、単身、脇差一本、腰に差して長崎に旅立った。平洲によれば、学問せずに一生を虚しく送ることは、草木と同じく朽ちてしまうからだった[13]。

> 必竟学問を不レ致候得は、古今の姿をも不レ存、何あやぶみ恐れ候気遣ひ用心も弁へ不レ申、無理無法の気随気儘に相成候て、貴賤ともに浅ましき謗り恥辱を受け人と生れ候詮も無レ之、夢現となく一生を過し、草木の枯朽候様に身を終りたる跡は何花香も残り不レ申、下賤無智のものと同敷苔の下露と消はて候事に御座候。
> （『嚶鳴館遺草』巻五、二五〇頁）

平洲は人知れず無為な一生を送ることを恥じるがゆえに、「他人の交り」のなかでの「難儀」「苦楽」に耐えることができ、「無位素賤の士」の農民の子であるにもかかわらず、米沢藩主上杉治憲のような「高位貴人の前にも伺候（ママ）し、治国安民の談にも預」るほどの「名誉の人」になることができた。このみずからの成功体験をもとに、「他人の交り」の教育的意義を説いていたと思われる。

三　「相身互」い

（1）コミュニケーションの重視

ところで、「他人の交り」のなかで人間的成長ができるとする平洲にはまた、見ず知らずの他人同士の間であっても、助け合うものだという楽天的な人間観があった。平洲によれば、人間には、「天性のまこと」があるからである。それがあるからこそ、旅の途中たまたま道連れになった者との間にも、助け合いが生まれるという。

これが是世界の誠と言物。たとへば旅するに一日や二日の道づれても、互ひの誠といふはある。旅を道連する時、道にて給《た》べ物でも無ひかと休む所が無ひ時、互ひに支度の所も無く、腹がへりても何喰ふ物も無ひ時、独りの道連がやきめしの一つもある時は、道連なりとて見せてひとりは喰はせぬ。せめて是なりとも半分ヅツ給べ、湯でも呑ませうと、一日や二日のしらぬ道連の人でさへ、其実はある。是天性のまことといふもの、是互ひに天の誠を失わぬ時は、おのづから互ひの持合ひで、飢えも凌ぎ其命も助かる。

（『細井先生講釈聞書』、一一二頁）

この先天的な相互扶助を認める限りで、平洲は儒学の人間観の基本である性善説に立っている。(14)「必竟和合はならぬものと申言葉は、和合を願はぬ心より申事に候。人性の善に候得ば、善にむかはぬ人は無レ之ものに御座候」（『嚶鳴館遺草』巻五、二六三頁）と説いていた。平洲の特徴は、この「天性のまこと」「人性の善」があるので、身内のみならず、他人同士の間でも「人情」の交感は成り立つとした点であろう。

人情ハ相見互ナルモノニテ、上ヨリ楽ニシテヤリタイト云仕向ケニナレバ下モツライコトヲイヤガラヌ心ニナリ、上ヨリ富貴ニシテヤリタイト云仕向ケニナレバ下モ貧賤ハウラミニ思ハヌ心ニナリ、上ヨリヤスクシテヤリタイト云仕向ケニナレバ、下モアブナイ目ヲモイトハヌ心ニナリ、上ヨリソダテテヤリタイト云仕向ケニナレバ、下ハ死ンデモ上ノタメニナリタイト云心ニナルコト也。

（『嚶鳴館遺草』巻四、管子牧民国字解、二三五頁）

「人情」の交感は君主と領民との間にも成り立つという。この「人情ハ相身互」いという考えが平洲の人間観の基礎にあった。平洲によれば、人は親子・兄弟・夫婦の身内のなかではもちろんのこと、また「なつかしき父母兄弟の手を離れ、他所他国も罷越、他人の交り」のなかで生きる場合があるからこそ、一層、「相身互」いが必要となってくる。とくに君臣関係は、はじめから他人同士の関係である。

ましで君臣は義合、同役は他人、元来隔心に御座候。（「細井甚三郎内考」、二九五頁）

君臣関係を「元来隔心」の「義合」「他人」同士と見る所から平洲の政治論が立論されている点は、のちに述べることにして、ここでは君臣関係のような他人同士の間柄のみならず、親子関係のような身内にも、「相身互」いが求められていたことに注目しておこう。平洲によれば、もしこれがなくなれば、水くさい「他人」になって、バラバラになってしまうという。

一家ノ内ニスム人ニ向ウテ、今日ノ生活ハ銘銘ヒトリカセギセヨト云ヤウナル水クサキ心ニテハ、朝夕目ヲ見合セテイル人モ心ハ他人同前ニウトクナリハツルコト也。（『嚶鳴館遺草』巻四、二四四頁）

旅の道連れの他人同士であっても、お互い「持合」い助け合うこともある。その一方で、親子・兄弟・夫婦のような「一家ノ内」であっても、「相身互」いがなくなれば「他人同前」の「水クサキ」関係に頽落してしまう可能性がある。では、そうならないために、何が必要なのか。平洲はこの点、お互いのコミュニケーションが大事であるとする。たとえば、「元夫婦からして色々にわかれて末が広がる。夫婦といふが元なり」（『細井先生講釈聞書』、一一三頁）とされる、夫婦の間である。

夫婦の間といふもの互ひに誠と誠とが、なければならぬ。夫は妻をかわいがり、妻は夫を大切にし、夫とは外勤れば、妻は内を守るが第一、夫は外を勤める故、世間の義理のつけ届け、万事に心をかけ、表の勤めをせる事だ。或ひはそんじよそこらに祝言がある。何ぞはなむけでも遣さずば成るまい。帯の一筋もやらふか、郡内の一疋も贈ふか、または小袖の一つも遣そふかと、女房へ相談すれば、女房も夫の心底を汲取りて、成程あそこの事なれば麁末な事もなるまい程に、御大儀でも御座れども、帯地の一筋も遣され、皆々御前も御大儀故、私も随分精出して、及ぬながらも少しの事は御手伝いたそふといへば、夫も心よく縦妻が手伝はいたさずとも物を安気に贈るやうになる。是が夫婦の誠といふ物じや。（『細井先生講釈聞書』、一一四頁）

「そんじよそこら」の祝言のお祝い物のような日常世間の細事でも、「相談」することによって、お互いの「心底を汲取」ることができるのであって、「夫婦の誠」といっても、言葉を媒介としない以心伝心のような暗黙の交感ではなかった。むしろ夫婦の間だからこそ、お互いの言葉による「相談」が大事なのだという。

こうした言葉による意思疎通、「相談」を求める平洲の姿勢は、学問における朋友同士にも求められていることに注目せねばならない。

軽き身分の人は師匠へは常々親敷問答をも致し、朋友とは常々心易く咄合も致し候に付、いつとなく心もとけ候て師匠もむつまじく教訓を致し、朋友も無二気遣一是非を争ひ候に付、其中に学び候得ば、人も我も何心なく其風に移り、学問おもしろく相成候事に御座候。（『嚶鳴館遺草』巻五、二六〇頁）

朋友同士は「常々心易く咄合」をし、気遣いなく「是非を争」う。ところが、主人と家来、師匠と弟子のような上下関係のなかでは、「おしだまり居」て、相互のコミュニケーションがなくなってしまう。それでは、「学問と申ものの面白く相成候筋はいつまでも無レ之筈」（同右、二六〇頁）だという。学問が面白くなるのは、お互い忌憚なく「是非を争」うところにある。こうした平洲の考えは、何より彼の私塾嚶鳴館《おうめいかん》の名前にも反映されていた。嚶鳴（『詩経』小雅、伐木）とは、鳥が相和して鳴くことであって、朋友が切磋琢磨して相正すことを譬えたものであったからである。

こうした学問の場での朋友間の「咄合」を重んずる平洲の考えの背景には、荻生徂徠のそれがあるだろう。(15)先に見たように徂徠は、山崎闇斎流の厳格な師弟関係ではなく、朋友同士の切磋琢磨を説いていたからである。その際、徂徠が学問における朋友の切磋琢磨の場として推奨したのが、一つの本を複数の人々が討論し合いながら読み合う会読だった[16]。徂徠以後、討論による相互コミュニケーション性を一つの原理とする会読による自発的な読書会が、全国各地に叢生する。江戸後期の徂徠学の影響を考える時、徂徠の聖人作為説のような思想内容がもたらした衝撃もさることながら[17]、この会読の読書方法によるコミュニケーションのあり方・ふるまいという現象も注目せねばならない。平洲もまたその影響から自由であったわけではなかった。平洲が会読をしていたことは、次のような書簡からも明らかである。

　此地の様子は、莅大夫に御聞可レ被レ下候。不二相替一多用毎日罷出候。此五月よりは少し閑暇をも得可レ申と存候。会読なども初め可レ申事に御座候。片山生も様子よろしく候由、致二安心一候。寄々被レ付二御心一にも、とかく民を学者にせぬ様にと申事をくれぐれ申遣候。館中も近年は殊の外出精多く、朝夕無二怠慢一相勤申候。

（「金子伝五郎（子竜）宛」、年不詳、四月二七日付、六六九頁）

閑暇ができたので、「会読」を始める予定だという。ちなみにこの書簡の宛先の人物である金子伝五郎は、米沢郊外小松村の人で、郷中教導役となった平洲の門人である[18]。『平洲談話』のなかでも取りあげられている好学の人である。

　米沢領小松百姓のうちに、金子兄弟ことに家とみて、兄は伝五郎、弟は大介と申候。兄弟とも深く学問を好み、人なりも正直にて、一村は申に及す、近郷までも是に懐き、老先生と称しあつく貴び申候。常々のたのしみ学問のみにて、一族とも毎日より合会経いたし暮候。城下にもまた何某と申者、文に志ありて伝五郎朋友と相成しが、しかし道路三里余も隔りし故、互に知己のみにて、毎日会も得不レ致、漸城下と小松村との間道法中程菅野の観音と申処へ出合左伝の会読いたし候。折節の事ながら怠惰なきゆえ、遂に三年に読おはり申候。

（『平洲談話』、一六五頁）

ここでいう城下の何某とは、代官今成平兵衛の嫡子吉四郎で、伝五郎と吉四郎の二人は月に三度ずつ三年にもわたって、『春秋左氏伝』と『史記』の会読を行ったという[19]。

（2）米沢興譲館の教育方法

平洲と会読との関連でいえば、平洲が主導した米沢藩の藩校興譲館の教育方法が参考になるだろう。平洲は、明和元年（一七六四）に上杉治憲（当時、世子で一四歳）の賓師となった。明和四年（一七六七）に藩主になった治憲の招請に応じて、平洲は明和八年（一七七一）以後、三度、米沢に行き、藩士の教育や藩校興譲館設立に関与した。

治憲はこれより前、安永五年（一七七六）、家老を通して江戸藩邸の藩士にたいして学問奨励の令達を出していた。それによれば、一と六の日に、治憲は平洲を「鉄仙の間」に招いて『孟子』講釈を聞くので、藩士も「拝聴」すること、片山代次郎にも講釈を命じたので「勝手次第出席聴聞」すること、これは「素読会読等の発端」となることを意図していたからであるという[20]。治憲は藩士間での会読を勧めていたのである。

さらに安永五年（一七七六）、治憲は藩校を再興して興譲館と名づけ、片山紀兵衛と神保容助の二名を提学に任命し、藩士二〇人を選抜して定詰勤学を命じた。二〇人のうちから二人を選び、一人を学頭、もう一人を書籍方とし、残りの一八人は諸生となった。諸生の在学期間は当初、定めていなかったが、寛政一〇年（一七九八）八月以後は三年間とした[21]。また、自費生一〇人に一年定詰勤学を許し、これを寄塾生と呼んだ。諸生は、朝食前に講堂において、通学する童生に素読を授け、朝食後には講堂に会して日課・会業（会読）・詩文会などを課業とした[22]。なかでも会読については、いつ定められたかは不明ではあるが、『日本教育史資料』には、「三八四九ノ日会読ヲ為ス。四九ハ講義シ、三八ハ素読ス。皆抽籤ヲ以テ当読三名ヲ定ム。総監提学助教之ニ臨ム。会読ノ日ハ課業ノ書、当例ノ半読ス。〇会読ノ書大抵講義ハ論語孟子、素読ハ荀子管子七書群書治要貞観政要ノ類トス[23]」と

ある。上級学習者であった諸生は会読をして、切磋琢磨し合ったのである。(24)

諸生の三年間の在学は、平洲によれば、「学館の政は改申に不レ及、群才を教育の処、専要被レ為二思召一候而は、御結構に御坐候。其人才は草木の区々にして別なる如く、柔勁性を別にして紅白色を異にして、思ひ〳〵様々の花の色を開実を結候にひとしく人々一様に不レ参は面の不レ同が如く候」(25)（『米沢学校相談書』）とあるように、明確に「人才」「教育」を目的としている。「人才」は一人ひとりの顔が異なるように別々なので、それぞれの才能・能力を伸長させ、将来、「御家老・御用人・諸奉行・諸物頭」などになって藩政に関与したとき、「用に立候様」にすることを目的とするのである。(26) そのために、興譲館では、「学者は学者臭みの付ぬ様に心掛」、「何流ケ流と中流儀の立ぬ様に御勧被レ成度事に候。唯一筋に四書五経を本経とし、歴史記伝を羽翼として浮華の習気不レ出様相勤度候」（同右）と、教育方法に注意を促している。

このような興譲館の教育方法を見る時、平洲が藩士「教育」において会読を重んじていたことは明らかである。そして、平洲が言葉で意思疎通する「相談」の意義を述べる時、会読の場での朋友同士の相互コミュニケーションが念頭にあったろうと推測される。それは、以下に検討する、他人同士の君臣間の「相談」においても同様だったろうと思われる。

四　「家国の安危」の「相談」

冒頭、平洲の「公論公評」という注目すべき考え方を紹介した。平洲は公開の場での政事について、「御前にて高声に利害を申合、無二腹蔵一直言を尽し、存含候胸中忌み嫌ひなく申上候を被レ為レ聴度御儀」（前出）と説き、「近代世の中六ケ敷成行候事根元は、内密内評、忌み嫌ひ、当り障り指響抔申候怪敷言葉の盛に行れ候計《ばかり》にては無二御座一、人々の心根迄、此言葉同様に至て水くさく成はて申候て、何事もかくしつつしみ、遠慮会釈を能仕候を敬すと心得、婦人女子のかたかげにひそめき合候様に、たまたま男らしく物事申達候得ば、甚敷不興を請候事、誠に歎敷時勢と奉ㇾ存候」（「細井甚三郎内考」、二九三頁）と、「内密内評、忌み嫌ひ、当り障り指響」などと、内密に事を運び、公開しないことを批判していた。このような提言は、君臣関係が他人同士だからこそ、一層、求められるものであったといえるだろう。平洲はいう。

　まして君臣は義合、同役は他人、元来隔心に御座候。人々身構へ不ㇾ仕者は無二御座一候。身構へ仕候て上の事に精魂入候事は決して不二相成一儀と奉ㇾ存候。誠を推して人の腹中にをくと申事は、古今明君賢相の美徳の第一と相聞申候。上は下をうたがひ、下は上をあやぶみ、日々の機嫌を伺ひ兼候て一日送りに間を合せ申候心に相成、夫れにても、政令行はれ家国富強に立行候例は、千古以来書典に一切見不ㇾ申候。

（「細井甚三郎内考」、二九五頁）

　平洲は、お互い「他人」同士で「元来隔心」があることを大前提として、「身構」することなく、君臣間の「和」がどうすれば可能であるかを論じていた。ここには、「他人」同士であるがゆえの難しさがある。そうだからこそ、先に見た夫婦間のように、「相談」が大事なのだという。

　貴公抔は読書も被ㇾ成候て、右の道理は御弁《わきま》へ候事に候得ば、一体の和を御志候はばまづ下諸役の人々へ心易く、物事御相談を御しかけ被ㇾ成度候。相談と申時は貴賤上下の差別なく、人々了簡を申合候て、是非曲直無二腹蔵一論判いたし候事に候。当世の姿は下より申達候は皆々五寸一尺の書付にものを申させ、家老執政の前へ差出し候て、低頭平伏致し、安否寒温の外は一言も申さず、是非は其指図下知次第に畏り候て退き候を、官長を敬ふとのみ心得候ば官長より裁断申渡候て、受は受候得共実内心に服し候哉否は、官長にても不ㇾ存事に候。諺にも一寸の虫にも五分の魂と申候得ば、人々腹中には是と非と有ㇾ之候事あながち知者賢者にもかぎらず候。然故に面従後言の悪風次第に増長致し、影ては各々様々の鬱憤を申合候て、うは向とは相違し、内心にはうそ笑ひ候様なる悪情を引出し候て、終には君の御政事をそぞろ事に致しなし候様にも相成候事に御座候。

（『嚶鳴館遺草』巻五、二六二〜二六三頁）

平洲の求める「相談」とは、「貴賤上下の差別」なく、自分の「了簡」をだしあって、「是非曲直」を腹蔵なく論じ合うことである。平洲がここで、「読書」をして、「道理」を弁えているからと述べているのは、先に見たように、学問が朋友間の「無二気遣一是非を争」う「咄合」のなかで学ばれるものであることを念頭においていたからだったろう。会読の場での「咄合」の経験があるからこそ、政治の場での「相談」もできるのである。さらにいえば、学問の「咄合」は政治の場での「相談」に活かされるものだったといえるだろう。

ところが、学問のない「当世の姿」はこれとはまったく反しているという。臣下からは杓子定規の「書付」を求めるのみで、「家老執政」からの一方向的な「指図下知」ばかりで、君臣間の相互コミュニケーションは存在しない。そのためにかえって、猜疑心を生みだしているのだという。そうならないために、お互いが、「内密内評なく相互に公に申合候得ば、誰は誰の気に入、誰は誰の気に不レ入など、せんもなき心遣ひを不レ仕、外々よりも中をかき申候邪魔を入るる悪る□（ママ）者を得不レ申候に付、御役人銘々居りつよく、上を案事候心なく、御政事に精を入れ、常常心たのしく御用取扱申候事」（「細井甚三郎内考」、二九四頁）ができるという。

ここで面白いのは、臣下にも「一寸の虫にも五分の魂」あるかぎり、心の中では是非の判断ができるので、「内心」では「うそ笑ひ」する面従腹背の悪弊をまねくことになるとしている点である。平洲は、それを恐れるがゆえに、「一寸の虫」である臣下の「五分の魂」を抑圧せずに、それぞれの「了簡」を外に出させることを求めた。平洲によれば、臣下は君主の「政事を手伝」わせ、「家国の安危を相談」する者であった(27)。

臣は下に数十人、数百人、数千人、君の大身小身に随ひ、臣の多少は有レ之候へども、いづれも下に立ならひて、一同に君の政事を手伝ひ、家国の安危を相談するものにて候。

（『嚶鳴館遺草』巻三、二一七頁）

こうした君臣間の「家国の安危」の「相談」が、冒頭に紹介した尾張藩への藩政改革の提言書の「公論公評」だったのである。そこでは、「君臣公会の上」、「御前にて高声に利害を申合、無二腹蔵一直言を尽し、存含候胸中忌み嫌ひなく申上」、「御政事」を論じ合い、「衆人」が納得する「公論」を得ることを求めていたからである。ただ、もともと公開を意図しない上書「細井甚三郎内考」に見られる、「公論公評」はいわば理想論であって、公刊された『嚶鳴館遺草』のなかでの提言はどこまでも現実的である。そこでは、「君臣公会」のような公的な場がなかったとしても、私的に「酒を汲かはし」ながら、「是非邪正の評議を公」にしていた「或侯国」が紹介されている。

愚老以前或侯国へ被レ招罷越候て、寛々致二逗留一学政の世話致し候事有レ之候。其節家老大臣一統に申合候て、一月三度宛政事に預り候程の役方は一席に会合致し、講書など致候て跡にては四方山の事政事の心得にも可二相成一咄を致し候。其節は老臣銘々酒肴なども相携候て、酒も汲かはし申事に候。但し咄の内には政事の上遠慮なる筋も有レ之ものに候得は、給事抔は壱人も近付不レ申諸士相互に酌を致し候、時々は上座執政の人もかはるかはる立候て酌をいたし、末々役筋へもたべさせ申候程に一堂の上にて底意なくおもひおもひの了簡を申談し、是非邪正の評議を公に致し候に付いつとなく人心一和いたし、其節の取扱万事模様よく政事も相立候て、主君にも甚満足の事に候ひき。

（『嚶鳴館遺草』巻五、二六三頁）

ともあれ、平洲は、「一堂の上にて底意なくおもひおもひの了簡を申談し、是非邪正の評議を公に致し候」とあるように、君臣がお互いの考えを隠すことなく、言葉に出すことによって「一和」となることを求めたことで一貫していた[28]。このようにお互い「底意」なく、自己の「了簡」を外に出して論じ合う「相談」を求めたのも、君臣間が「元来隔心」（前出）の「他人」同士の関係であるからだったといえるだろう。

五　庶民教化と講釈

（1）君徳の演出

平洲はこのような君臣間での公開の「相談」のみならず、君主は領民にたいしても明確に自己の意図を行動に示して、領民に「君の善」を「見聞」させるよう求めた。

かみは民の表也と申て、君一人は万人の的とし奉る所也。故に人君の徳を明徳とも顕徳とも称して、世中へ広く推出し、誰も見聞て御尤に奉レ存やうに明白に行ひ給ふことなり。人君の上にて人に見せまじ、聞せまじとつつみかくす所行は、かならずよからぬこと也。然れ共人君と申て、必しも聖人にてもなければ美徳ばかり備り給ひてひとりの不徳もなしといふことは、世に希なることなれば、人臣の奉公は君の不善をかくし、君の善を顕して、見聞人の感服するやうにと心得たるを忠臣とはいふこと也。（『嚶鳴館遺草』巻二、二〇〇頁）

この明徳＝顕徳論は徂徠に依拠している。[29] 領民への政治的な効果を計算した上で、君主は「万人の的」とならねばならないという。さらに臣下も意図的にそうした「君の善」を顕彰して、領民の心服を獲得せねばならない。文王は「四種の臣」（疏附《そふ》・先後・奔走・禦侮）を持っていたが、そのうちの「奔走」とは「徳を喩し誉を述ると云て、世上を走り廻りて君の美徳をあげあらはし、他所他国の人までも、我君の徳をしたひ奉るやうに吹聴すること也」（同右、二〇一頁）という。ただ平洲は、「襁褓《きようほう》のうちより爵位の尊きにからめられ、安逸の楽しきにならひ給」う「貴人」が、同じく歌連歌を詠んだとしても、「微賤の人の険阻艱難を経歴し、真実の感慨より出たるとちがひ、実に人を驚す程の手段はあり給はぬもの故に、推出し吹聴もならぬこと也」と、「邦君の御身のうへに、人に吹聴すべき程の徳は世にまれなるもの」（同右、二〇二頁）であるから、「君の上になにひとつ吹聴すべき徳のなければ、人まへにても口をしくは思へども、黙するより外はなし」（同右）と付け加えることを忘れなかった。

こうした領民への君徳の演出には、統治の技術への醒めた認識があるといってよいだろう。たとえば、それは鬼神の利用にあらわれている。平洲によれば、「鬼神ヲ畏レ敬フハ人情ノムカシヨリ習ヒ来リタルコト」（『嚶鳴館遺草』巻四、管子牧民国字解、二二八頁）であるために、これを利用して領民の服従心を涵養することができるという。

> 下ガ上ニ順ハズ卑キガ尊キヲ敬ハヌ時ハ、イカバカリヨキ政モ行ザルコト故ニ、兎ニ角ニ下ハ上ニ敬ヒ順フ様ニト云所ヲタテニシテトリシムルコト也。其仕方ハ如何ト言バ、下ヘ向テ上ヲ畏レ敬ヘト計《バカ》リフレ教ヘタルトテ其通リニハ従ハヌモノ也。下ノ上ヲ軽シメヌ様ニトナラバ先上ニテ上ヲ敬ヒ畏テ見セ玉フコト也。尊キ君ノ上ニテ上トシ玉フハ、天地山川祖父親ノ神霊先祖ヨリ立置玉フ古キ掟ハ皆々君ノ尊キ順ヒ玉フベキコト故ニ、天神地祇ヲハツキリト畏レ敬ヒテ見セ、山川神事ヲ如才ナクツトメ玉ヒ、宗廟ノ儀式ヲ厳重ニシテ見セ、先祖ノ法度ヲ大事ニ守リテ見セ玉フ時ハ、人々上ニタツモノニハ敬ヒ従フハヅト云コトヲワキマヘシル風ニナリテ、上ニハ是非ニサカラハヌモノト万民ノ心一定スルコト也。是ヲ民ヲ順ニスルノ経ハ鬼神ヲ明ニシ、山川ヲ祇ミ、宗廟ヲ敬シ祖旧ヲ恭スルニアリトハ云也。（『嚶鳴館遺草』巻四、管子牧民国字解、二二七頁）

上に立つものは、意識的に下々に「畏レ敬ヒテ見セ」、「厳重ニシテ見セ」、「大事ニ守リテ見セ」る「仕方」を演ずる。平洲は、こうした領民衆目のもとでの君主のパフォーマンスによって、君主と領民という他人同士の間での一体感を作為しようとした。そのために、平洲は、これを実行する「万人の的とし奉る」君主には、統治にたいする強い責任感と統治技術を求めたのである。平洲が幼少期から教えた上杉治憲が、こうした君主像を実現した名君だったことはいうまでもない(30)。

（2）庶民の善性への期待

この点を押さえたうえで、にもかかわらず、平洲は為政者の立場ばかりではなく、庶民の側からの視線をあわせ持っていたことにも注目せねばならない。周知のように、平洲は講釈による道徳教化を米沢や尾張の各地で実行し、多くの聴衆を集めた(31)。『日本教育史資料』には、尾張藩明倫堂の「表講釈」は、庶民までも「聴講」を許可され、「平洲ノ講釈不学ノ土民ニ至ルマテ耳朶《じだ》ニ徹シ安キニヨリ満堂立錐ノ余地ナキニ至ル(32)」と伝えられている。たとえば、天明三年（一七八三）に名古屋で行った講釈では、二四〇〇名の聴衆が集まったといわれている。平洲は、家臣間では学者同士の会読を勧めたが、領民にたいしては講釈を行って、領民をなびき従わせることを求めたのである(33)。講釈によるこのような領民教化は、庶民を「学者」（「金子伝五郎宛」、六六九頁）にすることを目指すのではなく(34)、庶民に「美名」を残させるという意味を持っていた。これは、平洲からすれば、「人情」に適っていた。

> 人情は貴賤となく他を願ひ申ものに候へ共も、令聞広誉施二於身一、所三以不レ願二人之文繍一也（『孟子』告子上篇）と孟子も被レ申候通、匹夫匹婦の身にても美名を一世に顕し候人は、人の尊位尊禄美衣甘味はうらやみ不レ申儀に候。（『嚶鳴館遺草』巻一、一九九頁）

君主から孝行者として顕彰されることによって、庶民は「尊位尊禄美衣甘味」を得る以上の生きる意味を与えられるのである(35)。農民の子平洲自身が「骨と与に皆既に朽ち」（前出）ることを恥じて学問に志したように、「匹夫匹婦の身にても美名を一世に顕し候」ことを望んでいるのだ、と平洲は考えていたのである。それは、身分制度のもとで生きる庶民の側からの生きる意味探しにたいして解答を与える行為であったといえるだろう。徂徠との違いもここにある。徂徠は、講釈による庶民教化を否定していたからである。

> 上ヨリ御預ケノ町村ハ、我家ノ如ク身ニ引受テ世話ニシ、一町一村ノ内ノ者ハ和睦シ、兎角民ノ風俗ノ善ナ

ルベキスジヲ主意トシ、名主ニモ能筋ヲ申含メ、下ノ下《サ》ゲスマズ、オサメヲ疑ハヌ様ニ治ルヲ、誠ノ治ト言也。古聖人ノ道ニ、民ニ孝悌ヲ教ユルコトヲ第一ト言ルモ、儒者ナドニ講釈ヲサセテ民ニ聞セ、民ノ自カラ発得シテ孝悌ニ成ル様ニスルコトト心得ルハ、大ヒナル誤也。右ニ云ル如ク、其町村ノ睦ジク、民ノ風俗ノ善ナル様ニ、奉行ノ仕込コトヲ、孝悌ヲ教ユルトハ云也。[36]

（『政談』巻一）

徂徠は、「民ニ孝悌ヲ教ユル」教化自体は否定しないが、その方法として儒者などの講釈を不要なものとする。口頭の講釈を聞かせることによって、庶民が自発的に「孝悌ニ成ル様」など期待してもできない。徂徠から見れば、平洲の説いているような「匹夫匹婦」が「美名」を顕すことなど、ありえなかった。しかし、実際には平洲の講釈に多くの聴衆が集まったのは、平洲がみずからの成功体験に基づいて、この「美名」を残そうとする庶民の心情に訴えたからだろう。

その際、講釈が聴衆たる庶民の善性に訴えるという点は注意すべきである。庶民への講釈に肯定的であるかどうかは、結局、聴衆である庶民のなかに善なる方向に向かう可能性を認めるかどうかにある。[37] 先に見た山鹿素行や荻生徂徠からすれば、そうした道徳的な可能性など想像できなかったために、講釈などしても無駄だということになる。これに対して、先に見たように、平洲には人間の善性にたいする信頼があった。[38] だからこそ、「匹夫匹婦の身にても美名を一世に顕し候」願望をとらえることが出来たのである。

こう見てくると、平洲の講釈は、徂徠・春台に典型的な礼楽制度による儒学の教化（きょうか）ではなく、仏教の教化（きょうけ）に近づいているといえるだろう。事実、「文学章句に拘はらず、その大意をとりて実用に適せしめ、忠臣孝子等の事をひきならべて、諄々善誘し、聞く者感泣し、郷村などにては如来様〳〵と云ひて、銭を投げしと云ふ」[39] と伝えられているように、少なくとも平洲の講釈を聴聞した庶民は、そう思ったことは間違いない。また、平洲のほうも、庶民を「学者」にしようとするのではなく、南無阿弥陀仏の念仏を唱える、身分制度のもとで君主の命令に従順に生きる「人」とすることを目指していたのである。廻村講釈について、平洲自身は次のように語っていた。天明六年四月付で人吉の東子剛に宛てた書中の言葉である。

とかく町在教喩は至極の善政に御座候。いよ〳〵行れ候様にと存候。尤庶民の賤し者を誨へ申候は、随分随分人情に近く平語にて、なむあみだ仏と申人の出来るよふにと申事、専要に御座候。講を承り宿へかへり、仏壇に香をたき花を備へ、先祖を拝み候様に、人のなるよふにと御心懸可レ被レ成候、神主神前へ参りかしは手を打候心になるよふにと申事極意に御座候。人孝悌忠信にさへなれは、君上の患は無レ之事と存候。(40)

庶民のなかに「人」としての善性を認める平洲は、上下の身分秩序に従順で、先祖伝来の家業を営むことが善なる性の実現であり、その実現こそが庶民にとっての生きる意味である、と講釈していたのである。

六　「他人と他人との附合」の先駆

これまで見てきた平洲の学問・教育論と政治論をどのように思想史的に位置づけることができるだろうか。ここでは、明治初期の福沢諭吉の『学問のすゝめ』の一節を参照してみよう。周知のように福沢諭吉は『学問のすゝめ』第一一編「名分をもって偽君子を生ずるの論」のなかで、儒学の名分論が「あたかも世の中の人間交際を親子の間柄の如くになさんとする趣意」であることを批判していた。福沢によれば、もともと「一国」「一村」の「人間の交際」は、「大人」「他人」同士の付き合いであるという。

すべて人間の交際と名づくるものは皆大人と大人との仲間なり、他人と他人との附合なり。この仲間附合に実の親子の流儀を用いんとするもまた難きに非ずや。(41)（『学問のすゝめ』第一一編）

ところが、儒者はこれを「親子の流儀」で行おうとするところから、「偽君子」の欺瞞が生じるのだ、と名分論を批判していた。福沢の求めた「大人と大人との仲間」「他人と他人との附合」が、近代の市民社会の人間関係であることはいうまでもない。

この福沢の議論を想起する時、平洲が「なつかしき父母兄弟の手」を離れ、「他人の交り」のなかで人間的成長もできると、「他人の交り」の教育的意義を認め、また、身内のみならず、「他人」同士の公開の場での相互のコミュニケーションを重視したことの意義も明らかになるだろう。たしかに平洲は「教化のせ話をやき給ふは無上の仁政、莫大の恩恵也」（『嚶鳴館遺草』巻二、二〇四頁）と説いて、君主と領民との関係を親子関係の類比でとらえていた。

上ニ立テ下ヲ治ムルノ道ハ、シタシムベキヲ親ンデ、人心ヲ得ルヲ始トスルコト也。タトヘバ一家ノ内ハ父子兄弟ナレバ、元ヨリ親ミヲツクサネバナラヌコト也。ソレヲ一郷ノ他人ヲミル如ク水クサキ心ニテハ、一家ノ人ノ心ヲダニトリエヌコトナレバ、マシテ一郷他人ノ心ヲトリエテ治ムベキヤウナシ。一郷ノ内ハ親族縁者多ケレバ、元ヨリ親ヲツクサネバナラヌコト也。ソレヲ一国ノ他人ヲミル如ク水クサキ心ニテハ一郷ノ人ノ心ヲダニトリエヌコトナレバ、マシテ一国ノ人ノ心ヲトリエテ治ムベキヤウナシ。一国ノ内ハ先祖ヨリスミ来リテ、元ヨリ他邦ノヤウニハアルマジキコトナリ。ソレヲ親ミ同国ト云心モナキホドニテハ、マシテ天下ノ人心ヲトリエテ、治ムベキヤウナシ。（『嚶鳴館遺草』巻四、二四三頁）

この点で、福沢が批判する名分論者だったことは間違いない。しかし、これは、君主と領民との関係が「水クサキ」「他人」の同士になってしまうことを恐れるがゆえの立論だったことは看過できない。平洲はそうならないために、「シタシムベキヲ親ンデ」「人心」を得ることを求めたのである。講釈による庶民教化も、そのための方策だった。

平洲の思想のなかで注目すべきは、夫婦や君臣の間での「相談」が、「他人」同士のコミュニケーションだった点である。もっと正確にいえば、「他人」同士であることを意識した上でのコミュニケーションだった。平洲の言葉でいえば、「水クサキ」他人同士の間は、情愛が欠けている。そのためにこそ、公開の場で、「一堂の上にて底意なくおもひおもひの了簡を申談し、是非邪正の評議を公に致し候」ことを求めたのである。また、何千人の庶民の前で講釈（講談）を行い、「聞く者感泣し、郷村などにては如来様如来様と云ひて、銭を投げ」るほどの感動をもたらしたのも、「他人」同士であることを意識していたからである。その意味で、一八世紀後半の平洲の学問・教育論と政治論は、「他人の交り」を意識しつつ立論されていた点で、福沢諭吉のいう「他人と他人との附合」を先駆的にとらえたものだったといえるのである。

（1）平洲の伝記的事実については、高瀬代次郎『細井平洲』（平洲会蔵版、一九一九年）参照。
（2）辻本雅史「「名君」の思想――細井平洲の思想と学問――」『光華女子大学研究紀要』一七集、一九七九年一二月、のち『近世教育思想史の研究――日本における「公教育」思想の源流――』思文閣出版、一九九〇年）参照。辻本は、藩政改革を実行した「名君」との関わりで平洲を論じ、その思想が「君主権威強化のイデオロギーとして構成されていた」（九七頁）と評している。この他にも、後藤三郎『細井平洲』（日本教育家文庫二七巻、北海出版、一九三七年）、中泉哲俊『日本近世教育思想の研究』（吉川弘文館、一九六六年）、関山邦宏「細井平洲の教育思想とその展開」（『日本の教育史学』一八集、一九七五年）参照。
（3）衣笠安喜『近世儒学思想史の研究』（法政大学出版局、一九七六年）、荻生茂博「異学の禁から幕末陽明学へ――「自得」、知の在り方をめぐって――」（『近代・アジア・陽明学』ぺりかん社、二〇〇八年）参照。
（4）東海市史編さん委員会編『東海市史　資料篇』第三巻（東海市、一九七九年）二九三頁。平洲のテキストについては『東海市史　資料篇』を使用し、以下、頁数は本文中に略記した。
（5）注（1）高瀬書は「代議政治の密醸者」の項目で「細井甚三郎内考」を早くも取りあげ、「明治時代に於ける民選議院設立の建白書を読むの感を禁じ得」（五一二頁）ないと評している。また、鬼頭有一「細井平洲の政治思想――公座・公論・公評――」（大東文化大学東洋研究所『東洋研究』九号、一九六四年）があるが、ともに紹介の域を出ていない。

（6）　小楠の「公論」思想については、源了圓『横井小楠研究』（藤原書店、二〇一三年）参照。また、広く近世日本の「公論」に関しては、拙稿「公論」（米原謙編『政治概念の歴史的展開』九巻、晃洋書房、二〇一六年）参照。

（7）　平洲の「他人の交り」の考えは、「可愛い子には旅をさせろ」という諺があるように、江戸時代の通俗観念に通ずる。貝原益軒は、「思ふ子に旅させよ」について解説し、「人の子たる者、家にのみ在て、父母の愛育を恃で、世間の人情の険悪ある事をしらざれば、身を立る事かたし。故に愛寵ふかき子ほど、旅に出して、鋭気をくじけと云諺也」（『諺草』巻二、益軒会編纂『益軒全集』巻三、益軒全集刊行部、一九一一年、八二一頁）と解説している。また式亭三馬も、「辰「なにさ、どうで一盛りはお道楽でございますのさ。私どもの二番目も、人中が薬だと申して、本店へ遣して置きました。巳「へエ、よく長しく御奉公なさいますねへ。いづれサ、他人の飯を食べねばネ。他の想像がございませんのさ」（『浮世風呂』第二編巻上、『有朋堂文庫　浮世風呂・浮世床』有朋堂書店、一九三〇年、一二三頁）と、江戸町人の会話を描いている。

（8）　『荻生徂徠』（日本思想大系36、岩波書店、一九七三年）三六八頁。

（9）　同右、三六七頁。

（10）　同右。

（11）　拙稿「荻生徂徠――古文辞学の認識論――」（源了圓編『江戸の儒学――『大学』受容の歴史――』（思文閣出版、一九八八年）参照。徂徠にとって、「物」（『弁名』巻下）としての六経を学ぶことは、言葉で懇切丁寧に教えられるような容易い行いではなく、疑問と困難に充ちた行いである。しかし、それを経てこそ、自然と自得されるのである。徂徠が、先に見たように、言葉で何もかも教える講釈を否定した理由はここにあった。

（12）　注(1)高瀬書、一一五頁。

（13）　一八世紀、平洲と同時代、「草木と同じく朽ちる」ことを恥じ、名誉を希求する個人があらわれたことについては、本書第Ⅲ編第一章「一八世紀日本の新思潮」（笠谷和比古編『一八世紀日本の文化状況と国際環境』思文閣出版、二〇一一年）参照。

（14）　この点は、平洲が徂徠の聖人作為説を批判したことと関わっている。辻本は、平洲の人間観について、「人心に対する不信」を持ち、平洲のいう「本心天地の信を持ちたる善根心」（『細井先生講釈聞書』、一一一頁）も、朱子学的な自律性とは異なっていて、「消極的に、ただ上からの教化を受容し得る可能性を保証する根拠でしかなかった」（注2書、九三頁）と過小評価している。筆者はこれに対して、平洲の性善説は「他人」の間にも及び、相互扶助の根拠となっている点で積極的な意味を有していると考えている。

(15) 平洲は唐音を学んでいた長崎滞留中、皓台寺の玄海上人と交流した。玄海は徂徠門人で、先に見た太宰春台が「文藝」への「志」を同じくすることで交遊していた僧侶であった。注(1)高瀬書、一一〇〜一一二頁参照。

(16) 拙著『江戸の読書会——会読の思想史——』（平凡社選書、二〇一二年）参照。

(17) 徂徠の聖人作為説を批判した平洲の折衷学について述べておこう。周知のように、平洲は朱子学、仁斎学、徂徠学に自己を限定することはなかった。この点、これまでの議論からどのように理解することができるであろうか。平洲は「他人の交り」のなかで、さまざまな経験を通して「名誉の人」となることができるとした。その経験は自己より優れた者たちとの遭遇でもあった。この点、平洲は「賢智ある人を見れば敬ひ尊び、教導指南を願ひ受て古今の世の姿、安危存亡の道理まで会得仕り」（前出）と説いている。平洲にとって、徂徠や仁斎はここでいう「賢智ある人」だったといえる。「先以て一家の学を興し候程の人は何れ共に一世の豪傑にして、各所見有レ之事に御座候」（注1高瀬書、五〇二〜五〇三頁）。徂徠や仁斎は過去の人であるが、「豪傑」の人である限り、平洲が人生の途上で出会う「賢智ある人」であることに変わりなかった。平洲はその「豪傑」の興した学問にたいしては自己で是非判断するのではなく、「長を用ひ短を捨て申候はゞ何れ利益の無レ之事も有レ之間敷候」（同前、五〇三頁）という立場をとったのである。

(18) 小関悠一郎『〈明君〉の近世——学問・知識と藩政改革——』（吉川弘文館、二〇一二年）第Ⅰ編第四章「地域リーダーと学問・藩政改革——金子伝五郎と平洲学受用と民衆教化活動——」参照。

(19) 注(18)小関書、一二一頁。

(20) 『日本教育史資料』第一冊（文部省、一八九〇年）七三〇頁。

(21) 同右、七四二頁。藩校の具体的な構想を策定したのは、藩主治憲の側近であった莅戸善政であった。善政は学館御用掛を命じられ、熊本藩時習館や長州藩明倫館などを参考にして、定詰諸生の制度を作った（鈴木博雄『近世藩校に関する研究』振学出版、一九九五年、一六二頁）。鈴木は、興譲館設立時に選抜されて定詰諸生二〇人の出自とその後の経歴を検討して、興譲館の設立目的が「主として藩政改革を担当出来る有能な藩官僚の育成」（同右、一七〇頁）にあったと指摘している。ただし、諸生が藩官僚になることができる制度があったわけではない。天明八年（一七八八）、興譲館提学片山一興が、役職の選抜には学館出身者を優先するように提言するが、藩主の座を退いて、鷹山と号していた治憲は、学問が功利主義に陥る恐れがあると否定していた（同前、一七四頁）。明倫館の諸生については、第Ⅳ編第三章参照。

(22) ドーアは藩校教育の実際の例として、興譲館の諸生の生活を詳述している。『江戸時代の教育』（松居弘道訳、岩波書店、一九七〇年）六八～七七頁参照。

(23) 注(20)『日本教育史資料』第一冊、七四一頁。

(24) 鷹山の親書に、「生員二十人、限るに三年を以てし、日々通にして会読痛釈《ママ》、互に功磋する事可也。読書生に句読を授ること本論の如し」（注1高瀬書、三二六頁）とある。

(25) 『日本教育史資料』第五冊（文部省、一八九一年）四七九頁。文化一〇年の莅戸以徳の「学要弁」には、「彼ノ三先生（細井平洲・渋井太室・古賀精里）ノ槖籥ヨリ出、其学流ヲ挹ミ、学士ヲ誘掖教育スル」（注20『日本教育史資料』第一冊、七五三頁）とある。

(26) 藩校教育の目的が「人才」「教育」にある、と明確に宣言した最初の藩校は、管見の範囲では、熊本藩校時習館である。宝暦四年（一七五四）、時習館創立時に、「今度、学校落成に付、家中士席以上、来正月ヨリ罷出候様申附候。右ハ人才鎔鋳ノ所ニ候得ハ生徒ノ才ニ従ヒ教育勿論ニ候。寮中ノ紀律等内膳可申談旨同年同月秋山儀右衛門へ達アリ」（「長岡内膳忠英へ藩士文武ノ世話致候様申附ラル同年一二月一統へ達文」（『日本教育史資料』第三冊、文部省、一八九〇年、一九六頁）と唱えていた。藩主細川重賢のもとで、時習館創建の中心となったのが、細井平洲とも親交のある秋山玉山であった。ちなみに、時習館では、勉学優秀な者は抜擢されて居寮生となり、菁莪館に入って、その好みに任せて勉学した。在寮期間は三年である。「人才」を「教育」すると宣言するには、教育者として並々ならぬ自信がなくてはならないだろう。一緒に学ぶとはいえても、教えるとは公言できるものではない。実際、玉山は相当の自信家だったようである。水戸藩士岡野逢原『逢原記聞』には次のような逸話を伝える。「秋玉山ハ肥後隈本ノ儒臣ナリ。禄五百石。長寿ニテ、八十余マデ壮健ニテ大酒ナリ。自ラ誇テイフ。「我ハ儒者ノ日本一也。如何トナレバ、儒者ニテ高禄ナルハ、公義ノ外我ニ及ブ者ナシ。老テ白銀台ノ邸ヨリ辰ノ口邸迄、下駄ガケニテ歩行セル、亦我ニ及モノナシ。老テ大酒セルモ我ニ及モノナシ。我日本一ナルユヘンナリ」迚、学問ノコトハイハザリシトナリ」（『当代江戸百化物・在津紀事・仮名世説』新日本古典文学大系97、岩波書店、二〇〇〇年、一六二頁）。

(27) 辻本雅史は、平洲における君臣関係が人格的主従関係の性格を稀薄化させ、君主と臣下が有機体の部分を担っていることを指摘している（注2書、一一四頁）。こうした有機体的な統合の体制は、君臣関係が他人同士の関係であるという冷徹な認識に基づいていた。

(28) 「相談」のほかに、君臣間の「一和」という点で注目すべきは、辻本雅史が指摘している「藩」ナショナリズムである。平洲はいう。「御学問所を御立て被ㇾ遊候本意は、御国の人俗質実を失ひ不ㇾ申、浮虚にならぬやうにと申所、肝要に御座候。大夫は大夫之道を守り、士は士の職を守り、上下貴賤一同に我国よりよき国は無ㇾ之と存候様に致度候。他所他国への吹聴は、不埒の政なく不埒の罪民なき様にと聞え候はば、無上の御義と奉ㇾ存候」（『嚶鳴館遺草』巻六、二七八頁）。自分の属している藩国家が一番良い場所だ、という自己満足意識が君臣間の一体感をもたらすと考えていた。

(29) 注(2)辻本書、一〇一頁。

(30) 注(2)辻本書・注(18)小関書参照。

(31) 平洲の場合、庶民向けの講釈は、序章で区別したところの、不特定多数の人々に向けた講談である。この点はのちに述べる。

(32) 注(20)『日本教育史資料』第一冊、一三七頁。尾張藩明倫堂は、天明三年四月に学館が落成し、平洲は督学に任じられた。教育職と事務職合わせて、総数一四人のスタッフしかいない簡素な学校組織であった。高木靖文は、この簡素さは「当初の尾張藩学館が、組織的で本格的な文字教育よりも、士庶の道徳的高揚を企図する「教化」の場として機能していたこと」（「近世藩校職制の発達と教師の選任」、『講座日本教育史2　近世Ⅰ／近世Ⅱ・近代Ⅰ』第一法規出版、一九八四年、一二八頁）と深い関わりをもっていると指摘している。督学である平洲の重要な任務が、庶民教化のための「廻村講話」であった。

(33) 平洲と同時期、新発田藩でも、藩校教授が藩内領民に巡回講釈をしていた。安永元年（一七七二）に設立された新発田藩道学堂は、八代藩主溝口直養の主導のもと、闇斎学を藩学にし、講釈聴聞を藩士に強制出席させるとともに、藩校教授が藩内を巡行して、経書を講釈し、庶民に教諭して歩いた。たとえば、安永九年二月九日から三月一二日までの一か月余り、藩内各地を回り、聴講者は二五〇～二六〇人の時もあれば、三五〇人前後の場合もあったという。山下武『江戸時代庶民教化政策の研究』（校倉書房、一九六九年）一五二頁参照。

(34) 石川謙が紹介する水戸藩の小宮山昌秀の手記（文化一五年春二月奥付）には、水戸藩郷学の延方学校の教育方針として、「延方講談所ノ儀モ、月次二度ノ会席ハ学者ムキノコトニイタサズ、郷里ノ子弟ヲ教諭イタシ候儀ヲ第一ト可レ仕候」（『日本庶民教育史』刀江書院、一九二七年、一四二頁所引）とあるように、庶民教化では「学者」が忌避された。庶民に向けた講釈（講談）における「学者」忌避は、国学者平田篤胤にいたると、「学者」を忌避する学者の講釈（講談）を生み出すことになる。第Ⅲ編第三章参照。

(35) 『官刻孝義録』のなかには、米沢藩と尾張藩の百姓・町人の表彰者がいる。注(2)関山論文参照。

(36) 注(8)『荻生徂徠』二七七頁。

(37) 後藤宏行は、不特定多数を対象としたマス・ローグの語りが成立するための社会的条件として、第一に「共同体的な人間関係とか意識が、崩れかかっていること」、第二に「個我意識とか、市民意識、あるいはそれほど明確な自覚ではないにしても、とにかく自意識の芽生えがみられること」、第三に「漠然としたエネルギーの蓄積はあるのだが、その奔出の方法も回路も不確定なままで、集団的アパシーのなかに投げこまれている、都市的、大衆的な人間関係の存在すること」を挙げている（『「語り口」の文化史』晃洋書房、一九八九年、五七頁）。後藤によれば、マス・ローグの成立は、「都市的な人間関係と、あるていどの近代的な自意識を前提にして、はじめて可能になった」（同前、五頁）のであって、心学道話が流行する一八世紀の現象であるという。この後藤の議論を踏まえれば、平洲が、マス・ローグとして講釈する受け手に「匹夫匹婦の身にても美名を一世に顕し候」、善なる方向への可能性を認めたのは、都市化にともなう「他人の交り」のなかでの庶民の「自意識の芽生え」を認識していたからだったといえる。とすれば、平洲が「他人の交り」、すなわち、後藤の言葉によれば「人間関係の客観化」（同前、二二頁）を認識していたからこそ、マス・ローグとしての講釈ができたのである。この点で想起すべきは、神道講釈家の増穂残口である。残口は京都で神道講釈を行うとともに、恋愛至上主義の書『艶道通鑑』（正徳五年刊）を著した。彼はまさに「非情の金銀が威勢を振いて、すべて人情の真」（『艶道通鑑』巻二）のなくなった都市的、大衆的などっちつかずの宙ぶらりの人間関係のなかで、不特定多数の辻説教をしていたのである。残口については、拙稿「増穂残口の神道説と「日本人」観念」（『近世神道と国学』ぺりかん社、二〇〇二年）参照。

(38) この点、仙台藩の桜田虎門の学校論が興味深い。虎門は平洲を高く評価していた。「殊ニ当世ノ事情ニ通達シテ治術ノ間ニ至リテモ聖賢ノ意ヲ失ハザルト云者ハ、又ソノ内ニテモ甚希ナルコトナリ。教ヲ以テ急トスルノ説ハ、近世細井平洲翁ハジメテ、コノ論アリ」（『経世談』巻六、『続日本経済叢書』巻二、大鎧閣、一九二三年、五一九頁）。虎門もまた、講釈による庶民教化を積極的に進めるべきだと提言していた。「教ルト云ニ経書ヲヨマセ講釈ヲキカスルナド云ハ以ノ外ノ迂遠ナルコトナリ。モシ講談ナラバ今ノ道二家ノ所為ノ如ク俗話ニ事ヨセテ、古今ノ物語スベシ。又ハ浄土ノ僧ノ談議ノ如クスルモヨシ。サレドモ何レニシテモ講談ナドハ人々ノ心ニシミコミヤウニウトキコトアリ。コレハ一概ニハ云ヒ難ケレバ、ソノ国、ソノ所トニヨリテ工夫アルベシ。又百姓ナドニワザ〳〵一所ニ会集サスルコト隙ヲ費シ足ヲ労シテ迷惑トナリ、妨トナルコト多シ。勘弁アルベシ」（同前、五二九頁）。虎門は学者の講釈を批判して、「浄土ノ僧ノ談議ノ如」き「講談」による仏教的な教化（きょうけ）を推奨していた。こうした教化観の根底には、平洲同様の人間の善性への信頼があった。「根本ノ大道理カラ見ル時ハ、百姓町人ハ云ニ及バズ、乞食非人モ人類ナリ。既ニ人ナレバ皆々牛馬、猫犬ヲアツカウヤツニバカリハナラヌコトナリ」（同前、五二八頁）。

(39) 注(1)高瀬書、四一八頁。平洲には、故郷の如来山にちなんだ「如来山人」という別号があるので、「如来様」はこの別号だとする解釈もあるだろうが、賽銭を投げたということから、仏の如来だと解することが妥当だろう。尾張藩の勘定奉行人見璣邑は、知多郡・愛知郡への出張の折、平洲の巡回講釈の実況を見て、聴衆が「感動の太甚し。咸、手以て額に加ふるに至り、噫唏忍び泣き、発音喝采し、仏号を口唱し、銭を捧げ合掌」（「明倫堂祭細井世馨父、横埧の民を諭す事を紀す」、天明三年、同前、四四九頁所引）したと記している。

(40) 注(1)高瀬書、一〇七七頁所引。

(41) 福沢諭吉『学問のすゝめ』（岩波文庫、二〇〇八年改版）一一五頁。

第四章　寛政正学派の『中庸』注釈

一　昌平坂学問所の学制改革と会読

寛政二年（一七九〇）、江戸幕府は林家塾において朱子学以外の学問を禁じた。寛政異学の禁である。加えて、柴野栗山《しばのりつざん》、尾藤二洲、古賀精里の寛政の三博士とよばれる朱子学者を民間から抜擢した。もともと二洲や精里は、荻生徂徠以降の儒学の多様化のなかで徂徠学や折衷学を「異学」として排斥し、「正学」朱子学によって儒学界の統一を願っていたが、幕府は彼らを登用することで、学問奨励と人材教育を図ろうとしたのである。(1) さらに寛政九年（一七九七）一二月に、林家塾を幕府の教育機関として昌平坂学問所に改変して学制を一新した。老中松平信明から万石以下の旗本・御家人に出された令達は、次のように告げていた。

今度聖堂御主法被㆓相改㆒、御目見以上以下之子弟御教育可㆑有㆑之ため、学問所夫々御取建被㆓仰付㆒候間、寄宿候とも又は通候て学候とも、勝手次第可㆑有㆓修行㆒候。(2)（寛政一〇年二月）

「聖堂」の改革の一つの目的が旗本・御家人の子弟「御教育」にあったことを示している。もともと、学者「教育」を目的としていた私塾林家塾は、官立化することで、幕臣「教育」を目的とする機関に転換したといえる。(3) この転換について、犬塚印南《いぬづかいんなん》『昌平志』（寛政一二年成）は、寛政九年一二月、「黌制を改革す」と記して、次のように解説している。

寛文庚戌（一〇年）、林恕（鵞峰）の請に従ひ、史館の餼廩《きひん》を以て学費と為し、以て四方の英髦《えいぼう》を待ち、其れ之れを教育す。士庶に限らず、生徒を許す。皆、笈を負ひて遊ぶ。是に至りて黌制を変更す。乃ち生徒を放ち、職員を罷め、専ら大夫士及び子弟をして講肄《こうい》せしむ。(4)　（『昌平志』巻二）

全国から集まった「英髦」＝学者を「教育」するのではなく、専ら幕臣の「大夫士及び子弟」の「人材を造就(5)」（『昌平志』巻二）することが、目的となった。この転換によって、羅山・鵞峰以来の私塾林家塾は幕府の官立の「昌平坂学問所」となったのである。幕臣「教育」のための学問吟味と素読吟味は、「幕臣の立身願望をも利用して幕臣に幕府の求める学問修業を奨励する制度(6)」だった。

さらに享和元年（一八〇一）、林述斎・古賀精里・尾藤二洲の三人は連署で、「学問所書生寮増之儀申上候書付」を提出し、「陪臣・浪人の遊学人ども」の入寮を建議した。この結果、全国の藩士・浪人らのための書生寮が公設された(7)。書生寮には、全国の諸藩の優秀な藩士たちが集まり、知的なネットワークの形成に大きな役割を果たすことになった(8)。たとえば、前章で見た米沢藩の興譲館でも、定詰諸生のなかから選抜された「俊秀」が、古賀家を介して書生寮に入寮するようになったのである(9)。

ところで、学問所の「教育」目的の転換と同時に、会読がその「教育」方法として重要な位置を占めるようになったことは注目すべきである(10)。石川謙によれば、「昌平坂学問所では、官学に移し、学問講究所に切りかえた当初から、講釈と会読とを学習法上の二つの支柱として重んじ(11)」た。学制改革をリードした尾藤二洲と古賀精里が立案した「聖堂御改正教育仕方に付申上候書付」（寛政一二年四月）には、次のように定められていた。

講堂え儒者幷見習、毎日不ㇾ明に出席仕、講釈、経書会読、詩文点削等は儒者相勤、素読・歴史等は見習相勤候様可ㇾ仕候。(12)

これによって、講堂での「経書会読」は「講釈」とともに、御儒者が出席すべき重要な「教育」の場となった。

御儒者が会頭となって行う会読だけでも、『詩経』『書経』『春秋左氏伝』の会読＝輪講はそれぞれ毎月六回、『易経』『周礼』はそれぞれ毎月三回、また生徒のなかから選任された教授方が会頭となる会読＝輪講は、『小学』は毎月二七回、『論語』は毎月三六回にも及んでいる(13)。ここにきて、鶖峰の「門生講会」が徂徠の会読を媒介にして再生されたといえるだろう。

この昌平坂学問所の学制改革は全国の諸藩や私塾にも影響を及ぼし、以後、朱子学が多くの藩校で教学の中心を占めることになった。先に見たように、藩校では藩士「教育」を目的として掲げ、教育方法としては会読を採用するようになるのである。

本章では、この会読の場で採用された、寛政正学派の朱子学がどのような思想だったのかを明らかにしたい。これまでの研究史において、この問題を考えるにあたって、中国の明・清代の学術動向を抜きにしてはとらえられないことが指摘されている。この点、荻生茂博が「初学入徳の門」（『大学章句』）たる『大学』注釈の分析を通して、清初の朱子学者陸隴其《りくろうき》（一六三〇〜九二）の影響の大きさを明らかにしている(14)。具体的には、古賀精里の『大学』注釈書である『大学章句纂釈』（寛政一二年刊）、『大学章句諸説弁誤』（文化九年刊）には、多くの明・清の諸儒の注釈書が博引されているが、そのなかで、陸隴其説が中心におかれていたことを指摘している。荻生によれば、中華帝国建設を推進した康熙帝のもと、陸隴其は王陽明の出現以降の儒学の多様化、経学の混乱を朱子学一尊主義によって克服しようとしたが、日本においても古賀精里はこの陸隴其を範にして、徂徠学以後の思想の分裂状況を統一しようとしたのだという。

本章で取りあげる『中庸』注釈においても、明・清の注釈書、いわゆる四書集注の疏釈書からの引用で充ちていて、明・清の朱子学の影響は明らかである。ただ、明・清の朱子学の理解のうえに(15)、その膨大な引用書の内容分析から、寛政正学派の思想的特徴を読み取ることは、それほど容易ではない(16)。そのため、本章ではこの点は最小限にとどめ、視点を変えて、こうした引用の集積ともいえる注釈書が、会読の場でどのように読まれたのかについて見てみたい。というのは、会読という共同読書の方法と寛政正学派の四書注釈とは、密接な関係があると思われるからである。さらにいえば、朱子学の枠内という前提はあるものの、自己とは異なる意見をもつ人々と積極的な討論をするという会読方法が、注釈内容に何らか反映しているのではないかと思われる。こうした問題意識をもって、本章では寛政正学派の『中庸』注釈の特性について考察してみたい。

二　四書注釈の基本的立場

（1）古賀精里を中心とする『中庸』注釈書

寛政正学派の人々は、当然のことながら、朱子学の根本経典である四書の注釈書を著しているが、なかでも『中庸』に関しては、以下のような注釈書があった。

・古賀精里（一七五〇～一八一七）昌平坂学問所儒者。
　『中庸章句纂釈』（『精里全書』所収[17]）
・古賀侗庵《とうあん》（一七八八～一八四七）精里の子、昌平坂学問所儒者。
　『中庸章句諸説弁誤』（文化一一年、古賀侗庵序、『精里全書』所収[18]）
・増島蘭園《ますじまらんえん》（一七六九～一八三九）精里門人、昌平坂学問所儒者。
　『中庸問答』一二巻（稿本）・『中庸問答補遺』（稿本[19]）
　『中庸章句諸説参弁』二巻（写本[20]）
・安部井帽山《あべいぼうざん》（一七七八～一八四五）精里門人、会津藩儒。
　『四書訓蒙輯疏』二九巻（嘉永元年刊、会津藩日新館、古賀侗庵序[21]）

このうち、本章では主に古賀精里と侗庵親子を考察対象とし、ともに精里の弟子である増島蘭園と安部井帽山を傍らに置いて、精里を中心とする人々の中庸注釈の特徴を検討してみよう。ところで、彼らの注釈の基本的な立場は、『中庸章句諸説弁誤』の序文に見ることができる。そこで、侗庵は次のようにいっている。

> 顧みるに諸説の朱子より前なる者は、以て朱子に折衷せらるべし。朱子より後るる者は、将《は》た何れの所に就きて正さんや。朱子の之れを説くこと詳らか、之れを弁ずること晰《あき》らかなりと雖も、予め未発の病を探りて之れに薬すること能はざれば、則ち後学の惑ひ、或は遽《にわか》に解き易からず。是れ朱子に羽翼して、諸説の謬を弁正すること、後の人に待つこと有るがごときなり。家君(精里)は朱子を尊信すること神明の如し。然れども又た世の学に拘《なつ》みて、断々、章句・或問を墨守して、其の他を知ること莫きを病めば、乃ち遍く諸家の伝註を閲し、縦横上下、洞悉せざることなし。朱子の章句・或問を謂ひ、参ずるに語類・文集を以てすれば、以て其の指帰を失はざるべし。但だ学者、之れを読むこと熟ならず、之れを考ふること確かならず。故に疑ひ無きこと能はずして、明清諸儒の楛説《こせつ》に、或は熒惑《えいわく》する所と為る。予、以て嘿《もく》すべからざるのみ。乃ち纂釈を著して以て章句を翼し、弁誤以て差謬を訂すは、其の是非を断じ、疑惑を析《さ》く所以なり。

彼らは、「章句・或問を墨守して、其の他を知ること莫」いと、はじめから四書疏釈書を末書として排斥する同時代の闇斎学派とは異なり、「神明」のごとく尊信する朱子の「羽翼」となって、「明清諸儒」の誤謬を弁別することを自己の課題とする。[22] そのために、寛政正学派の『中庸』注釈書は、朱子の『中庸章句』『中庸或問』を基本にしながら、「朱子より後」の明・清の「諸家の伝注」を取捨選択して採録する、引用の集積書となったのである。

（2）明・清の四書疏釈書

では、どのような疏釈書が参照されているのだろうか。この点、寛政正学派の『中庸』注釈の集大成ともいえる安部井帽山『四書訓蒙輯疏』の凡例のリスト「引用諸家名氏」が、もっとも網羅的である。そこには明・清の諸家ばかりか、古賀精里をはじめ、邦人山崎闇斎・三宅尚斎《みやけしょうさい》・中村惕斎《なかむらてきさい》・室鳩巣の名前も見える。以下、これをもとに、精里と侗庵の注釈書のなかに収録されているものを含めて、明・清の朱子学者の注釈書を列挙してみよう。[23] このうち、○印は精里の『中庸章句纂釈』『中庸章句諸説弁誤』に、●印は侗庵の『中庸問答』に引用する注釈書である。

○●明・胡広等『四書大全』三八巻、慶安四年（一六五一）刊（鵜飼信之点）
○●明・蔡虚斎（清）『四書蒙引』一五巻、崇禎八年（一六三五）、寛永一三年（一六三六）刊
○●明・陳紫峰（琛）『四書浅説』一三巻、崇禎一〇年（一六三七）
○●明・林次崖（希元）『四書存疑』一四巻、承応三年（一六五四）刊（鵜飼信之点）
○●明・王観涛（納諫）『四書翼註』六巻、天保一二年（一八四一）刊（篠崎弼校）
●明・高中玄（拱）『四書問弁録』一〇巻、万治三年（一六六〇）刊
○●明・丘月林（橓）『四書摘訓』二〇巻、万暦五年（一五七七）
●明・張居正『四書経筵直解』二〇巻、江戸刊
●明・徐奮鵬『纂定古今大全』四〇巻、崇禎五年（一六三二）
●明・王方麓（樵）『紹聞編』八巻、万暦二四年（一五九六）
明・盧未人（一誠）『四書便蒙講述』一一巻、万暦二一年（一五九三）
明・顧麟士（夢麟）『四書説約』二〇巻、崇禎一三年（一六四〇）
○●清・呉蓀右（荃）『四書大全説約合参正解』三〇巻、元禄一〇年（一六九七）刊

●清・呂晩村（留良）『四書講義』八巻、康熙二五年（一六八六）
●清・朱軾等『駁呂留良四書講義』八巻、雍正一一年（一七三三）
○●清・孫詒仲（踯）『四書緒言』四四巻、康熙二五年（一六八六）、元禄一五年（一七〇二）刊
○●清・陸稼書（隴其）『四書講義困勉録』三七巻・続六巻、康熙三八年（一六九九）
○●清・李岱雲（沛霖）・李禎『四書異同条弁』四〇巻、康熙四一年（一七〇二）
○●清・汪武曹（份）『増訂四書大全』四二巻、康熙四一年（一七〇二）、嘉永七年（一八五四）刊
●清・金松『四書講』四〇巻、康熙五九年（一七二〇）
清・胡期僊（士佺）・陳潤『四書体朱正宗約解』二〇巻、康熙三〇年（一六九一）
○●清・周聘侯（大璋）『四書朱子大全精言』四一巻、乾隆三年（一七三八）
清・孫潜村（見龍）『五華纂訂四書大全』四六巻、乾隆一三年（一七四八）
●清・王歩青（罕皆）『四書匯参』四三巻、乾隆一〇年（一七四五）、天保七年（一八三六）刊（加賀藩）
●清・王若林（澍）『学庸困学録』二巻、乾隆二年（一七三七）
●清・張甄陶『四書翼註論文』三八巻、乾隆四二年（一七七七）
清・閻若璩『四書釈地』五巻、乾隆五二年（一七八七）
清・胡斐才（蓉芝）『四書疏註撮言大全』三七巻、乾隆二八年（一七六三）
清・鄧雉千（柱瀾）『四書引解』二六巻、乾隆三三年（一七六八）
清・陶謹之（起痒）『四書集説』四一巻、嘉慶一八年（一八一三）
○　朝鮮・李退渓

このうち、精里の『中庸章句諸説弁誤』は、李岱雲・禎兄弟の『四書異同条弁』を批判の主対象としながら、

ほかに蔡虚斎『四書蒙引』、陸稼書（隴其）『四書講義困勉録』、孫詒仲『四書緒言』、汪武曹『増訂四書大全』、周大璋『四書大全精言』、それに李退渓の説を収めている。とくに精里が『四書異同条弁』（以下、『条弁』と略記する）の所説を取りあげた理由には、最新の疏釈書であること、多くの諸儒の所説を採録していること、さらに諸説の是非弁別をはっきりさせていることがあげられるだろう。前の二つは、精里の門人石塚確斎が書いた例言にも述べられているが、三つ目の理由も、大事だったのではないかと思われる。『条弁』は、章句・或問・語類を引いた後に、大全さらに明・清の「講家」の所説を「同」と「異」に弁別して収録し、そのうえに、自己の見解を提示している。この体裁は是非が明示されているだけに、分かりやすいにしても、議論を引き起こすものではなかったか。確斎が例言で、「其の害、浅浅ならず」だといっているところに、われわれがその是非弁別を明らかにするのだという意欲を看取することができる。

　侗庵の『中庸問答』に引用する主な注釈書も、蔡虚斎、陸稼書（隴其）、孫詒仲、汪武曹、周大璋、李岱雲・禎らであって、基本的には精里と変わらない。ただ侗庵の『中庸問答』では、問答形式をとることによって、是非弁別はより明瞭になっている点は注意しておかねばならない。侗庵は、「問」において、一句・一節ごとに、諸家の見解を引用し、時には正反対の見解をも提示して、その論点を明確に示したのちに、それにたいする自己の見解を「答」のなかで、是か非か、はっきりした形で提示する。そして、是にせよ、非にせよ、自己の見解と等しいものが、すでに存在する場合には、その見解をそのまま引用し、また誰も論じていない場合には、誰々の説は「是ならず」と自説を展開している。

　さらに『中庸問答』では、明・清諸家の論争点ばかりか、新たに疑問をも提出している。とくに、新たな問題については、「善きかな、疑ひや」（巻三、「問、南方之強与北方之強」）と述べ、疑いを持つこと自体が奨励されている。問答のほとんどが、諸家の是非を問い、「非なり、已に誰々が駁す」とあるように、「已に」明・清諸家によって議論されていたものであった。もちろん、それだけ議論の分厚い蓄積があるわけだが、この明・清の四書注釈の知的蓄積をふまえながら、新たに疑問を生み出し、問いを発すること自体に意義を見出すところに、侗庵の思想の一つの特徴があるといえるだろう。この点は、のちに会読との関連で触れてみよう。

三　注釈の方法

（1）明清諸家の相対化

このように寛政正学派の注釈は、朱子の四書集注をもとに、明・清の疏釈書の是非を判断してゆくことが主眼となっているが、その際、冒頭に紹介したように、諸家のなかで陸隴其の大きさが指摘されている。しかし注意すべきは、陸隴其が絶対視されているわけではなかったという点である。

たしかに精里の『纂釈』『弁誤』では、陸隴其説をそのまま引用し肯定している箇所はある。たとえば『弁誤』には、「虚霊知覚」「子曰、舜其大知也與節」「子曰、回之為人也節」の各条で、『困勉録』の陸隴其説を抜き出している。しかし、一方で「至誠無息説」条では、『条弁』の李岱雲説を取りあげて、これとの関連で、陸隴其説を「恐らくは文義に非ず」としている。また、他にも、「道心人心」条では、陸隴其説を明示していないが、陸隴其によって批判されている『蒙引』の蔡虚斎説をとっている（後出）。とすれば、精里の注釈は陸隴其に準拠し、それを要点化して学者に示そうとしたという荻生茂博説は見直す必要があるのではないかと思われる。

なるほど、精里は陸隴其の『四書松陽講義』の和刻本に序文を書いているほどであるから、「国朝の理学の名臣第一」[24]（『精里全書』巻一三、新刊四書松陽講義序）陸隴其を尊重している。しかし、絶対視していたわけではなかった。もしそうでなければ、精里の後を継いで、侗庵が現れることはなかっただろう。『中庸問答』では、明らかに陸隴其説も、その他多数の一つになっているからである。ここで大事なことは、陸隴其の説だからといって、すべてが正しいわけではなく、間違いもあるとする相対的な思考だろう。一人の考えすべてがいつも正しいとするのではなく、その人も、朱子の本旨に背いて考えることもありうるという選択的な立場である。

こうした立場は、寛政正学派には共有されていたのではないかと思われる。増島蘭園の『参弁』を例にとってみよう。陸隴其に注目すれば、是々非々の立場であることが分かるだろう。蘭園も、陸隴其説に賛成する箇所は多々ある。「陸氏、饒説を駁するは、洵《まこと》に当れり。史氏の説を駁するも、亦た当れり」（巻一、君子之道四節、一九頁）、「存疑は固より非なり。而して精言も亦た未だ融《とお》らずに似る。稼書の説は易ふべからず」（巻二、天下之達道節、三四頁）。しかし、一方で次のように反対もする。「陸説、謬れり」（巻一、喜怒哀楽節、七頁）、「蒙引、三者各々、知仁勇有るの説は、洵に誤れり。稼書、之れを兼取するは非なり」（巻一、天下国家可均也節、一二頁）。

さらに、この是々非々の立場は、親子といえども、貫かれていたことは注目に値する。侗庵にいたっては、「弁誤と合はず。俟考」（『問答』巻二、致中和節）と、精里と合致していない説を頭注で明示しているのである。

具体的に、精里と侗庵とで注釈の相違している点を見てみよう。たとえば、子路が孔子に「強」を質問した「問強」条（章句一〇章）である。孔子が子路に「南方の強か、北方の強か、抑そも而《なんじ》の強か」と反問したことについて、大全所収の新安陳氏は「汝の強は、学者の強なり」と注解した。精里は、この新安陳氏の「学者の強」説に賛同して、「強」のうえに「学者」の二字をつけるのは蛇足であると反対する李岱雲説を引きながらも、「学者の強説、易ふべからず」とする。ところが、侗庵は、新安陳氏の「学者の強」説を非として、かえってこれを駁した李岱雲説に賛成している。問答の頭注には、精里がこの李岱雲説を非難していることを、「弁誤、之れを駁す」とのべて、暗に自己の見解と異なっていることを示しているのである（ただし、それ以上の説明はない）。

また、君子のふみ行うべき道は、「夫婦の愚」も、あずかり知ることができるという「夫婦之愚節」（章句一二章）の注釈は、精里との違いがよりはっきりしている。朱子は、このあずかり知ることのできることは、「夫婦居室の間」(『中庸章句』) であるとするが、この「居室の間」の事柄が何であるかで、明・清諸家の間で意見が分かれていた。史伯璿や呂晩村はこれを「男女交感」、つまり、男女間の性的行為だとするが、精里はこの史伯璿や呂晩村を批判している孫詒仲説をそのまま引用することによって、「男女交感」説反対の意を表した。

ところが、侗庵は、自分の考えが精里とは異なるとして、頭注に「弁誤の説と合はず」と記している。侗庵は、問において、史伯璿と呂晩村の「男女交感」説をあげたうえに、反対説として、新安陳氏の「知るべき、能くすべきは、道中の一事なり。是れ日用の間一事上に就きて論ず。親に事へ長に事ふるの類の如し」、林希元の「夫婦の愚、与り知り能くすべきは、此れ道の至小を挙げて言ふなり」、精里の引用する孫詒仲説、『駁呂留良四書講義』の所説をも提示して、両方をともに、「一偏の見に陥る」と述べて、次のように説いている。

但だ交感化生は、固より道の一端なり。然れども夫婦の居室型家、其の事多端にして、之れを交感の一事に止むと謂ふは、則ち未だ可ならざるなり。陳・林等、夫婦を離れて説を立つるに至りては、則ち全然、朱子と背馳するなり。(『問答』巻四)

侗庵は、夫婦があずかり知り、できることとは、「男女交感」のような性的行為ではなく、日常生活全般にかかわるとする「男女交感」反対説を「朱子と背馳する」ものと批判する。ということは、たしかに「夫婦の接遇は、各々其の道有り。交感を以て之れを概するは、則ち狭」(『問答』巻四) いにしても、未だ可ではないが、日常生活の「耒耜《らいし》井臼」のような生産行為にまで広げて解釈する反対説は「全く朱子と戻《もと》」(同右) っていて、それよりはまだましだととらえるのである。その意味で、侗庵は「男女交感」反対の李岱雲説を是とする父親精里と意見を異にしている。

ちなみに、増島蘭園は、侗庵とは異なって、精里の反対説をとっている。蘭園も「男女構精、形交気感」とする史伯璿とそれに反対する林希元の『存疑』の両方の説をあげた後に、次のように説いている。

固（増島蘭園）按ずるに、夫婦の愚不肖、能く知り能く行ふは、夫倡婦和して、家に有り、日用の耒耜井臼の常を言ふ。是れ其の最も至近至切なる者にして、亦た道中の一事なり。故に以て道の在らざること無きを見すなり。章句の「夫婦居室の間」は、乃ち此れを指して言ふ。史氏、形気交感と為すは、章句の所謂る夫婦居室の間を誤り看るに由る。

（『中庸章句諸説参弁』巻一、一四頁）

蘭園によれば、「男女交感」説は夫婦の二字に拘泥して、「全然と意義無き」ものであった。このように朱子の「夫婦居室の間」解釈をめぐって、精里門下の間でも意見を異にしているのである。たった一句をめぐる小さな争点ではあるが、のちに述べるように、会読の場では、こうした争点について討論が巻き起こったであろう。

（２）「朱子の意」と「文義」

ところで、侗庵が精里と異なる意見を述べて、「合はず」と記している箇所が、たんに章句の解釈の次元にとどまるのか、もっと思想の本質的な次元に及んでいるかは、考えてみなくてはならない。この点はのちに検討することにして、もう少し形式的な問題に絞ってみよう。精里において、諸説の是非判断のキータームとなるのは、「朱子の意」と「文義」である。「朱子に戻る」（『弁誤』、致中和節）、「朱子の意に非ざるなり。朱子の意は、蓋し謂ふ、云々」（同右、註自戒惧而約之）、「異を諸家の説に求めて、顕然として朱子と相反す」（同右、唯天下至誠節）。「文義」については、「此れ粗、文義を知る者の惑はざる所なり。世多く察せず」（『弁誤』、註自戒惧而約之）、「尤も文義に非ず」（同右、問強）、「読者、各々其の文意の指す所に随ひて之れを尋ぬれば、則ち其の義各々明かなり」（同右、呉伯章曰、程子之説、与章句不同）、「恐らくは文義に非ず」（同右、至誠無息節）、「此の文義、何ぞ暁り難きこと有らん」（同右、苟不固聡明節）とあるように、頻出する。

精里は、章句の「文義」に素直に従うことを説いて、無理な解釈をしようとしない。どこまでも朱子の意に即して、それを敷衍する態度であるといえよう。精里によれば、諸家の疏釈は「拘泥」することで、かえって「文意」を通じがたくしているという。

今、章句・或問・朱集・語類を熟読するに、其の文意は弁を待たずして明らかなり。踵訛《しょうか》の久しき、或は拘泥して通じ易からざること有り。故に今ま其の大旨を摘みて之れを論ぜざるをえず。章句の意は、蓋し謂ふ云々。（『弁誤』、註性道雖同気稟或異）

もちろん、精里が読み取った「文意」すなわち「蓋し」以下の内容が、朱子の本意そのままであるかどうかは、別問題であるが、少なくとも精里はそのように認識しながら、自己の朱子理解を展開していることに注目しなくてはならない。その一つの例証が、「致二中和一、天地位焉、万物育焉」（章句、一章）にたいする朱子の『章句』理解である。『章句』には、次のようにある。

自二戒懼一而約レ之、以至下於至静之中、無二少偏倚一、而其守不上レ失、則極二其中一而天地位矣。自レ謹レ独而精レ之、以至二於応レ物之処一、無二少差謬一、而無二適不一レ然、則極二其和一而万物育矣。

『条弁』の李岱雲説では、「戒懼は単に中を致すに属すと謂ふに非ず」、「謹独は専ら和を致すに属すと謂ふに非ず」とする。岱雲は、「省察は只だ是れ涵養の中の省察にして、原と未だ省察と涵養とを以て平対し、静を分ちて涵養に属し、動を省察に属さざれば、則ち未だ嘗て涵養を以て中を致すの功夫と為し、省察を和を致すの工夫と為さず」と説いて、「涵養を以て動静を通貫すると為す」ことを説いていた。ところが、精里は、「未発・已発、内外・動静交ごも相資するは固よりなり」としつつも、「相対して分開して説けば、則ち決して混淆」してはならないとする。精里によれば、「戒懼」から「至静の中」にいたるまでは「未発」に属し、「謹独」から「応物の処」にいたるまでは「已発」に属していて、両者ははっきり境界をもっているのである。

精里によれば、李岱雲説は、「自戒懼而約之、以至於至静之中」の「至る」の字を軽く見ているところから出てくる。これは、『条弁』に採録してある林次崖の「章句の至静の至るの字は、亦た軽し」にもとづいているので、「次崖は、戒慎を以て之れを已発に属さんと欲して、至るの字に碍《さまた》げらる。故に至るの字を軽く看るの解」が出てきたのであって、朱子の「正意」ではないという。この「至る」の字を軽く見る結果、未発と已発の境界が曖昧になり、とくに「戒懼」を「已発」に属させたことによって、「未発の時」の本来の「戒懼の工夫」がおろそかになってしまったと批判するのである。「戒懼よりして之れを約すは、固より未発の時、戒懼の工夫」であって、「戒懼を已発と為さば、則ち和に工夫ありて、中に工夫が無」くなってしまうという。『章句』の「至る」の字を軽く見るかどうかという「文義」が、朱子の本意がどこにあるのかに関わるポイントになるわけである。ちなみに、安部井帽山『四書訓蒙輯疏』は、精里説をそのまま採録している。

（3）朱子への疑義

当然のことだが、侗庵においても、「朱子の意」が明・清の諸家の弁別の基準となっていることは変わりない。「大全の北渓陳氏・雲峰胡氏は皆、章句の旨を失はず。其の他、蔡・陸の説は之れを得たり」（『問答』巻一、篇首中庸二字）、「前説、是なり。章句・或問の弁説、極めて明確たり。奚ぞ疑を容れんや。孫詒仲、之れを得たり。王（歩青）・朱の説は亦た参考に資するに足る」（同右、巻一、道也者不可須臾離節）、「此の説は偏見に流れて朱子の旨を失す。李（岱雲）・周（聘侯）の駁、之れを得たり」（同右、巻八、或生而知之節）。ところが、面白いことに侗庵においては、精里と異なり、『章句』に無条件に従うのではなく、朱子の「文義」自体に、疑問が投げかけられている。侗庵の場合、この点がもっとも重要な論点となるだろう。たとえば、次のような言葉である。

章句・或問、其の理を析くは、則ち極精なるも、但だ文義の間に未だ些か疑ひ有るを免れず。
（『問答』巻一二）

ここで「些に疑ひ有るを免」れないといっているのは、『章句』二九章第二節の「上焉者、雖レ善無レ徴、無レ徴不レ信、不レ信民弗レ従。下焉者、雖レ善不レ尊、不レ尊不レ信、不レ信民弗レ従」の経文にたいして、朱子は「上焉者、謂二時王以前一、如二夏商之礼、雖レ善、而皆不レ可レ考。下焉者、謂二聖人在レ下、如下孔子雖レ善二於礼一、而不上レ在二尊位一也」と注していることに向けられている。「上なる者」が時間的なカテゴリーの「上」、「下なる者」が位のカテゴリーの「下」を述べているのは、『中庸或問』でも問題になっているが、侗庵はこの『章句』と『或問』を引いてきて、「猶ほ未だ釈せず。然らば何ぞや」と問いかけた答えが、「文義の間」にいささかの疑いがあるというものであった。侗庵は続けて次のようにいう。

夫れ経文の上下の二字、相対して義を成す。「上なる者」は時を以て言へば、則ち「下なる者」も亦た当に時を以て言ふべし。「下なる者」、位を以て言へば、則ち「上なる者」も亦た当に位を以て言ふべし。今、上を以て時と為し、下を位と為すは、恐らくは支離を免れず。予、文勢を熟考して、上下の二字は共に位を指すを是と為す。（中略）是の解の如きは、則ち文勢極めて安にして、其の意は則ち朱子の旨に仍《よ》るなり。此れ予の敢て此の説を主張する所以なり。　（『問答』巻一二）

上下ともに位のカテゴリーで説くことは、『中庸』本文の「文勢」にも、「朱子の旨」にもかなっているというのである。その意味では、「文義」においては若干の疑いを持ちつつも、「朱子の旨」に添おうとしているわけである。ほかにも、『中庸問答』には、朱子にたいする疑義が述べられている箇所があるが、細かい注釈上での「文義」での違いと異なり、注目すべきは、朱子が経文を改めている箇所についての侗庵の批判である。

『中庸章句』二〇章の「人道敏レ政、地道敏レ樹。夫政也者、蒲盧也」の「蒲盧」について、章句では、「蒲盧、沈括以為二蒲葦一、是也。以レ人立レ政、猶二以レ地種一レ樹、其成速矣。而蒲葦又易レ生之物、其成尤速也」とある。古注では、蒲盧は土蜂《じがばち》のことであるが、朱子は、沈括の『夢渓筆談』巻三の説をとって、蒲《がま》と葦《あし》とする。「地道敏樹」をうけて、昆虫から植物にしたのである。[25]これに対して、侗庵は次のように批判する。

臆見に任せて本文を改むるは、尤も経を解するの失為り。必ず万万通ぜず、然して後に、焉れを改むるは可なり。蒲葦の義、自ら通ず。何の故にか軽く改むるや。蘆は自ずから蘆、盧は自ずから盧なり。奚ぞ強いて合すべきや。古註、程子及び諸家、従ひて此の解無し。沈存中に至りて、始めて此の無稽の説を創め、朱子之れに従ふ。上の地道の一句を承くるに過ぎざるのみ。（中略）毛奇齢も亦た、嘗て之れを弁ず。

（『問答』巻七）

こう述べて、侗庵は毛奇齢説を引用している。考証学の成果を採り入れて、朱子を批判するのだが、これはたんなる事実誤認の問題ではないだろう。というのは、本文改定にかかわっているからである。この「臆見に任せて本文を改むるは、尤も経を解するの失為り」という経文改定への批判は、『大学』の格物補伝の改定につながっている点で注目すべきである。侗庵の『大学問答』のなか、補伝に関する問答で次のようにいう。

問、朱子の補伝は、遺議有るを免れずに似る。其の是非、如何。

答、予、朱子に於ける、尊信すること神明の如し。顧みるに、其の説の安ぜざる者は、苟同するを肯ぜず。其の心は、以為らく、佞臣為るよりは、寧ろ争臣為らんとす。補伝の如きは、尤も其の疑いを蓄ふるの甚だしき者なり。

侗庵は、先にみた『弁誤』の序文のなかで精里を評していたように、朱子を「尊信すること神明の如し」であるが、この経文改定に関しては、朱子の「佞臣」たるよりもむしろ「争臣」たらんとすると、強い表現で、朱子の本文改定を批判していたのである。[26]

四　注釈内容の特徴

ここでは明・清諸家にたいする是非判断のなかから、精里と侗庵の考え方の特徴が現れていると思われる箇所について、紹介してみよう。まず、精里についていえば、『中庸』第一章の冒頭「天命之謂ㇾ性」の「天命」の注釈である。精里はいう。

按ずるに、世に命の字を以て活字と作す者有り。猶ほ天の之れに命ずる之れを性と謂ふと曰ふがごとしと謂ふ。果して爾《しか》らば、則ち天命と人性とは、一重の膜を隔つに似て、天の命ずる所、何物為るかを知らずして、直に名づけて性と曰ふなり。朱子又た曰く、命は猶ほ誥勅のごとし、性は猶ほ官職のごとしと。明々に活字と作し看ず。且つまた其の他に、天命・明命の類、甚だ多し。皆な活字と作し看るべけんや。（『弁誤』）

精里は、「命」の字を、天が「命ずる」という動詞とせずに、天とつなげて「天の命」とする。この精里の弟子安部井帽山は、精里の説をそのまま引用して賛同し、「今按ずるに、此の天命の語意は、天の明命と同じ」（『四書訓蒙輯疏』巻三）とし、また増島蘭園もまた「命」字を動詞とする「近時の講家」を批判して、「若し単に之れを天に属せば、則ち天命は即ち性なり。単に之れを人に属せば、性は即ち天命なり。此くの如ければ、則ち命は、天に在り、人に在るの定名為り。復た活して看るべからず」（『中庸章句諸説参弁』巻一、二頁）とする。共通して、天の命令を性とするのである。

また、『中庸章句』序の「道心人心」についても、精里の特徴を見て取れる。精里は、『朱子語類』の「道理底の人心有り、即ち是れ道心」、蔡虚斎の「人心の其の正を得たる者、亦た即ち道心のみ」を引用していう。「此れに拠つて、則ち方に道心、主と為りて、人心、命を聴かば、則ち純然として道心なり」（『弁誤』）。人心の正しいものが道心であるとして、道心は人心と離れているわけではないことを説いている。実はここで引用されている蔡虚斎説は、陸隴其によって批判されているものであった。

人心と道心は、只だ是れ一箇の心なり。大全の朱子、蔡氏、胡氏、許氏は皆、未だ嘗て人心を離却して以て道心を説かず。蒙引、甚だ拘む。必ずしも従はず。（『中庸講義困勉録』巻二）

陸隴其はこう説いて、「人心の其の正を得たる者は、亦た即ち是れ道心のみ」という蒙引説を否定的に付している。陸隴其にすれば、人心と道心の区別をはっきりさせることが、両者を渾一化する王陽明にたいする批判であっただろう。実際、「人心の其の正を得たる者、亦た即ち道心のみ」という蔡虚斎の見解は、王陽明の説と等しいものであったからである。陽明は『伝習録』のなかで、「人心の其の正を得る者は、即ち道心なり」（徐愛録）と説いていた。ところが、意外にも『弁誤』では、精里は、陸隴其によって批判されている蔡虚斎の道心・人心説を採っているのである。侗庵にいたると、態度はよりはっきりする。侗庵は、蒙引の蔡虚斎説、それに『困勉録』の陸隴其説を引いて、「如何」と問いを発している。これに対する答えは次のようである。「答、虚斎は、未だ始より失せず。而るに稼書は妄りに詆《そし》るなり。人は固より只だ一心なり。然れども人と道との分は、則ち中に就きて明弁せざるべからざるなり」（『問答』巻二）。精里親子は、このように道心・人心を截然と二つに分けず、また陸隴其説だからといって、無条件に肯定しているわけではない。

侗庵の注釈の興味深い論点の一つに、「致㆓中和㆒、天地位焉、万物育焉」をあげることができるだろう。これまで述べてきたように『中庸問答』は、『中庸章句』の注にたいする疏の是非を明らかにする条文がほとんどである。そのなかで、「致㆓中和㆒、天地位、万物育焉」（章句一章）の経文への章句の注を取りあげている箇所は例外的である。問において『中庸章句』『中庸或問』『朱子語類』の三つの当該箇所を提示して、これに対して、侗庵は、「此れ未だ疑ふべきを免れず」と答えて、自説を展開しているのである。ここで問題となるのは、章句の次の箇所である。

　蓋天地万物、本吾一体、吾之心正、則天地之心亦正矣、吾之気順、則天地之気亦順矣、故其効験至二於如一レ此。
　此学問之極功、聖人之能事、初非レ有レ待二於外一。

天人関係における天地―小天地の「汎神論的な感情[27]」（島田虔次）を説いている箇所である。いわば朱子学の世界観・人間観の根本に触れるものである。何が問題なのか。

　案ずるに章句の解は、極めて精密なり。然れども猶ほ未だ尽さざること有るを覚ゆ。夫れ位育の功は至大至難なり。必ずや聖人、位に在りて其の輔翼裁成の力を尽くして、而る後に済《すく》ふこと有れば、則ち当に新民・善世の実政を兼ねて言ふべし。当に専ら正心順気を指すべからざるのみ。（『問答』巻二、致中和節）

「位育の功」は位ある聖人にかかわる事功であって、広く一般化して「君子」の事として説くことはできないという考えがあった。

　案ずるに諸説は多く或問・語類を墨守し、旁意を以て正解と為し、反て経旨を晦ます。独り陳氏が云く、此れ乃ち位有る者の事功にして、泛《ひろ》く君子に就きて説くに非ざるなりと。（『問答』巻二、致中和節）

もともと大全所収の『朱子語類』には、「問ふ、中和を致して、天地位し、万物育すとは、此れ位有る者を以て言ふ。一介の士の如きは、如何ぞ此の如きを得んや」（『朱子語類』巻六二、第一五四条）という質問があった（『条弁』にも引用している）。『中庸問答』の稿本では、侗庵はこの問答を一旦、問いに引用した後に削除しているが、結局、侗庵の真意は、無位の「一介の士」には、天地万物を化育するような、「至大至難」の事功は関わりないということにあったと思われる。ここには、儒学を志す者が、中国では科挙をめざす士大夫であったのにたいして、近世日本では世襲の武士であったという社会的条件の差違が反映しているだろう。「一介の士」が天下国家の治平を志すことは、明・清の朱子学者にとってみれば、自明なことだが、近世日本では必ずしも当たり前ではなかった。しかし逆にだからこそ、侗庵は明・清諸家を総体として批判しうる立場にたつこともできたのではないかと思われる。

五　注釈と会読

これまで見てきたように、寛政正学派の注釈においては、朱子の四書集注の枠内であるにしても、明・清の朱子学者を相対化して、議論の対象にしている。ということは、陸隴其説を墨守したわけではなく、また自己の説を絶対化して、自己に続く人々の異見を抑圧しようとしたわけでもなかった。もしそうでなければ、精里の説を息子の侗庵が批判するようなことはありえなかったろう。ここには、思想上のある種の寛容さが認められる。ある種という限定をつけたのは、もちろん、朱子の四書集注という大前提があることを意味する。そのため、取りあげる明・清の疏注書も朱子学を大枠とするものばかりであって、陽明学系統の注釈は俎上に載ってさえいない(28)。しかし、それにしても、一定の枠内での異説の間での是非が議論されたことは、これらのテキストが会読のさいに利用されているということを想起するとき、面白い意味づけができるのではないかと思われる。

会読と注釈との関わりは、すでに眞壁仁が、侗庵の『大学問答』の叙述形式が昌平坂学問所や藩校での「講習討論」の反映であることを指摘し、示唆している。眞壁によれば、昌平坂学問所の「学規」（寛政五年）の第四則「講会」に「義理を討論し、精微を講窮す、須らく必ず依拠有るべし、切に無稽憶説を禁ず」(29)（『昌平志』巻二、寛政五年九月一八日条）とあるのは、経書解釈史の文献に「依拠」した「討論」を言い、学問吟味や校内試験に向けた受験勉強を兼ねた学問所での経書会読や輪講会も、「弁書」といわれる筆記試験で問われる「章意」「字訓」「解義」「余論」などを想定しながら、これまで見てきた『中庸問答』同様の「問答」と「是非」の判定が行われていたのであろうという(30)。卓見である。

実際、たとえば、天保年間に侗庵の弟子たちの間で行われていた会読のなかで、侗庵の『中庸問答』が参考書として使われていた。江木鰐水《えぎがくすい》の日記の天保七年（一八三六）正月二八日条には、次のようにある。

> 夜中庸会卒業す。蓋し発会は去歳五月に在り。月三会、汪武曹大全を以て主と為し、傍に困勉録・松陽講義・先生（侗庵）著す所の中庸問答に及ぶ。(31)

彼らは、侗庵の『中庸問答』の是非判断を参考にしながら、明・清の諸注について会読の場で是非を討論したのであろう。(32)同じく侗庵の弟子である塩谷宕陰《しおのやとういん》は、「会読輪講は、須く力を極め問難論究すべ」きであり、「疑ひ有らば必ず問ひ、問ひ有らば必ず究め、究めざれば措かざる」ことを求め、「師弟の問難討論は、声色倶に厲しきに至るも、亦た責めざる所なり」と、師弟間の「問難討論」も容認されていたのである（「経誼館掲示」(33)）。とすれば、昌平坂学問所のなかの自主的な会読では、ひょっとすると、侗庵の意見もまた相対化されていたのではないか。繰り返すが、この会読の討論は、朱子学の枠内という前提条件のもとにある。しかし、その枠内で、明・清の諸家を俎上に載せた討論が積極的に奨励されていたことは、討論それ自体が嫌忌されていた時代のなかで、評価に値するだろう。思うに、寛政正学派の四書注釈書の思想史的な意義は、まさにこの討論の材料になったという点にこそあるのである。

（1）寛政異学の禁の研究文献は、眞壁仁『徳川後期の学問と政治』（名古屋大学出版会、二〇〇七年）五四〇～五四一頁参照。また歴史的意義については、辻本雅史『近世教育思想史の研究――日本における「公教育」思想の源流――』（思文閣出版、一九九〇年）参照。辻本は、異学の禁の評価として、①封建イデオロギーの再編をめざした思想統制とする立場、②改革政治遂行のための実践的人材の育成や登用の面に力点をおいてとらえる立場、③一連の教学政策とリンクした武士教育の振興ないしは教育への政治的統制や支配などといった教育や教化の面にこそ異学の禁の意義があるとする立場を挙げている。このうち、辻本は③の立場を取り、殊に「学統」と民衆教化を重視している。辻本の解釈は、広島藩における頼春水の藩校と寺子屋との統合化構想を特筆することで、異学の禁を民衆教化との関連で論じた所に特色がある。しかし、春水の構想によって、異学の禁全体を理解することは、無理があるだろう。これまでの研究史で論じられているように、武士の人材登用と教育の側面があるからである。近年では、眞壁仁が辻本の研究史整理とその後の研究成果を踏まえ、幕閣の課題が、辻本の②幕臣の〈選別化〉の人材発掘と登用と③〈社会的適正化〉という旗本の教化・教育にあったが、異学の禁の直接の契機は、幕臣の「見分」＝番入り選考と関わり合わせて、②にあると指摘している（眞壁書、五四二頁）。たしかに、異学の禁の直接の契機は②にあるにしても、本書では、人材発掘の前提として③の武士「教育」が目指されていたと考えている。この考えは、辻本も紹介する石川謙『近世日本社会教育史の研究』（東洋図書、一九三八年）や和島芳男『昌平校と藩学』（至文堂、一九六六年）、鈴木博雄『近世藩校に関する研究』（振学出版、一九九五年）などの立場である。

（2）『御触書天保集成』巻下（岩波書店、一九四一年）四一八頁。注（1）石川書、七六頁所引。

（3）『聖堂略志』（財団法人斯文会、一九三五年、大空社復刻、一九九八年）四七頁。昌平坂学問所における学者「教育」から幕臣「教育」への転換は、同時代の藩校においても同様だった。寛政の三博士と親しい頼春水が主導した広島藩藩校でも、藩士教育が重視された。春水は「儒家ならぬ人ニては、重き上につかふまつるより下を治め、或ハ人民之取扱より金穀之取捌き、或ハ常あり変あり皆々容易ならぬ事」（『春水遺響』一三、『広島県史　近世資料篇Ⅵ（思想と教育）』第三部、七八四頁）と、「儒家ならぬ人」に向けた教育の必要性を説いている。注（1）辻本書、二二六頁参照。

（4）『日本教育文庫　学校篇』（同文館、一九一一年）九〇頁。

（5）同右、九六頁。

（6）橋本昭彦『江戸幕府試験制度史の研究』（風間書房、一九九三年）三〇二頁。江森一郎は、試験による賞罰の動機づけをもとにする武士教育論が天明・寛政期にあったことを指摘し、寛政異学の禁も、そうした流れのなかで位置づけることができると論じている。江森『「勉強」時代の幕あけ』（平凡社新書、一九九〇年）八六頁参照。

（7）注（3）『聖堂略志』五六～五八頁。仙台藩士岡千仭は、書生寮生は林祭主と「相見ルニ同間」できなかったと述べて、書生寮の昌平坂学問所のなかでの位置づけを次のように説いている。「凡藩臣ハ陪臣ト称ス。相見ルニ同間ヲ許サザル慣例ナリ。聖堂ハ麾士教育ノ為メニ興ス所、書生寮ハ贅物ナリ。長物ナリ。唯聖堂ノ名ハ、世間ニ漢土ノ大学ノ如ク心得、諸藩学校ニ於テ有望ノ書生ヲ游学サセ、且其人、藩ニ在テ学問已ニ成以上ハ、別ニ指導ヲ仰ガズ、朋友切磋、其材ニ仍リテ其器ヲ為ス。月ニ両度、構内両儒ノ経書会ニ列聞スルノミニテ、諸儒ノ家塾ト大イニ其風ヲ異ニス」（『在臆話記』第一集巻二、『随筆百花苑』巻一、中央公論社、一九八〇年、四〇頁）。

（8）拙著『江戸の読書会――会読の思想史――』（平凡社選書、二〇一二年）参照。

（9）興譲館では江戸への遊学は、「古賀氏ノ門ニ限レリ。精里・侗庵・謹堂ノ時ニ至リ綿々絶セス。本藩ノ学識ニ昇ル者必ス此中ヨリ出ツ」（『日本教育史資料』第一冊、文部省、一八九〇年、七三一頁）という。関山邦宏「幕末期の米沢藩校興譲館」（日本教育史資料研究会編『『日本教育史資料』の研究』Ⅵ、一九八七年）参照。

（10）ただし寛政の学制改革以前、湯島の聖堂で学ぶ儒者も、会読を行っていた。揖斐高によれば、安永年間、林家塾に寄宿していた平沢旭山の日記には、「会業」「会読」と称する詩会・文会や読書会の記事が見えるという。会読していたテキストは『福恵全書』『大明会典』『通典』『論語徴』『日本書紀』などである。揖斐高『近世文学の境界――個我と表現の変容――』（岩波書店、二〇〇九年）二五六頁参照。徂徠の『論語徴』や古文辞派の『滄浪文』が会読されていたことは、渋井太室が安永・天明期の諸家評判記『世の手本』のなかで、「林家にては其家の学風あり。され共弟子の内にて他門の学風をしたひ、却て家学をさみするものあれ共、是を咎ず」（『近世政道論』日本思想大系38、岩波書店、一九七六年、三八二頁）と述べていることが、事実であったことが知られる。ちなみに、平沢旭山は、寛政二年の異学の禁では、折衷学者とみなされ、林家を破門されている。寛政異学の禁は、こうした林家塾内での異学学習の禁止を意図していた。

（11）石川謙『日本学校史の研究』（日本図書センター、一九七七年）二一七頁。

（12）『日本教育史資料』第七冊（文部省、一八九二年）一一四頁。

（13）『日本近代教育百年史3　学校教育（1）』（国立教育研究所、一九七四年）七二頁。

（14）荻生茂博「古賀精里――異学の禁体制における『大学』解釈――」（源了圓編『江戸の儒学――『大学』受容の歴史――』思文閣出版、一九八八年、のちに『近代・アジア・陽明学』ぺりかん社、二〇〇八年）、注（1）眞壁書参照。寛政異学の禁において、朱子学が「正学」とされた一つの理由は、中国・朝鮮・琉球などの東アジア地域が朱子学を採用しているからであった。寛政の三博士の一人で、異学の禁の主導者であった柴野栗山は、「唐土とても程朱の出ざりし以前は、外に道もなく候得ば、古注に従ひ候得ども、既に程朱の道開し後は、天下万世の議論定まりて、古注はすたりて候。朝鮮琉球などを始、唐土を学候国々、皆是に従ひ候事は勿論の事」（『柴野栗山学事意見書』、注4『日本教育文庫　学校篇』三一三頁）だと述べている。寛政正学派は、日本だけではなく、当代の東アジア儒学の動向を踏まえて、みずからの思想的立場を明らかにするためにも、朱子学の「正学」化を図ったといえる。換言すれば、「異学」である仁斎学や徂徠学の流行は日本のみの現象であって、これらを認める時、東アジア世界の中で、日本がいわゆるガラパゴス化することを危惧したからである。注(1)眞壁書、一〇七頁参照。

(15)　明・清の四書注釈については、佐野公治『四書学史の研究』（創文社、一九八八年）参照。

(16)　荻生茂博は、『大学』解釈の思想的特徴として、陽明学の渾一的工夫論にたいして階梯をひとつひとつ履むことの強調と、実践主体が統治階級に限定されていることを指摘し、陽明学との対抗関係を重視している。注(14)荻生論文参照。

(17)　『精里全書』（梅澤秀夫編、近世儒家文集集成15、ぺりかん社、一九九六年）。

(18)　同右。『精里全書』所収本には、四四九頁から四五二頁まで乱丁がある。『中庸章句諸説弁誤』（九州大学附属図書館蔵本）によって訂正すれば、四四九頁上段→四五二頁上段→四五〇頁上段→四五〇頁下段→四五一頁上段→四五一頁下段→四四九頁下段→四五二頁下段→四五三頁上段である。

(19)　『中庸問答』・『中庸問答補遺』は国会図書館所蔵本の稿本を使用した。

(20)　『続日本名家四書註釈全書』（関儀一郎編、東洋図書刊行会、一九三〇年）。頁数は略記した。

(21)　愛知教育大学附属図書館所蔵。

(22)　尾藤二洲は、「(倪士毅)輯釈、大全、蒙引、存疑、浅説等の説をも一覧して、其得失を考ふべし。是等の書は経文集注を発明する所も多けれども、支離破砕にして、大に本旨に違へること少なからず」であるので、「権度未だ定まらずしては、決して読むべからず」（『正学指掌』、『日本倫理彙編』巻八、金尾文淵堂、一九〇二年、四〇二頁）と注意している。昌平坂学問所の俊秀であれば、ある程度「権度」が定まっていたので、その可否を論ずることもできただろう。

(23)　このリストは、もちろん、一般の藩校内で常備された疏釈書ではない。佐藤一斎は、『学問所創置心得書』（天保一一年）のなかで、藩校の「学問所に儲へ置く書籍も有ふれたる近きもの計にて足るへし。奇書珍籍は有用必読の書にあらさるなり」と述べ、四書については『四書大全』『四書直解』『四書蒙引』の三書を「必用書目」として挙げている。この他の疏釈書として、『四書存疑』『四書浅説』『四書講義』『四書講義困勉録』、さらに「異説多しといへとも採るへき所もまた多」しと、陽明学的な疏釈書である鄭観静『四書知新日録』を付け加えている（『日本教育史資料』第八冊、二七頁）。吉田公平によれば、「王陽明の創唱した良知心学の影響の下にあった人々の四書理解を編集した」『四書知新日録』は、林羅山以来、幕末にいたるまで、よく読まれた。吉田公平『日本における陽明学』（ぺりかん社、一九九九年、二八頁）、鍋島亜朱華「明末『四書』注釈書日本伝来後の受容と影響――『四書知新日録』を中心に――」（『日本漢文学研究』一一号、二〇一六年）参照。

(24)　注(17)『精里全書』二五三頁。

(25)　ちなみに折衷学者片山兼山は、この「蒲盧」について、「蒲盧は二物か一物かは、今更弁じ難きことなれども、何にもせよ蜂蛤と成して見るべきなり」と解し、さらに「蒲盧の義を述るに因て、姑く其の端緒を開て、世学の晦庵仁斎徂徠等の毒に酔へる者に示」している（『山子垂統』後編上、安永九年刊、『日本倫理彙編』巻九、金尾文淵堂、一九〇三年、二七九頁）。

(26)　注(1)眞壁書、二四四頁参照。『大学問答』からの引用は眞壁書による。

(27)　島田虔次『朱子学と陽明学』（岩波新書、一九六七年）一三頁。

(28)　たとえば、四書集注を弁駁した高拱（中玄）『問弁録』は、陽明学に親炙した佐藤一斎の『中庸欄外書』では『伝習録』とともに頻出するが、安部井帽山『四書訓蒙輯疏』の凡例のリスト「引用諸家名氏」には見えない。ただ、侗庵においては、数は少ないが、参考にされている。

(29)　注(4)『日本教育文庫　学校篇』八五頁。古賀精里と並び、寛政の三博士の一人尾藤二洲は会読の際に「精思」を求めた。さもないと、注疏の間で支離滅裂になると注意している。「凡そ読書は、須く先に経文を熟看すべし。而して略ぼ其の義に通じ、乃ち注解を取りて熟看し、其の合はざる所有れば、俯仰して之れを思ふ。之れを思ひて得ざれば、且《しばら》く舍《す》てて可なり。汎然として之れを後世の諸説に求むれば、支離決裂し、本旨を失ふ者、蓋し尠なからず」（『静寄軒集』巻二、会業日告諸子、『静寄軒集』近世儒家文集集成10、ぺりかん社、一九九一年、九一頁）。これまで見てきた疏釈本を参考にしながらの会読の危険性を説いているといえるだろう。

(30)　注(1)眞壁書、二三六頁、注(6)橋本書、二二二頁参照。辻本雅史は、寛政正学派においては「儒学の制度化」が進み、儒学は「教化の言説」となったために、「集註の解釈をめぐる註疏レベルの煩瑣な議論、つまり「明代四書学」は、ほぼ姿を消した。道徳の〈教説化〉した武士教育の儒学に、集註の読み方を巡る明代四書学の議論は必要とされなかったからである」（「日本近世における「四書学」の展開と変容」、『季刊日本思想史』七〇号、二〇〇七年）と指摘して、「註疏レベルの煩瑣な議論」の存在を否定している。これは、寛政異学の禁の意義について、武士教育よりも民衆教化を重視する辻本の立場とつながっている。しかし、明代四書学の「議論」は清代に継承され、近世日本に受容され、寛政正学派の体制下で、会読の学習・読書方法の普及によって、さらに「議論」が盛んになったといえる。寛政正学派はこの会読を通して武士教育を図ろうとしたのである。

（31）『大日本古記録　江木鰐水日記上』（東京大学史料編纂所、一九六四年）六三頁。

（32）王歩青の『四書匯参』は天保七年に加賀藩で大島桃年らによって刊行され、安部井帽山の『四書訓蒙輯疏』は嘉永元年に会津藩日新館で刊行されている。加賀藩と会津藩の藩校はともに会読が盛んであり、これらの注釈書は会読の際、参考に供されたのであろう。

（33）注（9）『日本教育史資料』第一冊、四三〇頁。塩谷宕陰は、天保二年（一八三一）五月、松崎慊堂の推挙で浜松藩経誼館の儒員に補せられ、翌年に「命を受け藩の学政を考定」（『宕陰年譜』）し、「経誼館掲示」を書いた。

第Ⅲ編

国学と蘭学の学習法と教育・教化

第一章　一八世紀日本の新思潮——国学と蘭学の成立——

一　国学と蘭学の創業意識

一八世紀日本、物みな「開ける」江戸の世で、新たに開かれた学問が国学と蘭学であった[1]。国学者や蘭学者はともに、自分たちが新たな学問を創始したのだと自負していた。国学の大成者本居宣長《もとおりのりなが》によれば、「ちかき世、学問の道ひらけて、大かた万ヅのとりまかなひ、さとくかしこくなりぬるから、とりぐ〱にあらたなる説を出す人おほく、其説よろしければ、世にもてはやさるゝによりて、なべての学者、いまだよくもとゝのはぬほどより、われおとらじと、よにことなるめづらしき説を出して、人の耳をおどろかすこと、今のよのならひ也」[2]（『玉勝間』巻二）と、「ちかき世、学問の道ひらけ」、「あらたなる説」「めづらしき説」が「人の耳をおどろか」し競い合っているなかで、「そもそも此大人、(賀茂真淵)古学の道をひらき給へる御いさをは、申すもさらなるを」[3]（『玉勝間』巻二）とあるように、真の学問、「古学の道」を開いた「大人」こそが、賀茂真淵《かものまぶち》に他ならなかった。この創業意識は蘭学者においても同様である。杉田玄白《すぎたげんぱく》は『解体新書』翻訳時を回想しながら次のように述べている。

今時、世間に蘭学といふこと専ら行はれ、志を立つる人は篤く学び、無識なる者は漫りにこれを誇張す。その初めを顧み思ふに、昔、翁が輩二三人、ふとこの業に志を興せしことなるが、はや五十年に近し。今頃かくまでに至るべしとはつゆ思はざりしに、不思議にも盛んになりしことなり[4]。

（『蘭学事始』巻上、文化一二年成）

蘭学の「初め」は、玄白や前野良沢《まえのりようたく》らが「ふとこの業に志を興」したことに淵源し、玄白によれば、「ターヘル・アナトミア」の原書を手に入れたことも、「実にこの学開くべきの時至りけるにや、この春その書の手に入りしは、不思議とも妙ともいはんか」[5]（同右）とあるように、蘭学が「開くべきの時」だったからである。

本章では、国学と蘭学が一八世紀日本において、新たに切り開かれた学問であるということを確認したうえで、三つの問題を検討してみたい[6]。第一は、そうした学問を創始した人々がどのような思いをもっていたのか、という担い手の意識の問題である。国学者は日本古典、蘭学者は西欧世界と、その目指す対象は異なっていたが、新たな学問を開こうとする意志において共通する。第一の課題は、この一八世紀日本の開明的な人々の精神の特徴的なあり方である。

第二は、国学と蘭学がどのような場から生まれたのか、という発生場所の問題である。この点で注目すべきは、一八世紀日本で起こった読書方法の革新ともいうべき現象である。これまで見てきたように、複数の人々が討論しながら一つのテキストを読む会読という読書方法が、一八世紀日本の知的世界に大きな影響を与えた荻生徂徠以後、広く行われるようになった。民間に、会読する自発的な読書会が叢生したのである。結論を先取りすれば、この会読という場が国学と蘭学を生み出したのではなかったかと考えられる。この点を見ることが第二の課題である。

そして、第三は、国学者と蘭学者がともに日本人というナショナル・アイデンティティ（帰属意識）をもっていたという共通点に注目したい。国学者が「皇国」に帰属する強烈なナショナル・アイデンティティをもっていたことは、周知の通りだが[7]、蘭学者もまた、国学者の自国中心的な「皇国」観念とは異なる、日本人というナショナル・アイデンティティをもっていた。そうしたナショナル・アイデンティティが、士農工商の身分制社会において、新たな学問の勃興のなかで生まれた理由は、どこにあったのだろうか。本章では、この三つの課題を検討することによって、一八世紀日本の国学と蘭学という二つの思想潮流の思想史的な意義を明らかにしようと思う。

二　「草木と同じく朽」ちない個人

近世日本の社会は、武士は武士らしく、百姓は百姓らしく、町人は町人らしく生きることを強制する身分制社会であった。武士・百姓・町人は、先祖伝来の家業・職分を勤め、きちんと子孫に伝えてゆくことが求められたのである。そのうえ、日々の生活は細部まで規格化され、個人の恣意の入る余地はなかった。ところが、一八世紀になると、そうした定型化された単調な人生にたいする懐疑の声が出てくる。日常生活に埋没せずに、この世のなかに、己が生きた証を残したいという強烈な願望が現れるのである。そうした懐疑と願望を表現する言葉として、ここでは「草木と同じく朽ちる」という一句に注目したい(8)。たとえば、伊藤仁斎は、『論語』里仁篇の「子曰、朝聞レ道、夕死可矣」を次のように解釈している。

夫れ道とは、人の人たる所以の道なり。人と為りて之れを聞かざれば、則ち虚生なるのみ。鶏犬と伍を共にするに非ざれば、則ち草木と同じく朽ちん、悲しまざるべけんや。苟も一旦之れを聞くを得れば、則ち人たる所以を得て終る。故に君子の死を「終」と曰ふ、其の澌滅《しめつ》せざるを言ふなり(9)。

（『論語古義』巻二、正徳二年刊）

また、貝原益軒も次のように教訓している。

もし聖人の道をまなばずして、道をしらずんば、此世にいける時は禽獣と同じくして、人とむまれたるかひなく、死して後は草木とおなじくくちはてゝ、人のほむべき佳名を残すことなく、後世にいたりてしる人なかるべし。われも人も、皆かくのごとくなれど、人とかく生れし身を、とりけだもの草木に同じくせんこと、ほいなきことならずや。これを口をしと思はゞ、あにこのうれひをまぬかるべき道なかるべきや。人の身はふたゝび得がたし、むなしく此世を過すべからず。[10]（『大和俗訓』巻二、宝永五年成）

仁斎と益軒はともに、「草木とおなじくくちはてて」しまう凡庸な生に対比しつつ、あるべき人生を説いている。両者は、「彼は草木と倶に朽ち、此れは金石と相傾く」（『後漢書』朱穆伝）を踏まえ、凡庸な生き方と個性的な生き方を対比しながら、「人の人たる所以の道」「聖人の道」を学び、「道」を知ることが、よき名を残すことだと教える。とくに仏教の輪廻転生を否定する儒者益軒にとって、「人の身はふたたび得がた」いものであって、この一回限りの生を無駄に「とりけだもの草木」同様に、何をなすこともなく生きることは耐え難いことであった。そうならないためにも、「聖人の道」を知り、道徳的な生き方を実践して、「ほむべき佳名」を残すことを希求したのである。[11]誰にでも聖人になることは可能だったからである。イギリスの社会学者R・P・ドーアによれば、「普通の俗人でも聖人になれるとする自信過剰の説」[12]ではあるが、益軒のような朱子学者はそれを信じて、一回限りの生を充実させようとした。

しかし、こうした道徳的な生き方は、結局のところ、「四民ともに、常に家業をつとめておこたらず、其上倹約にして、諸事つゞまやかにし、家事におろそかなるべからず」[13]（貝原益軒『家道訓』巻一）、「四民の外各職業は千条万枝と分れども、各それぞれの家業を励みて其道徳を守る人は、誠に国土の重宝たり、其人は一生患難の恐れなく、餓渇の苦しみを免れ、子孫繁栄して絶ず、佳名を末世に残すべし」[14]（河田正矩『家業道徳論』巻上、元文五年刊）とあるように、決められた家業や職分に励むことに他ならない。かりに誰よりもよく家業や職分を尽くし、孝子や忠臣という「佳名」を得たとしても、凡庸な人々の指標になったとはいえるが、いわば、それは程度の差であって、質の差ではない。[15]誰にもできない個性的な生き方、他人には代替不可能なことをし遂げることが、生きた痕跡を残すことではないのか。そうした思いを抱いた人々が、一八世紀中ごろに現れてくる。結論を先取りすれば、蘭学者や国学者は、そうした凡庸な生を拒否する個性的な人々だったのである。

（1）蘭学者の志

蘭学者の思いを端的に表現しているのが、大槻玄沢《おおつきげんたく》（一七五七～一八二七）の有名な『蘭学階梯』（天明八年刊）の次の一節だった。

> 鄭ノ子産、イヘルコトアリ、人心同ジカラザルコト、其面ノ如シ（『春秋左氏伝』襄公三一年）、ト。人々、各々志ス所アリ。余ガ好ム所ヲ以テ、誣《シイ》テ人ニ施サンニハ非ズ。実ニ、吾人泰平ノ恩沢ニ沐浴シ、鼓腹忻抃《キンペン》、豊衣美食スルコトヲ得テ、草木ト同ジク朽ルハ、丈夫ノ恥ル所ナリ。茲ニ、和蘭勧学警戒ノ語アリ。曰、「メン　ムート　エーテン　ヲム　テ　レーヘン　マール　ニート　レーヘン　ヲム　テ　エーテン」（「人間は生きるために食べるのであって、食べるために生きるのではない」）ト。此ヲ訳スレバ、人ハ天地ノ間ニ生ヲ稟ケ、飲食ヲ為シテ生命ヲ全フス。然レドモ、飲食ノミスル為《タメ》ニ生ヲ稟クルニハアラズ、ト云フ事ニシテ、コレヲ切意スレバ、各其職トシテ受ル所ヲ務メ、天下後世ノ裨益トナルノ一功業ヲ立ヨト教ル意ヲ含メリ。[16]
>
> （『蘭学階梯』巻上）

「和蘭勧学警戒ノ語」は、「人ハ天地ノ間ニ生ヲ稟ケ、飲食ヲ為シテ生命ヲ全フス。然レドモ、飲食ノミスル為ニ生ヲ稟クルニハアラズ」と敷衍され、「草木ト同ジク朽ル」ことを拒否して、何かこの世の中に生きた痕跡を残す思いの表現としてとらえられている。玄沢はそのような思い（切望・願望・希求）に訴えて、「天下後世ノ裨益トナルノ一功業ヲ立ヨ」と述べ、蘭学を志す人々に「功業」を打ち立てよと奮起をうながしている。事実、杉田玄白によれば、「この書（『蘭学階梯』）出でし後、世の志あるもの、これを見て新たに憤悱《ふんぴ》し、志を興せしもまた少」[17]（『蘭学事始』巻下）なくなかったという。

そもそも玄白の『解体新書』（安永三年刊）の翻訳出版という「天下後世ノ裨益トナルノ一功業」は、こうした「草木ト同ジク朽」ちてしまいたくないという思いから果たされたものであった。彼が、学究肌の前野良沢の躊躇にもかかわらず、出版を急いだのも、「草木と共に朽」ちてしまうのではないかという焦燥からだった。

同社の人々翁（玄白）が性急なるを時々笑ひしゆゑ、翁答へけるは、凡そ丈夫は草木と共に朽つべきものならず、かたがたは身健かに齢は若し、翁は多病にて歳も長《た》けたり。ゆくゆくこの道大成の時にはとても逢ひがたかるべし。人の死生は預め定めがたし。始めて発するものは人を制し、後れて発するものは人に制せらるといへり。このゆゑに翁は急ぎ申すなり。諸君大成の日は翁は地下の人となりて草葉の蔭に居て見侍るべしと答へければ、桂川君などは大いに笑ひ給ひ、のちのちは翁を渾名して草葉の蔭と呼び給へり。(18)

（『蘭学事始』巻下）

ここには、蘭学の興隆という一つの事業を成し遂げた充実感のもとに、若き日を回想して、「草葉の蔭」という渾名をつけられたと自分を笑う余裕さえあるが、実際、玄白のほかにも、『解体新書』翻訳時には彼の周囲には、そうした切迫した思いを抱く個性豊かな人々がいたのである。その一人が、江戸の奇人平賀源内《ひらがげんない》（一七二九～七九）である。(19) 源内もまた、彼のよき理解者大田南畝《おおたなんぽ》にたいして、次のように語ったと伝えられている。

世人身の智計の不ㇾ足を不ㇾ知。智術有者を貶して山師山師と呼ふ。然共其輩皆所謂律儀者にして、斤々《きんきん》自守り謹孝と称し、鞭策すれとも不ㇾ前。草木と同しく朽ちて泯滅無ㇾ聞。豈大丈夫の事ならんや。夫人ハ五鼎ニ不ㇾ食ハ、五鼎に煮られん社《こそ》本意なれ、（中略）、自ㇾ古和漢帝王将相公侯皆山師也。成得る時ハ帝王公侯、成得さる時ハ賊と成、叛逆人と成る。（中略）、成と不ㇾ成とにて褒貶地を替る、豈人の遇不遇ならすや。(20)

（『鳩渓遺事』）

ここにも「草木と同しく朽」ちてしまうことを拒否し、自己の「智術」によって「帝王公侯」をも目指す「大丈夫」の強烈な功名心が吐露されている。源内からみれば、身分制社会のなかで家業に孜々として励み、貝原益軒が願った「佳名」である「斤々自守り謹孝」の「律儀者」は、みずから「帝王」になろうとする野心がないばかりか、ルサンチマンから「智術有者」を「山師山師」と貶める弱者に過ぎなかったのである。

　こうした凡庸な生を峻拒し、自己の「智術」によって功業を目指そうとする源内の意志はまた、彼の弟子司馬《しば》江漢《こうかん》（一七四七～一八一八）のものでもあった。源内同様、「我若き時より志を立てん事を思ひ、何ぞ一芸を以て名をなし、死後に至るまでも、名を貽《のこ》す事を欲」(21)（『春波楼筆記』、文化八年成）していた司馬江漢の思いは、次の一文に端的に表現されている。

欧陽公本論云、同三乎万物生死、而復二帰於無物一者、暫聚之形也、不下与二万物一共尽上、而卓然不朽者、後世之名

人死すれハ万物と共に滅し、亡ひてきへて仕舞者なり。いきて居ルうちの事ならずや。夫故に何ぞ能キ事カ、珍ツらしき事を工夫して、能き名を遺せと云事なり。徒に生キて居べからず。(22)（『訓蒙画解集』、文化一一年成）

江漢もまた、死後は何もなくなってしまうのだから、この短い人生に「何ぞ能キ事カ、珍ツらしき事を工夫して、能き名を遺」すことへの渇望をもつ一方で、その裏返しとして、志の低い「律儀者」の凡庸さに我慢がならなかったのである。(23) ちなみに、「メン　ムート　エーテン　ヲム　テ　レーヘン　マール　ニート　レーヘン　ヲム　テ　エーテン」の「和蘭勧学警戒ノ語」を引照した『蘭学階梯』は、もと『和蘭鏡』と題されていて、司馬江漢らの庶民層蘭学愛好者のために執筆されたものだった。(24)

（2）国学者の志

　ところで、面白いことには、国学者本居宣長もこの「草木と共に朽ち」たくないという切迫した思いを抱いていたのである。『鈴屋文集』巻下には、「述懐といふ題にて」という文がある。少し長いが、若き日の宣長の思い

を表出していると思われるので引用してみよう。

昨日はけふのむかしにて、はかなくのみすぎにすぎゆく世《ノ》中を、つく〴〵と思へば、あはれわが世も、いくほどぞや、手ををりてかぞふれば、はやみそぢにもあまりにけり、命長くて、七十八十いけらむにてだに、はやくなかばは過ぬるよと思へば、まだよごもれるやうなる身も、ゆくさきほどなきこゝちのして、心ぼそくぞおぼゆる、かくのみはかなく、こゝろなき木草鳥けだもののおなじつらに、なにすとしもなく、あかしくらしつゝ、いけるかぎりのよをつくして、いたづらに苔の下にくちはてなむは、いとくちをしく、いふかひなかるべきことと思ふにも、よろづにいたりすくなく、つたなき身にしあれば、何事をしいでてかは、よの人にもかず《数》まへられ、なからむ後の世に、くちせぬ名をだにとゞめましと、いとゞ人ににぬ《似》おろかさゝへとりそへてぞ、かなしくこころうかりける、さりとてはた、身をえうなき物に、はふらかしはつべきにしもあらず、かくのみつたなくおろかなる心ながら、何わざにまれ、おこたりなく、わざと心にいれて、つとめたらむに、つひにはひとつゆゑづけて、なのめにしいづるふしも、などかはなからむと、あいなだの《頼》みにかゝりてなむ。(25)

「みそぢにもあまりにけり」とあるので、三〇歳代前半、松坂で医業を開き、歌学や詠歌に勤しんでいたころ、生涯の目標を『古事記』と見定めて、その述作の準備に着手した明和元年（一七六四）三五歳以前の感慨ではなかったかと思われる。「こゝろなき木草鳥けだもののおなじつらに、なにすとしもなく、あかしくらしつゝ、いけるかぎりのよをつくして、いたづらに苔の下にくちはてなむは、いとくちをしく、いふかひなかるべきこと」という宣長の思いは、平凡な日常性に流されることなく、何か生きた痕跡を残したいと志している点で、蘭学者と重なっている。

「おこたりなく、わざと心にいれて、つとめ」た結果、本居宣長という「なからむ後の世に、くちせぬ名」を留めることになった畢生の大著『古事記伝』完成後に、宣長は「志」を高くもつことを初学者に求めている。

そはまづかのしなぐ〳〵ある学びのすぢ〳〵、いづれも〳〵、やむことなきすぢどもにて、明らめしらではかなはざることなれば、いづれをものこさず、学ばほしきわざなれども、一人の生涯の力を以ては、こと〴〵くは、其奥までは究めがたきわざなれば、其中に主としてよるところを定めて、かならずその奥をきはめつくさんと、はじめより志シを高く大にたてゝ、つとめ学ぶべき也。(26)

（『うひ山ふみ』、寛政一一年刊）

この高く大きな「志」は、宣長の教えを継いだ人々に引き継がれていった。没後の門人、平田篤胤は宣長の『うひ山ふみ』の一節をふまえながら、次のような「立志」と題する文を書いている。

大丈夫の、かくめでたき御代に生れて、生涯かの西戎国人もいやしめたる、飯袋となりて、朽はてむは、いかに口をしきことならずや。さてしかと志をかためたらむには、まづ専と道をまなぶべきこと、いふもさらなり。こは我翁のうひ山踏に、人として人の道は、いかなるものぞといふ事を、しらで有るべきにあらず。学問の志なきものは、論ひのかぎりに非ず。(27)

（『気吹舎筆叢』上巻）

飯袋は酒嚢飯袋と熟して、無智無能でただ遊食する者を罵る言葉。篤胤もまた、生涯、ただ食うだけで、何もせずに朽ちはてることを「口をしきこと」だと述べているのである。さらに、三〇歳代の宣長が「述懐」と題していたように、篤胤も「おもふこゝろをのぶるうたども」と題した連作の歌のなかで、「生れ出し身はひくけれど学びには、千万人の上にたたなむ」「あれ出し身は下ながらこの道の、説を雲居のうへに伝へむ」(28)（『気吹舎歌集』）と、並々ならぬ志を詠んでいる。

この世に己の生きた証を残したい。それは、家業や職分に汲々として一生を送り、不特定多数のなかに埋没してしまうことへの苛立ちと憤りであったろう。もとより身分制社会は規格化され、定型化された人生を送ることを求める。だからこそ、そうした無名の世界に埋没せずに、自分は生きていたのだという証を求める気持ちは、一層強まったのである[29]。社会経済史的にいえば、こうした強烈な個人の自覚は、元禄期以降の商品経済の進展にともない、家業や職分を根幹とする身分制社会が崩れはじめ、その綻びから個人が析出されたことを示している[30]。

三　同志との会読

(1) 屠竜の技を競う場

といって、一八世紀日本において、「草木と同じく朽ち」はてぬことを求める個人が、個性的に生き、自己の能力や才能を発揮して「功業」を打ち立てる場など、どこにあったのだろうか。また、そうした目覚めた人々は、どのような場で結集したのだろうか。当然のことながら、強固な身分制社会のなかで極めて困難なことであったが、そうした可能性がまったくなかったわけではない。この点で注目すべきは、これまで見てきた学問の場であった。江戸時代、儒学を中心とする学問は、たしかに科挙制度のある中国や朝鮮のように国家体制を正統化する権威をもってはいなかったが、逆に国家体制の埒外にあったからこそ、人々の能力や才能を発揮できるツールとなりえた。「草木と同じく朽ち」はててしまうことに苛立ちを感じた人々が、まさに自己の才能や能力を発揮すべく、一生涯を賭けたものが、新たにみずから開いた学問である国学と蘭学だったのである。

本節では、国学や蘭学といった新たな学問を生み出した現場が会読だったことに注目したい。これまで見てきたように、会読は複数の人々が討論しながら一つのテキストを読むという、きわめて斬新な読書方法であった。会読の場では、参加者はテキストの前に対等であって、お互い討論しあいながら、共同でテキストを読んでいった。そこでは、朋友との切磋琢磨が求められ、「尊卑先後に拘はらず」[31]（『春台先生紫芝園後稿』巻一四、「紫芝園規条」）に質問することが奨励され、さらに「尋常の説話」を交えてはならないなどと、約束事が規則化されていて、日常世界とは異質な空間を作ることが意識的に図られていた。だからこそ、身分制社会から析出された個人の知識や能力を発揮できる場であった。そこは、お互いが読みの確かさを求めて、意見を出し合い、競争の場ともなったが、どこまでも真理を探究するためであって、地縁や血縁の共同体とは異なる一種の公共空間が存在したといえる。その意味で、この会読の場が一八世紀日本の新思潮を生み出す場になったことは、偶然ではない。

一八世紀日本の知的世界に会読が流行したのは、徂徠学が契機になったことは間違いない。会読がたんに徂徠学以降の儒学の刷新をもたらしただけではなく、国学と蘭学の成立と結びついた一つの要因は、会読の場では、あえて難しい書物を読むことが行われたという点にある。徂徠学派の会読の有様を伝えている湯浅常山の『文会雑記』には、次のような服部南郭の言葉を記している。

南郭ノ方ニ儀礼ノ会アリ。注疏マデカケテ吟味ヲスルト也。コレハ外ノ方ニナキコトニテ、近来此会初リタル由、三礼図ハ聶存義ガ時ハ、サイシキニシタルヲ、後ニハ器物出来タルトナリ。大テイハオシテ知レドモ、先三礼ノ図モヨキモノ也。外ニ儀礼図解ト云モノアリ。コレモ会読ノ節トリ合セテ見ルトナリ。儀礼ヲヨミクダクト云コトハ、誠ニ竜ヲ屠ル伎ナレドモ、好古ノクセニテ、コレヨリナガラヘテヲラバ、三礼皆スマスベキト思フコト也。又賈公彦疏ナド筆ノ無調法ガ、グヅ〳〵シタル所ヲ、朱子ノ経伝通解ニテカミクダキタリ。サテ〳〵朱子ノ学問丈夫千万ナルコトト思ハルル也。後世ノ理学家ノ中々及ベキ所ニ非ズト也。林考逸ガ考工記ノ解モアリ。コレモ見合ニスベシト思トナリ。又明朝ニテ挙業ノ文ヲ書クニ、皆朱注宋学ニヨレドモ、礼記バカリハ鄭玄注ヲ用ユトナリ。古注疏ナラデハ礼記ハスマズ、ト南郭ノ説ナリ。(32)

（『文会雑記』巻二下）

「屠竜の技」とは『荘子』の語（列禦寇）、世に用のない名技を意味する。まさに『儀礼』を読み下すことは、世にも役立たない。しかし、「誠ニ竜ヲ屠ル伎ナレドモ、好古ノクセニテ」、『儀礼』注釈を試みるのだという。すでに朱子の『儀礼経伝通解』はあるものの、明代の科挙においても、『礼記』でさえ古注を使っているなかで、あえて注釈を行うのだといっている。ここには、『儀礼』という難解なテキストだからこそ、そして、本家の中国でも蔑ろにされている、「外ノ方ニナキコト」に挑戦しようとする、並々ならぬ意志が認められるだろう。

面白いことには、無用な「竜ヲ屠ル伎」である会読の場で、取りあげられた難解なテキストは、儒学の経書や史書ばかりではなかった。オランダ語、万葉仮名の書物が会読の場で、討論しながら読まれていったのである。オランダ語の難しさはいうまでもないことだが、徂徠の古文辞学や契沖《けいちゅう》の万葉学の影響を受けて、古代日本語についても、古代と現代の時間的差違が意識され、外国語と同様、異質な他者の言語として理解することが求められた。これらのテキストは、まさに難しいからこそ、挑戦する対象となったのである。

（2）蘭学と会読

まず、蘭学を見てみよう。周知のように、蘭学は杉田玄白・前野良沢の『解体新書』（安永三年刊）を出発点としている。玄白や良沢がオランダ書に立ち向かい、それを翻訳・刊行した『解体新書』は新時代を画した。玄白は、良沢の家に定期的に集まった翻訳の会を「会業」、すなわち会読と呼んでいる。この会業は、難解な書物を読む会読の理念型ともいえるものである。一人では理解の難しい書物を、額をつきあわせて共同研究するのである。『蘭学事始』に生き生きと描かれているように、そこでは、決まった師匠があるわけではなく、みなが対等な関係で、意見を出し合い、討論が行われた。

『蘭学事始』翻訳後も、玄白は「会読」を行っていた。たとえば、「其後少年輩と外科正宗を会読せしに、実験着実なることも多し」[33]（『形影夜話』、享和二年序）とある。また、大槻玄沢も遊学中の長崎で会読を行っている。玄沢が長崎に遊学した一つの目的は、ハイステル外科書翻訳の目的達成に不可欠なオランダ語の習得にあったが、長崎では、本木《もとき》良永《りようえい》のもとで会読を行っていた[34]。江戸でも、玄沢は弟子たちと会読を行っていた。蘭学社中のなかでは、このように会読は常態化されていたのである。

そもそも、蘭学社中という仲間意識も、玄白らの『解体新書』翻訳の会読から生まれたものであった。玄白が、「この会業怠らずして勤めたりしうち、次第に同臭の人も相加はり寄りつどふことになりしが、各々志すところありて一様ならず(35)」(『蘭学事始』巻下)とみずから述べているように、それぞれ求めるものは違っていたが、会読の場に集まる人々は、いつしか「蘭学社中」という仲間意識をもつようになっていった。

> そもそも江戸にてこの学を創業して、腑分といひ古りしことを新たに解体と訳名し、且つ社中にて誰いふともなく蘭学といへる新名を首唱し、わが東方闔州《にっぽんそうこくじゅう》、自然と通称となるにも至れり(36)。(同右)

社中とは、地縁・血縁とは関わりのない、対等な個々人が集う自発的結社の原初形態であったといえるだろう。そこに参加する人々は、「各々その志すところ異なり。これ実に人の通情なり(37)」(同右)と、「志」は異なることがあっても、それは方向性が異なるだけであって、根本には、先に見たように「草木と共に朽ちる」ことに飽き足らない「志」があっただろう。そうだったからこそ、お互いの違いを認めあうこともできたのであろう。

この「蘭学社中」が一種の自発的結社だといえるのは、そこでは対等な人間関係のもとで討論が行われ、それを保障するための明確な規約が作られていた点にある。もともと、会読の規約は徂徠学派のなかでも作られていたが(先に触れた太宰春台の「紫芝園規条」はその典型である)、蘭学社中にも存在したのである。その一つの例証が、蘭学の第三世代である青地林宗の「同志会」(天保二年)の規約である。これは、『厚生新編』の翻訳に際しての規約である。少し長いが、興味深い資料なので引用してみよう。

> 近今、泰西の医書の我邦に伝はるもの、頗る浩繁と為す。若し一人の力、訳定を網羅するは、容易に成すべきの事に非ず。然れども各自得る所は、則ち偏執固我の弊を免れず。是の故に同志相約し、共に其の事を成さば、進業成務に庶幾からん。此の会は翻訳を以て事と為す。斯の業は細心の審訂を要す。若し擬似難釈の

義有らば、会上に相議し、必ず当に合するを得て、恨み無くして止む。若し杜撰妄誕ならば、則ち衆共に攻めて赦すこと勿れ。凡そ反訳する所は、其の文許多と雖も、一一に之れを備へ、其の精覈切実の師法とすべきは、衆士の評論を経て一定す。乃ち著訳者・校者の名字は、繕写して一本と為す。凡そ著述する所の薬名術語は、先輩の選ぶ所の者は、尽く之れを用ひ、其の議すべき者は、会上に之れを論じ、其の宜しきに従ふ。其の新出する者は、一定の論を待ち、通社之れを用ふ。又我輩の験試する所の方術は、実覈誤らざる者為らば、子細に記録す。亦同志を鼓舞するの事は、煩冗すること勿くして之れを黙止す。(38)

一人で訳語を確定することは容易ではない。そのため、衆知を集めることが必要だが、各自の見解は「偏執固我の弊」を免れがたい。それを回避するためにも、あらかじめ「同志」の間で規約を作っておかねばならない。「此の会は翻訳を以て事と為す」と、翻訳を目的とする機能集団であることをうたっている。そして、この会の目的は、あくまでもよりよい翻訳と訳語を作り出すところにあるのだから、自分の意見が採用されなくても恨みつらみはいってはならないし、杜撰なところがあれば、それに容赦しない。このような緊張感のある張り詰めた場であることが、はっきりと宣言され、規約化されているのである。

（3）国学と会読

ところで、一八世紀後半、国学の大成者である本居宣長もまた、蘭学社中と同様、全国に鈴屋《すずや》社中を作った。(39)この社中形成には、蘭学と同様に、会読という場が存在していたことに注意しなくてはならない。

周知のように、松坂の町人に生まれた宣長は、商売の才能がなく、優雅な王朝世界を憧憬する青年であった。(40)母かつはそうした宣長の性向を見極めて、漢方医の修行のため京都に遊学させたのだが、その遊学中、徂徠とも親しかった堀景山《ほりけいざん》塾で、宣長は会読を行っていた。(41)当時の『在京日記』を見ると、彼は『易経』から初めて五経の素読をするとともに、宝暦二年（一七五二）五月に、『史記』と『晋書』の会読にも出席している。これ以後も、宣長は堀塾では、『春秋左氏伝』や『漢書』の会読に参加するとともに、医学の師武川幸順《たけかわこうじゅん》のもとでは、『本草綱目』や『千金方』の会読をし、さらに宝暦五年（一七五五）九月からは五日と一〇日に、岩崎栄良、田中允斎、塩野元立、清水吉太郎らの友人と、自主的に『荘子』の会読をしている。京都時代の宣長は、ほぼ会読によって勉学しているのである。

同時期、江戸の賀茂真淵の県門でも、会読は行われていた。たとえば、真淵の会読に、弟子村田春海《むらたはるみ》が参加していたことについて、田中康二の「錦織斎年譜稿」によれば、明和元年（一七六四）春海一九歳の時に、真淵の所で『古事記』を会読していて、天理大学附属天理図書館所蔵『村田春海自筆書入古事記』表紙見返に、「明和元年、縣居会集諸友、山岡俊明・藤原美樹・日下部高豊・橘千蔭、藤原福雄。さて我父のみこと、家兄春郷と也（ママ）」とあることが指摘されている[42]。さらに、地方の県門でも、弟子同士が会読を行っていた。真淵の郷国である遠江では、斎藤信幸の学舎で、県門の内山真龍と栗田土満（この二人はのちに宣長の門人にもなる）が『古事記』『万葉集』の会読を行っていた[43]。

たしかに宣長は会読について、ある程度学習の進んだ者同士であれば、有効な方法であるが、初学者には、必ずしも役立つものではないと説いている[44]（『玉勝間』巻八、「こうさく、くわいどく、聞書」）。これは、松坂に帰った後に行った会読の経験がもとになっていたかもしれないが、しかし、宣長はだからといって、会読そのものを否定したわけではない。何回か試みているからである。宣長は、安永六年（一七七七）一月から寛政元年（一七八九）九月までの一三年間に、『万葉集』の会読を一六〇回も行っているのである。山中芳和によれば、出席者は松坂在住の門人で、四人から六人の少人数で行われ、最も多い時でも一〇人であったという[45]。この『万葉集』会読の席では、賀茂真淵や契沖の説が参照されるばかりか、地方の鈴屋門の弟子たちの説も紹介、検討されることがあったという。そして、ここでは、師弟間の討議がなされていた。そうした宣長の会読を伝える資料もある。宣長は、「師イヘリ、師此説ヲ云テ座中ニイカガゾミナ人コトワレト云。常雄、高蔭、大平、此説ニシタカヒヌ」(46)と、門人大平らに述べたという。

こうした師弟間の討論は、何も宣長だけに固有なものではなく、「古学の道」を開いた「大人」賀茂真淵門でもなされていた。真淵は『仮名書古事記』を書いていた明和五年（一七六八）に、『古事記』の会読を行っているが、その時期に、松坂にいた宣長に手紙で、自己とは違う意見を求めている。

古事記御覧御案と合事、又は御案の外に宜も見え候由。又御案と相違の事も多との事、必さ有へき也。その相違の事を委しく御示可レ成候。度々会読せしといへと誤る事も多く今又見る度も改る事もあれは、其相違こそ好ましき事なれ。必書て見せ給へ。猶また思ふ事あらはいふへし(47)。

（宣長宛賀茂真淵書簡、明和五年正月二七日）

よく知られているように、宣長は、和歌や神道の秘伝伝授を否定した。この秘伝伝授の否定も、会読が契機となっているのではないかと思われる。自己と「相違」する意見を宣長に求めていた賀茂真淵も、一人の意見だけでは間違いが多いからといって、遠慮のない意見を求めているのである。

古事記下巻此度遣候。最前之上中巻に御案と違ひ候事有レ之由。其事承度候。とかくにかゝる物は、一人之見に而は誤も多ものなれは、随分御吟味の上、必御遠慮なく御示可レ被レ成候。相考候而改可レ申候。但近年に至、学事あがり候。今より十年前にはいまたしき事多かり。古事記も今一往改たく候へとも不レ得レ暇遺恨也。幸貴兄之御了簡を御中越候はゝ、大慶に候也(48)。

（宣長宛賀茂真淵書簡、明和五年三月一七日）

このような「学事」にたいする真淵の真摯な姿勢は、そのまま宣長の有名な「師の説になづまざる事」につながっている。

大かた古をかむかふる事、ことぐ〳〵くあきらめつくすべくもあらず、又よき人の説ならんからに、多くの人の中には、誤もなどかなからむ、必わろきこともまじらではえあらず、そのおのが心には、今はいにしへのこゝろのことぐ〳〵く明らか也、これをおきては、あるべくもあらずと、思ひ定めたることも、おもひの外に、又人のことなるよきかむかへもいでくるわざ也、あまたの手を経るまに〳〵、さき〳〵の考のうへを、なほよく考へきはむるからに、つぎ〳〵にくはしくなりもてゆくわざなれば、師の説なりとて、かならずなづみ守るべきにもあらず、よきあしきをいはず、ひたぶるにふるきをまもるは、学問の道には、いふかひなきわざ也、(49)（『玉勝間』巻二）

篤胤もまた、この「師の説になづまざる事」を引照しながら、「今の世に漢学の先生」が弟子の反対説を許さないことを「心きたなきわざ」だと批判し、弟子が「実に真心より師を尊みて、さて疑はしき事は、いくたびも、問ひ究め、信《うけが》ひがたき事は、いくたびも、問ひ究め、信ひがたき事は論《あげつら》ひ試みもして、勤め学ぶをこそ、誠によく学ぶ者とは、いふべけれ」(50)（『気吹舎筆叢』巻上）と説いている。(51)

「師の説」をも批判せよという考えは、宣長研究の古典『本居宣長』の著者村岡典嗣のいう「自由討究の精神」であったといえるだろう。(52)そして、それはたんに国学の特権的な精神ではなく、会読という場から生まれた双生児ともいえる蘭学にも共通する精神であった。一八世紀中ごろ、会読する民間の自主的な読書サークル、「社中」を作り、そこで共同して何かをなし遂げようとする人々が現われ、討論しながら日本古典やオランダ書を読みはじめたのである。(53)その意味で、徂徠に端を発する読む会読の場は、二つの新しい潮流、すなわち蘭学と国学の揺籃場所であったといえる。

四　二つの日本意識

では、蘭学者や国学者は、どのような思想を形成していったのだろうか。ここでは、「志」ある個人同士のつながりという点に注目したい。会読、そして「社中」は学問を求める同志のつながりの場であったが、そこから生まれた思想もまた、身分制社会の前提となる地縁・血縁の共同体のつながりとは異なる人間関係を求めるものであった。

そうした個人と個人の新たな結びつきという点から注目すべきは、日本という言説である。一八世紀後半の思想空間のなかには、日本人というナショナル・アイデンティティ（帰属意識）が浮かび上がってきた。結論を先取りすれば、地縁・血縁の共同体から析出された、他人同士の個々人が、日本という幻想共同体のなかで、新たな結びつきを求めたといってよいだろう。国学と蘭学はそうしたナショナル・アイデンティティによる新たな結びつきを提示していたのである。ただし、同じく日本というナショナル・アイデンティティを主張しながらも、その内容において国学と蘭学は袂を分かつことになる。

まず、国学から見てみよう。本居宣長にとって「皇国」とは、個々人が天皇のもとで、「天皇の心を心とする」ことによって内面的に結びついた国家であった。万民の一人ひとりが天皇と直結することで、結びつくのである。宣長は、天皇が天照大神の御子として「天つ神の御心を大御心」[54]（『直毘霊』）とするように、上は将軍から下は万民にいたる「しもがしもまで、たゞ天皇の大御心を心として、ひたぶるに大命をかしこみゐやびまつろひ」[55]（同右）、随順すべきことを求めた。

いにしへの大御代には、しもがしもまで、たゞ天皇の大御心を心として、ひたぶるに大命《おほみこと》をかしこみゐやびまつろひて、おほみうつくしみの御蔭にかくろひて、おのも〳〵祖神を斎祭つゝ、ほど〳〵にあるべきかおこなふべきわざはありなむや。[56]
ぎりのわざをして、穏《おだひ》しく楽しく世をわたらふほかなかりしかば、今はた其道といひて、別に教を受て、おこなふべきわざはありなむや。[56]　（『直毘霊』）

ここで注目すべきは、家業の勤めに孜々として励む「凡人《タダヒト》」の平凡な日常生活が、「天皇の大御心を心」とする神聖な営みとなっている点である。「凡人」は、先祖伝来の家業を律儀に勤めてきたにもかかわらず、報われず、真面目な者がなぜ幸福になれないのだという不条理感・憤懣を抱くこともあるだろう。そうした「世の中」の悲しみに耐えて生きる「凡人」にたいして、宣長は、今、自分に与えられた家業を勤めることが、そのまま「天皇の大御心を心」とする神聖な営みであって、そうした生き方こそ、「神代」以来の正しい、「皇国」人本来の生活であると教えていたのである。ここにおいて、凡庸な生は、主観的には栄光ある生に転化する。もちろん、これは幻想のなかでの栄光化であるにしても、「草木と同じく朽ちる」ことない意味ある生であったことは、間違いない。

これに対して、蘭学者にとっての「日本」とは、個々人がそれぞれの「芸」によって貢献する国家であった。個々人それぞれが「国益」を目指す国家である。[57]こうした「業」によって、「国益」を上げようとする強い意志は、たとえば、平賀源内に認められる。

浪人の心易さは、一箪のぶつかけ一瓢の小半酒《こなから》、恒の産なき代に、主人といふ贅《むだ》もなく、知行といふ飯粒が足の裏にひつ付ず、行度所《ゆきたき》を駈めぐり、否な所は茶にして仕舞ふ。せめて一生我体を、自由にするがもうけなり。斯《かく》隙なるを幸に種々の工夫をめぐらして、何卒、日本の金銀を、唐阿蘭陀へ引たくられぬ、一ツの助にもならんかと、思ふもいらざる佐平次にて、せめて寸志の国恩を、報ずるといふもしやらくさし。其位にあらざれば其政を謀らず、身の程しらぬ大呆《たはけ》と、己も知ては居るそふなれど、蓼食ふ蟲も好々と、生まれ尽きたる不物好《ふものずき》わる塊りにかたまつて、椽の下の力持、むだ骨だらけの其中にゑれきてるせゑりていと、いへる人の体より火を出し、病を治する器を作り出せり[58]。
（『風来六部集』巻上、放屁論後編、安永九年序）

何のしがらみもない「自由」な我が、たとえ、いろいろの音を出しわける放屁のようなつまらない芸能であったとしても、自己の工夫と精進によって獲得したそれぞれの「芸」によって、「寸志の国恩」を報ずるような社会を源内は戯作のなかで夢想していた。

また開明的な経世思想家、本多利明《ほんだとしあき》（一七四三〜一八二〇）にも、源内と同じように強烈な功名心にもとづく起業が「国家」利益に結びつくという考えがあった。彼の主著『西域物語』（寛政一〇年成）は、そうしたユートピアとしての西欧社会を描いたものであった。

和蘭陀の元来ホウゴドイツの国内なれば、彼国と地続きにして北方の地端也。日本にいへば今の蝦夷地の如く廃《すたれ》地にありしが、爰に開祖何某いまだ庶人たれ共、古今独歩の英才なれば、庸物と倶にせず。倩《つらつら》思ふに人間一生涯に百歳を長寿とせり。生涯無功にして塵芥の如く空く朽果んも本意にあらず。何卒して国家を起し、永く子孫を伝んこそ人間の功とも云ん。左あらば是に決断して後、密策を企んに、云々[59]。
（『西域物語』巻下）

「人間一生涯に百歳を長寿とせり。生涯無功にして塵芥の如く空く朽果んも本意にあらず」という述懐は、源内や江漢と等しい凡庸な生を拒否するものである。短い「生涯」に何か「功」を残しておきたい、虚しく生を送るのではなく、何か事業を起こして、自己の生を有意味なものにしたい、鬱勃たる意欲が「アムステルダンの開祖何某」（同右）に託され表明されているのである。

一八世紀は、「草木と同じく朽ち」てしまい、家業や職分に埋没することを拒否した個人が、新たな人間同士の結びつきを求めた時代だといえるだろう。この時代、「志」をもった個人によって新たな学問として開かれた国学と蘭学は、万民一人ひとりが「天皇の大御心を心」とする古代国家を理想化する国学と、個々人それぞれが自己の得意な「芸」によって「国益」を目指す西欧国家を理想化した蘭学という違いはあるものの、ともに日本人というナショナル・アイデンティティをもった幻想共同体のなかで、個々人のつながりを求めた産物であるという点では共通していたのである。

(1) 渡辺浩『東アジアの王権と思想』(東京大学出版会、一九九七年)二四二頁。源了圓は、一八世紀後半を、福沢諭吉に代表される明治初期の啓蒙時代の以前の「第一次啓蒙時代」だと位置づけた。源は、理性の信頼と知的冒険心、伝統的宇宙観への批判、普遍主義的立場からの自国中心主義への批判、経験的合理主義などを挙げて、明治以前の内発的な啓蒙時代を評価した。源了圓『徳川思想小史』(中公新書、一九七三年)参照。源が取りあげた富永仲基・三浦梅園・山片蟠桃の三人は、蘭学系統の開明思想家であったが、本書では蘭学者と国学者との共通性を見ることで、別の視角からの一八世紀後半の思想空間をとらえてみたい。こうした問題意識は拙著『江戸後期の思想空間』(ぺりかん社、二〇〇九年)参照。

(2) 『本居宣長全集』巻一(筑摩書房、一九六八年)五四〜五五頁。

(3) 同右、八七頁。

(4) 緒方富雄校注『蘭学事始』(岩波文庫、一九五九年)七頁。

(5) 同右、二五頁。

(6) 本章で取りあげた個々の思想家については、注(1)拙著を参照されたい。

(7) 拙著『近世神道と国学』(ぺりかん社、二〇〇二年)参照。

(8) この一句はすでに羅山や鵞峰の時からある。「古人言へること有り、曰く、存すれば、則ち其の人、没すれば、則ち其の書と。汝、早世すと雖も、其の遺藁、世に伝はれば、則ち豈に草木と同じく朽ちんや」(『鵞峰文集』巻七七、西風涙露上、下二一二頁)。江戸初期には羅山や鵞峰のような特別な知識人に萌していた疎外意識と凡庸さへの拒否感が、益軒本を読む読者にも共有され、拡大したといえる。「草木と同じく朽ち」たくない個人の名誉心については、拙稿「儒学・国学・洋学」(『岩波講座　日本歴史』巻一二、二〇一四年)参照。

(9)『日本名家四書註釈全書　論語部壱』(東洋図書刊行会、一九二五年)五〇～五一頁。伊藤仁斎は一九歳の時、「園城寺の絶頂」(『古学先生詩集』巻一)という詩を読み、「男子空しく死すること莫れ、請ふ看よ神禹の功」と志していた。この逸話は『先哲叢談』巻四(源了圓・前田勉訳注、平凡社東洋文庫、一九九四年)に伝えられている。
(10)『益軒全集』巻三(益軒全集刊行部、一九一一年)七五頁。
(11) 本書第Ⅰ編第四章「貝原益軒における学問と家業」参照。
(12) R・P・ドーア、松居弘道訳『江戸時代の教育』(岩波書店、一九七〇年)三二頁。
(13) 注(10)『益軒全集』巻三、四二四頁。益軒の家業論については、第Ⅰ編第四章参照。
(14)『通俗経済文庫』巻九(日本経済叢書刊行会、一九一七年)二六八～二六九頁。
(15) 家業精励を求める言説として、貝原益軒と河田正矩のテキストを引照した。しかし、厳密にいえば、益軒と正矩との間には差異がある。先にも見たように、益軒は家業と学問を並列させていたのにたいして、河田正矩の家業道徳論では、「世人我稟得たる職業を、則ち道と心得て能是を務行ひ、其余の芸能を羨み習ふ事なかれ、これ異端なり」(『家業道徳論』巻上、二六九頁)とあるように、家業以外の「芸能」「学問」を否定する反学問論であった。注(8)拙稿参照。
(16)『洋学　上』(日本思想大系64、岩波書店、一九七六年)三三九～三四〇頁。平石直昭は、『蘭学階梯』の当該箇所を引照して、「天下後世の裨益」をめざす普遍的な価値志向性をもち、開拓者意識に充ちあふれた蘭学者の価値創造的な精神が、従来の家業・職分観と大きく異なっていることを指摘している。「近世日本の〈職業〉観」(東京大学社会科学研究所編『現代日本社会4　歴史的前提』東京大学出版会、一九九一年)参照。
(17) 注(4)『蘭学事始』、四八頁。
(18) 同右、四〇～四一頁。
(19) 拙稿「功名心と「国益」――平賀源内を中心に――」(『兵学と朱子学・蘭学・国学――近世日本思想史の構図――』平凡社選書、二〇〇六年)参照。
(20) 城福勇『平賀源内の研究』(創文社、一九六一年)一六五頁所引。
(21)『司馬江漢全集』巻二(八坂書房、一九九三年)四九頁。
(22) 同右、三一七頁。江漢が「欧陽公本論」の言として引用する一文は、正しくは「祭石曼卿文」(『欧陽文忠公文集』巻三六）の言である。

(23) 拙稿「蘭学系知識人の「日本人」意識――司馬江漢と本多利明を中心に――」（注1拙著）参照。

(24) 佐藤昌介「大槻玄沢小伝」（洋学史研究会編『大槻玄沢の研究』思文閣出版、一九九一年）六～八頁参照。

(25)『本居宣長全集』巻一五（筑摩書房、一九六九年）一二五～一二六頁。

(26)『本居宣長全集』巻一（筑摩書房、一九七七年）四頁。

(27)『新修平田篤胤全集』巻一五（名著出版、一九七八年）四二一頁。

(28) 同右、三一二頁。

(29) こうした功名心を学問で実現できるのは知識人に限られていたといえる。名を千歳に残す英雄的な行為は、誰もができるものではないという批判がなされていた。「馬実曰く、幸いに聖明の世に生まれ、瓢瓦の資を免る。丈夫と為るを託して、当に名を千歳に建つべし。空しく生き徒に死するの物と為り、天地の間を穢すべからずと。予謂へらく、此の言は、以て学者の志を厲すは、則ち可なり。然れども亦た恐らくは言の過ちなり。蓋し士農工商は各々其の天職有り。而して功に通じ事を易へ、以て相治むるは、人の常なり。寧んぞ四民皆、名を建つることを得んや。今来古往、名を千歳に建つる者は、実に未だ万一に有らざるなり。然して皆、其の職を奉じて、以て世に用ひること有る者なり。豈に其の名無きを以て、空しく生き徒に死し、天地の間を穢すと為すこと、可ならんや」（冢田大峯『随意録』巻五、文政一二年跋、『日本儒林叢書』巻一、一四三頁）。かりに「名を千載に建」てることができなくとも、「士農工商」の「天職」を全うして務めあげることができれば、「空しく生き徒に死し、天地の間を穢す」などと非難される理由はない。このような凡庸な者の声を代弁する思想が国学だったといえるだろう。第Ⅱ編第三章で見たように、細井平洲もまた庶民に向けて、「学者の志」を励ますのではなく、身分制度のもとで従順に生きる「人」こそが「美名を一世に顕」すことだと、講釈（講談）による庶民教化（きょうけ）を行っていた。

(30) 注(19)拙著、注(8)拙稿参照。

(31)『近世儒家文集集成』巻六（ぺりかん社、一九八六年）二八五頁。

(32)『日本随筆大成　第一期』巻一四（吉川弘文館、一九七五年）二六六頁。

(33) 注(16)『洋学　上』二六七頁。

(34) 注(24)佐藤論文、一二頁。
(35) 注(4)『蘭学事始』、三五頁。
(36) 同右、三五頁。
(37) 同右、三七頁。
(38) 大槻如電『日本洋学編年史』(佐藤英七増訂、錦正社、一九六五年) 四四〇~四四一頁。池田逞『伊予の蘭学者青地林宗の世界』(愛媛県文化振興財団、一九九八年) 二〇四頁。
(39) 岡中正行・鈴木淳・中村一基『本居宣長と鈴屋社中』(錦正社、一九八四年) 参照。蘭学社中と国学の社中、さらには俳諧の社中の類似性については、山中和芳「国学における地方社中の形成と「学び」の展開」(『近世の国学と教育』多賀出版、一九九八年) 参照。
(40) 拙稿「近世日本の神話解釈――孤独な知識人の夢――」(注1拙著) 参照。
(41) 医師志願者が京都遊学中に会読を行うことは、当時の通例だった。「国々より医書生の京師に来る。医を主とし傍儒を学ぶ。平素の学力あらば功あるべし。これなきは功成がたし。講釈を聞き会読などして帰るより外はあらじと思はる」(平賀晋民『学問捷径』巻上、安永八年、『経学者平賀晋民先生』大雄閣書房、一九三〇年、二三六頁)。
(42) 田中康二『村田春海の研究』(汲古書院、二〇〇〇年) 四一八頁。
(43) 注(39)『本居宣長と鈴屋社中』四〇八頁。
(44) 注(26)『本居宣長全集』巻一、二四〇頁。
(45) 注(39)山中書、三二頁。山中は鈴屋の万葉集会読の「学びの様相」を具体的に紹介している。さらに鈴屋の教育の特質として、「会読をはじめとして、鈴屋の教育には論争はあったが競争はなかった」(四五頁) こと、開かれた師弟関係であったことを指摘している。
(46) 同右、四一頁所引。
(47)『校本賀茂真淵全集　思想篇下』(弘文堂書房、一九四二年) 一三四一頁。
(48) 同右、一三四八頁。
(49) 注(26)『本居宣長全集』巻一、八八頁。

(50) 注(27)『新修平田篤胤全集』巻一五、四二七～四二八頁。
(51) ただ、篤胤門では、師弟の間での会読ではなく、師から弟子への講釈を行った。会読ではなく、講釈であったことは教育方法の違いであるとともに、教える古学の内容にかかわっていた。この点はのちに述べる。
(52) 村岡典嗣『増補本居宣長1』(前田勉校訂、平凡社東洋文庫、二〇〇四年) 一七九～一八二頁。村岡はここで、宣長の言説を「まことにこれ、「プラトオは愛すべし。真理はさらに愛すべし」とした古哲人と、その精神を同じくしてゐる、と言へる」(一八〇頁) と指摘している。
(53) 宣長が門人を「同志」「社中」と呼んでいることは、注(39)山中書、五六頁参照。また注(39)山中論文において、山中は蘭学・国学・俳諧社中を取りあげ、社中が身分や職業の違いを乗り越えた、学問・文化交流の共同体であったことを指摘している。
(54)『本居宣長全集』巻九 (筑摩書房、一九六八年) 四九頁。
(55) 同右、六一頁。
(56) 同右、六一～六二頁。
(57) 先に見た、藩校が目的とする国家有用の「人才」との違いは明らかである。蘭学者にとっての「日本」は狭い藩「国家」を超えているからである。しかも、個々人が「国益」に供する「芸」も、徂徠学派のような統治技術に限定されず、生産・軍事と結びついた科学技術であった。注(8)拙稿参照。
(58)『風来山人集』(日本古典文学大系55、岩波書店、一九六一年) 二四三頁。
(59)『本多利明　海保青陵』(日本思想大系44、岩波書店、一九七〇年) 一五五頁。

第二章　江戸派国学と平田篤胤——村田春海・和泉真国論争をめぐって——

一　会読の場での論争

一九世紀初頭、本居宣長の国学は江戸の学者世界にも広まり始めた(1)。村田春海（一七四六～一八一一）と和泉真《いずみま》国《くに》（一七六四～一八〇五）の論争は、そのようななかで起こった一事件である(2)。当時、村田春海は賀茂真淵の門人で、江戸派国学の重鎮だった。かつて、春海は真淵同門としての宣長を「天下の模範、百世の師」であると賞賛していたが、宣長の古学に疑問を抱くようになり、この時期、宣長学批判者に転じていた(3)。これに対して、和泉真国は、江戸での宣長学普及を自己の使命だと意識していた熱烈な宣長信奉者であった(4)。この二人が、『令義解』の詔・表・序の解釈と日本の「道」の存否をめぐって、享和三年（一八〇三）から文化元年（一八〇六）まで論争を繰り広げたのである。この論争は、のちに真国みずからが編集して『明道書』上・下二巻（文化元年成）としてまとめられた(5)。上巻は真国の春海宛書簡と、それに反論した春海の「答和泉和麻呂書」（享和三年一〇月二八日）、下巻は真国の「再難村田春海之答書」（享和三年一二月）を収めている。真国はこの書を通して、宣長が真淵の正統な継承者であることを世間にアピールして、江戸での宣長学普及を図ろうとしたのである。一体、春海と真国との間には、どのような違いがあったのだろうか。

本章ではこの春海・真国論争とともに、もう一つの問題を考えてみたい。よく知られているように、この論争の始まった享和三年は、平田篤胤が偶然、宣長の著述に触れ、国学に目覚めた年だった(6)。この頃、「春海にも真国にも親かりし故に、よく(論争の)由来を知」(『玉襷』巻九)っていた篤胤は、当然のことながら、二人の論争に大なる関心をよせただろう。ところが予想に反して、篤胤は、論争を仕掛けた真国に異見をして、真国がそれを受け入れなかったため、真国と絶交しているのである(7)(『玉襷』巻九)。真国が宣長の擁護者であっただけに、意外な感がする。なぜ、篤胤は春海と真国の論争に深く関与しなかったのだろうか。

その理由の一つは、篤胤自身が「故翁を誹りて吾門戸をにぎやかすは、彼等が口を糊する為」(8)(「大友直枝宛平谷篤胤書簡」、文化四年三月一六日)であると述べているように、二人の論争が門人獲得のためのパフォーマンスであると見ていたことによるだろう。しかし、それだけが理由だったのだろうか。もっと思想内在的な理由があったのではないか。より端的にいえば、篤胤には、論争する二人とは異なる考えがあったのではないか。この点を明らかにすることが、本章のもう一つの課題である(9)。

こうした問題を検討するにあたって、本章で注目するのは、二人の論争の発端が会読の場であったという事実である。真国が、享和二年(一八〇二)冬に、春海の主宰する『令義解』の会読に参加した際の質疑応答が、そもそものきっかけだった。『明道書』の冒頭、この間の事情を真国は次のように述べている。

> こその冬、君が家にて、令義解よみとき給ふと聞て、今の世に、此御書など、よみあかさむ人は、をさ〳〵まれなるべきを、うべも県居の大人(賀茂真淵)に、したしく物学びたる人にてぞと、いとゆかしくて、其むしろに、たちまじらひてうかゞひ侍りしに、ぬしは、一くだりだにえよまで、諸人《カタヘノヒトタチ》によませつゝ、彼会読とやらむのさましたれば、初め思ひしにはたがひて、まづ心おとりせられしを、さるにても、やうこそあらめとねんじて聞おりにし、ところ〳〵文字など論《あげつら》ひ玉ふは、愚なる心に思へるとはいたくたがひて、こゝろゆかぬやうにおぼへて、まのあたり、是かれうつし出て問聞つるに、答へ給へる事どもの、むべにいふかひなく、を

さなげなれば、いよ〻いぶかしくて、ふた〻び其をかく書付て問奉るになん、先には物むづかしくて、たはれめき侍る。こたびは、さることぶいにやめ玉ひて、おのが知つるすぢどもをも、つばらにことわりさとし給はゞうれしきことにこそ。

（巻上、一二六頁）

春海は「一くだりだにえよまで」中立的な立場にいて、「諸人《カタヘノヒトタチ》によませつ〻、彼会読とやらむのさま」で、『令義解』を読んでいた。「会読とやらむのさま」とは、複数の人々が一冊の書物を討論しつつ読み合い、この間、会頭は生徒たちの討論の審判者となって、討論の最中、黙って聞いている様子をいっている。この『令義解』の会読では、春海は会頭だったのである。この時期、会読は江戸の国学者ばかりか、寛政異学の禁以降の昌平坂学問所、蘭学社中でも盛んに行われていた。事実、賀茂真淵門下の春海や加藤千蔭《かとうちかげ》たちも、これより前、『万葉集』の会読を行っていた(10)。この『令義解』の読書会も、そうした当時一般的な読書方法で営まれていたのである。

そこに参加した真国は、春海が「文字など論ひ玉ふ」箇所に納得せず、「まのあたり」質問をしたが、その返答が「むべにいふかひなく、をさなげ」であったため、ますます「いぶかしくて」、書簡によってその不審を問い質したのだという。これが『明道書』上巻に収録されている真国の春海宛書簡である。以後、この書簡にたいする春海の反論、さらにそれにたいする真国の再反論と続くことになる。

『明道書』の論争が会読の場を発端にしていたことは、初めから会読参加者の「諸人《カタヘノヒトタチ》」の見守る論争だったことを意味する。春海・真国論争は、真淵の継承者は春海なのか、それとも真国が信奉する宣長なのかを「諸人」にアピールしようとする、いわば公開で繰り広げられた知的な争いだったのである。

その際、会読の場では、「諸人《カタヘノヒトタチ》」誰もが是非なく納得する、客観的な証拠を提出する必要があった。語の出典はその最たるものである。たとえば、『令義解』の詔の註に「枕方寝縄」という語がある。真国は、これは「何の事」かと尋ねた。これに対して、春海は「書名」であると答えた。実は最初から『淮南子』覧冥訓の語であることを知っていた真国は、「をかしきを忍びて」、「君はさる書を見給ひしや」と、意地悪く尋ねた。すると、春海は、「たとひ、さるふみ見ずとも、「枕方寝縄註云」とあるからは、書名にあらずして何ぞや。是を書名と見るなどの眼なくては、学問がなるべきや」と、煙管で畳を打ちたたいて、居丈高に語ったという。ここにいたって、真国はがまんできず、「ほころび笑ひて」、「数々のひがことはのたまふなれ」と勝ち誇って、『淮南子』覧冥訓の当該箇所によって訂正したテキストを見せた。これにはさすがに、春海もぐうの音も出ず、「ほいなげにて、こは大き春海が非《ひが》にて有けり」（巻上、一三〇頁）と、素直に間違いを認めたという。

この春海と真国のやりとりは、会読の場が知識を競い合う、勝ち負けの場となる危険性を暗示している。このことについてはのちに述べるが、ここでは、二人が、語の出典がどこにあるかという問題を質疑し合っていることに注目したい。換言すれば、語の出典という知識の次元で、二人は答えを探し合う共通の土俵にたっていた。知が共有されているのである。

ところが、春海・真国論争はこの知識の次元に止まらなかった。真国は「日本魂」という新奇な言葉を持ち出し、春海を「皇国の罪人」（巻下、二〇六頁）だと弾劾したからである。春海にとって、「かの宣長等が、いかめしういひのゝしる大和魂」（巻上、一四八頁）とあるように、それは宣長が「いかめしういひのゝしる」雑音に過ぎず、客観性のない理解不能なものだったのである。それは、結論を先取りすれば、春海の理解を超えた、真国の信仰の次元に属するものだった。その意味で、春海・真国論争は知識と信仰の境界をめぐって争われていたのである。

本章の課題は、こうした春海・真国論争における知識と信仰の境界を明らかにすることにある。どこまでが二人が共有する知識の次元で、どこからが真国の信仰の次元なのだろうか。また、この境界を明らかにすることで、春海と真国の二人とも異なる篤胤の古学の特徴も浮かび上がってくるだろう。

二　語釈の問題

春海・真国論争は大きく二つの問題を扱っている。前半は『令義解』の詔・表・序の語解釈であり、後半は日本の「道」の存否をめぐる問題である。まず本節では、前半の語釈問題を検討してみたい。語釈問題は具体的には五つの語をめぐって争われた。①「迄二于滞疑一、祇稟二聖断一云々」、②「已尽二倫通一」、③「仰稟二宸規一、断二之聖覧一」、④「枕方寝縄」、⑤「又半市之姦云々、鋳レ鼎銘レ鐘云々」である。このうち、④は先に触れたので、①の承和元年一二月一八日の詔の「迄二于滞疑一、祇稟二聖断一」について詳しく見てみよう。

(1)「まけじ魂」と「虚心」説

会読の場で、春海はこのテキストの「滞疑」の文字は、「漢文の格」ではなく、「疑」という字も「凝」の誤りであって、「滞凝」であろうと論じた。会読に参加している「人皆」、春海の説に納得した。これに対して、真国は「此考却て誤」であると異論を唱えた。真国によれば、「滞疑」のままでよいという。真国は「凡、古書の文義を是非して、文字を削り改めむ事は、いとかたきわざなり」という解釈の一般論を述べた後に、「令義解序」に「疑滞」という語があるなどの例証を挙げて、「左右《かにかく》に、「疑」字なる事、論なきや」と結論づけた。この真国の反論にたいして、春海は、「疑」の字は、「六国史の中にも五十も八十も有べし。是、何の証にか有るべき」と、真国の挙げた用例では、証拠にならないと批判し、さらに居丈高に、「古の丈のしれたる天長・承和あたりの木端文章なれば、とかく論ずるにもたらず」といって、「此大御書を煙管もてうちた丶」いたという（巻上、一二六～一二八頁）。これが真国の伝える会読当日の応答である。

「滞疑」の語釈論争は、さらに書簡でのやりとりのなかで継続された。まず春海は「今本」の「滞疑」を「滞凝」に改めたのは、脇坂家所蔵の八雲軒本の「古本」に従ったのであって、「漢文の格」を問題にして改めたわけではない、と反論する。そもそも、「滞疑」が「漢文の格にあらず」と私が論じたというが、「いかで、さることはいひ侍らむ。御ひが耳にこそ」と付け加える。春海はどこまでも「古本」と「今本」のテキストの違いであって、「漢文の格」にあっているかどうかという曖昧な理由から文字を改めたわけではないと反論し、見慣れた「滞疑」の字に、ことごとしう出所を引て、かれこれ物むつかしうのたまふは、いと御心をされ度《たき》わざ也」と非難する（巻上、一四一頁）。

これに対して、真国は、『続日本後紀』の古写本・版本、『類聚国史』の古写本・水府本の写本はどれも「滞疑」とあって、「正史数本に、証拠正しき「疑」の字」に従って、「今本」を選ぶべきだという。真国によれば、春海は「たゞ、八雲本の誤字なる一本をのみ、ひたぶるにうちたのみて、「凝」に改めむなどのたまへるわぬしの御心のほどこそ、中々にをさなくは侍れ」とやり返した（巻下、一六五頁）。

ここでは、語の出所、典拠は何かという客観的な証拠が争われている。「滞疑」の語のみならず、「これは類聚国史に、此詔を載たるには、「会通」に作れり」（巻上、一四一頁）、「わぬしの此御説は、畢竟、此詔書の本拠をしり給はぬからの、ひがごと也」（巻下、一六五頁）とあるように、典拠は何かが、議論の焦点となっている。典拠を示して、正しさを主張することは、第三者への公開性を前提としている。春海はこの点を強調して、次のように説いている。

今、春海がかくいふは、まけじ魂にていふぞとおぼさば、誰にても、よくふみよむことを心得たる人に、此一条を取出て問玉へ。春海が説を僻説なりといふか、わぬしの説を正義なりといふか。かゝること、こゝろ見玉はんも、少しは御学問のひらけむはしともなり侍りぬべし。（巻上、一四四頁）

わが論じいひ侍らずとも、今より後、心あらむ人の出来なましかば、必、其ひがごとをやぶりて、其あやまちをば正さでやはあるべき。されば、よく大やけ心をたて丶、よきをよしといひ、あしきをあしと云侍るになん。（巻上、一五九頁）

春海は、「誰にても、よくふみよむことを心得たる人」「心あらむ人」という第三者に向けて、自己の正しさを主張する。「大やけ心」とは第三者に開かれた、是非を判断する心であった。こうした「大やけ心」をもって争うべきだ、と春海が主張する背景には、論争がそもそもの最初から会読の場でなされたという事情があった。だからこそ、春海は真国への反論のなかで会読の作法（ルール）を提示して、真国がルール違反であると言外に諭したのである。

ふみよむわざは、かたみに論じいひて、あたれりやあたらずやとよく考へ見て、たゞしき方に定むべき事にて、ひとりの心にあながちに思ひ定めむは、必、ひがごとの出まうで来るわざになむ侍るめる。（巻上、一三七頁）

春海によれば、会読の場では「かたみに論じいひて」相互にコミュニケーションしながら、当否を定めること、なぜならば「ひとりの心にあながちに思ひ定め」ると、必ず間違いを犯すからだという。ここでは、自己の「このみ」偏見を排して、「ことわりの正しき」に従う公共心が求められる。

学の道は、心をおふやけになして、私のこのみをまじへず、いふ人の学のらうつみたる積ざるにもなづまず、ことわりの正しきにしたがふべきことなる。おのれは、常にかく思ひをり侍れば、ふみよむには、かれにおもねらず、こゝにへつらはず。しかはあらじぞ。思ふ事をうはべにのみうべなひつづくることは、えし侍らず。（巻上、一三八頁）

さらに、他者の意見を受けいれる「虚心」をもつべきだという。

我むぐらをとひ来る人々、皆、心しりの人に侍れば、おのがいふことをむづかりたらむ人も侍らず。たゞ、おのがひがことといはんをば、かたはらよりたすけ、又、おのが愚なる心に、おもひ得たらむ一ふしあらむには、それにつきて、うたがひをもはらし、しらぬことをばとふことをはぢず。しれらんふしは引出るには、ゝばかることもなく、誰も〳〵心をむなしうして、いにしへを考るに心をばよせ侍るになん。かゝれば、あながちに我いひかたむ、とてもかくても、かれにまかせてはやまじなどおもふ人は、誰も侍らずなむ。（巻上、一三八頁）

春海によれば、真国から『淮南子』の出典を指摘されて、それを受けいれたのも「心を大やけにし」「おのが心をむなしうし」たからであるという。

おのれの、書をよむに、心を大やけにし侍れば、誰がいふことにても、よき事にはしたがひ侍る也。わぬしの、正しく淮南子の本書を引くらべて見出し玉へるを、それをもまけじ魂にて、いなと云侍らば、おのれを咎め玉ふべき事なるを、おのが心をむなしうして、それに従ひ侍るをとがめ玉ふことこそ心得ね。（巻上、一四六頁）

こうした他者を受けいれる「虚心」が説かれたのは、会読の場が競争の場になる可能性をもっていたからである。先に見た太宰春台と平野金華の逸話のように、会読の場は、お互い自己の意見をぶつけ合うだけに、勝ち負けの競争の場になりかねなかったのである。春海―真国の間では、まさにこの「まけじ魂」がぶつかり合ったといえる。

「おのが、わぬしにまけじとて、しひごとなどもつくり出て、いへる」などのたまへど、中々に、わぬしこそ、かゝるしひごといひのゝしりて、おのれにまけじとは、し玉ひたるなれ。（巻下、一七五頁）

お互いが「まけじ」と競い合っていた。春海も真国もお互い、相手より優位に立って、見下ろして、相手を笑おうとしているのである。ここには、会読の場が一種の見世物の要素をもっていたことも影響していたろうと思われる[11]。先に見たように、畳を煙管で打ちたたいて、居丈高に凄んだ春海に、真国が「ほころび笑」ったのも、聴衆者に見せつける、勝利者の笑いだったのである[12]。

こうした危険にもかかわらず、春海は異質な意見に接することが有益であるという考えをもっていた。

わぬしの本書に引くらべ給へるにて、益を得侍れば、其席にて我本をも改め侍る也。さるを、おのが心づかざりしとて、いみじうとがめ玉ふは、いと心得ず。かゝる事は、書よむうへには常にある事にて、是は見おとしたりとて、おのれ、いみじき恥とも思ひ侍らず。もと、書をよむに、ひとりはよまで、人を集めて会読し侍るは、かゝる益をえんとての為也。わぬしのみにもあらず。わが葎生《むぐらふ》をとひ来る人々の説によりて、我に心づかざる事を得る事、常にあり。（巻上、一四六頁）

こうした「ひとりはよまで、人を集めて会読し侍るは、かゝる益をえんとての為也」とする春海の会読観、とくに「益をえんとての為」に、他者の意見を受けいれるという「虚心」説は、同時代、それほど特別なものではなかった。会読の場での「虚心」の重要性は、徂徠学派や朱子学派の学派を越えて、説かれていたからである。その意味で、春海の会読観は当時の会読の場、さらにいえば、会読を行う学者世界で共有された考えであったのである。

注目すべきは、真国もまた、春海から批判を受けつつも、基本的にはこの会読のルールを守っているという点である。それは、書物の典拠を挙げて、相手を論破する作法である。『淮南子』の典拠について、春海が素直に真国の指摘を受けいれたことにたいして、真国は「いとよき事也」（巻上、一三一頁）と高く評価していたのである。

（2）共通の価値観

さらに注目すべきは、二人には天地自然の「道」の実在という共通認識があったことである。(13) 春海は、本居宣長が『直毘霊』のなかで「道」を論じていることにたいして、「妄説の甚だしき物」（巻上、一三三頁）であると非難した。春海によれば、「道」は「天地自然にある物」であるという。

そもく道といふ物は、天地自然にある物に侍りて、人作になし出たる物にはあらず。或人の説に、「道は聖人の作れる物也」といへるは、いみじきひがごと也。又、「道は日用行事をいふ」といへる説は違ひ侍らず。是を大きなるかたにいへば、天地陰陽の道あり。是を小き方にていへば、人の道あり。又、万物おのおの其道あり。もろこしの人も、是をその国のわたくしの物といはゞ、たがひぬべし。又、吾国の人の、是をもろこしの道也として、これ吾国の物にしてあらずといはむも、又、たがひぬべし。天の覆ふ所、地の載する所、物あれば、必、其道あり。（巻上、一五〇～一五一頁）

これは、いうまでもなく、徂徠学の聖人作為説にたいする批判である。この点、賀茂真淵門下の春海らしい批判だといえる。(14) 春海・真国論争のなかで注目すべきことは、真国もまた、この春海の「道」の「天地自然」性を批判せずに、むしろ賛意を表していた点である。

こゝは、まことに然《しか》也。さらば日本も、其天のおほふ所、地の載する所にてあれば、必、其道有べき事、また明らかならずや。さて、かくいひつゝ、日本には道といふ事なしとのたまふは、何の戯れぞ。（巻下、一八三頁）

真国の批判は、「たゞし、日本は此天のおほふ所、地の載する所の外也と、思ひ玉ふにや」（巻上、一八四頁）とあるように、日本にも天地自然の道は存在したという点にある。ただ、春海が日本という特殊な「道」はなかったとするのにたいして、真国は、春海が文字にこだわり過ぎていて、普遍的な天地自然の道が日本にあったという事実を看過していると批判する。真国によれば、日本のなかで、天地自然の道が事々しく語られることはないが、歴然として存在していた事実を春海が見失っているという。

吾皇国には、道といふ名も、教といへる書籍もなかりしかど、其実物は、神代の古より正しく行はれて、万世、天下にみち〳〵て、其実得は、現に、今見る所なり。しかれば、ことぐ〳〵しく道ありといへる、から国には、実は道なく、道なしといふ吾国には、実は道ある事などは、わぬしは、さることわりをば、一向にしり玉はで、たゞ道といへる名目にのみ迷ひて、「日本には道といふ事なし」などの玉ふは、かへすぐ〳〵いまだしきわざ也。（巻上、一八六頁）

書物の中に道という文字がなくても、道はあるという真国の反論は、太宰春台の『弁道書』にたいする反論でもあった。真国によれば、そもそも春海の「日本には道といふ事なし」とする考えは、春台のものであった(15)。

わぬしの論じ玉ふ所を見侍るに、其言、おほよそ、太宰の弁道書の外に出ず。いたく彼書の糟粕に酔玉へる物と覚ゆ。（巻下、一九二頁）

ともかくも、この天地自然の道にたいする二人の共通認識が重要な理由は、会読の前提には、共通の価値観が必要だったからである。会読の場では、天地自然の道の実在を前提としながら、文字・書籍の典拠はどこにあるのか、その典拠は正しいのか、ふさわしいのか、といった問題が討論される。もっと抽象的にいえば、会読の場では「理」にたいする共通の価値観があって、討論が可能になるのである。春海も「ことわり」（巻上、一三八頁）を論じ、また真国もまた「かゝる理《ことわり》をばしらで、愚昧なる儒者仲間にては、聖人と天命とは、上もなき尊き物にいひさわげど、吾皇国にては、聖人と天命とは、上もなくいやなる物也」（巻下、一九〇頁）と説いていた。この「ことわり」「理」を論じ合うのが会読だった。

吾国の道てふこと、神代の事跡など、説まげ給へるは、いともいともかしこきわざにて、こは、いはでやみぬべき事にあらねば、こちたげには侍れど、古き書どものはし〳〵をも引出て、ふたゝび、ことわり聞え侍

るになむ。　（巻下、一六二頁）

真国も春海もともに天地自然の道を前提にし、「ことわり」「理」を認めたうえで、その証拠に古今東西の書物を提示し合っていた。この天地自然の道を共有するかぎり、二人は会読の場で「かたみに論じいひて、あたれりやあたらずやとよく考へ見て、たゞしき方に定むべき事」（前出）ができたのである。

このような二人共通の価値観の根底には、学者としての学問に賭ける意志があったといえるだろう。春海は宣長にたいして、「かの宣長が輩、不学無智にして、道といふ物いかなる物ともうかがひしらず」（巻上、一五一頁）、「彼、和学の輩、みだりに聖人の教を捞排《ぼうはい》せんとするは、狂愚の甚しき、いと〳〵わらふべし、にくむべし」（巻上、一五二頁）と、無智無学という非難語を投げかけるが、真国も同じ言葉を春海に投げ返しているからである（一八一頁、一八七頁）。真国はいう。「かゝる不正の道理をば弁へずして、「犯乱の人也」などいはむ人は、畢竟、無智無学のをこ人なれば、さらにいふにもたらずなん」（巻下、一八一頁）、「かくのまたふぬしこそ、不学・無智にして、道といふ物は、いかなる物とも、うかゞひしらぬにて侍るなれ」（巻下、一八七頁）。

さらに、春海が「是は学識ある人ならでは、共に論ずべき事にもあらず」（一五〇頁）と挑発したことにたいして真国は、「今時、少しも物学べる人は、誰も〳〵しれることなるを、いともめづらしげに、「学識ある人ならでは、ともに論ずべき事にもあらず」など、ことごとしく名のりかけ玉ひしは、実に大わらひすべき事也」と説いて、春海のいっていることは「すべて、古人のいひふるしたる跡」だと応じたのである（下巻、一八三頁）。ここには、学者としての真国自身のプライドが透けて見える。二人は学者であるという立場からの立論である点では変わりなかったのである。

三　「日本魂」の問題

(1) 本居宣長の「日本魂」

春海・真国論争の後半は日本の「道」の存否をめぐる問題であった。その端緒は、春海が『令義解』の解釈以上の話を挟んだことにあった。春海は宣長の古道論のエッセンスともいえる『直毘霊』にたいする批判を、会読の場でしゃべったのである。真国によれば、小野篁の文章がその出来において中国の文章とは比較にならないと述べた後に、次のように述べたという。

> 同じ時、春海云、「日本にはもとより道といふ物なし。本居が、道々といふは、こと〴〵く杜撰にして、直毘霊などいふ書は、殊に妄説の甚しき物也。吾は孔子と釈迦の道をのみこそたふとめ、日本の道などは甚きらひ也」とて、嘲りわらはれしは、さる事也。（『明道書』巻上、一三二〜一三三頁）

「嘲りわらはれし」とあるから、ほんの雑談のつもりだったのかもしれない（会読の場でのこうした脱線が、参加者には楽しみだったろう）。しかし、宣長学徒を自認する真国にとってみれば、これは捨てて置けない侮辱であった。「日本にはもとより道といふ物なし」とする嘲笑は、以前、真国自身が『真道考』で批判していた内容であっただけに、一層、許すことができなかった。そのような主張をする春海には「日本魂」が欠けている、と真国は激しく指弾した。

> 太宰が弁道書などの糟粕にゑひて、「元来日本には道といふべき物なし」など〻、物しり顔に論へるしれ者おほかるは、もと日本魂なくて、真の道をしらぬ故のまよひ也。（巻上、一三二頁）
>
> 我鈴屋翁の、師としていつかれたるも又此故也。されば、加茂川の流れ汲むほどのものは、ゆめ〳〵此日本

魂を忘るべからず。（巻上、一三四頁）

真国から「日本魂」の欠如を指摘されたことにたいして、春海は次のように反論する。

「日本の道はなき事也」と、おのがいへるを、深くあやしみ玉ふは、わぬしは、宣長といふ狐にはかられておはすれば、さこそはおぼすらめ。おのれは、道といふ事は正しく見る処侍れば、今の世の和学の輩の無根なる説どもには、迷ひ侍らず。されど、是は学識ある人ならでは、共に論ずべき事にもあらず。もとより、わぬしなどの御耳に入べき事とも覚えねば、今、わぬしにむかひていひのべんは、なか〳〵にをこなるわざなれど、ことのついでなれば、おのが思ふ所をあら〳〵いふべし。（巻上、一五〇頁）

春海は、「日本魂」を持ちだした真国にたいして、「宣長といふ狐にはかられておはすれば、さこそはおぼすらめ」と、化かされているのだと茶化す。春海からすれば、宣長の古道は古書に依拠することなく、新たに言い出されたものだったからである。

和学のともがらの吾国の道といふは、暗昧無智なる人のみだりにいひ出たる事なれば、かの諸氏百家のさす所の道は道なれど、見る所のことなるよりわかれたるたぐひにはあらで、何の故よしもなき事なり。（巻上、一五二頁）

春海によれば、「暗昧無智なる人のみだりにいひ出」した宣長の「道」は「何の故よしもなき事」であって、根拠のない「今の世の和学の輩の無根なる説」（前出）であった。そのため、「少し怜悧の質なるをのこは、宣長が学を信ずる人なし。いはんや学識ある人においてをや」（巻上、一五八頁）とあるように、「学識ある人」には、到底、従うことができない代物だった。それを唱える人は、「宣長といふ狐にはかられて」いるとしか思えなかったのである。春海によれば、何の根拠もない日本の道を主張する「大和魂」は、「かたくな」で意固地な狭い料簡であった。(16)

かの宣長等が、いかめしういひのゝしる大和魂とかいふには、人のあやまちをさぐりもとめて、いひさわぐをよきことゝし侍るにや。わぬしのしわざ、すべて、小人のしわざと見ゆれど、そは、わが儒教より、さは思ふにて、わぬしの御心おきては、かの大和魂に従ひ玉ふなるべし。もし大和魂といふこと、わぬしの御心のやうなる物ならば、いみじうかたくなに、はらきたなきわざにこそ。（巻上、一四八頁）

春海から見れば、宣長と真国は、根拠を示せる知識・理性の境界を超えてしまっていると映ったのである。まさに真国は「宣長を鬼神のやうに尊み玉」（巻上、一四七頁）わっているのである。「鬼神のやうに尊」むという表現は、鬼神に取りつかれ、正気を失ってしまっているという意を含んでいる。

其本とする神代の事跡、皆、虚誕・附托の事なれば、もろ〳〵宣長が著作して、吾国の道を説たる書は、みな、おしこめて、癡人の夢をかたるたぐひ也とこそはいふべけれ。（巻上、一五八頁）

宣長の「吾国の道を説たる書」は「癡人の夢」に過ぎなかった。その根拠のない「夢」を信ずることなど、「鬼神」に化かされているとしか、春海には見えなかったのである。

真国が「日本魂」を持ちだした結果、論争は『令義解』の語釈以上の押し問答となって、正解を失ってしまったといえるだろう。春海からみれば、真国は「大和魂」を持ちだすことで、知識・理性の領域に信仰を介入させているのである。ただ注意すべきは、この「大和魂」は真国の取るに足らない戯言だと切って捨てることのできない、春海を脅迫する観念だったという点である。

宣長が教に、「是を信ぜざらむは、かく心の横しまにて、大和魂にあらず」といひて、強て信ぜしめむとするは、人を愚昧になれとすゝむるわざにて、大和魂をかりて、吾が妄説を信ぜしめむとする姦術とこそおぼゆれ。（巻上、一五八頁）

（2）「日本魂」の時代的有効性

この春海の言説は、「妄説」を信じさせる「姦術」としての有効性が「大和魂」にはあったことを示唆しているだろう。もしかりにその有効性がなかったならば、真国がいくら「大和魂」を持ちだしても、「妄説」を人々に信じさせることはできない。春海にそのような「妄説」を信じさせることはできないにしても、春海以外の人々には、それが一定の有効性をもっていたからこそ、春海には厄介だったのである。そもそも、「大和魂」がそうした有効性を持ち得た理由はどこにあったのだろうか。思うに、それは当時のキリシタン禁制の論理であったからである。外国の侵略を国内から手助けするという「神国」の論理である。真国の次のような春海批判はその端的な表現である。

> かの、養老律、八虐の条に曰、「謀叛謂レ謀二背レ国従レ偽、謂下有レ人謀レ背二本朝一、将上投二蕃国一」と侍るをも、よく思ひ玉ふべき也。又は、かりに、わぬしなどの、上もなく尊み玉ふ聖人の国といへるあたりより、大に賊兵を起して、もし、吾皇国を犯せる事もあらば、わぬしの徒は、戎《えびす》等の足下に這《はい》かゞまりて、道引せむも、しるべからず。されば、わぬしの、「宣長がをしへは、不受不施派・御嶽門徒などいふ邪法にひとし」と謗り玉へど、彼方の皇国魂よりは、また、しかいへるをば、「天主教の奴僕也」とも、卑め、悪むべし。すべて、いへば、わぬしのしわざは、其君の禄を喰ひて、其君を卑しめ、謗りて、他の君をほめ。尊み、己が君の為には害をなして、他の君の為に力をつくせる、凶愚者《をこひと》のしわざに異なる事なし。かくても、猶、儒者といふべきにや。学者といふべきにや。
>
> （巻下、二一〇頁）

真国によれば、中国の「聖人」を信奉する春海たちは、もし中国が「吾皇国」に侵略してくれれば、「足下に這かゞまりて、道引」して内通するかもしれないという。「わぬしの徒」はかつてキリシタンがそうであったように、「天主教の奴僕」であるという。中国崇拝者を国内的な敵対勢力として弾劾する論理は、真国のみならず、同時代の人々に流通していた通念だった。よく知られているように、人口に膾炙している山崎闇斎の想定問答はこうした通念のなかでこそ流通しえたのである(17)。

ここで大事なことは、春海もまたこうした通念から自由ではなかった点である。権力によって邪教を禁圧する考え方は、春海自身のものでもあったからである。

もし、本心より、神代の事跡をまこと也と信ぜしならば、宣長は至愚の人なりとこそいゝつべけれ。されど、さばかりに至愚の人にはあらざりしかば、是は全く、愚昧の徒を欺誣して、わが偽学をうらむとてのよこしまわざなること明らか也。さるは、いやしともいやしき心ならずや。されば、少し怜悧の質なるをのこは、宣長が学を信ずる人なし。いはんや学識ある人においてをや。しからば、宣長が教は、愚昧の人のみ信ずめれば、いふにもたらはぬ事也といひてやみぬべけれど、もし他日、当路の人に、謬りて此学を信ずる人ありて、儒学をしりぞけ、名教をみだらば、いみじき世のわづらひとなりぬべし。是は、心おくべきことになむ。近世、いたく禁止をなし玉へるに、不受不施・御獄門徒などいふ邪信あり。今、宣長が教に民情を誑惑せむとは、かの二つの邪法にひとしかるべきか。

（巻上、一五八頁）

春海は、「愚昧の人」を信じさせる「不受不施・御獄門徒などいふ邪信」と同列に宣長をとらえて、それを権力によって禁止すべきだと説いている。思想と思想の対決を理性的な討論のなかで行うのではなく、権力的に解決しようとする発想は、すでに理性的な討論の場を超えた論理であったといえる。その意味で、春海もまた理性的な討論を否定する考えを持っていたといえる。それゆえに、「日本魂」を持ちだす真国の春海批判は、春海の隠れた本質をついていたのであった。

（3）知識・理性と信仰

ところで、真国の側からいえば、宣長の古道説は決して根拠のない「無根なる説」ではなく、古今東西に典拠のある、その意味で新たに創り出されたものではなかった。真国が「湯武をわろしといへるを、「狂乱の人也」」と春海が批判したことにたいして、真国は古今東西の典拠を示して、反論する。

湯武の所為は、天地の誠に背きて、乱臣・賊子の基をひらき、万世人道に大害を残せるが故に、湯武を誹謗せし人、和漢にいと多かるを、おのが初めていひ出たるやうに、おどろき、咎め玉へるも、をかしき也。まづ、其一二をいはゞ、（巻下、一七七〜一七八頁）

これに続いて挙げられた典拠は、『荘子』、『史記』、孔安国の「古文孝経序」、蘇東坡「武王論」、『大日本史』、熊沢蕃山『集義外書』、独庵玄光『経山独庵叟護法集』、賀茂真淵『国意考』である。こうした典拠を示して、自己の説の正当性を主張することは、先に見たように、真国もまた春海同様に、会読の場での知識・理性の領域内にいたといえる。古今東西の知識が披露され、競われているのである。しかし、真国の場合、そうした博学な知識の披露が披露に終わらないのは、知識・理性の上に信仰があるという確信があったからである。

いよ〳〵、ます〳〵、吾皇御国の大神の道の、天地の間に比類なく尊き神規《ミチ》なる事を、慥《たしか》に、しり得て、しかして後に、西山義公の御学法は、皇国正大の学なるを崇み、本居翁が学風は、皇国純正の学なるを、信じ侍る也。されど、翁が説にも、たま〳〵、いかゞと思へる事あるは、是を弁じて、少しも泥めることなし。（巻下、二一八頁）

「しり得て、しかして後に」、はじめて「信じ侍る」のである。この「信じ侍る」ことを知らない春海は、知識・理性の領域に留まっているかぎり、いくら書物を読んだとしても、宣長を批判できない、と真国は論じる。

たとひ、わぬし千百年生つゞけて、海内の書籍を悉くよみつくし、天下の才弁を一身に兼る事ありとも、真国が、此正実の論難に対しては、総て答る事、叶ふべからず。かゝる誑惑愚蒙の邪説は、たゞ、おのが一言にして弁破するにもたらじ。況や、「千百の宣長」をや。（巻下、二〇六頁）

この点で、どこまでも知識・理性の領域に留まろうとした学者春海とは、大きく異なっていた。それゆえ、信仰の領域に入り込んでしまっている真国と議論しても無駄だと春海は、文化元年（一八〇四）五月に「ふたたび和磨に答ふ」（『文苑玉露』巻下）を送って、論争を打ち切ったのである。『明道書』の末尾に、真国は次のような顚末を記している。

此書を、春海が許へおくりしに、春海いへらく、「心あはざらむ人と、物あらそひ、いひ侍らむは、やくなし。わぬしは、わぬしの、道とか、日本魂とかいふらむことを、物し給へ。我は、わがたてるたるすぢの、まなびをこそは、もとめ侍るべけれ。「道おなじからざれば」といふ、聖のことばも侍るにあらずや」といひて、たゞに、此書をかへしたりき。こは、げに、さることになむ。（巻下、二一九頁）

春海は、「道同じからざれば、相ひ為に謀らず」（『論語』衛霊公篇）という孔子の言葉を引照して、真国と絶縁したのである。

四　平田篤胤のスタンス

では、春海を批判した真国の立場は、そのまま篤胤のものだったのだろうか。本章冒頭に述べたように、篤胤は春海・真国論争に関心をもっていたが、冷淡だった。その一つの理由が、門人獲得のためのパフォーマンスにあると篤胤が見なしていたことを述べたが、これまで見てきたように、このパフォーマンスは会読の場で行われていた。会読に参加した「諸人」は、二人の議論の勝敗を興味深く（面白半分で）見守っていただろう。そして、勝ち負けはそのまま門人数の多寡につながっただろう。それゆえに、篤胤は二人の論争が「口を糊する口実とする事」だと看破したのである。こうした批判が出るのも、二人の論争が会読の場を端緒にしていたことを抜きにしては理解できない。では、この門人獲得のための論争だったことが、篤胤がそれに冷淡だった理由のすべてであったのだろうか。もっと思想的な理由はなかったのだろうか。

この問題にたいして、中村一基が、二人の論争には神が不在であった点を指摘していたことは重要である。中村は、春海と真国が「天地自然の道」を共通認識としているのにたいして、篤胤が「皇国の道も自然にあらず。然れどもまた人為にもあらず。前にいへるごとく、天地の神の制り賜へる道なり。此道を委曲によく知らんとならば、まづ神を知るべし」(18)（『呵妄書』）と、聖人作為説ばかりか、「自然」説をも批判していることを引照し、春海ばかりか、真国にも欠落しているのは神の実在にたいする信念であると指摘している。こうした神の実在の欠落が、篤胤と相容れなかったという。

この中村の指摘を踏まえて、これまで見てきた会読という観点から、篤胤の立ち位置を考えてみよう。そのヒントとなるのは、篤胤の学者にたいする考え方である。周知のように、篤胤は春海・真国論争後、文化六年（一八〇九）頃から江戸の庶民に講説を始め、二年後の文化八年（一八一一）には、その講説をもとに『古道大意』『歌道大意』『伊吹於呂志』などの多くの講釈本草稿を著した。面白いことは、篤胤が国学を普及させる場として選んだのが、春海と真国が論争した会読ではなく、講説（講釈）だったという点である。

この点で注目すべきは、講説書『伊吹於呂志』のなかで、篤胤みずから「学者ぎらひ」であると語っていたことである。

拙者も、まづは学者で有ますが、実の所は、世の学者等《ども》の学び方、教へかた、行状までが、大かたは気に入らぬことばかりで、此方の目から見ると、結句書も読まぬ人よりは、行ひも宜しからず。生《なま》ごしやくで、いやらしく見えますから、拙者はとかく学者ぎらひで、とんと江戸の学者づき合ひなどを、致したことがない。やはり凡人《たゞびと》の朴《すなほ》な人が、いやらしくなくて、つき合も致しよいから、其交りが好で、不断の人には、問へは云ますが、常はとんと、学問ばなしなども嫌ひで御座る。(19)

（『伊吹於呂志』巻上）

「江戸の学者づき合ひ」というとき、江戸国学派の春海や真国たちが念頭にあったといえるだろう。(20) 篤胤はそうした「学者」ではなく、「書も読まぬ人」のほうに自己の立ち位置を定め、「凡人《ただびと》の朴な人」を代弁する立場をとったのである。

熟々《つらつら》世の中を見まするに、書物も読る、暇もある、と云やうな、上等の人は少く、かつ夫《それ》らは、却て生心《なまこゝろ》が著て居て、諭しにくゝ、負惜みなども差添ひ、質朴《すなほ》に道を聞とることは、結句出来ぬもので有ますから、夫は捨措き、世にたんと有る無学の人、真のことを、知りたく思ふ志は有ながら、書を読で居る隙もない、と云やうな人、是は結句生心を著て居らず、負惜みもなく、読る輩よりは、朴に道を聞とること故、とてもの励みに、其人々に代つて、我一人で書を読み、其学び得たる真の所を、諭し聞す方が、功も大きく立つ、左《と》に右《かく》人の、聞取よいやうに演説致して、師の説教へられたる、古道の意を、説弘めることで御座る。(21)

（『伊吹於呂志』巻上）

ここで「負惜みなども差添ひ」といっているのは、春海や真国を指しているといってもよいだろう。篤胤は、読書する「上等の人」と、その暇もない無学な「中等の人」とを分けて、後者にたいして講説するのだという。(22)というのは、「世にたんと有る無学の人」のほうが「凡人《たゞびと》の朴《すなほ》な人」であり、「質朴《すなほ》に道を聞とること」ができるからである。しかもさらに、篤胤はそうした「無学の人」も、「皇国は神の生成し賜へる御国にして神の立賜へる道なれば、漢土とはすべて異なること論《あげつら》ひなく、天の下の人神胤ならざるは少く、神国の人ならさるはな」(23)（『呵妄書』）く、神々の子孫として「神胤」であるという。それゆえ、「聖人の道をはじめ穢汚き外国の教」（同右）を学び、読書する「上等の人」よりも、ずっと優れているのだ、と聴衆である「無学な人」の優越感をくすぐる。篤胤は、無学であるが故に、素直で純朴であると価値の転倒をはかったのである。(24)

こうした篤胤の立場からすると、真国と春海の論争は、結局、学者の論理に過ぎなかったといえるのではないか。先に見たように、お互い無智無学を非難し合っていたからである。真国とても、知識・理性の上に信仰があるとしていたにせよ、知識・理性の確固とした領域を認めていた。彼自身は知識・理性を操る学者だった。しかし、二人が学者であると自認するかぎりは、「世にたんと有る無学の人」を代弁する篤胤と相容れなかったのである。

篤胤からすれば、むしろ「無学」だからこそ「朴に道を聞とること故」、信仰を得られる。なまじ学者のように知識・理性に邪魔されずに、素直に神の存在を信ずることができるのである。先の中村一基の指摘をふまえれば、神の実在に近い存在は、漢意に汚染された学者ではなく、無学な「凡人《たゞびと》の朴《すなほ》な人」であるとした点に、篤胤の特徴があったといえるだろう。

そもそも、宣長における神の実在への信仰は不条理な現実への絶望・不安から生まれるのであって[25]、書物を理知的に読解することからではなかった。篤胤もまたそうした不条理な現実の不安のなかで神を感得していたのである。それはたんなる書物から得た知識ではなかった。篤胤が春海・真国論争に冷淡であった理由も、神の実在を蔑ろにして、書物の知識を競い合う学者世界にたいする違和感があったからであると思われる。

五　理性と信仰

そもそも、春海・真国論争のなかで争われた知識・理性と信仰の境界は、実は宣長学に内在する問題だったといえるだろう。かつて村岡典嗣は、宣長学を文献学の「変態」と看破して、宣長は、認識されたものを認識する、客観的実証的な文献学の限界を超えて、認識されたものを信じてしまったと論じた[26]。

この村岡のいう宣長学の本質をふまえれば、春海はどこまでも宣長の文献解釈学の立場に留まっていたといえるだろう。事実、春海は宣長の文献解釈の卓越性を認めることにやぶさかではなかった。春海が宣長の生前、宣長を「天下の模範、百世の師」と称したのも、文献解釈学者としての宣長を称賛したからである。真国との論争のなかでも、春海は、宣長の『古事記伝』について、「あらぬ僻説をも多くいひたれども、古語を釈したるには、又、よく考へたる事ども、あれば」（巻上、一四八頁）と、語釈の点で優れたところがあることを認めていた。ただ春海によれば、この文献解釈は、詠歌とともに、もともと賀茂真淵のものであって、真淵の本質はここにあるというのである。真淵もまた、認識されたものの認識という知識・理性の次元に留まっていたというわけである。これに対して、「人道の正誠にして、宇宙・万世の至論なり。人たる者は、信じて従ふべし」（巻下、一八一頁）と説いた真国の立場は、宣長のものでもあったといえるだろう。認識されたものを信じてしまったからである。

これまで見てきたように、春海と真国とは、「天地自然の道」の実在を前提としているかぎり、共通の土俵にたっていた。二人はどこまでも知識・理性を重んずる学者世界の住人だった。ところが、篤胤はみずからを「無学な人」の代弁者であると規定することによって、学者世界の知識・理性主義を否定してしまう。そこに残るのは、信仰の世界だけである。思うに、篤胤の古道論の普及方法が、学者間の理性的な討論の会読ではなく、聴衆に信仰を促す講釈（講談）であった理由も、ここから理解することができるだろう。一定の知識と教養を不可欠とする会読の場ではなく、分かりやすく教えるパフォーマンスをともなった講釈（講談）の場で普及しようとしたことは、篤胤が「無学の人」を古道論の主対象にしていたからだったのである。

（1）鈴木淳・岡中正行・中村一基編『本居宣長と鈴屋社中』（錦正社、一九八四年）参照。

（2）春海・真国論争については、弥富破摩雄『近世国文学之研究』（素人社書屋、一九三三年。『国学和学研究資料集成』巻五、復刊クレス書房、二〇〇八年）、注（1）『本居宣長と鈴屋社中』四七四〜四八二頁参照。

（3）春海と宣長の関係については、田中康二「本居宣長晩年の村田春海観」（『鈴屋学会報』一二号、一九九五年、のち『村田春海の研究』汲古書院、二〇〇〇年）参照。

(4)『本居宣長授業門人姓名録』に記載されている江戸の鈴屋門人は四人で、宣長没後も、本居春庭・大平に音信があったのは、和泉真国だけであった（注1『本居宣長と鈴屋社中』四六六頁）。

(5)『明道書』は『国学運動の思想』（日本思想大系51、岩波書店、一九七一年）に収録されている。以下、『明道書』からの引用は、巻数と頁数を本文中に略記した。

(6)篤胤自身は享和元年に篤胤門人になったというが、それが虚構であることは、村岡典嗣『宣長と篤胤』（創文社、一九五七年）参照。

(7)『新修平田篤胤全集』巻六（名著出版、一九七七年）五〇七頁。

(8)渡辺金造『平田篤胤研究』（六甲書房、一九四二年）八〇八頁。

(9)春海・真国論争と篤胤の関連については、芳賀登「江戸における江戸歌文派と平田篤胤」（西山松之助先生古稀記念論集『江戸の芸能と文化』吉川弘文館、一九八五年）、中村一基「篤胤伝序説——『明道書』論争の渦中から——」（『岩手大学教育学部研究年報』四五巻一号、一九八五年）参照。

(10)寛政元年（一七八九）から、村田春海は加藤千蔭の芳宜園で、信夫道別・安田躬弦らとともに『万葉集』会読に加わっている（注3田中書、四二八頁）。また、春海は、真国との論争を終結させた文化元年（一八〇四）には、小山田与清らと『日本書紀』の会読を行っている（同右、四五六頁）。江戸派の国学者の間では、幕末まで会読が行われ、裕福な商家の妻女まで参加していた。江戸日本橋元橋町の呉服・木綿問屋佐野屋孝兵衛知良の妻民子（五九歳）の嘉永六年（一八五三）の日記には、歌会とともに『万葉集』会読に参加していた記事がある。入江宏「近世日本における成人の学習活動——その史的考察の課題と方法——」（幕末維新期学校研究会編『近世日本における「学び」の時間と空間』溪水社、二〇一〇年）参照。

(11)本居宣長の『万葉集』会読の様子は、本居大平の手控によって、山中芳和が紹介している。山中によれば、宣長の会読では、宣長は自説を述べるのではなく、討議の材料として自説を提示するにとどまり、「あからさまな知力の競い合いというような、競争的な雰囲気はまったくうかがえない」と指摘し、広瀬淡窓の咸宜園や緒方洪庵の適塾の会読と異なる、学びの場としての鈴屋の特性だと論じている。『近世の国学と教育』（多賀出版、一九九八年）四二頁。そうだとすれば、真国が参加した春海との会読は、宣長のそれとは雰囲気を異にしていたといえるだろう。江戸の地での会読であったためであろうか。

(12) 逆にそれゆえに、篤胤は「故翁を誹りて吾門戸とにぎやかすは、彼等が口を糊する為」(「大友直枝宛篤胤書簡」、文化四年三月一六日付、注(8)渡辺書、八〇八頁)であると看破したのである。

(13) 弥富は、「道とは何ぞといふ根本思想は両者異ならず」(注2書、三一四頁)と指摘している。

(14) 真淵は、中国の道の作為性にたいして日本の道の天地自然性を強調した。たとえば「から国の道は人の心もて作りてわたくしなり。此国の道は天地のまゝに、ゝしてなほし」(「祝詞考序・附言」、『校本賀茂真淵全集　思想篇』巻上、弘文堂、一九四二年、四五四頁)と説いている。これに対して、宣長は、「天地のおのづからなる道」でもなく、「人の作れる道」でもない、「皇国」固有の道を「神」によって根拠づけた(『直毘霊』)。のちに見るように、宣長を受け継ぐ篤胤が、春海と真国の論争に冷淡だったのは、この「神」の実在が二人に欠けていると感じたからであろう。

(15) 太宰春台『弁道書』(享保二〇年刊)には、「日本には元来道といふこと無く候。近き頃神道を説く者いかめしく、我国の道とて高妙なる様に申候へ共、皆後世にいひ出したる虚談妄説にて候。日本に道といふこと無き証拠は仁義礼楽孝悌の字に和訓なく候」(『日本倫理彙編』巻六、金尾文淵堂、一九〇二年、二二三〜二二四頁)と説かれている。『弁道書』にたいする国学者たちの批判については、小笠原春夫『国儒論争の研究』(ぺりかん社、一九八八年)参照。

(16) 春海が理解する「大和魂」は、『源氏物語』乙女巻に見える語で、「漢才」に対応して「大和」を付したもので、「かたくな」な意味ではなかった。田中康二「村田春海の和学論――「大和魂」の解釈をめぐって――」(『日本文学』四七号、一九九八年九月)参照。ちなみに、春海は宣長神学の鍵となる禍津日神理解を揶揄して、『玉のゆくへ』という戯文を書いている(岩田隆『宣長学論攷』に翻刻・紹介されている。桜楓社、一九八八年)。その思想的違いについては、拙著『近世神道と国学』(ぺりかん社、二〇〇二年)三三九〜三四七頁参照。

(17) 拙稿「「武国」日本と儒学――朱子学の可能性――」(『兵学と朱子学・蘭学・国学――近世日本思想史の構図――』平凡社選書、二〇〇六年)参照。

(18) 『新修平田篤胤全集』巻一〇(名著出版、一九七七年)一五九頁。

(19) 『新修平田篤胤全集』巻一五(名著出版、一九七八年)一一四頁。

(20) 春海の門人で考証学者である小山田与清は、しばしば会読を行い、交流していた。与清の『擁書日記』(『近世文芸叢書』巻一二、国書刊行会、一九一二年）には、文化一三年八月一九日条に「（屋代）弘賢主、岸本由豆流、片岡寛光、大橋栄長まできて、砂石《（ママ）》集の会業しつ」、同年閏八月二〇日条に、「弘賢主、片岡寛光などともに岸本由豆流が家にて、砂石集の会業しつ」とあり、以後、毎月二〇日に『沙石集』の会読を行い、また他にも文政元年五月二七日条には、「今日は令義解の会読す。山崎真楫、赤松知則、竹内圭斎、小竹茂仲、大石千曳、岩瀬年登等来つどへり」とある。与清は篤胤とも交流している（文政二年二月一七日条には「平田篤胤よりせうそこあり」とある）。篤胤が「江戸の学者づき合ひ」というとき、会読を媒介にする与清たちのグループも念頭にあるだろう。

(21) 注(19)『新修平田篤胤全集』巻一五、一一四頁。

(22) 芳賀登は、篤胤は「江戸における江戸門人の歌文派と基盤を競合する中で、自分はむずかしき学者のごとき、インテリジェンスのあるものを相手にするより、左官・大工の如き職人層その他を相手にするとの考えがあったのではないか」と推定し、「凡人・庸人・常人・平人・皆の衆のごとき人を相手とすべきものと考え」、彼らへの啓蒙を大事なことだと考えていたと指摘している（注9論文）。さらに芳賀は、こうした篤胤の意図は江戸では成功せず、民俗を基盤とした江戸の周辺地域において門人を獲得することができたと説いている。この芳賀の指摘に従えば、「凡人《たゞびと》の朴《すなほ》な人」は都会ではなく、素朴な農村に存在したということになるだろう。

(23) 注(18)『新修平田篤胤全集』巻一〇、一五五頁。

(24) 拙稿「平田篤胤における日本人「神胤」観念」（注16拙著）参照。

(25) 注(16)拙著参照。

(26) 村岡典嗣『増補本居宣長』（前田勉校訂、平凡社東洋文庫、二〇〇六年、初版一九一一年）参照。

第三章　平田篤胤の講釈――『伊吹於呂志』を中心に――

一　講釈家篤胤

平田篤胤（一七七六～一八四三）が江戸の庶民に講釈していたことはよく知られている。養子鉄胤《かねたね》が著した「大壑君御一代略記」によれば、篤胤が古道などの講釈を始めたのは、文化六年（一八〇九）三四歳の時である。

> 今年（文化六年）山下町へ移リ玉ヒテ、弘ク古道ノ講説ヲ始メ給フ。次々儒道仏道、オヨビ諸道ノ大意ヲ講ジ玉フ。(1)

このころの講釈（講説）は二年後の文化八年（一八一一）三六歳の春から、「古道大意」「俗神道大意」「漢学大意」「仏道大意」「医道大意」「歌道大意」としてまとめられたという(2)（「大壑君御一代略記」）。これらの著作は、篤胤の多方面の問題関心を示すとともに、彼の古道のいわば入門書として位置づけることができるものだが、もともと講釈のなかで語られたものだった。講説家としての篤胤に着目した子安宣邦は、本居宣長の講義が「限定された、有資格の受講者を前提にした語り」であるのにたいして、篤胤の講説が「一つのパフォーマンスとして、直接的で具象的な思想提示のあり方」であって、「その語り口において一般的な都市住民を包括した聴衆に開かれた性格」をもっていたと指摘し、その思想史的意義について、次のように説いている(3)。

> 篤胤の〈講説〉が心学〈道話〉のように実際に一般的民衆を聴徒としてもったかどうかが、ここで問われることではない。むしろ〈語りの受け手〉として一般的民衆を聴徒としてもちうる言説の性格が問題なのであ

る。そしてその〈語りの受け手〉を予想し、〈受け手〉に己れを同化させながらその期待に応えうる言説の型をもって語り始めた〈語り手《アドレッサー》〉の出現が問題なのである。宣長国学の受容を通じて自らの国学を形成しようとする篤胤は、まず己れを「古道」の「大意」の俗語的な〈語り手〉として出現させたのである。

子安は、ここで、「〈語りの受け手〉を予想し、〈受け手〉に己れを同化させながらその期待に応えうる言説の型をもって語り始めた〈語り手《アドレッサー》〉の出現」自体の事件性を摘出し、さらに、「神代」の講説を促したものが、宣長の『古事記伝』における「新たな「神」についての語り出し」であったと論じている。

この子安の卓越した篤胤論に示唆を受けて、本章でも、講釈が「〈語りの受け手〉を予想し、〈受け手〉に己れを同化させながらその期待に応えうる言説」だったという特性に注目したい[4]。というのは、講釈において「〈語りの受け手〉を予想し、〈受け手〉に己れを同化させ」るとき、語り自体の内容が〈語りの受け手〉によって深く規定されることになるために、思想のある側面がことさらに拡大される結果、書かれた書物では、とらえることの難しかったものがはっきりと浮かび上がってくるからである。それを照射することで、これまでの篤胤研究とは異なる篤胤像を提出することができるのではないかと思われる。

本章ではこうした問題意識から、篤胤の代表的な講釈本の一つである『伊吹於呂志』に焦点をあててみたい[5]。この『伊吹於呂志』は、「拙者は、毛虫と、仏と、死ぬことは、きついきらひぢや」（巻下、一五八頁）、「どうしても速くその極楽へ行たがる人の気が知れぬ。極楽より此の世が楽みだ」（巻下、一五九頁）といった、篤胤の歯切れのよい、生の声を聞くことができることで、よく知られているものである。篤胤はこの講釈のなかで、儒学をはじめ、仏教、俗神道、蘭学などの同時代の諸学問を徹底的に批判・排斥することを通して、「皇国の学」の優位性を説き明かしている。注目すべきは、こうした白黒をはっきりさせる篤胤の学問批判が、講釈という場だからこそ、きわめて意図的になされていたという点である。子安が指摘するように、篤胤は講釈の受け手を予想しながら学問批判をしているのである。

拙者の講釈の、厳《いか》う強いはどうしたことぢや、と思はるゝ人も有うが、講釈は常とは違つて、はッきりと其言を、人に聞取らせんとするが趣意のもの故、きびしく云はんでは、人の心に入りにくい故のことで御座る。
（巻下、一五四頁）

「はッきりと其言を、人に聞取らせんとする趣意」のもとでなされる講釈では、たとえば、これを聞く受け手は、「古道と仏道の大意を能く聞弁」ることによって、「地獄極楽の妄説に惑はず」、「大和心をば、いかにもいかにも堅く衝立て物に惑はず、動ぜぬ」（巻下、一五五頁）ことができるようになるというのである。篤胤は、「〈語りの受け手〉を予想し、〈受け手〉に己れを同化させながらその期待に応えうる」〈語り手《アドレッサー》〉となることに、きわめて自覚的・意識的だったのである。『伊吹於呂志』はそうした「受け手」を予想した講釈の特性を端的に示している点で、きわめて注目すべきである。

では一体、『伊吹於呂志』の講釈はどのような〈受け手〉にたいしてなされたものだったのだろうか。江戸の庶民であることは、間違いないが、限定された者たちだった。弟子の小島元吉・千本松吉周の記した『伊吹於呂志』序文によれば、このもとになった講釈は文化一〇年（一八一三）三八歳ころに、「人々の需《もとめ》に依て、口づから講聞《ときききか》せられ、或は記しても見せ給まる物」（一〇九頁）である[6]。下巻の冒頭、篤胤自身、この間の経緯を具体的に述べている。

各々がた、孰も是まで、篤胤が負気《おふけ》なくも、古道の大意より次々、医道までの表会を立置て、演説いたしたる趣を、とッくりと御聞の上、つぶさに御会得あツて、なほ厚く古への道を信ぜられて、各々名簿を投ぜられ、斯やうに内会までも出席致さるゝこと、
（巻下、一五一頁）

『伊吹於呂志』の講釈は、「表会」の「古道大意」以下の大意の「演説」[7]を聞いて、古道を信じた者が、篤胤に

名簿を出して「門人」（巻下、一五二頁）になったうえで、「内会」でなされたものであった[8]。換言すれば、この講釈は、古道にたいする一定の理解を得た〈受け手〉にたいしてなされたものだった。江戸の庶民のなかでも「古道大意」などの国学概説を聞いた者たちが、さらに学問を深めようとする際、儒学や仏教などの既成の諸学問のなかで自己を見失わないよう、それらの間違いを「きびしく云」（前出）って、古道への強い意志、「大和心」を喚起させようとしたものだったのである。

本章では、この『伊吹於呂志』を分析することによって、篤胤の思想の一側面をみてみたい。具体的にいえば、篤胤は講釈のなかで、江戸の庶民にむけて、「皇国の学」の優位性を説き明かすことで、みずからが「皇国の人」であることを意識させ、「皇国の道」にしたがって生きてゆくことを決意させようとした。篤胤は一体、どのような論理によって、太平の逸楽のなかにどっぷりつかっている江戸の庶民のなかに、「大和心」を意識化させようとしたのだろうか。そこには、『伊吹於呂志』とほぼ同じころに書かれている主著『霊の真柱』からは見えにくい、何かが浮かび上がっているのではないか[9]。『霊の真柱』の冒頭、篤胤はたしかに「この築立る柱はも、古学する徒の大倭心の鎮なり」[10]と述べ、「大倭心」を説いてはいるが、江戸の庶民という〈受け手〉を予想する講釈の場では、『霊の真柱』においては隠れて見えなかった思想の一側面があらわになっているのではないか。こういった問題について考えてみたい。

ここで本書全体のなかでこの問題を位置づければ、一九世紀の教化のあり方の検討ということになる。すでに見てきたように、一七世紀の山鹿素行や熊沢蕃山のなかに教化の発想が現われていた。ただ、それは構想の段階に留まっていたが、一八世紀前期、享保期にいたって、八代将軍徳川吉宗の時代、昌平黌の仰高門日講において一般庶民への儒学講釈が実行されることになった。同時期には、上方では石田梅岩の石門心学の講釈、道話が行われていた。さらに、本書で見たように、一八世紀後半には、細井平洲が一般庶民へ向けての公開講釈をして、多数の聴衆者を集めた。こうした庶民教化は石川謙のいう社会教育に相当する。

本書で注目しているのは、教化の場合、講釈が一般的に広く行われた点である。理知的な会読とは異なる、涙と笑いをともなった教化方法である。もちろん、荻生徂徠のように、講釈が教化のためには効果がないと批判するものもいたが、講釈は学校という公的な機関ばかりか、民間で広く行われ、神道講釈、軍書講釈（太平記読み）など、さまざまな講釈師が現われた(11)。彼らの講釈は、学問的な講釈ではなく、平易な語り口で、不特定多数の人々の興味をかきたてるパフォーマンスだった。

一体、篤胤の講釈の特徴はどこにあるのだろうか。儒者の講釈と異なるのはどのような点なのであろうか、本章では明らかにしてみたい。さらに近世日本の教育思想を狭義の「教育」（英才教育）ではなく、広く「教化」にまで拡大して考えようとするとき、篤胤の講釈はどのような位置づけができるのであろうか。このような問いは、明治期の神道国教化政策の教化を考えるうえでも重要なのである(12)。

二　「無学な人」の「学者ぎらひ」

(1) 専業学者という矛盾

『伊吹於呂志』は篤胤の学問論ともいうべき書物であるが、まず、学問をする学者について、篤胤がどのような考えを語っているかを見てみよう。よく知られているように、江戸時代、学者の社会的な地位はそれほど高いものではなかった。学者は俳諧師・歌道者らとともに、芸能者の一つとみなされることがあったのである(13)。そのため、学問は家業（生業）の傍らに行うものだとする考えが、いわば社会の通念として広がっていた。その際、『論語』の「行有二余力一、則以二学文一」（学而篇）の一節がしばしば引照されたことは、これまでも見てきた通りである(14)。

「下なる者は、かにもかくにもたゞ上の御おもむけに従ひ居るこそ、道にはかなへれ」(15)（『直毘霊』）と説いた本居宣長が、そうした社会通念に従っていたことはいうまでもない。宣長は、儒者が専門職業化していることにたいして、あくまで学問は家業＝生業の傍らになされるべきものだと考えていた。「家の業な怠りなそね雅び士の、歌は詠むとも書は読むとも」(16)（『鈴屋集』巻九）という詠歌は、その端的な表現だった。宣長が『うひ山ふみ』のなかで、初学者にたいして、学問を始めたことが早い人も、遅い人も、暇のある人も、ない人も、ともかく怠りなく、励めばそれ相応の成果がある、と戒めていたのも、学問は家業の傍らで行うものだという大前提があったのである(17)。事実、宣長自身、医業の傍らで学問を続けたことは周知の通りである。

篤胤も『伊吹於呂志』の講釈のなかで、この歌を取りあげて、次のように宣長の考えを敷衍している。

吾が師の身まかられまする期に、数百千人ある弟子等に、云ひ貽《のこ》されたる歌に、「家の業《なり》勿《な》怠りそね雅び士《を》の、歌は詠むとも書は読むとも、」と詠おかれましたが、家の業と云ふは、各々お互ひに夫々に、仕来つてある家業のこと、雅士と云は、是では、古の道を学ぶ人をさして、言れたもので、一首の意は、古への道を学ぶ雅士の輩は、古への道を学んで、歌を詠み書物を読は、いと〳〵宜しきことなれども、其の歌読むことや、書読むことばかりにかゝらひ泥《なづ》んで、かんじんなる、家の業はひを怠るな。夫では却て、道に違ふことぢやぞよ、と云の意で御座る。此の歌を、末期に書遺されたること、先師の深き心有て致されたことで、何に付ても、人は家業が大切で御座る。　（巻上、一一五頁）

ただ注意せねばならないのは、「人は家業が大切で御座る」と言いながらも、すぐ後に、篤胤自身は、「拙者も今は、学問を委《くは》しくせんと、書物を弘くよむが、家業である故、出精いたします」（同右）と説いて、学問をすることがみずからの「家業」であると述べて、聴衆に向けて「家業を怠りなきやうに有たいもので御座る」（同右）と付け加えていたことである。篤胤は、古学の専門学者であると自認しているのである(18)。この点、あくまで学問を家業の傍らに置いていた宣長と異なっていた。といって、篤胤の学者にたいする考えは屈折している。彼自身は学者であると自認しつつも、自分もまた「学者ぎらひ」であると語っているからである。

拙者も、まづは学者で有ますが、実の所は、世の学者等《ども》の学び方、教へかた、行状までが、大かたは気に入らぬことばかりで、此方の目から見ると、結句書も読まぬ人よりは、行ひも宜しからず。生《なま》ごしやくで、いやらしく見えますから、拙者はとかく学者ぎらひで、とんと江戸の学者づき合ひなどを、致したことがない。（巻上、一一四頁）

そのため、「学者ぎらひ」であるにもかかわらず、学者である自分自身を、篤胤は「畸人」であると自己規定する。

とにかくに学者と、者の字を著て云はれるやうでは、常の人と異なつてをるから、云はゞ畸人《そげもの》(19)にされるので、余り面白くはないことで御座る。ぢやに依て、各々方も、必ずともに、学者にならうなど、思はれず、只々拙者一人を畸人にして、其云ふ実のことを聞取て、我物となし、古への道を知て、踏違へず、物に惑はず、正道の人と云はれるやうに致さるゝがよい。其の代り拙者一人が引かぶつて書を読み、真の道、真の事を学び取て、有の儘に口うつしに、御伝へ申すで御座る。（巻上、一一四〜一一五頁）

「者の字」の付く者たちは「常の人と異」なっているとする同時代の通念を共有しながらも、篤胤はあえて「学者」となって、「拙者一人」「畸人」となることを意志的に選択するのである。(20)

実は、この古学を学ぶ「学者」の専門職業化は、宣長の次世代共通の問題であった。先に述べたように、宣長は、あくまで学問は家業・生業の傍らですべきものであると、学者の専門職業化を否定していたのだが、一九世紀には国学の一定の普及のなかで、古学を教えることで生計が立てられるようになっていたからである。専門職業化は篤胤だけの問題ではなかったのである。宣長の後を継いだ養子、本居大平《もとおりおおひら》（一七五六〜一八三三）もまた、

「家の業」の歌を踏まえてなされる、学者の専門職業化にたいする疑問に直面していた。

或人問ひけらく、学問にせよ、それを本業にたて、世を渡る人は、道の本意にあらざるよし、つねに鈴屋大人のいはれたる。そは皇国は、漢国とはちがひて、学問といふ事は、政事の要にあらずで、世のをさまるをさまらざるは、学問事にはかゝはらぬ事なればなり。されば鈴屋大人は、古学を表にはたてられず、世をわたる業には医術を行ひて、学問のかたは、自己のすきこのむこゝろのまゝにて、物せられたり。そはまことに和漢古今にわたりて、道の本意たるべき事なり。しかるを、その学問のをしへをうけて、もつぱら古学をこのむともがら、もとより鈴屋の門人にて、別に本業とてたてたる家の業もなく、たゞひとへに学問のみをして、あまたの弟子をしたがへ、専《ラ》著述をあらはしつゝ、それが助によりて、はつ〳〵に世をわたる輩、ちかきころはそこかしこに聞ゆるは、古学者もまた本意をうしなひて、よのつねの漢学の輩にことなる事なきは、いかにととへるに、答云、実に此あげつらひはよくいはれたり。故翁の本意にあらざることは、この論《アゲツラヒ》のごとくにして、たがふ事なし。もとよりの本業とする事は、道の本意をうしなひたる事なり。しかれども、今このまことの道をひろく人にをしへむと思ふこゝろを本意とすれば、おのがうへの身一つをすてゝも、世を直きかたにせんと思ふなれば、本意にはあらねど、かくてあるなり。今此道をたてんとおもふには、身ひとつをかへりみる事のあたはざるなり。(21)

（本居大平『古学要』、文化六年）

大平は、「漢学の輩」と同様に、学問を「本業」とすることに「道の本意をうしなひたる事」であると、養父宣長の意見に従っている一方で、「しかれども」と続けて、「本意にはあらねど、かくてあるなり」とする。大平自身が紀州徳川家に仕えて、古学者として専門職業化しているわけであるから、このような歯切れの悪さがあったといえる。この大平に比べる時、篤胤の場合、学者として専門職業化することにたいして、決然とした態度をとった。

（2）「無学の人」との同一化

ここには、『伊吹於呂志』冒頭、みずから語るような、「幼少の時より、万に勝《まさ》つて、書物を読ことが好で、及ばずながらも、何とぞして、学問を以て、世に名を輝し、功を立ばやと志」（巻上、一一二頁）した篤胤の強い意志とともに、「其の代り拙者一人が引かぶつて書を読み、真の道、真の事を学び取て、有の儘に口うつしに、御伝へ申すで御座る」（前出）とあるように、書物を読むことのできない者の代わりになるのだという自負心・使命感があった。

その際、篤胤は、「書物を余程読み、かつ隙もある人」（巻上、一一四頁）である「上等の人」と「書を見る暇もない」（同右）無学な「中等の人」に分けて、後者の人々に講釈するのだという。篤胤は、「中等の人」とは「世にたんと有る無学の人、また真のことを、知りたく思ふ志は有ながら、書を読で居る隙もない、と云やうな人」（同右）であるとする一方で、なまじ書を読んでいる「上等の人」よりは、「結句生心も著て居らず、負惜みもなく」、「質朴《すなほ》に道を聞とること」（同右）ができるのだという。

熟々《つらつら》世の中を見まするに、書物も読る、暇もある、と云やうな、上等の人は少く、かつ夫らは、却て生心《なまこゝろ》が著て居て、諭しにくゝ、負惜みなども差添ひ、質朴に道を聞とることは、結句出来ぬもので有ますから、夫は捨措き、（巻上、一一四頁）

ここで、篤胤は、「無学の人」は無学であるが故に、「上等の人」よりは、かえって素直で純朴であると価値の転倒をはかっているといえるだろう。「凡人《たゞびと》の朴《すなほ》な人」（同右）とあるように、聴衆である「無学な人」の優越感をくすぐっているわけである。

こうした「生心《なまこゝろ》が著て居」る「上等の人」への批判は、『伊吹於呂志』のなかで、そのまま漢学者への反感につながっている。なまじ書物を読んでいるために、「皇国の人」であることを忘れてしまうのだという攻撃となっているのである（この点はのちに述べる）。ここで想起すべきは、本居宣長が、若き日に京都に遊学中、学んだことで有名な堀景山の『不尽言』の一節である。

無学の人も、その内心には学文せねばならぬものと知りながら、我慢の心からして、学者になされ卑下《ひけ》をとる事を無念口惜き事と鬱憤して、かの学文して高慢になり、人柄あしくなりたる人を見出しては、そりやこそ学文をしだてすれば、皆あのやうにけつく人がらわるくなるによつて、あれでは一向学文のない方が、くはつとまし也といひ、又は学文は唐の事なれば、我邦はもと武国にて、武を以て治まりたる事なれば、畢竟間にあはぬ事、武士は武士の道と云ものあつて、なまぬるき儒者の青表紙の上などにて云ふ事は、国家は治るものにてはないなど丶云ふ輩あり(22)。

景山は、「無学な人」は学問などしていると「人がらわるくなる」という批判をするのだと看破する。景山によれば、そのような批判をする者も、実は内心では、「学文せねばならぬもの」とは思っているものの、学者に「卑下をとる事を無念口惜き事と鬱憤」する劣等感から、学問などしない方がよいという。さらに、「学文は唐の事」であって、「我邦はもと武国にて、武を以て治まりたる事」だと、中国と日本の違いを持ち出して、無学であることを正当化するという。「武国」による学問否定の論理はのちにも見るように、『伊吹於呂志』のなかにも見えるが、ここで景山が摘出したのは「無学の人」が、「内心には学文せねばならぬもの」と思いつつも、「我慢の心」から学者の「人柄」を批判して、無学であることに居直る、「無学の人」の学者へのアンビバレントな感情である。

このような景山の言説を傍らに置くならば、「拙者はとかく学者ぎらひで、とんと江戸の学者づき合ひなどを、致したことがない、やはり凡人の朴な人が、いやらしくなくて、つき合いも致しよい」（巻上、一一四頁）と述べ、「生心《なまこゝろ》が著て居」る「上等の人」を批判するとき、篤胤は「無学の人」へ同調し、すり寄ることによって、「無学の人」の「我慢の心」からする学者非難を代弁していると思われる(23)。〈語り手〉である篤胤は、〈受け手〉＝「無学な人」と同一化することによって、「生心《なまこゝろ》が著て居」る学者への「無学の人」のルサンチマンを代弁していたという側面を看過してはならないだろう。このように解釈するとき、『伊吹於呂志』の講説のなかの滑稽さと差別意識もはじめて理解できるからである。

実に是が一ッ事だと云ならば、下駄も焼味噌も、御月様も泥亀も、同じものぢや、と云やうなもので御座る。其ならいつそ、味噌だと云て、屎でも喰へば宜い。　（巻上、一二三頁）

こうした江戸の庶民＝受け手を喜ばす滑稽さ（猥褻さ）はまた、差別意識をともなったものだったことは看過できない。「陰茎の形も、つゝさきの所は、切そいだやうに成て、とんと犬の形のやうで御座る」（巻上、一三七頁）というオランダ人にたいする低俗な嘲笑はそのまま、被差別民への差別感情につながっているのである。法華経の行者としての日蓮がみずからを「旃陀羅《せんだら》が子」であると呼称したことにたいして、篤胤は次のようにいう(24)。

彼の家（吉田家）の説に、空海も、親鸞も、弟子ぢやと云ふが、夫は不浄ながらも、平人のこと故に、どうでものことだが、日蓮を弟子にしたは相済まぬ。この僧は、安房の国小湊の穢多の子で、穢れたる者の限りなるを、弟子にしたは何ごとだ。穢多の子なる証拠は、日蓮自身に、書遺したる物がある。仏法はもと乞食なれば、穢多でも非人でも、さして違ひも有まいが、仮初にも。神祇道の家ぢやと云ひながら、そんな不浄の限りの者と、師弟に成て済ませうか。　（巻上、一三一頁）

篤胤の講釈のなかでの〈語り手〉の〈受け手〉への同一化は、〈受け手〉の差別感情をそのまま肯定するというよりは、むしろそれを助長し、のちに述べるような、「皇国の人」であるという所属意識の尊貴性をもとに、「そんな不浄の限りの者と、師弟に成て済ませうか」と、被差別民を差別する「無学の人」の劣情を煽り立てたのである(25)。けだし、篤胤の講釈が「無学の人」にアピールできた一つの理由はここにあった。

三　講釈（講談）による庶民教化

（1）儒学・蘭学批判と「皇国の学び」の優位性

ところで、学問論としての『伊吹於呂志』は、同時代の諸学問のなかで、「皇国の学び」の優位性を主張するところに、その講釈の意図があった。ここには、一九世紀初頭の文化年間における、江戸の庶民から見る学問状況をうかがうことができる。そこでは、儒学ばかりか、仏教、俗神道、そして新興の蘭学といったさまざまな学問が、庶民の歓心を買おうとしていたのである。そのなかで、篤胤は古学の優位性を〈受け手〉に説き明かさねばならなかった。そもそも篤胤にとって、学問は「御国の御用」のためにあるのだという。

今の世の儒生輩の学風も、大かたは孔子の意に背くことのみで、実に歎息の至りで御座る。其は本とし学ぶべき皇国の学びをせず、漢籍のみを学で居るが、学問は何の為にすること〻、心得たるか。都て学問の道は、譬へ外国のことを学ぶにも致せ、その学ぶ主意は、其の善事を取て、此の御国の御用にせんとて、学ぶことぢやに依て、まづ御国のことを本とし学んで、さて外国の学びに及ぶが順道で御座る。（巻上、一一六頁）

学問は「御国の御用」にたつことを目的とし、たとえ外国の学問を学ぶにしても、「其の善事を取る」までのことだとする採長補短の論理から、他国を尊重する学問への批判が導き出される。具体的には、儒学、ことに徂徠学の中華主義が批判の主対象である。

徂徠などは、太宰が師匠ぢやが、孔子の肖像へ賛をして、日本国夷人、物茂卿、拝手稽首敬題、と書きましたが、なんと之が、孔子の心にかなはうか。あ、あ、孔子は、さこそ〳〵泉下に於て、眉をひそめ、貌をそむけて居る事で有ませう。（巻上、一一九頁）

徂徠の中華主義にたいする批判は、江戸後期の思想界ではよく見られるものだが、『伊吹於呂志』のなかで注目すべきは、篤胤が山崎闇斎の想定問題を引いて、中華―夷狄の問題を敵・味方の戦争状態のそれとしてとらえている点である。「唐より日本を従へんとせば軍ならば、尭舜文武が大将にて来るとも、石火矢にて、打崩すが大義なり」（巻上、一一四頁）という浅見絅斎の『靖献遺言講義（口義）』のなかでの山崎闇斎の言説を引照したうえで、中華主義者は、敵に内通するかもしれないという危険性から批判している。(26)

もしや戎人が、負気《おふけ》なくも、皇国へ対し奉つて、生ごしやくなことでもするときは、導きでもしやうか、と思はれまする。ぢやに依て、御国忠に志ある人々は、儒者には心を許さぬやうに致したい。何と不安心なものでは有ませんか。（『伊吹於呂志』巻上、一一九～一二〇頁）

蘭学もオランダを崇拝することで、模範とする国こそ違っているものの、自国を蔑ろにする点では同じだとする。

近頃阿蘭陀学と云ことがはやッて、其の学を奉ずる輩は、其国をも、何か結構らしく云ひ噺すから、其真面目も少《いささ》か申ませう。（巻上、一三三～一三四頁）

ただし、篤胤は蘭学の実証性にたいしては一定の評価を与えていた。

彼の国人は、甚だ深く物を考へる国で、何に寄らず、あらゆることの、根から底から穿鑿しつめる。夫故天文地理のことを始め、万の細工もの、医療のことなども、万国最上に委く、慥《たしか》なことで御座る。（巻上、一三八頁）

蘭学はこの実証的で有用な学問である点では、一定程度、「御国の御用」に立っているのだが、これに対して、治国や修身のために儒学や仏教は「御国の御用」に立たない空虚な学問であるという。篤胤はその根拠として、『伊吹於呂志』のなかでは、徳川家康の統治を語っている。その際、享保期に太宰春台などを批判した松下郡高《まつしたぐんこう》の『神武権衡録』の言説を引照する。

東照宮御一代、数々の御合戦に御勝あそばし、慶長年中、天下を悉く御静謐に、御治めあそばしたなれども、大学の三綱領や、八条目を、敵に読きかせられ、或は法華経や、阿弥陀経を説て、敵が夫に感じて、帰伏して治まッた、と云ことではない。みな御武徳の盛なるに依て、天の下泰平に治り、今に二百年余り、御治世長久の、御恩沢を蒙り奉ればこそ、儒者も仏者も、愚鈍《ノロマ》な言を云ても居らるゝやうになッたので、士農工商遊民まで、夫々の家業を勤めて、心易く妻子を養ひ、安堵すること、偏に御武徳の御蔭で御座る。(27)

（巻下、一六六頁）

先に触れたように、景山は、「無学の人」が学問などいらないのだと自己弁護するときに、日本は「武国」だからと言い訳をすると説いていたが、松下郡高と篤胤においては逆に、「東照宮」の権威によって「武徳」が正当化され、「俗の儒者、又仏者は、遊民と云て、四民の内に入れず、高尚の空理を、口に云ふばかり、外に何も益に立ぬもので御座る」（巻下、一六七頁）と、儒学と仏教の無益さが強調されるのである。ここにも、篤胤が「無学の人」の代弁者である特性が現われている。

（2）過激な手法による教化

ところで、先に述べたように、『伊吹於呂志』の諸学問批判の特徴は、講釈の場であるために、白黒をはっきりさせて意図的に「きびしく云」（前出）う点にあった。そのために、ここでは中途半端な折衷主義は徹底的に排除される。江戸思想史のなかに、たえず現われている神道・儒学・仏教の三教一致論にたいして、篤胤は次のように批判する。

古き俗歌に、「別登る麓の道は多けれど、同じ雲居の月を見る哉。と云歌や、また、「雨霰雪や氷と隔つれど、解れば同じ谷川の水。と云歌が有て、是を俗の神道者や、道学者、心学者ぐらゐの徒が、何ぞと云と引歌にして、神道も、仏道も、儒道も、皆落る処は一つに帰して、世を治め、人を善道に導くの教なり、と煩く云立て、是を聞く人も、皆然ることよ、と思つて居ることとなるが、いや是は、甚の心得違ひのことで、何して此の三道が、一つ意に落ようぞ。下駄に焼味噌、御月様に泥亀《すつぽん》も、皆同じこと、云ゝよりは、もつと相違な事で御座る。　（巻上、一一二頁）

三教が「世を治め、人を善道に導く」勧善懲悪の教説である点で一致するという考えを[28]、「下駄に焼味噌、御月様に泥亀《すつぽん》も、皆同じこと、云」下世話な譬えによって批判して、三教の本質は異なっていることをはっきりと弁別しなくてはならないという。篤胤によれば、「儒道の本意は、先第一に、道の大本たる、君と臣との道立ず」（同右）、「仏道の本意は、此世を、穢土火宅と云て、厭うひ棄て、君臣の道をも取らず」（巻上、一一三頁）であって、さらに神道の本意は、「皇統」の天壌無窮性にあるという。

神の道と、儒道との差別を云はゞ、神の道の本意正実のことは、是まで段々演説致したる通りの訣故、皇国の天子様は、最も尊く、此の地球の大君に御坐て、天地と共に動きなき、御皇統におはすることを弁へて、一向に畏み奉り、厚く古の伝へを守りて、神祇を尊び、大倭心の雄武を旨とし、且君を敬ひ、傅《かしづ》き仕へて、譬へば君に君たらざる行ひ有とも、臣として其心を辟易《たじろか》さず、身を抛て忠義を尽し、臣は地の天を戴て、其位を変ぜぬ如く、いつまでも臣となり君は天の地を覆ふて、其位を替ざる如く、いつ迄も君とある。こゝらが道の大本にて、動かぬ処で御座る。　（巻上、一一二頁）

このような三教の違いを明確にすることが、篤胤の「学風」であるとみずから語る。

此方の学風の事ぢやが、右申す如く、及ばずながら、何とぞ致して、世に弘ごれる紛れことを正し、人の惑ひをひらき、わが古への道、真の筋を弘めんと致すに付て、世におしなべて、思ひをる事とは違つて、いかう外の道々を責立て、厳く攻撃に、とり挫《ひさ》ぎまするが、是は、物を穏に心得をられまする人などは、甚おとなしからぬ学風ぢや、説かたぢやと、さげすみも致さうが、是はどうも、斯う参らねばならぬ訣がござる。
（巻下、一五一～一五二頁）

こうした「外の道々を責立て、厳く攻撃に、とり挫」ぐ、「おとなしからぬ学風」が求められるのは、それが語られるのが何より講釈の場だったからである。「皇国の学び」への意志を強固なものにするという趣旨であるために、講釈のなかでは、他の諸学問にたいする徹底的な排斥・攻撃がなされるのである。

その訣と申すは、世俗に云ひ思ふことゞも、大抵十に七八は打紛れ、心得違ひの事どもで有る故、その処へづか〳〵と、わが主とする、古道の真意ばかりを申ては、人の心に入り兼る故、夫を取除つゝ、古道に引入れて参らでは、入かねるからの事で御座る。（巻下、一五二頁）

「大抵十に七八は打紛れ、心得違ひの事どもで有る」ゆえに、「心得違ひ」を「取除つゝ、古道に引入れ」るという点は、相手を破折し、伏する教化方法である日蓮宗の折伏《しやくぶく》にも似ているともいえるかもしれない。ちなみに、篤胤は、先に見たように「旃陀羅が子」日蓮にたいしては露骨な差別意識を隠さなかったにもかかわらず、その信仰心の強固さにたいしては、強い敬意を抱いていた。

この親鸞、日蓮の輩は、夫が為に、島へ流されたり、又は首の座に直されても、びくともせぬ。其立たる筋を変ぜず。とう〳〵意地を張て張り通し、邪ながらも、今の世の如く押弘めたで御座る。（巻上、一二六頁）

どんな逆境にありながらも、自己の信じた道を貫徹するという点で、日蓮に共感していた。篤胤にとって、自己の信念を貫き通すことができる人こそが、「真の豪傑」「英雄」であり、「大倭魂」の持主だったのである。

とかく道を説き、道を学ぶ者は、人の信ずる信ぜぬに、少しも心を残さず、仮令、一人も信じて（手）が有まいとまゝよ。独立独行と云て、一人で操を立て、一人で真の道を学ぶ。是を漢言で言はゞ、真の豪傑とも、英雄とも、云ひ、また大倭魂とも云で御座る。（巻上、一二五頁）

揺るがぬ信念をもって、「一人も信じて」がいなくても、相手の「心得違ひ」を徹底的に批判することによって、信者を増やしてゆくという日蓮宗の教化方法は、そのまま篤胤の講説であったといえるだろう。礼楽制度によって自ずから庶民が従いなびくといった儒学の悠長な教化《きようか》（蕃山はこれを風化といった）ではなく、もっと積極的に庶民に接して、強い信念をもって庶民の「心得違ひ」を是正してゆくという仏教的な教化《きようけ》活動を、篤胤は始めたのである。(29) しかも、その講釈は学者向けの学問的なものではなく、講談であったといえる。事実、平田塾の講釈の広告文には、「御国学講談」(30)と記されていた。篤胤は、夜に手習所を借りて、古道・仏道・俗神道・儒道・歌道・医道・年中行事の講釈（講談）をして、教化活動を行ったのである。(31)

こうした篤胤の講釈（講談）による教化活動の対象は、江戸の庶民ばかりではなかった。篤胤は、門人獲得と著書の出版資金の助成依頼のために、下総などの各地に積極的に遊歴して講釈（講談）をして、その地の神官・豪農などに教化活動を行った。篤胤の門人生田萬《いくたよろず》（一八〇一～一八三七）も同様に、門人獲得のための教化活動を行っていた。文政一一年（一八二八）の伊豆遊歴の模様を、生田萬は次のように伝えている。

旅行講談毎に或は六七十人或は二三十人集り、泣く者あり笑ふ者あり其模様徳本か今弘法の遊歴するが如く、大言向に言向けて国中更に手にさはるものなし。凡半国計は歩き候が、其化国中に及候事疑なく、来年を契り候所数多有し、門人も随分と有之候。故大人御門人には竹村茂雄、仏者には戸田村の宝泉寺、儒者には滋野桂斎、医師には金高善庵等、まづ彼国の手強き奴等に候を、悉く低頭平身せしめ口を開かせず心より服せしめ申候。(32)

宣長門人、仏者、儒者、医師らの「口を開かせず心より服せしめ申候」とは、学問の場での会読の討論とは異なる講釈（講談）の効果を示しているだろう。萬自身が「泣く者あり笑ふ者」ある「徳本（浄土宗僧侶）か今弘法の遊歴するが如く」と想起している講釈（講談）の教化活動は、桂島宣弘が指摘しているように「一種の宗教的オルグ活動の様相を示す」[33]ものだったのである。そして、何より注目すべきは、このような教化活動を行った生田萬が、篤胤に心酔し、藩学・藩政を批判し、藩からの追放も辞さない強固な信念の持ち主だった点である[34]。萬もまた、篤胤のいう「人の信ずる信ぜぬに、少しも心を残さず、仮令、一人も信じてが有まいとまゝよ。独立独行と云て、一人で操を立て、一人で真の道を学ぶ」（前出）者だったのである[35]。

四　「皇国」への帰属意識

『伊吹於呂志』のなかで、篤胤が諸学問を批判・攻撃したのは、それを通して、古学が「人道の本」であることを示す目的を持っていたからである。そのことは、『伊吹於呂志』の最後に、篤胤自身が講釈全体の趣旨を振り返って述べたところからも明らかである。

学問は、大本より学ばんでは、大道は知れず。夷狄ともの、私に建立したる、儒仏の教へなどに惑はず、人道の本なる、皇神の大道に習ふが宜いで御座る。夫を習つても、此の方には出来ぬなど、云人もあるは、愚昧の上に、自ら棄ると云ものぢや。皇国の人にして、皇国の道を学ぶに、何のむづかしきことが有ませう。夫では万物の上どころでは无い。人と生れながら、禽獣にも劣ると云ふもので御座る。（巻下、一七三頁）

『伊吹於呂志』の講釈（講談）は、端的にいえば、「皇国の人」に「皇国の学び」を勧めることにあった。もしこれを学ばなければ、禽獣と等しいものに堕してしまうというわけである。この趣旨は、先に見た下巻の冒頭にあるように、この『伊吹於呂志』の講説が、「古道大意」以下の諸学問の講説をすでに聞き終わった者たちに向けてなされたという点を考慮しなくてはならないだろう。篤胤に名簿を入れて、門人になったからには、すでに「皇国の学び」への意志があるわけだが、その意志をより強固なものにする、確固たる「大和心」を確立することが求められたのである。そのモデルが、『古道大意』でも紹介されている朱印船貿易時代の浜田弥兵衛であり、さらに『伊吹於呂志』のなかで特筆されている、シャムの日本人町で活躍したという山田長政だった。

此浜田弥兵衛が、外国に於て、其名を轟したることを申すに、付ては、又同じ頃、尾張人山田仁左衛門が、天竺国に於てのふるまひも、御国の人の、英雄の名を、外国に顕はしたることだに依て、此の始末をも少か申しませう。

（巻上、一四一頁）

ここで注目すべきは、こうした「英雄」の「大和心」を喚起する際、『伊吹於呂志』の講説のなかで語られる論理である。そのことが端的に示されているのは、次にあげるような一節である。

赤県《から》や天竺の、腐り根性の付た輩はいざ知らず、仮初にも、此御国に生れたからには、春日大神の御託宣と云物に、人の国より我国、人の親より我親と、御諭しあそばしたと有る如く、御国恩の有がたきことを弁へて、大和魂のある人々は、小躍りして悦び、愉快々々と云はねばならぬことで御座る。

（巻上、一三五〜一三六頁）

実に御国の内にも、江戸の人気は、強く勇ましくなければならぬ。大切な訣があるで御座る。其の大切の訣と云ふは、先頃も申す通り、この大日本は、万国の本国、祖国で、其の上に、わが天皇様は、天照皇大神宮様から、御血筋が御連綿と御つゞき遊ばして、万国の御大君に御坐《おはしま》し、その御大君より、万国のおきて、御取締を御命じあそばして、御大政を御任せなされて指置るゝ、征夷大将軍の御膝元に生るゝ者は、猶更自然と強くなければならぬ訣で御座る。

（巻下、一五六頁）

四夷八荒至らぬ隈なく、鎮めたまふ、御武徳まします、大将軍の御膝元に生れて、上に染る下のこと故、その御武威の自然に、下々までに布及んで、是は斯なければならぬ故で御座る。また古く東人は、額には矢は立とも、背には立ぬと、常に申したことぢやと、宣命にも見えたる如く、同じ御国の中でも、東国の人は、格別なることで御座る。是を熟わきまへて、御当地はもちろん、此の御国に生れたらん人は、仮にも義に当らぬ行ひ、また卑しき根性などは、もたぬが宜いで御座る。

（巻下、一五七頁）

これらの箇所に共通するのは、「生れ」所属意識の自覚化である。[36] 篤胤は、「征夷大将軍の御膝元に生る、者は、猶更自然と強くなければならぬ訣で御坐る」、そして「此の御国に生れたらん人」と、「生れ」を強調する。篤胤は講釈（講談）の聴衆に「征夷大将軍の御膝元」江戸、「皇国」日本に「生れ」たことを自覚化させようとしているのである。

自国を蔑ろにする者たちは、「皇国」の生まれであるにもかかわらず、それを忘れてしまっている者たちであるがゆえに、彼らへの攻撃は正当化される。

とかく人は、心をしつかりと落著て強く持ち、大日本魂、御国気性を固め、この御国を訕《そし》り、この御国の御道を、悪く云ふ者が有ならば、厳しく取締てやるが宜いで御座る。上の御定めにも、此の御国に生れて、此の御国を訕る者は、反逆同様のことで御座る。この訣故に、夫を取締て、罰つけたればとて、何所からも、しりの来ることではないで御座る。

（『伊吹於呂志』巻下、一五七頁）

篤胤は、「此の御国」に生まれた者が、「此の御国」を非難する「反逆」者を罰することは、正しいのであるから、「何所からも、しりの来ることではない」、すなわち、どこからも文句をつけられることはないのだという。ここから、先に見たような自国を蔑んで、中国を「中華」と尊称する徂徠学派の儒学者や、究理の学に幻惑されてオランダを尊崇する蘭学者が批判されたわけである。

そもそも、「皇国」の生まれであるという帰属意識であれば、「無学の人」も学者も同じである。ここでは、学問があるかどうかは二の次になる。どんな学者であっても、彼らの学ぶ学問が「皇国」に反するものである限り、

「無学の人」も攻撃することができるのである。なぜならば、「無学な人」は素朴な心をもち、「皇国人」であるからである。むしろ、学者然とした儒学者や仏教者たちは、中国や天竺を尊崇することで、「皇国」を貶める「反逆」者であって、もし中国や天竺が「皇国」に侵略をするならば、先に見たように内通をもするかもしれない敵対者だという。そのために、彼らへの攻撃は一層、激しくなるのである。

思うに、『伊吹於呂志』のなかで語られる、穏やかな江戸の生活の謳歌も、こうした太平楽を脅かす敵対者として、儒学者や仏教者を措定していることと関わっているだろう。篤胤の願いは、この今の穏やかな生活を持続させることだった。それは、生きている間のみにとどまらず、死後にまで及ぶものであった。

> どうしても速くその極楽へ行たがる人の気が知れぬ。極楽より此の世が楽みだ。夫はまづ、暮の相応にゆく人は、美濃米を飯にたいて、鱧茶漬、初堅魚に、剣菱の酒を呑み、煉羊羹でも給《たべ》ながら、山吹の茶を呑んで、国分の煙草をくゆらして居らるゝ。また然いかぬ人は、ゆかぬなりに、相応の楽みが有て、炭団でたばこは呑ながらも、番茶の口切を、水道の道で煎じ呑み、鯱《しやちほこ》とにらめッくらをした心持が、どうも云へぬで御座る。是をいやがつて、極楽々々と云のは、栄曜（ママ）の上の貧好み、とやらで有ませう。　（巻下、一五九頁）

周知の篤胤の『霊の真柱』の幽冥観は、ここでつながっている。穏やかな生活を死後にまで永続させたいという願いが、「大国主大神」が主宰するという彼の幽冥観を支えているのである。

> 親子夫婦兄弟朋友睦ましく、そのほど〳〵に、家業をいとなみ、をりふしは花をも見、紅葉も眺めて、おだやかに世を経つゝ、さて一度は死ねばならぬが、その死だる先も、今の心懸次第で、親子夫婦朋友も睦ましく寄合て、此の世に同じ楽みも有て、阿弥陀や閻魔王がせわには、なる訣がないから、かの川柳が句に、「聢《しつか》りと頼むでもなし南無閻魔、と云たる如く、仏法の信心者でも、通りがけの目礼ぐらゐで、深く拝みはせず。実は死で幽冥に入ては、大国主大神の御許に帰して、この世にのこす子孫を恵み、各々其の処を離れ

ず、無窮に居ることで御座る。（巻下、一五八頁）

もちろん、篤胤にとっても、宣長同様に現実の生活は不条理に満ちたものだったろう。つとに村岡典嗣が指摘したように、篤胤とても、最愛の妻を失い、悲しみにくれた時、それを実感したことだろう(37)。篤胤は、今のこの穏やかな生活（江戸の庶民の生活）が、不条理に満ち満ちていて、いつ壊れてしまうか分からない危ういものだという認識をもっていた。それゆえに、篤胤は、宣長の『玉くしげ』のなかで、神と人との関係を人形遣いと人形との関係に譬えたことを引照したのである。そこでは、「世の人の心得は、彼せつない時の神頼みとやらで、せつなくなるとやみくもに神を祈り、空腹《ひだる》い時に、物を食て直ったやうな験《しるし》がないと、恨だり何かするが」（巻上、一三〇頁）、そのような好都合な神がいるわけではない、神の御所為は人知の及ぶ所ではないと、宣長の説を敷衍して、次のように語っている。

師説の如く、人は譬へば人形の如く、神は人形をつかふ人間の如き謂れじやに依て、言以て行けば、人のすること成すこと、みな神事故、その御心は量り知られず。また譬へば、一つの無尽に、権兵衛も八兵衛も加入て居る時に、二人が同じやうに、其無尽を得《とら》して賜《くだ》されと願ふ。是らが大きに、神の御こまりあそばす処で、何方に取しても、一方は恨むる訣で御座る。尤も是しきの小事を、せわやく神は、小さき神で、此の天地を御幸ひあそばす神々などへ、持て行て願ふは、甚だ恐れ多きことで御座る。左に右に、神に祈りさへすれば、空腹い時に、飯を食たやうな、験が有るはず、と思ふは宜しくない。（巻上、一三〇頁）

人形つかいの譬えは、篤胤自身が神の不可知性、人間の力では及ばない吉凶禍福を意識していたということを意味する。たしかに、今、このように穏やかな生活を送っているかもしれないが、一瞬の間にそれは崩壊するような、危ういものなのかもしれない。そうだからこそ、今の太平を楽しみ、もしそれを侵すような者があるとすれば、彼らを徹底的に排除・攻撃することになったのである。「極楽より此の世が楽みだ」とする楽天主義的な太平の讃歌は、不条理な生活と紙一重でもあったからこそ、穏やかな生活を脅かす者への攻撃の激しさは、一層、強まったのである。

五　一君万民論の成立

最後に、『伊吹於呂志』のなかで、京都の「禁裏様」（巻上、一一五頁）を「わが天皇様」と呼んでいたことの思想史的な意味を考えておきたい。

実に御国の内にも、江戸の人気は、強く勇ましくなければならぬ。大切な訣があるで御座る。其の大切な訣と云ふは、先頃も申す通り、この大日本は、万国の本国、祖国で、其の上に、わが天皇様は、天照皇大神宮様から、御血筋が御連綿と御つゞき遊ばして、万国の御大君に御坐《おはしま》し、その御大君より、万国のおきて、御取締を御命じあそばして、御大政を御任せなされて指置るゝ、征夷大将軍の御膝元に生るゝ者は、猶更自然と強くなければならぬ訣で御座る。（前出）

これまで見てきたように、『伊吹於呂志』のなかでは、「皇国」の生まれであること（帰属意識）の自覚化・意識化を説いているが、もっと積極的に「皇国」の生まれであることの特権性については講釈（講談）していなかった。実はこの特権性はすでに、『伊吹於呂志』の講説を聞いた門人たちにとっては自明だったからである。というのは、『伊吹於呂志』の講説は先に述べたように、その特権性、具体的にいえば、この「皇国」に生まれた人は神の子孫であるという神胤説を説いていた『古道大意』の講釈（講談）を聞いた者たちにたいしてなされていたからである。『古道大意』の冒頭、篤胤は次のように述べて、講釈の内容を告げていた。

今コヽニ演説イタシマス所ハ、古道ノ大意デ、先ソノ説ク所ハ、此方の学風ヲ古学ト申スユエン、マタ其古学ノ源、及ビソレヲ開キ初メ《ソ》、人ニヲシヘ、世ニ弘メラレタル人々ノ伝ノ大略、マタ其ヨリ本ヅク所、マタ神代ノアラマシ、神ノ御徳ノ有ガタキ所以、マタ御国ノ神国ナル謂、マタ賤《シヅ》ノ男我々ニ至ルマデモ、神ノ御末ニ相違ナキユエン、又、天地ノ初発、イハユル開闢ヨリ致シテ恐レナガラ、御皇統ノ聯綿ト、御栄エ遊バサレテ、万国ニ竝ブ国ナク、物モ事モ万国ニ優レテヲル事、又御国ノ人ハ、ソノ神国ナルヲ以テノ故ニ、自然ニシテ、正シキ真ノ心ヲ具ヘテ居ル。其ヲ古ヨリ大和心トモ、大和魂トモ申テアル(38)。　（『古道大意』巻上）

『伊吹於呂志』と重なる内容もあるが、「御国ノ人」がどんな賤しい身分のものであっても、みな神胤であるとする説は、『古道大意』の講説の一つの趣旨であった(39)。そもそも、こうした「神国」の「賤ノ男我々ニ至ルマデモ、神ノ御末ニ相違ナキ」とする神胤説は、天照大神の御子である天皇が神であるという天皇＝「現人神」説と一体のものであった。『伊吹於呂志』と同じころ、文化一〇年（一八一三）に草稿ができたといわれる(40)『玉たすき』の一節はそれを端的に示している。

かく我が御国に、委き正説の伝はれるは、もと造物主の本国なる故に、如此《かく》伝はり、我天皇命は、直《タヾ》に天照日大御神の御胤《みすぢ》なるぞ。かくいふ我らも、皆神の末《スエ》裔なる故に、我が国を神の御国と云由を、懇に誨し聞せ(41)。
（『玉たすき』巻九）

篤胤が『伊吹於呂志』のなかで「わが天皇様」と呼びかける時、その「我」とは「賤ノ男我々ニ至ルマデモ、神ノ御末」である「我々」であったのである。そして、その「賤ノ男」は、これまで見てきたように、『伊吹於呂志』を聞いている、江戸の庶民のなかの「無学の人」であった。篤胤は、自分も含めた、こうした「無学の人」である「我々」の「大君」として京都の「禁裏様」を仰ぎ、「わが天皇様」と呼んでいるのである。

本居宣長にとって、天照大神の神代以来、この「皇国」を治めている天皇の存在は、上下の秩序の希望の光であったが(42)、篤胤にとっても、秩序の永続性の証であった。しかも、「わが天皇様」はどこか遠い存在なのではなく、「賤ノ男我々」と親しい、血統を同じくする身内の存在として立ち現れているのである。だから、この「わが天皇様」の尊貴性を高めることは、われわれ自身の尊貴性を高めることになる。こうした「わが天皇様」を戴いている、「無学の人」である「賤ノ男我々」も「神ノ御末」である、この「皇国」の生まれであることに誇りをもち、強い意志と勇武の「大和心」を持てと、江戸の庶民に講釈（講談）していたのである。篤胤が京都の「禁裏様」を「わが天皇様」と呼称することの画期性は、このように「無学の人」に「皇国」の所属意識＝ナショナル・アイデンティティを与えたことにある。

篤胤は、こうしたナショナル・アイデンティティを自覚させるために講釈（講談）した。それは、享保期以来の儒者たちが講釈した儒学的な教化ではなく、講釈師が強い信念・意志をもって庶民の「心得違ひ」を正そうとする仏教的な教化（きょうけ）だった。

さらに後代との関連でいえば、篤胤の講釈は、明治初年の教部省が推し進めた国民教化運動（大教宣布運動）につながっていくのである。周知のように、明治五年（一八七二）四月に交付された「三条教則」（敬神愛国、天理人道、皇上奉戴・朝旨遵守）にもとづいて、教導職についた平田学派の神官や僧侶らが講釈（説教）による教化（きょうけ）を行った(43)。それは、不特定多数の聴衆を対象とするマス・ローグの語りによる教化だったといえる。後藤宏行によれば、三条の教則の運動は、「時の政府の唱導によって起動させようとしたマス・ローグ組織化活動」(44)であった。教導職の一人であった戯作者仮名垣魯文《かながきろぶん》は、「惷愚《おろか》の蒼生を救はんとても、人毎に説き、戸前に諭すべき物に非れば、仮に術《てだて》を設け其道によらしむるとこそ何やらの文には見つれ。こは方今説教をもて民を導くの類ひならん」(45)（『三則教の捷径』自叙、明治六年刊）と、不特定多数の者への説教であるという認識のもとに、「敬神愛国」の条項を、七・五調の節回しで講釈（講談）している(46)。

神国の人と生れて神々の　お開きありし国の道
知らでくらすは人でなし　国の人たる道しるべ

教への小口手みぢかく　おかしく説て聴かすべし
夫三則の御趣意とは　神の造りし国民の
守らにやならぬ三ツの事　其第一は神さまを
敬ひまつり我国を　大事にするが要ぞや
他国は言はず我国の　今帝様は日天子
太神宮のお末にて　位ゐ上なき大君と
天のゆるしを受たまふ　万代易へぬ帝なり
されば賤しき我々も　神のお国に生まるれば
先祖は天照太神の　御家来筋の末社神
奉書檀紙の尊きに　はるか劣れど塵がみも
浅草がみもかみの中　神の御末で有ながら
その御先祖を敬はず　まつらぬ者は天の邪鬼
悪魔外道に似たるぞや[47]

まさに、「賤しき我々も」、「神の御末で有」「浅草がみもかみ」であるという自負と卑下のない交ぜになった自己意識は[48]、篤胤の「神胤」説にもとづく一君万民思想の戯画である。その意味で、篤胤の思想は、講釈（講談）による教化（きょうけ）方法のみならず、その教化内容においても、明治初期の神道国教化政策とつながっているのである。

明治国家の教化との関連で触れておかねばならない問題がある。後期水戸学の問題である[49]。辻本雅史が指摘するように、教育思想史的にいえば、後期水戸学、ことに会沢《あいざわ》正志《せいし》斎《さい》の『新論』の国体論は、天皇を頂点とする礼楽制度（祭祀の体系）、すなわち「典礼教化」の理論であった。それは、本書の視点からいえば、被治者への教化といっても、篤胤のような口頭の講釈（講談）による仏教的な教化（きょうけ）ではなく、礼楽制度のシステムによる儒学的な教化（きょうか）だった。しかし、天皇という神話的存在を頂点にした階層的秩序を絶対のものとしたところに、篤胤らの国学者と共通するところがあったのである。

（1）平田篤胤全集刊行会編『新修平田篤胤全集』巻六（名著出版、一九七二年）六〇三頁。

（2）篤胤の講釈本の史料批判については、中川和明『平田国学の史的研究』（名著刊行会、二〇一二年）参照。中川は、『古道大意』『俗神道大意』『西籍慨論』（『漢学大意』）『出定笑語』などの講釈本について、版本以前の自筆稿本・写本と版本を比較し、厳密に史料批判している。中川の調査によれば、篤胤没後に刊行された版本と自筆稿本・写本とを比較すると、加筆訂正が見られるという。そのため、版本をもとに篤胤を論じることには注意を要することを指摘している。本書で取りあげる『伊吹於呂志』についても、平田神社に伝来した平田篤胤関係資料のなかに、『江戸気性』『いふきおろし』などの稿本が存在することが報告されている（中川前掲書、三〇七頁）。これら稿本と版本との対照が必要であるが、本書では版本によっている。比較調査は今後の課題としたい。

（3）子安宣邦「〈講釈家〉篤胤の登場と救済の言説」（『江戸の思想』一号、一九九五年）参照。

（4）石門心学の教化を論じた高野秀晴が「語り手が学問なるものを語ろうとする時点において、すでに受け手の視線は否応なく語り手に影響を及ぼしてしまっていると考える。語られた事柄がどう受け止められたかではなく、語られた事柄そのものに受け手の影響を見てとりたい」（『教化に臨む近世学問――石門心学の立場――』ぺりかん社、二〇一五年、一七頁）の問題意識も、子安のそれを受けている。

（5）『伊吹於呂志』のテキストは、『新修平田篤胤全集』巻一五（名著出版、一九七八年）所収本を使用した。以下、テキストからの巻数・引用頁は本文中に略記した。

（6）ただし、『伊吹於呂志』のなかでは、篤胤みずからは「今年三十六歳になるまで」と、文化八年、三六歳のときの講釈だと述べている。文化八年のときの講釈だとすると、『古道大意』などの講釈と同時期になされたことになる。ちなみに、『伊吹於呂志』のなかでは、「去る享和元年のことで有ますが、二十六歳の時より、始めて鈴の屋先生の著はされたる書を読み、其の教の有難き事を知て、其の門に入り」（巻上、一一三頁）と、享和元年（一八〇一）、宣長が在世中に、宣長の著書に接して入門した、と説いている。しかし事実は、篤胤が宣長の著書に触れたのは、享和三年（一八〇三）二八歳の時である。村岡典嗣「平田篤胤が鈴屋入門の史実とその解釈」（『精神科学』一巻、一九三三年。拙編『新編日本思想史研究――村岡典嗣論文選――』平凡社東洋文庫、二〇〇四年）参照。

（7）『伊吹於呂志』のなかで、篤胤は講釈のことを「講釈」「演説」と呼んでいる。基本的には、子安のいう「一つのパフォーマンスとして、直接的で具象的な思想提示のあり方」であることに変わりない。

（8）篤胤が講釈を始めた文化六年（一八〇九）の時点では、平田門の『誓詞帳』によれば、門人の総数は一八名に過ぎない。中川和明は、門人以外の聴衆もいて、実際に講釈を聞いた者の数はかなりいたと推測している。注（2）中川書、五四頁。

（9）三ツ松誠「学者と講釈師のあいだ――平田篤胤『霊能真柱』における安心論の射程――」（『死生学研究』一三号、二〇一〇年）参照。三ツ松誠は、平田家文書の『霊能真柱』の講釈本を分析して、死後の安心論を説いた『霊能真柱』の著作が、大衆相手の講釈においては、篤胤自身が「おもしろくない」ものだと認めざるをえないものであったことを指摘し、同じ思想の内容であっても、語られるメディアや語られる相手によって、その受容の仕方は異なっていることを指摘している。本章もまたこのような問題意識を共有している。

（10）『平田篤胤・伴信友・大国隆正』（日本思想大系50、岩波書店、一九七三年）一一頁。

（11）関山和夫『説教の歴史的研究』（法藏館、一九七三年）参照。三田村鳶魚は、佚斎樗山の『再来田舎一休』（享保一三年刊、飯倉洋一校訂『佚斎樗山集』国書刊行会、一九八八年）を引照して、樗山が「村里の野人感化して、猿のやうなるあらゑびす、邪心やはらぎたる者おほし」と説いているような「聞き手」を相手としていたことを指摘して、「篤胤の講本などを見ましても、寄席稼ぎをする連中のやうに卑しいことはありませんが、それらよりも、伊吹迺舎先生はお品がいいにしても、どんなであつたかといふことを、窺へぬでもないと思います」（「教化と江戸文学」、初出一九四二年、『三田村鳶魚全集』巻二三、中央公論社、一九七七年、五五頁）といっている。

(12) 伊東多三郎は戦前の論考「国学と教化精神」(初出一九三四年、『近世史の研究』第二冊、吉川弘文館、一九八二年)において、国学が明治期の国家神道の教化活動に果たした役割を認めつつも、契沖・賀茂真淵・本居宣長の主情主義・自然主義のなかに「反教化思想」を摘出して、国学の歴史的な意義を論じている。伊東には、国学=国家神道の教化とする通説(同時代の国粋主義)にたいする批判意識があったことは明らかである。ただ、伊東は、教化概念を「国家的支配権力に属する政治的概念の一」つとして定義して、教化する者は治者であり、治者の学問が儒教であるとすることで、反教化思想=反儒教思想と解釈する。しかし、石門心学を想起するまでもなく、治者でない者にも教化はありうる。伊東がいう「儒教の国体論に神の名を冠したが如き思想」とされる篤胤以後の国学にしても、明治以前には被治者の教化論であって、国家権力と結びついていなかった。

(13) 江戸時代の儒者にとって、学者が芸能者の一つであるという社会的地位は、がまんならないものであった。修己と治人を論ずる士大夫の学問である儒学を学ぶ者が、芸能者としてしか遇されないことへの憤懣・諦念が、朱子学が国教として体制化している中国・朝鮮とは異なる近世社会のなかには、通時的に存在した。この点については、拙稿「近世儒学論」(『日本思想史講座3　近世』ぺりかん社、二〇一二年)、「儒学・国学・洋学」(『岩波講座　日本歴史』巻一二、岩波書店、二〇一四年)参照。

(14) 高橋敏『日本民衆教育史研究』(未来社、一九七八年)参照。高橋は、「余力学文」が実践をともなわない学問を戒めたことばとして、石門心学以後、民衆教育の場で通用していることを指摘している。

(15) 『本居宣長全集』巻九(筑摩書房、一九七六年)五九頁。

(16) 『本居宣長全集』巻一五、一六二頁。

(17) 宣長の画期性は、家業の傍らで行う学問については、四民の差別がなかったことである。家業の傍らという大前提のうえで、身分の差別なく、学問に志すことができるし、それなりに成果が得られると説いたところに、宣長の思想の独自性がある。宣長以前、貝原益軒が学問と家業の並列を説いていたことの意義については、第Ⅰ編第四章参照。

(18) 一七世紀中ごろ、林鵞峰もまた、博学の学問を林家の「家業」だと任じていた。幕府に仕える儒者の役割を果たすことを「家業」だと認識することで、みずからを鼓舞していた節がある(本書第Ⅰ編第一章参照)。ところが、篤胤の場合、だれからも強制されたわけではない。鵞峰とは違って、みずから「家業」だと宣言することに強い自負心がある。

しかも、学者である自分を卑下することでも、鵞峰のエリート意識とは対蹠的である。

(19) 寛政の三奇人の一人と評される林子平は、「学者は能く世と推移して、そげ者とならざる様に心がくべし」（『父兄訓』、天明六年自序、『日本教育文庫　訓誡篇上』同文館、一九一三年、六八三頁）と、子弟を教育する父兄に注意を促していた。

(20) 桂島宣弘は、『伊吹於呂志』のこの一節を引いて、「篤胤が既成知識人社会に実は羨望の眼差しを向けていたにせよ、差異化をはからざるをえなかった姿が如実に表明されている」として、篤胤の著作出版が知識人社会への参入をはかるものだったと指摘している。桂島宣弘「平田派国学者の「読書」とその言説」（『江戸の思想』五号、一九九六年）参照。

(21) 日本国粋全書刊行会編『日本国粋全書』巻七（一九二九年）二五～二六頁。

(22) 『仁斎日札・たはれ草・不尽言・無可有郷』（新日本古典文学大系99、岩波書店、二〇〇〇年）二四三頁。

(23) 同じ学者批判でも、石門心学の講釈観と比較する時、篤胤の特徴ははっきりする。石田梅岩は、「何を教ゆと思ふべきが、吾おしへを立る志は、数年心をつくし、聖賢の意味彷彿と得る者に似たる所あり。此心を知らしむる時は、生死は言に及ばず、名聞利欲もはなれやすき事あり。是を導かん為なり。尤文字に拙き講釈なれば、聴衆もすくなからん。若聞人なくば、たとひ辻立して成とも、吾志を述んと思へり」（『斉家論』巻上、『石田梅岩全集』上巻、清文堂、一九五六年、一八九頁）と述べるように、みずから「文字に拙き講釈」であることを隠さなかった。そのような無学を自認・謙遜しながら、講釈を行った。また手島堵庵も次のようにいう。「世間の講釈は聞にゆかしやることは無用でござる。それは世間のがわるいといふてとめるではござらぬ。多くはむつかしかつたり、文字言句のせんさくばかりであつたりして、そなた衆の身ためになる事はあまりござるまい。すりや、いそがしい身のひまつぶしでござるワイ。こちの講釈は身どもが文盲なによつて文盲にとくゆへ、そなた衆のために聞よいでござらぬか」（『坐談随筆』、明和八年刊、『増補手島堵庵全集』清文堂出版、一九七三年、一二八頁）。堵庵は、自分が「文盲」であるために、「文盲」の人々に役だつ講釈なのだと説いているだけで、篤胤のように、「学者ぎらひ」であると同時にみずからを「学者」であると傲然と言い放っているわけではない。

(24) 篤胤の日蓮「旃陀羅が子」への批判が、仏教本来の平等主義の立場からなされていた逆説については、拙稿「仏教と江戸の諸思想」（末木文美士編『新アジア仏教史13　日本Ⅲ　民衆仏教の定着』佼成出版社、二〇一〇年）参照。仏教の説法談義の場では、一八世紀中ごろからすでに日蓮宗批判の文脈で、日蓮の出世を取りあげていた。馬場文耕は、浄土宗の曇海と日蓮宗の鉄城との争論のなかで、「されば曇海、日蓮をそしる言葉に、日蓮はせんたくの家より出たり。自死の鹿皮をはぎ衣とす、と身無抄の書に日蓮自筆にて書れたり。然れば日蓮はえたの子なり」（『当世武野俗談』、宝暦七年、『燕石十種』巻四、中央公論社、一九七九年、一二九頁）と記している。

(25) 拙稿「近世天皇権威の浮上――近世神道と国学を中心にして――」（『日本文化論叢』一一号、二〇〇三年、のち『兵学と朱子学・蘭学・国学――近世日本思想史の構図――』平凡社選書、二〇〇六年）参照。

(26) 敵―味方関係のもと、中華主義者が敵に内通するという理由で中華主義を批判することについては、拙稿「儒教と国家――東アジア儒教文化圏のなかの「武国」日本――」（松本宣郎・山田勝芳『信仰の地域史』地域の世界史7、山川出版社、一九九八年）参照。なお闇斎の仮想問題が、広く江戸思想界に広まったのは、原念斎の『先哲叢談』（文化一三年刊）以降のことである。前章で見たように、和泉真国もまたこの仮想問題から村田春海を非難していた。国学者にとって、というよりは近世日本の人々にとって、広く流通していた論理だった。

(27) 『神武権衡録』巻四の一節からの引用である（『日本思想闘諍史料』巻四、名著刊行会、一九六九年、四九九頁）。

(28) ちなみに、『神武権衡録』は、冒頭に「神道は和国の風俗、儒道は中華の教ひ、仏道は天竺の法」であるが、「神儒仏とも一つにて候や。またそれぞれに差別有や」という問いをかかげて、「神儒仏の三教、其落る所は、悪をこらし善をす、むる修行にして、何れか悪に傾くと云事は更になし」（巻一、同右、三九七頁）と三教一致の立場をとっている。江戸期の三教一致論については、注(24)拙稿参照。

(29) 序章参照。儒学の教化（きょうか）では礼楽のシステムを媒介とするが、仏教の教化（きょうけ）は直截的な講釈・談義による説法である。

(30) 特別企画展図録『明治維新と平田国学』（国立歴史民俗博物館、二〇〇四年）五五頁。

(31) 注(2)中川書、三二頁。篤胤が講釈（講談）の場として手習所を利用したことは、手習所がたんなる読み書き算を教える機関ではなく、庶民教化の機関としての機能を果たしていた証拠となる。

(32) 『新修生田萬全集』巻三（教育出版センター、一九八八年）五四一頁。

(33) 桂島宣弘『思想史の十九世紀――「他者」としての徳川日本――』（ぺりかん社、一九九九年）九五頁。また、山中芳和は桂島の説をふまえて、下総の国学について論じている（『近世の国学と教育』多賀出版、一九九八年、第六章「村落指導者宮負定雄の国学受容と民衆教化」参照）。ただし、生田萬がオルグによって獲得した入門者は、実際には三人であって、「生田万一流の大言壮語」だと評されている（伊東多三郎『草莽の国学』真砂書房、一九六六年、六三頁）。講釈（講談）による国学教化は、篤胤の書籍を媒介にして、安芸国山県郡でも行われていた。神職で手習所をも経営した井上頼寿を中心とした神職たちは、篤胤の『古道大意』『出定笑語』などを近辺の神職間で貸し借りして、幕末にそれをもとに氏子に講釈（講談）している。鈴木理恵『近世近代移行期の地域文化人』（塙書房、二〇一二年、第二部第六章「神職ネットワークを通じた国学受容」）参照。

（34）生田萬の思想については、拙稿「生田萬の思想形成」（『近世神道と国学』ぺりかん社、二〇〇二年）参照。

（35）後藤宏行は、禅僧盤珪永琢の庶民教化の語り口を論じて、「庵寺の外にいる、衆俗男女の大衆を動員し説法し、諒解をえさせるためには」、「強い自己確信と使命観、それに自派の教説に対する絶対的な帰依にささえられた語り口を必要とする」（『「語り口」の文化史』晃洋書房、一九八九年、三二九頁）と指摘している。講釈（講談）する篤胤は、説教者盤珪同様の精神を持っていたといえる。

（36）『伊吹於呂志』のなかで、篤胤が「御国」の「生れ」所属意識を説いている先人として認めていたのは、闇斎学派の浅見絅斎である。先に見た山崎闇斎の想定問答を述べた箇所で、篤胤は、「我が生れた国ほど、大事の中国が何処に有うぞ」（巻上、一一八頁）と説いている絅斎の言説を引照している。こうした「生れ」所属意識を強調する講釈は、すでに享保年間の神道講釈家増穂残口によってなされていた。残口は、「日本は神代より系図を第一」（『神国加魔祓』巻中、『神道大系　増穂残口』神道大系編纂会、一九八〇年、一八三頁）にする神国であって、「和国は氏系を尊む国なり。天竺、支那は何国の牛の骨やら、馬の末孫やらが帝に成ところなり」（『神路乃手引草』巻下、同右、三六七頁）と易姓革命を肯定する中国を非難していた。残口の神国観念については、拙稿「増穂残口の神道説と「日本人」観念」（注34拙著）参照。

（37）村岡典嗣「平田篤胤の神学に於ける耶蘇教の影響」（『芸文』一一巻三号、一九二〇年、注6拙編『新編日本思想史研究』所収）参照。

（38）『新修平田篤胤全集』八巻（名著出版、一九七八年）一一頁。

(39)　拙稿「平田篤胤における日本人「神胤」観念」(『日本文化論叢』七号、一九九九年。のち注34拙著）参照。

(40)　「大壑君御一代略記」によれば、『玉たすき』の稿本は、『古道大意』と同じ年の文化八年の成立であるが、『玉たすき』巻一〇で、篤胤の養子鉄胤は、「玉太須幾の書は、去し文化の十年ごろに、始めて草稿せられたるは、全三冊にて、本文も元の神拝の詞にて、凡ての書体も、古道大意、漢学大意の如き、俗言俚語の講釈本なりしを、文政七年甲申歳に、本文なる神拝の詞を増し改め、第一発題より、第九の巻学神の御伝までは、大に増補訂正して」(『新修平田篤胤全集』六巻、五四九頁）とある。

(41)　『新修平田篤胤全集』六巻（名著出版、一九七七年）五四三頁。

(42)　拙稿「本居宣長の天皇観――「天壌無窮の神勅」と禍津日神との関連――」(『愛知教育大学研究報告（人文・社会科学編）』四九輯、二〇〇〇年。のち注34拙著）参照。

(43)　羽賀祥二『明治維新と宗教』(筑摩書房、一九九四年)、戸波裕之『明治初期の教化と神道』(弘文堂、二〇一三年)、三宅守常『三条教則と教育勅語』(弘文堂、二〇一五年）参照。戸波は、「三条教則」衍義書が「説教テキスト」と一括されることがあるが、すべてが説教に用いられたとはいえず、明治九年に設置された神道事務局の生徒寮での素読・教書テキストとして用いられていると指摘している（戸波前掲書、四二頁)。

(44)　注(35)後藤書、六三頁。

(45)　『明治文化全集　宗教篇』巻一一（日本評論社、一九二八年）一七頁。

(46)　谷川穣『明治前期の教育・教化・仏教』(思文閣出版、二〇〇八年）四四頁参照。

(47)　注(45)『明治文化全集　宗教篇』巻一一、一八頁。

(48)　どんな「賤しき我々も」神であるとする一君万民論は、一九四五年の敗戦時の転向を論じている藤田省三によれば、「びんぼうにんも臣民」「部落民も臣民」「朝鮮人も臣民」だから「ふんだりけったりするな」という「も」の論理であり、「政治的社会的な場では、対決に向かって作用《はたら》くよりも宥めや懇願として作用《はたら》き、「対決せねばならない状況でなおかつ「も」の論理しか使えない心優しい者は、強引な「が」の主張者の前に不当な苦杯をなめさせらる」と鋭く指摘している（『転向の思想史的研究』初出一九六二年、のち『藤田省三著作集』巻二、みすず書房、一九九七年、三三六頁)。注(25)拙稿参照。

（49）　後期水戸学の教育思想史上の位置づけについては、「国家主義的教育思想の源流」としてとらえる辻本雅史に同意する。辻本雅史『近世教育思想史の研究』（思文閣出版、一九九〇年）第六章「国家主義的教育思想の源流――後期水戸学の国家意識と統合論――」参照。ただし、辻本は、後期水戸学を、寛政異学の禁を進めた「正学派朱子学」との連続性においてとらえるが、この点については異議がある。辻本は「正学派朱子学」が学校組織を通じて民心教化を図ろうとした点を強調する。たしかに、寛政期の幕府の学政改革においては、昌平坂学問所の改革とともに、民衆教化という側面があった。それは、序章で見たように、「教育」概念においても、寛政期の学政改革は、旗本・御家人への「教育」とともに、「子弟ニ教育ヲ尽シ一族和合致シ帳外者無レ之様可レ致旨申渡」という町触が出されていて、庶民の「子弟」「教育」という二面性をもっていた。辻本は後者の側面を重視するわけである。しかし、先に見たように、「正学派朱子学」の目指した主目的は、国家有用の「英才」「教育」であって、庶民教化は二義的なものであった。その意味で、教化論を媒介に、「正学派朱子学」と水戸学を連続させることはできない。筆者の後期水戸学の思想内容にたいする解釈については、拙稿「『新論』の尊王攘夷思想」（『近世日本の儒学と兵学』ぺりかん社、一九九六年）、「水戸学の「国体」論」（『江戸後期の思想空間』ぺりかん社、二〇〇九年）参照。また、水戸藩の教育の実態については、鈴木暎一『水戸藩学問・教育史の研究』（吉川弘文館、一九八七年）参照。水戸藩でも、会読が盛んであって、それが藩主徳川斉昭と家臣との間の「議論政治」の母胎であった点については、拙著『江戸の読書会――会読の思想史――』（平凡社選書、二〇一二年）二四八～二五七頁参照。

第Ⅳ編

私塾と藩校

第一章　広瀬淡窓における学校と社会

一　淡窓の実力主義

広瀬淡窓（一七八二〜一八五六）の私塾咸宜園《かんぎえん》は、江戸時代、「徹底した実力主義」(1)の教育をしたことで知られている。淡窓の創案した三奪法《さんだつ》と月旦評《げったん》は、その「実力主義」を保障するユニークな制度だった。三奪法とは、入門時に年齢・学歴・門地を一旦白紙に戻す処置である。

我が門に入る者は、三奪の法有り。一に曰く、其の父の付くる所の年歯を奪ひ、之れを少者の下に置き、入門の先後を以て長幼と為す。二に曰く、其の師の与ふる所の才学を奪ひ、不肖者と伍を同じくし、課程の多少を以て優劣と為す。其の君の授くる所の階級を奪ひ、之れを卑賤の中に混じ、月旦の高下を以て尊卑と為す。是れ三奪の法なり(2)。（『燈火記聞』巻二、上一四頁）

この三奪法によって、入門者は「父」「師」「君」の繋縛から自由になった。さらに、「父」「師」「君」を要とする身分制社会から切れた咸宜園の内部では、一九級の等級制が設けられ、月旦評という一ヶ月一回の厳正な客観的な評価によって、塾生たちは一級ずつ昇級していった(3)。このような三奪法と月旦評の制度の下、咸宜園の塾生は、自己の実力を磨き、より上級に昇ろうと、勉学への意欲を燃え立たせたのである。

このような咸宜園の「実力主義」的な教育法は、江戸時代の身分制社会のなかで、きわめて特異なものであった。いうまでもなく、身分制社会は世襲制を原則としていたからである。たとえば、イギリスの社会学者R・P・ドーアは、江戸時代の教育においては、「二つの主要な安定した変数があって、一つは社会における身分と権力の配分の基礎である属性（ascription）の原理であり、他の一つは実績を表現する方法を見出そうとする、教師の（少なくとも学問の道に自分の知的生命を賭けている教師の）自然な傾向である。二つの変数の間の矛盾は各学校において妥協策として様々な制度上の工夫を生んだ」(4)と指摘している。このうち、一般的にいって、後者の「実績」の変数に大きく比重が傾いていたのが、昌平黌や藩校のような官立学校ではない、私塾であった。なかでも、本章が取りあげる咸宜園は、「属性」を排して、徹底した「実績」本意の教育を遂行しようとした私塾だったといえよう。

われわれがまず注目せねばならないことは、当然のことながら、このような教育法を編み出した淡窓自身が、身分と実力との齟齬を強烈に意識していたという事実である。彼は『迂言』学制冒頭に、次のように述べている。

夫賢ヲ進メ不肖ヲ退クルハ、国ヲ治ムルノ本ニシテ、賢者用ヒラレルハ国興リ、不肖者用ヒラルレハ国亡フルコト、古今ノ通理、人ノ徧ク知ル所ナリ。然レトモ、今時封建ノ制、士大夫タルモノ、皆其ノ禄ヲ世々ニスル習ナレバ、世禄ノ家ニ生レタルモノハ、不肖ナリト雖モ退ケ難シ。又下ニアルノ賢者ヲ挙ケントシテモ、上ノ賦禄限リアレハ、世禄ノ外ニ新家ヲ増スコト、上ノ力ニモ及ヒ難キ所ナリ。（『迂言』学制、中三七頁）

「世禄ノ家」に生まれただけで、「不肖」であっても高禄を得、逆に「下」にいる賢者が抜擢されることはない。こうした不条理な「今時封建ノ制」の社会のなかで、いかに「国ヲ治ムルノ本」である「賢ヲ進メ不肖ヲ退」けることができるか、そして、いかに有能な「賢者」を「教育」するか、これが教育者淡窓の問題意識だったのである。その「教育」の成果については、「予弟子ヲ教育スルコト三十余年。束脩ヲ取ル者二千人ニ及ベリ」(5)（『儒林評』）と述べているように、相当の自信をもっていた。

そもそも、淡窓は、世襲制の身分制社会と学校との関係をどのようにとらえていたのであろうか。また、身分制社会のなかで、どのような「教育」を実践していたのだろうか。本章では、こうした問題を考えるにあたって、淡窓の経世論書『迂言』の学校論と咸宜園教育との差異、さらに、咸宜園教育の中核を占めていた奪席会に注目したい。ことに後者についていえば、これまでの淡窓研究史のなかで紹介されているように、咸宜園では奪席会という名称で呼ばれた、競争的な会読が行われていた。会読とは、集団で討論しながら一つのテキストを読む読書形式であるが、咸宜園の会読は、経書を読解する実力順に席順を決め、質問者と解答者との緊張にみちた問答の成否によって席順を入れ替えていく、「実力主義」の教育を実践する場であった。その意味で、この奪席会＝会読を見ることによって、われわれは淡窓の「実力主義」の実態を理解することができるのである。

二　風俗から隔離した学校

まず、淡窓が身分制社会のなかで学校をどのように位置づけていたかについて、淡窓の『迂言』から検討してみよう。『迂言』は天保一一年（一八四〇）に書かれ、財政窮乏に陥っている藩政の改革を提言した書で、国本・君道・禄位・兵農・学制・雑論の六篇から成りたっている。もちろん、藩政改革といっても、「儒者ノ経国ニ於ケル、誠ニ屠竜ノ技ナリ」（『懐旧楼筆記』巻四二、上五五二頁）と謙遜する淡窓は、専売制度のような藩財政の現実的な政策を論じているわけではない。彼が強調しているのは、もっと根源的な社会の風俗改良である。

風俗ハ国ノ本ナリ。国ノ盛衰存亡ハ、皆風俗ノ善悪ニヨルナリ。当時武門ニ一種ノ弊俗アリテ、和漢ノ古ヘニ其ノ類ナキコト多シ。（『迂言』国本一、中二頁）。

当今の財政危機は、太平の安佚のなかで、風俗が頽廃してしまったことに起因している、と説いて、六つの風俗の悪弊をあげている。具体的には、尊倨高大・誇張矜伐・秘密閉固・門地・因循・文盲不学の六つである。淡窓によれば、「此六弊ハ、諸国一轍ニシテ、其中ニ成長シタル人ハ、知愚トナク邪正トナク、皆其弊ヲ免レス」（同右、中一一頁）とあるように、特定の藩のみの悪弊ではない、同時代の社会全般の悪弊ともいうべきものであった。

この六弊のうち、「五ノ弊習モ、此所《（文盲不学）》ヨリ起リ、又其弊ヲ改ムルモ、此所ヨリスルニ非レハ、功ヲナシ難シ」（同右、中一〇頁）とあるように、尊倨高大・誇張矜伐・秘密閉固・門地・因循の五弊は文盲不学から起こるという。ここから、淡窓は文盲不学を一掃する学校の緊要性を導き出すのである。

先に述べた淡窓の学校論の背景にある身分と実力の齟齬は、六弊のなかで「門地」にあたっている。淡窓はいう。

> 門地高ケレハ、不才不徳ニテモ、恥ツルニ及ハスト立テ、一切ノ芸業ヲ修セス。門地卑ケレハ、才徳芸能アリテモ、貴クニ足ラスト立テ、一切ノ能者ヲ用ヒス。風俗如レ此ナレハ、大ニ国家ノ害トナル也。
> （同右、中七～八頁）

「門地」の尊卑と「才徳芸能」の有無が対応していない現実にたいして、淡窓は、高い身分の者に、それに相応しい「才徳芸能」を身につけさせることを求める。その意味で、淡窓はどこまでも門地を前提としながら、「人才ヲ教育スルコト、今時諸侯ノ国ニ於テ、第一ノ要務」（『迂言』学制五、中三七頁）である、と主張した。思うに、『迂言』の学校論の最大の特徴は、この人材「教育」の場である学校を身分制社会から隔離した空間にしようとした点にある。

> 二百年来ノ風習、積リ〳〵テ生セシコトナレハ、今明君英主アリテ、一旦其弊ヲ改メタマフトモ、人情驚キ疑ツテ心服セス。カクスル内ニ、君ノ世カハレハ、又本ノ通ニナルナリ。只学校ヲ設ケテ、家中ノ子弟ヲ其中ニ遊ハシメ、幼少ヨリノ見聞スル所、一切世俗ノ流弊ニ異ナルコトノミナレバ、自然ト其中ニ化シテ、六

弊モ改ムルトモナク止ムヘキナリ。（同右、中三八頁）

淡窓によれば、学校は「一切世俗ノ流弊」と異なる空間である。この空間のなかで、幼少から家中の子弟を学ばせることができたならば、「自然」と「六弊」も改良することができるという。

学校ノ制ヲ右ノ如クニ立ツルコト、人才ヲ育シ、且巻首ニ論セシ六弊ヲ変センカ為メナリ。公子ヨリシテ、大身ノ子タルモノ、学校ニ於テ、歩士歩卒ノ子ト列ヲ同ウシ、長幼ヲ以テ相譲ル時ハ、自然ト尊倨ノ態ハ除クヘシ。従者二人ニスギズ、途中人ヲ避ケシムルノ事ナキ時ハ、誇張ノ態ハ除クヘシ。途中ヨリ学校マテ、衆人ニ面ヲミセ、且応対進退セハ、秘閉ノ態アルコトヲ得ス。学校中、専ラ学業ノ高下ヲ以テ、席順ヲ定ムル時ハ、門地ノ論ハ無用ナリ。書ヲ読ンテ古今ニ通セハ、因循ノ弊、文盲ノ害ハ、自ラ免ルヘシ。然ラハ、師弟其中ニ生長スル者ハ知ラズ知ラズ、当世ノ俗習ヲ脱シテ、成人ノ後、家ニ居リ官ニ任スルニ至ツテモ、其作事必観ルヘキモノ有ルナリ。（同右、中四六頁）

一定の就学期間、藩主の子供「公子」、「大身ノ子」から「歩士歩卒ノ子」まで一同が、学校のなかに身を置くことによって、「当世ノ俗習ヲ脱」して、知らず識らずのうちに「六弊」を免れることができるようになるという。淡窓は、このように学校を「世俗」と切り離した空間として、その隔離された空間で、「尊倨ノ態」「誇張ノ態」「秘閉ノ態」「門地」「因循ノ弊」「文盲ノ害」の六弊を除いた教育をすることによって、将来的に風俗を改変しようとするのである。

このような淡窓の考えは、近世日本の教育思想史において特筆に値する。これまでの教育思想史研究で明らかにされているように、一八世紀後半以降、風俗教化の拠点として学校が位置づけられるようになった(6)。辻本雅史によれば、朱子学正学派は、朱子学による「学統」を定め、風俗を教化し、道徳を統一することが政治の役割であると考え、上は藩主から下は町村の子供の手習学習までも、一国全体を一つの教学によって統合しようとしたとされる。そこでは、学校は「風俗」統合の要とされ、風俗の模範として位置づけられる。換言すれば、風俗と学校とは同一の原理であって、学校とはその原理が純粋に貫徹する場であったといえるだろう。(7)

もし風俗と学校との関係が、淡窓の時代、このようなものであったとすれば、学校を「世俗」から切り離し、一定の修学期間、生徒を「世俗」から隔離しようとした淡窓の考えの画期的な意義は明らかであろう。淡窓にとって、学校は身分制社会の「世俗」とは異なる原理が具現化した空間だったからである。そうした空間で、「生員タル者ハ、貴賤上下ノ隔ナク、皆朋友ノ好ヲ結」（『迂言』、中四七頁）びつつ、「教育」された人材が、身分制社会の「世俗ノ流弊」を変えてゆく。そうした戦略を淡窓は『迂言』のなかで主張していたのである。(8) 以下では、その「世俗ノ流弊」と異なる空間がいかなるものであったかを、咸宜園の会読＝奪席会を焦点に検討してみよう。

三　奪席会と競争

咸宜園教育において会読＝奪席会は、その中核的な位置を占めていた。よく知られているように、その会読の実際を伝えている史料は、淡窓の弟子、武谷祐之《たけやゆうし》『南柯一夢』（『増補淡窓全集』巻中所収）である。祐之は天保七年（一八三六）に入門して、七年二ヶ月在塾して、天保一四年（一八四三）に九級下で帰郷している。以下は、『南柯一夢』の記述である。

（1）『南阿一夢』の描く奪席会

会講は奪席会とよばれている。七級以上の生徒が会頭となる。淡窓先生が講義した書物の三日分がテキストである。一日の講義が六枚であれば、三日分は一八枚となるが、書物によって多少がある。出席する生徒は講堂に集まる。都講、または副監がやって来て、出席生徒の多少に応じて、一〇人、あるいは一二人ずつのグループに分け、会頭判師を決める。講堂では一席のみを開き、残りのグループの会議は会頭の居塾で開かれる。淡窓が講堂の一席の会頭判師を務めることもある。会頭は上座に座り、帖簿に生徒の人名を書く。生徒の席順は、前回の甲乙の順位によって、二列に座る。

最初に、第二位の生徒が、第一位の生徒に向かい、テキストの書物の解釈の難しいと思われる句で、二句以下の箇所を質問する。第一位の生徒がこれを明晰に講じ終わることができたならば、会頭と対等の席に上り、机上に書物を開く。次に、第三位の生徒が、解釈の難しい二〇字を第一位の生徒に向かって質問する。また、第一位の生徒が明晰に答え終わると、今度は第四位の生徒がまた二〇字を質問する。これに対してもまた、明晰に答えることができたならば、第一位の生徒は賞点〇三つを獲得する。

第一位の生徒は第五位の生徒に向かい、短い句、一句を質問する。第五位の生徒がこれを説明することができたならば、第一位の生徒に代わって、第五位の生徒が会頭と対等の席に上るが、第一位の生徒はもとの最上位の甲席を占めることができる。

ただし、第一位の生徒が最初の第二位の生徒の質問に答えられて、対等の席に上っても、第三位の生徒の質問にたいして説明することができなかったならば、第三位の生徒が対等の席に上ることになる。これを奪席という。この場合、第一位の生徒は、賞点一つも獲得することはできない。というのは、第二位の生徒の第一問目の質問は、簡単な短句にたいするものであって、賞点を獲得できるほどの価値がないからである。もし第三位の質問に答えることができて、第四位の質問にいたって、答えることができなかったときには、第四位の生徒が代わって対等の席に上るのである。この場合、第一位の生徒ははじめて、賞点〇一つを獲得できる。そして、第四位の生徒の質問に答えることができたならば、先に述べたように、賞点〇三つを獲得できるのである。この時にはじめて、第一問目の質問の短句に答えられたことの効果も出るのである。

このように順次、質問を発していって、質問者と解答者の説がともに明瞭でない場合には、他の生徒が解説することができる。このときには、この生徒が会頭と対等の席に上る。また、論説が多岐にわたり、出席者を一周しても、なお善美の説がない時には、すでに最上位の甲席を占めていた生徒がまた解答することができる。しかも、その説が正しいときには、褒美点が与えられる。そして、順次、質問を発することは最初のときと同じである。問答が三周すると、会は閉会となる。

淡窓が会頭であったときには、特別に賞点が加算される。テキストとなった書物の難易に応じて、賞点○一つが三点、ある場合には○一つが五点・一〇点などの差がある。都講、副監、舎長の講書には、必ずみずからが会頭判師となるのである。

以上が『南柯一夢』の会読＝奪席会の当該箇所である。会読の場は公開の競争の場であったといえるだろう。それは、席を奪われた者が涙を流したという記事からもうかがわれる。

青州曰く、席を奪はるる時、往々、切歯し、或は涕出して退く者有り。此の法は真に書生を厲《はげま》すの良方便なり。(9)

(2)　徹底した実力主義

本章冒頭に述べたように、咸宜園教育は「徹底した実力主義」によって貫かれていたが、「実力主義」は競争と表裏一体のものであったのである。咸宜園で歌われたという『以呂波歌』（ヨミ人シレス、中一頁）のなかで、次のようにいう。

いつまでも下座に居ると思なよ席序の訳を得《トク》と知るべし

六級も七八級も経上りて九級に至る人ぞ勇々しき
初より人の上には立難し浮世の様は皆かくとしれ
競争のなかで実力の試された場こそが、会読＝奪席会の場であったといってよいだろう。その意味で、咸宜園において会読の占める位置は大きい。

もちろん、学問に競争を持ち込むことへの批判があるだろう。そうした予想される批判にたいして、すでに淡窓の師、亀井南冥《かめいなんめい》が生徒間の競争のもつ積極的な意義について論じていた(10)。南冥は、「今、会講に勝負の式を設け、其の席を争奪するは、義に於いて失するに似たり」という批判にたいして、「教の術」だと説いていた（『蜚英館学規』）。この点に関する淡窓の反論は、程伊川の言説との対照のなかで説かれている。

佐藤貞問テ曰、小学ニ載セタリ。伊川先生学制ヲ看テ以為ヘラク、学校ハ礼儀ヲ先ンスルノ地ナリ。然ルニ、之ヲシテ争ハシムルハ、教養ノ道ニ非ス。以後試ヲ改メテ課トナシ、高下ヲ考定セサラント。先生ノ塾法ハ之ニ反セリ。伊川ノ説、果シテ非ナルカ。答テ曰、時同シカラサルナリ。西土ノ制ハ郡県ナリ。公卿士太夫、皆禄ヲ世々ニセズ、匹夫ヨリ起リテ三公ニ至ル。其ノ之ヲ抜挙スルノ法、及第ニアリ。故ニ人心洶々トシテ、名利ニ競フコト、火ノ熱スルカ如シ。学ニ入ル者、学問ヲ以テ名利ヲ釣ルノ具トスルノミ。心ヲ道義ニ潜ムル者、百ニ一モナシ。伊川之ヲ患フ。故ニ此説ヲ為シテ、其奔競ノ心ヲ抑へ、沈潜ノ思ヲ凝ラサシムルナリ。我邦ノ体制ハ之ニ反ス。士太夫皆世官世禄、賢モ進ムニ道ナク、愚モ退クニ縁ナシ。人心皆傲惰偃蹇ニシテ、学業ニ趣カズ。此ヲ以テ、月旦評ヲ設ケ、之ニ示スニ栄辱ヲ以テシテ、之ヲ鼓舞スルナリ。之ヲ医事ニ喩ヘンニ、伊川ノ治スル所ハ、実症ニシテ、大熱ノ病ナリ。故ニ之ニ瀉下シ、或ハ清涼ノ剤ヲ用ヒテ、熱ヲ去ルナリ。我カ治スル所ハ、至虚至脱ノ症ナリ。参附ノ剤ヲ用ヒテ、其陽気ノ鼓動スル者ナリ。凡学問ノ道、和漢古今体勢ノ異ナル所ヲ察スルヲ以テ要務トス。若シ一概ノ説ヲ為シテ可ナルコトナラハ、学問ホト易キ者ハナシ。

（『夜雨寮筆記』巻三、上四〇〜四一頁）

学校は「礼儀」の場であって、競争の場ではないという程伊川の言説は『小学』（外篇・善行第六）にも載せられている。[11]科挙に及第することに汲々とし、為己の学問の本質を見失ってしまっている宋代社会の現状を批判するものである。[12]ところが、淡窓によれば、競争を否定する言説は科挙が実施され、「人心洶々トシテ、名利ニ競フコト、火ノ熱スルカ如」き、宋代社会にはふさわしいが、世襲制の「我邦ノ体制」においては、妥当しないという。淡窓は中国と日本の体制の違いを、郡県と封建の概念によってとらえていたが、世襲の封建制では競争の欠如が社会的な沈滞をもたらすと認識していたのである。[13]

ところで、咸宜園において競争の公平性を担保していたのが、一九級の等級制のもとで塾生をランクづけ、会読＝奪席会をはじめとする試験で獲得された得点数によって、毎月、評価され、昇級する月旦評であったことはいうまでもない。そもそも、淡窓によれば、月旦評は文化二年（一八〇五）八月、当初から科挙を念頭において、毀誉褒貶を覚悟して始めた試みであった。[14]

此年（文化二年、二四歳）ノ八月、成章舎ニ於テ、始メテ月旦評ヲ作ル。（中略）因ツテ当時ノ学風大ニ古昔ト変シ、殆ト漢人ノ科挙ノ業ヲ習フカ如シ。抑百事皆一得有レハ一失有リ。一利アレハ一害ナリ。後人此事ヲ論センニ、余ヲ以テ功首トセンカ、将タ罪魁トセンカ。

（『懐旧楼筆記』巻一一、上一三八頁）

実際、怠惰に流れやすい塾生も、より上級の位を目指す競争によって「勉励の心」をもつようになった。[15]

月旦評ヲ設ケテ、其勤惰ヲ明ニシ、勤ムル者ハ上ニ擢ンテ、惰ル者ハ下に抑へ、栄辱ヲ分チテ、惰夫ト雖モ、一度我門ニ入レハ、勉励ノ心ヲ生セシム。

（『夜雨寮筆記』巻二、上一九頁）

このように見てくると、淡窓の学校が、身分制社会の「世俗」と異なる原理の場であったことは明らかである。咸宜園は公平と競争の原理が貫徹する場であって、[16]尊倨高大・誇張矜伐・秘密閉固・門地・因循の身分制社会の原理と異質な空間なのである。淡窓はそうした空間のなかでこそ、「教育」できると考えたのである。

(3) 咸宜園教育と『迂言』の温度差

しかし、会読＝奪席会に集約される咸宜園教育は、いわば「実力主義」の学校の理念型ともいうべきものであって、先に見た『迂言』の学校論は、それほどラディカルではなかったことに注意しなくてはならない。その何よりの例証として、『迂言』で提言されている藩校の学制には、会読の学習法が採用されていない点をあげることができるだろう。『迂言』で、淡窓が提示していた学習方法は、素読、輪読、講釈、輪講、文章の五つである。これに対して、武谷祐之『南柯一夢』によれば、咸宜園の課業は、素読、輪読、輪講、会講(会読)、独見、質問、詩文推敲である。両者を比較すれば、明らかなように、『迂言』には会読が欠けている。ここで、その理由を憶測すれば、淡窓は、「学校中、専ラ学業ノ高下ヲ以テ、席順ヲ定ムル時ハ、門地ノ論ハ無用ナリ」(『迂言』学制五、中四六頁)とは説いているものの、席順が入れ替わり、衆目の前にその実力がさらけ出される、公開の競争の場である会読を藩校に採用するまでには、大胆ではなかったのではないかと思われる(17)。

『迂言』の漸進主義的な現実への適応という点でいえば、他にもある。淡窓は咸宜園内部においては、「予辞シテ曰ハク、予カ家、門人ヲ待ツコト、平等ヲ以テ主トス。如レ此ニテハ親疎アルニ似タリ」(『懐旧楼筆記』巻三〇、上三九七頁)と説いているように、塾生にたいする徹底した「平等」を求めたが、だからといって、現実の身分制社会を「平等」社会にせよと主張したわけではなかった。『迂言』のなかでは、むしろ身分制社会の差別が曖昧で不明確になってしまっていることを憂慮して、差別を厳格化し、明示せよと説いているからである。具体的にいえば、淡窓は藩内の武士の位階を衣服の色の違いによって可視化しろと主張する(18)。

其差等ヲ分タンニハ、家中上等ハ黒色、中ハ黄色、下ハ青色、庶人ハ縞ニテ純色ヲ用ヒスト定ムヘシ。

（『迂言』禄位三、中二四頁）

藩内の武士の位階を黒色・黄色・青色の衣服によって三等分して、さらにそれぞれの等で三等分して、全体として九等の位を明確化しろという。ただ、この衣服の差別化についても、「聖人ノ教ニテハ、天下生レナカラニシテ貴キ者ナシ。天子ノ子モ猶士ノ如シト立テタリ」（『迂言』禄位三、中二六頁）と説いていた淡窓は、「平等」への志向性をもっていたことを看過してはならない。というのは、「家中ノ師弟」はみな若いころには、下等の青色にせよ、と付け加えているからである。

家中ノ子弟、及其僕隷、ミナ其位ト服色ヲ定ムヘシ。大略青色ニテ、其内黒衣ノ子弟ハ、七等ニ準シ、黄衣ノ子弟ハ、八等ニ準シ、青衣ノ子弟ハ、九等ニ準シ、然ルヘシ。陪臣ノ位モ、亦此三等ノ内ニ配当スヘシ。九等ニ至ツテハ、父子主従、皆同列ニシテ可也。大禄ノ子弟ヲ陪臣ニ準スルコト、人ノ承允セヌコトナレトモ、先ツ一旦下位ニ居キテ、其身ヲ高フラセズ、下情ニ通セシムルコト、即其人ヲ教育スルノ術也。

（『迂言』禄位三、中二六頁）

黒色の上等の子弟は七等、黄色の中等の子弟は八等、青色の下等の子弟は九等に準じて、結局、すべての子弟に青色の衣服を着用せよ、とする。

家老ノ子ト云ヘトモ、目見エセザル中ハ、親ノ家隷同前ニテ、七等ニ列シ、青衣ヲキルト定ムル時ハ、家中ノ若党ハ、皆青衣ナレハ、親ノ家ニ居テモ、他家ニ行キテモ、格式ニ高下ナシ。給金ヲ取ラズ。奉公人ト訳異ナレハ、他家ニアル中ニモ、学校ニ出テ、文武ノ両芸ヲハ学フヘキナリ。（『迂言』兵農四、中三二～三三頁）

幼いうちは上等の「家老ノ子」といえども、「親ノ家隷」と同様に「青衣」を着して、「学校」に強制的に出席させ、「学校ニ出テ学フ所ノ生員ハ、諸公子ヲ始トシテ、家老ヨリ歩卒迄ノ子弟、十歳ヨリ二十四五歳マテ、部屋栖ノ者ハ、不ㇾ残出席セシムヘシ」（『迂言』学制四、中三九頁）、同一の教育を受けるべきである、と主張する。

この「人ヲ教育スルノ術」によって、淡窓は、藩校内では、「公子ヨリシテ、大身ノ子タルモノ、学校ニ於テ、歩士歩卒ノ子ト列ヲ同」（前出）じくして、尊卑の差別を廃した「世俗」とは異なる空間を作り上げようとしたのである。

（4）身分差の明確化と世襲制の否定

繰り返すが、淡窓はストレートに身分制社会をなくせ、と主張しているわけではなかった。武家社会内部の衣服の色による差別の可視化に並行して、全社会的に差別化を貫徹せよと説いているからである。

> 凡国中ニ、一人タリトモ、無格ノモノヲ置クヘカラス。婦人小児出家社家ノ類マテ、ソノ格ヲ定メ、出会ノ飾、少シモ席順ノ評議ニ及ハヌ様ニスヘキナリ。俗人ノ説ニハ、格ヲ定メスシテ、名々己カ身ヲ尊キ物ト思ハシムル。是即互ニ励ミ合ヒテ出精セシムルノ術ナリト。コレハ上ヨリノ世話行届カサルヲ掩ハントシテ、如レ是ノコトニ託スル。所レ謂遁辞ト云フモノ也。如レ是ニテハ、人ニ争ヲ教フル理ニテ、和合一致スルコトナシ。乱世ナト左様ニアリテハ、別シテ差支多キナリ。又太平ニテハ、互ニ誇張ヲ務ムル故、奢靡ニ流レ、困窮ノ源トナルナリ。必俗説ニ惑フ可ラス。　（『迂言』禄位三、中二七頁）

淡窓は、百姓・町人の「庶人」の間にも「差等」の制度を設けよという。庶人の間でも「人君ト奴僕」（『迂言附録』、中二一頁）ほどの実質的に経済的な格差が広がっているのだから、その現実に応じて、「差等」制度を定め、経済的に無駄な家格争いをなくせというのである。具体的には「庶人」を上戸・中戸・下戸の三等に分けよ、と淡窓は主張する。

淡窓のユニークさは、この三等を「社倉・常平倉」の備蓄米供出高と結びつけていた点である。上戸は三〇石、中戸は一五石を供出することによって、上戸・中戸の家格を獲得できるようにすると説いている。しかも、その家格は一代限りで、世襲されることはない。中戸の家格をもっている家でも、当主が隠居すると、跡継ぎは改めて一五石の供出米を出さなくてはならない。もし出すことができなければ、下戸に格下げされるのである。もちろん、一五石を納めれば、また中戸に復帰することができ、このことは、上戸も同様であるという（『迂言附録』、中四頁）。こう見てくると、淡窓が、庶民社会でも武家社会と同様に、世襲制を否定して実質的な「実力主義」を漸進的に指向していたという点を、われわれは看過してはならない。

四　「官府」の介入事件

(1)「世俗」との戦い

藩政改革の書『迂言』のなかでは漸進的な適応を見せていたが、みずからの主宰する咸宜園においては、淡窓は「世俗」から学校を徹底的に隔離し、「平等」な門人たちの勉学の場にしようとした。三奪法と月旦評がその制度的な保障になっていたことはいうまでもない。またこの他にも、咸宜園では、厳格な「規約法度」を遵守することを求めていたことも、この「世俗」との隔離という観点から注意しなくてはならない(19)。

淡窓の塾内の規約は、文化一一年（一八一四）に定められた桂林園規約・新例が最初のもので、以後、何度も改正され、詳細になっていった。たとえば、天保一四年（一八四三）の「癸卯改正規約」（中一〜六頁）には、職任・飲食・出入・門外・用財・雑の六項目について八二の規則が定められている。そのなかには、「酒店茶店等に出浮、飲食いたし候儀禁レ之」、「外出之儀は、舎長及都講迄届け可レ申」、「夜行一切禁レ之」、「他席に於而、妓女類之者居候は丶、苟且にも同席不レ可レ致事」、「外出途中、小歌浄瑠璃吟詩之類、禁レ之候事」、「金銀類一切、他家に預け、塾に残置間敷事」、「当地市中郁中之者と、喧嘩口論堅く致間敷、若其事有レ之に於いては、理非を不レ論、相応之罰可二申付一事」とある。このような塾生の生活のほとんど全領域にわたる規則を、淡窓は軍隊内部の規律である「軍令」に譬えている。

飲食遊宴ノ事ヲ禁シ、酒食ノ過チ、蕩財ノ患ヘ無カラシム。其他規約法度、謹厳ヲ極メ、賞罰黜陟、殆ト軍令ノ如シ。其施設スル所、一端ニ非スト雖モ、大意其放蕩懶惰ノ気ヲ除キテ、順従勤勉ノ行ヒヲ生セシムルニ在リ。（『夜雨寮筆記』巻二、上一九頁）

もちろん、この「軍令」という表現はその適用の厳格さ・峻厳さを示したものであるが、それのみにとどまらず、身分制社会の「世俗」との戦いを象徴しているのではないか。これに関連していえば、咸宜園の「分職」＝職務分掌制度も、こうした視点からとらえることができるだろう。すなわち、咸宜園では、「上は九級、下は無級に至迄、壱人たりとも、無職のもの不レ可レ有事」（「癸卯改正規約」、中一頁）と規定され、すべての塾生は労役や経営事務を分担させられていた。この各人の能力や適性に応じて仕事を配分する「分職」について、R・ルビンジャーは「咸宜園で、もっとも下賤なものから非常に責任のあるものまで、身分とは無関係に仕事が課せられたことは、ある種の責務や生活領域は、特定の社会的身分にふさわしいとする概念と真っ向から衝突するものであった[20]」と指摘しているが、「ある種の責務や生活領域は、特定の社会的身分にふさわしいとする概念」を原則とする身分制社会に、「分職」制度は、真っ向から戦いを挑んでいたのである。

（2）日田郡代の干渉

ところで、「世俗ノ流弊」のような目に見えない侵入ではなく、天保年間には「官府」の権力的な干渉が咸宜園を襲うことになる。それが、淡窓が「官府の難」と呼んでいる、日田郡代塩谷大四郎正義（一八一七〜三五在職）の咸宜園への干渉である[21]。それは、天保二年（一八三一）四月から天保六年（一八三五）八月まで、断続的に続いた。以下では、その経緯をたどってみよう。

『懐旧楼筆記』には、天保二年四月二八日に「官府ノ災難作《おこ》ルノ始」とある。「分職」すなわち職務分掌について、「明府」塩谷大四郎正義からの最初の直接介入があった。

（天保二年四月）二十八日、家難起レリ。（中略）分職ノ級ハ、少キヲ以テ貴シトス。本高下ナシ。時ニ従ツテ上下ス。月旦ノ進コトアツテ退クコトナキトハ、事体大ニ異ナリ。然ルニ、明府思ヘラク、三吉郎ハ元占ノ子ナリ。故ニ功ナケレトモ之ヲ進ム。茂知蔵ハ無告ノ者ナリ。故ニ罪ナケレトモ、之ヲ黜ケタリト、大ニ怒リテ、府中ノ子弟来リ学ヒシ者ヲ、尽ク呼返サル。於レ是予父子門ヲ閉シテ自ラセメ、丸屋幸右衛門ニ託シテ罪ヲ謝ス。諸弟皆朝暮トナク、相会シテ事ヲ議ス。五月四日ニ及ンテ、其事略解ケタリ。

（『懐旧楼筆記』巻三〇、上三九〇頁）

塩谷郡代は、自分の用人の息子である宇都宮伝蔵が不当に評価されているとクレームをつけてきたのである。
これより前、天保元年（一八三〇）に淡窓は、塾の運営を末弟の旭荘《きょくそう》に譲っていたが、塩谷郡代には、その旭荘を淡窓以上にしようという善意があった、と淡窓は解釈している。しかし、郡代の善意にもかかわらず、旭荘がその「意」にあわなかったために、「憤怒ヲ発シ、譴責屢作」り、「官府ノ災難」が起こってしまった[22]、と淡窓はとらえていた。

（明府は）是ニ於テ、塾ノ月旦規約ノ類、仔細ニ検閲シテ、己カ意ヲ以テ改革セラル。是レ塾政攪乱セラル、ノ始マリナリ。既ニシテ、謙吉カ為ス所、其意ニ合ハサルコト多シ。是ニ於テ、憤怒ヲ発シ、譴責屢作ル。是レ官府ノ災難作ルノ始ナリ。

（『懐旧楼筆記』巻三〇、上三九一頁）

しかし、善意だとは思っていたものの、以後、塩谷郡代の断続的な干渉が淡窓を悩ませることになる。干渉のターゲットにされたのは、淡窓が苦心して作り上げてきた月旦評であった。

（天保四年）謙吉（旭荘）二月ノ月旦評ヲ造リテ官府ニ奉レリ。其昇進旧例ニ従ハス。大抵府君ノ意ヨリ出ツル者、半ニ居レリ。於レ是事平キタリ。予退隠ノ後モ、月旦ハ自ラ之ヲ造リシカ、此後ハ謙吉ニ委ネタリ。予此法ヲ始メテ、殆ト三十年ニ近シ。其法、孔明ノ所レ謂、予心如レ秤、不レ能三為レ人作二軽重一ト云フヲ師トセリ。是ヲ以テ衆人ノ心ヲ服シ、策励ノ具トナリ、門下ノ人モ自ラ繁殖セシカ、此ニ至ツテ、明府愛憎ノ私ニ奪バレ、旧法ヲ失ヒシコト、歎息スルニ余アリ。

（『懐旧楼筆記』巻三一、上四二四頁）

（天保四年三月）廿八日、官府ノ難起レリ。謙吉月旦評ヲ奉リシ所、府君ノ意ニ協ハサル由ナリ。余謙吉来真ト府ニ至リ、其事ヲ陳謝セシニ、府君人ヲ以テ月旦私アルコト数条ヲ責メラル。是ニ於テ、家ニ帰リ、是ヲ改メ作リテ奉レリ。其中一事ヲ挙クレハ、重三郎三級下、進メテ三級上トナス。谷蔵二級上、黜ケテ二級下トナセリ。是府君ノ旨ヲ奉スル者ナリ。時ニ重三郎カ父良作、君寵ヲ得タリ。谷蔵カ父衆助、君意ヲ失ヘリ。事ノ源、其所ヨリ発スル者ナリ。此日又仙吾、顕赫、元章、凌雲、四子ノ罪ヲ処置シタリ。此輩約ヲ犯スコト、毎々ナリ。誠ニ化シ難キ者ナリ。仙吾ハ官府織田氏ノ紹介ヲ仮レリ。故ニ小田ニ謀リテ、罰ヲ施セリ。何レモ擯出ニハ至ラス。悪生官威ヲ仮ル者、誠ニ門下ノ蟊賊ナリ。其後、仙吾、元章、泰蔵又約ヲ犯スニ因ツテ、遂ニ之ヲ擯出セリ。

（『懐旧楼筆記』巻三一、上四二七頁）

郡代の「君寵」を得ている父親の子であれば進級し、逆に父親が「君意」を失えば、その子は級を落とさせられる。「明府愛憎ノ私」によって、月旦評の公平さは失われてしまったのである。また、それを見透かしたかのように、塾生の間でも、「官威ヲ仮ル者」が現れてくる。こうした状況のなかで、淡窓は、「私塾」咸宜園の月旦評の「公平」さが、「県府の公」によって失われてしまった、と無力感を吐露している。

（天保五年五月）二十六日、始メテ課程通考ト云フモノヲ作レリ。月旦評府君ノ命アルニ因ツテ、公平ヲ得ズ。勤惰位ヲカヘ、利鈍倒ニ処レリ。故ニ私ニ此設ヲナシテ、其実ヲ考ヘテ差等ヲナセリ。然レトモ、私塾ノ設ケ、県府ノ公ニ勝ツコトヲ得ズ。徒ニ心ヲ労セシ而已ナリ。二十九日、府君ヨリ塾式二巻ヲ制シテ、謙吉ニ賜ハル。旧法ヲ全ク変シ尽サンカ為ナリ。（『懐旧楼筆記』巻三四、上四四四頁）

淡窓は新たに「課程通考」を作成して、「公平」性を担保しようとしたが、「県府ノ公」の前では「徒ニ心ヲ労セシ而已」であった。加えて、塩谷郡代の干渉は月旦評にたいしてばかりではなかった。咸宜園の教育内容にまで及んできたのである。

（天保二年七月）十二日、明府命アリ。両市ノ医師若干人ヲ我家ニ会シテ、瘀脹玉衡ト云フ医書ヲ講セシム。謙吉ヲ以テ会頭トセラレタリ。其異事ナルヲ以テ、之ヲ録セリ。此事其後ナシ。

（『懐旧楼筆記』巻三〇、上三九三頁）

（天保五年七月）廿七日、府君ヨリ謙吉ニ命シ、塾生十余輩ヲ携ヘテ官府ニ来ラシメ、席上ニ於テ、詩ヲ賦セシメ玉フ。詩稿既ニ成リテ、予カ居ニ送リ、甲乙ヲ品セシメ玉フ。時勢甚処シ難キ者アリ。頗ル迷惑セリ。廿八日、予及謙吉ニ寒具ヲ賜ヘリ。（『懐旧楼筆記』巻三四、上四四六～四四七頁）

この二つの記事はともに、淡窓の意思ではなかったことを暗に示している。さらに、塾運営にまで介入は及んでいる。それは、分職の最高位で、塾生中第一等の才のある者がなるべき「都講」の人事への容喙である。塩谷郡代は、自分の意に沿う人物として、来真という僧侶を抜擢させたのである。

（天保六年三月二六日）此日、僧来真芸州ヨリ至レリ。初メ前月ニ当リ、府君ヨリ命アリ。塾ノ都講、其人ナキニヨリ、来真ヲ招クヘシトナリ。因ツテ前月二十三日、雄悦ヲ使トシテ、彼ノ地ニ赴カシム。此ニ至ツテ遂ニコレヲ迎ヘ来レリ。予塾ヲ開キシヨリ三十年、未タ嘗テ人ヲ地方ヨリ招キヨセテ、塾ヲ治メシメタルコトナシ。且彼人得カタキノ才器アルニモアラス。是全ク府君愛憎ノ私ヨリ出テタルコトナリ。

淡窓はこの「是全ク府君愛憎ノ私」に出た人事を苦々しい思いで、受け入れざるをえなかった。

（『懐旧楼筆記』巻二五、上四五六～四五七頁）

（3）結社による抵抗

ところで、月旦評・教育内容・人事にまで及んだ郡代の干渉をいかに捉えることができるのだろうか。ここで問題となるのは、咸宜園を官府支配下の学校にしようとする塩谷代官の意図である。(23) すでに文政二年（一八一九）九月、塩谷代官は使者を通して、その意図を淡窓に伝えていた。

今我汝ヲ見テ相議セント思フコトアリ。方今文明ノ化盛ニ行ハレ、大坂長崎ヲ始メトシテ、諸ノ州県ニ、学校ヲ設クル所多シ。故ニ此県ニモ、亦学校ヲ興サント思フナリ。此事汝ニ非レハ、共ニ議スヘキ者ナシ。因ツテ思フニ、暫ク汝ヲ屈シテ、我家臣ノ列ニ従ハシメンコトヲ欲スルナリ。然レハ、幾度相招クト雖モ、義ニ於テ害ナキニ似タリ。我固ヨリ奇遇ノ客ナレハ、汝ノ終身ヲ託スヘキ者ニアラス。我時ヲ見テ、学校ノ事ヲ公朝ニ申シ達シ、且又汝ノ姓名ヲモ通達シテ、学校ヲ主ラシメント思フナリ。身此地ニ在ツテ、名ヲ公朝ニ達スルコト、是モ亦一美事ナリ。今之ヲ汝ノ父ニ謀リシニ、父既ニ我ト同意セリ。此上ハ、汝ノ存念ヲ聞カント欲スルナリトソ。

（『懐旧楼筆記』巻二〇、上二四七～二四八頁）

塩谷代官（文政四年に郡代に昇格）は淡窓退隠を機会に、日田着任以来抱いていた「学校ヲ興サント」する自己の意図を実現しようとしたといえるだろう。(24) もともと文政二年の時点で、淡窓がこの申し入れに即答できず、迷い、占いまでしたのは、代官の目指す学校と淡窓のそれとの間には、隔たりがあったためだろう。この時は、淡窓が用人格になったことで、事は済んだが、天保二年以後の直接的な介入は、その隔たりが顕在化したともいえる。

そもそも、咸宜園が「官府」支配下の学校になることによって失われるものは、何であったのだろうか。思うに、それは、月旦評や人事の公平性にとどまらず、世俗から隔離した学校という理念そのものではなかったか。換言すれば、それによって、学校の独立性が失われてしまうのである。その意味で、郡代の干渉にたいする淡窓の抵抗方法は、注目すべきである。それが現れているのは、天保五年（一八三四）七月の記事である。

（天保五年七月）廿一日、初メ官府ヨリ塾政変革アリシヨリ、旧法尽ク廃シ、人心洶々トシテ、事ヲ事トスルモノナシ。此日入室ノ徒数輩ヲ招キ、我カ旨ヲ諭シ、災厄ニ逢フト雖モ、志ヲ墜サス、自ラ励ムヘキコトヲ申シ諭シ、私ニ社ヲ結ヒ、出精スヘキコトヲ托シタリ。諸人其旨ヲ領ス。此日宗仙長トナリ、五人志ヲ同シウシ、事ヲ約シ、社ヲ結ヘリ。号シテ日新社ト云フ。廿二日、廻瀾社起ル。来真長トナル。一社四人ナリ。廿四日、必端社起ル。勲平長トナル。同盟四人ナリ。三省社起ル。龍信長トナル。一社八人ナリ。

（『懐旧楼筆記』巻三四、上四四六頁）

ここで、淡窓は咸宜園内での結社をうながしている[25]。この呼びかけに応じて、七月二一日に五人の同志が集まり「日新社」、同月二二日に四人の同志の「廻瀾社」、さらに同月二四日に同盟四人の「必端社」、八人の「三省社」、翌月四日には同盟三人の「克己社」（同右、上四四七頁）が、結成されているのである[26]。淡窓は、評価や人事の専権事項が奪われてしまった時点で、このような自主的な結社によって、世俗から独立した学びの場を確保しようとしたのではないか。ここからも、淡窓が「官府の難」に抗したのは、身分制社会の世俗から隔離した学びの場を維持しようとするためであったといえるだろう。

五　隔離された学校での自信

強固な身分制社会である「世俗」のなかに、競争と公平を原則とする学校を打ち立てることが、淡窓の目的であった。そのことを意識的に追求しようとした点で、淡窓は注目すべきである。しかし、それゆえに、塩谷郡代に人格的に象徴される権力と激しい衝突を引き起こしたという事実に、われわれは注目しなくてはならない。

残された問題は、淡窓の主著『約言』『析玄』『義府』の三説の思想が咸宜園の教育とどのように結びついているのかである。この点については、淡窓の思想の全面的な考察が必要となるが、ここでは、敬天思想との関連に触れておきたい。周知のように、敬天思想は淡窓の思想の中心的なものである。そもそも、「今予の約言を著はすは、博く邦人を喩す所以なり。ただ禍福の応を明らかにし、これを欽天に帰するのみ」（『約言』序、二二二頁）という意図から書かれた主著『約言』（文政一一年成）は、自己の敬天思想を表明した書であった。そのなかで、淡窓は、「主宰者」（『約言』、二二四頁）たる天が吉凶禍福を司る、と説いていた。

天道善を好んで悪を悪み、人道福を好んで禍ひを悪む。相生じ相養ふは善なり。相奪ひ相殺すは悪なり。富貴寿考は福なり。貧賤死亡は禍ひなり。人、天の好む所を行へば、天もまたその好む所を以てこれに命ず。人、天の悪む所を行へば、天もまたその悪む所を以てこれに命ず。（『約言』、二二四頁）

もちろん、『約言』にも大きな影響を与えている、明人・袁了凡が自己の運命を作りかえた善行の実践録である『陰騭録《いんしつろく》』の「善を作せば、天之に百祚を降し、不善を為せば、天之に百殃を降す」という、「天」が福善禍悪する応報観念は、それほど簡単に信じられるようなものではない(27)。

天道善に福して悪に禍ひすと。聖人の言、万世に亘《たが》りて爽ふことなし。而るに人或いはこれを疑ふ。善必ずしも福せず、悪必ずしも禍ひせざるを以てなり。これ書を読むこと精しからざるの過ちなり。（『約言』、二二三四頁）

善人が幸福になれず、逆に悪人が禍を免れているという不条理の現実社会のなかで、福善禍悪する「天」を信ずることができるのだろうか。先に見たように、当代の身分制社会のなかでは、「門地高ケレハ、不才不徳ニテモ、恥ツルニ及ハスト立テ、一切ノ芸業ヲ修セス。門地卑ケレハ、才徳芸能アリテモ、貴クニ足ラスト立テ、一切ノ能者ヲ用ヒス」（前出）という、「門地」が最優先価値とされ、「才」も「徳」もその前では、何の役にも立たなかったからである。ところが、これまで見てきたように、少なくとも、世俗から隔離された「実力主義」の咸宜園のなかでは、努力した者は報われた。淡窓が友人の見分け方を説いて、塾内では善悪がはっきりとして、君子と小人との差が判然としている、と説いていることは、その自信による。

友を択ふにも、善悪の見分難レ致と、思ふ人あるへけれとも、夫は世間の人の上なり。塾生に限りて、其善悪を分つこと、至而易し。如何となれば、我塾には席序あり。月々に其勤惰を考へて、黜陟を加へる故に、勤惰之分、誰もしるへし。学を勤るは、君子なり。学を惰るは小人なり。又規約之条目あり。条目を守るものは、君子なり。人知らすとて条目を犯すものは、小人なり。此処よりして善悪を分時は、友にすへきと、友にすへからさるとの人柄、鏡を以照すよりも明けし。（「癸卯改正規約」、中八～九頁、天保一四年）

翻って考えてみると、勤勉に努力した者は報われるという経験をする場が、淡窓の求める学校ではなかったか。そこは、家柄や出自によってすべてが決定されている身分制社会では得がたい稀有な経験の場である。

思うに、三奪法と月旦評の厳格な制度的な保障の下、咸宜園の教育のなかで、昇級して得られたであろう自信と矜持こそが、塾生たちに天への「尊崇敬畏」（『約言或問』、中一五頁）をうながしたのではないか。自己の学問の進歩が昇級によって客観化され、努力が報われたという自信と矜持が、後々の学問への強い動機となる。それは、直接には社会的な立身出世と結びついてはいないが（ということは、咸宜園の内部の栄誉でしかないが）、学問する者にとっては、この上もない喜びだろう。そうした喜びを得た者は、咸宜園を出た後も、かりに社会的な地位や富を得られなくても、天への「尊崇敬畏」を持ちつつ、生涯、学び続けるだろう。[28] もしそういえるとすれば、福善禍悪が現実化している咸宜園は、敬天思想の培養の場であったという意味でも、不条理が横行する身分制社会と対峙した場であったのである。

（1）海原徹『近世私塾の研究』（思文閣出版、一九八三年）五五頁。

（2）使用したテキストは『増補淡窓全集』三巻（思文閣出版、一九七一年）である。ただし、『約言』のテキストは、『近世後期儒家集』（日本思想大系47、岩波書店、一九七二年）を使用した。本文中に巻数・頁数は略記した。なお、淡窓の伝記については、井上義巳『広瀬淡窓』（人物叢書、吉川弘文館、一九八七年）、井上源吾『広瀬淡窓評伝』（葦書房、一九九三年）、田中加代『広瀬淡窓の研究』（ぺりかん社、一九九三年）を参照にした。

（3）「月旦評」は、伊藤仁斎に見える。東涯の撰した「古学先生行状」には、「許氏の月旦評に倣ひ、人物を品第し、生徒を倡励す」とある。「許氏の月旦評」とは後漢の許邵が人物を評価した月旦評である（『後漢書』巻六八）。張崑将は許邵の「月旦評」の精神にならって、仁斎の「同志会品題式」が定められていると指摘している。張『徳川日本儒学思想的特質――神道・徂徠学与陽明学――』（国立台湾大学出版中心、二〇一二年）三八四頁参照。淡窓の月旦評が、この仁斎に倣っているかは、待考。

（4）R・P・ドーア『江戸時代の教育』（松居弘道訳、岩波書店、一九七〇年）一九三〜一九四頁。

（5）『日本儒林叢書』巻三、二一頁。序章で述べたように、淡窓は英才教育という意味での「教育」を明確に意識していた教育者であった。藤原敬子「広瀬淡窓の教育観――「教育」の語を中心に――」（『季刊日本思想史』一九号、一九八三年）参照。

（6）辻本雅史『近世教育思想史の研究――日本における「公教育」思想の源流――』（思文閣出版、一九九〇年）、辻本雅史・沖田行司編『教育社会史』六章「幕府の教育政策と民衆」（山川出版社、二〇〇二年）参照。第Ⅱ編第三章で、朱子学正学派が主導した寛政異学の禁以降の昌平坂学問所における旗本・御家人「教育」の意義について検討した。そこでは、国家有用の人材「教育」を見ただけで、辻本が強調する民衆教化の側面は論じることができなかった。ここでは、庶民の学校としての咸宜園を取りあげることで、後者の民衆教化の側面を問題化している。

（7）たとえば、細井平洲は、『嚶鳴館遺草』の「建学大意」のなかで、「襁褓の内より諸人に頭を下られ、已に西東を知るに至れば、自高貴なるをしらぬ童子もなく、驕泰の心知と、もに長じ、亢傲の態心と、もに成り、四書一通も読しらねども、元服すれば終には（十五万石）の執権になる身分と落付たる痼疾、いかなる良薬を用ひてか仁厚恭敬の君子とはなるべき」（『嚶鳴館遺草』巻三、『日本経済叢書』巻一五、日本経済叢書刊行会、一九一五年、三八二頁）と、当代の武士の「驕泰の心」「驕泰の心」「四書一通も読しら」ない無知を批判し、「興譲とは譲をおこすとよみ、譲を興すとは恭遜の道を繁昌さする」（同右、三八三頁）と学校の必要性を説いている。

（8）ここで想起すべきは、咸宜園の「咸宜」の由来が『詩経』の「殷命を受くること咸《ことごと》く宜し、百禄是れ何《にな》ふ」（商頌、玄鳥）の一句であったことである。「咸く宜し」をどんな身分の人をも受け入れる万人平等を意味すると解釈する通説にたいして、田中加代は、理想の政治の姿を謳った『詩経』のもともとの意味から「その理想の政治が行われた世にあやかって淡窓が塾の名を定めたということは、塾の中にそうした理想の世を実現することが目的であった」（注2書、四五頁）と指摘している。この田中説に従うならば、淡窓は「世俗」から隔離した「理想の政治」の場を塾内に作ろうとしたといえる。

（9）中島市三郎『教聖・広瀬淡窓の研究』（第一出版協会、一九三五年）七九頁。

（10）淡窓は亀井南冥塾に入る前から、南冥の門人を介して会読を経験していた。淡窓は一〇歳ごろから会読をしている（『懐旧楼筆記』巻三、上二六頁）。淡窓が亀井塾の会読で鍛えられたことについては、「余カ始テ塾ニ入リシ時ハ、昭陽先生礼記ヲ講シ玉ヘリ。其後周易、尚書、孟子アリ。時刻ハ、早朝ナリ。飯後ハ、先生学館ニ出勤アル故ナリ。三日ニ一度ノ会読アリ。コレハ夜中ナリ。出席ノ徒十四五人位ナリ。月ニ文会三度、詩会三度アリ。コレハ出席ノ徒、十人ニ不レ過。余始テ至リシトキハ、彼ノ風ニナラハス。摧折セラルルコト多シ。半年ノ後ニ至ツテ発達シタリ。明春帰省ノ時、先生余ニ語リテ、子ガ始テキタリシトキハ、甚タ平々タリ。今ハ大ニ伸ヒタリトノ玉ヒシ」（『懐旧楼筆記』巻七、上七七頁）と回顧している。咸宜園の会読＝奪席会と称されたことと、亀井塾のそれとの関わりについては、「南冥堂諸生講習、以レ奪レ席為レ務、昭陽翁生二長其内一、志在レ擅レ場、訓詁考証、無レ所レ不レ至、終至下以レ研二経学一成上レ名」（『六橋記聞』巻七、上七三頁）という記事からも明らかであろう。なお、亀井塾の会読と淡窓のそれとの関連については、関山邦宏「広瀬淡窓の教育思想」（『季刊日本思想史』一九号、一九八三年）参照。

（11）程伊川らの道学者を崇敬する闇斎学派の藩学とする藩校、たとえば、安永四年（一七七五）に開設された伊勢崎藩学習堂では、「生徒ノ座次ハ、出席順ヲ以コレヲ定メ、敢テ学力ノ浅深、又ハ格式ノ高下等ヲ以テセス」(『日本教育史資料』第一冊、六二五頁)と、「学力ノ浅深」でランク付けしなかったと伝えられている。ただし、競争が是とされる明治期に叙述されている箇所なので、「敢て」と断り書きが入っている。

(12) 学校が科挙に及第する場になることへの危惧は、昌平坂学問所の儒者柴野栗山も抱いていた。寛政五年(一七九三)、学問吟味の実施方法について検討がなされ、その際、栗山は『学問御吟味御仕方存念書』を書いている。栗山は中国の科挙と学問吟味を区別して、「品ニより軽薄奔競之路を開き可ㇾ申哉之所、御大事ニ奉ㇾ存候、当時歎敷事は日に増、軽薄奔競貪利付勢候風儀長シ候事ニ御座候」と、「軽薄奔競貪利」の風潮を招くことを危惧し、学問吟味が学問奨励のための「対症之御処置」であることを主張していた。橋本昭彦『江戸幕府試験制度史の研究』(風間書房、一九九三年)三九頁参照。

(13) 近世日本の封建・郡県論については拙稿「近世日本の封建・郡県論の二つの論点――日本歴史と世界地理の認識――」(張翔・園田英弘編『「封建」・「郡県」再考――東アジア社会体制論の深層――』思文閣出版、二〇〇六年、のち拙著『江戸後期の思想空間』ぺりかん社、二〇〇九年)参照。

(14) 鵞峰の林家塾の五科十等の制が科挙を想定していたことを想起せよ。

(15) 中島市三郎が咸宜園内の競争の一例として、長三洲と広瀬林外のライバル同士の競争を伝えている。『咸宜園教育発達史』(私家版、一九七三年)一七四〜一七六頁。

(16) 会読の原理的な問題として競争と基準がある。咸宜園においては、会読の基準になったのは、淡窓自身であったことを指摘しておかねばならない。会読のテキストは淡窓の講義録であって、淡窓自身が会読における競争の基準を提供していた。

(17) 公平さは基準の客観化によって担保されるが、この点に関して、淡窓の後継者旭荘は「徳」と「才」との区別を論じている。ある諸侯に学生一〇〇人に順序を定めるにはどうしたらよいかと尋ねられて、「人柄」である「徳」を基準にすると、下位に置かれた者は、「我ハ何某ヨリ人柄悪キ故、下ニ置カルル筈ナリトテ、承知スヘキヤ」であるが、「才」であれば「公論」であるので、承認されると説いている。「某カ所ㇾ謂才ハ、詩才ナリ、文才ナリ、書才ナリ、学才ナリ。詩文書ハ、他人ノ公論アル故、自分如何程ヨシト思フトモ、十人ハ十人アシシト云ヘハ、屈服スルナリ。学才ハ、書籍ヲ講読セシメハ、忽ニ分ルナリ。コノ四ツノ内、皆兼ヌルモノアリ。或ハ一ヲ能シテ、二ヲ能セサルモノアリ。仮令能スルニモ、亦巧拙アリ。百人ハ百通ニ調ヘアクルコト、十日ヲ出テスシテ出来ヘシ。公論ヲ以テ定メタル上ハ、不承知ト云者ナシ」（『九桂草堂随筆』巻一、『日本儒林叢書』巻二、復刊鳳書房、一九七八年、一六～一七頁）。「才」は客観化できるが、「徳」はできないというのである。

(18) 衣服の色によって、身分の上下を視覚化するという考えは、中井竹山が『草茅危言』のなかで、「熊沢氏モ是ヲ心得テ、服ハ改難クトモ、責テ服色ヲ以テ尊卑ヲ定メ度旨ヲ述置レタリ。是モ尤成事也」（巻四、『日本経済叢書』巻一六、日本経済叢書刊行会、一九一四年、三四九頁）と説いていた。

(19) 淡窓は、集団生活のなかで「放逸」に流れやすい塾生への教育にあたって、「規約賞罰」の効果を重視した。「凡人ヲ率キルノ道二ツアリ。一ハ治、二ハ教ナリ。世儒ノ人ヲ率キル、教アリテ治ナシ。是儒者ハ教官ナルカ故ナリ。孔門ニモ黜陟賞罰ノ法アルコトヲ聞カス。余ハ則思ヘラク、師ニ孔子ノ徳ナケレハ、弟子ニモ顔閔ノ行ヒハ責メカタシ。然ルニ、数百桀鰲ノ少年ヲ一室ニ聚メ、唯経義ノミヲ伝ヘ、規約賞罰ヲ施サズバ、是レ之ヲ駆ツテ放逸ニ赴カシムルナリ。故ニ余カ人ヲ教フルハ、先ツ治メテ、而後之ヲ教フルナリ。余カ長所、此外ニアルコトナシ。入室ノ者ハ、其故ヲ知ルヘキコトナリ」（『夜雨寮筆記』巻二、上一九～二〇頁）。

(20) R・ルビンジャー『私塾――近代日本を拓いたプライベート・アカデミー――』（石附実・海原徹訳、サイマル出版、一九七九年）七一頁。

(21) 井上義巳は「官府の難」の経過を詳細に跡付けている。『日本教育思想史の研究』（勁草書房、一九七八年）。井上によれば、天保二年四月から天保六年八月の塩谷郡代の江戸召還まで、「淡窓自らの記録をたどると前後一〇回におよんでい」て、「干渉の内容は、咸宜園の教育の核心と思われる月旦評作成への介入が五回、塾規則改正強要が一回、入門者の押しつけ二回、うち一回は都講就任の強要であった。さらに塾生追放一回、そして淡窓への塾政復活の要求が一回であった」（三一五頁）という。

(22) 広瀬旭荘が「官府の難」をどのように受け止めたかは、旭荘の随筆『九桂草堂随筆』が参考になる。「先考忠誠ヲ以テ、代々ノ県令ノ寵待ヲ蒙リ玉ヘリ。晩年尤モ塩谷君ノ崇敬ニ逢ヒ玉ヒ、常ニ隠居ト称シテ、名イハス。君余ヲ憎ミ玉フコト甚シク、不測ノ禍アラントセシモ、常ニ先考ノコトヲ思ヒ出シテ寛容シ玉ヘリ」（『九桂草堂随筆』巻九、注17

『日本儒林叢書』巻二、二二五頁)、「某県令ノ時、屢讒ヲ被リシコトハ、余カ一時ノ殃ニシテ、終身ノ福ナリ。ソレマテハ、唯書ヲヨムコトヲ知リテ、人情世態ヲ毫モ解シ得ズ。其レヨリシテ、今日ノ事、皆学ナリト云フコトニ心付ケリ。其後諸侯ニモ知遇セラレ、一時ノ虚名ヲ竊ムコトヲ得ルモ、其賜ニ非スト云フヘカラス」(同前、二二九頁)。

(23)　塩谷代官の意図について、小久保明浩は、代官所付属の郷校にしようとしたと説いている(『日本近代教育百年史3 学校(1)』国立教育研究所、一九七四年、一八九〜一九一頁)。

(24)　塩谷代官が「方今文明ノ化盛ニ行ハレ、大坂長崎ヲ始メトシテ、諸ノ州県ニ、学校ヲ設クル所多シ」と述べて、想起している「学校」は、享保九年(一七二四)に創建された大坂の懐徳堂、天明八年(一七八八)から月次講釈を行って、庶民に聴聞させた長崎の明倫堂(『日本教育史資料』第七冊、文部省、一八九二年、七六七頁)、さらに代官早川八郎左衛門正紀らによって創建された各地の教諭所であろう。早川正紀は、寛政八年(一七九六)、天領美作国の久世代官だった時に、教諭所典学館を創設し、翌年には、備中笠岡に敬業館を建てて、講釈による庶民教化を図った。その後、早川正紀にならって、代官山本大膳が幕府領内の甲斐国八代郡に石和教諭所を設立している。石川謙『近世日本社会教育史の研究』(東洋図書、一九三八年)一一〜一九頁参照。塩谷代官の「学校」への強い意欲は、庶民教化のための学校(教諭所)を建設し、幕府から表彰された代官早川正紀が念頭にあったと想像される。かりにそうだとすれば、学校構想としても、淡窓と郡代との間には乖離があったことになる。淡窓は人材「教育」を目指したのにたいして、郡代は、庶民「教化」を目論んでいたことになるからである。

(25)　会読と結社との結びつきは、塩谷宕陰の書いた浜松藩の経誼館掲示に見える。「読書の益は専ら会読輪講に在り。(中略)館中の会日には、宜しく各々社を結びて以て講習すべし」(『日本教育史資料』第一冊、文部省、一八九〇年、四三〇頁)。

(26)　「日新社」の長となった宗仙について、咸宜園の「入門簿」には、宗仙という名の人物が二人いるが、年齢を考慮すると、松永宗仙であろう。「柳宗仙　天保二年十二月十五日、長州赤間関赤馬町、十五歳、紹介者島屋寿助」「松永宗仙　天保三年三月二十日、肥前佐賀、二十三歳、紹介者近江屋庄兵衛」。また「廻瀾社」の長となった来真は、「釈来真　文政十年四月十三日、芸州高田郡相合村明善寺　紹介者釈観宥」とある。

(27)　「天」の「福善禍悪」の応報と現実世界の齟齬に、淡窓の思想の中心課題があることについては、小島康敬「広瀬淡窓の敬天思想――徂徠を手がかりに――」(『季刊日本思想史』一五号、一九八〇年、のち『徂徠学と反徂徠』ぺりかん社、一九八七年)、黒住真「広瀬淡窓の倫理思想」(『倫理学紀要』一輯、一九八四年、のち『複数性の日本思想』ぺりかん社、二〇〇六年)参照。逆に善者や努力した者が報われるという儒学の天道説を批判して、不条理な現実に生きる人々に神義論的な救済を与えたのが、本居宣長の神学であった。第Ⅲ編第一章、拙稿「近世日本の神話解釈」(『近世後期の思想空間』ぺりかん社、二〇〇九年)参照。

(28)　身分制社会から隔離された咸宜園であったからこそ、このような思想的な可能性があったといえる。咸宜園内部の競争が社会的な立身出世につながらないからこそ、持ち得た可能性である。逆にいえば、咸宜園の、広くいえば学校の競争がそのまま社会的な立身出世と直結する時、こうした超越的な「天」への「尊崇敬畏」は失われることになる。淡窓の同時代でも、長州藩の明倫館では、藩校での成績優秀者が政治的な地位を得るルートを制度化しようとしていた。第Ⅳ編第三章参照。それは、身分制社会を突破する咸宜園の「実力主義」を現実化するものであったが、他方では、明治になると露わになる、学問の科挙化にともなう立身出世主義の弊害をもたらすことになるのである。

第二章　吉田松陰における読書と政治

一　横議横行の先駆者

江戸時代、会読が、昌平黌や藩校ばかりか私塾でも広く行われていた。幕末の志士、吉田松陰（一八三〇～五九）の松下村塾も、その例外ではない。しかも、やり方たるや、実に破天荒であった。

此節大に暑中に候得共甚壮なり。隔日左伝・八家会読、勿論塾中常居。七ツ過会読終る。夫より畠又は米春《こめつき》、与㆓在塾生㆒同ㇾ之。米春大得㆓其妙㆒。大抵両三人同上り、会読しながら春ㇾ之。史記など二十四五葉読む間に米精《しら》げ畢、亦一快なり〈口羽に話候へば、評云、おかしいこと計りする男と云た〉(1)。

（「久坂玄瑞宛」、安政五年六月二八日、二三四頁）

このような米を搗《つ》きながらの自由闊達な雰囲気のなかで、経書や史書を読むばかりか、天下国家を議論し合い、さらに一歩進めて、「吾党」と称する同志意識のもとで、老中間部詮勝襲撃などの大胆な行動計画を謀議したのである。

周知のように、幕末の志士は藩や身分の境界を乗り越えて、横につながっていった。いわゆる処士横議である。幕末日本において、このような「横議・横行」がどのような場から発生したのかという問題にたいして、討論をともなう会読は、その有力な答えとなると思われる。この点について、幕末には会読がたんなる経書や史書の読書にとどまらず、政治的な議論の場になっていったことを論述したことがあるが(2)、本章では吉田松陰を取りあげることによって、さらに検証してみたい。というのは、「幕末日本における政治社会の「横議・横行」の先駆者」(3)（藤田省三）と評される吉田松陰は、生涯、朋友や同志たちと、さまざまな会読を行っていたからである。その意味で、幕末に会読という共同読書が果たした思想史的な意義を考えるうえで、松陰はもっともふさわしい人物だといえる。

二　松陰の会読体験

（1）会読との出会い

松陰の松下村塾では、会読が学習方法の中心を占めていた(4)。ここに弟子の自発性と個性を尊重し、身分や年齢などを一切問わない平等主義にたつ松陰の教育観があらわれているといえるだろう。注意すべきは、この会読という学習方法は、松下村塾以前、松陰自身がみずから学んできた方法であったという点である。彼は会読を通して自己を形成してきたのである。

そもそも、松陰はいつごろから会読を始めたのだろうか。管見によれば、松陰は、嘉永元年（一八四八）二月に「同社諸兄輩」数名と月一回の『太平記』会読を始め（『未忍焚稿』「会読太平記引」、全一、八〇頁）、この会に、吉田家の家学後見人であった山田宇右衛門の出席を求めている。また同年八月二五日からは、山田の自宅の『戦国策』会読に参加している。

この会読経験は、同年一二月の「兵学寮掟書条々」（『未焚稿』）に反映されたと思われる。これは、「明倫館御再興に付き気附書」「等級の次第」とともに、山鹿流兵学師範として藩校明倫館学制の改革を提言したもので、そこには、会読に関する箇条が含まれていた。

上等の衆の儀は、毎月五度宛、夕八ツ時より、七書其の外諸家の書、討論相催すべく候事。（全一、二三六頁）

毎月三度宛、夕八ツ時より、中等以上の衆、伝書討論会相催すべく候。尤も員外幷びに等級未定の衆にても、力量次第、会業に相加はり候儀、勝手次第たるべく候。左候て見合衆残らず出勤にて、身柄、一同を監督致すべく候事。（同右）

定期的に上等・中等以上の生徒に、武経七書や兵学流派の伝書を会読させ、「討論会」を開催することを求めている。松陰はこの定例の会読ばかりか、「一応の稽古相済み候後、各々申合せ、会読会講等相催し候儀勝手次第たるべく候事」（同右、二三七頁）とあるように、自主的な会読を開くことをも勧め、明倫館兵学寮を講習討論の場にしようとしたのである。もともと学頭山県太華《やまがたたいか》の主導する明倫館では、会読はすでに行われていたのだから（5）、兵学寮にも、それを拡大実施しようとしたといえるだろう。

この時点で、会読経験のある松陰は会読のメリットとともに、デメリットをも認識していた。それは次の条目にうかがわれる。

講習討論の節、勝つ事を好むの心を持し、人の議論を排斥し、私の意見を遂げ候儀、深く相誡むべし。専ら義理を明かにするの心懸肝要たるべく候事。（同右、二三八頁）

もともと議論を戦わせる会読には、勝負の要素が含まれていた。逆にだからこそ、やる気を起こさせ、勉学意欲を高めさせることができたのだが、松陰が「勝つ事を好む心」を戒めているのは、そのような危険性を認識していたことを示唆している。また成績評価の仕方についても、松陰は注意を与えている。

等級筆並《ふでなみ》順次の儀、少しも依怙に渉らず、嫌疑を避けず、衡平の処と考へ相定め候事に候。然しながら勿論不当も之れあるべく候処、其の段気付かれ候衆は、遠慮なく評論致さるべく候。其の理あるに於ては優劣相

試み候上、黜陟致すべく候事。　（同右、一二三七頁）

ここで、評価の公平性を掲げていることは本書でもここまで見てきた通り珍しくないが、その評価にたいして生徒の側から「遠慮なく」異議することを認めていた点は注目すべきである。このような条目は、他の藩校や私塾のなかには見えない、特異なものといえるだろう。

（2）会読と読書の毎日

松陰は嘉永三年（一八五〇）に平戸、翌年には江戸に遊学する。江戸遊学中には、安積艮斎《あさかごんさい》、山鹿素水《やまがそすい》、佐久間象山の塾に通い、さらに江戸詰藩士たちと自主的な会読をも開いて、ほぼ毎日、読書会に参加した。兄梅太郎に宛てた書簡のなかに、「会事の多きに当惑仕候」と述べて、嘉永四年（一八五一）五月ころの会読三昧の日常を報告している。

一の日、艮斎書経洪範口義聴聞。
三の日、武教全書初の方、御屋敷内の部、有備館にて。
四の日、中庸同前、初の方。
五の日、朝、艮斎易会繫辞上伝。午後、荘原文介中庸会中程。
九の日、艮斎論語郷党篇。
七の日、呉子。林寿・藤熊と。
　外
十二日、廿三日、御前会。過る十二日、作戦篇すむ。
二日隔《おき》三日隔位、大学会。中谷松・馬来小五郎・井上壮太。

過る十七日より宦官会初る。是は太宗問対講。非番の面々不レ残罷出聴聞仕候。巨田・深栖其外大分論もいたし候。右の通一月三十度計りの会に御座候。古賀謹一郎へも参り候。是は質問耳なり。折角明日より山鹿素水へも可レ参様林家申合置候。是亦会可レ有レ之奉レ存候。何分会を減し候はではさばけ不レ申候。且仮初にも御当地の会は委しく候に付、集註計りの下見にては不レ意虚多く御座候。

（「兄杉梅太郎宛」、嘉永四年五月二〇日、二五～二六頁）

何とも忙しい毎日である。面白いのは、この兵書と経書の会読のなかで[6]、松陰は明倫館兵学寮では戒めていたはずの「勝」を求めていた点である。山鹿素水塾の兵書会読と明倫館のそれとを比較して次のように兄梅太郎に書き送っている。

御国武教全書読方粗陋、旧年よりも逐々御話仕候通の事にて、張註にては他所人には勝不レ申候。明倫館出精の衆へも御会面被レ為レ在候はゞ、右の段可レ然被レ仰可レ被レ遣候。

（「兄杉梅太郎宛」、嘉永四年六月二日、二九頁）

この会読には、「大議論者にて好敵手」（「兄杉梅太郎宛」、嘉永四年七月二二日以後、三八頁）であった熊本藩の宮部鼎蔵も参加していただけに、お互い鎬を削ったのであろう。しかしここで、「御国の読書何共都下の風に比し候へば粗陋に御座候」（同右）とあるように、「御国」の「粗陋」に対比される、「御当地」江戸の精密な読み方を実感すればするほど、松陰は学ぶべき知識の量に圧倒されていった。たとえば、経学一つをとっても、次のような必読書があった。

経学、四書集註位も致二一読一候ても夫では行不レ申候。宋・明・清諸家種々純儒有レ之、中にも周程張朱、其外語録類・文集類、又明・清にも斯道を発明するの人何限あらん。夫等の論は六経の精華を発し候ものにて、皆読べきもの、由。

（「兄杉梅太郎宛」、嘉永四年八月一七日以後、三九～四〇頁）

そして、この時の茫然とした心境を述べていう。

是迄学問迚も何一つも出来候事無レ之、僅かに字を識り候迄に御座候。夫故方寸錯乱如何ぞ哉。先歴史は一つも知不レ申、此以大家の説を聞候処、本史を読ざれば成らず、通鑑や綱目位にては垢ぬけ不レ申由。二十一史亦浩瀚なるかな。頃日とぼ〳〵史記より始め申候。

（「兄杉梅太郎宛」、嘉永四年八月一七日以後、三九頁）

松陰は会読における勝ちを求めるからこそ、読まねばならない書物の多さに圧倒されたのである。さすがの松陰もこのような状況で、読書意欲の減退を嘆かざるをえなかった。

会の様子愉快の御遠想甚迷惑仕候。紙面の事は仰山に聞ゆるものにて、其実を質し候へば誠に索然たるものに御座候。毎々中谷松と其事をいふて嘆候間、三千里外へ遊候得ば事々皆虚名を得、国に帰るに至ては人を失望せしめ、少々得る所も併て泥を塗り候段、実に悲しむべき由申候。憂懼此事に御座候。

（「兄杉梅太郎宛」、嘉永四年九月二三日以後、四八頁）

言行録前後集、会読すむ。但一つも覚えはせんぞ。

（「兄杉梅太郎宛」、嘉永四年一一月八日以後、六〇頁）

正確にいえば、文字を穿鑿する読書への意欲の減退といってよいだろう。(7) 嘉永四年（一八五一）一二月に藩の許可なく決行した東北旅行は、国防の見地から日本全国を実地調査するという目的があったにせよ、本章の問題関心から見れば、こうした「僅かに字を識り候迄」（前出）の読書に閉塞してしまっていた壁を一挙に越えようとする行動であったといえるだろう。各地の名士に会い、議論することに、文字の詮索に汲々とする読書以上の何かを期待したのではなかったかと思われる。(8) 実際、松陰は東北旅行のなかで、水戸の会沢正志斎や豊田天功《とよだてんこう》らと交流し、学んでいった。(9) 徳富蘇峰によれば、「旅行は、実に彼（松陰）の活ける学問」(10) であった。

（3）野山獄での会読

しかし、嘉永七年（一八五四）一月、ペリー来航時の下田踏海の失敗によって、松陰は獄中の人になった。当然のことながら、兄梅太郎の差し入れがあったにせよ、読むことのできる書物は限定される。しかし、このような困難な状況のなかでも、松陰は数多くの書物の抜録をしながら、一人で読む看書ばかりか、共同読書である会読を積極的に行っていった。萩の野山獄のなかで、『孟子』の講義とともに、交代に講義しあう会読である輪講の形式で『孟子』を読み始めたのである。(11) 松陰の代表的著作『講孟余話』はこの輪講の成果であった。野山獄での会読は、江戸遊学中に経験した会読とは異なる性格のものであった。そのことは、次にあげる当代の読書人にたいする批判からもうかがわれる。

今人大眼目なし、好んで瑣事末節を論ず。此の弊読書人尤も甚し。夫れ不忠不孝、不信不義は人の大罪なり。却つて措いて論ぜず。極論直言する者を不敬と号し、酒を飲み人を罵れば狂気と号す。其の書を講ずるに至りては、一言半句朱註に戻《もと》れば異端雑学と号す。天下国家を憂ふれば蘇秦・張儀と号す。膺懲撻伐を論ずれば麤豪《そごう》と号す。而して其の自ら行ふ所を見れば、辺幅を修飾し、言語を沈重し、小廉曲謹、郷里善人の名を貪り、権勢の門に伺候し、阿諛曲従至らざる所なし。行々の色著はれず、侃々《かんかん》の声聞えず、忠ならず孝ならず、尤も朋友に信ならず、而して自ら居りて愧づることを知らず。是れを之れ務を知らずと謂ふ。

（『講孟余話』巻四中、全三、三六七頁）

今の読書人は、朱子の集註から逸脱すれば「異端雑学」だ、天下国家を憂慮し、攘夷を論ずれば「麤豪」だ、と非難するものの、結局は小心翼々の人物に過ぎない。松陰の求めるものは、たんなる本の虫でもなく、まして や粗暴な野人でもなかった。松陰にとって『孟子』を読むことは、文字を詮索することでも、いたずらに天下国家を論ずることでもなかった。どこまでも、今の政治と人心に引きつけながら、『孟子』を主体的に学んでゆくことであったのである。そのための会読であった。

たとえば、『孟子』冒頭の「王何必曰㆑利、亦有㆓仁義㆒而已矣」の一節を講じながら、松陰は、「今の士大夫、学を勤むる者、若し其の志を論ぜば、名を得んが為めと官を得んが為めとに過ぎず」（『講孟余話』巻一、全三、二七頁）と、当代の読書人の打算を批判し、さらに「癸丑、甲寅墨露の変、皇国の大体を屈して陋夷の小醜に従ふに至るものは何ぞや」と問いかけ、ペリー、プチャーチン来航の幕府の処置を「義理を捨てて功効を論ずるの弊」であると非難し、「世道名教に志ある者、再思せよ、三思せよ」（同右、二八頁）と、会読する同囚に訴えている。ここでは、『孟子』の功利批判は、書物上の出来事や知識ではなく、そのまま当代の政治批判の文章として読み込まれ、それをもとに、松陰は同囚に猛省をうながしている。

『講孟余話』には、こうした会読のメンバーに呼びかける言説が、たとえば、「何ぞ諸蛮を畏れんや。願はくは諸君と茲に従事せん」（同右、二五頁）、「豈に楽しみの楽しみに非ずや。願はくは諸君と偕に是れを楽しまん」（同右、二九頁）、「知らず、諸君此の説を以て是とせんか、非とせんか」（同右、四三頁）、「今此の章を読みて益々奮発す、願はくは徐《おもむ》ろに諸君と是れを謀らん」（『講孟余話』巻二、七一頁）と、頻出する。松陰は獄中、会読メンバーを対等な「諸君」と呼び[12]、当代の政治的な問題を含めて、是非の議論を提起し、「師弟共に諸共聖賢の門人と云ふものなり。同門人の中にて妄りに師と云ひ弟子と云ふは、第一古聖賢へ対して憚り多きことならずや」（同右、一二二頁）とあるように、対等な関係でともに考えようとしている。松陰はこうした師もなく弟子もない、ともに考える獄中の学習集団を「我が党」と称したのである[13]。

三　「語」の発見

（1）「虚心」からの飛躍

さまざまな会読経験のなかで、松陰はいかなる読書観を抱くようになったのだろうか。そこに松陰独自の考え方が生まれていたのだろうか。以下、この点について検討してみたい。野山獄のなかで『孟子』を輪講しているときには、読書観についていえば、松陰は当時の通念とそれほど隔たってはいなかったと思われる。それは、読書における「虚心」の重要性を説いている箇所からもうかがわれる。

凡そ読書の法は吾が心を虚しくし、胸中に一種の意見を構へず、吾が心を書の中へ推し入れて、書の道理如何と見、其の意を迎へ来るべし。今人書を読む、都てこれ書を把りて我が心へ引きつくるなり。志を逆《むか》ふるに非ず。（是れ亦語類に原づく）

（『講孟余話』巻三下、全三、二〇六頁）

この一節は、割注に語類と明示しているように、『朱子語類』の「此是教二人読レ書法一、自家虚レ心在二這裏一、看二他書道理如何一来、自家便迎接将来、而今人読レ書、都是去レ捉レ他、不二是逆レ志一」（巻五八、第一〇条）を踏まえている。『講孟余話』の原稿に批評を求められた、朱子学者山県太華は、この松陰の一節を「読書の法を説くこと甚だ佳し、最も敬服すべし。唯だ此の篇を読んで其の自ら説く処に於ては必ずしも然らざるを見る」（『講孟余話附録』下の一、全三、四七五頁）と述べて、高く評価するとともに、その主張が実際には行われていないことを批判した。この「敬服」という嫌味たっぷりの批評にたいして、「今にして之れを思へば、是れ尚ほ迂腐の談たるを免かれず」（同右、四七五頁）と応じたとき、松陰はこれまでの読書観・会読観について改めて考えたであろう。

そもそも旧来の読書観・会読観とは、一言でいえば、読書においては「虚心」を去ること、主観的な意見を去ることを求めるものである。そしてさらに一歩進めて、同時代の朱子学者は、異なる意見と議論を戦わせる会読の場では、その主観的な意見の主観性が自覚化され、寛容の精神を培うことができるがゆえに、会読は有益な教育方法であると説いていた(14)。最初、『講孟余話』の原型になる輪講をしたときには、松陰もこのような通説的な読書観、会読観を疑うことなしに、「虚心」を語ったのだろう。しかし、こうした読書観を堅持していたと思われる太華に過剰なまでに反応されたとき、改めてみずからを省みることになったのではないか。そして、それを飛び越えたのではないか。

次にあげる安政五年（一八五八）六月に書かれた「諸生に示す」の一文は、松陰の独自の読書観を示す端的な例証である。

王陽明の年譜を読む。謂へらく、其の門人を警発するや、多く山水泉石の間に於てすと。(15)竊かに其の理に服せり。吾れは陽明に非ざるなり。然れども朋友の切磋亦当に斯くの如くなるべし。ここを以て会講連業、未だ嘗て縄墨を設けず、交ふるに諧謔滑稽を以てすること、匡稚圭が詩を説くの故事の如し。近くは米を舂き圃を鋤くの挙の如き、亦此の意を寓するのみ。（中略）学者自得する所なくして、呶々《どうどう》多言するは、是れ聖賢の戒むる所なり。而れども偶々《たまたま》一得ありて、沈黙自ら護るは、余甚だ之れを醜《にく》む。凡そ読書は何の心ぞや、以て為すあらんと欲するに非ずや。書は古なり、為は今なり。今と古と同じからず。為と書と何ぞ能く一々相符せん。符せず同じからざれば、疑難交々生ぜん。開悟時あり、乃ち同友相質すこと、寧んぞ已むを得んや。然らば則ち沈黙自ら護る者は、自得語るべきものなきに非ずんば、則ち人を以て語るに足らずと為すなり。吾が志は則ち然らず。已に語るべきものなくんば則ち已むも、苟も語るべきものあらば、牛夫馬卒と雖も、将に与に之れを語らんとす。況や同友をや。諸生村塾に来る者、要は皆有志の士、又能く俗流に卓立す、吾れ憾みなし。然れども意偶々感ずる所あり、故に聊《いささ》か之れを言ふ。六月二十三日、二十一回生書す。

（『戊午幽室文稿』、諸生に示す、全四、三五八〜三五九頁）

松陰は、規則を設けず、冒頭に紹介したような「米を舂き圃を鋤くの挙の如」き「諧謔滑稽」のなかで「会講連業」＝会読を行うのは、「自得」したことを語りやすくするためであると述べている。松陰によれば、書物（知識）と行動との間に、古と今との間には隔たりがあるので、疑いも生まれる。その疑いのなかで「自得」するところがあったならば、それを自分だけのものにしないで、他者に語るべきである。友人はもちろんのこと、「牛夫馬卒」にも語るべきである。この「諸生に示す」の一文は、少なくとも二つの創見を含んでいる。

(2) 三つの創見

第一は、書物を読む時の疑いが、「書」と「為」、書物と行動との間で生まれるとした点である。江戸時代、読書における疑いを重視したのは、会読を積極的に採用し始めた古文辞学者、荻生徂徠や太宰春台だったが、二人は疑いの起こる所以を直截には「書」と「為」の間に求めてはいなかった。その意味で、疑いが書物と行動との間で生まれるという考えは、松陰のユニークな点であったと思われる。

この考えが生まれる前提には、書物をたんなる過去の知識とするのではなく、それを今の行動の糧とする、言い換えれば、行動に結びつけるという発想があることに注意せねばならない。今ここで行動するための読書であって、読書自体が自己目的化しているわけではない[16]。そうした読書は、当代の読書人の弊害（先に見た古賀侗庵の『中庸』注釈を想起せよ！）であって、松陰にとってみれば、「僅かに字を識り候迄」（前出）の記誦詞章の学問に過ぎなかった。

第二の創見は、自分なりに疑いを解決して「自得」するところがあったならば、それを他者に語ることを積極的に認めていることである。松陰にとって、会読はまさにその場であった。周知のように、「学ぶ者は自得を要す」（『近思録』巻二）とあるように、学問＝読書にみずから心にさとる「自得」が重要なことは、江戸時代に広く見られる言説である。たとえば、佐藤一斎はいう。

学は自得を貴ぶ。人徒らに目を以て字あるの書を読む。故に字に局《かぎ》られて、通透するを得ず。当に心を以て字なきの書を読むべくんば、乃ち洞して自得あり[17]。（『言志後録』）

また、松陰自身も、『孟子』の「君子深く之れに造《いた》るに道を以てするは、その之れを自得せんと欲すればなり」（離婁下篇）にたいして、『講孟余話』の時点では次のように注釈していた。

自得は心に得るなり。言語動作の間にあらず。然れども其の已に自得するに至りては、言語動作に著はるるものも亦自ら別なる者あり。

（『講孟余話』巻三上、全三、一八〇頁）

読書がたんなる皮相な知識の次元にとどまらず、己を修めるための方法であったかぎり、換言すれば、聖人になるための読書であったかぎり、当然、「自得」は追求すべきことであった。書物が自分の身となり肉となるからである。問題は、その「自得」の成果がどこまでも自己自身のものであって、必ずしも他者に公開するようなものではなかったことにある。読書は「己の為にする」道徳的な修養であって、「人の為にする」ものでないという儒者の立場からすれば、自己の「自得」を人に語るということは、むしろ余計なことであったかもしれない。佐藤一斎の次のような言説は、語ることの消極性を示している。「人は最も当に口を慎むべし。口の職は二用を兼ぬ。言語を出し、飲食を納る。これなり。言語を慎まざれば、以て禍を速《まね》くに足り、飲食を慎まざれば、以て病を致すに足る。諺に云ふ、「禍は口より出で、病は口より入る」と」（『言志録』）(18)、「目に観るもの、口能くこれを言ふ。耳に聞くもの、口能くこれを言ふ。心に得るものに至りては、則ち口言ふ能はず。即《たと》ひ能く言ふとも、また止《ただ》一端なるのみ。学ぶ者の逆《むか》へてこれを得るに在り」(19)（『言志晩録』）。

ところが、松陰は語ることを勧める。語り合うことによって、みずから足りない所を自覚し自得するのではなく、自得したものを語り合うのである。たんなる「自得」ではなく、「語る」という行動と結びついたこと、つまり、個々人の内面に収束しない、他者への働きかけが生まれている。ここに、会読のなかで育った松陰のユニークさを認めることができるだろう。

第三は、その語る他者が朋友や同志に限られていないことにある。「牛夫馬卒」にも語るというのは、人間観としては、「今如何なる田夫野老と雖ども、夷狄の軽侮を見て憤懣切歯せざるはなし。是れ性善なり」（『講孟余話』巻四上、全三、二四一頁）とあるような松陰一流の性善説が大前提となるうえに、野山獄での体験が裏づけとなっていたことは見やすい。しかし、本章の関心からすれば、学習方法における会読と講釈の間にあった間隙を埋めるものではなかったかと思われる。

その間隙とは、会読の討論が原理的には対等平等であるのにたいして、講釈では講釈者と聴衆との間には上下関係、知者と愚者という上下関係があったことに起因する。たとえば、石門心学での会輔は心学教師間の対等な切磋琢磨であるのにたいして、道話は教師から聴衆への一方的な関係であった。ところが、松陰が「牛夫馬卒と雖も、将に与に之れを語らんとす」というとき、会読での対等な同志だけではなく、見ず知らずの愚者をも含んでいた。ここでは、知者と愚者の差別はなくなり、知者も愚者とともに語り合うのである。[20]「牛夫馬卒」への優越意識は微塵も、松陰にはない。その意味で、学者同士で会読するという大枠を超えてしまっている。つまり、「牛夫馬卒」とも語り合うことで、会読と講釈との間隙はなくなっているのである。[21]「諸生に示す」の一文は、江戸時代の会読にとって画期的な意義をもっている。ここでは、学習者主体の会読の側に講釈は包み込まれたといってよいだろう。

四　朋党

(1)　山県太華の批判

「自得」した内容を同志に語る。しかも、その語る対象は「牛夫馬卒」にまで及ぶ。そうすることによって、自己の「自得」した考えの賛同者を増やす、換言すれば、同志を増やしてゆく。こうした行動は図らずも、松陰の時代、厳禁されていた徒党を組むことにつながってゆくだろう。実は、この危険性をいち早く察知していたのが、松陰の『講孟余話』を批判した山県太華（一七八一～一八六六）だった。ここで「諸生に示す」の一文以前、『講孟余話』をめぐる松陰と太華の論争時点に時間を戻さねばならない。(22)

先に「虚心」にたいする太華の皮肉たっぷりの批評を見たが、よく知られているように、松陰の『講孟余話』にたいする太華の批判の中核は、松陰の「国体」論にあった。ここで注目したいのは、この「国体」論の行動計画、高橋文博がいう「先覚後起の思想(23)」を説いている次の箇所である。

此の章、大志ある者、日夜朝暮に諳誦して志を励ますべし。余囚徒となりて、神州を以て自ら任じ、四夷を撻伐せんと欲す。人に向ひて是れを語れば駭愕せざるはなし。然ども此の章を以て益々自ら信じて断じて疑はず。今神州を興隆し四夷を撻伐するは仁道なり。之れを礙《さまた》ぐる者は不仁なり。仁豈に不仁に勝たざらんや。若し勝たざれば仁に非ず。故に先づ一身一家より手を下し、一村一郷より同志同志と語り伝へて、此の志を同じうする者日々盛にならば、一人より十人、十人より百人、百人より千人、千人より万人より三軍と、順々進み進みして、仁に志す者豈に寥々ならんや。此の志を一身より子々孫々に伝へば、其の遺沢十年百年千年万年と愈々益々繁昌すべし。

（『講孟余話』巻四上、全三、二六八頁）

松陰はここで、「神州を興隆し四夷を撻伐するは仁道なり」と「同志」に語り伝えることによって、同志の数を増やしてゆくのだ、と説いている。このように「仁道」に志す同志を「一人より十人、十人より百人、百人より千人、千人より万人より三軍(24)」と順々に増やすという松陰の構想は、太華からみれば、「私」に兵を起こすことであった。

一旦一村一郷より同志同志と語り伝へとあるを以てこれを観れば、私を以て人数を催すやうに見えたり。公命を奉ぜずして私に兵を興さんこと、其の義如何。

（『講孟余話附録』下一、全三、四八一頁）

そもそも、「国体」論において松陰が影響を受けた国学や水戸学は、太華によれば、朝廷に権勢を回復させようと目論む学問であった。

世に一種国学と云ふことあり。又皇国学などと称し水府より出でたる一流あり。我れ其の意を深く察するに、当時皇朝御威徳衰へさせ玉ひ、天下の権勢悉く武家の手へ移りたることを深く歎き、何とぞ古代の通りに回復したきと云ふ内含まれあることと察せられたり。（中略）此の学は幕府を貶して覇者などと称し、諸侯と同列なるやうに云ひ、諸侯をして君臣の分を疑はしめ、漸々と皇家の方へ引入れんとし、毎に皇国々々と称して国家を大体を以て皇家に帰し、皇朝の尊むべきことを人々に申し喩して、漸々と御味方をこしらへ置き、時節を待ちて其の功を成さんと謀るに似たり。然れども此の事公然として言ふべからざるを以て、一身一家より一村一郷と同志の者窃かに語り伝へ、一人より十人、十人より百千万人に至り、終に此の志を伝へて一身より子々孫々に及び、御味方数多出来し、武将家の勢孤立する時に至り、兵乱などに乗じて天下を回復せんと欲することかと見えたり。其の慮蓋し一朝一夕のことに非ず。

（『講孟余話附録』下一、全三、四八四〜四八五頁）

ただ水戸学者たちは「公然」とそれを主張できないために、幕府を貶して「覇者」などと称して、「皇国」を持ち上げ、「漸々と御味方をこしらへ置き、時節を待て其の功を成さんと謀」る下心をもっているのだ、という。松陰が「今一村一郷より同志々々と語り伝」えると説いているのは、内密に味方の数を増やそうとする謀略であり、松陰には隠された意図がある、と太華は非難する。これに対して、松陰は、「何ぞ公然と云ふべからざらん。併し俗士へ語るは無益なり」（同右、四八八頁）と、公然と語ることに躊躇いはない。しかし、松陰はそう反論するものの、この山県太華との論争時点では、確信がもてなかったようである。そのことをうかがわせるのは、争論の翌年、安政四年（一八五七）に書かれた次の一文である。

余向《さき》に講孟余話を著はし、教を一先生に請ふ。一先生余に誨《おし》ふることを極めて詳かなり。然れども余の執る所と、一も合ふ所なく、悒々《ゆうゆう》として楽しまず、復た一書を作りて之れを弁ぜんと欲す。偶々此の書（四庫全書簡明目録）を得たり。之れを読むこと数日にして益々喜ぶ。大抵此の書の旨、古今の人物図書に於て、短を舍《す》て長を取り、功を録し過を略し、門戸を設けず、朋比を立てず、排撃を尚《くわ》へず、嫌疑を憚らず、其れ殆ど事理の平を得たるものに似たり。其の、徒を聚めて講習し、声気相通ずるを以て、朋党の漸、禍乱の源と為すに至りては、今惕然として内に懼るるあり。

（『丁巳幽室文稿』、「四庫全書簡明目録を読む」、全四、七六～七七頁）

ここでいう「一先生」は太華である。松陰は、『四庫全書簡明目録』の公平さと朋党とを対比しつつ、朋党の禍を非難している。おそらくは山県太華からの批判のなかで、松陰が気になっていた論点は、この朋党の禍であっただろう。同志の数を増やすことは、結局は、朋党＝徒党を組むことになるのではないか、という太華の批判は松陰の胸に突き刺さったままだったのである。この時点で厄介なことには、松陰自身がこうした朋党への後ろめたさを強く抱いていたからである。

もともと朋党の危惧を松陰自身が、太華との論争以前から、すでにもっていた。水戸藩と熊本藩の抗争をあげて、朋党の争いを心配し（「桂小五郎宛」、安政二年九月以後、二〇二頁）、後期水戸学の政治論の帰結を憂慮していたのである。次の書簡にも、幕府における朋党の禍を指弾している。

全体国家の起隆せざるは皆朋党より事起り申候。方今墨・魯・暗・払の四患大抵荷に余り候上、国威を一振興し古朝廷の姿に復せんとする如何にも不二容易一事、特に人材払底の折柄、勝にもせよ島にもせよ、皆難レ得の才なるを、両犬相噛み勢不二両立一様の事に共若か万一相成候はゞ為二天下一惜むべし。

（「桂小五郎宛」、安政二年九月以後、二〇一頁）

（2）朋党観の変化

注目すべきは、水戸藩の抗争のような藩内を分裂させる朋党の禍を回避しようとしていた松陰が、安政六年（一八五九）の時点では、朋党を恐れない地点に立ちいたっているという点である。

日本は昔より柔弱国なり。大は兵戦少く、小は殺伐少きを以て知るべし。殊に中国最も柔弱と称す。柔弱日本の柔弱中国、二百年太平柔弱の極、有志の士共時を待とか朋党に成てはならぬとか犬死はせぬとか、種々の弁口、扠々《さてさて》泥に塗を附、猿に木に升る時を教ゆる教には無レ之哉。

（「岡部富太郎宛」、安政六年正月一六・一七日、二九一頁）

先桂水戸の朋党を畏れ、余り踏込と却て覆轍を踏と考居候様存候。予が擬明史抄の書後を同志に見せ、桂へも見せ度存ずるは此故なり。

（「入江杉蔵宛」、安政六年正月二三日、二九四頁）

安政六年の時点では同じく水戸藩を引き合いにだしながらも、かえって「余り踏込と却て覆轍を踏と考居」躊躇する桂小五郎を戒めている。この間に何があったのだろうか。もちろん、松陰と日本を取り巻く事態の切迫があることはいうまでもない。端的にいえば、幕府の条約違勅問題である。安政五年（一八五八）六月一九日の日米修好通商条約が勅許を得ないままに、大老井伊直弼によって、締結された。松陰は、事ここにいたっては、座視観望できない、行動を起こす時であると判断した。大原重徳西下策、老中間部詮勝襲撃計画、伏見要駕策と、松陰は次から次へと直接行動の計画を立て、同志たちと激論を戦わせていった。このような切迫した状況のなか、朋党にたいする考えも大きく変化した。

変化後の松陰の考えを端的に表出している文章が、同志や桂たちに見せろと伝えている「擬明史列伝抄の後に書す」の一文である。そこで、松陰は次のように説いている。

夫れ庸人路に当りて、衆苟《まこと》に媕婀《えんあ》奉承すれば則ち国無事なるも、一人ありて之れを攻め、又数人ありて之れを継がば、庸人勝《た》ふる能はず、則ち目して朋党と為して之れを排す。賢材下に在りて、上苟に抑塞棄置せば則ち国無事なるも、一人ありて之れを引き、又数人ありて之れを推さば、俗吏交々之れを忌み、則ち亦目して朋党と為して之れを撃つ。その目して朋党と為すを畏るるは、攻め且つ引かざるに如かず。攻め且つ引かずんば、庸人俗吏位を竊《ぬす》み禄を偸《ぬす》み、自ら以て計を得たりと為し、人已れに若くなしと為し、国事遂に為すべからざらん。然らば則ち何ぞ朋党を畏るるに遑あらんや。今、文恬武熙《ぶんてんぶき》二百余年、国家の綱紀亦少しく弛めり。其の上に在る者果して皆賢材なるか、其の下に在る者果して皆愚魯無能なるか。

（『己未文稿』、「擬明史列伝抄の後に書す」、全五、一三八頁）

「庸人俗吏」がみずからの安泰を図ろうとして、反対者を「朋党」と排斥するのであって、何も「朋党を畏る」に足らないという。ここで展開されている松陰の朋党論は、君子の朋党を擁護した欧陽脩の「朋党論」（『唐宋八大家文読本』巻一〇所収）の系譜にあるといえるだろう。(25) 興味深いことには、松陰が五七人の伝を抄録し跋文を書いた（安政六年正月九日）、清人汪琬の『擬明史列伝』には、東林書院に結集し、民衆の輿論を背景に政治批判を行った明末の東林党関係者が、多数含まれていた点である。(26) というのは、この東林党の朋党観こそが、小野和子によれば、「東林党の人びとは、欧陽脩の朋党論をふまえつつ、小人が朋党をつくって君子を排除しようとする以上、これに対抗してゆく為には、君子もまた朋党を組まざるを得ない。かりに彼らが朋党だとして指弾しても朋党を解散することがあってはならないという立場をとった」(27) ものだったからである。松陰もこうした朋党観にたって、時の権力を弾劾した東林党の行動を支持したのである。

（3）幕末の朋党観と松陰の地点

このような松陰の朋党肯定の立場は、幕末日本の思想状況のなかで、いかなる意義を有しているのだろうか。ここで、幕末の朋党観を一瞥しておこう。原則的に徒党が禁止されていた江戸時代、朋党が忌避されたことはいうまでもない。たとえば、佐藤一斎は次のように説いている。

「方は類を以て聚まり、物は群を以て分る」と。人君は国を以て党を為す者なり。苟も然ること能はずんば、下各々自ら相党す、これ必然の理なり。故に下に朋党あるは、君道の衰なり、乱の兆なり。(28)

（佐藤一斎『言志録』）

また、松陰とも親交のあった横井小楠も、「方今諸藩大抵分党の憂ある様に見候。歴史上にて見候に、国に分党あるは禍の本づく所に候。分党の憂を消し候は何の術を用ゆべく候哉」という問いにたいして、次のように答えている。

是は上たるもの、明の一字にあることに候。上たる者、党派の別には目を付ず、只其人才を見立て之を抜擢いたし候えば、党派は自ら消する者に候。全体君子・小人、類を以て分れ候こと、丁度酒飲の酒中間、茶飲の茶中間同様にて、必ず有レ之者に候。只上明にさへ候えば朋党の禍は無レ之候。(29)

（『沼山対話』）

小楠もまた、水戸藩の朋党を恐れ、藩を二分する党争の原因は、藩主徳川斉昭の人材登用に依怙贔屓があるからと考えていたのである。

このような朋党否定の一般的な風潮のなかで、苛烈な党争を繰り広げた水戸藩の精神的な指導者であった、藤田東湖の朋党論は際立っている。東湖の代表的著作であり、幕末の志士に広範に読まれた『弘道館述義』（松陰は安政三年一〇月に校合している）のなかで展開されている朋党論である。徳川斉昭の弘道館記には、「集二衆思一、宜二群力一、以報二国家無窮之恩一」という一節があるが、これに対して、東湖は「集二衆思一、宜二群力一」することは、「人君の要務」であると、藩主の側の注意をうながしたものとして解釈し、藩主が「大いに慮るべきもの」として二つあげている。その一つが「雷同の弊」であり、もう一つが「朋党の禍」である。前者については、藩主の意におもねる「小人」がいるから、そのような者たちに注意しなくてはならないとする。後者については、「君子」が藩主に仕えるとき、直言するから「不敬」であると間違われ、「大義大節に臨」んでは、「刀鋸鼎鑊」にも恐れず、その志を奪うことはできない。それほどの正義の士であるから、逆に「小人・奸吏」の忌むところとなって、陥れられ、讒言される場合もある。彼らの非難の言葉が「朋党」であった。これによって、かえって「朋党の説一たび行はれて、闔国蕩然としてまた君子なし。これを朋党の禍と謂ふ」(30)と、東湖はいう。東湖は、正義の君子が藩主に正しいことを直言し、志を遂げること自体を非難しているわけではない。むしろ、そうした正義の士の行動を「朋党」の名目で押さえつけることを弾劾しているのである。

世上にてはいろいろ名目を付、或は両派、或は江戸登り仲磨・長刀組・天狗、其外相唱候歟にて、俗より見候はゞ党を結び御政事を批判仕候様申ならし、上の御聡明をくらまし候儀何共安心不レ仕候、(31)

（「東湖封事」、天保一二年一一月二日）

ここでは、「天狗党」という非難の言葉が自負をもったプラス価値に転化する。こうした朋党観の転換には、東湖なりの道義的な正当性への信念があったのである。松陰は「擬明史列伝抄の後に書す」を書いた時点で、まさにこの藤田東湖の立場に近づいたといえるだろう。「擬明史列伝抄の後に書す」には、次のように説かれている。

吾が神州は人物忠厚にして政教寛柔なり、然れども尚武の俗、万国に踰越す。何如せん近時陵夷の極、漢・明を論ずるまでもなく、乃ち弱宋を併せてこれに及ぶ能はず。今を生《いか》して古に反《かへ》し、衰を回らして盛に復すこと、茫々たる八洲、吾が党を舎《お》きて其れ誰れにか望まん。乃ち水戸の諸士の如きは、則ち先づ吾が心を獲たるものかな。

（『己未文稿』、「擬明史列伝抄の後に書す」、全五、一三九頁）

ここでの水戸の志士にたいする賞賛は、戊午の密勅への対応のみならず、朋党を組むことへの賛意を含んでいただろう。とはいうものの、安政六年の時点においても、松陰は徒に朋党の誹りを受けることに慎重ではあった。

一二人の言のみにては彼方にも朋党の疑もあるべし。夫故第一に大義、第二に時勢、第三に急務、扨夫から段々手を下し君公へ御上書も被レ成べし、両相へ書翰も与らるべし、出府も御願被レ成べし、両政府の手元か御直目附など御呼寄も被レ成べし。左候て吾が輩の事無理を強ゆるに非ず、朋党の偏私に非ず、妄動好レ乱に非ること事明白に相成候はゞ必大策成就すべし。（「入江杉蔵宛」、安政六年正月二三日、二九三頁）

あくまでも、「大義」「時勢」「急務」という三つの条件のもとで、「無理」を強制せず、「朋党の偏私に非ず、妄動好乱に非る」ことを明白にして行動すべきだ、と説いている。そうだとしても、会読での討論を討論に終わらせず、「自得」した内容を同志に語り伝え、朋党にたいする「庸人俗吏」の非難にもかかわらず、朋党を組み、政治的な運動につなげていこうとした松陰の思想の画期性は特筆すべきである。ここにおいて、松陰の「吾が党」の朋党は政治的結社となったのである。(32)

五　読書から政治の場への転換

本章では、吉田松陰の松下村塾を通して、幕末の会読の場で何が起こっていたのかを見てきた。その自由闊達な会読の場では、経書・史書の読書にとどまらず、政治的行動が謀議されていた。幕末の切迫した政治状況のなかで起こった、討論する読書の場から政治を討論する場への転換において、どのような問題があったのか。どのような観念を克服しなくてはならなかったのか。本章ではこの点について二つの問題を指摘した。

第一は、読書のなかの「自得」はみずからの内に蓄えておくべきものという観念の否定であった。読書＝学問とは「己れの為にする」道徳的修養のためのものであるとする考えは儒学の基本観念であるが、松陰は、「自得」

したものを不特定多数の人びとに「語る」ことを積極的に勧めた点で、江戸期の読書観の枠を超え出たのである。そして、第二は、朋党を組むことを肯定して、同時代の通念を否定した所に、松陰の大きな思想史的な意義がある。これは、江戸期の徒党禁止のタブーを打ち破る革命的な考えであったといえるだろう。

会読の場が政治的な討論の場に転換した際、この語ることと朋党を組むことの二つが問題として立ち現れたという事実は、明治時代の会読の変容を想起するとき、その思想史的な意義は明らかになるだろう。一つの見通しを述べれば、この二つの問題は、幕末の尊王攘夷運動を超えて、明治期のさまざまな演説や結社の成立に深くかかわっているという点で注目すべきである。自己の思いを語り公開することは、学術・政治集会で行われた演説につながり、さらに同志を増やし朋党を組むことは、自発的な結社につながってゆくだろう。明治の自由民権運動における演説と読書の学習結社も、思想史的にみれば、松陰によって自覚化された、みずから考え「自得」したものを語り、朋党を組むことを肯定するという二つの革新的な観念のなかから生まれたのである。

ここで最後に一つの象徴的な事実を紹介したい。徳富蘇峰は、革命家としての松陰の伝記を書いたことでよく知られているが、その蘇峰の大江義塾では、本章で取りあげた「諸生に示す」を収める『戊午幽室文稿』が、中村敬宇訳『西洋品行論』とともに熟読されたという(33)。この大江義塾では、課外に毎月三回の講習会を開き、一回を討論会、二回を読書会にすることが規則化されていた。この読書会のなかでは『戊午幽室文稿』がテキストとされていた。「未だ嘗て縄墨を設けず、交ふるに諧謔滑稽を以てする」松下村塾の会読は、そのまま「自由学校」大江義塾教育の特色である読書会に受け継がれていたのである。

（1）　テキストは、書簡はすべて『吉田松陰』（日本思想大系54、岩波書店、一九七八年）を使用し、書簡以外の著作については、山口県教育会編『吉田松陰全集』一〇巻（大和書房、一九七二年）を使用した。以下、巻数と頁数を本文中に略記した。

（2）拙著『江戸の読書会――会読の思想史――』（平凡社選書、二〇一二年）参照。本章の関心と叙述と重なる部分があるので、後期水戸学などを論じた拙著をも参照されたい。

（3）藤田省三「書目撰定理由――松陰の精神史的意味に関する一考察――」（注1日本思想大系『吉田松陰』）六一一頁。

（4）海原徹『吉田松陰』（ミネルヴァ書房、二〇〇三年）に、「随所に工夫や仕掛けをこらした授業」として、松下村塾の会読が紹介されている。

（5）明倫館でも会読、講ずる会読＝輪講が行われていた。月の二の日には、孝経小学会（抽籤輪講討論）、三の日に大学論語会（前に同じ）、四の日に詩経書経会（前に同じ）、七の日に、孟子中庸会（前に同じ）、九の日に易経礼記春秋会（前に同じ）、とほぼ毎日輪講が行われている（『日本教育史資料』第二冊、文部省、一八九〇年、七四三頁）。この輪講会の成り立ちには、山県太華の力があったと推測される。太華は、荻生徂徠の弟子山県周南の子孫であったため、はじめ徂徠学を亀井南冥に学んだが、江戸に出て朱子学に転じた。天保六年に、周南同様に、明倫館学頭になった。天保一三年八月の達に、太華は「御家来中少壮ノ者」への文武稽古への内意を伝え、同年九月には、萩在住の諸士のうち、「文学心掛門弟教導仕候者」に月々三回の講釈への出席を求めるとともに、「少壮ノ者ハ別テ出会輪講可仕候」という達が太華に伝えられている（同前、六七九頁）。この達が端緒になって、輪講の制度化が進んだと思われる。さらに、松陰の死後の文久三年には、明倫館の学生ばかりか、「二六歳より四〇歳まで」「四〇歳以上」の者までが、「会講」をするよう、藩が命じている（同前、七四九頁）。第Ⅳ編第三章参照。

（6）筆者は、兵書と経書との間に思想的な対立を認め、その対立をどのように止揚していったのかという観点から松陰の思想を検討したことがある。拙稿「吉田松陰における兵学と朱子学の止揚」（『近世日本の儒学と兵学』ぺりかん社、一九九六年）参照。

（7）文字の穿鑿の会読とは、具体的にいえば、第Ⅱ編第四章で見た昌平坂学問所の経書の注疏をめぐって討論する会読である。

（8）幕末に昌平坂学問所の書生寮に入寮した佐賀藩弘道館出身の久米邦武は、江戸では、「外出すると有名な人物に紹介を求めて訪問し、面会し、談論し、遊学の主要目的は課程よりは大家先生の訪問にあり、読書よりも名士の談論によって学問は進むもの」と考え、さらに「大家先生」「名士」を求めて、全国を遊学の名目で「遊歴」して、各地の「大家先生」「名士」と「義論」したという。また書生寮「寮内でも申し合せて会読をして議論を闘はすを有益とし、優秀な学友の卓抜な議論は人を啓発する力が強いと信じて居た」（『久米博士九十年回顧録』上巻、早稲田大学出版部、一九三四年）と回想している。名士の訪問・議論は松陰のみの特別なことではなかった。R・P・ドーアはこの久米の回想を引照して、「諸藩間のこのように広範囲な学生交流がもたらした一つの重要な効果はもちろん、全国的規模の知的共同社会の形成を助けコミュニケーションの接点と経路を確立したことだった。コミュニケーションの確立は自覚的な民族意識の擡頭を促し、また一旦政治的変動が生じると、その変動が中央集権的国民国家の成立に向うのを確実化した」（『江戸時代の教育』松居弘道訳、岩波書店、一九七〇年、一〇二頁）と的確に指摘している。

（9）八木清治『旅と交遊の江戸思想』（花林書房、二〇〇六年）参照。

（10）徳富蘇峰『吉田松陰』（岩波文庫、一九八一年）八〇頁。

（11）野山獄中の獄中教育の『孟子』輪講については、注（4）海原書（一〇二〜一〇八頁）が詳述している。

（12）会読メンバーを「諸君」と呼び合うことは、一八世紀前半の荻生徂徠の蘐園社中でも同様であった。ここに、会読の原理である対等性が現われている。注（2）拙著参照。

（13）川口雅昭は、大和書房版『吉田松陰全集』の「社」一九、「党」四二、「同志」一〇一の用例を分析して、松陰における「吾が党」が野山獄中の学習集団から、安政五年七月頃に政治結社へと転換していることを指摘している。川口雅昭「吉田松陰における教育実践の性格――「吾が党」の自覚との関連において――」（『日本の教育史学』三五号、一九九二年）参照。

（14）注（2）拙著参照。読書における「虚心」の必要性は、徂徠学派の太宰春台も説いていたが（本書第Ⅱ編第一章参照）、「心術」涵養の場であるという説は朱子学者のものである。山県太華の「虚心」肯定はいうまでもなく、朱子学者の立場からのものである。とくに、異説を受け容れるという「虚心」説は、幕末の政治的抗争の時代には、大きな思想的な可能性をもっていた。それは、山県太華が学んだ昌平坂学問所の書生寮の書生の自由さとして現われている。明治になって江戸幕府役人が証言した『旧事諮問録』には、次のようなやり取りが記されている。「◎問、御維新前に昌平校（昌平坂学問所、湯島の聖堂）にいる書生が、どの位、輿論を動かしたのです。たいていは勤王説だったのですか。会員、勤王説もあり、佐幕説もあったのです。◎問、何によって違いましたか。重野氏、それは人々によって違ったもので、みな縁を離れて論じたのです。◎問、書生寮の中で喧嘩はできませんでしたか。重野氏、そんなことはないが、議論などはあったのです」（『旧事諮問録』第六編、岩波文庫（下）、一九八六年、一五七頁）。「議論」はするが、「喧嘩」はせず、「縁を離れて論じ」あうことができたのは、会読の場での寛容な精神を培っていたからである。そもそも、明倫館の大儒太華が、処罰を受けた松陰の『講孟余話』にたいして批評を加えるのも、松陰の異説を認めたうえで、理性的に論破しようとしたからである。

(15) 王陽明が山水の間に弟子を教育したという逸話は、「蓋し先生の同志を点化するは、多くこれを山水に登遊するの間に得たり」（『王陽明年譜』正徳八年条）とある。

(16) 「読書は貧者の楽といへるもむべなり」（『楽訓』巻上）と説いた貝原益軒にとっては、まさに読書それ自体が楽しみであって、何かのための読書ではなかった。こうした読書の楽しみが近世身分社会のなかで果たした思想的な意義については、評価する必要がある。拙稿「近世儒学論」（『日本思想史講座3　近世』（ぺりかん社、二〇一二年）参照。

(17) 『佐藤一斎・大塩中斎』（日本思想大系46、岩波書店、一九八〇年）八二頁。

(18) 同右、四二頁。

(19) 同右、一二〇〜一二一頁。

(20) 第Ⅲ編第三章で見た平田篤胤の講釈にしても、「無学の人」と学者との差別はあり、「無学の人」を代弁する学者という立ち位置にいた。「無学の人」への裏返した差別意識だともいえる。そこから、篤胤は「無学の人」のルサンチマンを言説化していた。ところが、松陰の場合、はじめから「無学の人」への差別意識はない。よく知られた被差別民への松陰の共感と、篤胤における被差別民への差別意識の助長とは、対極をなしている。

(21) 後藤宏行は、明治になって福沢諭吉がスピーチの導入を試みたのは、スピーチが「国民が共に考える話法」であったからであると指摘している（『「語り口」の文化史』晃洋書房、一九九九年、三二一頁）。後藤が論じるように、不特定多数を対象とする「マスローグとしてのスピーチが、〈共に考える〉話法でありうるためには、送り手のスピーカーはもとより、受け手の聴衆一般もまた、共同体から自立した、都市的、近代的な人間関係のなかで生きていることが必要であった」（同右、三三二頁）とすれば、松陰は講釈を聞く「牛夫馬卒」とともに語り合い、考え合っているのである。その意味で、会読と講釈の垣根はなくなって、福沢のスピーチ＝演説となったといえる。

(22) 松陰と山県太華との論争の経過については、桐原健真『吉田松陰の思想と行動』（東北大学出版会、二〇〇九年）参照。桐原は、論争が一年有半にわたるもので、その間に『講孟余話』は論争をふまえつつ書かれたことを実証している。

(23) 高橋文博『吉田松陰』（清水書院、一九九八年）一〇四頁参照。高橋は、「先覚後起の思想」とは「少数の自覚した人々の「志」が多数の潜在的な「同志」の自覚を喚起して、必ずや広範な人々の結集を可能とするという発想」であると指摘している。

(24) この一文は、兵書『呉子』を踏まえているだろう。「一人学㆑戦、教成㆓十人㆒、十人学㆑戦、教成㆓百人㆒、百人学㆑戦、教成㆓千人㆒、千人学㆑戦、教成㆓万人㆒、万人学㆑戦、教成㆓三軍㆒」（『呉子』治兵第三）。もしそうであるとすれば、太華が松陰に「私ニ兵ヲ興」そうとする底意を嗅ぎ取ったのも、故ないことではない。ちなみに、松陰はこの『呉子』の一節を引照しながら、長州藩で江戸遊学に志す人が、徐々に増えてゆけば、「大分面白相成」と説いている（「小国剛蔵宛」、安政五年四月朔日、二二九頁）。

(25) 欧陽脩は、「利を同じくするを以て為」る「小人の朋党」と「道を同じくするを以て為」る「君子の朋党」を区別して、「君子の朋党」を肯定した。ちなみに、伊藤東涯もまた、「朋党の興るは、上、其の権を失ひて、賞罰明かならざる故なり」と説いて、「党の名を借りて、以て衆君子を擠すのみ」と、朋党の名目で、「君子」を陥れようとする「小人」の論だ、と欧陽脩説を肯定している（『間居筆録』巻中、『日本儒林叢書』巻一、復刊鳳書房、一九七八年、三六頁）。儒教的観念としての「朋党」には、もともと排除論と擁護論がある。そのうち、雍正帝の「御製朋党論」が「偽党撲滅」の排除論であるのにたいして、欧陽脩の「朋党」観は「君子の朋党」を積極的に肯定する擁護論の典型である点については、山田央子『明治政党論史』（創文社、一九九九年）二五～三四頁参照。山田はこの儒教的観念である「朋党」と明治初期の翻訳語「政党」との間に連続と断絶の両側面があることを論じている。

(26) 「擬明史列伝抄」の五七人の伝のうち、八人が東林党関係者である。王象乾、金士衡、侯震暘、周宗建、周順昌、喬可聘、衛景瑗、黄淳輝の八人が、小野和子の東林党関係者一覧（『明季党社考――東林党と復社――』同朋舎出版、一九九六年）にリスト・アップされている。

(27) 同右、二七一頁。

(28) 注(17)『佐藤一斎・大塩中斎』四〇～四一頁。
(29)『渡辺崋山・高野長英・佐久間象山・横井小楠・橋本左内』(日本思想大系55、岩波書店、一九七一年)五一〇頁。
(30)『水戸学』(日本思想大系53、岩波書店、一九七三年)三三四頁。
(31) 菊池謙二郎編『藤田東湖全集』(博文館、一九〇九年)八五九頁。
(32) 注(13)川口論文参照。
(33) 花立三郎『大江義塾』(ぺりかん社、一九八二年)一五八～一六〇頁参照。

第三章　長州藩明倫館の藩校教育の展開

一　創設期と重建期との関連

長州藩は全国諸藩のなかで、藩校組織の整備が早かったことで知られている。(1) 全国に藩校が爆発的に普及したのは一八世紀後半であったが、(2) 長州藩では、享保四年（一七一九）にすでに明倫館が創設されている。その後、宝暦から安永期の刷新の時を経て、天保期の村田清風による藩政改革のなかで、嘉永二年（一八四九）に移転、新築され、学風を一新した。藩内には、この明倫館の他にも、三田尻の越氏塾《えつしじゅく》や吉田松陰の松下村塾のような郷校・私塾が数多く存在して、教育活動を行っていた。

明治期に編纂された『日本教育史資料』には、明倫館の関係史料が数多く収録されている。(3) この史料の豊富さのゆえに、これまでも多くの研究がなされてきた。近年の主なものだけでも、小川亜弥子『幕末期長州藩の洋学史の研究』（思文閣出版、一九九八年）、小川国治・小川亜弥子共著『山口県の教育史』（思文閣出版、二〇〇〇年）、牛見真博『長州藩教育の源流――徂徠学者・山県周南と藩校明倫館――』（渓水社、二〇一三年）がある。(4)

従来の明倫館研究において問題となってきた論点は、創建期と重建期との関連である。すなわち、創建期の徂徠学から重建期の朱子学へと、学風が切り替ったことが注目されてきたのである。創建期では荻生徂徠の弟子山県周南、重建期では周南の後裔山県太華が中心人物である。たしかに、学風の転換によって徂徠学から朱子学へと、教育内容はがらりと一変した。しかし、それはたんなる教育内容の変化にすぎないのだろうか。そこには、より根底的な問題が潜んでいるのではないか。この点で示唆を与えるのは、重建後の変化を述べた石川謙の次のような指摘である。

学問にしても武術にしても、個人のたしなみ、本人限りの修養という見地からでなく、藩自身の維持と繁栄に役だつ「有能な藩士」を養成する目的をもって、学ばせるしくみにかわった。個人訓練もだいじにはちがいないが、集団学習、部隊教練が新しく力説されたのである。(5)

石川は、「本人限りの修養」から「有能な藩士」の育成に目的をかえ、さらに個人の訓練よりも「集団学習」「部隊教練」に変わったという。ここで重要なことは、石川が学風の変化を藩校教育の目的と学習方法の二つの観点から論じている点である。本章ではこの石川の観点に立って、明倫館の藩校教育の変化について、より詳細に検討してみたい。

その際、とくに石川のいう「集団学習」の学習方法に着目したい。というのは、幕末の長州藩には、自由闊達、平等な「集団学習」を行ったことでよく知られている吉田松陰の松下村塾が生まれていたからである。(6)これまでの教育史研究では、明倫館と松下村塾、広くいえば、藩校と私塾との対抗図式のなかで、松下村塾のユニークさをクローズアップするあまりに、明倫館と松下村塾の断絶面ばかりを強調してきたように思われる。(7)しかし、明倫館で「集団学習」が力説されていたとすれば、松下村塾の学習方法といかなる関係にあるのだろうか。

そもそも、この「集団学習」の学習方法とは、一つの経書・史書を共同で討論しながら読み合う会読を指している。(8)江戸後期、藩校教育の方法には、素読、講釈、会読の三つがあった。七・八歳ころから経書を暗誦する素読の基礎課程を修め、その後、一五歳ころから一斉授業である講釈を受け、さらに上級の者たちが集まって会読を行うことが、藩校教育の一般的な方法であった。明倫館のなかで、この「集団学習」としての会読は、いつごろから行われたのだろうか。徂徠学の創建期であろうか、それとも、朱子学の重建期であろうか。また、会読という読書・学習方法は藩校教育の目的とどのように関わっているのだろうか。さらに、松陰の松下村塾で行われていた会読との違いはあるのだろうか。

本章ではこうした諸問題を検討することによって、創建期と重建期との間には、徂徠学から朱子学へという教育内容のみにとどまらず、もっと根本的な転換があったことを明らかにしたい。それはたんなる明倫館の現象ではなく、江戸時代の藩校教育の一般的な傾向を示していると思われる。その意味で、明倫館の長期にわたる活動を定点観測することで、江戸時代の藩校教育の展開過程を描き出すことを目指している。

二　創設期の風俗教化の目的

(1) 講釈による風俗教化

享保四年（一七一九）正月、藩主毛利吉元は家臣の文武奨励のため、城内三の曲輪に明倫館を創設した。初代学頭となったのは、林鳳岡門下の小倉尚斎《おぐらしょうさい》（一六七七～一七三七）である。[9]尚斎は在職一九年で、元文二年に死去した。この後を継いで、第二代目の学頭となったのが荻生徂徠の弟子山県周南（一六八七～一七五二）であった。これまでの研究で、創建時以来、この周南の明倫館教育に果たした役割が大きかったことが明らかにされているが、[10]本章では藩校教育の目的と方法について、林家の朱子学と徂徠学の影響について考えてみたい。

基本的には、明倫館は文武を奨励し、家臣の風俗教化のために創建されたといえる。この時期、藩財政の逼迫による緊縮財政のもと、「御家来中、近年御倹約事ノミ打続、文学武芸等ノ沙汰モ疎カニ相成、諸士之風俗不レ宜様有レ之節ハ、連歌茶ノ湯盤上等之玩ニ移リ、却テ倹約之為ニモ不レ宜」（「享保三年達」、六五八頁）と、逆に家臣の風俗は遊惰に傾いていた。こうした武士としてあるまじき退廃状況にたいして、藩主吉元は「御家来文武諸稽古之儀」（「享保四年正月達」、六六〇頁）を振興し、「風俗」の刷新を図ろうとしたのである(11)。

文学諸武芸、諸士常ニ相嗜候儀ハ勿論ノ事ニ候。尤此道興隆ノ事ハ、風俗ノ本ニシテ、大小ノ御家来中弥以面々可レ嗜業ニ怠ラス、其道ニ深ク志候様ニ有レ之度儀ト被二思召一候。（「享保三年六月達」、六五九頁）

明倫館の名前の由来は、この風俗教化に関係していた。もともと、明倫館の名前は、「孟子曰く、庠序の学校を設為して、以て之れを教ふるなり。皆、人倫を明らかにする所以なり。人倫、上に明らかにして、小民、下に親しむ」(12)（『周南文集』巻七、「長門国明倫館記」、元文六年成）とあるように、『孟子』滕文公篇の言葉から取っている。山県周南はこれを次のように敷衍している。「明君は治を為すや、学校の設有りて、以て教化を弘む。其の功、極めて大なり」（『周南文集』巻五、「明倫館釈采儀注序」）。明倫館は風俗「教化」のために創建されたのである。

創設時に行われた素読と講釈は、そのための具体的な方法であった。素読については、「文学素読、例月二日ヨリ隔日、朝六時ヨリ五時迄之事。但素読之儀ハ、明倫館ニカキラス、処々ニ於テモ心掛可二相学一事」（「享保四年正月達」、六六〇頁）とあるように、偶数日の午前六時頃から八時頃まで行われた。この明倫館内の素読稽古を担当したのが、「稽古場諸生十人被二差置一」（同右）とあるように、のちに述べる居寮生である「諸生」だった。この素読が幼少の者たちの教育方法であったのにたいして、家臣に向けては講釈がなされた。享保四年の「文学諸武芸稽古ノ式」には、講釈の日程が次のように定められていた。

一、儒書講釈、例月十二日宛之事。
一、兵書講釈、例月六日宛之事。但於二武学所一可レ講レ之事。（同右）

「儒書講釈」はひと月に二回、「兵書講釈」はひと月に六回、行うことになっていた。この他に諸武芸・馬稽古があった。享保期から少し後の次の史料は、この講釈担当者に向けての注意であるが、講釈にたいする藩当局の考え方が示されている。

一、講釈ハ、聖賢ノ道ヲ諸人ノ教ヘニナス事候得ハ、御座ニ附候ヘハ、第一其身ノ行規作法肝要ニ可二相慎一儀、勿論ノ事候。毎ニ人ニ依、猥ノ輩モ有レ之様ニ相聞ヘ、甚其道ニ不レ叶候様条、其慎専ニ可二相心得一事。

一、本文ノ六義ハ勿論、其事々ニ寄リヒキ事ナド仕、初心ノ者モ其義理能聞請候様ニ講釈致シ、諸人能存付候様ニ可二相勤一候事。

一、講釈ハ、其義理能《よく》分リ候得ハ、相済事ト見ヘ候得共、言葉違ヒ余リ田舎メキ平口ニテハ、表方場所ニテ耳立悪敷候間、此段モ心掛可二相用一候。（「寛延元年八月御手廻頭口達、講師小田村文助外三人」宛、六六七頁）

講釈する内容は「聖賢ノ道」であって、儒学の経書の「義理」であった。講釈者は「身ノ行規作法」を慎み、「初心ノ者」の聴聞者に分かりやすく、かといって、「言葉違ヒ余リ田舎メキ平口」であってはならない、と説かれている。聴講者への配慮が求められているのである。

さらに、随分後の「寛政二年直諭」では「享保ノ始」の創設意図を述べて、「講釈令二聴聞一ハ、其躬ノ行規作法モ正シク相成、執政心得ノ益モ可レ有レ之事ニ候」（六七〇頁）と再確認している。もちろん、この「寛政二年直諭」は当初の意図が達せられず、「於二于今一ハ、学館講釈聴衆モ寡《すくな》ク、少壮ノ者モ漁猟遊観ニ日ヲ過シ、文ヲ学ハス、武芸ヲ修練セスシテ、何ヲ以テ主用ニ立ンヤ歎シク候」（六七〇頁）と現状を慨嘆している直諭なので、そのまま創建当時の講釈観とはいえない（この点はのちに述べる）。しかし、参考にはなるだろう。藩当局は家臣たちに講釈を聴聞させることによって、「其躬ノ行規作法」を正しくすることを目論んでいたのである。

(2) 養老の礼の重視

こうした風俗教化のための講釈は、同時期、朱子学を奉ずる林家の湯島の聖堂でも行われていた。元禄四年（一六九一）以来の聖堂の仰高門東舎の公開講釈は、享保二年（一七一七）、休日なしの日講制になって、庶民に開放され、翌年、旗本・御家人のための御座敷講釈が始まっていた。その意味で、講釈聴聞は明倫館の特徴ではない(13)。では、これまでの研究史が明らかにしているように、創建時から山県周南の影響が強かったとすれば、どこが徂徠的だったのだろうか。一つ考えられることは、創建時にすでに講釈ばかりか、為政者が藩内の老人を率先して敬い、孝行の模範を示す儀礼である養老の礼を行ったことであると思われる。明倫館では言葉による講釈だけではなく、礼楽制度による風俗教化を行おうとしたのである。

今侯、立ちて、先侯の政を継修して、有司を戒め、庶績を録し、学宮を申令し、教化を謹む。其の国に或るや、仲春親《み》ずから学宮に至り、先聖を祭り、養老の事を行ふ。先侯の道を遵奉して光有り。

（『周南文集』巻七、「長門国明倫館記」）

享保四年（一七一九）二月一九日に、藩主吉元は明倫館に臨み、聖廟を拝して、周南と佐々木源六が作成した『釈菜儀注』に基づいて、「先聖」を祭る釈菜を執り行い、それに続いて「養老の事」を行った。士列の七〇歳以上の者五人、庶民の八〇歳以上の者四人、ならびに徳行の者を召して、酒食を饗して物を賜ったという(14)。この時の様子を、「長門国明倫館」の「耆老を賓し、養老の道を観す」の割注は次のように記している。

祭礼畢りて盛礼を設けて、学に士の老五人、庶人の老四人を饗す。饗畢りて、帛を賜ふ。献官は接伴す。国主親《み》自ずから存問す。

（『周南文集』巻七）

養老の礼に着目していたのは、ほかならぬ、周南の師荻生徂徠であった(15)。徂徠は、「『大学』なる者は、古の大学に養老・序歯等の礼あり。これその義なり」(16)（『弁道』）と、『礼記』中の一篇『大学』について、「養老・序歯等の礼」を説いた経書だと独自の解釈をしていた。周南はこの徂徠のいう「養老の礼」を長州藩のなかで実現したのである。ここで、庶民の老人も含めていたことは、風俗教化が武士のみならず、庶民をも想定していたことを示唆しているだろう。

君は民の父母なりといへり。世を保つ人は、世は皆我赤子なりと思ひ給へり。大学の教養老序歯の礼を本として、天下に孝弟を教へ給ふ。孝弟風俗になれば、天下戸々人々安楽の生を遂ることなり。故に堯舜之道孝弟而已矣といへり。(17)（『周南先生為学初問』巻上）

明倫館の養老の礼が『大学』に依拠する徂徠学によるものだという点は、同じ徂徠門下の宇佐美灊水が指摘していた。

長門の明倫館にては養老の礼を行ひしと伝へ聞けり。養老の礼は古天子諸侯、老人の徳高き人を敬ひて、自身に庖厨に入り刀を取て料理し玉ひ、自身に膳を居へて老人を敬ひ玉ふ礼なり。書経（泰誓上）に天佑レ下、民作二之君一、作二之師一とあり。人君は民の師なり。故に民に尊長を敬ふ事を自身なされて、下万民に見せ玉ふなり。依レ之万民是を感して上たる人さへも如レ此老人を敬ひ玉ふ、況や下たる者老を敬せさらんやといふて、孝弟を行ふなり。此礼は既に行ふたる人あり。今行はんと欲する時は、難き事にあらす。大学は養老の事を言ふたる書也と先師の説也。(18)（「事務談」、宝暦二年八月成）

ただ、この養老の礼が、孔子を祭る釈菜と関連して執り行われていることは注意すべきである。(19) 明倫館の創建時、講堂に孔子・顔子・曾子・孟子などの木像が安置され、これらの尊号は、初代学頭小倉尚斎を通して大学頭林鳳岡に依頼して、揮毫されたものであった。周知のように江戸の湯島聖堂では、林家が儒学普及を目指して、釈菜を毎年二回、励行していた。その点では、明倫館の釈菜も林家からの影響を受けていたことは間違いない。しかし、それはどこまでも限定的であったといえるだろう。というのは、林家の主宰した幕府の釈菜は養老の礼とは関わりがなかったからである。その意味で、享保四年の最初の釈菜の時から、養老の礼を併せ行っていた点で、創立当初の明倫館を主導した学問は朱子学ではなく、徂徠学だったことを示唆しているのである。

三　創建期の人材教育の目的

（1）学者の育成

創設期の藩校教育は風俗教化ばかりでなく、人材教育も目的の一つであった。そのことを端的に示しているのは、周南の定めた「学館功令」（元文三年）である。それによると、「学校の設は、材を達し徳を成し、上以て国家の用に供し、下以て矜式する所有らしむ」（七四四頁）とあるように、「達材成徳」を目的とすると記されている。(20)

ただ注意すべきは、「達材成徳」は家臣一般の人材教育ではなく、儒者＝学者の育成であった点である。長州藩では、明倫館創建より前、享保三年（一七一八）に、儒学を家業とする「家業人」の地位を向上させていた。「文武諸稽古」の「指南」を担う「家業人」の身分が低いままでは、儒学を学んでいると、「平人ハ家業人ニ似寄《により》候テハ気ノ毒ニ存候」からであり、「家業人」は「ヲノツカラ其業ヲ厭ヒ、平人罷成度志ノミニテ、御家来中指南モ疎《おろそか》ニ相成」（「享保三年達」、六五九頁）るからであるという。そのため、それまで医師・絵師・能狂言師・連歌師とともに寺社組に属していた儒者を、藩政の中枢に参画できる大組へ昇格させた。(21)この結果、小倉尚斎と周南の父親山県長伯は、僧形を改めて畜髪して、寺社組から大組に昇進することができた。(22)

創設期の明倫館の目的の一つは、「家業人」のような、儒学を専門とする学者の育成にあったと思われる。(23)その意味で、第Ⅰ編第一章で見た、博学多識の学者「教育」を目指した林家塾の教育目的と変わりなかったのである。事実、明倫館内に「諸生」を置いたのは、そのための具体策だった。「諸生」は先に触れたように、隔日に行われていた初級者にたいする素読を担当していた。「入込諸生」（入寮者）には御養生、付食生、自賄生がいて、享保期の定員は、御養生が七人、付食生が一一人、自賄生が一〇人で、四寮に七人ずつ分宿していた。このうち、御養生には二人扶持（一人扶持は一日につき五合、年間一石八斗）が支給され、付食生には食事が無料で与えられた。入寮生の他に通学生もいた(24)。このうち、二人扶持を支給された「御養書生ノ儀、多クハ諸士二男三男、其外浪人者之内、相願申上相聞候」（「元文四年二月明倫館頭人へ達」、六六二頁）者たちであるという。というのは、「諸士ノ嫡子ト相聞候ハ、強《しい》テ学問不ㇾ令㆓上進㆒候テモ、入館程ノ身分得徳ニハ罷成」（同右）ことができるが、厄介者の二男三男や浪人者はそうはいかないので、給米を受けながら、学問を身につけることによって、立身するチャンスをつかもうとしたのである。

明倫館の諸生の教育目的が、「文武諸稽古」を担当する儒者＝学者育成だったとすれば、以下の徂徠の言葉も納得できるだろう。

松平民部大輔、萩ニ学校ノ様ナル事ヲ立テ、釈菜ヲモナシ、扶持方等ノ料ニ五百石附置キ、毎年書籍ヲ求ル料ニ又五百石、合セテ千石程ノ事ニテ家来ニ学文ヲサスル故、今ハ彼ノ家中ニ学者多ク出来タリ。去共西国大名ノ習ヒ、公儀ヲ憚テ深ク是ヲ隠ス也(25)。（『政談』巻四）

徂徠ははっきりと、萩では「学校ノ様ナル事」をして「学者」を多く輩出したと述べている(26)。また付け加えておけば、先に紹介した宇佐美灊水も、「長門城下に明倫館といへる学館ありと伝聞けり。学問を主として諸芸場ありといへり。是に依て長門に文学才芸の士多し。故に自然に大臣に学をたくむ人多しといへり」(27)（「事務談」）と、徂徠同様の評価をしていた。

(2) 徂徠学の影響

では、学者育成という点では、当時の林家塾と同じだとはいえ、どこに徂徠学的な要素があったのだろうか。その点、「達材成徳」が徂徠的であったかどうかは、周南の「上国相桂君」書（寛保元年ころ）にうかがうことができる。これは、家老桂広保が「徂徠の学」を「不敬」と非難していたことにたいして、反論している書簡である。そのなかで、周南は徂徠の教育論を次のように敷衍している。

其の（徂徠の）人を教ふるや、和風甘雨の草木に於けるが如し。其の学に曰く、「先王の道は敬天を本と為す」と。小大、其の敬を用ひざる莫し。何ぞ不敬を容れん。不佞既に已に遺教を奉じて周旋す。常に夫子を西河の民に疑はしめんことを恐れ、敢て師道自ら居らず。且つ子弟を教導するに、恒《つね》に其の天材を傷《そこな》ひて、人の子を害せんことを恐れ、往々、其の欲する所に従ひ、其の自ら之れを成すを待つ。籍りるに第令《たと》ひ之れを縄するに規矩を以てし、之れを督するに檟楚《かそ》を以てす。立てば、則ち尸の如く、坐せば、則ち斉の如し。出入必ず其の所為を抑裁せば、若し其の人、樕樕《そくそく》にして、道を任ずる器に非ざれば、則ち日に憔《やつ》し月に悴《やつ》し、必ずや萌芽にして銷《つ》きん。若し其の人、卓踔《たくたく》にして人を兼ねば、禹歩舜趨し、矜持色取、自ら視ること聖の如く、人を視ること豚の如し。其の行ふ所、毎に世と杆格《かんかく》し、其の終へざるに至り、殆んど父母を怨むに至らんや。不佞、人の子を害せんことを恐るるは、其れ此の為めなり。

（『周南文集』巻一〇、「上国相桂君」第二書）

周南自身はあえて学問上の「師」とならず、生徒たちを「規矩」によって拘束するのではなく、生徒の個性・適性＝「天材」に応じて、「小者は小成し、大者は大成」することを目指すという。こうした教育観は、徂徠の次のような「聖人の道」の考えが踏まえられている。「先王の教へ、詩書礼楽は、辟《たと》へば和風甘雨の万物を長養するがごとし。万物の品は殊なりといへども、その、養ひを得て以て長ずる者はみな然り」(28)（『弁名』巻下）。「聖人の道は、なほ和風・甘雨のごときか。物その養ひを得て以て生ず。生ずればここに長ず。あに窮り已むことあらんや。君子は以て徳を成し、小人は以て俗を成す。天下これを陶鈞の中に錯《お》くは、聖人の道しかりとなす」(29)（『学則』）。徂徠は、「和風・甘雨」の如き「詩書礼楽」＝「聖人の道」を学ぶことによって、「米は豆ニならぬ物に候。豆は米にはならぬ物ニ候」であるが、「世界の為にも、米は米にて用ニたち、豆は豆ニて用に立申候」(30)（『徂徠先生答問書』巻中）とあるように、それぞれの個性を伸長させて、「世界の為」になると説いていた。周南はこの徂徠流の個性教育論を別の箇所で次のように説いている。

> 聖人の代には棄才なしといへるも、此中の事なり。人心不レ同如二其面一（『春秋左氏伝』襄公三一年）といへり。人の性質人々不レ同、品々の生れあり。されど礼楽を学び教化を経れば、義理に通じ君子の道をしる故、性質相応の才徳成立なり。其器量に応じ、大なるは大官を授け、小なるは小官を授け、百官庶司それ〴〵に配当して用ひらるゝ時は、都て国家の用に不レ立といふことなし。是を棄才なしといへり。皆聖主の仁道なり。事長ければ言残しくおくなり(31)。（『周南先生為学初問』巻上）

「礼楽」を学ぶことを通して、多様な「才徳」を伸長させ、それぞれの「器量」に応じた官職を与えて、「国家の用」に立たせるのだという。これが、周南のいう「教化」である。「師」として諸生を教え込む教育ではなく、「聖人の道」の学びによって、諸生それぞれがみずからの個性を発揮させる「教化」である(32)。

こうした「教化」観の前提には、家柄や身分ではなく、「器量」によって評価する平等主義があったことに注意せねばならない。この点に関していえば、明倫館内の諸生の間では、「座次」は貴賤ではなく、単純に入学年次の違いによることを創立当初から定めていた。

> 於二館中一、諸生中座次ノ儀ハ不レ論二貴賤一、可レ為二入学一ノ次第候。然ハ先覚ハ後覚ヲ誘、後覚ハ先覚ヲ可レ敬段勿論候。（「享保五年十月学頭役へ達セラルゝ明倫館内規条々」、六六一頁）

館内で「貴賤」を否定していたことは重要である(33)。周南は、「学問ノ上ニ、貴賤ノ爵位ヲ立ルヲバ、非礼ト定メ玉フ」(34)（『太平策』）と説いていた徂徠と同様に、「貴賤」の別のない学校という空間で、諸生それぞれの個性に応じた「器量」を伸長することを目指していたのである。そのために、周南自身が「師道」（前出）に立つことはなく、学問を志す同志として、「諸生」たちと接したのである。

しかし、それにしても、徂徠学には、「不敬」の誹りを受ける可能性があったことは否定できない。周知のように、徂徠学、ことに古文辞学の詩文尊重は同時代の人々から非難をあびていた。周南もそうした危険性を意識していたのであろう。先に触れた「学館功令」（元文三年）を定め、厳格に寮生活の規律化を図ったのは、そのためだったと思われる。そこで、周南は人生の短さ、時間を意識せよと、徂徠をモデルにしながら諭している。

昔者、我が徂徠先生、年方《まさ》に四十にして、始めて古文辞を修す。蓋し十年にして、弁道を作る。先生の文に於けるや、見るべきのみ。諸生は館下に游び、三年を一限と為し、僅かに千有余日を得。白駒の過ぎる、立ちて竢《ま》つべし。朝夕孜々として、務めて功令に就くも、猶ほ且つ及ばざるを恐るべし。一日の中、遊惰にして時を竟れば、俄かに日の半を失ふ。三年は二三百日に下らず。古者、女功一月に四十五日を得、之れに加ふるに夜の半を以てするなり。勤惰の分、是くの如き者有り。鄙生、一日の長を以て叨《みだ》りに諸生の先に居る。今、故祭酒倉君の創る所に依て、少しく増損して学規を定む。

（『周南文集』巻九、「学館功令」）

さらに、周南は一日の細かい日課を定めた（七四四頁）。

卯時（午前六時）聞レ板興、盥嗽結束、外レ堂、温二読経書一。
辰時（午前八時）聞レ板下レ堂、入レ厨会食、食畢、入レ舎喫茶。
巳時（午前一〇時）聞レ板就レ業、各於二其舎一、若講日則聞レ板上レ堂、講畢、入レ舎、各就二其業一。
未時（午後二時）聞レ板入レ厨会食、食畢、入レ舎喫茶、除二会業一外、游息従レ心、若欲二出レ校弁一レ事者、告二館長一洒出、館長不レ在則告二都講一、及二酉時（午後六時）一必帰、若以レ事留レ外廃二夜業一者、先具二事由一、請二館長所一レ許、乃得二出去一。
酉時（午後六時）聞レ板就レ業。

戌時（午後八時）聞レ板入レ厨点心、畢即入レ舎就レ業。

亥時（午後一〇時）聞レ板罷レ業就レ安。

周南は二代目の学頭になったときに、このような「功令」を出すことで、教育方法の一新を図ったのだろう[35]。この「功令」のなかで、何より注目すべきは、会読が行われていたという点である。

会業を除くの外、游息は心に従ふ。（「功令」、七四四頁）

諸生の「会業」＝会読は、周南が第二代目の祭酒になった後のことかもしれない。今のところ、初代学頭の小倉尚斎のもとで、会読があったかどうかは分からない。もしかりに周南以降だったとしても、「国家の用」のための「達材成徳」を目的とした明倫館のなかで、会読をしていたことは、藩校教育のなかでもっとも早い事例ではないかと思われる[36]。

四　風俗教化と人材教育の間

では、先の風俗教化と諸生教育とはどのように関連しているのだろうか。先に見たように、明倫館は諸生教育の一方で、家臣に向けた講釈を行い、文武を振興し、風俗の刷新を目指していた。しかし、何度も繰り返し、家臣に講釈聴聞をうながす令達が出ていることから想像すると、必ずしも当初の目的が遂げられたとはいえないようである。その一つには次のようにいう。

文武ノ諸芸ハ、諸士ノ所業ニシテ、常ニ修練スヘキ事勿論ナリ。御先代深キ御思慮ヲ以、学館御造立有レ之。別テ此道ニ御心ヲ被レ寄、家中ノ諸士、国民ニ至ル迄、ヲノツカラ心立モ風俗モ厚ク相成候。御先代続テ、御興隆ノ御心遣浅カラス。数十年来連綿セシ所ニ、近年世上困窮ニ及ヒ、心ナラス重キ倹約申付、自然ト風俗モ衰へ、学館講釈聴衆モ寡ク、諸士ノ志鄙劣ニ相成、権門勢家ニ奔走シ、或ハ利潤才覚ニ携リ、少壮ノ者共モ奉公ノ心掛薄ク、漁猟遊観ニ日ヲ過シ、武士ノ片気ヲ失ヒ、其心サマヨロシカラサル者モママ出来候様相聞、気ノ毒不ㇾ過ㇾ之国家ノ大患タリ。（「宝暦五年三月達」、六六七〜六六八頁）

それにしても、本当に家臣たちに講釈を聴聞させることによって、「権門勢家ニ奔走シ、或ハ利潤才覚ニ携リ」、「漁猟遊観ニ日ヲ過シ、武士ノ片気ヲ失」った風俗を刷新することができるのだろうか。創設期には、この疑問はそれほど差し迫っていなかったのかもしれない。たかだか、「公用暇アルトキ」、「講釈聴聞ハ風俗ノ補、御役所勤諸事ノ心得ニモ候」（「宝暦五年三月達」、六六八頁）程度しか、期待されていなかったともいえる。このような状況のなかで特に、明倫館の「入込諸生」＝居寮生は風俗教化の模範となるべきことが求められた。

学館入込ノ諸生中心得、近年イツトナク令二混雑一、風俗惰弱ノ儀モ間々有ㇾ之様相聞候。入学ノ面々ハ、別テ学問一遍ニ志シ、仮初ノ参会モ行規作法正敷、況哉講釈等ノ席ニ臨候テハ、猶又抜群ニ行規能相心得、講釈師ヲ敬ヒ、諸人ヨリ見入ノ所モ、入学ノ輩相応相見候様ニ有ㇾ之度儀候。（「寛延元年八月御手廻頭口達、津田忠助、小倉彦平」宛、六六六〜六六七頁）

諸生に「行規作法」の正しさを求めるのは、講釈師を敬う態度において「諸人ノ目途」（「寛政九年二月伺指令」、六七二頁）＝模範となるためである。ただ、周南個人は人格者として、それに相応しかったかもしれないが、現実には、諸生たちは「風俗惰弱」になっていたのではないか。先に桂広保によって「不敬」と非難されたように、この「風俗惰弱」の一つの原因は徂徠学＝古文辞学の詩文のもたらしたものであったろう。しかし、それ以上に諸生の「風俗惰弱」には、より根本的な原因があった。端的にいえば、諸生たちがいくら学問に励んでも、立身出世につながらないという重い現実があったからである(37)。

このような士風の頽落傾向のなか、宝暦八年（一七五八）一二月、藩主毛利重就は、九ヶ条からなる諭書を一門以下の家臣に告示した。その第八条には、文武の成果を収めた者を抜擢して、登用することが掲げられていた(38)。

この告示は、明倫館教育の目的がたんなる風俗教化の段階から、家臣の人材教育の段階へと進みつつあることを示唆しているだろう。[39]

山県周南の弟子滝鶴台《たきかくだい》（一七〇九〜七三）は、この重就の文教政策のなかで、登用された儒者であった。鶴台はもと御手大工の引頭市右衛門の長男として生まれ、御客屋医師の滝養正の養子となった。享保七年（一七二二）一四歳で明倫館の「入込諸生」（居寮生）となって、周南に教えを受け、二二歳で明倫館を退いた。その後、江戸・京都で服部南郭や細井平洲らの諸学者と交わり、宝暦一一年（一七六一）に、藩主重就によって登用され、「身柄一代儒者」（給米二五俵）となった。さらに朝鮮通信使の応接などの功績で、家臣の中核の大組に昇進し、一〇〇石を給せられた。[40] この時期の明倫館内部の儒者の考えを知るうえで、恰好な人物である。鶴台によれば、創建時の家臣の風俗教化は「益」のないものだと非難されていたという。

蓋し吾が先侯の学宮を剏《はじ》むるや、将に以て風化を先にし、諸れを一国に被らしめんとす。然れども介冑の夫、紈袴の子は、或は父祖の蔭に籍り、或は世俗の智を負ひ、勢要の門に趑趄《ししょ》し、日に請謁に疲る。僥倖、進取の者は経術の士を揶揄し、謂へらく、此の輩は用に益亡《な》し。今、吾が東方の治は、何ぞ武断に足らざる所ありて、周孔の法を仮ることを之れ為さんと。[41]　（『鶴台遺稿』巻五、「贈東原阪子令山口序」）

そもそも創建時には、「平士」の家臣にたまたま学問の志があっても、儒学を指南する「家業人」を師と仰ぐことは、「親族家内等モ不同意ノ様成風俗」（「享保三年達」、六五九頁）であったのである。[42] また家臣の風俗教化に効果を発揮できなかったのみならず、明倫館の諸生も、かりに「四科を兼ね、六芸に通ずる」学者となっても、「封建の治」のもとでは、無用視されたという。

夫れ昭代封建の治、士は爵禄を世々にす。是を以て儒者の徒は、時に用ふること無し。仮令に其の人、四科を兼ね、六芸に通ずるも、亦た唯だ独り其の躬を淑《よく》するに過ぎざるのみ。

（『鶴台遺稿』巻五、「寿香川先生七十序」）

夫れ大東封建の治、人皇以来、与に隆を比する者無し。列国の政は、大夫士、爵禄を世々にす。故に儒を以て仕ふる者は、出でば、則ち其の政を与り聞くことを得ず。入れば、則ち諫諍謀議の列に参ずることを得ず。或は其の君に獲らるるも、亦た唯だ講読に侍し、顧問に備ふるのみ。

（『鶴台遺稿』巻八、「井子章（渋井大室）宛書牘」）

藩主重就の文教政策にもかかわらず、明倫館内部の者たちの間では、「爵禄を世々にす」る「封建の治」＝世襲制度のもとでは、滝鶴台のような「達材成徳」した者であっても、自己の「器量」（山県周南）が藩政と結びつかない現状への憤懣が渦巻いていたのである。こうした家臣個々の「器量」を藩当局が認めるには、一九世紀中頃の天保期の危機を待たねばならなかった。

五　重建期の人材教育への特化

嘉永二年（一八四九）正月、藩主敬親[43]は、村田清風が主導した藩政改革の一環として文教政策を重視し、明倫館を新築、移転した。その際、新明倫館の学頭山県太華は、学風を徂徠学から朱子学に改め、教育内容を一新した[44]（ただし、太華は、これより前、天保六年に明倫館学頭となっていた）。

嘉永二年正月に定められた「文学御規則」には、「講学之儀は朱子之説を主として経義を明にし、聖人之学を其身に守り諸人を教導し、後学に相伝候心得可ㇾ為二肝要一候事」[45]と記された。新明倫館には小学と大学があって、学生は小学を修了した後に、大学に進学することになった[46]。小学は八歳から一四歳までの者、大学が一五歳以上の小学全科修了者であった。大学には、外諸生（自宅通学生）、入舎生、上舎生、居寮生などの階級があり、各級の学生は選抜試験を受け、成績優秀者が上級に進んだ。修業年限は各級三年、最長九年を限度とし、成績優秀者は修業年限を短縮することが可能であった。

　このような明倫館改革の眼目は、一言でいえば、家臣の風俗教化から「人才」[47]「教育」へと転換させた点にある。明倫館再建のための達には、次のようにある。

　此度、御意ヲ以厚ク被二仰聞一人才御育成ノ御賢慮、誠以難レ有御事ニ候。諸士ノ所行ハ、御国中ノ風俗ニ相拘リ候事ニ付、名利名聞ヲ捨、無二怠慢一令二出精一、御奉公ノ心掛肝要ノ事候。（「嘉永二年二月達」、六八三頁）

たんに明倫館の教育内容が徂徠学から朱子学に変更したというのではなく、明倫館に求められた目的が大きく変わったのである。山県太華が撰んだ「重建明倫館記」（嘉永二年）には、「其の徳を成し、其の材を達す。夫れ然して後、済々たる多士、以て治を賛け政を裨ふべし。而して風化の美を宣べ、以て君を衛り寇を禦ぎて、邦家の干城となるべし。これ学を建て士を造る所以の本意」[48]と記されていた。このような家臣の人材教育が明確に藩校教育の目的となるとともに、明倫館に寄宿する諸生教育に重点が置かれるようになる。[49]そのため、諸生教育の「学業」評価を厳密にせよとの達が出ている。

　明倫館諸生之儀、其器量出来立次第、被二召仕一方有レ之。別テ被レ入二御精一、先年以来追々被二仰出一之旨有レ之、改テ不二能申聞一候。然ラハ於二学頭座一、篤ト人才ヲ撰入学可二申出一。一限之中、其功不レ見ハ、再留不レ被二仰付一候。再留ニテハ、屹ト学力出来立、再々留ニ至候テハ、弥才徳成立候様無レ之テハ、文学御引立ノ御主意ニ不レ叶候。学校ノ興廃ハ、偏ニ人才之有無ニ在テ、必生員之多少ニ不レ拘儀ニ候ヘハ、初入再留再々留ニ在リテ、能々進学ノ力ヲ試ミ可二申出一候。且又学業ノ甲乙、役付ノ進退精密撰挙、肝要ノ事ニ候。此段可二申聞一旨ニ候事。（「天保十一年六月達」、六七六〜六七七頁）

「器量出来立次第」、「人才」を召し仕えさせるためには、「学業ノ甲乙」評価が重要となったのである。「人才之有無」は「生員之多少」には関わらないとはいえ、母数は多いのに越したことがないので、これより前、諸生の数は増員されていた。寛政九年（一七九七）には、御養生、付食生が合わせて三〇人に増員されている（六七二頁）。最終的には、生徒概数は「寄宿通学生概数百名。但通学生時々増減一定セス。寄宿生定員四十五名、藩費生三十名、内二人扶持ヲ給セラルヽ者十五名、一人扶持ヲ給セラルヽ者十五名、自費生拾五名、右維新前」（七五〇〜七五一頁）である。

重建時の画期的な点は、居寮生から藩の役職へのルートが制度的に開かれたことにある(50)。明倫館総奉行益田玄蕃(51)が嘉永二年（一八四九）、優れた居寮生を藩の役職へ「選挙」することを求めた「奉レ窺候事」を出し、聞き届けられているのである。

諸士稽古出精ノ内、文学ハ居寮生ノ科ニ当リ、武芸ハ目録以上ニ相成候面々、且々御役被二召仕一候。人物選挙仕致二言上一可レ置候間、猶又其器ニ当リ、御詮議被二仰付一候様奉レ存候。

（「嘉永二年三月廿五日伺指令」、六八四頁）

優れた諸生が役職に就くためのルートができたのである(52)。藩士たちは萩城下の私塾、あるいは明倫館内で素読の基礎的な課程を学び、優秀な者たちが明倫館内の寮に入り、大学に進み、そこでの優秀者が藩の役職に就くというルートが、制度的に整えられたのである(53)。創設期には、諸生は儒者＝学者となることを期待されていたが、ここにいたって、藩の役職に就けるようになった。先に見た滝鶴台が憤懣を抱いた世襲の「封建の治」は、実力主義によって突破されることになったといえよう(54)。実際、幕末の長州藩を主導した一人、周布《すふ》政之助《まさのすけ》はこのルートにのって出世していった(55)。

明倫館が人材教育に主眼を置いたことは、諸生の学ぶ科目にも現われていた。小川國治によると、嘉永五年（一八五二）一〇月一二日、明倫館学頭山県太華は、文学科目と就学について、次のような意見書を提出したとい

う。(56)

明倫館諸生文学の科目を分ち、其器に従ひ、其好に応じ、一科を専務として勉学候は丶、成就の上は治乱の御役の立候人材出来可レ仕と奉レ存候。文学の業は宏大なる業にて、一人にて相兼候ては大成仕候儀、至って六ケ敷事に付、経科を本とし、其他の五科好に応じ修学仕力を一科に専に仕候様に被二仰付一候は丶、材器成就仕易、成徳達才の本意を得、御実用に相叶可レ申と奉レ存候。(57)

多様な人材教育を目指したといえるだろう。この意見書は、藩主敬親に採用され、以後、明倫館教育の基本となったという。具体的には、山県太華は経学科、歴史科、制度科、兵学科、博学科、文章科の六科を設置した（七四三～七四四頁）。経学科以外の五科は経学を根本におくことを強調して、「万一御旨意筋ニ戻リ、士道ノ心掛薄ク詞藻風流ニ泥《なずみ》候歟、又ハ無用ノ書ニ眼ヲ曝シ、不急ノ弁ニ日ヲ費シ候歟、又ハ文弱ノ風有レ之候テハ、騄尉様是迄御聞及ノ趣ト齟齬ノ思召入モ可レ被レ為レ在、左候テハ甚以恐入候次第ニ付、一段出精有レ之候様、諸生中エ篤ト可レ被二申伝一候。別テ都講舎長之衆ハ、諸生ノ模範タル儀ニ付、身柄言行ハ不レ能レ申、引立方ニ厚ク可レ被レ尽二其心一候事」（「子二月廿日諭達（按スルニ嘉永五年ナラン）」、六八四頁）とあるように、諸生にたいしては、古文辞派的な詩文偏向を戒めた。(58)

六　会読における実力と平等

重建時の明倫館では諸生教育が中心に置かれたとはいえ、創設期以来の家臣への講釈聴聞も継続する一方で、(59)明倫館以外でも、儒学を教えている「師家」にたいして、「忠孝仁義ノ旨」を平易に説いた講釈を勧めている。(60)

講釈ハ、忠孝仁義ノ旨ヲ随分能和ラケ、俗ニ通シ易ク、平話ニ説聞セ、貴賤トナク、多人数出席仕事候様心配可レ仕候。会ノ儀モ修身斉家ヲ旨トシテ、少壮ノ者合点行キ易キ様、教方第一ニ候。追々心得宜行状モ正

敷、俊英ナル者出来立候ハヽ、相応ノ御仕方モ可レ被二仰付一候。（「天保十三年九月達」、六七九頁）

さらに講釈聴聞ばかりか、自発的に輪講＝会読をするよう求めている。

儒家ハ勿論、在萩在住ノ諸士中、兼テ文学心掛、門弟教導仕候者ハ、世ノ益ニ相成事ニ候。自今以後、月々三日宛、講釈日会日相定置、弥教導相勤可レ申候。依レ之長幼ニ限ラス、可レ成程ハ所用相省キ、其方角又ハ随身ノ師家へ罷超、講釈聴聞仕、少壮ノ者ハ別テ出会、輪講可レ仕候。（「天保十三年九月達」、六七九頁）

この輪講＝会読奨励の先導者が、明倫館学頭の山県太華だったろうと思われる。この「天保十三年九月達」には、「師家ノ面々」は太華に相談するよう付け加えているからである。

ここで注意しなくてはならないことは、この時期の朱子学派のなかでは、会読が盛んに行われていたという点である。(61) 太華は徂徠学から朱子学へと転向したことで知られているが、彼が徂徠学に接した福岡の亀井南冥塾ではもちろん、会読が盛んであったし、江戸の朱子学者たちの間でも同様であったのである。その意味では読書・学習方法という面でいえば、転向以前と以後で何ら変わりなかった。

会読は、高いレベルの教育を寮内の諸生に施すための方法であった。嘉永二年三月の「文学御規則」には、「大学生会講之者、最初孝経・小学、次に四書、次に五経たるべき事」（『新館規則』）とあり、具体的には次のように定められた（七四三頁）。

二ノ日（巳刻ヨリ）孝経小学会、抽籤輪講討論、
三ノ日（同）大学論語会、前ニ同シ、
四ノ日（同）詩経書経会、前ニ同シ、
七ノ日（同）孟子中庸会、前ニ同シ、
九ノ日（同）易経礼記春秋会、前ニ同シ、

会読が明倫館の学習方法の中心に置かれることは、実力の競争が導入されたことを意味する。(62) さらに生徒の怠惰を防ぎ、学習を促進するために、学力差によって生徒を段階づける等級制が導入された。「等科ヲ設テ黜陟ヲ行フ者左ノ如シ」として、「高足」—「日進」—「専心」—「遊怠」—「擯斥」の五等級を次のように定めた。

> 高足、但学業上進セシ者ノ科。日進、但学業特志追日進歩者ノ科。専心、但学業勉強不レ怠者ノ科。遊怠、但学業ニ怠リ、課業其責ヲ塞ク而已ニテ、研精致サヽル者、此科ニ入ル。擯斥、但遊怠ノ科ニ入リテ、尚且ツ激励セス、心得宜シカラサル者ヲ此科ニ落シ、其悔悟志ヲ改メ、勉励ノ実跡ヲ顕スニ至レハ、相当ノ科ニ再登ス。若又一期間モ其志ヲ改メス、因循無効ノ者ヘハ、学長ヨリ内意申聞セ退校ヲ請願セシム。若シ然ラスシテ、上ヨリ退校ヲ命セラル、ニ至レハ、其人、終身役義等申付ラレ難キ法アレハナリ。
> 生員一時ノ不応為シテ罰スルニハ、禁足ヲ以テシテ、之ヲ講堂ニ掲ク。其日数ハ罪ノ軽重ニ因テ差等アリ。
> （七四八頁）

経学科、歴史科、制度科、兵学科、博学科、文章科のうち、「専心」以下の段階では経学を中心として学び、「日進」段階にいたって、歴史・制度・兵学・博学・文章の五科の専門科目のうち、得意分野を学ぶこととした（「万延元年九月廿二日伺指令」、七一三頁）。それにしても「遊怠」や「擯斥」の露骨な名目は、勉強しない遊惰な者たちを脅しているかのようである。「和風甘雨の万物を長養するがごと」（前出）き徂徠学の悠々とした文学的教養をもった人材育成とは異なる、叱咤激励する強制による人材育成という印象をもたざるをえない。ただその一方で、こうした「学業」のみによって等級をつけることは、身分や家柄を否定し、平等化を進めることを意味していたことは注目すべきである。

> 学校ノ儀ハ、尊卑ノ序ヲ不レ論、博ク御家来中入込被二仰付一。只管《ひたすら》道義ニ志シ、才徳成立候儀専務ニ候処、動《やや》モスレハ、階級持方ニ拘リ、躬行不二相協一、甚以御心外ニ被二思召一候。依レ之御造立ノ御主意ヲ奉シ、弥《いよいよ》夜

白無二油断一勤学セシムヘク候。此段与レ屹可二申聞一旨候事。（「天保十一年八月十五日達」、六七七頁）

「尊卑ノ序ヲ不レ論」という諸生の平等化は、藩主の世子にまで及んでいた。嘉永五年（一八五二）二月、「今般騄尉様御引越之上ハ、館内日々之様子巨細可レ達御見聞之処」（「子二月廿日諭達」、二冊、六八四頁）とあるように、藩主毛利敬親の子、元徳が明倫館小学舎手習場に入学することになった。[63] さらに、ペリー来航後の安政五年（一八五八）にいたると、「人才」を教育するために、館内を「制外」の場として、身分ではなく、「才学ノ深浅」「芸術ノ長短」によって順序をつけることとした。

明倫館ニ於テ、文武之諸芸稽古ノ面々、階級持方ニ不レ泥、実情ノ修業セシムヘキ儀ハ、昔年御趣意筋被二仰聞置一、尚近年御再興ニ付、厚キ被二仰出一ノ旨モ有レ之候処、今以積年ノ旧習捨リ兼、畢竟其ノ執心薄ク、大身ハ身分ノ御仕成ニ泥ミ、小身ハ下列ニ安セス、其師ヲ軽ンシ、高弟ヲ蔑視シ、肝要其身ノ研究錬磨ノ道ヲ失ヒ、終《ついに》人才成立ノ為、広大ノ御規則被二立置一候儀ヲ自然ト狭小ニ仕成シ、甚以御代々様ノ御趣意ハ不二相叶一事ニ付、依レ之、向後館内ハ総テ制外ノ筋ニテ、階級ノ次第ヲ不二相立一、才学ノ深浅、芸術ノ長短ヲ以順次トシテ、諸事取扱被二仰付一候様、其心得ヲ以罷出可レ有二修業一候事。（「午十二月四日達」、七〇六頁）

「治乱の御役の立」（前出）つ国家有用の人材を教育するときの「階級ノ次第」＝身分の障壁にたいして、明倫館内を「制外」の場とすることで、「才学」と「芸術」のみを基準とする実力の場を確保し、平等化を実現しようとしたのである。さらに慶応元年（一八六五）には、「小学校ノ儀当春以来士庶混淆ニ被二仰付一候」（「年号欠丑八月六日伺」、七二六頁）とあるように、創建以来、武士に入学を限ってきた明倫館は庶民に開放され、武士と庶民との間の平等化が達成されることになる。[64]

七　会読の政治討論の場への転換

ところで、幕末になると、「近来異国船連々渡来候ニ付海防ノ説盛ニ被二相行一」るために、「在館の諸生ヲ始兼々文学ニ志有レ之面々」のなかには、「学行ヲ迂遠ノ事ト心得違、剣槍火術等ニ心ヲ馳セ読書ノ功相怠候」（「寅十月十二日内達」、六九四頁）ようになっていた。「文学」に勤めるといっても、明倫館の講釈の場は政治的な持論を演説する場になっていたようである。そのことを示唆するのが以下の史料である。

講釈ノ儀ハ、倫理ニ元附、諸事謹方ニ相成候様有レ之度儀ニ御座候処、諸生余業中共ハ動《ややも》スレハ、持論蘊奥ヲ尽ス心得ニテ、雑話ニ流レ、無益ノ得失ヲ論シ、況ヤ兵学者流抔ハ別テ過激ニ相成、密封ニテ申出候趣ヲ衆人中ニテ及二論議一候様成行申候間、師家中エ得ト学術正大ノ旨ヲ不レ失様、被二仰付一度、其余上聴等ノ節、不心得ノ講論等有レ之候ハヽ、其節於二御役所一取計振モ可レ有レ之ト申合候事。（「万延元年申十一月達」、七一五頁）

こうした講釈の場の政治化の傾向は、会読の場でより顕著であった。会読の場は、「才学」と「芸術」の実力による競争の場であるとともに、政治的な討論の場となる可能性をもっていたからであった。この点で注目すべきは、幕末の長州藩政の改革指導者周布政之助らの嚶鳴社《おうめいしや》である。[65] 弘化三年（一八四六）に周布は北条瀬兵衛とともに発起人となって、嚶鳴社を結成した。北条瀬兵衛は、その結成当初の様子を次のように記している。

嗟呼、嚶鳴社の事、予豈に復た言ふを忍ばんや。憶ふに予、歳廿四五、萩城明倫館に在り。時に館内、経説を主張し、余事を理《おさ》めず。予、周布公輔と謀り、此の社を創り、専ら温史・八家文を講じ、兼ねて辞章を攻む。久しうして入社する者十数人なり。相会すれば、則ち討論講究し、古を援《ひ》き今を徴し、延きて時事に及ぶ。動もすれば、則ち扼腕切歯し、声、隣壁を撼《うごか》す。毎に旦《あした》に達して罷む。[66]

（北条瀬兵衛「杷山遺稿序文」、明治一五年成）

周布らは、経書の会読[67]に飽きたらずに、「時事に及ぶ」政治的な討論をする自発的な結社を明倫館内に創始したのである。安政四年（一八五七）に萩河沿いの洲崎に社屋を移して、嚶鳴社という正式名称を決定しているのも、明倫館内での政治的な討論を憚ったがゆえであろう。ちなみに嚶鳴社メンバーには、口羽徳祐《くちばとくすけ》（一八三四〜五九）もいた。口羽は安政二年に、安積艮斎を介して昌平坂学問所の書生寮に入り、翌年に退いている（「書生寮姓名簿」[68]）。嚶鳴社の有様を伝える「杷山遺稿序文」を付した『杷山遺稿』は他ならぬ口羽徳祐の遺文集であった。この他に、嘉永五年（一八五二）に、昌平坂学問所の御儒者古賀侗庵の『海防臆測』を摺って配り、藩当局から処罰されることになる山田亦介も、嚶鳴社メンバーであった。

小川によれば、嚶鳴社メンバーは、長州藩の天保改革を進めた村田清風が期待した中下層の士であったというが[69]、本章の関心からすれば、嚶鳴社メンバーは明倫館、昌平坂学問所の書生寮のような会読の場で鍛えられた者たちであったということは注目すべきである。

さらに、明倫館から吉田松陰の松下村塾に入門する者も現われてくる。その代表者が高杉晋作（一八三九〜六七）である。高杉も、安積艮斎を介して、昌平坂学問所に安政五年（一八五八）一一月に入り、翌年一〇月に退いていた（「書生寮姓名簿」）。高杉もまた明倫館、書生寮で最高水準の経書会読を経験したのである。しかし、経書会読の討論が精密であればあるほど、その空虚さを感じたのではないか。居ても立ってもいられない焦燥感を感じたのではないか。とくに高杉晋作の場合、書生寮に入っていたまさにその時、師の吉田松陰が萩から召喚され、獄中にいたのだから、なおさらだろう。

そもそも、明倫館の経書会読と政治的な討論を志向する会読との間には、大きな落差があった。それは、山県太華と吉田松陰との間で交わされた論争のなかに現れている。具体的にいえば、「虚心」の解釈である[70]。太華は、異説を容認する寛容な精神を養う「心術練磨の工夫」[71]（加賀藩明倫堂「入学生学的」）の場としての会読観をもっていたと思われる。その意味で、当時の昌平坂学問所の朱子学の立場に立っていた。しかし、才能ある若い者たちはそれに我慢できなかったのだろう。

高杉晋作の奇兵隊のなかで行われていた教育もまた、会読という視点から新たな解釈ができるのではないか。田中彰は、「諸隊にみられる同志的結合は、私塾グループによる所産であり、奇兵隊自体を、松下村塾に発する「私塾グループの政治的・軍事的組織」」とする海原徹の説を紹介しているからである(72)。海原は、奇兵隊「諸隊の結成以後もそこに私塾時代の教育活動が継承され、いわば諸隊が一種の教育機関としても機能していた」(73)ことを指摘していた。実際、諸隊では『日本外史』や『靖献遺言』などの講釈とともに、会読が行われていた。元治元年（一八六四）六月一四日条には、「文学会之稽古日」を次のように定めていた(74)。

一ノ日、朝修書会
二七、朝新論講左伝会　但壇之浦
四九ノ夕、新論講
五十ノ朝、左伝会
二五八夜、輪読
四九ノ夜、孟子会

また、慶応三年（一八六七）五月一三日条にも、「昨日、諸会読定日決定」とあって、次のように定められている(75)。

一四七之日午後、歩兵書。是ハ隊長押伍不㆑残出勤
二六之日、砲術兵砲退校司令士照準者不㆑残出勤
三八之日、築城書隊長押伍出勤

二六九之夜、左伝文学科其外有志者出勤
五之日、孔子家語少年会読
三八之夜、孟子文学科中等以上出勤

奇兵隊という軍隊のなかで、会読の平等主義と実力主義が発揮されたといえるのではないか。よく知られた奇兵隊内の平等主義は、幕末に突如として現われた現象ではなく、創設期以来の明倫館教育の伝統のうえに、幕末の争乱の非常事態のなかで、最良な可能性が現実化したものだったのである。

八　藩校と私塾の対立図式の再考

本章では明倫館における徂徠学から朱子学への転換は、教育内容にとどまらず、教育目的と学習方法に関わっていたことを見てきた。もともと、江戸時代の藩校は風俗教化と人材教育の二つの目的をもっていたが、明倫館の定点観測を通して明らかになったことは、目的でいえば、藩士の風俗教化から人材教育に、そして学習方法でいえば、講釈から会読への転換があったという点である。こうした転換は、明倫館のみの特殊な現象ではなく、広く諸藩の藩校教育の変化としてとらえることができるのではないかと思われる(76)。

こうした展開のなかで改めて指摘しておきたいのは、藩校という学問の場＝学校がもった思想史的な積極的意義である。これまで、藩校は身分制社会の上下の階層秩序に相応しい孝行や忠義の徳目を教える守旧的な側面が強調されてきた。たしかに教育内容が儒学であった限りでは、そうした側面は否定できない。しかし、藩校はまた、身分制社会を超え出る可能性をもっていた。藩校は、厳格な上下の階層秩序のなかで、「才学」と「芸術」のみを基準とする平等化が実現できる「制外」の場となりえたからである。明倫館に限らず、一八世紀後半から藩校のなかに採用された会読は、まさにそうした「才学」と「芸術」を競い合う実力の場であって、平等化を実現できる場だった。

もちろん、これまでも江戸時代の学校の思想的な役割は、高く評価されてきた。ただ学校といっても、私塾に偏る傾向があったように思われる。そこでは、公的な藩校と民間の私塾は相対立するものととらえられ、藩校は守旧、民間の私塾は開明という図式の下で、私塾の平等性・実力主義が高く評価されてきた。その代表が、たとえば、広瀬淡窓の咸宜園であった。咸宜園では、身分・学力・年齢を入門時に一旦白紙にして、出発点での機会の平等化を制度化した三奪法があった。また、咸宜園と並んで、吉田松陰の松下村塾も私塾の代表格であった。ことに松下村塾の場合、藩校明倫館の保守的な学習方法に対置されて、その革新的な自由で平等な学習方法が強調されてきた。

しかし、これまで見てきたように、松下村塾の学習方法は、明倫館のそれの延長線上にあって、決して特別なものではなかったのである。たしかに本章で述べたように、明倫館は経書の会読であって、松下村塾で活発に行われたような政治的な討論を排していた。しかし、そうであっても、会読の共同読書の場は、もともと政治的な討論の可能性をもっていたことを看過してはならない。その意味でも、松下村塾、さらには奇兵隊につながる学習方法は、創設期以来の明倫館の藩校教育の伝統のうえに立っていたのである。

（1）笠井治助『近世藩校における学統学派の研究　下』（吉川弘文館、一九七〇年）一二七三頁。

（2）石川松太郎は、明治二年（一八六九）現在の総藩数二七六のうち、資料欠乏のため不明な二一藩を除いた二五一藩の設立年を調査している。石川松太郎『藩校と寺子屋』（教育社歴史新書、一九七八年、二九頁）。それによると、明倫館設立以前の寛文元年（一六六一）から享保元年（一七一六）までの藩校は一〇校に過ぎない。享保元年から寛延三年（一七五〇）までが一八校、宝暦元年（一七五一）から天明八年（一七八八）までが五〇校、寛政元年（一七八九）から文政一二年（一八二九）までが八七校、天保元年（一八三〇）から慶応三年（一八六七）までが五〇校、明治元年（一八六八）から四年（一八七一）までが三六校である。

（3）『日本教育史資料』第二冊（文部省、一八九〇年）。以下、『日本教育史資料』からの引用は、本文中に頁数を記した。また原文にはない句読点をつけた。

（4）この他にも、石川謙『日本学校史の研究』（小学館、一九六〇年）、鈴木博雄『近世藩校に関する研究』（振学出版、一九九五年）、神辺靖光「幕末・毛利藩学校の組織化」（幕末維新学校研究会編『幕末維新期における「学校」の組織化』（多賀出版、一九九六年）がある。また素読・講釈・会読の教育方法に注目した兼重宗和「防長藩学の教育方法」（『徳山大学論叢』四〇号、一九九三年）がある。

（5）注（4）石川書、五二二頁。

（6）「会読」を中心とした松陰の教育については、本書第Ⅳ編第二章参照。

（7）たとえば、私塾の教育史的役割を強調した研究書のひとつが海原徹『近世私塾の研究』（思文閣出版、一九八三年）である。

（8）会読については、拙著『江戸後期の思想空間』（ぺりかん社、二〇〇九年）、『江戸の読書会――会読の思想史――』（平凡社選書、二〇一二年）参照。

（9）『升堂記』（東京都立中央図書館河田文庫本、関山邦宏翻刻）によると、尚斎は宝永四年（一七〇七）に林家に入門している。

（10）牛見前掲『長州藩教育の源流』参照。牛見は、初代学頭の小倉尚斎が林家門人であったため、創建時は朱子学の学統学派に位置づけられてきたが、創建時すでに、徂徠学にもとづく周南の教育論が明倫館教育に影響していることを論じている。事実、明倫館の命名をはじめ、釈奠の方法、学則の制定などを行ったのは山県周南である。基本的には牛見説に同意するが、庶民向けの風俗教化のための講釈を行う一方で、塾内では学者「教育」を目指した林家塾との関連も考慮せねばならないだろう。特に、庶民向けの講釈を否定する徂徠は『学寮了簡書』のなかでは、林鵞峰の「教方」を評価していたからである。教育論の根底にある人間観や社会観に関する限り、徂徠は朱子学を批判したが、実際の教育方法という点では、博学多識の学者「教育」を目指す林家塾の「教方」と隔たりがあるわけではなかった。本書第Ⅰ編第一章参照。

（11）武士の風俗教化のために学校を建設するという構想は、当時、林家にあったと推定される。幕府に仕えていた室鳩巣は、八代将軍吉宗から「此間誰彼相識共申候は、旗本中風俗悪敷罷成候間、是は学校建立いたし急度教を立候はゞ、可レ宜旨頻に申候。此儀は如何存候哉と御尋」られ、「近年御旗本中衣食に足不レ申候故、教の所へは参候儀にて無二御座一候」と、道徳的教化よりも大事なことは旗本の経済的な困窮を救うことにあると答えている。鳩巣はこの風俗教化のための「此学校の儀は、定て林大学頭か木下平三郎より申上たる物にて可レ有レ之儀」と推測している（『兼山秘策』第五冊、『日本経済叢書』巻二、日本経済叢書刊行会、一九一四年、五二一～二三頁）。のちに述べるように、明倫館の尊号は、小倉尚斎を通して大学頭林鳳岡に依頼して、揮毫されたものであったことは、この推測を裏付けている。ただ、徂徠学派の山県周南が主導したことで、養老の礼や書生教育において徂徠学的な色彩を強く持ったといえる。

（12）国立国会図書館所蔵。

（13）前掲『山口県の教育史』七八～七九頁参照。

（14）『山口県教育史（上）』（山口県教育会、一九二五年）一七頁。『釈菜記録』（毛利家文庫、山口県文書館所蔵）によると、享保一八年二月五日の釈菜では、八二歳・八一歳・八七歳・八四歳・八四歳の士列の老人、八六歳・八六歳・八四歳・八四歳の町人・農民が御目見えしている。また、文久元年二月九日でも、士列五人、庶人四人の御目見えが記録されている。なお、七〇歳以上の老人とするのは、七〇歳は大学で養うとする『礼記』王制編の「凡養老、（中略）五十養二于郷一、六十養二于国一、七十養二于学一、達二于諸侯一」に基づいている。渋井太室が安永・天明期の諸藩を評判した『世の手本』には、「長州にて春の釈奠には長州侯出られ候。又釈奠のあとにて養老の礼あり、国老三五人・庶老三五人、手廻り頭・医師など相伴にて料理給り、家老出候て庶老まで挨拶あり」（『近世政道論』日本思想大系38、岩波書店、一九七六年、三八七頁）とある。

（15）徂徠は、第Ⅱ編第一章で見たように、言語による教化では効果はなく、礼楽制度による教化を説いていた。徂徠の同時代、昌平黌仰高門で行われていた庶民に公開講釈にたいする批判が込められたといえるだろう。

（16）『荻生徂徠』（日本思想大系36、岩波書店、一九七三年）三五頁。太宰春台が序文を書いた入江忠囿の『大学養老篇』（寛保三年序）には、徂徠説を敷衍して次のように説いている。「孝弟ヲ以テ天下ヲ風化スルニ術アリ。是ヲ以テ上古ノ聖人養老ノ礼ヲ興シ、大学校ニ於テ是ヲ行ヒ天下ニ示シ、天子ノ尊ヲ以テ賤キ老者ニ事ヘ、国人ニ遍ク縦観セシム。国人コレニ風化シ、自ラ孝弟ノ道ヲ弁ヘ知ルナレバ、養老ハ教化ノ要道ナルコト明白ナリ」（巻上、『日本経済叢書』巻八、日本経済叢書刊行会、一九一四年、二三六頁）。養老の礼は、庶民に孝弟を行わせる教化の「術」だった。徂徠の「術」概念が、兵学書『孫子』の術策性をもっていたことは、拙著『近世日本の儒学と兵学』（ぺりかん社、一九九六年）参照。

(17)　『日本倫理彙編』巻六（金尾文淵堂、一九一一年）三三三頁。

(18)　『濳水叢書』（近世儒家文集集成14、ぺりかん社、一九九五年）一四六頁。

(19)　幕府の釈奠と明倫館の釈菜については、須藤敏夫『近世日本釈奠の研究』（思文閣出版、二〇〇一年）参照。明倫館の釈菜については、後藤忠盛「毛利藩の釈菜」（『山口県文書館研究紀要』一五号、一九八八年）参照。中国では、唐代に「養老の礼」の規定はあるが（『大唐開元礼』巻一〇四）、実際に実施されていたのかは分からないうえに、春・秋年二回の釈奠と同時に行うとされていない（高明士「隋唐的学礼」、高明士編『東亜伝統教育与学礼学規』台湾大学出版中心、二〇〇五年）。ちなみに釈奠の後で、養老の礼を行うことは、秋田藩明道館でもなされていた（『日本教育史資料』第一冊、文部省、一八九〇年、八五四頁）。ただし、寛政五年（一七九三）のことで、明倫館より後のことである。R・P・ドーア『江戸時代の教育』（松居弘道訳、岩波書店、一九七〇年）は、秋田藩の釈奠と結びつけた養老の典礼を紹介している（八五頁）。また、熊本藩では、中山昌礼が長州藩の養老の礼を模範にして、「子弟に養老敬長の道を知らせたき事なり」（『学政考』、天明五年、『日本教育史資料』第五冊、文部省、一八九一年、六一三頁）と提言していた。

(20)　人材教育に関して、明倫館では、「第一人才出来御用ニ相立候儀ハ御政事ノ基ニ候」（年号欠辰一二月二六日達、六六五頁）という達が出ている。ドーアは、この「辰」年を寛政八年（一七九六）と推定して、「これは藩校の目的がこのように規定された最も初期の例の一つである」（注19ドーア書、一九一頁）と評価している。ただし、この「辰」年は、元文三年の「学館功令」と『日本教育史資料』の配列から考えると、寛政八年より六〇年前の元文元年（一七三六）、あるいは一二年後の寛延元年（一七四八）であると推定できる。とすれば、明倫館は「人才」教育を目的とするという意味で、「最も初期の例の一つ」として、その歴史的な意義があることになる。ただし、育成されるべき「人才」は儒学を専門とする学者であって、広く藩士一般ではなかった。

(21) 前掲『山口県の教育史』六二頁。

(22) 周知のように、林鳳岡は、御代将軍綱吉の時、それまでの剃髪僧形を改め、畜髪して大学頭となった。釈菜と同様、この点でも明倫館創設時、藩主吉元は林家の先例を踏襲したのだろう。

(23) 長州藩の場合、儒者＝学者を必要とした一つの理由は、朝鮮通信使の接待にあるだろう。山県周南にせよ、滝鶴台にせよ、通信使と漢詩の応酬によって文才を江湖に知らしめた。それは、そうした学者を輩出した長州藩にとっても、名誉あることだった。この他にも、儒者は唐船の漂着の処理などで、漢文を操る筆談役として重要だった。

(24) 小川國治「宝暦・天明期長州藩文教政策と越氏塾」（『山口大学教育学部研究論叢』四二巻、一九九二年）参照。江戸時代、寮内の学生に給米を与えることは、林家塾に始まる。『本朝通鑑』完成後の寛文一〇年（一六七〇）に、鵞峰は学生に月俸九五人扶持を分け与えた。『昌平志』巻二に、「学に月稟有るは、此れより昉る」とある。明倫館は、学者養成の目的のみならず、学生への支給システムも林家塾にならったといえる。

(25) 注(16)『荻生徂徠』四四二頁。

(26) 山県周南が父親長伯の八〇歳の時に祝いの言葉を徂徠に求めた文章のなかで、徂徠は、「方今海内、無事」で、「士大夫皆世禄世官」であって、志を遂げられないことが「昇平の憂」だと述べ、「是を以て、文王は人を作り、仲尼は英才を育するを楽しむ。故に曰く、学校は治の本なり、儒者の事なりと。此れを以て之れを観れば、吾が党の士、志を獲て能く当世に行ふ者は、宜しく次公（周南）に若くは莫かるべきなり」（『徂徠集』巻九、県先生八十序、『徂徠集』近世儒家文集集成3、ぺりかん社、一九八五年、九五頁）と、明倫館での周南の「英才」教育の成果を高く評価している。第Ⅱ編第一章で見たように、徂徠は、「学問ハ公儀ノ勤トハ違ヒ、畢竟内証事」（『政談』巻四）と説いて、幕臣を「公儀ノ勤」として強制出席させるような、公的機関としての学校を構想していなかった。徂徠が求めたのは、講釈聴聞を強制して風俗を教化するような学校ではなく、「学者」＝「英才」教育のための学校であった。徂徠が長州藩の「学校ノ様ナル事」（同前）を評価したのは、藩の経済的援助のもとで行った「学者」＝「英才」教育であって、儒書講釈による家臣の風俗教化ではなかった。

(27) 注(18)『灊水叢書』一四六頁。宇佐美灊水は、宝暦二年の段階で学校を建て、「英才之人を教育する事」（「事務談」、『灊水叢書』一四四頁）を松江藩の松平宗衍のもとで藩政改革を進めていた小田切備中に述べていた。この後、宝暦八年に松江藩に文明館が建設されている。英才「教育」の用例としては、最も速い例であると今のところ考えている。
(28) 注(16)『荻生徂徠』一三七頁。
(29) 同右、一九三頁。
(30)『近世文学論集』(日本古典文学大系94、岩波書店、一九六六年) 二〇四頁。
(31) 注(17)『日本倫理彙編』巻六、三三三頁。
(32) 周南のいう「教化」は、「礼楽を学び教化を経れば」とあるように、礼楽制度を媒介とする教化を意味する。ただ、それは、エリートの英才「教育」を目的とする点では、序章で述べた教育の類型に入る。周南、広くは徂徠学においては、統治者としての君子「教育」を目的とする一方で、方法としては、「礼楽」を主体的・能動的に学ぶなかで、その行政能力は自然と身に付くものだと説かれていた。先に見たように、会読の場での学習者の主体性・能動性を強調した点で、下々が知らず識らずに教化されるという受動的な教化(きょうか)とは異なっていた。ただ、このような解釈をするとき、徂徠学派に、「教育」という概念があるのか、ないのかが、問題として残る。徂徠には、「孔子の道は、先王の道なり。先王の道は、天下を安んずるの道なり。孔子は、平生、東周をなさんと欲す。その、弟子を教育し、おのおのその材を成さしむるは、まさに以てこれを用ひんとするなり」(『弁道』)という用例があるが、『周南先生為学初問』には、「教化」はあるが、「教育」という言葉はない。
(33) 世襲的な身分制社会と藩校内の平等の妥協として、入学順序による基準を挙げて、「実質的には年齢の基準に類するものだが、実際の学力に対する関連性は更に密接な筈である」(注19ドーア書、一七〇頁)と説いて、明倫館のこの資料を引照している。
(34) 注(16)『荻生徂徠』四五六頁。
(35) 近代の学校装置は時間や呼び鈴(板)によって時間を拘束するが、まさに明倫館はそれを日常的に行っていたわけである。時間割による行動規律については、成沢光『現代日本の社会秩序――歴史的起源を求めて――』(岩波書店、一九九七年)参照。
(36) 藩校教育に会読を導入した早い例は、宝暦四年(一七五四)一二月に創設された、秋山玉山が指導した熊本藩の時習館である。しかし、明倫館はこれよりも早いことになる。ちなみに、明倫館の諸生の年限は、「功令」に「諸生は館下に游び、三年を一限と為し」とあるように、三年であるが、時習館でも一期三年であった（井上義巳「九州における藩校成立事情の一考察」、『九州大学教育学部紀要』七集、一九六〇年）。

（37）周南と同門の太宰春台は、学問奨励の目的を果たすためには、学問することと立身を結びつけることだと説いて、学校建設には消極的だったことを想起せよ。第Ⅱ編第一章参照。

（38）小川國治「宝暦・天明期長州藩文教政策と越氏塾」（『山口大学教育学部研究論叢』四二巻、一九九二年）参照。

（39）ちなみに「人才」の言葉は、宝暦八年一二月直諭に出てくる。「稽古ニ相携リ、空隙ナク候ハヽ、自然ニ左様ノ費モアルマシク、万事質素ニテ心入モ健カニ相成ヘシ。左候テ抜群ノモノ出来候ハヽ、随分引立、夫々ノ役儀申付、人才モ成就スヘシ。誠ニ国家ノ器用ニテ是アラン」（「宝暦八年十二月直諭」、六六九頁）。

（40）滝鶴台の伝記については、原念斎『先哲叢談』巻八（源了圓・前田勉訳注、平凡社東洋文庫、一九九四年）参照。岡野逢原『逢原記聞』には、「滝弥八ハ周南門人ニテ、長門萩府ノ儒臣ナリ。至極肥フトリタルセイノヒクキ人也。言葉スクナニテ、人来テ安否ヲ問ヘバ、只コレニ答ルノミ。其容貌儼然。実ニ大丈夫ト可ㇾ謂人ナリ。講釈セルニ、先ヅ本文ヲヨミテ、解シガタキ処計二三言ザット云テ、解シ易キ処ハ、本文ヲ読デ、「マア此通リナリ」ト言ケルトナリ」（『当代江戸百化物・在津紀事・仮名世説』新日本古典文学大系97、岩波書店、二〇〇〇年、一六〇頁）とある。

（41）西尾市岩瀬文庫所蔵。『鶴台遺稿』一〇巻（安永七年）の跋文は細井平洲が書いている。平洲は鶴代と江戸で知り合い、「忘年の誼を辱くし、未だ曾て旬有りて相見ざることなきなり」という位に、親しく交流した（『嚶鳴館遺稿』巻七）。平洲は鶴台の豪邁さを示す逸話を伝えている。「長門の滝長愷弥八、郷に在りて一権貴に飲む。酒酣にして問ひて曰く、凡そ治を為す、和漢孰れか難易なると。弥八曰く、漢難く和易しと。曰く、何ぞやと。曰く、彼、不学の人をして政職に居らしめば、則ち必ず其の制を受くるを恥づ。我、不学の人爾く政職に居ると雖も、下亦其の制を受くるを恥ぢず。彼難く我易き所以なりと。合坐色を失ふ」（『小語』、注40『先哲叢談』巻八所引）。また、序文は、平洲が仕えた米沢藩主上杉鷹山（治憲）が書いている。

（42）先に見たように、それゆえに藩当局は「家業人」の地位を上げて、寺社組から大組に昇格させたのである。

（43）林家門人帳である『升堂記』によれば、天保一二年（一八四一）九月二七日に、使者を通して林家に入門している。

（44）山県太華は、享和三年（一八〇三）二三歳の時、周南の裔孫山県氏を嗣いだ。初め亀井南冥から徂徠学を学び、のち江戸に出て朱子学に転じた。文化七年（一八一〇）明倫館の学頭助役となり、天保六年（一八三五）に学頭となった。昌平坂学問所の儒者古賀精里は、長州には小倉尚斎、山県周南、滝鶴台の名士がいたと言い、参勤交代で江戸に上った太華に、その後継を期待している（『精里全書』巻一二、「送山県生序」）。

(45) 山口県文書館所蔵『新館規則』（毛利家文庫、嘉永二年正月）。

(46) ただし、同時代の加賀藩のように全家臣を強制的に藩校に入学させたわけではない。あくまで「各自ノ意向ニ任セ検束」（六五八頁）することはなかった。加賀藩明倫堂については、第Ⅳ編第四章参照。

(47) 先に見たように、明倫館では「人才」という言葉は、すでに一八世紀中ごろには使用されていた。注(39)参照。

(48) 注(19)『日本教育史資料』第五冊、六五九頁。「重建明倫館記」では、「人倫教化の道」と「文武造士の法」の二つを挙げ、「文武造士は、其の要は人倫を明らかにするを以て重しと為す」としつつも、創建期の「人倫教化の道」よりも「文武造士の法」に比重を移している。

(49) 天保年間、熊本藩時習館でも、寄宿寮生が藩校教育の中核におかれるようになった。時習館は、創立当初から「英才」の「教育」を目的に掲げて、居寮生を置いていた。天保八年以前は、本人の願い出で入寮が許されていたが、以後は選抜制度が採用された。佐川朋「熊本藩校時習館における人材育成——居寮制度を中心に——」（『日本の教育史学』四〇号、一九九七年）参照。

(50) 藩校から人材登用をする制度の創設は、一九世紀の藩校の大きな課題であった。この政治と教学の一致という意味での「政教」の一体化という提言は、一九世紀には頻出する。たとえば、「学校にて国子弟を教るは人才を長育して国家の用に供するかためなり。学校にて人才を教育せされは、別に人才を育して国家の用に供すへき仕方なし。これにより て古の時は人才を学校にて育し、これを国家の用に供するなり」（辛島塩井『学政考』、文化一三年、注19『日本教育史資料』第五冊、六一二頁）、「古ハ治ト教トヲ一ニシテ、政治ハ道徳仁義ヲ本トシ、教法ハ政治ヲ羽翼トシテ、賞罰予奪悉ク聖賢ノ意ニ本ツキ、風俗ヲ磨励シ、学校ニテ賢能ヲ仕立テヽ、直ニ是ヲ挙ケテ、今日ノ用ヲナス故、人々実学実行ヲ務テ、人才モ成就スルコトナリ。是学ヲ建テ教ヲ設ル大眼目ナリ」（会沢正志斎『学制略説』、文政末年から天保二年以前成立、『日本教育史資料』第五冊、四五九頁）、「学館は人才教育の場所に候間、政事と一体に無レ之候ては不レ相成候処、世上の風を聞及候に、多分二た分れに相成候」（塩谷宕陰「育英館学制議」、寅一〇月、『日本教育文庫　学校篇』同文館、一九一一年、三五二頁）、「文武学所を取立て人材を養ひ候ても、政教一途に出ざれば、自然と実用の志薄くなるのみならず、役に立ものも役に立ぬものも、混淆して分ちなければ人気引立なく、有用の材長じ兼る故、選挙の法を立て、不時に抜擢あらせられ、又其外よりも奇材異能、及び吏材を選挙する法を設け、広く人材を求め役々に備へ給はゞ、天下人材に乏しきの歎きはなかるべし」（藤森弘庵『新政談』巻四、安政二年、『日本経済叢書』巻三二、日本経済叢書刊行会、一九一七年、二四四頁）。長州藩はこうした提言をいち早く制度化したところに、大きな意義があった。

（51）明倫館総奉行は人材選挙と学力判定の全権を握る重役で、国老が任じられ、長州藩の最高権力者当役（江戸方家老）・当職（国元家老）と並んで三政府と称された。注（4）神辺論文参照。

（52）江戸幕府では、学問吟味優秀者の旗本物領が番入りに際して有利になる慣行はあったが、明確には明文化されていなかった。橋本昭彦『江戸幕府試験制度史の研究』（風間書房、一九九三年）二三九頁参照。

（53）こうしたルートの創設は、世襲制度のもとで安住していた上層武士たちに、明倫館への入学を促すことになった。神辺靖光が指摘しているように、「人才撰挙に裏付けられた文武修業の強制は上位の者、藩主側近者に強く向けられていた」（注4論文、二九四頁）。上位者であれば、あるほど、一層、実力を持つことが求められたのである。

（54）ドーアは、明倫館の重建期の制度改革を分析して、「生徒の競争心と個人主義的な功名心を助長しただろうか」と述べ、「正規の学校教育の普及が青少年の人生に新しい活動分野を開き、その新分野は子供たちの能力を明らさまに比較することに極めて適していた。その結果、幼少期の躾が何らかの競争心を植付けたとすれば、学校教育はそうした競争心を作動させる触媒として作用せざるを得なかった」（注19書、一九三頁）と指摘している。

（55）周布政之助（一八二三〜六四）は、八・九歳の頃、木村藤太の家塾で習字と素読を受け、一六歳の時、明倫館の教師小倉尚蔵に師事し、天保一一年、一八歳で明倫館の自賄諸生として入館を許された。翌年、一九歳で付食諸生となり、天保一四年、二一歳の時、明倫館の居寮生となった。二二歳で明倫館廟司役、二三歳で明倫館員外生となった。この間、「藩公の試」に五回、「明倫館秋試に登科」すること三回に及んだ。弘化三年（一八四六）、二四歳の時、北条瀬兵衛とともに、嚶鳴社を創始した。弘化四年、二五歳の時、蔵元検使暫役に任ぜられて、明倫館を退去した（『周布政之助伝』上巻、「周布政之助年譜」）。

(56)　注(38)小川論文参照。
(57)　末松謙澄『防長回天史』一編一巻（東京国文社、一九二一年）二五八〜二五九頁。
(58)　前掲「文学御規則」には、「詞藻風流に趨り才華に誇り名聞功利に志候儀堅被二相禁一候」と戒められた。ただ、諸生教育に当たっては、「諸生日々之規定、元文功令ノ旨」（「文学御規則」）とあるように、山県周南が定めた「学館功令」の遵守を求めていた。
(59)　いつ頃からかは不明であるが、一年以上、講釈聴聞の皆勤者には、「賞与ノ例」があった（注3『日本教育史資料』第二冊、六五八頁）。
(60)　重建時、藩内の家臣教育ばかりか、庶民教化まで朱子学で統一しようとして、嘉永二年五月、心学講舎日章舎を廃し、敬身堂を創設して、ここを拠点として藩内各地への講談師が派遣され、朱子学による「小学講談」を行った。庶民教化のために、講釈ではなく、より易しい講談を実施したのだが、庶民には受けいれられず、心学道話が復活した。石川謙『近世日本社会教育史の研究』（東洋図書、一九三八年）一九〜二〇頁、前掲『山口県の教育史』一一九〜一二二頁、海原徹『近世の学校と教育』（思文閣出版、一九八八年）二二七〜二三一頁参照。
(61)　注(8)拙著『江戸の読書会』参照。特に江戸の昌平坂学問所では会読が教育方法に取り入れられていた。
(62)　蘭学者は蘭書翻訳の場で会読をしていた。重建時、明倫館内に設けられた医学館（済生堂）の蘭学教授青木周弼に「西洋学会業日不レ怠罷出引立仕候様」（「天保十四年達」、注3『日本教育史資料』第二冊、六七九頁）と命令している。明倫館内で、諸生たちは緒方洪庵の適塾流の実力競争それを間近に見ていた。
(63)　注(4)神辺論文、二九四頁）参照。朱子が「人生れて八歳なれば、則ち王公より以下、庶人の子弟に至るまで、皆小学に入れ」（『大学章句』序）るという理想、これまで見てきた熊沢蕃山が、「王侯の子」が「公侯卿大夫士の子庶人の子」の「秀才」とともに学び合う学校構想（第Ⅰ編第二章参照）、広瀬淡窓が『迂言』のなかで、藩主の「公子」から「大身ノ子」「歩士歩卒ノ子」までが一緒に学ぶ藩校の理想形態（第Ⅳ編第一章参照）が、ペリーの来航直前の明倫館で、実現したことになる。
(64)　ドーアは、平民の藩校入学が長州藩で許可されたことについて、「人材登用のために武士階級内部の身分制度の硬直化解消を意図した一連の施策の行き着く所であると共に、一面では恐らく、新方式の軍隊編成が行われ、兵種によっては隊員の大部分が平民出身であったという事情の論理的帰結でもあったのだろう」（注19書、二〇四頁）と的確に指摘している。注(60)海原書、七三頁参照。ただし、庶民への明倫館の門戸開放は、そのまま明治の学制につながるわけではない。海原が、「封建学校の典型としての藩校がいくら門戸開放を徹底してみても、その延長線上に近代学校を導き出すことはできない。そうではなく、藩校がいったん廃絶され、封建学校のカンバンを下すこと以外に、近代学校の誕生はなかったということである。明治五年（一八七二）八月三日の「学制」が旧藩時代のすべての教育機関の一斉閉鎖を強行することによって陽の目をみたのは、何よりそのことを証明するものであろう」（同前、七七頁）と論じていたことは重要である。学制の目指す教育目的は、藩校の目的とする「国家」有用の人材教育とは異なっていたのである。この点は第Ⅳ編第五章参照。

(65) 前掲小川亜弥子『幕末長州藩洋学史の研究』が紹介している。『山口県の教育史』一二六頁参照。

(66) 『周布政之助伝』上巻（東京大学出版会、一九七七年）一三頁。

(67) ちなみに、山県太華には『礼記』についての読書ノートがある。下見隆雄「山県太華と「民政要論」」（『内海文化研究紀要』二〇号、一九九一年）参照。それは、『礼記』本文にたいして、諸家の注釈を抜き書きしたものである。会読の場では諸家の注釈間の当否を論じたのだろう。

(68) 関山邦宏・橋本昭彦編『「書生寮姓名簿」・「登門録」翻刻ならびに索引』（「近世における教育交流に関する基礎的研究」第三次報告書、一九九九年）所収。

(69) 同右、四二頁。

(70) 注(8)拙著『江戸の読書会』、一八七頁、および本書第Ⅳ編第二章参照。

(71) 注(3)『日本教育史資料』第二冊、一九四頁。

(72) 田中彰『高杉晋作と奇兵隊』（岩波新書、一九八五年）一〇五頁。

(73) 注(7)海原書、五八一頁。

(74) 『奇兵隊日記　一』（日本史籍協会叢書85、東京大学出版会、一九七一年復刻）三五〇頁。

(75) 『奇兵隊日記　三』五八頁。

(76) 入江宏は、「周知のように、江戸時代の学校論は、前半期のそれが風俗論、治教のための学校論（たとえば熊沢蕃山、山鹿素行）であったのに対して、一八世紀以降、藩政改革の一環として学校が構想されるようになると、次第に養才造士をめざす具体的学校論があらわれるようになり、とくに幕末期に至ると、幕府・諸藩の学事担当者による学制改革論や学校論がより具体性をもって示されるようになる」と、江戸時代の学校論史を説いている。入江宏「公議所議員の学校論」（宮地正人編『明治維新の人物像』吉川弘文館、二〇〇〇年）参照。本章はこうした変化を明倫館を事例として確認するとともに、それが講釈から会読へという学習方法の変化でもあったことを指摘した。

第四章　加賀藩明倫堂の学制改革——会読に着目して——

一　人格修養の場としての会読

江戸時代、一八世紀末、全国に数多くの藩校が設立された。寛政四年（一七九二）創立の加賀藩の明倫堂はその一つとして有名である。明倫堂は設立以来、三度の学制改革を経ながら明治三年（一八七〇）の廃止にいたるまで、加賀藩の教学の中心であった。本章ではこの明倫堂の学制改革について、会読という学習方法に着目して考察してみたい。

そもそも、加賀藩明倫堂に着目する理由は、会読についてのユニークな考えが生まれているからである。会読が、たんに複数の者が一つのテキストを討論・議論をしながら読む共同読書の場であるにとどまらず、人格修養の場になるという考えである。そうした考えを端的に述べているのは、明倫堂の学生に向けて出された「入学生学的」の一節である。

会読法読書の修行に候のみならす、朋友切磋之間、心術の工夫可レ有レ之に候、意必固我をはなれ申義、元来日用随時心術の工夫に候て、聖教の第一容易ならぬ義に候へ共、会読討論等は相手取り申義に候得は、右之心病あらわれ易き事候間、此等之類心付修行有レ之度事に候、左候へは書籍詮義の修行のみならす、自然と心術練磨の工夫も長し申義に候間、万端自分に引取り当用の心得可レ有レ之候、[1]（「入学生学的」、第二冊一九四頁）

近世日本の会読を考えるにあたって、この「心術練磨の工夫」としての会読観は注目せねばならない。ここには、異質な他者を寛容し、それとの「討論」によって自己の独善性を克服して、人格修養を目指そうとする教育観が提示されているからである(2)。本章の課題は、こうした「心術練磨の工夫」の場としての会読観が、どのような環境のなかで生まれたのか、という点について、明倫堂の学制改革をたどることによって明らかにすることである。

このような考察はまた、従来の明倫堂研究では見えなかった学制改革の内実を明らかにすることにもつながると思われる(3)。というのは、藩校の学制改革においては、教育の目的と学習方法、試験制度などが焦点となるが、会読は学習方法についてはいうまでもなく、教育の目的や試験制度と深く関わっているからである。つまり、会読に着目することによって、われわれは明倫堂の学制改革をより内在的に理解することができるようになるのである。

具体的には、本章ではこの学制改革について、第一一代藩主前田治脩《はるなが》の時代を第一期、第一二代藩主前田斉広《なりなが》の時代を第二期、そして、第一三代藩主前田斉泰《なりやす》の時代を第三期として、三つの時期に分けて考察する。すなわち、第一期は寛政四年の創設時の学制、第二期は斉広が主導した享和の学制改革、第三期は、斉泰のもとで執政奥村栄実によって進められた天保の学制改革を対象とする(4)。

二　第一期の学制改革

第一期は、寛政四年（一七九二）三月に新井《あらい》白蛾《はくが》を学頭に迎えて、明倫堂が開設されたときに始まる。その際の教育方針は、開設に先立つ寛政四年閏二月六日に出された、諸士および庶民への布達に示されている。

為㆓四民教導㆒、泰雲殿学校可㆑被㆓仰付㆒御内意之処、御逝去に付、今般右思召を継文武之学校申付候。依㆑之新井白蛾儀学頭申付、其外諸芸師範人等右用追々可二申付一候条、諸士は勿論町・在之者迄茂、志次第学校へ罷出習学可レ仕候。(5)

（第一〇編三一一頁）

ここで重要なことは第一に、明倫堂が「四民教導」のために設置されたことである。そのために、武士ばかりか、「町・在之者」も「習学」することを認めた。(6)第二に、文武の学校を並存していたことである。経武館は武学校であるのにたいして、明倫堂は文学校として位置づけられた。

この当時の藩当局者の考え方を知る参考史料は、奥村尚寛《おくむらながのぶ》と新井白蛾(7)との間で交わされた問答集『奥村新井問答』(8)である。尚寛はこの時の執政で、藩主治脩から白蛾の人物調査を命ぜられていた。『奥村新井問答』（寛政二～三年）からは、明倫堂開設前に奥村がどのような現状認識をもち、白蛾に何を期待していたかを知ることができる。そのなかで、奥村は次のようにいっている。

神君天下一統ノ後、四海武徳ニ帰シ、希有ノ泰平年久シ。中比諸邦、明君賢臣アリテ、治教休明、然ルニ五六十年以来、漸々懦弱ニ成リ、四民利ヲ知テ義ヲ不レ知、上下交々利ヲ争フニヨツテ、何国モ同シク勝手難渋、倹約々々ト云フカ常語ニナリ、上ハ下ヲ虐ケ、下ハ陰謀姦計ヲ以テ上ヲ欺キ、次第々々ニ風俗甚タ悪シク成ト見エタリ。

奥村は風俗の頽廃を四民への道徳的な教化によって克服していこうとしていることが分かる。「利ヲ知テ、義ヲ不レ知」「四民」に「義」を明らかにする風俗教化の機関としての藩校が、位置づけられているといえよう。これは、「四民教導」が学校の目的とされたことに対応する。さらに奥村はいう。

学校ノ教ヘヲ不レ知ユエ、治道ノ玄味ヲ知ル人スクナク、壮強ノ士人ハ武ノ名ヲ求メテ強暴ヲナシ、不レ然ハ飲酒美婦人ナトニオワレテ士道ヲ失フ。又一ト器量アリト見ユル人ハ権謀術家ニ帰シ、本朝ニテ甲斐信玄抔ノ跡ヲシタヒ、武家ニハ文字ハ不レ用ナリ、武備全ケレハ、四民平治スベシ。扨其志操ハ、邪慧姦曲ニシテ、所謂聖学自在ノ愚者ノ類モアリト見エタリ。又此等ノ人ニ荷担スル人モ多シトソ思ハルレ。故ニ真ノ治道ヲ欲スルトキハ、学校興起セスンハアルヘカラス。

加賀藩特有の「武」偏重の武士の気風のなかで、「治道ノ玄味」を明らかにする「文」を学ぶために、「学校」を設立しようとしているのである。このような奥村の問題意識はそのまま明倫堂創設の教育方針として具体化されたといえよう。ただしのちに述べるように、藩校が「真ノ治道」を指し示すという側面が前面に出てくるのは、享和の学制改革以後のことである。第一期の明倫堂には「父子有レ親、君臣有レ義、夫婦有レ別、長幼有レ序、朋友有レ信」（明倫堂定、寛政四年、第二冊一九〇頁）の五倫を教える「四民教導」という風俗教化のみが期待されていたといってよいだろう[9]。そのことは、何より講釈が教育の中心になったことからもうかがわれる。学校開設の際、藩主と頭分以上の前で行った最初の講釈のテキストは『孝経』であった。

ただ、明倫堂創立時に、すでに会読が行われていた点は注目すべきである。寛政四年六月制定の明倫堂の「定」のなかには、「講習は聖経賢伝を本」としながらも、「此外歴史・諸子・詩文集等も得手にしたがひ会読等すべし」（第二冊一九一頁）と規定されているのである。具体的には次のような時間割が組まれていた。

毎月六日程課日を相極置、歴史之会読、且詩文章之類を相勤、是を以才学之すゝみを相試可レ申候事。

（時間割覚、寛政四年六月、第二冊一六六頁）

会読は歴史書に限られていた可能性があるが、寛政五年五月条を見ると、「学校課日四九日之当時、易学左伝通鑑史記会読、四書輪講、并作文作詩之稽古は相立居候得共、其余之経書等歴史相望申者も可レ有二御坐一候間、毎月六日十六日廿六日の夕八時より別段会読相立届之者は罷出候様被二仰触一候ても可レ然と奉レ存候右之趣茲に僉議仕候に付御達申上候以上」（佐藤勘兵衛ほか五人、奥村河内守・前田大炊・本多玄蕃宛、第二冊九三頁）とあって、必ずしもそうとは断定できない。易学も含まれているからである（ここには、易学の大家新井白蛾のかかわりがあるかもしれない）。この史料から見ると、自主的な補習として「会読」が導入されているといえるのではないかと思われる。ともあれ、第一期においては、会読に重きを置いていないことは確かである。ところが、第二期になると大きな変化があらわれる。

三　第二期の学制改革

第二期の享和の学政改革の主導者は、第一二代藩主前田斉広である。加賀藩の学制改革にあたっては、藩主の存在を抜きにして考えられない。享和二年（一八〇二）三月に斉広は家督を相続したのちに、学制改革に着手するのである。享和三年（一八〇三）四月、斉広は諸士にたいして、次のような明倫堂改革の方針を示した。

学文之本意は、書物之理に通達し、聖人之遺教を法則として、五倫之道を守り、分限に応じ都而有用之儀を可レ致二修行一之儀、いつしか本意を遺却し、儒行之者は博識を事とする而已に而、世事を外にし、御国家之用をなし候儀曾而無レ之候。以来は於二学校一有用之儀を可二修行一ため、別に討論之席を設、識之多少によらず実志輩は此席へ入、有用之義を論じ、学頭等与是非を弁じ、事理を諭し、行状を責可レ致二教導一候。若私之意地を立、会得致し候族有レ之節者、可レ達二御聴一、理非に依可レ被レ為レ及二御裁断一候。且又講義・会読等者勿論、習学之書生たり共、右之趣意を含可レ致二教諭一儀尤候事。（第一一編二三四頁）

ここには、学問に「御国家之用」「有用」を求めようとする意志がはっきりと表明されている。しかも、注目すべきことは、この「御国家之用」「有用」を求める改革において、会読が、重視されるようになった点である。これまでも、この点について、顕著な特徴として指摘されてきた。「享和の改革で、教養講座への反省から、国家（この場合藩）の役に立つ「有用之義」を尊重し、「有用之士」を養成するため、（中略）講席（講日）が減らされたかわりに会読・討論が大幅に増加し、月に六回であったものが、会読九回・討論六回合わせて一五回となった。しかも、講席・会読・討論ともに出席上の身分的制限が廃止されたようである」[10]。講釈よりも、「身分的制限が廃止された」会読・討論が補助的なものから中心的な学習方法として積極的に採用されているのである。

とりわけ、享和期の改革で特徴的なことは、会読重視への転換とともに「有用之儀」を論ずるために「討論之席」が設けられたことである。

右之席（討論之席）を御定有レ之、不レ依二識之多少一、実志之輩此席え入、有用之義を可レ致二修行一事。

（享和三年四月一六日、第一一編二三六頁）

そもそも、「有用之儀」を「討論之席」のなかで議論しあうという考えは、一体、どこから生まれてきたのだろうか。この点、享和の学制改革の指導者がだれであったかに関わってくるだろう。もちろん、藩主斉広がその中心にいたことは間違いないのだが、第二期の学制改革にあたっても、第一期の奥村尚寛、のちに述べる第三期の奥村栄実《てるざね》・大島桃年のように、藩主を支えるブレーン的な存在がいたと思われる。第二期において、その鍵を握る人物の一人が、これまでまったく注目されていなかった木下松園ではなかったかと思われる。

（1）「討論之席」の提唱者

木下松園は、名は推、字は子質、槌五郎と称し、号は松園・晦堂である。近世前期の巨儒、木下順庵の子孫で、加賀藩の儒官として、京都に住んでいた木下閑の次子である[11]。閑の没後、長子観水が後を継ぎ、松園は六〇俵七人扶持を給されて金沢に移住した。明倫堂が設立された寛政四年（一七九二）に教官となり、享和元年（一八〇一）には、江戸の藩邸で藩主前田斉広の侍読となった。そして、享和元年に、斉広が金沢に入封するときに、ともに金沢に帰り、同年四月には明倫堂助教となった。木下松園は斉広の側近として、享和の学制改革に関わったであろうことが推測されるばかりか、その改革の目玉であった「討論之席」創設にも関与していたのではなかったかと思われる。この点について、少し推測してみよう。

第二期の学制改革の目玉ともいえる「討論之席」は、実は、文化元年（一八〇四）六月に、「助教討論之席」が廃止され、翌年二月には、学校における「読師討論之席」が廃され、順次、縮小されてゆき、文政六年（一八二三）三月には、「討論」「対策」は全廃されている。面白いのは、この「討論之席」の終末劇に木下松園の明倫堂助教罷免が重なっている点である。結論を先取りすれば、このことは、逆に、「討論之席」創設に松園が深く関与していたことをうかがわせるのではないか。この経緯を以下に述べてみよう。

まず、文化元年（一八〇四）六月、明倫堂における「助教討論之席」を廃し、対策を課すべきことを告げられた。その理由について、「学校方覚書」には次のようにある。

> 去年学校御仕法被二仰付一候砌、討論之席を被レ建、実志之輩は識之不レ依二多少一右席へ入、有用之儀を修行可レ仕被二仰出一候趣は、右席に而尋常志之厚薄、学業之浅深之程可レ被レ遊二御吟味一御趣意に候。然処前月廿四日御出被レ遊候節、討論之様子被二聞召一候処、誠に古語之内、古へ之事蹟、当時に不二相当一儀を相尋、及レ対候者も、徒に其理を弁解いたし候迄に而、且而有用之儀を及二討論一候所えは迂遠に被二思召一候。依レ之助教之人々討論之定日には、以来対策と名目を被レ替、尤策問之儀は、助教等之内より毎月一両人順番を以、二・三箇条有用之儀策問調出し、兼而入二御覧一置、当日右箇条に人別に対策之趣国字を以相調、頭へ取立、御次へ可レ致二持参一候。読師・生徒之人々は、是迄之通討論之席に而専有用之儀を可レ致二修行一候。
>
> （第一一編三八四～三八五頁）

ここでは、享和三年（一八〇三）の定には「不レ依二識之多少一」とあったものが、「学業之浅深」に置き換えられ、意味を微妙に転換させられている。同じく「有用之儀」という言葉を用いながらも、「尋常志之厚薄、学業之浅深之程」を「吟味」する学習の進歩を促す場になっているのである。そして、この助教討論の席の廃止は、当時、助教の任にあった木下松園を「討論之席」から排除しようとするものであったと思われる。さらにこれに関連して、文化元年（一八〇四）八月には、「頭分等」が「政事」を議すことが、越権行為として禁止された。

頭分等之内寄合候而、人々我意を相立、当時政事方之様子を及二批判一、色々申触し、暨儒者抔之内にも右え加り申者も有レ之躰、不レ及レ申事に候へ共、政事之儀は大臣而已與り申処に而、右等之趣は誠以不レ軽儀、言語道断之事に候。尤相顕候上は、急度可レ加二厳令一存念に候。ケ様之儀は、不レ図不二存寄一所より害も致二出来一ものに候条、各に茂被二承置一候得者心得も可レ有レ之事故、内々申遣候、以上。

（「御家老方御密用之覚」、第一一編三九九頁）

ここで、「頭分等」が「当時政事方之様子を及二批判一、色々申触し」ているなかに、「儒者抔之内にも右え加り申者も有レ之」とあるように、「儒者」も加わっていると非難されている。この「儒者」とは、ほかならぬ木下松園であったと思われる。というのは、文化元年九月には、彼は明倫堂の助教の職を罷免されてしまうからである。その罷免理由はまさに「時政」を「横議」したためであった。

九月十七日罷二儒者木下槌五郎助教一、処二逼塞一、以レ横二議時政一也、寺田九之丞亦以二副旨一、処二遠慮一、

（「金竜公記史料」、第一一編四〇三頁）

以上の事実から、明倫堂の「討論之席」が、「有用之儀」を討論することによって、そのまま「時政」の「横議」の場になっていったと推測できるのではないかと思われる。だから逆に、「助教討論之席」を廃止する際に、「学業之浅深之程」を「吟味」する場である、換言すれば、学問・教育の場に局限するという注意がなされたのであろう。

（2）前田斉広側近と明倫堂

この「討論之席」をめぐる問題を、少し広く斉広の藩政に目を転じて、考えてみよう。これまでの藩政史研究において、斉広側近と年寄衆との対立が指摘されているが[12]、文化元年の木下松園の「横議時政」による罷免はその余波ではないかと思われるのである（ただし、文化一一年には、斉広が木下松園の名誉を回復し、侍読に復している）。

斉広側近に批判が向けられていたことをうかがわせる史料は、木下松園が罷免される直前の文化元年七月に、この月朔日に生徒主附に任じられた長井平吉・牧良助連名の意見書である。そこでは、「討論之席」にたいする批判が展開されている（のちに内容を検討する）。ここで注目したいのは、それが、当時、明倫堂の「学校方御用」の職にあった、富永権蔵・大田数馬・小塚八右衛門の三名に向けて提出されているという点である。この三人は、日本教育史資料編纂のために加賀藩が提出した『教育沿革史料』巻五の『学況一斑』[13]によれば、文化元年七月当時、学校方御用の職にあった。在職期間は次のようである。

富永靱負必昌　寛政九年七月一四日～文化元年九月一七日
大田数馬盛一　享和二年一二月二二日～文化元年九月一七日
小塚八右衛門政懿　享和二年一〇月一九日～文化元年九月一七日

注目すべきは、三人がともに、木下松園が「横議時政」を理由に明倫堂助教を罷免された、その当日に免職されていることである。とすれば、先に示した「頭分等」が「当時政事方之様子を及批判、色々申触し」ているとと非難していた「御家老方御密用之覚」の「頭分等」とは、この三人を含んでいたのではないか。というのは、『学況一斑』によれば、富永靱負必昌は「寺社奉行支配平士・先手物頭・徒頭」、大田数馬は「定番番頭」、小塚八右衛門政懿は「寺社奉行支配」であって、「頭分等」の身分にあたっているからである。

興味深いのは、この三人のうちの一人、大田数馬盛一は、文政七年（一八二四）に藩主斉広側近の教諭方主付に任命されている点である。長山直治によれば、斉広から藩政にたいする「才力」を買われて、文政七年に大田数馬とともに、教諭方主付に任命された山本又九郎・寺島蔵人・多羅尾左一郎の四人は、「同志」であった可能性があり、「単に農政・財政に関する実務に優れているばかりではなく、例え、藩主の意志によるものであろうと間違った藩政に対しては、批判しうる批判的精神の持ち主とみることができる」(14)という。

ここで想像をたくましくすれば、斉広の教諭方は、明倫堂の「討論之席」を発展的に解消すべく、政治を議論する別の正式な機関として設けられたのかもしれない。斉広側近の教諭方では、「御前議論」をする場が設定されていたからである。斉広自身は必ずしもそこに直接に参加したわけではないが、少なくとも斉広の御前で側近たちが「御前議論」をする場がもたれていたのである。そこでは、たとえば風俗をいかに教化・教諭するかが、議論の中心となっただろう。この想像の根拠となるのは、文政六年（一八二三）一二月に教諭方主付が任命され、この教諭方メンバーが明倫堂の「学校方御用」と重なり合っている点である。まずは次の二名の学校方御用の在職期間を示そう。

津田権五郎居方　　文政四年正月二六日～文政七年閏八月二二日　御馬廻頭
坂井小左衛門師昌　文政六年三月二一日～文政九年六月二八日　御小姓頭

長山によれば、教諭方主付一三名のうち、文政六年一二月に任命された六人と文政七年二月以降に任命された七人との間には、経歴にはっきり違いがあるという。このうち、津田と坂井は、教諭方設立当初の文政六年一二月に任命されたメンバーであって、斉広の側近グループであった。そして、二人はともに教諭方御用任命時には「学校方御用」の職に就いていたのである。以上のことから、文政期の斉広の教諭方は明倫堂と深いかかわりがあるということだけは確かである。

（3）「国家有用の士」の育成へ

では、この「討論之席」を推進したと思われる木下松園は、いかなる考えの持ち主だったのだろうか。その参考となると思われるのは、先に触れた、松園が罷免される直前の文化元年七月に、明倫堂内の朱子学者長井平吉・牧良助連名で、当時「学校方御用」の職にあった富永権蔵・大田数馬・小塚八右衛門の三名宛に提出した意見書である[15]。それによれば、「討論之席被二建置一、只今迄議論等御座候得共、一通り書籍により道理を弁論仕る迄にて、日用的実之義には行届不レ申様相見へ申候」（第五冊五六六頁）、「討論之儒にては只口上之論にて有益之義全無二御座一」（五六六頁）とあり、無用な口先だけの議論であると批判し、「討論之席」から「質疑会」に名目を改めよとしている。そこには、木下松園を想定したであろう、次のような批判が展開されていた。

孔子没後すでに「処士之横議」が起こり「聖人之路」を塞いだために、孟子が「聖人之道」を明らかにし、また宋代になって、「経説等区々にて文理字句を而已討論」ばかりしているので、朱子が『四書集注』を著した。ところが、明代には俗儒が「朱文公を讎の如く見謗申もの多」くなり、それが「本朝えも推移り、純一篤実の学風も、享保已来の諸儒の為に破れ」てしまい、「近来折中（衷）学抔と門戸を立申者多く御座候」という。彼ら「折中学」派の人々は、「我意」にまかせて驕り高ぶり、「師長」を軽侮する。そして、さらに「彼折中抔の徒、己を修るの工夫は打捨置、無知無術を以妄に経済を談」ずるという（五六七〜六八頁）。ここでは、「討論之席」が師弟関係を脅かすことを批判している。逆にいえば、「討論の席」ではそうした上下の秩序を超えた、「経済」の「討論」が行われていたことを示唆するのである。

この長井平吉・牧良助の意見書の仮想敵は、折衷学であった[16]。木下松園が、実際、折衷学者であったのかどうかは、確たる史料がないために、留保しなくてはならない[17]。ただし、折衷学と「経済」の「討論」との関連でいえば、上田作之丞（一七八八〜一八六四）が、文化六年（一八〇九）から文化一四年（一八一七）まで、明倫堂で学んでいたことは、注目すべきである。上田作之丞は明倫堂の教育に飽きたらず、私塾拠遊館を開き、藩士のみならず町人にまで広く教育し、のちに述べるように、黒羽織党を率いて、加賀藩の藩政改革の一派の理論的な中心となった人物である。その作之丞は、功利的な経世論者であるとともに、教育の場では会読の役割を重視していた(18)。

会読は道学義理切磋研窮の第一に而、識量上達の基砒に候。依而孝経・大学・中庸・論・孟・詩・書・左伝・易等の前にも中書目とも、是又其人々の材質資質に随ひ、類を分、会日を定候間、其料に従ひ、兎角有用の学問なさるへく候。（「拠遊館学則」、天保二年）

会読が「有用の学問」とのかかわりで推奨されているのである。これは、ある意味、学問に「御国家之用」「有用」を求め、「会読」と「討論の席」を作った享和期の学制改革の精神を受けついだものだったのではないか。そもそも、作之丞は「折衷」を標榜していた。頭は韓非子、尾は老子、足手は徂徠で、泣き声は朱子に似ていて、まるで「鵺《ぬえ》学」だという批判にたいして、次のように毅然と反論する。

予か学業、生来人の為にせす、一向に志所あれは誹謗を辞せす。願ふ所は聖人再生し給ふとも、吾言をかへ給はぬ様に有たきとの志願なり。然とも学本つく所なくしては正道を得難し。故に独文公を導師と頼み総てこれに従ふて聖門を窺ふなり。世上の浮説、予固より辞する事望ます。惟我門に遊ふ人をして材器成就して国家有用の士とならしめは、学風は真の鵺たるも聖人に言訳なしとせす。況や鵺の誇り偽ならは他日の博餐たらん。（『聖学俚譚』巻二）

作之丞は鵺学問を恥ずることなく、教育の目的が「材器成就して国家有用の士」を養育することにあるとすれば、学問はどのようなものでも、それが役にたてばよいという。こうした考えから、足手は徂徠だと非難されているように、作之丞は徂徠の疵物論と人材論（第Ⅱ編第二章参照）を彼なりに咀嚼している。

師も亦只管《ひたすら》国家入用の材徳を成様に指揮すへし。其材を達すとは如何なる事そや。人各其性の近き品あれは、或は地理、或は天文、或は文学政事、又は言語礼法、其外弓馬剣鎗より諸雑技に到るまて何に依らす、一芸一材以上を成就する事なり。徳を成とは、或は宰官となりて時政を出し、或は司馬司空司徒となりて軍政刑政土地人民を指揮するの道に達し、または孝弟忠信礼義廉恥の行篤く、五常の心得深き人物となる、これを人材を成し徳行を就するとそ。譬は鳥やの諸鳥を畜ひ、種木屋の卉木を育るか如し。心得違の人は、人材を成とは聖人の仕立る事の様に思ふは、余り結構過たる見識にて聖学には絶てなき理りなり。

（『聖学俚譚』巻一）

作之丞にとって教育の目的は、完璧な道徳的人格者たる「聖人」を「仕立る事」ではなく、それぞれの「一芸一材」の長所を伸ばして、「国家入用の材徳」を養成することにある。これと、のちに述べるような、大島桃年の目指す儒教テキストによる人格修養の全人教育との違いは明らかである。

四　第三期の学制改革

(1) 風俗教化から藩士教育へ

前田斉広の死後、第一三代藩主前田斉泰のもとで、執政奥村栄実による天保期の明倫堂改革が断行されることになる。天保七年（一八三六）一一月の藩主斉泰への重臣の上書には、天保一〇年（一八三九）の学制改革の方向性をうかがうことができる（『石川県史』第二編、九二四頁）。それによれば、「風俗の革正」を「厳令」をもって実施しているにもかかわらず、効果が上がっていない。「政治の局に当たる者」の名実が相反しないように、学制を改めて「人材の薫陶」に努め、これを「政務の諸職」に充てることが求められている。これは、斉広の教諭政治への批判であるとともに、天保の学制改革が藩士教育を目指すものであったことを示している。

奥村は天保九年（一八三八）に学校総奉行に任じられると、学制改革に着手した。翌年二月に、かつて斉広晩年には教諭方メンバーと重なり合っていた学校方御用を廃して、督学を置き、同年四月には「明倫堂御規則」が布達された。小松周吉によれば、この天保期学制改革の内容は、(一)就学の義務化、(二)会読の重視、(三)素読、(四)試業、(五)修学の目標、五点にまとめられるという[19]。この五点に関しては、これまでの明倫堂研究でも詳しく紹介されているので、ここでは会読という視点から見てみよう。そのため、(二)の会読が中心となるが、ほかの内容も会読と深いかかわりをもっている。その一つが(五)の修学の目標である。

修学の目標に関して、小松周吉が取りあげている史料は「入学生学的」である。それは、冒頭に紹介した会読が「心術練磨の工夫」であると説いているものであるが、次のように説かれていた。冒頭の第一条に、「学問の道は立志を以基本といたし候義、学者の簡要に候」と、立志の重要性を説いて、「微禄小臣の士たりとも、国家の責」があることを自覚し、「御国家の為に忠功を致し、臣職を尽すへきを目当とし修行不レ怠可レ勤候」（第二冊一九二頁）と、「国家の為に忠功」を尽すことが就学の目標である、という。そのための学問である。

学問の道は修レ己治レ人の外無レ之候得は、禄仕の人其道にうとく候得は、私智の働きのみに相成、事理人情において是非利害のまよひ可レ有レ之候。たとへ有レ才たりとも、不レ学に候ては生質の知識かきりある事に候得は、中には非理の過失も可レ有レ之筋に候。（第二冊一九二頁）

ただ、「学問の道は修レ己治レ人」であることを宣言するこの一文は、別段、事新しいものでないかのように見える。しかし、どのような状況で発せられたかによって、その意味も変わってくるだろう。先に述べたように、天保期の学制改革の中心となった人物は奥村栄実であったが、そのブレーンとして実質的に推進したのは、当時、明倫堂の助教の任についていた大島桃年だったと思われる[20]。その桃年が天保八年（一八三七）に奥村栄実に提出した、天保期の学制改革のマスタープランともいうべき『学政私考』には、次のように説かれていた[21]。

学問の本意と申候は道義を講し人倫を明に仕候て、其徳行を成就致し候事にて、所謂修レ己治レ人の道、此外には無レ之候。古三代の学校にて冑子を教られ候。（『学政私考』、第五冊五五二頁）

ここでも、「学問の本意」が「修己治人の道」であると説いているが、注目すべきは、「古三代の学校にて冑子を教られ候」とすることである。「冑子」とは、天子から卿大夫にいたるまでの嫡子をいう。桃年は上層の藩士教育を主眼にすることを説いているのである。桃年によれば、「学校之設は生徒之教に止り候」（同右、五五二頁）とあるように、藩校は武士「教育」を目的にするのである。

学校被二建置一、生徒御教育被レ成、別而今般御仕法御修補被二仰付一候、
（『御仕法帳追加』、天保九年一一月、第五冊五五〇頁）

会読が重視されたのも、この藩士「教育」を目的とするがゆえである。桃年によれば、講釈は四民の教化を目的とするもので、本来、藩校の「本務」（『学政私考』、第五冊五五二頁）としてふさわしくないものとされる。

講釈は御教導第一之義、且四民御教導抔と被二仰出一も有レ之候得共、学校之法制には無レ之事に候。学校に於て四民を教候と申義は別而古法に無レ之事に候。（同右、五五二頁）

江森一郎が、桃年が「藩校創立時の理想をはっきりと否定し、あくまで「諸士」のみに対する教育の場に徹底せしめようとした」[22]と指摘しているように、この提言は大胆にも寛政年間の明倫堂創設の目的を否定するものであったといえるだろう。その否定の画期的な意味は、広く「四民」ではなく、「諸士」のみに「教育」を限定したというだけではなく、「四民御教導」という風俗教化の目的を否定した点にこそ、あると思われる。藩校は、「四民」に風俗教化の「講釈」を聞かせる場ではなく、どこまでも「御国家の為に忠功」を尽す藩士を教育する場であることを宣言するものであったのである。

これまで見てきたように、明倫堂創立以来、風俗教化と藩士教育の二つは曖昧なままにされていた。そのため、

どちらに重点をおくかによって、学校の性格は大きく異なってくるだろう。享和期の学制改革では、前者の側面に重点が置かれた。そこでは、武士ばかりか、百姓や町人に及ぶまでの「四民」の風俗教化をいかになすべきかが「討論」されたのである。身分を超えた「討論」は斉広側近と年寄衆との対立を生み、木下松園の「横議」事件として顕在化した。これに対して、桃年は教育機関としての役割を明確にする。このような路線は、中士層の政治的な「横議」を清算しようとした、門閥上士層の代表者である奥村栄実の支持する方向ではなかったかと思われる。

（3）政治性の否定

この政治性の拒否は、天保期の学制改革の開始とともに行われた上田作之丞への批判とも連動していると思われる。天保期改革当時、作之丞の一派が藩内部で問題視されていたことは、天保八年（一八三七）一一月九日に、「市儒上田作之丞の門下たる者の素行に就き探索せしむ」（第一四編八五六頁）とあることからうかがわれるのだが、『学政私考』には、この点、より具体的に説かれていた。

　近世中唱候学問之道、経書を以聖人之大要を暁り、政治有用之書を読て事功之基となし、早く当世之務に達するを主とす。是を経済之学、又有用之学といふと、是事功の末を重として知行之本を遺し候。

（『学政私考』、第五冊五五二頁）

ここで「経済之学」「有用之学」を唱える仮想敵が、作之丞であったことは、天保八年一一月に提出された上書に示されている(23)。少し長いが、これまで知られていなかった史料であるので、全文を次に挙げてみよう。

　浪人儒者上田作之丞と申者、先年生徒ニ罷在候者ニ而、其以来御家中江立入教授仕候処、近来異存を相立学問とて書を読義理を講し候は実用ニ無レ之、士の君ニ事江職を奉する者は、左様迂闊之事を学ひ候而者、何之益にも相成可レ申哉、士の学問は書を読ミ義理を講するに及はす候、差当り当用之務を講究仕候を肝要といたし候と申唱候由に候。難を悪み易を好み候は人情の常ニ候得は、追々信向の人も多く有レ之由に候。私義委曲之説は承り糺ハ不レ仕候得共、伝聞にて承知仕候処、社中江入候者は一統誓詞を取立、会集之節は書物抔は持参無レ之、只々空手ニ而彼是議論仕候由、依而は当世御政事向等之儀も各意見を以論し候義抔も可レ有二御座一候哉と奉レ存候。且又右信向之面々何となくかさつの風義に相成、中ニは近来異様之形ニ而途中に徘徊いたし候者も見聞仕候。先以右等之異説相唱追々党類も多く相成候はゝ、所謂処士横議邪説暴行と可レ申候。ケ様の邪説盛に相成学問之本意は如レ此ものに而、学校の御教導は其身に取り候而、無益之事与何れも被二存込一候様ニ相成候而は、誠ニ以恐入候義奉レ存候。元来学問の道は申迄も無レ之御座候得共、格物致知誠意正心の学を已れに修め候義に而、他日家国之責を蒙り候節は、兼て修め得候道を以、其職務之上江措き候迄の事ニ御座候。格致誠正之学は則聖経賢伝を読て、其義理を講明し博く古今の書に渉り候而、其功用を験ミ候義ニ御座候。学問は教方此義と違ひ候はゝ、仮令外辺ニは孔孟の道を学ひ程朱の教に従ひ候と申候共、全く異端邪説と可レ申候。異端邪説の正道を害し候事は古より聖賢の甚懼られ候義ニ而、孟子も楊墨の道は無レ君無レ父也、楊墨の道不レ息孔子の道不レ著と被レ仰候。右様之邪説は聖を蔑し学を滅すと可レ申者に御座候得は、不肖之私当御役ニ罷在、千万恐惶仕候而、何分黙然罷在候義は難レ仕奉レ存候ニ付、委曲御承糺候義ニ而者無二御座一候得とも御達申上候。此段被二仰達一可レ被レ下候以上。

酉十一月　　大島清太

この上書が書かれた「酉」は天保八年（一八三七）である。それは、この上書の宛名である四人（有賀寛兵衛・天野権左衛門・大村友右衛門・加藤図書）が、当時、学校方御用の任にあったことから知られる。その在職年月は、有賀（御馬廻頭）が天保七年一一月一三日～天保一〇年二月、天野（定番番頭）が文政六年二月一六日～天保一〇年二月二二日、大村（御先手物頭）が天保八年一一月～天保一〇年二月、加藤（寺社奉行支配・御先手物頭）が天保七年五月～天保一〇年二月である。この四人は、天保一〇年二月の学制改革に際して、学校方御用廃止にともなって罷免されている（ただし、天野を除く、有賀・大村・加藤の三人は、天保一〇年に新設された督学に任じられた。第二冊一九九頁）。

ここでは、上田作之丞の「社中」が、「会集之節」は書物を持参せず、「只々空手ニ而彼是議論」し、「当世御政事向等之儀も各意見を以論」じ、常に黒い羽織を着て「異様之形」で徘徊していることが、「処士横議邪説暴行」だと非難されている。先に見たように、享和期の木下松園や頭方を罷免した「横議時政」の理由とまったく同じ理由で、作之丞の「社中」が排斥されている。ここから推測されるのは、天保期の学制改革は、上田作之丞ばかりか、それ以前の斉広の路線を清算するものではなかったかと思われる。一言でいえば、明倫堂が風俗教化策のセンターであることを否定して、藩士教育機関とすることへの転換ではなかったかと思われる。しかも、「御国家の為に忠功」を尽す藩士の教育の目的といっても、上田作之丞が説いていたような「国家入用の材徳」ある能吏を養成するのではなく、もっと根底的な人格修養を目指そうとしたのである。

ただし一言付け加えておけば、桃年はたんなる反政治的な見解の持ち主ではない。もともと「修己治人の道」を目指すものであったのだから、「修己」に重きがあるとはいえ、「治人」にかかわる政治的な議論を排除することはできない。しかし、だからといって、木下松園の処罰、そして眼前にいる上田作之丞たちの政治的な処士横議にたいしては同調できない。ここに、桃年のジレンマがあっただろう。

桃年の立場は、経書のテキストを離れて、政治的な議論を展開することを否定するものであった。それは規範を欠いた、換言すれば、理念を欠いた政治的な議論を否定することでもあったと思われる。理念と現実との間で、何とか方向性を模索しようとする立場が桃年のものであった。桃年とても、政治から遊離した人格修養のみを求めたわけではない。明倫堂を卒業した後には、経書・史書ばかりか、政治的な「事務等の策問」を提出させることを説いているからである。これは「役義」を念頭にいれたものであることは看過できない。天保八年の『学政私考』には、次のような提案がなされていたのである。

生徒御免被㆓仰出㆒候後、三ケ年毎に学校にて試業被㆓仰付㆒、諸経子史事務等の策問を出し、対書為㆑致候望候人々は罷出可㆑申候。左様御座候而、御役人御用にて諸頭中書出し有㆑之候節、右試業之甲乙に従ひ御詮議有㆑之、夫々其器に応し御役義被㆓仰付㆒候様に相成候はゝ、人々格別心懸方も宜、且御免被㆓仰付㆒候ても学業廃絶も仕間敷哉之事。

（『学政私考』、第五冊五五六頁）

ともあれ、木下松園や上田作之丞らの政治的な討論に反対して、会読は「心術練磨の工夫」になるという桃年の主張が提示されたと思われる。換言すれば、政治的な討論との緊張をはらんだなかで、会読を学問・教育の場に止めようとして生み出されたものだったのである。その意味で、会読は「修己治人」の修学の目標を実現するための教育手段として中核に位置づけられたのである。次節では、この会読の様子を具体的に見てみよう。

五　平等化の工夫

（1）身分別の会談と定式化

では、天保期の改革における会読とは、いかなるものであったのか。小松周吉によれば、この改革において「教授方法としての会読が著しく重視され、その回数が大幅に増加した。とりわけ、人持の場合は、一五才以上二九才まで役懸りのほかは、すべて毎月の会読に出席することを命ぜられている」[24]という。天保一〇年（一八三九）の「毎月稽古割」（巻四、一六八頁）によれば、三・四・八・九の日が句読師会読、四・九の日が諸組会読、六の日が人持子弟共会読、一一日・二一日が御大小将会読で、ほとんど毎日、さまざまな単位の会読が行われていた。人持組は上士、御大小将は平士、そして、諸組会読は下士以下のもので陪臣等も含まれている。上士・平士・下士の身分によって会読の席は分けられたのである。そして、こうした身分の差にもかかわらず、すべての明倫堂の生徒は天保一〇年から「入学生」と唱えるようになった。

「人持子弟共会読」「御大小将会読」「諸組会読」のように、身分ごとに設定された会読は、同一の身分内という限定をつけながらも、一定の平等性を担保しようとしたものだったといえるだろう。先に述べたように、享和期の会読・討論の席では、「身分的制限が廃止されていたよう」であるが、天保期の会読においては、上士・平士・下士の身分格差を前提にして、同一身分内で平等性を実現しようとしたものであったといえるだろう。ここでは、会読の列順は、年齢によるものと定められていて、会読内部での身分差は一応、否定されているのである。また、各身分の会読は、それぞれ学習過程に応じたテキストが決められていた。具体的には、桃年の上書によれば、次のようである（これがそのまま実行されていたかは、分からない）。

下等乙　『小学』『大学』
　甲　『論語』『孟子』
中等乙　『近思録』『大学』
　甲　『論語』『孟子』
上等乙　『中庸』『詩経』
　甲　『書経』『易経』

ただし下等乙の『小学』『大学』は、会読ではなく、講釈によって「大意」を会得させることとされた。そして、これらのテキストの解釈については朱子学の枠をはめ、「他の儒家え参り稽古致し候義無用の事」（『学政私考』、第五冊五五四頁）とされ、他学派の儒者のもとでの学習を禁止した。さらに、嘉永三年（一八五〇）の桃年の『入学生礼節条目』には、会読の方法も規則化されていた。

　会読始り候節、拍子木打候は丶、一統列を以助教溜罷越致二一礼一、夫より訓導溜え出致二一礼一候て、席々え附可レ申候。先《まず》両手に書物を棒け身体正く序列を以進可レ申候。席え附候上、又拍子木打候て教官等罷出申候。其上にて致二脱刀一、鬮筒を廻し一人弐本、或三本、人数之大小によるへし、鬮当り候上、教官等え致二一礼一、書物を戴き相始可レ申候。弁解終り候処にて一礼には不レ及候。会読終り候て教官え致二一礼一、書物を戴き袱に包み帯刀致し、教官等退座之上、各席列を以身体よく溜え退可レ申候。

（『入学礼節条目』、第五冊五五八頁）

桃年の「学校者礼義之所レ由、御教化之地に候」（同右、五五八頁）という礼の尊重も、こうした会読方法の定式化に貫かれていたといえよう。もちろん、こうした「会読」の定式化は形骸化の危険性をもっていたことはいうまでもない。

（2）教官の権威化

藩士の就学義務化は、教官と生徒の関係が疎遠になる危険性をもっていた。天保期の改革が始まる前、桃年の父親である大島贄川《しせん》は、近年、「本来、教官を信向致し入門之礼を秉《とり》て相学ひ候には無二御座一、於二学校一修業仕候に付、不レ染レ心候とも各々之席に就て致二講習一候義に御座候得共、教官所レ説所レ諭信従不レ仕筈に御座候」（文化八年）と述べて、『礼記』学記篇の「凡そ学の道は、師を厳にする」という言葉を引照して、「上より師長之官を厳然と重く御取扱置」けば、「子弟各師長を礼敬可レ仕道理を知て、敬事聴従可レ仕」[25]であると説いていた。かつて荻生徂徠が師弟関係には、「師ハ尊ク、弟子ハ卑キ者ナル故、師ノ方ニ権ナケレバ、教ハ成ヌ者也」[26]（『政談』巻四）と、師に「権」があってはじめて可能だと説いていたが、この生徒の教官への「厳敬」が就学の義務化によって、より保持しがたくなっていたのである。就学の義務化にともない、教官よりも、身分的には上層の生徒が入学してきた様子を、桃年は次のように描いている。

> 生徒之人々相互に咄合仕候にも私共同役事は陰にても、何殿はケ様被レ申、何先生御説者ケ様に々々と申候処、当時之入学生は幼年之面々迄も、溜に於て公然同役事を云放しに致し、何某はケ様申、何某はケ様之説とて高声に評論仕候体に御座候。尤入学生は人持中等よりして歴々諸士之嫡子中に候得者、以前之生徒とは様子も違ひ可レ申候得共、既に被二仰出一を以師弟と被二仰渡一候上は聊別儀者無レ之筈に候。
>
> （『今般就被仰渡心之趣書記候条々』、嘉永元年一一月、第五冊五四二頁）

もちろん、教官に敬語も使わない「諸士之子弟ヲ教諭仕候事故、身分卑ク候而者教行ハレ不レ申」（『今般就被仰渡心之趣書記候条々』、五四二頁）ことへの対処方法としては、教官の石高をあげることが、もっとも現実的効果的な方法であったろう。この点については、江森一郎が、藩校教官の地位の低さは新井白蛾の時点からの懸案であることを指摘しているが[27]、このほかの方策もあった。

教官の権威を高める解決策の一つが学問の神聖化ではなかったかと思われる。具体的にいえば、その儀礼である孔子祭祀（釈奠）ではなかったか[28]。先に見たように、大島桃年は天保期の改革にあたっての意見書『御仕法帳追加』（天保九年）のなかで、「御学政の根本大綱領」（第五冊五四六頁）として二か条をあげていた。その第一は「御教導方」を統括する「都講」と「学校頭中」とを分離して、教学の独立を図ること、第二は「聖祠御建立、元日御規式、二月丁日え御移し釈奠の義可レ被レ行候事」であった。孔子廟を作り、二月に釈奠を執行すること、これは学問を神聖化して、教官の権威を高めることを目指すものであったと思われる。換言すれば、藩の秩序とは異なる次元の学問世界を創出することによって（それは釈奠の儀礼によって視覚化されるもの）、教官の権威を高めることであったのではないか。それによって、「何某はケ様申、何某はケ様之説とて高声に評論」するなどというアナーキーを克服できると考えたのではなかったかと思われる。

この桃年の献策が受けいれられたのであろうか、天保一〇年二月朔日に、明倫堂で簡素な釈奠である釈菜の礼が行われている（第一五編二二頁）。また天保一一年八月一五日にも行われた（同右、一八六頁）。以下、天保一二年八月一五日、一三年二月一八日、一四年二月一四日に釈菜の記事がある。ただ『日本教育史資料』によれば、「天保年間ニ至リ二月仲丁ヲ以テ明ノ朱之瑜ノ書セシ先聖先師聖神位トアル位牌ヲ安シ、教授助教等祭儀ヲ行ヒシト云フ。然レドモ其典礼ノ状況ハ憑リテ以テ証スヘキモノナシ」（第二冊二〇六頁）とある。明治まで慣例化するほどのものではなかったのだろう。

六　試験制度の試行錯誤

（1）人格修養と競争

ところで、最初に述べた人格修養の場としての会読という考えは、「入学生学的」のなかに、次のような会読における詳細な戒めとして示されていた。

会読之法は畢竟道理を論し明白の処に落着いたし候ために、互に虚心を以可レ致二討論一義に候処、中には彼我をさしはさみ、可レ致二勝劣一之心盛に相成、弁舌の末を争ひ審問慎思の工夫も無レ之、妄に己を是とし人を非とする心有レ之候事、見苦敷事に候、且又自分一得有レ之候とて、矜誇の色をあらはし候事。他人疎漏の誤りを妄に非笑致し候事。自分の非を飾り他説に雷同致し候事。鹵莽に会得の顔をなし他説をうはへに聞なし候事。大抵に自分を是として疑ひを不レ発事。疑敷義ありとも自分にまかせてやすんする事。人の煩を憚り不レ致二質問一事。未熟なるを恥て言を不レ出事。此等之類一事も有レ之候ては上達の道は無レ之候間、自分を省察いたし堅く慎み可レ申候事。（第二冊一九四頁）

この「入学生学的」は、天保九年の桃年の意見書『御仕法帳追加』（第五冊五五一頁）のなかに同趣旨の条目があるので、桃年が深く関与していたと思われる。こうした細かい注意書きを貫くものは、会読が、政治的な討論の場ではなく、「意必固我」（「子絶レ四、毋レ意、毋レ必、毋レ固、毋レ我」『論語』子罕篇）を去る人格修養の場であるという考えであったといえよう。しかし、この会読観には政治的な討論とは別の大きな問題を内包していた。それは競争という問題である。もともと、会読には競争の要素を含んでいた。複数の者が同一のテキストの読みを競いあうなかで、一人ひとりの学力も向上したからである。

この点、会読を藩校教育のなかに導入した福岡藩の亀井南冥は、「会講に勝負の式を設け、其の席を奪」いあうことを「教の術」として容認していた(29)（『蜚英館学規』）。たしかに、競争は勉学意欲を掻き立てるが、桃年の目指す、人格修養の場としての会読において、それはどのようにとらえられていたのだろうか。この点に関して、本節では、明倫堂の試験制度を検討しながら考えてみよう(30)。

（２）競争なき試験制度の模索

まず明倫堂の試験制度について、時系列に沿って追ってみよう。明倫堂では、文政二年（一八一九）に、試験がはじまった。その時は、春秋の年二回の試験が行われた。試験内容は、四書五経のうち指定されたテキストのある章について、その章意・字訓・解義・余論を書かせる「弁書」(31)をさせて、これに甲乙の評価をつけるものであった。これは、昌平坂学問所の校内試験である「大試業」でも行われていた方法であったが、スムーズに事が進んだわけではない。

開始の翌年、文政三年（一八二〇）正月の意見書によれば、教官側が「上中下」の三等のうち、上等の生徒に限って、拝領物を与えようとしたが、藩当局は「三ヶ年入精」の生徒すべてに拝領物を与えようとした。ここで三年とあるのは、寛政四年（一七九二）の定のなかに、「諸生を御養被レ成候者三年にて学業上達不レ仕者は学校を出すへし」（第二冊一九一頁）とあるように、学業不振の者は三年をまたなくとも放校にすべきだとあるので、一応、三年間、ともかくも習学した者は、成績の良し悪しは別にして、褒賞を与えるべきであるとしたのであろう。しかし、教官側は、上中下の「差別」なく同様に褒賞をあたえるならば、「進みの為めにも相成申間敷」（第二冊一八一頁）と、反対意見を述べている(32)。

その結果がどうであったかは分からないが、天保期の改革前、天保八年（一八三七）の大島桃年の『学政私考』では、下等甲乙、中等甲乙、上等甲乙のそれぞれの段階で履修してきた経書をテキストとして「弁書」せよと提案している。そして、その成績の良い者だけを「転席」をさせるようにして、悪い者はそのままその段階に差止めるようにせよという。しかも、これはあくまで学習者個人の修学程度をはかる目的でなされるべきであるという。そのため、桃年は試験の答案を個々に添削して返却するようにせよという。

是迄弁書匿名に致し候得共、以来名前為レ調、且高下之次第相立不レ申、謬誤之処は朱書を以改竄致し、当人え相返し申度候。尤品題張出し不レ仕候。此義は伊川先生嘗て議せられ候て試業に高下を相立候は、人をして争はしめ学者を教ゆる之法にあらすと被レ申候議に従ひ申度候。

（『学政私考』、第五冊五五五頁）

これは、北宋の程伊川が「学校は礼義相先んずるの地にして、月に之れを争はしむるは、殊に教養の道に非ず。請ふ、試を改めて課を為す。未だ至らざる所有らば、則ち学官召して、之れを教へ、更に高下を考定せず」（『小学』外篇・立教）と説いていたように、生徒間の高下を争わないためのものであるという（広瀬淡窓の批判を想起せよ）。しかし、この桃年の提案は、明倫堂の「一統異存」があるということで、桃年一人の個人的な意見として藩当局に提出された（第二冊一八二頁）。ところが、天保一〇年（一八三九）になって、この桃年の提案が受けいれられることになる。

生徒勤学中、春秋両度充二試業一可レ被二仰出一候事。但一席切会読相済候授読之書籍を以、弁書致させ可レ申候。

尤主附之授助教にて相撰、甲乙に依て転席可レ申段候事。（第二冊一八二頁）

これによれば、春秋の二回の試業は、下等甲乙、中等甲乙、上等甲乙の会読の段階に応じて、テキストとなった「授読の書籍」によって「弁書」させることになったのである。しかし、これに対しても、天保一〇年九月には、試験準備のため「数十日之間、専其業に力を用ひ、武事に力を難レ分之弊有レ之哉」（第二冊一八二頁）という理由で、つまり武術の稽古が疎かになり、文武両道がなりたちえなくなるという反対論が起こってくる。寛政四年の文武兼備の教育方針が、ここにきて、対立をもたらしたのである。そのため結局、天保一〇年秋の試業は、この年春に受験できなかった者だけに限定すると提案され、受理された。

天保一二年（一八四一）正月には、試験時期を秋一回にせよと、提案され受理された。回数は一回減らされたが、基本的には大島桃年の学習者の修学程度を試験するという考えが貫かれていたといえるだろう。というのは、天保一二年には、生徒個々人の修学段階を無視した統一問題である「教授之物品題」は廃止されることになったからである。その結果、学習者の「平生会読之躰」の平常点と「弁書」試験の結果の二つによって、教授・助教が相談して「転席」を決めるということになった。

（３）物試業の定例化

ところが、三年後の弘化元年（一八四四）、一転して成績判定の煩雑さを理由にして、統一試験問題に変更される。天保一四年（一八四三）一二月一三日、渡辺兵太夫の次のような意見にもとづいて、翌年、弘化元年に「惣試業」が行われた。

試業題之義、句読師幷入学生は授読之篇章之内を以、教授等相撰指出来候処、多人数之義、甚紛敷煩雑之次第に御座候間、向後、物試業之振に仕、一統同様之篇章を相調申事に申談、題之義も教授等より取立申義は指止、私共切にて二三ケ所を相撰指上、其内を以御渡之事に相成候て可レ然奉レ存候。尤物試業題も同様私共より指上可レ申候。（第二冊一八四頁）

「煩雑」というが、どのくらいの生徒がいたのだろうか。天保九年（一八三八）時に約二〇〇人、上中下等の三段階ごとには六六人、嘉永元年に約二六〇人、上中等に一三〇人、下等に一三〇人とされる（第二冊二〇二頁）。これだけの人数の処理をすることが煩雑かどうかは、意見が分かれるところだろうが、ともかくも、この渡辺兵太夫の効率性重視の意見が通って、明倫堂では「物試業」が定例化することになった。

嘉永元年（一八四八）の桃年の意見書は、この「物試業」にたいする反対論である。そこには、日常の会読での成績と、予め問題が出題されている「物試業」での成績との間の齟齬が指摘されている。

惣試業之儀は諸士一統書を読ませ候との御趣意と奉レ存候。然処是実に寸益なくして大害を生し候基と乍レ恐奉レ存候。夫を如何と申候に、其以来惣試業に因て読書之志に向者一人有レ之候義承り不レ申候。乍レ然初之年は何も儒家えたより下読下書等之稽古致し候人々も有レ之候得共、次年よりは其様之事一切無レ之様に相成候。且便所書弁当書抔近来世上に悪言申触し候義、以之外に御座候。（『私議』、第五冊五六四頁）

桃年は、弁書を「便所書」「弁当書」と揶揄されるなかで、試験は、「元来、会読席にて受授致し候処、各会得有レ之候哉否を試候為め」（『私議』、第五冊五六二頁）、平常の会読席での成果を確かめるものである、と年来の主張を展開している。しかし、この桃年の意見にもかかわらず、嘉永四年の「物試業」では、「当年都て論語季氏篇より堯曰篇迄之内、当日惣御奉行より被二仰渡一之章節弁書之筈に候事」（第二冊一一七頁）、嘉永六年（一八五三）でも、「当年都て孟子滕文公上下篇、当日惣御奉行より被二仰渡一の章節、弁書之筈に候事」（第二冊一八五頁）とあるように、予告されている。しかも、集注本は持込可であった（ただし、四書大全は持込不可）。試験としてはより簡単なものへと流れているのである。

これまで見てきた明倫堂の試験をめぐる対立のなかで、大島桃年は、一貫して会読のなかで競争の要素をできるだけ排除しようとした。それは、会読が「心術練磨の工夫」であるという立場から生まれたといってよいだろう。彼は会読の場で、どこまでも自己の修養を目指そうとしたのである。一方で、藩当局も身分制度・世襲制度を脅かしかねない、競争にもとづく試験制度を、すんなりと実行しようとはしなかった。この点はすでに文政二年の最初の試験において、上中下の成績に応じて、褒賞を与えようとする教官側にたいして、出精の者すべてを賞与しようとする藩当局の意向にうかがわれるだろう。このように、思惑は異なっているものの、桃年と藩当局はともに競争を忌避する点で同一であったということを看過すべきではない。桃年の立場からすれば、会読はもともと競争の要素をもっているのだから、それを否定するということは自己矛盾であるし、また藩当局の側からいえば、競争・実力主義が世襲制度を壊すものであっただけに、それを否定しながら、だからといって、学問を無視できない矛盾があったのである。

また、藩当局と大島桃年の問題ばかりではなく、興味深いのは、試験制度に関する明倫堂内のもう一つの対立である。一人は大島桃年、もう一人は渡辺兵太夫(33)である。ともに天保期の明倫堂改革の中心にいた人物であった。しかも、大島桃年と渡辺兵太夫は古賀精里門下であったのである。そのために、二人はともに昌平坂学問所のなかで会読を経験してきたはずである。おそらくは、会読の人格形成にかかわる有益性については共通の認識をもっていただろう。この点で、上田作之丞のような政治主義にたいしては、共同戦線をはることができただろう。ところが、試験制度についていては、教官側の立場からその効率性を求めるか、どこまでも学習者の立場に立ち、学習者の修学段階に応じたきめの細かい対応をするのかという対立を生んだのである。

そして、この対立の背景には、加賀藩の天保改革を進めた奥村栄実がいたと思われる。そもそも天保一〇年の学制改革も、奥村栄実が天保九年（一八三八）に学校総奉行に任じられてから着手された。渡辺兵太夫と大島桃年はその期待をになって、改革を進めていた。事実、兵太夫は、天保一〇年に学校頭が廃止され、新設された督学の地位に最初に就いている。しかし、これまで見てきたように、栄実は大島桃年の意見を積極的に採用したように思われる。とすれば、奥村栄実死後に、渡辺兵太夫の反動があったとしても不思議ではないかもしれない。

さらに弘化元年「惣試業」の背景にはもうひとつ、藩政の実権が、かつて天保期の学制改革当初に排除した上田作之丞の影響を受けたものに握られたということもあるかもしれない。というのは、「天保一四年（奥村）栄実の死去後、上田学説に傾倒していた年寄長連弘が政権の座につき、黒羽織党の精鋭を抜擢してそれぞれの要職につけた。その新政は、嘉永元年（一八四八）ごろから実施される」[34]からである。享和期と同様に、ここでも、藩政の勢力争いに、明倫堂の学制改革は無縁ではなかったのである。

七　学校と人材登用

加賀藩の学制改革の変遷を「会読」に着目してたどってきた。そこで明らかになったことは、藩校の位置づけのブレというべきことである。「四民」風俗教化の機関なのか、それとも藩士の教育機関なのかという藩校の存在理由についての曖昧さといってよいだろう。加賀藩の場合、創立当初は前者の「四民」風俗教化の機関として位置づけられていた。そのために、いかに四民を教化するかという政治が関与してくる可能性をもっていたのである。この政治志向に対する反動が天保期の学制改革であったといえよう。その理論的中心を担った大島桃年は上田作之丞の学問を異端として退け、藩校を藩士教育の機関として再編成しようとした。

この転換のなかで、一つのテキストを共同で読書する会読の意味づけも変わってきた。享和の学制改革で設けられた「討論之席」は国家「有用」を志向する政治性の強いものであったが、天保期の会読は定型化され、「心術練磨の工夫」として人格修養の場と位置づけられるようになったのである。しかし、世襲制を基本原則とする身分制社会のなかでは、平等と競争の二つを基本原則とする会読は、いくつかの問題を引き起こした。そのために、桃年はさまざまな方策を模索していた。その一つが、会読の場を身分ごとに分けて、同一身分内での平等性を確保しようとしたこと、もう一つは試験制度を実行しつつも、それをどこまでも学習者の学習意欲を引き出すためにとどめようとし、極力、競争を排そうとしたことであった。しかし、前者については、「人持子弟共会読」「御大小将会読」「諸組会読」など、ほとんど毎日、さまざまな単位の会読が行われるような、会読の複雑さを生み、後者については試験の採点の煩雑さをもたらしたといえるだろう。

　本章では、会読に着目することによって、こうした明倫堂の学制改革の試行錯誤を内在的に明らかにすることができたが、前章で見た長州藩明倫館と比較する時、欠けていたものがあることに想到する。それは、明倫堂の成績が人材登用に結びついていなかったことである。先に述べたように、藩校から人材登用をする制度の創設は、一九世紀の藩校の大きな課題だった。政治と教学の一致という意味での「政教」の一体化という提言は、一九世紀には頻出する。こうした全国的な動向のなかで、先に見たように長州藩明倫館では、重建時に居寮生から藩の役職に就くルートが制度的に開かれた。嘉永二年（一八四九）、優れた居寮生を藩の役職へ「選挙」することが認められたのである。

　ところが、加賀藩明倫堂では、このような人材登用の制度は作られなかった。先に挙げたように、「右試業之甲乙に従ひ御詮議有レ之、夫々其器に応し御役義被二仰付一候様に相成候は丶、人々格別心懸方も宜、且御免被二仰付一候ても学業廃絶も仕間敷哉之事」（『学政私考』、天保八年、第五冊五五六頁）という大島桃年の提言が、学制改革の際になされていたにもかかわらず、試験の結果によって、「其器に応し御役義」を与えるような制度は出来なかった。試験制度としては、明倫堂では、一八歳から二九歳までの役職に就いていない藩士は「試業」＝試験を受けることが定められ、さらに三九歳に及ぶまで、三年に一度の「試業」を受けねばならないとされた。また役職に就いている者、あるいは三九歳以上の者も、本人の希望によっては試験を受けるとされた（「明倫堂御規則」、天保一〇年、第二冊一七七頁）。

つまり、加賀藩では、「御国家の為に忠功」を尽すことを志して、会読の場で「修己治人」の学問を励んで明倫堂を卒業しても、役職に就けるわけではなく、「試業」を受け続ける学生として生涯教育を受けたのである。たしかに、人材登用のルートがなかったがゆえに、長州藩のように「才学」と「芸術」を競い合うこともなく、隔離された場所で、道徳的な人格修養を目指すことができたかもしれないが、幕末の政治変革の時代に、加賀藩は大きく取り残されることにもなるのである。

（1）『日本教育史資料』第二冊（文部省、一八九〇年）。以下、冊と頁数を本文中に略記した。

（2）拙稿「近世日本の公共空間の成立――「会読」の場に着目して――」（『愛知教育大学研究報告（人文・社会科学編）』五五輯、二〇〇六年、のち『江戸後期の思想空間』ぺりかん社、二〇〇九年）、「討論によるコミュニケーションの可能性――近世社会の「会読」の場に通目して――」（東北大学日本思想史研究会『年報日本思想史』七号、二〇〇八年、のち同前拙著所収）参照。

（3）『日本教育史資料』に豊富な資料があるので、藩校研究のなかでは、明倫堂研究は比較的に進んでいる。小松周吉「加賀藩明倫堂の学制改革」（『金沢大学教育学部紀要』二〇・二一号、一九七一年・七二年、のち若林喜三郎『加賀藩社会経済史』名著出版、一九八〇年）。山下武「加賀藩の教育に関する一考察――前田斉広の治政と庶民の教育　続――」（『早稲田大学教育学部学術研究　教育・社会教育・教育心理・体育編』三九号、一九九〇年）、同前「第三期における加賀藩文武学校の一考察」（同前、三四号、一九八五年）、同前「加賀藩文武学校に関する一考察――草創第一期を中心として――」（『早稲田大学大学院文学研究科紀要』三〇号、一九八四年）、同前「加賀藩の学校教育に関する考察――文武学校の第二期を中心として――」（同前、三三号、一九八四年）、同前「加賀藩の教育に関する一考察――前田治脩の治政と庶民の教育――」（同前、三一号、一九八二年）、同前「加賀藩の教育理念に関する一考察――十代藩主前田重教の事例を中心として――」（同前、三〇号、一九八一年）、同前「加賀藩文武学校の設立について」（同前、二九号、一九八〇年）、江森一郎『「勉強」時代の幕あけ』（平凡社選書、一九九〇年）。吉岡栄「伝統を生かした学校教育――加賀藩明倫堂の教育――」（『学校教育研究所年報』三七号、一九九三年）。ただ、学習方法である会読を焦点とした研究はない。さらに、当然のことながら、教育史からの研究であって、それゆえの限界もある。その一つは、試験制度や学習方法の制度に関心が向けられ、それを担った人、具体的には明倫堂の教官たちの思想についての関心が薄いという点である。

（4）　第二期には文政期の学制改革がある。これは、文政五年に藩主が斉広の嫡子斉泰に交代したことと関連があるだろう。ただ、新藩主斉泰は幼く、斉広が政治の実権を握っていたので、本章では享和と文政の学制改革を一まとめにして、第二期とする。のちに述べるように、文政期の学制改革として重要な政策は、試験制度の導入である。なお、本章では天保期の改革までしか取り扱えなかった。幕末の明倫堂の教育については、倉沢剛『幕末教育史の研究三』（吉川弘文館、一九八六年）第六章参照。幕末期には、「国学会読」も許可された（倉沢書、三四八頁）。

（5）　『加賀藩史料』（侯爵前田家編輯部編、一九四三年）第一〇編。『加賀藩史料』については、以下、本文中に編と頁数を略記した。

（6）　明倫堂が「四民教導」する目的で、武士のみならず「町・在之者」までも「習学」を許可した点について、石川謙は昌平黌の「仰高門日講の轍を踏んだ成人教育講座」（『近世日本社会教育史の研究』東洋図書、一九三八年、一〇頁）であると位置づけ、二〇世紀ドイツの統一学校を想起しながら、「私は感激を以て記念したい」（『日本庶民教育史』玉川大学出版部改定版、一九七二年、一三六頁）と絶賛する。和島芳男もまた、「庶民の習学を許した岡山・金沢・熊本の諸藩のごときは進歩的であった」（和島芳男『昌平校と藩学』至文堂、一九六二年、一四四頁）と高く評価するが、これに対して、海原徹は「明倫堂の本領はあくまでサムライ教育にあり、庶民教育はいわば例外的に行われるサービス活動にすぎなかった」（『近世の学校と教育』思文閣出版、一九八八年、五五～五六頁）と説いて否定している。海原説が妥当だろう。ただし、海原は明倫堂の目的が、石川謙のいう「社会教育」、すなわち風俗教化から藩士教育に転換したことに注意を払っていない。ちなみに、明倫堂の創設時においても、講釈聴聞するに際しては、武士の場合、御年寄衆・御家老衆は家臣二名、草履取一名、雨天の時には傘持一人を伴い、その他はすべて若党一人、草履取一人、雨天の時は手傘を用いることとされていた（覚、寛政四年六月一六日、第二冊八七頁）。身分差は歴然としていた。

（7）新井白蛾（一七一五～九二）は、江戸の人で、闇斎学派の三宅尚斎の弟子菅野兼山に朱子学を学び、易学に精通し、宝暦年間に京都に移り住み、古易館と号した。寛政三年七月に、三〇〇石で召し抱えられ、同年八月に金沢に参着した。翌年二月に明倫堂学頭に任じられ、役料五〇石を加増された。著書に『古易断』（安永五年刊）『易学小筌』（宝暦四年刊）などの易関係の書のほかに、談義本『老子形気』（宝暦三年刊）がある。鈴木由次郎『易と人生――新井白蛾の生涯とその詩――』（明徳出版、一九七三年）参照。白蛾は、ある物を覆い隠して、そのなかにある物が何であるかを易筮によってあてる射覆《せきふ》の名人として有名であるが、『逢原記聞』に次のような逸話が伝えられている。「新井白蛾ヲ或大諸侯ニテ召抱タシ迚、白蛾ヲ呼ビ、侯ミヅカラ書シテ箱中ヘ入、「是ヲトセヨ」トテ出シケレバ、白蛾トヲ布テ云、「是天下ノ英物ナリ。然レドモ何ノ御用ニ不レ立人ナリ」ト云。箱ヲ開テミレバ、新井白蛾トアリ。依テ抱ヘノ議止ミタリトゾ。後加賀侯ニ仕フ」（『当代江戸百化物・在津紀事・仮名世説』新日本古典文学大系97、岩波書店、二〇〇〇年、一七〇頁）。

（8）金沢市立玉川図書館近世史料館所蔵。

（9）講釈による風俗教化の実践例が、米沢藩興譲館と尾張藩明倫堂における細井平洲の講釈である。加賀藩でも、新井白峨に平洲の如き役割を期待したのである。

（10）『石川県教育史』一巻（石川県教育史編さん委員会、一九七四年）三一頁。

（11）西山拙斎の『拙斎遺文鈔』に「答木下槌五郎書」（寛政四年）が収められている。「木下槌五郎書」の割注には、「加賀金沢儒官、柴野博士之門人、為順庵五世之孫」とある。柴野栗山門人だったことが知られる。「貴邦御府学近来御営建、学政御振起被レ成、貴兄にも御本藩へ御出勤、学事御多務之由、奉ニ敬賀一候」（『日本儒林叢書』巻三、東洋図書刊行会、一九二九年、六頁）。

（12）蔵並省自『加賀藩政改革史の研究』（世界書院、一九六九年）参照。蔵並は、斉広晩年において、従来の重臣である年寄執政と組頭寺島蔵人を筆頭とする中士層の二つの潮流が生まれ、後者は教諭局を拠点としたことを指摘している。

（13）金沢市立玉川図書館近世史料館、加越能文庫所蔵。

（14）長山直治「加賀藩主前田斉広における「教諭」と教諭方について」（『北陸史学』三七号、一九八八年）参照。

（15）『日本教育史資料』第五冊（文部省、一八九一年）「加賀藩士学事意見書」所収。頁数は本文中に略記した。

（16）ここで想起されるのは、折衷学の山本北山が職制の整備に関与した秋田藩藩校明道館でも、有能な人材「教育」（「寛政五年癸丑八月廿日御条目」、『日本教育史資料』第一冊、文部省、一八九〇年、八四五頁）に藩校の目的がおかれ、「議論会」が開かれていたことである。寛政五年に定められた「学館記」には会読・輪講での議論を奨励していた。加藤民夫『秋田藩校明徳館の研究』（カッパプラン歴史文庫、一九九七年）参照。鈴木博雄は、明道館の「議論会」について「徂徠学派の会読・輪講に近い」（『近世藩校に関する研究』振学出版、一九九五年、一〇四頁）と指摘している。果たして、明倫堂の「討論之席」と関係があるのだろうか。

（17）注（11）にあるように、柴野栗山の弟子であるとすれば、折衷学ではないことになる。待考。かりに折衷学者でなかったにせよ、明倫堂内の「討論之席」を政治的問題の討論の場にすることを肯定していた点は間違いなかろう。

（18）上田作之丞の会読については、八木清治「天保期の加賀藩における「実学」と経世済民――儒者上田作之丞をめぐって――」（『実学史研究』Ⅴ、思文閣出版、一九八八年）参照。「拠遊館学則」と『聖学俚譚』は金沢市立玉川図書館近世史料館所蔵。

（19）注（3）小松論文。

（20）桃年は、笠井助治『近世藩校に於ける学統学派の研究』巻上（吉川弘文館、一九六九年、四九三～四九四頁）によると、「大島藍涯（一七九四～一八五三）昌平学派、名桃年、字景美、称清太、号藍涯・柴垣・僊詩楼。藩儒・明倫堂助教、昌平校修学。藍涯は贄川の子。家学を受け、のち昌平校に入って研鑽を重ねた。仙台藩儒大槻磐渓と深く交際した。文政五年、帰藩して明倫堂助教となって諸生を教導した。一三代藩主斉泰の命を受け西坂成庵等と共に『四書匯参』四七巻・『監本四書』一九巻・『欽定四経』一〇〇巻の校刻に当たり、最も力を尽くした。嘉永六年没、六〇歳。子善太郎【拓軒】家職をつぐ」とある。昌平黌では、古賀精里・侗庵父子、安積艮斎の教えを受けた。大島桃年の詩文集『柴垣文草』（金沢市立玉川図書館近世史料館、加越能文庫所蔵）のなかには、古賀精里・古賀侗庵・安積艮斎の添削を受けた文章が収められている。

（21）大島桃年の意見書は注（15）『日本教育史資料』第五冊の「加賀藩士学事意見書」に収録されている。桃年の学政論はこれによって知ることできるのだが、意見書の提出年月が記されていないばかりか、どこまでが一まとまりの意見書かも判別しがたいため、取り扱いが難しかった。金沢市立玉川図書館の近世史料館所蔵の大島桃年関係の史料を調査して、「加賀藩士学事意見書」が、提出年代を異にする六つの意見書をつなげたものであることが確認できた。参考までに『日本教育史資料』の頁数と行数を掲げておく。

Ⅰ、五四二頁六行～五四四頁八行

『今般就被仰渡心之趣書記候条々』（嘉永元年一一月、『就学政修補稽古定等』所収、加越能文庫所蔵）

Ⅱ、五四四頁九行～五五一頁二三行

『御仕法帳追加』（天保九年一一月、大島文庫所蔵）

表紙に「戊十一月十二日、内膳殿へ御別席を以御達申候」とある。

Ⅲ、五五一頁二四行～五五八頁五行

『学政私考』（天保八年一一月、大島文庫所蔵）

表紙に「御帳冊成十一月十二日、内膳殿へ御別席を以御達申候」とある。

Ⅳ、五五八頁六行～五五九頁二〇行

『入学生礼節条目』（嘉永三年三月、『就学政修補稽古定等』所収、加越能文庫所蔵）

Ⅴ、五五九頁二一行～五六一頁一四行

『句読師等稽古仕法書』（天保一五年九月、『就学政修補稽古定等』所収、加越能文庫所蔵）

Ⅵ、五六一頁一五行～五六五頁一〇行

『私議』（嘉永元年一一月、『就学政修補稽古定等』所収、加越能文庫所蔵）

(22)　注(3)江森書、二五五頁。

(23)　『大島柴垣上書等』（金沢市立玉川図書館近世史料館、稼堂文庫所蔵）所収。

(24)　注(3)小松論文。

(25)　『旧加賀藩士学事意見書』（注21『日本教育史資料』第五冊、五三四頁）。

(26)　『荻生徂徠』（日本思想大系36、岩波書店、一九七三年）四三九頁。徂徠は、講釈聴聞に反対した。享保期の徂徠にあっては、幕府・藩が学校を建てて、藩士を強制就学させるという発想はなかった。

(27) 注(3)江森書、二二七頁参照。

(28) 釈奠儀礼の効果について、R・P・ドーアは「学問の神聖さを印象づけ」、「現在の教師に対する尊敬を高めることになり、これによる少なからぬ規律維持の効果は、自分自身は尊敬に値する資質など殆どないような教師にとってはありがたいことだった」と指摘している。『江戸時代の教育』(岩波書店、一九七〇年)八五頁。

(29) 拙著『江戸の読書会――会読の思想史――』(平凡社選書、二〇一二年)参照。

(30) 明倫堂の模範となった昌平坂学問所の試験制度については、橋本昭彦『江戸幕府試験制度の研究』(風間書房、一九九三年)、眞壁仁『徳川後期の学問と政治』(名古屋大学出版会、二〇〇七年)参照。また同時代の藩校の試験制度は、鈴木博雄「近世藩学における文武課業法の成立について」(『教育学研究』三八巻四号、一九七一年、のち注16鈴木書)、佐藤環「福山藩学誠之館における試験制度の展開」(『日本の教育史学』三五号、一九九二年)参照。

(31) 昌平坂学問所でも、この「弁書」を書かせる試験方法が行われた。というよりは、明倫館はそれに準じたわけである。和歌山藩校明教館でも寛政三年以降、「弁書」の筆記試験を行っていたが、『日本教育史資料』には、その内容が紹介されている。それによると、「一章ノ大意ヲ解釈ス」る「章意」、「字義ヲ解釈ス」る「字訓」、「順序ヲ逐ヒ全章ノ旨趣ヲ解釈ス」る「解義」、「解義ノ外ニ自己ノ所見ヲ論説ス」る「余論」がその内容である(注1『日本教育史資料』第二冊、八二六頁)。

(32) 藩校への出席日数で評価することにたいする教官側の反対論は、他藩にも存在した。たとえば、熊本藩時習館の中山昌礼は、「今講堂句読なとに出る者の大抵席のかさなるをもつて賞を行ふこと多し。これによりて少く伶俐なるものは日々出席をなして名牌をかくるはかりにてさまて書を読み義を講することをつとめとせす。終年満席なと云て相ほこるなり。然とも学問を心にかけすみたりに席を重て褒賞を求んとする心なれは、あなかちに精力をつくして学問をいたさゝるもことはりなり」(『学政考』、注21『日本教育史資料』第五冊、六一三～六一四頁)と、出席日数だけを誇る小賢しい学生を非難していた。

(33) 渡辺兵太夫は、『国書人名辞典』によれば、「安永七年(一七七八)生、嘉永四年(一八五一)九月四日没。七四歳。名、初め順、のち栗。字、祐夫。通称、吉次郎・吉郎・兵太夫。号、文堂。隠居して三休と称す。加賀加賀藩足軽小頭渡辺兵太夫信の男。加賀藩儒。初め林屋山に学び、寛政四年(一七九二)学校読師、同五年、定番御歩となり禄三〇俵を受ける。同九年、江戸に出て昌平黌に学び、享和元年（一八〇一）帰郷。文政元年（一八一八）新番組に列し、同七年、一〇〇石を受け藩儒となる。天保九年（一八三八）頭並、役料一〇〇石、都講となり加増五〇石。藩校明倫堂・経武館督学となり、藩主侍読を兼ねる。弘化三年（一八四六）退隠」とある。古賀侗庵は兵太夫を友人として遇していた（『侗庵初集』巻二、「送林孚尹序」）。この他に昌平坂学問所では、仙台藩の大槻平泉、白河藩の広瀬蒙斎らと交わった。水上一久「昌平黌に遊学せる加賀藩士」（『北陸史学』九号、一九六〇年）参照。

（34）　注（10）『石川県教育史』一巻、四五頁。

第五章　明治前期の「学制」と会読

一　会読と寛容精神

明治時代、幕府の昌平坂学問所や藩校が廃校になったとき、会読もそれとともに廃れてしまったと思われるかもしれない。五倫五常の教えである儒学が衰退するとともに、その読書方法である会読もまた、用無しになったであろうという予断からである。しかし、明治前期の漢学塾のなかでは相変わらず、会読、とくに講ずる会読としての輪講がさかんに行われていた。自由民権運動の盛んだった五日市の勧能学校の教師となった利光鶴松《としみつつるまつ》は、明治一〇年代の漢学塾の輪講の様子を次のように伝えている。

当時、漢学塾ノ教授ノ仕方ハ、書生ノ学力ニ応ジテ階級ヲ分チ、各階級毎ニ午前壱回講義ヲ聴キ、午後壱回輪講ヲ為ス。（中略）輪講トハ、討論会ノ如キモノニテ、同階級ノ塾生ガ車座ナリニ座席ニ就キ、其内ノ一人ガ、予メ定メラレタル書物ノ或部分ヲ講義スレバ、其終ルヲ待チテ他ノモノガ、交々質問ヲ発シ、互ニ論難弁駁ヲ交換シテ学問スルノ法ナリ。輪講ノ会頭ハ会頭席ニ居リテ其討論ヲ聴キ、終結ノ後各自ノ説ニ批判ヲ加ヘ、其当否ヲ審査宣告スルナリ。(1)

もちろん、こうした「車座の討論会」は、維新後の文明開化のなかで、明治一〇年代までは何とか青年教育の場として命脈を保っていた、漢学塾のみに行われた古臭い学習・教育方法であったという解釈もできるだろう。

それは、早晩、近代化＝西欧化の流れのなかで、自然消滅してしまうものなのだという予断からである。

しかし、事実は必ずしもそうではなかった。たとえば、小川為治の『学問之法』（西山堂、明治七年刊）という著作がある。小川為治は、福沢諭吉の『学問のすゝめ』の通俗版ともいえる『開化問答』（初編、明治七年刊）を著し、そのなかで、旧套墨守の「旧平さん」を開化推進の「開次郎さん」に批判させている。軽佻浮薄な批判そのものは文明開化の底の浅さとして見ることもできるが、ここで注目したいことは、そうした文明開化の先導者を自負している小川によって、会読の積極的な意義が説かれていた点である。小川は『学問之法』の「会読ノ益」という項目において、「三四人社ヲ結ビテ、ミナ同一ノ書ヲ読ミ、予メ約セシ会日ニ於テ集会シ、各々我思フ所ノ議論ヲ出シ、互ニ参互シテ討究スレバ、各々ミナ広大ナル利益ヲ受得ラルベシ」（第三冊、五二裏〜五三表）と、共同読書の効用を説いているのである。小川によれば、「読書百遍一ノ討論ニ如ズ」だからである。

「百聞ハ一見ニ如ズ」ト云リ。予ハマタ曰ン、「読書百遍一ノ討論ニ如ズ」ト。蓋シ一室ニ閑居シテ、書籍ニノミ耽《フケル》籍スル者ハ、其ノ識見孤陋ニシテ、決シテ実際ノ益ヲ為サザルモノナリ。モシ読書上ヨリ得タル事ヲ以テ、師友ノ間ニ質問シ、其ノ真偽可否ヲ確定《シカトサダム》シタランニハ、其ノ議論実着ニシテ、適トシテ用ニ当ザルコトナシ。人試ニ思ヘ、今読ミシ所ノ書中ノ意味ヲ以テ、直ニ人ニ向テ、コレヲ講説スルコトヲ得ルヤ、否。是レ決シテ能ハザルコトナリ。サレドモ此ノ意味ヲ以テ、一旦人ト討論ヲ経タランニハ、何地、如何ナル人ニ向テモ、明晰ニコレヲ縷述スルコトヲ得ベシ。（同右、一六裏〜一七表）

一八世紀後半、江村北海の『授業編』（天明三年刊）は、一人で読むのと、共同で読むのとの優劣を問われて、前者を選択していたが（序章参照）、ここでは「人ト討論」することによって、読書によって獲得した知識を「何地、如何ナル人ニ向テモ、明晰ニコレヲ縷述スルコトヲ得」る「実際ノ益」があるという点から、後者の共同読書の効用が主張されている。さらに小川は、「他人ノ議論異見」への寛容の精神さえ説いている。

凡ソ人、何事ニ限ラズ、己ガ説ニ固執シテ、他人ノ言ヲ納レズ、驕傲ニシテ、自ヲ是トシ、他人ヲ卑ミ視ル者ハ、極愚極獃《オホバカ》ト云ベクシテ、此等ノ徒ハ、其ノ事ノ真面目ヲ見ルコト能ハザルト知ルベシ。抑《そもそ》モ学問上乗ノ工夫ハ、ヨク他人ノ議論異見ヲ聴キ、虚心ニコレヲ斟酌商量スルコトナリ。モシ果シテ此ノ如クナラバ、他人ノ議論異見、恒ニ我及ザル所ヲ助ケ、遂ニ我見識ヲシテ完善全美ナルモノトナスコトヲ得ベシ。是ヲ以テ観レバ、他人ノ議論己ト異ナルモノヲ聴ト雖ドモ、妄ニ吾一己ノ見ヲ以テ、コレヲ駁スベカラズ。容忍《ヨクシアン》シテ、又容忍スベシ。且人ニ対シ、己ガ議論ヲ述ベ、異見ヲ語ルニハ、極テ温和、極テ柔軟ナルベシ。決シテ悪言ヲ出シ、激談ヲ肆《ほしいまま》ニスベカラズ。口舌ノ争、時トシテハ拳《コブシ》ヲ以テ相戦フヨリ甚シ。拳打ノ傷ハ痊エヤスシ。言語ノ痍ハ、愈エガタシ。慎ザル可ンヤ。抑我ニ客気争心アリテ、他人ノ議論ヲ聞トキハ、タダ其ノ異ナルヲ見テ、其ノ同キヲ覚ズ。苟モヨク虚心ニシテ、コレニ附近《チカヅキ》シ、体貼《シアンスル》スレバ、始相異ナリト思フモノモ、次第ニ我ト同キヲ覚ベキナリ。　（同右、一二一裏〜一二二裏）

ここでは、幕末昌平坂学問所の朱子学者が説き、中村敬宇が翻訳したミルの『自由之理』に通ずる、討論の奨励と異説への寛容が、そのまま祖述されているのである[2]。とすれば、少なくとも、明治前期においては、会読は予想以上の積極的な役割を果たしていたのではないか。さらにいえば、会読がなくなるのは、藩校や漢学塾の廃止・衰退という外的な理由のみではない、もっとほかの内的な理由があるのではないか。本章では、こうした問題意識をもって、会読という視点から明治前期の学校教育、ことに明治五年の「学制」の一側面を明らかにしたい。

二　「学制」の教育理念と輪講

近代日本の学校制度の起点となったのは、明治五年（一八七二）の「学制」であったことはいうまでもない。

それまでの武士教育の機関としての藩校や庶民教育を担った寺子屋とは一線を画した、近代学校はここから始まる。この「学制」は、本章の問題意識から見ても、きわめて注目すべき内容を含んでいる。

よく知られているように、「学制」の教育理念は、公布にあたって発せられた「学制につき被仰出書」のなかに宣言されていた。その冒頭は、次のように書かれている。

人々自ラ其身ヲ立テ其産ヲ治メ其業ヲ昌《さかん》ニシテ以テ其生ヲ遂ル所以ノモノハ、他ナシ、身ヲ修メ智ヲ開キ才芸ヲ長ズルニヨルナリ。而テ其身ヲ修メ智ヲ開キ才芸ヲ長ズルハ学ニアラザレバ能ハズ。(3)

学問は「身ヲ立ルノ財本共云ベキ者」だと、個々人の立身の実利的な目的が正面から掲げられた。(4) 藩や国家の有用な人材を「教育」するための「学問」ではなく、「身ヲ立テ其産ヲ治メ其業ヲ昌ニシテ以テ其生ヲ遂ル」という個々人の将来の経済的自立のためのものとされたのである。「学問」の目的を個人の立身におくという点で、これまで見てきた江戸期の教育観とは、明確に異なっていた。「被仰出書」は、この点について、きっぱりと宣言している。それは、次の一段に説かれている。

従来学校ノ設アリテヨリ年ヲ歴《ふ》ルコト久シト雖ドモ、或ハ其道ヲ得ザルヨリシテ人其方向ヲ誤リ、学問ハ士人以上ノ事トシ、農工商及ビ婦女子ニ至ツテハ度外ニヲキ学問ノ何物タルヲ弁ゼズ。又士人以上ノ稀ニ学ブ者モ動《やや》モスレバ国家ノ為ニスト唱ヘ、身ヲ立ルノ基タルヲ知ラズ、

（「学制につき被仰出書」）

ここでの「被仰出書」の論点は二つある。一つは「農工商及ビ婦女子」の学問無用論への批判である。学問は「士人以上」、つまり武士がすべきことであって、庶民には必要がないという学問・教育観があった。先に見たように、庶民にとっては、職分・家業に精励することが第一義的な「役」であって、かりに学問をするとしても、あくまでも職分・家業の邪魔にならない限り行うべきであるとする「余力学文」観念である。(5)「被仰出書」は、江戸期を通じて庶民ばかりか、武士にまで浸透していた「余力学文」観念を否定した。家職国家のなかで、固定

的な世襲の職分・家業を勤めるのではなく、「日用常行言語書算ヲ初メ士官農商百工技芸及ビ法律政治天文医療等ニ至ル迄」の広範囲の学問を学ぶことによって、それぞれ「才」＝個性・能力に応じた「才芸」を伸長させて「財本」を身につけ、みずからの職業を選択し、「立身」することを強く求めたのである(6)。

もう一つの「被仰出書」の意義は、「国家ノ為ニスト唱へ、身ヲ立ルノ基タルヲ知ラズ」とあるように、藩「国家」のための人材（英才）「教育」論を批判している点にある(7)。「被仰出書」は、藩「国家」のための「教育」ではなく、個人の「財本」のための「学問」を奨励して、士農工商の四民すべてに「学問」への意欲を喚起している。そして、「学問」は「国家」のためではなく、個々人の立身の「財本」となる「才芸」を伸長させるためのものであるのだから、「学費」などの経済的負担は当然である、と説いていた。これまで見てきた藩（国家）に有用な人材「教育」を目的とするために、「学費及其衣食ノ用ニ至ル迄」（「被仰出書」）、経済的に藩「国家」が負担していた武士の藩校は否定される(8)。

こうした学問・学校観の転換とともに、「被仰出書」は教育内容においても、「詞章記誦ノ末ニ趨《はし》リ空理虚談ノ途ニ陥リ、其論高尚ニ似タリト雖ドモ之ヲ身ニ行ヒ事ヲ施スコト能ハザルモノ少カラズ」（「被仰出書」）と説いて、詩歌・文章を暗誦したりする儒学や国学的な学問を無用な学問として否定した。ここに、『学問のすゝめ』に説かれた福沢諭吉の実学観の影響があることは見やすい。しかし、注目しておかねばならないのは、この「学制」発布時点では、たしかに儒学や国学の学問が「空理虚談」だと批判されたにしても、それまでの会読＝輪講という学習方法は否定されていなかったという点である(9)。そのことは、「学制」後に提示された「小学教則」を見ると明らかである。

「学制」第二七章の教則に関する規則には、小学校の教科は下等と上等とに二分され、各科の教科目が列挙されていた。下等小学では、綴字・習字・単語・会話・読本・修身・書牘・文法・算術・養生法・地学大意・理学大意・体術・唱歌の一四科目、上等小学では、下等小学の諸科目のほかに史学大意・幾何学罫画大意・博物学大意・化学大意の四科を加え、さらに選択科目として外国語学・記簿法・画学・天球学を置くとされていた。この「学制」を受けて、明治五年九月に公布された文部省の「小学教則」[10]には、教科目を各学年にどのように配当するのか、教科書は何を使用すべきか、また、どのように教授するかの方法について記載されている。そこには、「輪講」によるテキスト読解が例示されているのである。

具体的にいえば、読本・地学・理学・史学の下等・上等の教科で「輪講」が指示されている。下等四級の読本輪講で、「既ニ学ヒシ所ヲ諳誦シ来リ一人ツヽ直立シ所ヲ変ヘテ其意義ヲ講述ス」とあるのが最初の輪講で、以下、上等一級まで、各級に輪講がかかげられている。たとえば、上等八級の理学輪講では、「博物新編和解・同補遺・格物入門和解・気海観瀾広義ノ類ヲ独見シ来テ輪講セシメ教師兼テ器械ヲ用テ其説ヲ実ニス」とあり、上等四級の史学輪講には、「万国史略ノ類ヲ以テ独見輪講スルコト前級ノ如シ」（小学教則、上等四級）とある。この輪講は、翌年の「改正小学教則」（明治六年五月）にも、下等の四級の読本から見える。すなわち、下等四級の読本輪講（一週四時）に、「既ニ学ヒシ所ヲ諳誦シ来リ一人ツヽ直立シ所ヲ変ヘテ其ノ意義ヲ講述ス」[11]と、前年の小学教則とまったく同じ指示がされている。

ただ、この明治五年の文部省「小学教則」は、必ずしも全国一律に実施されたわけではない[12]。各府県の実情に応じて、教則は異なっていたからである。もちろん、文部省の教則を多少の変更を加えながらも実施した県もあるが、このほかにも、江戸時代以来の庶民教育の中心教科であった読み・書き・算術の三教科を基本にして小学校教則を編成している県、あるいは、またのちに述べるように、新たに設置された東京師範学校において編成された教則に依拠した県もあって、「学制」成立当初は、明治一四年（一八八一）の「小学校教則綱領」以後のような全国一律の画一性はなかった。しかし、そうだとはいえ、輪講が教育方法の一つとして重要な位置を占めていることに変わりなかった。三教科式の教則を実施した、たとえば小田県（現在の岡山県西部と広島県東部）の教則[13]でも、第五級以上の読書には「已ニ学ブ所ノ書ニツキ一週一度輪講セシメ」（第五級）、「講義会読ヲ主トシ」（第四級）、「独見ノ上質問講義会読等ヲ要ス」（第二級）、「各国ノ盛衰強弱政体風俗等ノコトヲ輪議論述セシム」とされている（この点は、のちに述べる）。さらに師範学校式の教則を実施した県、たとえば千葉県の教則においても、一〇歳から一三歳までの上等小学校では「輪講」の時間が設けられているのである[14]。

このように「学制」実施時に、それまで藩校で行われていた会読＝輪講の学習方法が小学校に採用されたことは、ある意味、画期的であったといえるだろう。もともと藩校での会読は、対等性を本質にしているとはいえ、その範囲は武士に限定されていた。藩校に入学することは農民・町人には許されていなかったからである（道徳的な教化のために講釈を聴聞することはできたが、武士と対等に討論することはなかった[15]）。しかし、四民平等の理念のもとに、「邑ニ不学ノ戸ナク家ニ不学ノ人ナカラシメン事ヲ期」された義務教育化された小学校では、「華士族農工商及婦女子」の「一般ノ人民」（「学制につき被仰出書」[16]）の子弟が平等に輪講の授業を受け、学力を競争しあうことが国家の教育政策として実行されたのである。その意味で、明治五年の「学制」は平等な人間関係で行われる会読＝輪講を国家的に実現しようとした政策であったといえるだろう。伊藤仁斎、荻生徂徠に始まった会読＝輪講は、最初、ごく限定された同志たちの間で行われたに過ぎなかったが、「学制」はこれを制度化することによって、士農工商の四民の子弟同士で平等に行わせようとした。江戸時代、武士と農民・百姓の子弟が一つのテキストを対等に討論しながら読むなどということを、一体、誰が想像したろうか。

三　郷学の輪講

こうした四民平等理念にもとづく輪講の実施は、すでに「学制」以前に認められることを指摘しておかねばならない。ここで注目すべきは、江戸時代の藩校と寺子屋の中間に位置していた郷学の伝統を受け継ぎながら、明治維新以後、学制以前に新たに各地に設立された郷学（郷校）である。[17] 江戸時代、基本的には藩校では素読・講釈・会読＝輪講を行っていたが、読み・書き・算術の寺子屋は素読段階にとどまって、会読は行っていなかった。しかし、学制以前の維新期の郷学では、会読・輪講が学習・教育方法として実施されていた点は注目せねばならない。[18]

もとより旧藩主の主導のもとで設立された、藩校の延長としての郷学の場合、輪講・会読が行われるのは不思議ではない。たとえば、「藩主水野忠敬管下ノ学事ヲ振興シ、農工商士ノ別ナク、万古ノ心胸ヲ開拓セント欲シ」[19]て創られた旧菊間藩領碧海郡大浜村学校（三河）では、明治二年（一八六九）、大浜陣屋内に藩校日新館が設けられたが、明治四年（一八七一）に大浜村の西方寺境内に移されて、新民序（塾）となった。「学制」後の明治六年（一八七三）九月には、新民学校と名称変更して小学校となった。[20] 新民序（塾）では、読書・習字・算術の三教科制のもとで、八等級制をとり、七・六・五級は素読生、四・三級は解読質問生、二・一級は輪講生と称して、輪講は適宜、日を定めて、午後一時から午後四時まで行われた。教科書は漢学中心であった。

また一方で、旧藩主ではなく、庶民の側から主導した郷学でも、輪講・会読が行われている事例がある。たとえば、相模の津久井郡吉野宿郷学校である。明治四年に出願許可され、明治五年に開設された学習舎は、沿革要略によると、明治五年「当時人民向学ノ志アリト雖、其道ナキニ苦メリ。茲ニ同駅平民吉野十郎、同彦次郎ナル者、之ヲ患フ。時恰モ郷学校ノ設置方ヲ奨励セラレタリ。因テ両人此際ヲ機トシ有志者ヲ鼓舞誘導シ本校ヲ設置ス」とある。吉野親子のほかにも、吉野駅の平民渡辺杢右衛門、大房清十郎、船橋四郎兵衛らの協力周旋があったという。教師となったのは、旧幕府儒者吉野隆蔵の門人である上野宏三郎であった。この学習舎では、四書五経の素読からはじまり、『日本外史』『日本政記』『皇朝史略』『十八史略』におよび、講義・輪講などを行うとともに、習字・作文・詩作を教授した[21]。完全な武士の藩校形式の学習法であり、これを平民の側から求めて作ったわけである。

他にも、南多摩郡の東長沼村の森平作らが尽力して、明治四年に創立した長沼郷学校にも、「歴史ハ輪講シ問難質疑以テ天下古今治乱成敗ノ跡ヲ講明スルヲ主トス」[22]とあり、また同じく南多摩郡の小野路村の橋本道助、津田村の石坂鎮四郎ら有志が協議して、明治四年に設立した小野郷学にも、講義・輪講・会読・素読がなされていた[23]。小野郷学の学則には、毎月五・一〇の日を定日として（月六回）、五の日は歴史の解読（ママ）、一〇の日は経書の輪講とあり、「倶に義理の明弁を以て要と為し、各々意見を発揮し、以て宜しく学識を増長すべし。然りと雖も、僻論・矯詞・傀言・勦説は、此れ乃ち学者の謹戒なり」、「講畢りて質問する者、前問畢りて後に問を興す。詞気は従容として、弁難は詳尽す。始めより末に至るまで、譁《かまびす》しくする勿れ、訛《あやま》る勿れ」、「凡そ会友は、歯《よわい》を以て序と為す。客来たり聴講する者は、客を以て序と為す。会友は止だ歯・徳を尊び、富貴貧賤の所は、論ずること勿れ」[24]と、会読の際の注意がなされていた。このような注意事項は、江戸期の藩校のなかで見られるものである。

郷学の会読方法と教育理念をうかがえる、一つの事例として、旧藩主の側が主導して設立した郷学の一つである、三重県朝明郡大矢知村の興譲堂を見てみよう[25]。明治三年の旧藩主の出した布達によれば、学校が盛大になり「人才教育」が行き届けば、「朝廷の御旨趣モ貫徹」して、郡中の「風儀淳朴」となり、村落の境界争いも自然と止み、分限を守って万事質実にわたるとされた。興譲堂は、郡中村々の平民子弟、八歳から入校させ、読書・習字・算術の三教科を定め、それぞれ等級制をとっていた。漢学の読書の等級は九級で、一級ごとに権と真があり、実質的には一八級で、三科目中でもっとも細分されている。この九級のなかで、五級以下は下等、六級以上は上等とされた。漢学のテキストのほとんどが漢籍で、四書の素読から始まり、易経・荘子・管子・韓非子・孫子・六国史・南北史・五代史に及んでいた。また習字は三級に分かれ、初級は伊呂波・人名・村名・国尽・干支・初登山手習教訓書、二級は商売往来・消息往来・庭訓往来などの往来物、三級は和漢朗詠集・千字文などである。数学法も三級に分かれ、初級の九々数から三級の開平方・開立法・点竄法までである。

教育方法は講義、会読、輪講、輪読、素読、詩文、習字法、数学法であった。なかでも、会読は、三日間の講義で「聴クトコロノ文面」を「論議研究」するものである。教頭または教授一人が会頭となって、一二〜一三人を一グループとし、順序は、まず、問者が書中から二五〇字を抜き出して、その日の答者に質問する。答者は一応、文面を解釈し終わると、〇一つが与えられ、この〇一つは五点と換算された。それから他の列席者が、一人ごとに一句ずつ、答者に「難詰」して、これをことごとく答えることができたならば、もう一つの〇が与えられて、計一〇点の得点が獲得できた。しかし、もし答者が答えられずに、問者のほうでその意味を弁ずることができたときには、問者に回答者の位置を譲らねばならない。そして、今度はこの問者が答者となって、また同じことが繰り返された。

輪講についても、基本的には会読と同じやり方で、会頭一人、一二〜一三人のグループを作り、蒙求・十八史略などのテキストを順次に講じた。一人の講ずる範囲は「講紙半枚」、テキスト一頁分で、講じ終わるごとに、座中の人が一句ずつ「難詰」して、「双方共通せさる所」があると、会頭がその意味を説き聞かせるという方法である。最後に会頭が「其巧拙ヲ考ヘ賞点ヲ施」し、六点が最高点で、一言でも口を開いた者には一点以上を与えたという。

このような会読・輪講の方法採用には、教頭の大賀賢励《おおがとくれい》（一八一九〜一九〇六）の力にあずかるところが大きかったと思われる。興譲堂には、三人の教頭がいたが、賢励はそのうちの一人であった。なかでも賢励に注目すべきなのは、会読を学習方法の中核においていた広瀬淡窓の咸宜園に学んでいたからである。大賀賢励は、天保一四年（一八四三）一月、二三歳の時に淡窓に入門し、弘化三年一〇月（一八四六）に帰郷するまでに、咸宜園の等級で権七級上まで進み、淡窓に「才子」と評された真宗僧侶である(26)。実際、興譲堂の講義・会読・輪講・輪読・素読の教育方法は、一九等級制（九級の権と真、それに無級を含める）と言い、課業と言い、咸宜園と等しいものであった(27)。

興譲堂の「掲示諸生」には、こうした教育方法の前提となっている教育理念が示されている。本章の問題意識からみて、重要なものをいくつか挙げておこう。第一は、「志ヲ立テ努力スルヲ学問ノ急務ト可レ為事」と、「志」と勤勉を強調すること、第二は、「其道ヲ講シ義理ノ蘊奥ヲ考究スル者、字義訓詁ヨリ学スンハ其要ヲ得ルコト能ハサレハナリ」と、漢籍ばかりか、「西洋原書及翻訳書」までの「字義訓詁」を重視していること（会読・輪講はこの「字義訓詁」を討論した）、第三は、「上王公貴人ヨリ下士庶人ニ至ルマテ、其位階ハ異ナレトモ、五倫ノ道アルハ同シ、道ヲ知ラサレハ禽獣ニ均シ。実ニ可レ恥ナリ。苟モ之ヲシラント欲セハ、皆学ハサルヘカラス」という学問の平等性の強調である。もともと、興譲堂は旧藩主の主導のもとに成立されたが、この「掲示諸生」では、庶民側の能動性を説いている点は特徴的である。すなわち、「学ハズトモ可ナラント」されてきた「農工商ノ賤キ者」、言葉をかえれば「市郷草莽」が、学問、とくに読書に「発憤激励」して、「金石モ貫クノ志気」をもって、「須臾モ油断スヘカラス、夙夜刻苦研精斃テ而後已マント志」すべきだと強調している(28)。

明治維新期の郷学では、大矢知村の興譲堂に見られるように四民平等の理念のもとで、農工商までをも対象として会読・輪講が行われるようになったことには注目すべきである。こうした会読・輪講の底辺への拡大が進んだ理由は、対等に「難詰」しあう会読・輪講の場が、小野郷学の学則にあるように「富貴貧賤の所は、論ずること」（前出）のない、学力のみを試す、平等の理念を実現する場であったからであろう。とすれば、学制後の「小学教則」に輪講が提示されているのも、ことさらに特別なものではなく、郷学ですでに実施されている全国的趨勢の反映であったといえる。

四　郷学と学制小学校

ところで、文部省の「小学教則」は、先に述べたように、全国一律に義務化されたわけではなかった。各地の実情に応じて、適宜、教則が作られ、実施されたからである。そのなかで、庶民教育の中心教科となっていた読書・習字・算術の三教科式教則の一例として位置づけられているのが小田県の小学校規条である。そこにも、輪講の学習方法が採用されていたことは、すでに指摘した。本節ではこの小田県の教則を取りあげて、「学制」以後の小学校の輪講を一瞥してみよう。

（1）郷学と「学制」下小学校の連続性

海後宗臣も指摘しているように、小田県の教則が三教科だったことは間違いないにしても、その教授内容は、「文部省で編輯した新しい教科書がとり入れられ、算術においても洋算を採用している」(29)ばかりか、その教授方法も、たんなる素読・暗誦以上の「輪講」「会読」が読書の科目で採用され、寺子屋とは異なって、「学制」以前の郷学に近い点で注目に値する。そこで、まず「小田県小学校規条」（明治六年一月）(30)のなかで、読書の各級を抜き出してみよう。

第八級

読書（一週十二時即一日二時）

絵入智恵ノ環、明倫提要、学問ノススメ等ヲ授ク生徒四五名乃至七八名宛順列ニ並バセ高唱シ生徒一同之ニ準誦セシメ畢テ一名毎ニ復読セシム

第七級

読書（一週十二時）

皇国地誌略、世界国尽、等ヲ授クルコト前級ニ同ジ且地図ヲ置テ地名山川等ヲ呼ビソノ所ヲ指示セシム

第六級

読書（一週十二時）

和洋支那ノ史略等ヲ授クルコト前級ノ如シ一週間ニ一度大意ノ講義ヲ授ク

第五級

読書（一週十二時）

窮理図解、窮理問答、養生論等ヲ授クルコト前級ノ如シト雖モ意解ヲ兼ネ教ユ且已ニ学ブ所ノ書ニツキ一週一度輪講セシメ及ヒ地球儀ノ用法等ヲ示シ世界地図ノ大略ヲ記セシム

第四級

読書（一週十二時）

勧善訓蒙及五洲記事博物新篇訳解等ヲ授クルコト前級ノ如シト雖モ講義会読ヲ主トシ且前已ニ学ブ所ノ書ヲ講述シ或ハ一名毎ニ所ヲ変ヘテ意義ヲ質問ス

第三級

読書（一週十五時）

輿地誌略、王代一覧、生産道案内等ヲ授クルコト前級ノ如シ且地図地球儀ニツイテ地球運転天体ノコトヲ論解シム

第二級

読書（一週十五時）

博物新篇補遺西洋事情農家備用等ヲ授クコト前級ノ如シト雖モ勉メテ独見ノ上質問講義会読等ヲ要ス

第一級

読書（一週十五時）

経済論、各国史略、化学入門、格物入門和解等ヲ授クルコト前級ノ如シト雖モ時々各国ノ盛衰強弱政体風俗等ノコトヲ輪議論述セシム

復読（素読）、講義、輪講の三つの方法が採られ、第八級から第六級までは、暗誦を中心とした復読（素読）、第六級から第一級までは、講義と会読・輪講が並行して行われている。とくに第四級に「一名毎ニ所ヲ変ヘテ意義ヲ質問ス」とあることは注目すべきである。生徒同士の「所」を変えた「質問」がされているからである。当該級で「講義会読」と、先生から教授する講義に、会読を付加していることは、この生徒同士の「質問」を強調する意図があったのだろう。もしそうであれば、文部省の小学教則以上に生徒主体の授業が明示されているといってよいと思われる。

ここで、小田県小学校が、明治四年に開設された郷学、啓蒙所の延長線上にあること、そして啓蒙所設立を提案したのが窪田次郎（一八三五～一九〇二）であったことは想起されてよい(31)。

小田県小学校の前段階にあった郷学、啓蒙所の教則もまた、「手習」「素読」「算」の三教科であったうえに、使用されたテキストにおいても、小学校と共通するものがあったからである。たとえば、『明倫撮要』『生産道案内』『世界国尽』『窮理図解』は、両者に見ることができる。ただ、啓蒙所の教授方法は、「素読」が中心となっている点は、学制後の小学校と異なっている。これは、七歳から一〇歳までの全員就学を謳う啓蒙所が、小学校の下等に相当するからであろう。とはいえ、啓蒙所においても、輪講・会読が行われなかったわけではなかった。深津郡内の啓蒙所では、明治五年（一八七二）二月から啓蒙所の生徒が月に一回参集して会読を行っていたこと

は注目すべきである（「深津啓蒙所記録」）。ここには、啓蒙所のすべての生徒が参加したわけではなく、優秀な者が選抜されて参加したのかもしれない。

啓蒙所では輪講・会読ができなかった理由には、今述べた生徒が初級段階（素読段階）の学力しかなかったことのほかに、教員の問題もあったのではないかと推測される。啓蒙所の沿革を述べている杉山新十郎によれば、明治四年の設立当初、寺子屋の手習師匠のなかには、「己れに不利なるより陰に陽に非難妨害を加」えることがあったが、彼らを説得し、福山より教師を派遣して、「一ヶ月乃至三ヶ月を一期として読書算術を習得」させ、修了試験ののちに教員または助教として採用し、就職後も、当分「月二三回」の講習の義務を負わせたという(32)。こうした便宜的な措置が取られたのは、手習師匠に「読書算術」の素養がなかったことを示唆しているのではないか。算術については洋算の問題があるだろうし、読書においても『世界国尽』『窮理図解』のような新知識に欠けていただけではなく、素読、さらに会読といった藩校教育のなかでは一般的であった学習方法に慣れていなかったという点が考慮されねばならないだろう。もしそうであれば、深津郡内の啓蒙所での会読が、生徒たちを月に一回参集させただけであったのは、会読を主宰することのできる教師が不足していたからという要因もあったのではないかと思われる(33)。

（2）「政教一致」の場としての郷学

ところで、注目すべきは、郷学啓蒙所と学制以後の小田県小学校との間には、より根本的な断絶があった点である。入江宏によれば、維新期郷学は、「一郷のリーダーたちが、維新の政治理念に呼応して、教育を通して一郷の人民を開化し、啓蒙せんとした理想」があり、この「理想」は、郷学創設に際して掲げられたスローガン、すなわち「政教一致」「一郷の王化」に象徴されているという(34)。ここで想起すべきは、窪田次郎の当初の啓蒙所の設置意図が、まさに「政教一致」の学校を目指していたことである。

窪田次郎は、明治五年九月に民選議院の構想案を建白している。そこで窪田は、「上ヨリ降」る「為政」＝国家権力の行使と「下ヨリ昇」る「議政」＝民意の反映とは、「天下ヲ御スル」政治の「聖術」だととらえ、後者の「議政」の制度として、小区会↕大区会↕県会↕天朝下議院が上下連環する民選議院の構想を提示した。これは、「国民の意向を徹底して国政に反映させようとする独自の「下議院」（民選議院）の構想」[35]として高い評価をうけているものである。

注目すべきことは、この議院構想案と啓蒙所とは密接な関係にあったという点である。具体的にいえば、窪田は、小区の会議所と同一敷地内に、啓蒙所を置こうとしていた。これは、「人材陶冶ノ為メ政教一場ノ局ヲ設ケテ幼年ヨリ実地ノ見聞致サセ候ハヾ空学ノ弊ヲ免レ可ㇾ申」[36]とあるように、生徒の「実地ノ見聞」のためであったと思われる。もしそうであるとすれば、会議所での議論はそのまま授業での会読・輪講の模範として位置づけようとしていたのではないか。逆にいえば、会読・輪講によって学び、「人材陶冶」された者が大人になってはじめて、小区・大区の会議は熟議の場となるという構想をもっていたのではないかと思われる。

その傍証ともいえるのが、窪田が起草した啓蒙社の規則である。啓蒙社は啓蒙所運営の財政的基盤として設立された結社であったが、規則はその会則である。そこには、第一則冒頭に「会議之節ハ公明正大中庸平和」であることを目指して、「私語」「私利ヲ営ミ依怙贔屓」を禁じ、「仮令小事タリトモ必ス社中一同ノ評議ヲ以テ定ム可事」（第二則）とされていた。そして、会読との関連を示唆するのは、「周旋方ハ貴賤長幼ノ別ナク都テ同体タルヘシ」（第五則）と、社員間の平等を規定した後に続く、次の一節である。

　　会議ノ節必ス輪作リニ列座シ上下ノ語断テ口ヨリ出ス可カラサル事

この「輪作リニ列座」した「会議」とは、冒頭に挙げた「車座の討論会」＝輪講であろう[37]。とすれば、この啓蒙社の「会議」は啓蒙所の生徒たちの「実地ノ見聞」の模範となるべきものであり、逆に、学校の会読・輪講によって理性的な討論を学んだ生徒が成長して、将来、啓蒙所を運営する啓蒙社、さらに小区会・大区会・県会の議院に参加するようになる。(38)窪田の「政教一致」とは、このような学校と政治の場を一致させようとする構想だったといえるだろう。

しかし結論を先にいえば、このような窪田次郎の構想、それはまた彼個人にとどまらない維新期郷学の理念は、のちにみるように、明治政府の教育方針とは背馳することになる。以下、この点について見てみよう。

五　輪講の廃止

先に見た、明治政府の「学制」の四民皆学の平等理念は、実現の難しい理想だったといえるだろう。明治六年（一八七三）五月、管下四六の小学校の大部分が破壊された北条県（現在の岡山県東北部）のような「学制」反対の暴動が各地で勃発したからである。反対の最大の理由は、教育費の受益者負担にあったが、教育内容に関する戸惑いもあっただろう。テキストの難しさはもちろんだが、その教え方にも問題があったのではないか。一言でいえば、小学生に輪講を行うことの難しさである。

もともと藩校でも、会読・輪講は素読・講釈の階梯を踏んだ、だいたい一五歳以上の上級者によってのみ行われていた。それを小学生にも行えというのであるから、その非現実性は明らかである。小学生に川本幸民『気海観瀾広義』（安政五年刊）のような初級物理学書を「独見」予習してきて、その内容を生徒に講義させ、生徒たちから質問を出させて、講義した生徒がそれに答えてゆくというのは、絵に描いた餅であったろうことは容易に想像できる。

そのうえ、討論の難しさもあったろう。武士たちは藩校のなかで経験していたが、農民や町人の寺子屋では読み・書き・算術ばかりで、会読はなかったし、親たちも寄合のなかでの話し合いをするだけで、反対意見を述べ、討論するなどという経験はなかったろう（ただ、たとえば大矢知村の興譲堂のように、郷学がすでに設立されていて、会読経験がある場合には、少しは慣れていたかもしれない）。それだけに、小学校の教育風景は異様に映ったのかもしれない。

本章が注目したいのは、「学制」の輪講が教育の表舞台から消えてゆくのには、この庶民側の問題のほかに、二つの理由があったと思われる点である。その一つは、「学制」によって師範学校が設立され、西欧教授法が研究されてきた点に関わると思われる。中内敏夫によれば、師範学校が重要なのは、それまで自力主義にもとづく学習方法しかなかった世界にはじめて、教え方、授業法を提示したことにあるという(39)。たしかに、素読・講釈・会読（輪講）の三つの学習方法のうち、講釈は別にして、素読と会読（輪講）とは、基本的にはみずから学ぼうとする自力的な学習法であって、どう教えるかという教授法ではない。とくに会読では、「自得」の重要性が説かれ、異質な他者の意見と討論するなかで、「自得」することが目指されていた。

このような江戸時代以来の伝統的な学習方法にたいして、師範学校が率先して導入した教授方法は専ら西欧思想の理論に依拠したものであった。お雇いアメリカ人教師スコットが東京師範学校において伝授した教授方法は、「教師が教材の一節をとりあげてそれにつき発問する、生徒は一人ずつ立って応答し、教師はその都度正誤を明らかにする、これが一巡したのち全生徒一斉に正答を唱和するというような方法であって、このくりかえしによって一定の教材を生徒の頭脳に銘記させようとするものであった」(40)という。しかも、この教授方法と結びついて、厳格な教室管理のルールがとられ、「教室における生徒の一挙手一投足はすべて一、二、三という教師の号令のままにおこなわれることとされたのである」(41)。

ある意味、これは講釈の一斉授業の再生ともいってよいだろう。ペスタロッチ主義の影響を受けた明治初期の授業方法は、なお生徒の自己発達をたすけるための開発主義教育であったが、明治二〇年代以降は、ヘルバルト派教育学が採用され、ますます講釈的な傾向は増したといえるだろう。それは、本質的には「記誦注入の法」であり、素読と講釈のリバイバルともいえる。(42) ここでは、会読の共同読書の自発性は完全になくなってしまったのである。

事実、明治一四年（一八八一）の小学教則綱領の出る前に、東京師範学校付属小学校では、明治一三年に教則が変化して、明治一〇年（一八七七）の上等小学の教則にはあった「輪読」が消えていることは、示唆的である。(43)「開発主義」の授業法が導入されることによって、「輪読」はなくなるのである。

会読の終わりは、西欧の一斉教授法の導入によるとともに、もう一つ他の理由もある。明治一〇年ごろに、「学制」の実施状況の視察が行われた。そのなかで、注目すべき報告がある。関西諸府県を巡回視察した九鬼隆一は、修身学の「討論」への忌避感をあらわにしているのである。

修身学ハ、少年子弟ヲシテ感発セシメンコトヲ要ス。故ニ漸ヲ逐テ其根拠タルベキ書籍ヲ定メ、其主意ヲ拡充シ、宜キヲ料《はかり》テ、或ハ談話ヲ用ヰ、或ハ講説ヲ為シ、畢竟少年ヲシテ悚然《しょうぜん》感発セシムルノ道ナレバ、教育上ニ在テハ固ヨリ緊要ノ者タリト雖、従前ノ輪講会読等ノ如ク、文義ノ差異ト意義ノ蘊奥トヲ討論弁議スルニ止マルハ、却テ其精神ヲ発起スルニ足ラズシテ、啻《ただ》道徳上ニ補ナキノミナラズ、有用ノ時日ヲ費シ至重ノ脳力ヲ消耗スル者有ラン。故ニ此学ヲ講ゼンニハ、厳シク此防ギ無カルベカラズ。(44)

（九鬼隆一「第三大学区巡視報告」、明治一〇年）

九鬼によれば、修身学は、定められた書籍をふまえて、「談話」や「講説」を行って、「少年ヲシテ悚然感発セシムル」ことが大事である。文義をめぐって討論する「輪講会読」の方法は、知力のみを重んじて、道徳の実践に役立たず、かえって「至重ノ脳力ヲ消耗スル」という。(45) ところが、こうした生徒主体・生徒中心の学習法が修身教育にとっては、逆に問題だというのである。

少年子女講習ノ間、討論ヲ専ラニスルコトナカラシムベシ。徒《いたず》ラニ弁ヲ好ンデ論ズルハ、唯其言語ヲ飾リ勝ン事ヲ勉メテ、却テ記憶ヲ損ズレバナリ。(46)（同右）

こうした危惧が、会読・輪講以前の素読・講釈的な暗誦の注入主義を採用させることになったのではないかと思われる。修身の授業には、会読はいらず、講釈で十分だというわけである。

会読・輪講の排除の理由として、修身への懸念とともに、看過できないのは、先にみた維新期郷学のなかにあった政教一致の理念である。もともと江戸期以来の会読の歴史をみると、会読の場が政治的な討論の場になっていった。(47)そして、それは明治になって一層、はっきりしてくる。たとえば、先に述べた長沼郷学校や小野郷学のような南多摩郡の郷学が母体となって、自由民権結社となるのである。つまり、西欧政治学や法律学、経済学の翻訳書の会読の場が、政治的な討論の場となってゆくのである。この点をもっとも危惧したのは、内務卿伊藤博文であった。

伊藤博文は、明治一二年（一八七九）九月、天皇からの下問を受けて答えた「教育議」のなかで、「蓋シ現今ノ書生ハ、大抵漢学生徒ノ種子ニ出ヅ。漢学生徒往々口ヲ開ケバ輙チ政理ヲ説キ、臂《ひじ》ヲ攘《かか》ゲテ天下ノ事ヲ論ズ。故ニ其転ジテ洋書ヲ読ムニ及テ、亦静心研磨、節ヲ屈シテ百科ニ従事スルコト能ハズ、却テ欧州政学ノ余流ニ投ジ、転《うた》タ空論ヲ喜ビ、滔々風ヲ成シ、政談ノ徒都鄙ニ充ルニ至ル」(48)（「教育議」）と非難して、「工芸技術百科ノ学」を広めようとした。ここで非難されている「漢学生徒」が「往々口ヲ開ケバ輙チ政理ヲ説キ、臂ヲ攘ゲテ天下ノ事ヲ論」じているという事態は、「漢学」流の会読・輪講の学習方法が過激な「政談」をもたらしていることを指していたのではないか。

「教育議」における伊藤の趣旨は、学校の場から政治的な討論を排斥することにあったことは明らかである。

さらに付け加えれば、この「教育議」の批判は、それ以上の意味をもっていたのではないかと思われる。伊藤は、会読・輪講における読書討論よりも、「工芸技術百科ノ学」の体系的な知識と理論を教え込むことの緊要性を訴えていた。西洋科学と技術を習得するためには、読書による拾い読みの断片的な知識ではなく、体系的な知識と理論の一斉学習を必要としていたのである(49)。

ともあれ、明治になって、会読が廃れた理由は、二つの側面から考えなくてはならないだろう。一つは教授方法導入という観点から、そして、もう一つは討論がもたらす政治的な談論への忌避からくる権力側の圧力である。後者についていえば、よく知られているように、自由民権運動の活発化とともに、教師への締め付けが厳しくなる。集会条例で、教員の政治集会・演説会への参加が禁止され、明治一四年の「小学校教員心得」では、「学制」初期、そして、五日市の勧能学校にみられたような教師の自由な活動は禁止される(50)。さらに明治一九年（一八八六）の森有礼の「師範学校令」で、師範学校に軍隊式教育が導入され、学校教育の場が政治に吸収されるのである。

六　会読・輪講廃止の理由

本章では、会読・輪講が「学制」にとり入れられ、全国各地の教則に見られたことは、たんに江戸時代以来の旧式の学習方法が滑り込んだわけではなかったし、また、師範学校の西欧教授法が摂取されることによって、早晩、否定されるべき旧慣だったわけでもなかった、もっと積極的な意義をもっていたのではないかという問題提起を試みた。すなわち、会読・輪講は学力だけを試す、対等な討論を志向していた点で、四民平等の理念にふさわしいものであったうえに、また生徒主体の学習方法であったという意味で、個人主義的な「学制」の理念にもふさわしい方法だったのではないかという問題提起である。

こうした旧来の学習方法である会読・輪講が、「学制」の平等主義的・個人主義的な理念にふさわしいというのは、あまりに暴論だと思われるかもしれない。しかし、自由民権運動を主導した学習結社での輪講・会読を想起するとき、こうした評価も強ち否定できないのではないかと思われる。というのは、窪田次郎が郷学啓蒙所で構想したような、政教一致の理念はたしかに「学制」以後の学校では、それが政治的な討論につながるということで排除されていったが、学校と接点を持ちつつ展開した自由民権運動の学習結社では、見るべき成果を挙げていたからである。

たとえば、窪田次郎は、明治七年（一八七四）に蛙鳴群という学習結社を作って、「法律書会読[51]」と討論を行い、また、三多摩の郷学の小野郷学が、当該地域の学習結社の先駆的な存在であったように、政教一致の維新期郷学における会読・輪講経験が学習結社のそれにつながっていったのである。しかし、逆にだからこそ、国家主義的な教育を図ろうとする伊藤博文らの明治政府にとってみれば、会読・輪講は教育現場から排除すべきものだったのである。

（1）小田急電鉄編『利光鶴松翁手記』（小田急電鉄開業三〇周年記念出版、一九五七年）六四頁。
（2）拙著『江戸の読書会――会読の思想史――』（平凡社選書、二〇一二年）参照。
（3）山住正己編『教育の体系』（日本近代思想大系6、岩波書店、一九九〇年）三一頁。以下「被仰出書」の引用は本書による。
（4）本山幸彦は、「被仰出書」の「立身」は、「自立自営の市民」の形成のことであって、社会的な階層間の上昇を意味する「立身出世とは関係なく、自立と考えるべきである」と指摘している（『明治国家の教育思想』思文閣出版、一九九八年）七〇頁。竹中暉雄は、「立身」を立身出世とする通説的な解釈を批判して、本山説を妥当な解釈とする（『明治五年「学制」通説の再検討』ナカニシヤ出版、二〇一三年、七一頁）。

（5）高橋敏『日本民衆教育史研究』（未来社、一九七八年）参照。

（6）第Ⅰ編第三章で見た貝原益軒は、学問と家業を並列させることによって、同時代の「余力学文」観念を超えた思想的な意義をもっていたが、この益軒と対比するとき、「被仰出書」は学問によって家業を超えたといえる。というのは、貝原益軒の教訓書では、「わが家の生業をつとめて、財を生ずるの本とし、又倹約を行なひて財をたもつの道とす」（『家道訓』）とあるように、「財を生ずるの本」は家業に精励することにあったが、「被仰出書」では、学問は「身ヲ立ルノ財本」であって、世襲的な家業は否定され、学問によってみずから職業を選択するばかりか、新たに「産ヲ興シ業ヲ昌ニスル」（「被仰出書」）ことさえ奨励されているからである。この点で、身分制社会の近世と近代は断絶している。

（7）「被仰出書」には、「国家ノ為」の学問は否定されているが、江戸期に流通した「国家」有用の人材（英才）「教育」という言葉は否定されてはいないという反論も出てくるだろう。事実、学制前の「学制実施細目につき太政官指令」には、「国家ノ以テ富強安康ナルユエンノモノ、世ノ文明、人ノ才芸、大ニ進長スルモニアルニヨラザルハナシ」（注3『教育の体系』二七頁）とあるのだから、国家富強のための学校・教育を否定しているわけでないという議論も成り立つだろう。さらにこうした立場から、「日本の国民の学校は、「国民自身のため」というたてまえを、政府自身が配慮しながら、その実質は「国家のため」という権力意図をになって出発した」（勝田守一・中内敏夫『日本の学校』岩波新書、一九六四年、三三〜三四頁）という建前と本音の使い分けという評価も生まれるだろう。しかし、テキスト内在的に考察すれば、「被仰出書」には「教育」という言葉はなく、学制の条文に、「小学ハ教育ノ初級」（第二一章）、「教育ノ設ハ人々自ラ其身ヲ立ルノ基タルヲ以テ其費用ノ如キ悉ク政府ノ正租ニ仰クヘカラサル論ヲ待タス」（第八九章）、「教育ヲシテ普及ナラシメンカ為メ府県ニ委托シ其学区ヲ助クルノ金額」（第九九章）と見えるが、この「教育」は、「学制実施細目につき太政官指令」に、「一般ノ女子、男子ト均シク教育ヲ被ラシムベキ事」、「母親教育ノ力多キニ居ル」（注3『教育の体系』二九頁）とあるように、子弟教育の意味での「教育」であって、特別に優れた英才「教育」の意味ではない。この点はのちに述べる。学制を布告した明治政府の当事者は、江戸期以来のエリート主義的な「国家富強」のための学校・教育という考えがあったとしても、庶民に向けた「被仰出書」では、国家有用の人材（英才）「教育」観を否定していたといえる。

（8）だからこそ、藩校は学制の施行にあわせて、一斉に閉鎖されねばならなかったのである。「今般被_仰出_候旨モ有_之、教育之儀ハ自今尚又厚御手入可レ有レ之候処、従来府県ニ於テ取設候学校一途ナラズ、加レ之其内不都合之義モ不レ少、依テ一旦悉令二廃止一、今般定メラレタル学制ニ随ヒ、其主意ヲ汲ミ更ニ学校設立可レ致候事」（「文部省布達第一三号」、明治五年八月二日、『明治以降教育制度発達史』巻一、教育史編纂会、一九三八年、三三八頁）。

(9) この点について、中内敏夫は、「七二年の「学制」は、これに対して、全く新しい全国一元の小学校像をうちだしたが、その方法をあらわすに、「口授」とか「輪講」といった藩校・郷学のもっていた方法を採用したことについては周知のところである」（「近世日本の人間形成論と民衆心性」、『中内敏夫著作集』Ⅳ、藤原書店、一九九八年、九一頁）と指摘している。しかし、あまりに「周知のところ」であったせいか、管見の範囲では、これまでの教育史研究のなかで「学制」時の輪講の意義について考察した研究はなかったが、近年、注(2)拙著『江戸の読書会』を引照しながら、文部省の小学教則と東京師範学校の小学教則に、近世以来の輪講の教授方法が採られていることについて、松尾由希子「「学制」成立期の小学校・中学校における教育課程の編成に関する基礎的研究(1)」（『静岡大学教育研究』一一号、二〇一五年）が論じている。

(10) 注(8)『明治以降教育制度発達史』巻一、三九七～四一七頁。

(11) 同右、四二六頁。

(12) 海後宗臣『明治初年の教育』（評論社、一九七三年）第七章「小学校教則の編成」参照。

(13) 同右、二四一～二四五頁。

(14) 同右、二五三～二六一頁。

(15) ただし、幕末長州藩の奇兵隊のなかでは、農民・町人も含めた会読（輪講）が行われていたことは、第Ⅳ編第三章で見た通りである。

(16) 注(3)『教育の体系』三二頁。

(17) 入江宏「郷学論」（『近世日本における「学び」の時間と空間』溪水社、二〇一〇年）参照。入江は郷学の研究史を総括したうえで、「好学有志共同の学舎」としての近世的郷学と「一郷の王化」をめざす維新期郷学と範疇的に区別して、両者が郷学の設立主体と理念・目的において異なっていることを指摘している。本章では、近世的郷学と維新期郷学の連続・不連続の問題については留保したうえで、入江の提起する維新期郷学を取りあげる。

(18) 稲垣忠彦は、維新期の長野県の郷学は、寺子屋の手習と藩校の素読・輪講の二つの系列の教則が合成していることを指摘している。「郷学校の発展と学習内容」(『帝京大学文学部紀要教育学』二八号、二〇〇三年)参照。ただ、これまでの維新期郷学の研究では、学習・教育方法よりも教育内容の方に関心があったことは否めない。そこでは、儒学・国学関係の古い書物か、福沢諭吉らの啓蒙思想家の新しい書物かが問題であって、どのように学ばれたかについては、それほど注意を払われなかったといえよう。

(19) 『日本教育史資料』第三冊(文部省、一八九〇年)三三八頁。

(20) 結城陸郎「愛知県における郷(義)校の発達とその意義」(『名古屋大学教育学部紀要――教育学科――』一八巻、一九七一年)参照。

(21) 注(19)『日本教育史資料』第三冊、三五〇頁。

(22) 同右、三六四頁。

(23) 同右、三六六頁。小野郷学については、坂根義久「民営郷学校の一考察――とくに小野郷学について――」(『東京教育大学付属駒場中高等学校研究報告』一三号、一九七四年)参照。津田秀夫は、小野郷学の被教育者の構成が、学齢児童は二〇%で、他はすべて一四歳以上の成人であった点に注目し、「成人教育」の機能をもっていたことを指摘して、摂津国平野郷町の含翠堂をはじめとする郷学の特徴を論じている(『近世庶民教育運動の展開』御茶の水書房、一九七八年、六五頁)。

(24) 同右、三六六～三六七頁。

(25) 同右、三二九～三三五頁。興譲堂については、梅村佳代「「学制」期の小学校創設と子どもの学習内容――三重県朝明郡大矢知学校創設と伊藤家の子どもの事例を中心として――」(『奈良教育大学紀要』五五巻一号(人文・社会)、二〇〇六年)参照。

(26) 大賀賢励については、志水雅明『発掘街道の文学〈3〉四日市・湯の山編』(伊勢新聞社、二〇〇六年)三〇六～三一三頁参照。天保一四年正月一五日に入門し、弘化三年一〇月一八日に退塾している。淡窓の日記『進修録』巻一二の弘化三年一〇月一八日条に、「賢励、伊勢人、位次至二七級上一、才子也」とある。「七級上」まで昇級した賢励は、先に述べたように学問を通して、福善禍悪する「天」への確信を得ていたろう。強い学問への信念をもって、大矢知村での教育に当たったと想像される。

（27）咸宜園の課業については、本書第Ⅳ編第一章参照。

（28）注（19）『日本教育史資料』第三冊、三三三頁。

（29）注（12）海後書、二二六頁。

（30）同右、二四二〜二四五頁。

（31）啓蒙所については、有元正雄他『明治期地方啓蒙思想家の研究――窪田次郎の思想と行動――』（溪水社、一九八一年）、久木幸男・山田大平「郷学福山啓蒙所の一考察」（『横浜国立大学教育紀要』二九号、一九八九年）、広島県立歴史博物館編『医師・窪田次郎の自由民権運動』（広島県立歴史博物館友の会、一九九七年）、有元正雄『窪田次郎　美しき明治人』（溪水社、二〇一三年）参照。窪田次郎は、天保六年（一八三五）に備後国安那郡粟根村の医師の次男として生まれた。次郎は、嘉永元年（一八四八）一三歳の時、阪谷朗廬に入門し、さらに嘉永五年頃に福山藩藩校誠之館教授江木鰐水の家塾久敬社で儒学を学んでいる。阪谷朗廬と江木鰐水はともに昌平坂学問所の古賀侗庵の弟子であって、侗庵の『中庸問答』を参考書としながら、明・清の諸注を会読の場で討論していたのは、江木鰐水であった。本書第Ⅱ編第四章参照。本書の関心からすれば、侗庵の弟子阪谷と江木が、ともに会読を中心とした教育を行っていた点に、注目せねばならない。阪谷朗廬は、嘉永六年（一八五三）、一橋領備中国江原村の郷校興譲館が開校したときに、教授として招かれ、そこで会読（輪講）を行っている（『日本近代教育百年史3　学校教育（1）』国立教育研究所、一九七三年、一八八頁）。古賀侗庵から阪谷朗廬と江木鰐水を経て窪田次郎まで、会読を媒介にしてつながっている。換言すれば、学習方法という点で、昌平坂学問所から藩校（誠之館）、郷校（啓蒙所）、そして学制以後の小学校へのつながりがあったのである。

（32）注（31）有元他『明治期地方啓蒙思想家の研究』四二六頁。

（33）明治四年（一八七一）九月から一郡単位で集まり行われた会読は、福山藩校誠之館から派遣された教師が主宰していた。注（31）『医師・窪田次郎の自由民権運動』一三六頁参照。

（34）注（17）入江論文参照。

（35）『憲法構想』（日本近代思想大系9、岩波書店、一九八九年）四五一頁。

(36) 注(31)有元他『明治期地方啓蒙思想家の研究』三一二頁。
(37) 同右、四一七頁。
(38) 片桐芳雄は、自由教育令期の岡山県における小学教則編成をめぐる郡区教育会議を論じている(『自由民権期教育史研究』東京大学出版会、一九九〇年)第四章第三節参照。片桐によれば、小田県の郡区教育会議では、教員を含めた参加者がかなり理性的な討論をしていたという。とすれば、直截に啓蒙所と会議所とを結びつけるという窪田の構想は実現できなかったが、小田県では理性的な討論は行われていたといえるのではないかと推測される。
(39) 中内敏夫「近世日本の人間形成論と民衆心性」(注9『中内敏夫著作集』Ⅳ、八四頁)。中内によれば、近世日本には、学問各分野における専門学者は生まれたが、教える技にかかわる固有の意味での教育学の学者は生み出さなかった。江村北海の『授業編』も、「いかに業を授けるかの論ではなく、いかに業を受けるかの論、つまり学習論」であるという(『教育評論の奨め』国土社、二〇〇五年、四二～四三頁)。日本に、いかに教えるかの教授法が専門的に導入されたのは、師範学校が作られたときであって、その意味で、「師範学校＝教員養成学校こそ、近代日本の純粋の輸入品」(同前、四二頁)であると指摘している。
(40) 佐藤秀夫「近代教育の発足」(『岩波講座　現代教育学5　日本近代教育史』岩波書店、一九六二年、五一頁)参照。
(41) 同右、五二頁。明治初期に導入された授業方法が近代学校装置として、いかに新奇なものであったかについては、森重雄『モダンのアンスタンス――教育のアルケオロジー――』(ハーベスト社、一九九三年)参照。
(42) 注(39)中内『教育評論の奨め』五一頁。
(43) 稲垣忠彦『明治教授理論史研究』(評論社、一九七七年)七九頁。
(44) 注(3)『教育の体系』六〇頁。
(45) ちなみに、近代日本思想大系本には、この「輪講会読」について、「輪講は、生徒が習得した知識内容を交互に講述し、点検しあうことを中心とする生徒主体の学習形式で、学制の小学教則には読本輪講・地理学輪講などが教科に掲げられていた。会読は生徒が書を読み合い、討論などにより理解を深めるもので、やはり生徒中心の学習形式の一」つとあるように、これまで見てきたように「生徒主体」「生徒中心」の学習方法であった。
(46) 注(3)『教育の体系』六九頁。

（47）注（2）拙著参照。
（48）同右、八三頁。
（49）この点について、中内敏夫は、幕末の西洋医学所頭取松本良順の回想をもとに、指摘している。注（39）中内『教育評論の奨め』四四～四七頁。
（50）色川大吉『明治の文化』（岩波書店、一九七〇年）参照。五日市の学習結社の会読の成果が、千葉卓三郎の起草した「五日市憲法」であったといえる。
（51）注（31）有元他『明治期地方啓蒙思想家の研究』三三九頁。蛙鳴群については、注（2）拙著、三六〇～三六五頁参照。

終章

明治新政府は近代国民国家にふさわしい国民の形成を目指した。教育はそのための重要な政策的な課題となった。教育による国民形成には、国家にとって有用な人材の教育と道徳的教化の二側面があった。具体的には、明治五年（一八七二）、学制を施行し、国民教育を推し進める一方で、神官・僧侶を動員して神道国教化政策を行ったのである。この二つの側面は、単純な開化と復古[1]というよりは、明治の国民形成の二つの路線であるととらえる必要があるだろう[2]。

この二つの路線は、本書で明らかにしたように、近世日本の藩国家に有用な英才「教育」と庶民への道徳的教化の考え方を受け継ぐものであった。その意味で、序章で提起した近世と近代の連続・断絶という問題にたいしては、本書は基本的には連続説を取る。ただ、連続といっても、断絶する側面があったことにも注目したい。この終章では、近世と連続しつつ、断絶していた近代への展望を述べてみたい。

国民形成における道徳的教化の路線は、先に平田篤胤の講釈（講談）で見たように、明治初期の神道国教化策として具体化した。慶応四年（一八六八）三月に神祇官の再興を布告し、明治二年（一八六九）九月に宣教使の職制を定め、同三年には「惟神之大道」を説く大教宣布の詔が出されて、神道国教化政策が始まった。さらに、明治五年三月に、神祇省に代わり、教部省が設置され、四月に交付された「三条教則」（敬神愛国、天理人道、皇上奉戴・朝旨遵守）にもとづいて、教導職に就いた平田学派の神官や僧侶らが、明治新政府の正統性や道徳を教える、講釈（講談）による教化を実施した。これは儒学的な礼楽制度を媒介とした教化（きょうか）ではなく、僧侶のマスローグ談義による教化（きょうけ）であった。

本書で指摘したように、そうした教化の言説のなかには、一君万民論を分かりやすく解説した仮名垣魯文の『三則教の捷径』（明治六年刊）の講釈に見たように、「無学の人」のルサンチマンが伏在していた。そこには、江戸期の強固な身分制度のなかで生まれた、敵対者を外部に措定して、彼らを貶すことによって、慰安をえるという心理的回路があったのである。談義によるマスローグの教化は、そうした抑圧された者のルサンチマンを利用していたのである。明治になって、身分制度が崩れ、国家有用の人材を目指した実力競争、のちに述べる立身出世主義のゼロ・サム競争の時代になったがゆえに、一君万民論は藤田省三のいう「も」の論理として敗者・弱者のなかに温存されてゆくことになる。近代日本には、抑圧された者が、階層秩序の頂点に位置する天皇に一体化することによって、ゼロ・サム競争のなかでの敗者に「も」、強い我を獲得する心理的回路が残されていたのである。こうした回路は、明治二三年（一八九〇）の教育勅語によって、マスローグによる教化から、後期水戸学に源流のある典礼による国民（「臣民」）教化に転換することで、一層、強化されることになる。

では、国民形成のもう一つの路線である国家有用の人材「教育」は、どのような展開をしたのであろうか。国家有用の人材「教育」の方向性は、明治元年一二月、一般人民対象の学校を振興すべしという木戸孝允の建言書に示されている。

元来国之富強は人民之富強にして、一般之人民無識貧弱之境を不レ能レ離ときは王政維新之美名も到底属二空名一、世界富強之各国に対峙する之目的も必失二其実一。付ては一般人民之智識進捗を期し、文明各国之規則を取捨し徐々全国に学校を振興し大に教育を被レ為レ布候義、則今日之一大急務と奉レ存候。(3)

（木戸孝允「普通教育の振興につき建言書案」）

「国家之富強」のために「人民之智識」の開発が不可欠であり、そのためには全国に学校を建設して「教育」することが急務であるとする。こうした見解は木戸だけではなく、明治二年三月に開設された議事機関である公議所でも、たとえば、「天下ヲ経綸スルハ人材培養ニアリ、今ヤ王政御一新ノ節、別シテ人材教育専一ニ御座候」と建言されていた(4)。事実、明治三年、明治政府は外国人教師を雇って新しい人材「教育」のために、大学南校の規則を改正したが、その規則には、「今般当校学制ヲ変革シ、生員ヲ限リ歳月ヲ期シ、声音会話ヨリ始メ漸次諸科ニ渉リ博通精確以テ実用ノ全才ヲ教育センコトヲ期ス」と明記されていた(5)。

本書で見てきたように、こうした国家有用の人材「教育」観は、江戸教育思想史のなかで生まれたものであった。すなわち、一七世紀中ごろ、「一天地を別」にする林家塾での林鵞峰の学者「教育」に初めて現れ、一八世紀中ごろにいたって、藩士一般の「教育」が藩校で目指されることとなる（宇佐美灊水の「事務談」）。それが、一八世紀末の昌平坂学問所の「教育」改革を経て、全国諸藩の藩校に拡がり、一九世紀前半、藩校での人材登用を望む声のなか、長州藩のように、それを制度化する先駆的な藩校も現われ、明治になってようやく全国的に実現したといえる。もちろん、国家有用の人材というときの「国家」は、藩国家ではなく、明治国家であったが、学校観としてみれば、国家に貢献する有用な人材「教育」の機関としてとらえる点では連続していたのである(6)。

しかし、近世の国家有用の人材観が現実化したといっても、紆余曲折があった。その一つの例証が明治五年の学制だった。近代日本の教育史上の位置づけの難しさは、学制がそのままストレートに近世の国家有用の人材「教育」を企図していなかった点にあった。学制は先に見たように、「士人以上ノ稀ニ学ブ者モ動《やや》モスレバ国家ノ為ニスト唱ヘ、身ヲ立ルノ基タルヲ知ラズ」と説いて、「国家」のための「教育」観を否定していたからである。しかも、学習方法としては会読（輪講）を採用していた。

本書が見てきた江戸教育思想史上に学制を位置づけるならば、国家有用の人材教育をするために、自発的共同学習の方法である会読（輪講）を行うという教育目的と学習方法の矛盾にたいして、思い切り、前者の目的を捨て、後者の学習方法を採ったということを意味する。「邑ニ不学ノ戸ナク家ニ不学ノ人ナカラシメン事ヲ期」された小学校では、「華士族農工商及婦女子」の子弟が平等に輪講の授業を受けるようになったのである。その意味で、学制は、平等な人間関係で行われる会読（輪講）を国家的に実現しようとした政策であったといえるだろう。それは決して突飛な試みではなく、すでに長州藩の奇兵隊のなかで、さらには全国各地の幕末郷学のなかで進んでいた学習活動を制度化するものだったといえるだろう。

学制が近世日本の国家有用の人材「教育」を否定し、学習方法だけを採ったという点で象徴的な事柄は、その公布にあたって発せられた「学制につき被仰出書」には、「学問」はあっても「教育」という言葉がなかったことである。ただ、学制に「教育」という言葉がまったくなかったわけではない。学制第二一章に「小学校ハ教育ノ初級ニシテ人民一般必ス学ハスンハアルヘカラサルモノトス」、第八九章の但書に「教育ノ設ハ人々自ラ其身ヲ立ルノ基タルヲ以テ其費用ノ如キ悉ク政府ノ正租ニ仰クヘカラサル論ヲ待タス」、第九九章に「教育ヲシテ普及ナラシメンカ為メ府県ニ委托シ其学区ヲ助クルノ金額左ノ如シ」とある。しかし、これら「教育」は、「学制実施細目につき太政官指令」には、「一般ノ女子、男子ト均シク教育ヲ被ラシムベキ事」「人子学問ノ端緒ヲ開キ、其以テ物理ヲ弁フルユエンノモノ。母親教育ノ力多キニ居ル」(7)とあるように、「女子」「母親」と関わって使われていて、序章で述べた子弟教育の意味、家庭で子弟を育てるという意味だったと考えられる。それは、石川謙が取りあげた『民家童蒙解』のような、家庭の子弟を教える際に使われた意味だといえるだろう(8)。

もともと、「被仰出書」は、「人ノ父兄タル者宜シク此意ヲ体認シ、其愛育ノ情ヲ厚クシ、其子弟ヲシテ必ズ学ニ従事セシメザルベカラザルモノナリ」とあるが、この父兄の「愛育ノ情」が「母親教育ノ力多キニ居ル」とつながっているといえる。換言すれば、近世以来の「教育」という言葉の二重性のうち、国家の有用の英才＝人材を教育するという藩校の論理は、学制の段階では影を潜め、子弟を「教育」する意味が前面に出ているのである。これは、子弟への「愛育ノ情」に訴えて、学校建設の受益者負担を子供の「父兄」に求めたからであって、学制第八九章の但書の「教育ノ設ハ人々自ラ其身ヲ立ルノ基タルヲ以テ其費用ノ如キ悉ク政府ノ正租ニ仰クヘカラサル論ヲ待タス」という条文に対応している。

このように明治五年の学制は子弟教育の意味での「教育」だったとはいえ、「教育」という言葉は残った。そのため、一旦は隠れた近世の国家有用の人材＝英才「教育」という意味が、浮上する可能性を残したのである。それがはっきりするのは、「学制頒布以降茲《ここ》ニ五閲年、教育ノ途漸ク闢ケ」という文部省上奏が前文に置かれた明治一一年（一八七八）の「教育令布告案」ではなかったかと思われる。その第二章には、「国家ノ福祉ハ、人民ノ才識ト徳行トニ根《ねざ》セリ。故ニ教育ノ普及ヲ謀リ、文運ノ上進ヲ翼《たす》クルハ、文部卿ノ職務タルベシ(9)」と規定され、「国家ノ福祉」のために「人民ノ才識ト徳行」を「教育」することとされた(10)。ここでは、「教育」は藩国家から日本国家へと拡張され、使われるようになったといえるだろう。

面白いのは、教育令につながる「学制」政策の転換が始まる時期とEducationの訳語としての教育が確立する時期が重なっていた点である(11)。箕《み》作《つくり》麟祥《りんしょう》は、明治六年（一八七三）、チェンバーズの『百科事典』の一項目であるEducationの訳語を教導説と訳していたが、明治一一年（一八七八）になって、教育説と改めていることが知られている(12)。もともと、西欧では産育（産み育てること）がEducationの語義の古層をなしていて、学校的な営みとは別であった。これまで見てきた江戸時代に流通した「教育」でいえば、子弟を教育するという意味はEducationの古層と近いといえるのかもしれない(13)。しかし、それ以上に、学校での国家有用の人材＝英才「教育」の意味が明治期直前には広く深く流通していたことは、本書で明らかにした通りである。Educationの訳語として教育という言葉が使われたとき、まさにそれは林家塾以来の英才「教育」だったのである。

近世の国家有用の人材「教育」は、近代にいたり、その範囲を拡大して生き続けることになる。国家有用の英才＝人材「教育」の対象は武士のみならず、庶民にまで拡大することになったのである。言い換えれば、四民平等、一君万民の理念のもと、農工商の平民にまで英才教育の範囲は拡大した。明治政府の側からいえば、国家に有用な人材のリクルート範囲は拡大し、それだけ、選択肢が広がったといえる一方で、平民の側からいえば、平民であっても、立身出世が可能になったということになる。実力ある者は刻苦・勉励することで立身出世して、社会的地位や経済的利益を獲得できるようになった。いわば学問が科挙化したわけである。学問は個々人の立身出世のためにするものとなって、自発的な共同学習の場である会読の場も消えてしまうのである。

そのため、学問・教育が立身出世と結びついたがゆえの問題も生じることになった。竹内洋によれば、「立身出世を志向する態度に価値（望ましさ）が付与され、志を立て広い世間で出世し、故郷に錦を飾る人間への焚きつけがおこった。立身出世主義の時代が開幕したのである」[14]。学問・教育の場は、「誰かが成功するたびに別の誰かの失敗をまねく競争、つまりパイが一定の競争」[15]、ゼロ・サム競争の場となったのである。

ひたすら国家有用の人材たろうと励んだ立身出世主義の近代の病理は、皮肉にも、それが否定したはずの身分制社会の近世から見なおすとき、より鮮明となる。身分制社会の近世においては、学校は「実力主義」が発揮できる場として憧れの対象であり、世襲社会と対置したユートピアだったからである。とくに、学校の学習方法に注目する時、そのユートピアとしての学校の積極的な可能性がはっきりする。この点で、本書が強調してきたことは、近代と断絶する近世特有の学習方法があったという点である。

学校、広くいえば学びの場は、身分制社会とは異次元の空間、身分や地縁・血縁から切り離された非日常的空間であったために、思想的には対等・討論・結社という原理的な可能性をもっていた。会読の学習方法はその集約であった。学びの場は、「草木と同じく朽ち」たくないという強い志をもった者たちが、自主的・自発的に実力を切磋琢磨する場であった。そこは、地縁・血縁、信条を離れた個々人が結びつき、「他人」（細井平洲）同士の社会への可能性さえ持っていたのである。近世後期の多様な学問、すなわち、儒学ばかりか、新たに開かれた蘭学や国学のような新思潮も、この会読の場で生まれた。その意味で、会読の場は蘭学と国学の揺籃場所だった。

また幕末期、共同読書する場から「縁を離れて論じ」合う政治的討論の場となることで、学びの場は、吉田松陰の松下村塾のような世襲の身分制社会を突き破る場ともなったのである。それは、明治五年の学制において全国民的に実現するかに見えたが、結局は、国家有用の人材「教育」を推し進めた明治政府の教育制度にはつながらず、むしろ、それと対抗した自由民権運動の学習結社に連続するものであった。さらに付け加えれば、そうした政治的な討論の場ばかりか、会読の空間には「心術練磨の工夫」の場として、国家有用の人材に収束しない、人格修養の場となる可能性もあったのである。

近代日本は国家有用の人材「教育」と一君万民論の国民道徳の「教化」を推し進めることで、近世に存在した共同の学びの場を否定してしまった。しかし、身分制社会のなかで、強い意志をもった個々人が対等に討論し合った学びの場は、現代に生きるわれわれにとっても、なお継承すべきものではないかと思われる。

（1）　たとえば、佐藤秀夫は、維新期の学制改革を概説して、「文部省の設立以後は、かつて一方で「開化日新」の欧米文化の導入をめざす限られた人材養成の学校方策と、他方では「政教一致」の視点に立つ身分制的な民衆教化の学校方策とが併立していた状況が、「一般人民の知識の進捗」をはかる観点を強力に打ち出すことによって、急速に止揚されていくのであった」（『日本近代教育百年史3　学校（1）』国立教育研究所、一九七四年、三七八頁）と論じている。

（2）　谷川穣「教育・教化政策と宗教」（『岩波講座　日本歴史』巻一五、岩波書店、二〇一四年）参照。谷川は、教育と教化の二路線をめぐる問題を、明治初期の学校教員が、本来仏教教化を担う僧侶であった点に焦点を当てて論じている。

（3）　『教育の体系』（日本近代思想史大系6、岩波書店、一九九〇年）三頁。

（4）入江宏「公議所議員の学校論」（宮地正人編『明治維新の人物像』吉川弘文館、二〇〇〇年）所引の高瀬議員笠間英之進の言説。
（5）『明治以降教育制度発達史』第一巻（教育史編纂会、一九三八年）一六六頁。
（6）国家有用の人材「教育」を目指す近世の学校観が、近代に連続するという本書の考えは、近代日本教育思想史の研究上、通説で目新しいものではないといってよいだろう。たとえば、最新の日本教育史の概説にも、「国家的課題への対応としての「教育による人材養成」とは、すでに述べた一八世紀後期以後の藩校の普及を促した論理でもあったが、明治以後この論理は、全国民を視野に含み込むとともに、全国的規模での統一的な制度を前提に据えるものへと飛躍・拡大した」（山本正身『日本教育史』慶應義塾大学出版会、二〇一四年、六四頁）と説かれている。江戸教育思想史を主題とする本書の特徴は、そうした明治期に連続する近世の学校観がどのように誕生し、展開したのかを明らかにすることにあった。
（7）注（3）『教育の体系』二九頁。
（8）先に見た学制以前に創設された郷学・啓蒙所の趣旨文「啓蒙社大意」でも、「教育」は、「民児教育」「人ノ嬰児教育」とあるように、子弟教育であって、国家有用の人材を育成するという意味での「人材御陶冶」と使い分けられていた。有元正雄他『明治期地方啓蒙思想家の研究――窪田次郎の思想と行動――』（溪水社、一九八一年）四一六頁。
（9）注（3）『教育の体系』七一頁。
（10）この「国家主義的規定」の第二章は、明治一二年に公布された教育令では、伊藤博文によって削除されていた。本山幸彦『明治国家の教育思想』（思文閣出版、一九九八年）一一五頁。
（11）藤原敬子は、幕末から明治の蘭・英・独・仏の翻訳辞書の訳語を検討している。藤原によれば、最初のころは、「教育」と訳されずに、「養う」とか「育てる」という訳であったが、のちに「教育」と改訳されていくという。箕作麟祥の Education の訳語についても、養育→教導→教育と改変され、明治一一年に「教育」と改訳した頃に、「教育」という語がほぼ定着したと指摘している。藤原敬子「わが国における「教育」という語に関しての一考察」（三田哲学会『哲学』七三集、一九八一年）参照。また森川輝紀「立身出世主義と近代教育」（辻本雅史・沖田行司編『教育社会史』山川出版社、二〇〇二年）二七五〜二七六頁参照。

（12）　Education の訳語の問題については、森重雄『モダンのアンスタンス』（ハーベスト社、一九九三年）第四章、藤田英典・田中孝彦・寺崎弘昭『子どもと教育　教育学入門』（岩波書店、一九九七年）参照。

（13）　福沢諭吉が、「学校は人に物を教ふる所に非ず、唯其天資の発達を妨げずして能く之を発育する為めの具なり、教育の文字甚だ穏当ならず、宜しく之を発育と称す可きなり」（福沢諭吉『文明教育論』、『福沢諭吉教育論集』岩波文庫、一九九一年、一三五頁）と説いたのは、もともとの Education の意味と「教育」とのズレを意識していたからである。

（14）　竹内洋『立身出世主義〔増補版〕』（世界思想社、二〇〇五年）一三頁。明治期の試験の実態については、斎藤利彦『試験と競争の学校史』（講談社学術文庫、二〇一一年）参照。

（15）　注(14)竹内書、二〇頁。近世では、学問は家業の余暇でする「余力学文」観念、あるいは精々、先に見た貝原益軒のように、学問は家業と並列のものであったが、職業選択の自由が認められ、世襲制度のもとでの家業の縛りがなくなると、「分をわきまえて勤勉に働き、平凡に生きる人間をよしとする野心の冷却装置」が効かなくなり、「立身出世の加熱モーター」（同右、一三頁）の力が昂進することになった。この点で、近世と近代は大きく断絶している。ただ、たしかに近代日本では、近世の家業精励・知足安分の通俗道徳の「冷却装置」は、なお庶民の底流には存在したが、代わって、その「冷却装置」となったのは、一君万民論の「も」の論理であった。ゼロ・サム競争での敗者・弱者で「も」、天皇の赤子として、競争での勝者・強者と「平等」であるという心理的な救いはあったのである。

〔初出一覧〕

序　章「近世日本教育史序説――「教育」概念を中心に――」（『日本文化論叢』二四号、二〇一六年）

■第Ⅰ編　学校構想と家訓

第一章「林家三代の学問・教育思想」（『日本文化論叢』二三号、二〇一五年）
第二章「近世前期の学校構想」（『日本文化論叢』二一号、二〇一三年）
第三章「山鹿素行における士道論の展開」（『日本文化論叢』一八号、二〇一〇年）
第四章「貝原益軒における学問と家業」（『季刊日本思想史』五一号、一九九七年）

■第Ⅱ編　儒学の学習法と教育・教化

第一章「太宰春台の学問と会読」（『日本文化論叢』二〇号、二〇一二年）
第二章「一八世紀の文人社会と会読」（『アナホリッシュ國文学』第三号、響文社、二〇一三年）
第三章「細井平洲における教育と政治」（『愛知教育大学研究報告（人文・社会科学編）』六三輯、二〇一四年）
第四章「寛政正学派の中庸注釈」（市来津由彦・中村春作・田尻祐一郎・前田勉編『東アジア海域叢書　江戸儒学の中庸注釈』汲古書院、二〇一二年）

■第Ⅲ編　国学と蘭学の学習法と教育・教化

第一章「一八世紀日本の新思潮――国学と蘭学の成立――」（笠谷和比古編『一八世紀日本の文化状況と国際環境』思文閣出版、二〇一一年）

第二章「江戸派国学と平田篤胤——村田春海・和泉真国論争をめぐって——」（『愛知教育大学研究報告（人文・社会科学編）』六四輯、二〇一五年）

第三章「平田篤胤の講説」（『日本文化論叢』二二号、二〇一四年）

第Ⅳ編　私塾と藩校

第一章「広瀬淡窓における学校と社会」（『日本文化論叢』一七号、二〇〇九年）

第二章「吉田松陰における読書と政治」（『愛知教育大学研究報告（人文・社会科学編）』六〇輯、二〇一一年）

第三章「長州藩明倫館の藩校教育の展開」（笠谷和比古編『徳川社会と日本の近代化』（思文閣出版、二〇一五年）

第四章「金沢藩明倫堂の学制改革——会読に着目して——」（『愛知教育大学研究報告（人文・社会科学編）』五八輯、二〇〇九年）

第五章「明治前期の「学制」と会読」（『愛知教育大学研究報告（人文・社会科学編）』六一輯、二〇一二年）

終　章　書き下ろし

あとがき

本書の題名『江戸教育思想史研究』は、江戸時代の教育思想の思想史の方法からの研究という意味である。戦前の石川謙以来の汗牛充棟の日本教育思想史の研究史のなかで、本書のメリットがあるとすれば、思想史の方法から江戸初期から明治初期までの教育思想を通観した点にあるだろう。思想史の方法とは何かといえば、学問としての日本思想史学の創設者である村岡典嗣がドイツの文献学者アウグスト・ベックの言葉として引照した「認識されたものの認識」を目指すことであるといえる。その意味で本書は、江戸時代の人々が教育・教化や学習について、どのように認識していたのかを明らかにした教育思想史だということになる。

こうした「認識されたものの認識」を目指す思想史の方法が日本教育史研究において重要な理由は、何より現代と過去との違いを明確にするからである。たとえば、序章で取りあげた「教育」という概念である。われわれは普段何気なく、「教育」という言葉を口にしている。エデュケーションを「教育」と言い換えることにも、何の抵抗もない。しかし、江戸時代の人々は現代人と同じような意味内容で「教育」という言葉を使っていたのだろうか。もしそうでないとすれば、現代人の目から江戸時代の教育を論ずることの危うさが納得できるだろう。ひょっとすれば、現代人の先入見から江戸時代の人々の「教育」を読み込んでいるかもしれないからである。

本書はこの「教育」という概念のみならず、山鹿素行や太宰春台、細井平洲などの思想家個々人についてはいうまでもなく、林鵞峰の林家塾や広瀬淡窓の咸宜園、吉田松陰の松下村塾などの私塾、あるいは長州藩明倫館・加賀藩明倫堂の藩校を取りあげた場合でも、この思想史の方法から見るという点で一貫している。

さらに思想史の方法による分析に加えて、本書のもう一つのメリットは学習方法に注目した点にある。これまでの日本教育史の分厚い研究蓄積のなかでも、江戸時代の学習方法について言及されてきた。とくに武田勘治の『近世日本学習方法の研究』（講談社、一九六九年）は、素読・講釈・会読の三つの学習方法を豊富な資料から概括し、「近世日本の学習方法といえば、もっぱら無理な注入法により、暗誦させる形のものだと考えられている」なかで、「会業（会読・輪講など）や独看・質問を主たる学習方法として、意欲的に活発な学習が行われていた」（自序、六頁）ことを論じている。しかし、武田の先駆的な研究は、『日本教育史資料』に収録されている藩校の学習方法に留まっていて、江戸時代の教育史全体を見通して、学習方法のもつ意義を考察するものではなかった。これに対して、本書では藩校や私塾という学校はもとよりのこと、学習方法に注目することによって、太宰春台や平田篤胤のような個人の思想理解についても新たな視角からの考察を行った。また思想家のみならず、学習方法を焦点にして、長州藩の明倫館と加賀藩の明倫堂の二つの藩校の歴史的変遷を追うことによって、藩校教育の実態を明らかにした。

ただ、素読・講釈・会読の学習方法のうち、会読については、すでに拙著『江戸の読書会』（平凡社選書、二〇一二年）で論じたことがあるので、本書は筆者の会読研究の増補版だといえる。さらに本書では、会読だけではなく、講釈にも大きなウェートを置いた。序章で指摘したように会読は、江戸時代、英才「教育」にかかわる学習方法であったのにたいして、講釈は「教育」のみならず、庶民「教化」の方法でもあったからである。本書は会読とともに、細井平洲や平田篤胤の教化のための講釈に注目することによって、学校教育のみならず、これまでの教育史研究では社会教育ととらえられてきた分野にまで考察を広げることができたと思う。

ところで、筆者の教育思想研究のきっかけになったのは、あるテキストの一文であった。二〇〇五年六月、秋の学会報告の準備のため、日本思想大系の『本居宣長』所収の『玉勝間』を読んでいるとき、「会読」の語に行き当たった（『玉勝間』巻八、「こうさく、くわいどく、聞書」）。頭注には、徂徠の『訳文筌蹄』の講釈批判と湯浅常山の『文会雑記』の「書ヲ会読スルト云事、中華ニテハ決テナシ」という一節が引用されていた。徂徠の講釈批判については周知のことであったが、恥ずかしいことに、会読については何も知らなかった。一体、どこで徂徠は「会読」を説いていたのだろうか。「会読」という言葉を見つけることは、案外、簡単であった。『弁道』『弁名』などの思想的な著作にはなかったが、灯台もと暗しとでもいうべきであろうか、これまで何度も読んできた徂徠学の入門書ともいえる『徂徠先生答問書』のなかに、「会読」という言葉があったのだ。この時、思い浮かんだのは、恩師源了圓先生の横井小楠研究であった。源先生によれば、幕末の開明的な思想家小楠は、熊本実学党の『近思録』の読書会において、徹底的に討論を重ねるなかで公論思想を成熟させていったという。とすれば、会読を媒介にして、小楠の公論思想は徂徠とつながるのではないか、そのような思いつきがひらめいた。それから筆者の会読研究、ひいては江戸教育思想の研究が始まった。

まず、武田勘治が使った『日本教育史資料』を読み始めた。この時ほど、勤務校が師範学校以来の伝統がある教員養成大学である幸せを感じたことはない。附属図書館には、教育史関係の資料や研究書が備わっていたのだ。資料探索の手間をかけることなく、すぐにテキストを読むことができた。そうして、

『玉勝間』の「会読」遭遇後、二か月間で仕上げたのが、会読に関する最初の拙稿「近世日本の公共空間――「会読」の場に注目して――」(『江戸後期の思想空間』所収)である。それ以後、これまでの私の研究スタイルに従って、九月締切の大学の紀要と一月締切の研究室の紀要の二つを中心に論文を積み重ねてきた。遅々とした歩みであったが、ようやく一書にするだけの分量がたまったというわけである。

そこで、本書所収の二つの拙稿「一八世紀日本の新思潮――国学と蘭学の成立――」「長州藩明倫館の藩校教育の展開」との御縁、また何より、多くの日本教育思想史の優れた書籍を刊行している思文閣出版に、図々しくも話を持ち込んだ。幸い、昨今の困難な出版事情のなか、快く出版を承諾していただいた。この間、本書を担当してくださった田中峰人さんからは、適切なアドバイスをいくつも頂戴した。とくに校正段階では、段落に分けて小見出しを付けるなどの、さまざまな工夫をしていただいた。心より感謝いたします。

二〇一六年九月

前田　勉

◆江戸教育史年表

西暦（和暦）	出来事
一六三〇（寛永7）	林羅山、上野忍岡に土地を賜り、家塾を開く
一六三二（寛永9）	林羅山、尾張藩主徳川義直の援助を得て、上野忍岡に先聖殿を建てる
一六四一（寛永18）	正月、林鵞峰、五経講釈を始める
一六五〇・五一（慶安3・4）頃	熊沢蕃山、「花園会約」を定める
一六五一（慶安4）	第四代将軍家綱就任（〜一六八〇）
一六五六（明暦2）	林鵞峰、「門生講会式」を定める
一六六二（寛文2）	伊藤仁斎、古義堂を開く
一六六三（寛文3）	林鵞峰、五経講釈終了。幕府から弘文院学士の称号を賜る
一六六四（寛文4）	林鵞峰、幕府からの命で、国史館で『本朝通鑑』の編集を始める
一六六五（寛文5）	山崎闇斎、会津藩に招聘される
一六六六（寛文6）	四月、林家塾で五科十等の制を定める 一〇月、山鹿素行、『聖教要録』刊行の罪で赤穂に流される
一六六七（寛文7）	岡山藩主池田光政、城下に町方手習所を設置する
一六七〇（寛文10）	池田光政、閑谷学校を設立する
一六八〇（延宝8）	第五代将軍綱吉就任（〜一七〇九）
一六九一（元禄4）	林家塾と先聖殿、神田湯島の昌平坂に移る。徳川綱吉の発意で、林鳳岡、束髪し、大学頭となる
一七〇九（宝永6）	第六代将軍家宣就任（〜一七一二）
一七一三（正徳3）	第七代将軍家継就任（〜一七一六）

主要人物の生没年

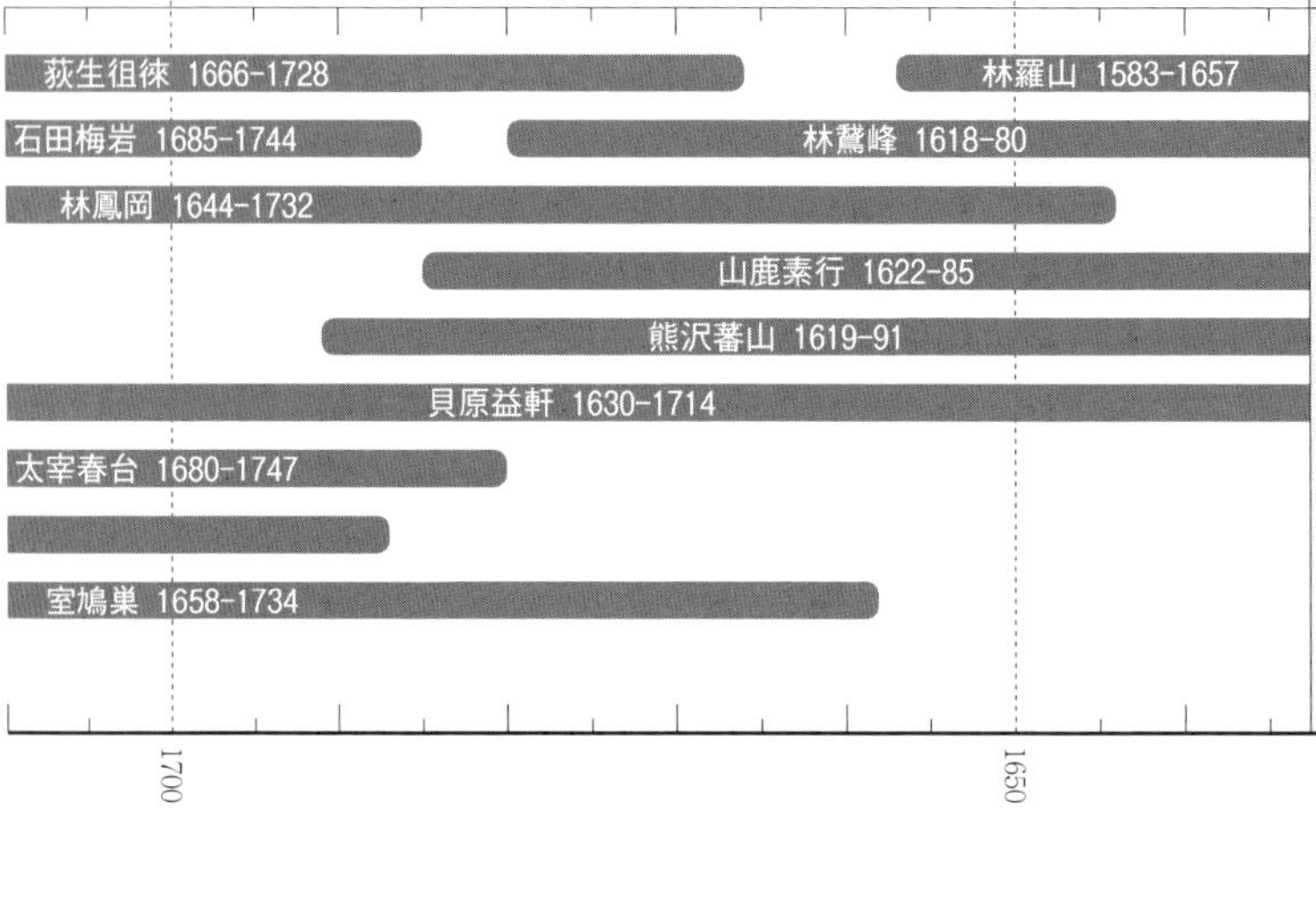

一七一六（享保元）　第八代将軍吉宗就任（～一七四五）

一七一七（享保2）　湯島聖堂の仰高門の講釈、日講制になる

一七一九（享保4）　萩藩主毛利吉元、明倫館を設立する

一七二〇（享保5）　徳川吉宗、漢訳蘭書輸入を緩和する

一七二二（享保7）　徳川吉宗、『六諭衍義大意』刊行し、手習師匠に頒布する

一七二四（享保9）　大坂で懐徳堂開設される。二年後の一七二六年に官許の学問所となる

一七二九（享保14）　石田梅岩、京都で心学講釈を始める

一七四五（延享2）　第九代将軍家重就任（～一七六〇）

一七五四（宝暦4）　熊本藩主細川重賢、藩校時習館を開設する

一七六〇（宝暦10）　第一〇代将軍家治就任（～一七八六）

一七七四（安永3）　『解体新書』刊行

一七七六（安永5）　米沢藩主上杉鷹山、藩校興譲館を開設する

一七八四（天明4）　福岡藩、藩校甘棠館を開設する

一七八七（天明7）　第一一代将軍家斉就任（～一八三七）

一七九〇（寛政2）　寛政異学の禁

一七九二（寛政4）　加賀藩、明倫堂を開設する

一七九七（寛政9）　幕府、林家塾を官学に改め、昌平坂学問所とする

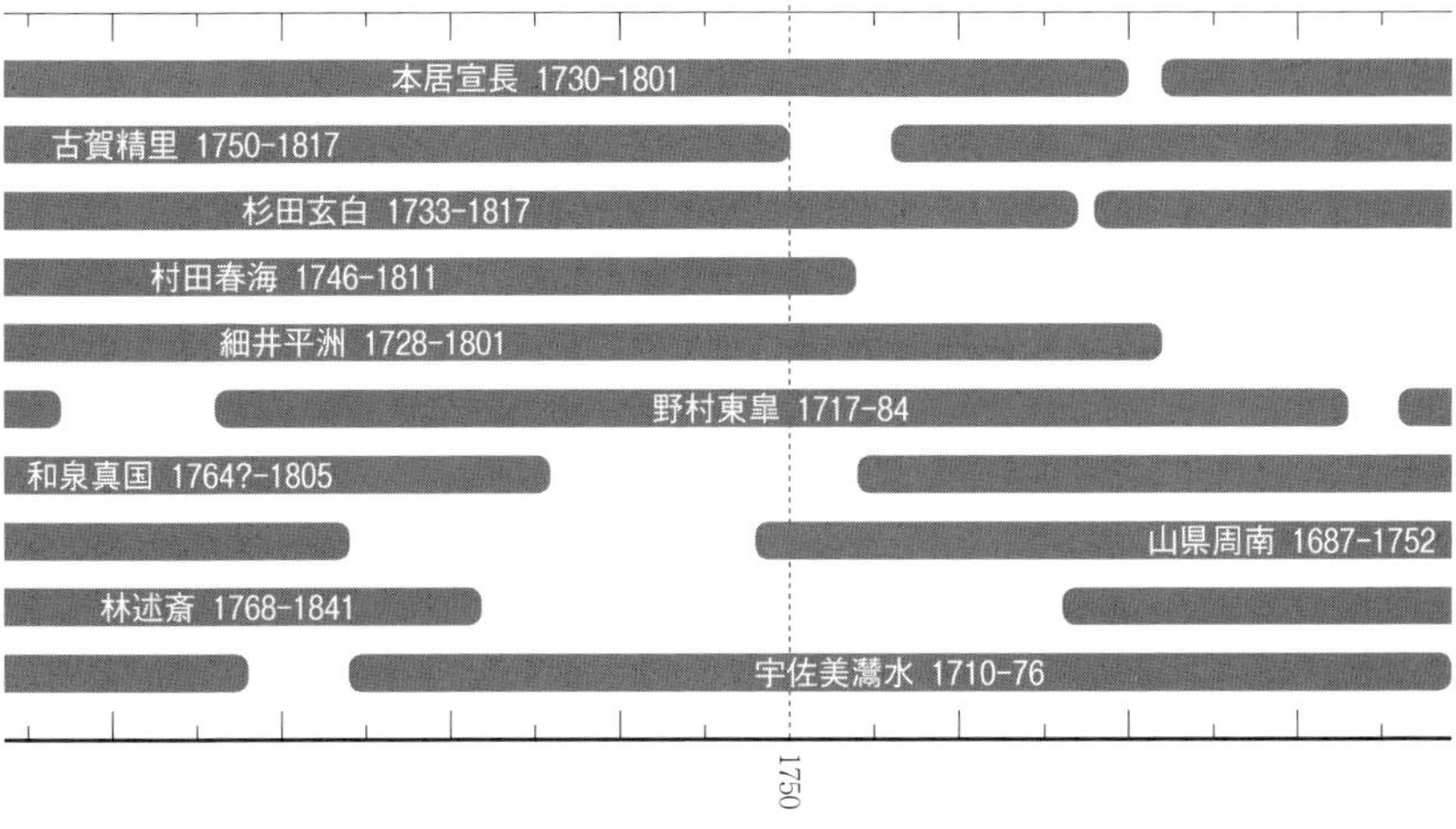

一七九九(寛政11)	彦根藩主井伊直中、稽古館(のちに弘道館)を設立する
一八〇一(享和元)	昌平坂学問所に書生寮が公設される
一八〇五(文化2)	広瀬淡窓、家塾成章舎を設立する
一八一一(文化8)	幕府、天文方に蕃書和解御用を新設する
一八一七(文化14)	広瀬淡窓、家塾を咸宜園と改名する
一八三七(天保8)	第一二代将軍家慶就任(〜一八五三)
一八三八(天保9)	緒方洪庵、大坂に適塾を開設する
一八四一(天保12)	水戸藩弘道館開設
一八四九(嘉永2)	萩藩主毛利敬親、明倫館を移転する
一八五三(嘉永6)	第一三代将軍家定就任(〜一八五八)
一八五五(安政2)	幕府、天文方蕃書和解御用を独立させ、洋学所を設立する
一八五六(安政3)	洋学所を蕃書調所と改称する
一八五八(安政5)	第一四代将軍家茂就任(〜一八六六)
一八六六(慶応2)	第一五代将軍慶喜就任(〜一八六七)
一八六七(慶応3)	一〇月、大政奉還
一八七〇(明治3)	大教宣布の詔勅がでる
一八七二(明治5)	学制の制定

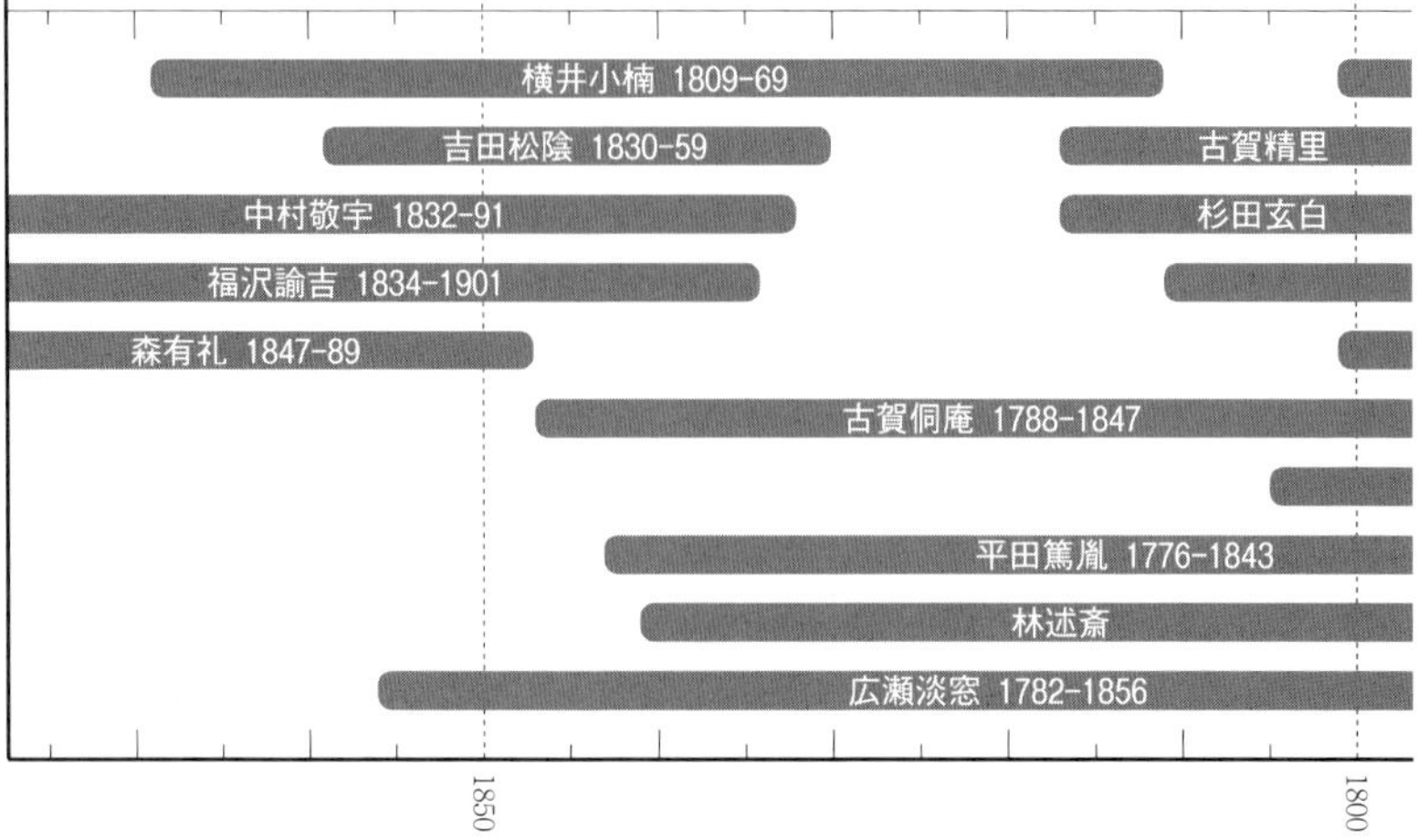

索　　引

＊採録語句が章・節のタイトルに含まれる場合は該当頁をゴシック表記にし、その章・節内からは採録を省略した。

【人　名】

あ

い

う

え

お

し

す

せ

そ

た

ち

つ

て

と

な

【事　項】

さ

し

わ

◎著者略歴◎

前田　勉（まえだ・つとむ）

1956年生まれ。東北大学大学院博士後期課程単位取得退学。

現在、愛知教育大学教授。博士（文学）。

専攻、日本思想史。

〔主著〕

『近世日本の儒学と兵学』、『近世神道と国学』、『江戸後期の思想空間』（以上、ぺりかん社）、『兵学と朱子学・蘭学・国学』、『江戸の読書会』（以上、平凡社選書）、原念斎『先哲叢談』（源了圓と共訳注）、村岡典嗣『新編日本思想史研究』（編）、村岡典嗣『増補本居宣長』（校訂、以上、平凡社東洋文庫）など。

江戸《えど》教育《きょういく》思想《しそう》史《し》研究《けんきゅう》

2016（平成28）年10月31日発行

定価：本体9,500円（税別）

著　者　前田　勉
発行者　田中　大
発行所　株式会社　思文閣出版
〒605-0089 京都市東山区元町355
電話 075-533-6860（代表）

装　幀　白沢　正
印　刷
製　本　株式会社 図書印刷 同朋舎

ISBN978-4-7842-1866-0　C3021

江戸後期儒者のフィロロギー　原典批判の諸相とその国際比較

竹村英二著

江戸時代後期～幕末の日本では高度な考証的学問が発展した。それを担ったのは「市井」の儒者たち。彼らは既成思想に束縛されない学究活動を展開した。日本における実証的学問の成立は清朝考証学と近代の西洋体験を基盤とする、という所論に再考を迫る。

▶Ａ５判・256頁／本体5,500円（税別）　ISBN978-4-7842-1838-7

徳川社会と日本の近代化

笠谷和比古編

日本が植民地化の途を歩まず独立を堅持したうえで、社会の近代化を達成しえたのはなぜか？徳川日本の文明史的力量に着目し、徳川社会はどのような力 power を、いかにして形成しえたのか、多分野の研究者の書き下ろし論文25本により総合的に究明する。

▶Ａ５判・730頁／本体9,800円（税別）　ISBN978-4-7842-1800-4

一八世紀日本の文化状況と国際環境

笠谷和比古編

18世紀の西欧社会は近代市民社会形成の胎動期にあり、東アジアでも豊穣の時代であった。一方、日本の18世紀の文化的状況はいかに形成され、それらは東アジア世界、また西洋世界までふくめたグローバルな環境下で、いかに影響を受けつつ独自の展開を示したか。多角的にアプローチした国際日本文化研究センターでの共同研究の成果23篇。

▶Ａ５判・582頁／本体8,500円（税別）　ISBN978-4-7842-1580-5

廣瀬淡窓

井上敏幸監修／髙橋昌彦編著

江戸時代後期、豊後日田に生まれ活躍した儒学者・教育者・漢詩人、廣瀬淡窓（1782-1856）の評伝。従来の評伝が、淡窓の著作に傾注して叙述されてきたのに対して、本書では、淡窓の日記や自叙伝、著書をはじめ、書簡や漢詩、周辺史料などから淡窓の生涯を再検討し、新たな淡窓像を構築する。

▶Ｂ６判・334頁／本体2,500円（税別）　ISBN978-4-7842-1817-2

前野良沢　生涯一日のごとく

鳥井裕美子著

解体新書の訳者として知られる江戸時代の蘭学者・前野良沢の評伝。これまで『解体新書』刊行を中心に論じられてきた良沢の生涯を、彼の著訳書や周辺資料から再検討し、新たな良沢像を構築する。巻頭に口絵写真、巻末に前野良沢年譜・主な参考文献を付す。

▶Ｂ６判・334頁／本体2,500円（税別）　ISBN978-4-7842-1786-1

熊沢蕃山の思想冒険

山田芳則著

近世の儒者・熊沢蕃山（1619-91）の思想の変化に注目し、その変化の意味を問う。また中江藤樹『翁問答』や池田光政の藩政改革をとりあげて、岡山藩における蕃山の政治体験の意味を解明し、蕃山の思想を立体的に浮かび上がらせる。

▶Ａ５判・218頁／本体5,000円（税別）　ISBN978-4-7842-1783-0

近世教育思想史の研究　日本における「公教育」思想の源流
辻本雅史著　【オンデマンド版】

18世紀の後半の幕藩公権力に取り組まれた教育的諸政策に思想的考察を加え、その教育史的意義を明らかにすると共に、そこで展開される思想と論理がいかなる構造と特質をもって近代の国家主義的教育政策に繋っていくかを解明する。

▶A 5 判・374頁／本体7,500円（税別）　ISBN978-4-7842-7020-0

近世の学校と教育　【オンデマンド版】
海原徹著

私塾と対置される官・公立学校、その登場を育んだ広範な寺子屋的底辺を解明するため、士庶の教育の相異、就学率、学費、遊学、女子教育、教育統制などあらゆる角度から“近世の学校”を照射し、その教育観を鮮明に浮かび上がらせる。

▶A 5 判・374頁／本体7,500円（税別）　ISBN978-4-7842-7021-7

識字と学びの社会史　日本におけるリテラシーの諸相
大戸安弘・八鍬友広編　【オンデマンド版】

近世日本の識字率は、世界的に高い水準であったということが、研究者の間でも、ある種の定説のように受けとめられている。しかし、本当にそうなのだろうか——。近代学校制度が導入される以前までの、日本の識字と学びの歴史的展開とその諸相を、さまざまな史料から多面的に掘り起こし、実証的な検討を試みる。教育史研究者七名による気鋭の論文集。

▶A 5 判・374頁／本体7,500円（税別）　ISBN978-4-7842-7023-1

明治前期の教育・教化・仏教　【オンデマンド版】
谷川穣著

近代日本における学校教育制度の定着過程で、宗教は教育といかなる関わりを持ったのか。その結果、学校教育の「非宗教」性がどのように醸成されたのか。明治前期を中心に、従来の日本近代史、仏教史、宗教史、教育史といった諸分野がとりこぼしてきた問題の重層性・複雑性を、教化・宗教（仏教）との関係から浮き彫りにする。

▶A 5 判・374頁／本体7,500円（税別）　ISBN978-4-7842-7015-6

近世私塾の研究
海原徹著

広瀬淡窓、本居宣長、杉田玄白、シーボルト、緒方洪庵、藤田幽谷・東湖、月性、吉田松陰など近世の代表的な私塾の動態と人的交流を多方面から綜合的かつ体系的に解明・分析し、その果たした役割と意義を探り、近代への胎動を追求した初の本格的な研究書。写真・図版多数。

▶A 5 判・650頁／本体14,000円（税別）　ISBN4-7842-0747-3

近世儒者の思想挑戦
本山幸彦著

絶対的な道徳理念のもとに、相対的な法を果敢に変革していった近世の思想家たち。彼らが解決の道を目指して取り組んだ時代の課題が、いかなる歴史状況のもとで発生し、いかなる問題を抱くものであったのかを提示することで、彼らの意図を浮かび上がらせる。

▶A 5 判・314頁／本体7,500円（税別）　ISBN4-7842-1304-X

都道府県教育史シリーズ 〔全20巻〕
石川松太郎・津田秀夫監修

※各地域の特色ある教育・文化を紹介し、寺子屋・郷学校・私塾・藩校などの教育施設のほか、広く社会・宗教・産業教育などにもふれ、古代から明治前期までを扱う。
※各地域の教育・文化に貢献した人物をとりあげ、教育的事跡を紹介。
※付録として教育史年表・参考文献・地図などを収録。

▶四六判・平均280頁／既刊揃 本体39,900円（税別） ISBN4-7842

・青森県の教育史	葛西富夫著	本体1,800円	-0381-8
・秋田県の教育史	戸田金一編著	本体1,800円	-0379-6
・岩手県の教育史	長岡高人編著【品切】	本体1,800円	-0458-X
・栃木県の教育史	入江　宏著	本体1,800円	-0407-5
・愛知県の教育史	吉永　昭著	本体1,800円	-0375-3
・富山県の教育史	坂井誠一・高瀬保編著	本体1,800円	-0406-7
・福井県の教育史	三上一夫著	本体1,800円	-0380-X
・島根県の教育史	内藤正中著	本体1,800円	-0398-2
・京都府の教育史	衣笠安喜編著	本体1,700円	-0372-9
・大阪府の教育史	梅溪昇編著	本体2,800円	-0955-7
・兵庫県の教育史	布川清司・鈴木正幸・藤井譲治著	本体2,800円	-0813-5
・岡山県の教育史	ひろたまさき・倉地克直編著	本体1,800円	-0502-0
・山口県の教育史	小川国治・小川亜弥子著	本体2,300円	-1059-8
・高知県の教育史	山本大・千葉昌弘著	本体2,800円	-0628-0
・徳島県の教育史	三好昭一郎・大和武生編著	本体1,800円	-0373-7
・愛媛県の教育史	影山　昇著	本体1,800円	-0374-5
・福岡県の教育史	井上義巳著	本体1,800円	-0377-X
・長崎県の教育史	外山幹夫著	本体1,800円	-0378-8
・大分県の教育史	鹿毛基生著	本体1,800円	-0376-1
・沖縄県の教育史	浅野　誠著【品切】	本体2,300円	-0675-2

国家と宗教 日本思想史論集
源了圓・玉懸博之編

国家というものの存在と、それを内から浄化し批判する重要な契機としての宗教──「国家と宗教」という問題に思想史的見地から取り組む23篇からなる論文集。

▶A５判・530頁／本体12,000円（税別） ISBN4-7842-0702-3

近世国家の教育思想
本山幸彦著

徳川幕藩体制期の教育政策を縦覧し、政治・経済・社会の諸条件と関連させながら、政治と教育の関係を論じ、幕府・諸藩の教育機関設立の趣旨、幕臣や藩士に対する奨学の論旨、教育機関発達の諸条件など、体制の維持・存続・強化のための教育思想・施策の具体像を明らかにする。明治時代の教育政策を描いた同じ著者による『明治国家の教育思想』と併せ見ることで、近世・近代400年の流れを概観できる。

▶A５判・296頁／本体7,000円（税別） ISBN4-7842-1069-5